HENSCHEL
TASCHENBUCH

Konstantin S. Stanislawski

Mein Leben in der Kunst

HENSCHEL VERLAG
BERLIN

Titel der Originalausgabe:
Моя жизнь в искусстве
Москва 1954/1980

Aus dem Russischen von Sergej Gladkich

HTB 1
© der deutschsprachigen Ausgabe
Henschel Verlag GmbH
Berlin 1987
1. Auflage · 32/91
Lektor: Frank Starke
Lichtsatz: INTERDRUCK Leipzig GmbH
Druck und Einband: Ebner Ulm
ISBN 3-362-00559-4

Inhalt

Vorwort zur ersten Ausgabe · 9
Vorwort zur zweiten Ausgabe · 10

Die Kindheit des Künstlers
Starrsinn · 13
Zirkus · 21
Puppentheater · 29
Italienische Oper · 32
Scherze · 37
Schulzeit · 43
Das Maly Theater · 48
Das Debüt · 55
Schauspielerei im Leben · 63
Musik · 69
Schauspielschule · 79

Das Knabenalter des Künstlers
Der Alexejew-Zirkel · 93
Der Konkurrent · 103
Interregnum · 107

Der Künstler als junger Mann
Moskauer Gesellschaft für Kunst und Literatur · 125
Die erste Saison · 128
Ein glücklicher Zufall · 136
Selbstbeherrschung · 141
Zwei Schritt zurück · 145
Wer einen Bösen spielt, der suche in ihm das Gute · 149
Charakterrollen · 152
Neuer Zweifel · 156
Die Meininger · 161
Handwerkliche Erfahrung · 165
Die erste Regiearbeit · 168
Erfolg in eigener Sache · 171

Bekanntschaft mit Lew Tolstoi · 174
Erfolg beim Publikum · 181
Zunehmendes Interesse für Regie · 187
Versuche mit Berufsschauspielern · 193
»Othello« · 202
Das Schloß in Turin · 213
»Die versunkene Glocke« · 217
Ein Treffen von weitreichender Bedeutung · 224
Vor der Eröffnung des Moskauer Künstlertheaters · 231
Beginn der ersten Spielzeit · 248
Historisch getreue und lebensechte Inszenierungen · 255
Die phantastische Richtung · 261
Die symbolistische und impressionistische Richtung · 267
Intuition und Gefühl · 269
Tschechows Besuch – »Onkel Wanja« · 277
Die Reise auf die Krim · 282
»Drei Schwestern« · 286
Die erste Reise nach Petersburg · 290
Gastspiele in der Provinz · 296
Sawwa Morosow und der Bau des Theaters · 298
Die gesellschaftspolitische Richtung · 301
Maxim Gorki · 305
»Nachtasyl« · 310
Anstelle von Intuition und Gefühl – Naturalismus · 316
Anstelle von Intuition und Gefühl – historischer Naturalismus · 319
»Der Kirschgarten« · 324
Das Studio in der Powarskaja · 337
Die erste Auslandstournee · 348

Künstlerische Reife
Entdeckung altbekannter Wahrheiten · 357
»Spiel des Lebens« · 370
Ilja Saz und Leopold Sulershizki · 376
Schwarzer Samt · 379
»Das Leben des Menschen« · 387
Zu Gast bei Maeterlinck · 391
»Ein Monat auf dem Lande« · 395
Die Duncan und Craig · 403
Erfahrungen bei der Verwirklichung des »Systems« · 419
Das erste Studio des Künstlertheaters · 424

Verkohl-Abende und »Die Fledermaus« · 435

Schauspieler müssen sprechen können · 441

Die Revolution · 448

Die Katastrophe · 453

»Kain« · 456

Das Opernstudio des Bolschoi Theaters · 461

Abreise und Rückkehr · 470

Bilanz und Zukunft · 481

Anhang

Unveröffentlichte Kapitel und Fragmente · 493

Anmerkungen · 531

Vorwort zur ersten Ausgabe

Ich träumte davon, ein Buch über die Arbeit des Moskauer Künstlertheaters in den fünfundzwanzig Jahren seines Bestehens sowie über meine eigene Tätigkeit als eines seiner Mitglieder zu schreiben. Nun ist es aber so gekommen, daß ich mit dem größten Teil des Ensembles die letzten Jahre auf Auslandstourneen in Europa und Amerika verbracht und dieses Buch auf Vorschlag der Amerikaner geschrieben habe. Es ist in Boston in Englisch unter dem Titel »My Live in Art« erschienen. Dieser Umstand ließ mich meinen ursprünglichen Plan bedeutend verändern und hinderte mich daran, vieles von dem auszusprechen, was ich dem Leser gern mitgeteilt hätte. Aufgrund der derzeitigen Lage auf unserem Büchermarkt war es mir leider nicht möglich, das Buch wesentlich zu ergänzen, denn das hätte eine Vergrößerung des Umfangs erfordert. Deshalb mußte ich vieles von dem auslassen, woran ich mich rückblickend auf mein Leben in der Kunst erinnert habe. Ich konnte dem Leser viele Menschen nicht vorstellen, die mit mir zusammen am Künstlertheater arbeiteten, solche, die auch noch heute voller Schaffenskraft sind, und solche, die nicht mehr unter uns weilen. Ich konnte nicht ausführlicher über die Regiearbeit und die übrige vielfältige Tätigkeit von Wladimir Iwanowitsch Nemirowitsch-Dantschenko sowie über das Schaffen anderer Kollegen, Schaupieler des Moskauer Künstlertheaters, sprechen, die auch auf mein Leben eingewirkt haben. Ich konnte nicht der administrativen und technischen Mitarbeiter des Theaters gedenken, konnte nicht die zahlreichen Freunde unseres Theaters erwähnen – all jene, die durch ihre Haltung uns die Arbeit erleichtert und gewissermaßen die Atmosphäre für unsere künstlerische Tätigkeit geschaffen haben.

Kurzum, dieses Buch in seiner jetzigen Gestalt ist keineswegs eine Geschichte des Künstlertheaters. Es berichtet lediglich von meinem künstlerischen Suchen und ist eine Art Vorwort zu einem anderen Buch, in dem ich die Ergebnisse dieses Suchens – die von mir ausgearbeiteten Methoden der schauspielerischen Arbeit und die Wege dazu – wiedergeben will.

April 1925   K. Stanislawski

Vorwort zur zweiten Ausgabe

Die zweite Ausgabe meines Buches unterscheidet sich im wesentlichen kaum von der früheren: es wurden lediglich einige im Text vorkommende Nachlässigkeiten und Ungenauigkeiten korrigiert. Die Illustrationen, mit denen der Verlag »Academia« das Buch zu versehen wünschte, wurden von Frau L.J.Gurewitsch und den Mitarbeitern des MChT-Museums, die keinen Zeit- und Kraftaufwand scheuten, ausgesucht und zusammengestellt. Dafür gebührt ihnen mein aufrichtigster Dank. Zu besonderer Dankbarkeit bin ich Frau L.J.Gurewitsch verpflichtet, die alle für mich ungewohnten Arbeiten zur Vorbereitung des Buches zum Druck sowohl bei der ersten als auch bei der zweiten Ausgabe auf sich genommen und mir damit einen wahren Freundesdienst erwiesen hat.

19.Oktober 1928   K.Stanislawski

Die Kindheit
des Künstlers

Starrsinn

Ich wurde in Moskau im Jahre 1863 geboren – an der Grenze zweier Epochen. Ich kenne noch die Überbleibsel der Leibeigenschaft, kenne Talglichter und Carcel-Lampen, Reisekutschen, Dormeusen und Kurierpost, Steinschloßflinten und kleine Kanonen, die wie Spielzeug aussahen. Vor meinen Augen entstanden in Rußland Eisenbahnen mit Kurierzügen, man erfand Flußdampfer, elektrische Scheinwerfer, Automobile, Flugzeuge, Dreadnoughts, U-Boote, Telephone mit und ohne Draht, den Telegraphenfunk, Zwölfzoll-Geschütze. Kurzum: vom Talglicht zum elektrischen Scheinwerfer, von der Reisekutsche zum Flugzeug, vom Segelboot zum U-Boot, von der Kurierpost zum Telegraphenfunk, von der Steinschloßflinte zur »Dicken Bertha« und von der Leibeigenschaft zum Bolschewismus und Kommunismus. Ein vielgestaltiges Leben, wahrhaftig, das sich mehrmals von Grund auf veränderte.

Mein Vater, Sergej Wladimirowitsch Alexejew, reinblütiger Russe und Moskauer, war Fabrikant und Industrieller. Meine Mutter, Jelisaweta Wassiljewna Alexejewa, väterlicherseits Russin, mütterlicherseits Französin, war die Tochter der seinerzeit bekannten Pariser Schauspielerin Varley, die zu einem Gastspiel nach Petersburg gekommen war. Sie heiratete Wassili Abramowitsch Jakowlew, einen reichen Besitzer von Steinbrüchen in Finnland, der die Alexander-Säule auf dem ehemaligen Palais-Platz gestiftet hat. Die Schauspielerin Varley ließ sich bald von ihm scheiden, wobei sie ihm zwei Töchter hinterließ: meine Mutter und meine Tante. Jakowlew heiratete eine andere, eine Frau B., Türkin mütterlicherseits und Griechin väterlicherseits, der er die Sorge um die Erziehung seiner Töchter übertrug. Ihr Haus wurde aristokratisch geführt. Den höfischen Stil hatte die neue Frau Jakowlews offenbar von ihrer türkischen Mutter, einer einstmaligen Sultansfrau, geerbt. Der alte B. hatte sie aus einem Harem entführt und in einer Kiste versteckt, die als gewöhnliches Reisegepäck aufgegeben worden war. Nach der Ausfahrt des Schiffes wurde die Kiste geöffnet und die Gefangene freigelassen. Die Jakowlewa wie auch ihre Schwester, die meinen Onkel heiratete, liebten das mondäne Leben; sie gaben Diners und Bälle.

In den 60er und 70er Jahren hat ganz Moskau und Petersburg getanzt. In der Saison wurden täglich mehrere Bälle gegeben, so daß die jungen Leute am selben Abend in zwei oder drei Häusern sein konnten. Es waren wahre Festzüge, wenn die Gäste kamen, mit eigener Dienerschaft in Gala-Livreen auf den Böcken und auf dem Tritt. Vor dem Haus, auf der Straße, wurde um Lagerfeuer herum das Essen für die Kutscher aufgestellt. In den unteren Etagen richtete man das Abendessen für die Lakaien an. Alles führte mit Blumen geschmückte Festkleider aus. Die Damen trugen Brust und Hals voller Brillanten, und wem anderer Leute Reichtümer keine Ruhe ließen, der rechnete ihren Wert aus. Wer mit dieser Pracht nicht mithalten konnte, war unglücklich und schämte sich geradezu seiner Armut. Die reichsten Damen gingen erhobenen Hauptes und fühlten sich als die Königinnen des Balls. Kotillons mit den ausgefallensten Figuren, mit reichen Geschenken und Preisen für die Tanzenden dauerten bis zu fünf Stunden ohne Pause. Meistens endete das Tanzen erst bei Tagesanbruch, die jungen Leute schlüpften in die Dienströcke und begaben sich gleich vom Ball ins Kontor oder in die Kanzlei.

Mein Vater und meine Mutter mochten das mondäne Leben nicht und fuhren nur in Ausnahmefällen aus. Sie waren gern zu Haus. Die Mutter verbrachte ihre Zeit im Kinderzimmer, indem sie sich uns, ihren Kindern, widmete, und es waren ihrer zehn.

Der Vater schlief bis zum Tag seiner Hochzeit in einem Bett mit meinem Großvater, dessen patriarchalische Lebensweise ihm vom Urgroßvater – einem Jaroslawer Gemüsebauern – überkommen war. Nach der Heirat konnte er in sein Ehebett überwechseln, in dem er bis ans Lebensende schlief; da ist er auch gestorben.

Meine Eltern waren ineinander verliebt, in der Jugend wie im Alter. Genauso verliebt waren sie in ihre Kinder, die sie gern in ihrer Nähe sahen. Aus meiner Frühgeschichte ist mir am deutlichsten die Taufe in Erinnerung – eine Einbildung freilich, geschöpft aus den Erzählungen der Amme. Eine andere deutliche Erinnerung aus jener fernen Vergangenheit bezieht sich auf meinen ersten Bühnenauftritt. Das war in unserem Ferienhaus auf dem Gut Ljubimowka, dreißig Werst von Moskau an der Station Tarassowka der Jaroslawer Eisenbahn. Die Vorstellung fand in einem kleinen Nebengebäude statt, das im Hof der Besitzung stand. Im Türbogen des halbverfallenen Häuschens war eine kleine Bühne mit einem Vorhang aus Decken eingerichtet. Für gewöhnlich wurden »Die vier Jahreszeiten« als lebende Bilder aufgeführt. Ich, ein drei- oder vierjähriges Kind, stellte den Winter dar. Wie immer bei solchen Gelegenheiten stand in der Mitte der Bühne eine kleine Tanne, um die Watte gelegt wurde. Eingewickelt in einen Fellmantel, eine Pelzmütze auf dem Kopf und mit einem langen weißen Bart, dessen Schnurrbart ständig hochrutschte, saß ich auf dem Fußboden und begriff nicht, wohin ich zu schauen und was ich zu tun hatte. Das peinliche Gefühl sinnlosen Untätigseins auf der Bühne habe ich wohl schon damals unbewußt empfunden, und seit der Zeit bis auf den heutigen Tag fürchte ich nichts so sehr auf der Bühne als dieses Gefühl. Nach dem Applaus, über den ich mich sehr freute, betraute man mich als Draufgabe mit einer anderen Pose. In einem Reisighaufen, der ein Feuer darstellte, wurde eine Kerze angezündet, man gab mir ein Stück Holz in die Hand, und ich mußte so tun, als steckte ich es ins Feuer.

»Verstehst du? Nur so tun, aber nicht richtig!« wurde mir erklärt.

Dabei wurde mir strengstens verboten, das Holz ans Feuer zu halten. Das erschien mir alles sinnlos. »Warum nur so tun, wo ich doch das Holz richtig ins Feuer legen kann?«

Als der Vorhang wieder aufging, streckte ich voller Erwartung und Neugier die Hand mit dem Holzstück dem Feuer entgegen. Mir schien, es sei eine durchaus natürliche und logische Handlung, die einen Sinn hat. Noch natürlicher war, daß die Watte Feuer fing und ein Brand ausbrach. Alles geriet in Aufregung, schrie durcheinander. Ich wurde gepackt und über den Hof ins Haus, ins Kinderzimmer gebracht, und ich weinte bitterlich.

Seit jenem Abend weiß ich, welche Freude der Erfolg bereitet, sinnerfülltes Wirken auf der Bühne überhaupt, aber auch, welche Pein es ist, durchzufallen oder vor der Zuschauermenge sinnlos herumzusitzen.

Kurzum, mein Debüt endete kläglich, und zwar wegen meines Starrsinns, der zeitweise, besonders in der frühen Kindheit, beträchtliche Ausmaße erreichte. Dieser mir angeborene Starrsinn übte sowohl schlechten als auch guten Einfluß auf mein Leben als Künstler aus. Darum gehe ich auf ihn ein. Ich habe viel mit ihm zu kämpfen gehabt, und in mir sind so manche Erinnerungen an diesen Kampf noch lebendig.

Einmal trieb ich beim Morgentee irgendwelchen Unfug, und Vater wies mich zurecht. Unüberlegt antwortete ich ihm darauf mit einer Grobheit, ohne es eigentlich böse zu meinen. Vater lachte nur. Weil mir keine Antwort einfiel, schämte ich mich und wurde mir selber böse. Um meine Verlegenheit zu verbergen und dem Vater zu zeigen, daß ich ihn nicht unbedingt fürchte, verfiel ich auf eine unsinnige Drohung. Ich weiß selber nicht, wie sie mir von der Zunge kam:

»Dann lasse ich dich nicht zu Tante Vera.«

»Unsinn!« sagte der Vater. »Wie willst du mich nicht lassen?«

Ich begriff, daß ich eine Dummheit gesagt hatte, und geriet in noch größeren Zorn über mich. Meine Stimmung verfinsterte sich, ich wurde störrisch und merkte es selber nicht, wie ich zum zweiten Mal sagte:

»Dann lasse ich dich nicht zu Tante Vera.«

Vater zuckte die Achsel und schwieg. Das empfand ich als kränkend. Man will mit mir nicht sprechen! Nun, das wollen wir doch mal sehen!

»Dann lasse ich dich nicht zu Tante Vera! Dann lasse ich dich nicht zu Tante Vera!« wiederholte ich beharrlich und beinah schon unverschämt immer denselben Satz in den verschiedensten Variationen und Intonationen.

Vater hieß mich aufzuhören, und eben darum sagte ich klar und deutlich:

»Dann lasse ich dich nicht zu Tante Vera!«

Vater las weiter in der Zeitung. Doch seine Gereiztheit ist mir nicht entgangen.

»Dann lasse ich dich nicht zu Tante Vera. Dann lasse ich dich nicht zu Tante Vera!« leierte ich aufdringlich und stumpfsinnig, unfähig, mich der bösen Macht zu widersetzen, die mich antrieb. Ich fühlte mich ohnmächtig ihr gegenüber und fing an, sie zu fürchten.

»Dann lasse ich dich nicht zu Tante Vera!« sagte ich nach einer Pause, gegen meinen Willen, ich konnte mich nicht beherrschen.

Vater begann zu drohen, doch ich wiederholte immer lauter und hartnäckiger, gleichsam dem Trägheitsgesetz folgend, denselben dummen Satz. Vater klopfte mit dem Finger auf den Tisch, und ich wiederholte seine Geste zusammen mit dem leidigen Satz. Vater stand auf, ich auch, und wieder mit demselben Refrain. Vater fing fast an zu schreien (was ihm sonst nie passiert war), und ich tat dasselbe, mit einem Zittern in der Stimme. Vater nahm sich zusammen und sprach sanft auf mich ein. Ich weiß noch, daß mich das sehr berührte, und ich wollte aufgeben. Doch ich wiederholte gegen meinen Willen denselben Satz, nun in sanftem Ton, was ihm einen Anflug von Hohn verlieh. Vater warnte mich, er werde mich in die Ecke stellen. Im gleichen Ton wiederholte ich meinen Spruch.

»Ich lasse dich nicht zum Mittagstisch«, sagte Vater etwas strenger.

»Dann lasse ich dich nicht zu Tante Vera!« sagte ich schon verzweifelnd in Vaters Ton.

»Kostja, besinne dich, was du tust!« rief Vater und warf die Zeitung auf den Tisch.

Mein Innerstes war dermaßen entflammt, daß ich die Serviette auf den Tisch schleuderte und aus vollem Halse brüllte:

»Dann lasse ich dich nicht zu Tante Vera!«

»So wird es wenigstens eher ein Ende haben«, dachte ich.

Vaters Gesicht erglühte, die Lippen zitterten, doch er faßte sich sofort und ging rasch aus dem Zimmer, nachdem er mir den furchtbaren Satz zugeworfen hatte:

»Du – bist nicht mein Sohn.«

Kaum war ich allein als Sieger zurückgeblieben, fiel alles Bockige von mir ab.

»Papa, verzeih, ich tu's nicht wieder!« schrie ich, tränenüberströmt, ihm nach. Doch der Vater war weit und hörte nichts von meiner Reue.

Ich erinnere mich aller Stufen meiner damaligen kindlichen Ekstase, so als wäre es heute, und bei dieser Erinnerung verspüre ich aufs neue den herzbeklemmenden Schmerz.

Ein anderes Mal, bei einem ähnlichen Anfall von Starrsinn, war ich der Unterlegene. Eines Tages prahlte ich beim Abendessen drauflos und sagte, ich hätte keine Angst, den Rappen – einen bösartigen Hengst – aus Vaters Pferdestall herauszuführen.

»Na ausgezeichnet«, scherzte der Vater. »Nach dem Essen ziehen wir dir den Fellmantel und die Filzstiefel an, und da zeigst du uns deine Furchtlosigkeit.«

»Tu ich auch, ich führe ihn raus« – versteifte ich mich.

Die Brüder und Schwestern fingen an, mich zu reizen, sie nannten mich einen Angsthasen und brachten reichlich kompromittierendes Material vor. Je unangenehmer mir diese Enthüllungen wurden, desto störrischer wiederholte ich in meiner Beschämung:

»Aber – ich habe keine Angst! Und – ich führe ihn raus!«

Mein Starrsinn war wieder einmal so weit gegangen, daß mir ein Denkzettel verpaßt werden mußte. Man brachte mir Fellmantel, Stiefelchen, Kapuze und Handschuhe; man zog mich an, führte mich auf den Hof und ließ mich dort allein, um angeblich vor dem Haupteingang zu warten, bis ich mit dem Rappen käme. Mich umgab dichte

17

Finsternis, die um so schwärzer erschien, als die großen Saalfenster vor mir leuchteten – dort oben, von wo aus man mich wahrscheinlich beobachtete. Erstarrt biß ich in den Handschuh, um mich durch Anspannung und Schmerz von allem um mich herum abzulenken. Nicht weit von mir hörte ich Schritte, eine Tür knarrte und fiel ins Schloß. Das muß der Kutscher gewesen sein, der zu eben dem Rappen ging, den herauszuführen ich versprochen hatte. Ich stellte mir ein großes rabenschwarzes Pferd vor, das mit dem Huf auf den Boden schlägt, sich aufbäumt und drauf und dran ist, vorwärts zu stürzen und mich mitzureißen. Freilich, hätte ich mir das Bild vorher, beim Essen, vorgestellt, hätte ich mich gehütet zu prahlen. Aber da war es von selbst herausgerutscht, und widerrufen wollte ich nicht – es wäre eine Blamage. Und da wurde ich verbissen. So philosophierte ich in der Dunkelheit, eigentlich um mich abzulenken und nicht nach links und nach rechts zu schauen, wo es gar zu finster war.

»Ich werde hier so lange stehenbleiben, bis sie es selbst mit der Angst zu tun kriegen und mich suchen kommen«, dachte ich mir.

Jemand schrie kläglich auf, und ich versuchte, die Geräusche um mich herum auseinanderzuhalten. Es gab unzählige! Eines gruseliger als das andere! Da schleicht etwas heran! Immer näher! Ein Hund? Eine Ratte? … Ich machte ein paar Schritte zur Nische hin, die in der Wand vor mir war. In diesem Augenblick krachte etwas in der Ferne. Was war das? Noch einmal! Und jetzt wieder, ganz nahe!? … Vielleicht war es der Rappe, der mit dem Huf an die Stalltür schlug, oder eine Kutsche, die über Schlaglöcher polterte? Und was ist das für ein Zischen? … Und Pfeifen? … Mir war, als hätten sich alle schrecklichen Geräusche, die ich jemals gehört hatte, auf einmal belebt und fauchten mich an.

»Au!« – schrie ich auf und sprang in die Nische zurück. Jemand packte mich am Bein. Doch es war nur der Hofhund Roska, mein bester Freund. Nun sind wir zu zweit! So ist es weniger gruselig! Ich nahm ihn auf den Arm, und er fing an, mir das Gesicht mit seiner schmutzigen Zunge abzulecken. Der schwere, starre Fellmantel, fest mit der Kapuze zugebunden, machte es mir unmöglich, das Gesicht zu retten. Ich schob die Hundeschnauze beiseite, und Roska bettete sich zum Schlafen auf meinen Armen, kuschelte sich warm ein und wurde still. Jemand kam rasch aus dem Tor. Vielleicht um mich zu holen? Mein Herz pochte vor Erwartung. Nein, vorbei, in die Kutscherkammer.

»Sie schämen sich jetzt bestimmt sehr. Mich, den Kleinen, bei der Kälte aus dem Haus hinauszuwerfen … wie in den Märchen … Das vergesse ich ihnen nie!«

Aus dem Haus tönten gedämpfte Klavierklänge herüber.

»Spielt da der Bruder?! So als wäre nichts gewesen! Die spielen! Und haben mich vergessen! Wie lange muß ich denn noch hier stehen, bis sie sich meiner erinnern?« Mir wurde Angst und es zog mich ins Wohnzimmer, in die Wärme, an den Flügel.

»Was bin ich bloß für ein Dummkopf! Schöne Einfälle, das! Den Rappen! Idiot!« schalt ich mich und war wütend, weil ich die Dummheit meiner Lage begriff, aus der es keinen Ausweg zu geben schien.

Das Tor quietschte, Pferdehufe trappelten, Wagenräder knirschten über den Schnee. Ein Wagen fuhr vor die Haustür. Die Tür fiel ins Schloß, und die Kutsche fuhr leise in den Hof und wendete.

»Die Cousinen«, fiel mir ein. »Man erwartete sie an diesem Abend. Um nichts in der Welt geh ich jetzt ins Haus. Denen meine Feigheit eingestehen?!«

Der angekommene Kutscher klopfte ans Fenster der Kutscherkammer. Unsere Kutscher kamen heraus, sprachen laut, öffneten dann die Scheune und brachten die Pferde dorthin.

»Ich gehe jetzt mal zu ihnen und bitte, mir den Rappen zu geben. Sie geben ihn mir nicht. Also gehe ich ins Haus und sage, sie geben ihn mir nicht, was nicht einmal gelogen wäre, und so ziehe ich mich geschickt aus der Affäre.«

Ich lebte auf bei dem Gedanken. Ich setzte Roska ab und bereitete mich auf den Gang in den Stall vor.

»Wenn ich nur diesen großen dunklen Hof hinter mir hätte!« Ich machte einen Schritt und blieb stehen, weil eine Droschke gerade auf den Hof kam und ich fürchtete, in der Dunkelheit unters Pferd zu kommen. In diesem Augenblick muß sich eine Katastrophe ereignet haben – was für eine, wußte ich selbst nicht, man konnte in der Dunkelheit ja nichts sehen. Es war wohl so, daß die Pferde von der Kutsche, die in der Scheune untergestellt und angebunden waren, erst zu wiehern, dann zu trappeln anfingen und schließlich ausschlugen. Ich glaube, das Droschkenpferd schlug ebenfalls aus. Jemand raste mit der Kutsche über den Hof. Die Kutscher stürzten heraus, alles brüllte: »Brrr, halt, zurück, nicht loslassen!«

Weiter weiß ich nichts mehr. Ich stand am Haupteingang und läutete die Glocke. Der Pförtner kam sofort und ließ mich ein. Natürlich wußte er Bescheid und hatte mich erwartet. In der Tür des Vorzimmers huschte die Gestalt des Vaters vorbei, und von oben warf die Gouvernante mir einen Blick zu. Ohne mich auszuziehen, setzte ich mich auf einen Stuhl. Meine Rückkehr war für mich selbst eine Überraschung, so daß ich mich zunächst nicht entscheiden konnte: weiter zu bocken und so zu tun, als sei ich nur gekommen, um mich aufzuwärmen und gleich wieder zum Rappen zu gehen, oder ohne Umschweife meine Feigheit einzugestehen und mich geschlagen zu geben. Ich war derart verdrossen über meinen Kleinmut, daß ich mir in der Rolle des Helden und Fürchtenichts selbst unglaubhaft erschien. Außerdem, wem sollte ich die Komödie noch vorspielen, da doch wohl niemand mehr an mich dachte.

»Um so besser! Vergesse ich es auch. Ich ziehe mich aus und trete nach einer Weile ins Wohnzimmer.«

Was ich denn auch tat. Nicht einer hat mich nach dem Rappen gefragt – sicher ein Komplott.

Zirkus

Erinnerungen an die spätere Kindheit haben sich noch tiefer in meine Seele eingegraben. Sie betreffen meine künstlerischen Bedürfnisse und Erlebnisse. Ich brauche mir nur die Bilder aus meinem Kinderdasein zu vergegenwärtigen, schon werde ich wieder jung und verspüre die vertrauten Gefühle.

Der Vorabend und der Morgen eines Feiertags; ein Tag der Freiheit steht bevor. Morgens darf man spät aufstehen, und dann – ein Tag voller Freuden, die unerläßlich sind, um Kraft für die zähe Folge freudloser Schultage und langweiliger Abende zu sammeln. Die Natur verlangt Fröhlichkeit an Feiertagen, und jeder, der sie stört, weckt böse, feindselige Gefühle in unserer Seele; wer sie aber fördert, erzeugt zärtliche Dankbarkeit.

Beim Morgentee geben uns die Eltern bekannt, man müsse heute die Tante besuchen (die langweilig ist wie alle Tanten). Oder noch schlimmer: nach dem Frühstück kommt Besuch, die Vettern und Cousinen, die wir nicht leiden können. Wir erstarren und wissen nicht, was tun. So viel Mühe hat es gekostet, bis zu diesem freien Tag durchzuhalten, und da nimmt man ihn uns weg und macht den ödesten Alltag daraus. Wie will man es dann bis zum nächsten Feiertag schaffen?

Wenn schon der Tag verlorengeht, bleibt als einzige Hoffnung der Abend. Wer weiß, vielleicht hat der Vater, der sich in den kindlichen Bedürfnissen wohl am besten auskennt, schon für eine Loge im Zirkus oder wenigstens im Ballett gesorgt. Notfalls in der Oper. Man würde selbst ein Schauspiel hinnehmen … Für Zirkus- oder Theaterkarten ist der Hausverwalter zuständig. Also fragt man, wo er ist. Weggefahren. In welche Richtung? Nach links oder nach rechts? Wurde den Kutschern befohlen, die Zugpferde (große, kräftige Tiere) im Stall zu lassen? Wenn ja, dann ist es ein gutes Zeichen: das heißt, die große viersitzige Kutsche – die, mit der die Kinder ins Theater gefahren werden – wird benötigt. Sind die Zugpferde tagsüber schon gegangen, dann ist das ein schlechtes Zeichen: da gibt es weder Zirkus noch Theater.

Nun ist aber der Verwalter zurück, geht in Vaters Arbeitszimmer und übergibt ihm etwas aus seiner Brieftasche. Was denn nur, was? Man pirscht sich heran: kaum ist der Vater aus dem Zimmer, rasch zum Schreibtisch. Doch man findet nichts darauf, außer den langweiligen Geschäftspapieren. Das schnürt einem das Herz ab! Entdeckt man aber einen gelben oder roten Zettel, eine Zirkuskarte also, dann pocht das Herz derart, daß man die Schläge hört, und alles ringsum erstrahlt. Dann kommen einem nicht einmal Tante und Vetter so langweilig vor. Im Gegenteil, man kann gar nicht nett genug sein zu den Gästen, damit der Vater abends beim Essen sagen kann:

»Heute haben sich die Jungens so gut um die Gäste gekümmert, waren so lieb zur Tante, daß man ihnen eine kleine (oder auch große!) Freude machen muß. Was meint ihr, was für eine?«

Rot vor Aufregung, die Bissen bleiben im Halse stecken, warten wir darauf, was nun kommt.

Der Vater greift wortlos in die Jackentasche, sucht dort ohne Hast nach etwas, findet es aber nicht. Unfähig, länger zu warten, springen wir auf, stürzen uns auf den Vater, umringen ihn, während die Gouvernante streng ausruft:

»Enfants, écoutez donc ce qu'on vous dit. On ne quitte pas sa place pendant le diner!« (Kinder, hört doch auf das, was ich euch sage. Man verläßt nicht seinen Platz während des Essens!)

Inzwischen greift der Vater in die andere Tasche, sucht dort, holt das Portemonnaie hervor, stülpt die Jackentaschen nach außen – auch hier nichts.

»Verloren!« ruft der Vater, wobei er seine Rolle durchaus überzeugend spielt.

Das Blut stockt uns in den Adern, die Beine sind wie Blei. Wir werden zu unseren Plätzen geführt und setzen uns. Doch wir lassen Vater nicht aus den Augen, versuchen von den Blicken der Brüder und Freunde abzulesen: war das Spaß oder Ernst? Doch da holt Vater etwas aus der Westentasche hervor und sagt mit spitzbübischem Lächeln:

»Da ist es! Ich hab's!« und schwenkt ein rotes Billett.

Nun sind wir nicht mehr zu halten. Wir springen vom Tisch auf, tanzen, stampfen mit den Füßen, schwenken die Servietten, umarmen den Vater, fallen ihm um den Hals und küssen ihn.

Jetzt haben wir neue Sorgen: ja nicht zu spät kommen!

Man ißt, ohne zu kauen, kann das Ende der Mahlzeit nicht erwarten, rennt dann ins Kinderzimmer, reißt sich die Hausjacke vom Leibe und zieht ehrfürchtig die Ausgehjacke an. Dann sitzt man herum und wartet in qualvoller Hoffnung, Vater möge nicht zu spät aufstehen. Nach dem Kaffee legt er sich gern ein wenig hin im leer gewordenen Zimmer. Wie soll man ihn wecken? ... Also läuft man an ihm vorbei, stampft mit den Füßen, läßt irgend etwas fallen oder schreit im Nachbarzimmer, als wüßte man nicht, daß er nebenan ist. Doch Vater hat einen festen Schlaf.

»Wir kommen zu spät! Wir kommen zu spät!« rufen wir aufgeregt und laufen jede Minute zur großen Uhr. »Zur Ouvertüre schaffen wir es nicht mehr, das ist klar!«

Die Zirkusouvertüre verpassen! Wenn das kein Opfer ist!

»Es ist schon um sieben!« rufen wir. Bis Vater aufwacht, sich anzieht – das Rasieren kann ihm auch noch einfallen –, dann ist es bestimmt schon zwanzig nach. Jetzt ist klar, daß nicht nur die Ouvertüre auf dem Spiel steht, sondern auch die erste Nummer des Programms: »Voltige arrêté, ausgeführt von Ciniselli junior«. Was haben wir ihn beneidet!

Der Abend muß gerettet werden. Nun seufzt man jammervoll vor Mutters Zimmer, weil sie uns in diesem Augenblick gütiger erscheint als der Vater. Also seufzen und wehklagen wir, bis die Mutter unser Manöver durchschaut und den Vater wecken geht.

»Wenn du schon die Jungen verwöhnen willst, dann tue es und laß sie nicht zappeln«, sagt sie zum Vater. »Tu l'as voulu, Georges Dandin! Jetzt bist du dran!«

Der Vater steht auf, reckt sich, küßt die Mutter und setzt sich schlaftrunken in Bewegung. Wir aber stürzen Hals über Kopf nach unten, lassen die Kutsche vorfahren und flehen den Kutscher Alexej an, möglichst schnell zu fahren. Wir sitzen in der Kutsche und baumeln mit den Beinen – das erleichtert das Warten: ein Schein von Bewegung immerhin. Aber Vater kommt und kommt nicht. Schon macht sich Feindseligkeit gegen ihn in der Seele breit, von Dankbarkeit nicht die Spur. Endlich ist es soweit. Vater nimmt Platz, die Kutsche setzt sich , mit den Rädern über den Schnee knirschend und auf den Schlaglöchern schaukelnd, sachte in Bewegung. Vor Ungeduld ruckeln wir, um sie anzuschieben. Und dann sind wir überrascht, als die Kutsche hält. Endlich am Ziel!

Nicht nur die zweite, auch die dritte Nummer ist vorbei. Glücklicherweise waren unsere Lieblinge, Moreno, Mariani und Inserti, noch nicht aufgetreten. Und *Sie*, *Sie* auch noch nicht. Unsere Loge ist zufällig am Artisteneingang. Von hier aus kann man verfolgen, was sich hinter den Kulissen, im Alltag dieser unfaßbaren, erstaunlichen

Menschen abspielt, die ständig mit dem Tod leben und spielend ihr Leben riskieren. Sind sie denn nicht aufgeregt vor dem Auftritt? Was, wenn es die letzte Minute ihres Lebens ist!

Doch sie sind ruhig, reden über Nichtigkeiten, über Geld, übers Abendessen. Heroen!

Die Musik spielt die vertraute Polka – *Ihre* Nummer. »Dance de châle« am Boden und auf dem Pferd – Fräulein Elvira. Und da ist sie auch schon. Die Freunde kennen das Geheimnis: das ist meine Nummer, das Fräulein – und ich genieße alle Privilegien: das beste Opernglas, mehr Platz, und jeder flüstert mir einen Glückwunsch zu. In der Tat, sie ist heute ganz reizend. Auf die Bravo-Rufe hin erscheint Elvira noch einmal und läuft in zwei Schritt Entfernung an mir vorbei. Diese Nähe ist schwindelerregend, man will etwas Unerhörtes tun, und schon renne ich aus der Loge, küsse ihr das Kleid und flitze wieder auf meinen Sitz. Wie ein zum Tode Verurteilter sitze ich da, wage nicht, mich zu rühren, und schlucke die Tränen herunter. Die Freunde muntern mich auf, und hinten lacht der Vater:

»Meinen Glückwunsch, jetzt ist's perfekt!« scherzt er. »Kostja ist Bräutigam! Wann ist Hochzeit?«

Die letzte Nummer ist die langweiligste – »Quadrille zu Pferde, ausgeführt von der ganzen Truppe«. Danach beginnt die kommende Woche mit der langen Reihe freudloser, öder Tage, ohne Hoffnung, am nächsten Sonntag wieder herkommen zu können. Mutter erlaubt es nicht, die Kinder zu oft zu verwöhnen. Wo doch der Zirkus der allerbeste Platz auf der ganzen Welt ist!

Um die Freude auszudehnen und etwas länger in den Erinnerungen zu schwelgen, wird eine geheime Zusammenkunft mit dem Freund verabredet:

»Du mußt unbedingt, auf jeden Fall kommen!«

»Was gibt's denn?«

»Komm, wirst schon sehen. Ganz wichtig!«

Am nächsten Tag erscheint der Freund, wir verziehen uns in ein dunkles Zimmer, und ich eröffne ihm ein großes Geheimnis, nämlich, daß ich mich entschlossen habe, wenn ich groß bin, Zirkusdirektor zu werden. Damit es kein Zurück mehr gibt von meinem Versprechen, muß die Entscheidung durch einen Schwur bekräftigt werden. Das Heiligenbild wird von der Wand genommen, und ich schwöre feierlich, daß ich unwiderruflich Zirkusdirektor werde. Dann wird das Programm künftiger Vorstellungen meines Zirkus erörtert. Eine

Liste der Truppe, die sich aus den besten Kunstreitern, Clowns und Jockeys zusammensetzt, wird erstellt.

Um die Wartezeit bis zur Eröffnung meines Zirkus zu überbrükken, beschlossen wir, eine private Hausvorstellung anzusetzen – zu Übungszwecken. Eine provisorische Truppe aus Brüdern, Schwestern und Freunden, unter denen die Nummern und Rollen aufgeteilt werden, wird zusammengestellt.

»In Freiheit dressierter Hengst: Direktor und Dresseur bin ich, du – der Hengst! Dann spiele ich den August, während ihr den Teppich ausbreitet. Danach – die Musik-Clowns.«

Von meinen Rechten als Direktor Gebrauch machend, nahm ich mir die besten Rollen, und man trat sie mir ab, weil ich ja Profi war: ich hatte geschworen, es gab für mich kein Zurück. Die Vorstellung wird auf den kommenden Sonntag angesetzt, zumal keine Aussicht auf Zirkus oder wenigstens Ballett besteht.

In den unterrichtsfreien Stunden und an den Abenden hatten wir auf einmal viel zu tun. Zunächst mußten Eintrittskarten und das Geld, mit dem man sie bezahlt, gedruckt werden. Die Kasse einrichten, das heißt, eine Tür mit der Decke so zuhängen, daß ein kleines Fenster offenbleibt, an dem den ganzen Tag vor der Vorstellung bedient werden muß. Das ist sehr wichtig, denn eine richtige Kasse läßt wohl am wirksamsten die Illusion eines echten Zirkus entstehen. Man muß auch an die Kostüme denken, an die mit dünnem Papier bespannten Reifen, durch die wir beim »pas de châle« springen werden, aber auch an Seile und Stöcke, die als Hürde für die dressierten Pferde dienen sollen; und dann die Musik. Sie war der wundeste Punkt der Vorstellung. Weil nämlich mein Bruder, der allein ein ganzes Orchester ersetzen konnte, äußerst lässig und undiszipliniert war. Er nahm unsere Sache nicht ernst und konnte sich deshalb sonstwas einfallen lassen. Manchmal spielte er eine Weile vernünftig, und plötzlich, vorm versammelten Publikum, legte er sich mitten im Saal lang, die Beine nach oben, und brüllte los:

»Ich will nicht mehr spielen!«

Für eine Tafel Schokolade würde er letzten Endes doch spielen, aber die Vorstellung war durch diesen dummen Streich angeknackst, die »Echtheit« war dahin. Und für uns war das gerade das Wichtigste. Man muß glauben, daß das alles ernst und echt ist, sonst ist es uninteressant.

Publikum kam wenig. Immer dieselben, natürlich, aus dem Haus. Es gibt auf der Welt kein Theater und keinen Schauspieler, wie schlecht sie immer sein mögen, die nicht ihre Verehrer hätten. Sie sind überzeugt, daß außer ihnen niemand das verborgene Talent ihrer Protegés erkennt, der Rest der Menschheit ist eben noch nicht reif dafür. Auch wir hatten unsere Verehrer, die unsere Vorstellungen verfolgten und zu ihrem eigenen (nicht etwa unserem, wohlgemerkt) Vergnügen kamen. Einer von diesen »Eiferern« war Vaters alter Buchhalter, der deshalb einen Ehrenplatz in unserem Zirkus hatte, was ihm sehr schmeichelte.

Um die Arbeit an der Kasse aufrechtzuerhalten, kauften viele von unserem Stammpublikum den ganzen Tag über Karten; sie hätten sie angeblich verloren und kamen dann zur Kasse, den Verlust zu melden. In jedem Fall wurde umständlich ermittelt, man brauchte die Anweisung des Direktors, meine also, und so mußte ich mich von der Arbeit loseisen, zur Kasse kommen und die Ausstellung eines Einlaßscheins verweigern oder genehmigen. Für Einlaßscheine gab es einen besonderen Block mit Nummern und Aufdrucken:

»Cirkus Konstanzio Alexeieff«.

Am Tage der Vorstellung gingen wir schon viele Stunden vor Beginn ans Schminken und Ankleiden. Jacken und Westen wurden zu Fräcken zusammengesteckt. Das Clownskostüm wurde aus einem langen Damenunterhemd gefertigt, das an den Knöcheln zusammengebunden wurde und eine Art Pumphosen ergab. Vaters alter Zylinder wurde für den »Direktor und Dresseur«, also für mich, entliehen; Clownsmützen aus Papier wurden an Ort und Stelle angefertigt. Aus bis zum Knie hochgekrempelten Hosen und nackten Beinen bestanden die Trikots der Zirkusakrobaten. Mit Speck, Puder und roter Beete wurde das Gesicht geweißt, die Wangen und Lippen rot gefärbt, mit Kohle wurden die Augenbrauen und die Dreiecke an den Wangen der Clowns nachgezogen. Die Vorstellung begann ordentlich, doch als der Bruder wieder einmal alles verpatzte, ging das Publikum auseinander; die Vorstellung wurde abgebrochen. In der Seele blieb die Verbitterung, und als Aussicht – eine lange, lange Reihe öder Tage und Abende der bevorstehenden Schulwoche. Und wieder baut man sich eine heitere Perspektive für den kommenden Sonntag auf: diesmal konnte man mit einer Fahrt in den Zirkus oder ins Theater rechnen.

Und es kommt ein neuer Sonntag, und wieder wird gebangt und gemutmaßt im Laufe des Tages, und wieder kommt die Freude zur Tischzeit. Diesmal geht's ins Theater. Das ist ganz etwas anderes als Zirkus. Viel ernster. Diese Expedition leitet Mutter persönlich. Man wäscht uns vorsorglich, zieht uns russische Seidenhemden, Samthosen und Wildlederstiefel an. Über die Hände streift man uns weiße Handschuhe, und dabei wird in aller Strenge angewiesen, daß die Handschuhe nach der Rückkehr aus dem Theater genauso weiß zu sein haben und nicht völlig schwarz wie sonst. Daß wir den ganzen Abend mit gespreizten Fingern und weit vom Körper gestreckten Händen herumlaufen, um uns ja nicht zu beschmutzen, ist klar. Doch plötzlich vergißt man sich und greift nach Schokolade oder dem Theaterprogramm, dessen schwarze große Buchstaben noch druckfeucht sind, oder reibt vor Aufregung den schmutzigen Samt der Logenbrüstung – und sofort verwandelt sich der weiße Handschuh in einen dunkelgrauen mit schwarzen Flecken.

Die Mutter selbst zieht ihr Prachtkleid an und wird unvorstellbar schön. Ich saß gern an ihrer Frisierkommode und beobachtete sie beim Kämmen. Diesmal werden die Kinder der Dienerschaft eingeladen oder die der ärmeren Verwandtschaft. Eine Kutsche reicht nicht aus, und so fahren wir in mehreren Wagen wie zum Picknick. Ein eigens dafür gebautes Brett wird mitgeführt, das auf zwei weit auseinanderstehende Stühle gelegt wird und etwa acht Kindern Platz bietet, die an auf dem Zaun nebeneinandersitzende Spatzen erinnern. Hinten in der Loge sitzen die Ammen, Gouvernanten und Zimmermädchen, im Vorraum bereitet uns die Mutter etwas zum Naschen für die Pause vor und gießt den in besonderen Flaschen mitgebrachten Tee ein. Gleich eilen Bekannte zu ihr, um uns zu bewundern. Wir werden vorgestellt, doch wir sehen niemanden in diesem riesigen Raum unseres goldenen Abgotts – des Bolschoi Theaters. Der Geruch von Gas, mit dem damals Theater und Zirkus beleuchtet wurden, hatte eine magische Wirkung auf mich. Dieser Geruch, verbunden mit meinen Vorstellungen vom Theater und den darin empfangenen Wonnen, berauschte mich und ließ eine starke Erregung in mir aufsteigen.

Der ungeheure Saal mit der tausendköpfigen Menge, die sich unten, oben und auch über die Seiten ausbreitete, das unaufhörliche Rauschen von Menschenstimmen vor Beginn der Vorstellung und in den Pausen, das Stimmen der Musikinstrumente, der langsam dunkel werdende Saal und die ersten Töne des Orchesters, der hinauffliegende Vorhang, die riesige Bühne, auf der Menschen winzig erscheinen; Versenkungen, Feuer, das tobende Meer aus bemalter Leinwand, das untergehende Attrappenschiff, dutzende großer und kleiner Fontänen mit richtigem Wasser, auf dem Meeresgrund schwimmende Fische, ein gewaltiger Wal – das alles ließ mich rot und blaß werden, Schweiß und Tränen vergießen und erschauern, besonders wenn die entführte Ballett-Diva den grimmigen Korsaren anflehte, sie freizulassen. Ich mochte Ballett, Märchen und romantische Fabeln. Gut fand ich auch Verwandlungen, Zerstörungen und Vulkaneruptionen: die Musik dröhnt, es prasselt und kracht. Das kann man sehr wohl mit dem Zirkus vergleichen. Das Langweiligste und Überflüssigste im Ballett waren nach meiner damaligen Ansicht die Tänze. Die Tänzerinnen gehen für den Anfang der Nummer in Position, und schon ist mir langweilig. Keine von ihnen konnte sich mit Fräulein Elvira aus dem Zirkus messen.

Aber es gab auch Ausnahmen. Die Primaballerina war zu der Zeit eine gute Bekannte von uns, die Frau eines Freundes von meinem Vater. Das Bewußtsein, mit einer Berühmtheit bekannt zu sein, die auf einer Bühne wie der des Bolschoi Theaters auftritt und zum Mittelpunkt der Aufmerksamkeit von zweitausend Zuschauern wird, erfüllte mich mit Stolz. Sie, die von allen aus der Ferne bewunderte, konnte ich nah sehen, mit ihr sprechen. Niemand weiß zum Beispiel, welche Stimme sie hat – aber ich. Niemand weiß, wie sie lebt, wie ihr Mann aussieht, ihre Kinder – aber ich. Auch jetzt wieder: für alle anderen ist sie die »Jungfrau der Hölle« – eine Ballett-Figur und weiter nichts, für mich aber ist sie außerdem eine Bekannte. Darum brachte ich ihren Tänzen Ehrerbietung entgegen. Beim Auftritt des Ensembles war ich damit beschäftigt, einen anderen Bekannten unter den über die Bühne Schnellenden zu finden, meinen Tanzlehrer. Und ich wunderte mich immer wieder, wie er alle Sprünge, Pas und Bewegungen im Gedächtnis behielt. Während der Pausen war es das größte Vergnügen, die riesigen Korridore, Säle und unzähligen Foyers entlangzulaufen, in denen dank der guten Akustik unser Getrappel als Echo von der Decke widerhallte.

Manchmal führten wir an Wochentagen aus dem Stegreif ein Ballett auf. Einen Sonntag dafür zu verschwenden schien uns eine Zumutung. Er gehörte voll und ganz dem Zirkus. Unsere Gouvernante, I. A. Kukina, war Ballettmeister und Musiker, wir spielten und tanzten zu ihrem Gesang. Das Ballett hieß »Die Najade und der Fischer«, ich habe es nicht gemocht, weil man Liebe spielen und sich küssen mußte. Ich schämte mich. Jemanden erschlagen, retten, zum Tode verurteilen oder begnadigen, ja. Doch das Hauptübel: in das Ballett wurde ein Tanz eingefügt, den wir mit dem Lehrer einüben mußten. Das roch nach Unterricht und erzeugte Widerwillen.

Puppentheater

Nach langwierigen Mühen und Qualen sind mein Freund und ich zur Überzeugung gekommen, daß eine weitere Arbeit mit den Laien (so nannten wir den Bruder, die Schwestern und alle übrigen außer uns) weder im Zirkus noch im Ballett möglich ist. Außerdem geht bei einer solchen Führung des Unternehmens das Wichtigste verloren, was es im Theater gibt: Dekorationen, Effekte, Versenkungen, Meer, Feuer und Gewitter. Wie will man sie in einem einfachen Raum mit Bettlaken, Decken, echten Palmen und Blumen, die im Zimmer stehen, wiedergeben? Es wurde darum beschlossen, echte Schauspieler gegen solche aus Pappe auszutauschen und an die Einrichtung eines Puppentheaters mit Dekorationen, Effekten und sonstigen Theatertricks zu gehen. Hier kann man auch eine Kasse einrichten und Karten verkaufen.

»Versteh doch: das ist kein Verrat am Zirkus«, sagte ich in meiner Eigenschaft als künftiger Zirkusdirektor, »das ist eine bittere Notwendigkeit.«

Allerdings erforderte das Puppentheater Ausgaben: man brauchte einen großen Tisch, der in der breiten Tür aufgestellt werden konnte. Oben und unten, das heißt, ober- und unterhalb des Portals, wurden die Öffnungen mit Laken verdeckt. Das Publikum saß auf diese Weise in einem Zimmer, dem Zuschauerraum; im anderen Zimmer, das mit dem ersten durch die Tür verbunden war, befand sich die Bühne und die Kulissenwelt. Dort arbeiteten wir – die Schauspieler, Dekorateure, Bühnenmeister und Erfinder aller möglichen Effekte. Dazu eignete sich sogar der ältere Bruder, ein blendender Zeichner mit einem Sinn für Tricks. Seine Mitwirkung war auch deshalb wichtig, weil er manchmal Geld hatte, und wir brauchten Umlaufkapital. Ein Schreiner, den ich fast schon seit meiner Geburt kannte, da er regelmäßig in unserem Haus zu tun hatte, erbarmte sich unser, gewährte uns Rabatt und Ratenzahlung. »Bald ist Weihnachten«, redeten wir auf ihn ein, »und dann kommt Ostern. Man schenkt uns Geld, und dann zahlen wir.«

Solange der Tisch gebaut wurde, machten wir uns an die Dekorationen. In der ersten Zeit mußten wir sie auf Packpapier malen; es riß und knitterte, aber wir verzagten nicht, denn später, wenn wir reich geworden sind (die Vorstellungen werden mit richtigem Silbergeld bezahlt, 10 Kopeken die Karte), werden wir Pappe kaufen und das bemalte Packpapier daraufkleben. Die Eltern um Geld zu bitten war uns zu unsicher – vielleicht finden sie, daß diese Unternehmung uns vom Unterricht ablenkt. Seitdem fühlten wir uns als Manager, Regisseure und Direktoren des neuen Theaters, das nach unserem Plan aufgebaut wurde. Unser Leben war ausgefüllt, jede Minute mußte etwas bedacht oder gemacht werden.

Nur die verfluchte Paukerei stand allem im Wege. In der Schublade des Tischs war immer eine Arbeit für's Theater versteckt – eine Puppe, die bemalt werden mußte, ein Teil der Dekoration – Strauch oder Baum – oder Entwurf und Plan einer neuen Inszenierung. Auf dem Tisch das Lehrbuch, in der Schublade die Dekoration. Verließ der Lehrer das Zimmer, kam die Dekoration prompt auf den Tisch und wurde mit dem Buch verdeckt oder einfach zwischen die Seiten gesteckt. Kam der Lehrer wieder, drehte ich die Seite um – und weg war sie. Auf den Rändern von Heften und Büchern wurden Arrangements entworfen. Da soll einer beweisen, daß es ein Plan war und keine geometrische Zeichnung.

Wir inszenierten zahlreiche Opern und Ballette, genauer gesagt, einzelne Akte daraus. Wir bevorzugten Szenen mit Katastrophen. Zum Beispiel den Akt aus dem »Korsaren« mit dem am Tage ruhigen und in der Nacht tobenden Meer, dem untergehenden Schiff und den sich schwimmend rettenden Helden, dann das Erstrahlen des Leuchtturmlichts, die Rettung, Mondaufgang, Gebet und Sonnenaufgang. Oder aus dem »Don Juan« den Akt mit dem Erscheinen des Komturs, der Höllenfahrt Don Juans mit der Flamme aus der Luke (erzeugt mit Kinderpuder), dem zusammenstürzenden Haus, das die Bühne in eine glühende Hölle verwandelte, in der Feuer und Rauchschwaden die Hauptrolle spielten. Manchmal verbrannte diese Dekoration und mußte durch eine neue ersetzt werden. Wir führten ein Ballett unter dem Titel »Robert und Bertram« auf – zwei Diebe, die eines Nachts aus dem Gefängnis ausbrechen und anschließend durch die Fenster bei den Bürgern einsteigen. Diese Vorstellungen waren voll ausverkauft. Einige kamen, damit wir die Lust nicht verloren, andere zu ihrem eigenen Vergnügen.

Unser treuer Anhänger – der alte Buchhalter – zerriß sich fast, um Werbung für unser neues Theater zu machen. Er brachte die ganze Familie samt Verwandten und Bekannten mit. Wir mußten für die Kasse keine Arbeit mehr suchen: es gab davon genug, aber noch mehr – hinter den Kulissen. Deshalb wurde die Kasse erst kurz vor Beginn der Vorstellung aufgemacht, als Abendkasse gewissermaßen. Einmal mußten wir wegen des großen Andranges aus dem kleinen ins große Zimmer ziehen, doch wurde unsere Geldgier bestraft: die künstlerische Seite der Vorstellung litt darunter.

Kunst muß uneigennützig gemacht werden, entschieden wir.

Nun waren wir sonntags auch ohne Zirkus oder Theater frohgemut. Und stellte man uns vor die Wahl zwischen dem einen und dem anderen, zogen wir sogar das letztere vor. Nicht weil wir untreu geworden wären, sondern weil unsere Puppenspielbelange es erforderten, ins Theater zu fahren, sich neue Inszenierungen anzusehen, zu lernen und neues Material für unsere Puppenspielkunst zu sammeln.

Die Spaziergänge zwischen den Unterrichtsstunden bekamen ebenfalls neuen Sinn. Früher waren wir auf den Kusnezki Most gegangen, um Fotos von Zirkusartisten zu kaufen. Wir achteten stets darauf, ob es nicht neue, in unserer Sammlung noch fehlende Bilder gibt. Für unser Puppentheater mußten wir alle möglichen Materialien ausfindig machen und während unserer Spaziergänge besorgen. Nun waren wir nicht mehr zu faul dazu wie früher. Wir kauften die verschiedensten Bilder, Bücher mit Landschaften und Kostümen, die uns bei der Anfertigung von Dekorationen oder Puppenfiguren nützlich waren. Das waren die ersten Bücher einer künftigen Bibliothek.

Italienische Oper

Schon in der frühen Kindheit führte man mich und meinen Bruder in die italienische Oper, doch wir schätzten diese Ausfahrten nicht besonders. Die Opernvorstellungen waren sozusagen außerhalb des Programms, und wir baten, sie nicht zu unseren eigentlichen Genüssen – Zirkus beispielsweise – hinzuzurechnen. Die Musik langweilte uns. Ich bin dennoch meinen Eltern sehr dankbar, daß sie uns schon als Kinder Musik hören ließen. Ich bin sicher, daß das mein Gehör, meinen Geschmack, aber auch das Auge geschult und es an das Schöne im Theater herangeführt hat. Wir hatten ein Anrecht für die ganze Saison, das heißt, für 40 bis 50 Vorstellungen. Wir saßen in einer Parkettloge, nahe an der Bühne. Die Eindrücke von der italienischen Oper haben sich mir mit besonderer Schärfe eingeprägt und sind auch heute noch stärker als die vom Zirkus. Ich glaube, das liegt daran, daß diese Eindrücke eine ungeheuere Kraft hatten, die mir damals nicht bewußt war. Ich nahm sie mit dem gesamten Organismus auf, nicht nur geistig, sondern auch körperlich. Ich habe diese Eindrücke erst später, aus der Erinnerung, verstehen und schätzen gelernt. Zirkus war für das Kind Belustigung, Ausgelassenheit; im reiferen Alter verlor es seine Bedeutung, so daß ich es vergaß.

Für die italienische Oper wie auch für französisches und deutsches Theater wurde in St. Petersburg viel Geld ausgegeben: man engagierte erstklassige Schauspieler aus Frankreich und die besten Opernsänger aus aller Welt.

Zu Beginn der Saison wurden Plakate gedruckt, in denen das Ensemble bekanntgegeben wurde – fast ausschließlich Weltstars: Adelina Patti, Lucca, Nilsson, Volpini, Artôt, Viardot, Tamberlick, Mario, Stanio, später dann Masini, Cotogni, Padilla, Bagagiolo, Giamet, Sembrich, Watam.

Ich erinnere mich an zahlreiche Opernaufführungen mit Spitzenbesetzung. Im »Barbier von Sevilla« Rossinis zum Beispiel: Rosina – Patti oder Lucca; Almaviva – Nicolini, Capoul, Masini; Figaro – Cotogni, Padilla; Don Basilio – Giamet; Bartolo – der berühmte Komiker und Baß-Buffo Bossi. Ich weiß nicht, ob andere Städte Europas sich solchen Luxus je erlaubt haben!

Die Eindrücke von diesen Vorstellungen sind nicht nur akustisch und visuell geblieben, sondern mein ganzer Körper ist davon durchdrungen. Wenn ich daran denke, stellt sich tatsächlich jener körperliche Zustand wieder ein, den die übernatürlich hohen Töne der Adelina Patti in mir hervorriefen. Das war reinstes Silber, ihre Koloratur und Technik, ihre Brusttöne verschlugen mir den Atem, und ich konnte mich eines befriedigten Lächelns nicht erwehren. Zugleich prägte sich mir ihre zierliche, wie aus Elfenbein geschnitzte Figur ein.

Ähnliche körperliche Empfindungen von elementarer Kraft hatte ich beim König der Baritone Cotogni und beim Baß Giamets. Ich gerate auch jetzt noch in Erregung, wenn ich daran denke. Ich erinnere mich eines Wohlfahrtskonzerts bei Bekannten. Im nicht sehr großen Salon sangen die beiden Hünen das Duett aus den »Puritanern«. Ihre südliche Leidenschaft füllte den Raum mit Wogen samtener Töne; Giamet mit dem Gesicht eines Mephisto und kräftiger schöner Statur; und Cotogni mit dem gutmütigen offenen Gesicht, einer riesigen Narbe über der Wange – gesund, munter und auf seine Art schön.

Wie tief ich in der Jugend von Cotogni beeindruckt war, zeigt folgende Geschichte. 1911, das heißt, fünfunddreißig Jahre nach Cotognis Aufenthalt in Moskau, war ich in Rom und ging mit einem Bekannten eine enge Gasse entlang. Auf einmal fliegt aus einem oberen Stockwerk ein Ton heraus – breit, klingend, wallend, wärmend und erregend. Und ich empfand aufs neue das vertraute körperliche Gefühl.

»Cotogni!« rief ich aus.

»Ja, er wohnt hier«, bestätigte mein Bekannter. »Wie hast du ihn erkannt?«

»Ich habe ihn gefühlt«, antwortete ich. »So etwas vergißt sich nie.«

Körperliche Erinnerungen ähnlicher Art habe ich auch an die Tongewalt der Baritone Bagagiolo, Graziani, an den dramatischen Sopran der Artôt und der Nilsson, später von Tamagno. Körperlich erinnere ich mich auch an das zauberhafte Timbre der Lucca, der Volpini und des jungen Masini.

Doch es gibt noch Eindrücke anderer Art, die ich bewahrt habe, obwohl ich scheinbar zu jung war, um sie schätzen zu können. Es waren Erlebnisse eher ästhetischen Charakters. Ich erinnere mich an die völlig einmalige Gesangsmanier des nahezu stimmlosen Tenors

Nandin, wohl des besten Vokalisten älterer Schule, den ich je gehört habe. Er war alt und häßlich, doch zogen wir Kinder ihn anderen, jüngeren Sängern vor. Dann erinnere ich mich an die außerordentlich ausgefeilte Phrasierung und Diktion (in dem mir als Kind unverständlichen Italienisch) des Baritons Padilla in der Don-Giovanni-Serenade Mozarts oder im »Barbier von Sevilla«. Das alles wurde von uns in der Kindheit stark und organisch empfunden, doch erst später eigentlich geschätzt. Ebensowenig vergesse ich das genau ausgefeilte, elegante und rhythmische Spiel des Tenors Capoul (dem wir herrliche Rollen und die seinerzeit Mode gewordene Frisur verdanken).

Zur Beschämung unserer Musikliebhaber sei gesagt, daß sie diesen Luxus nur mit geringer Beachtung würdigten. Sie führten auch die mondäne Unart ein, mit großer Verspätung ins Theater zu kommen, sich geräuschvoll hinzusetzen und zu schwatzen, während die großen Sänger an den silbernen Tönen feilten oder durch feinstes Pianissimo den Atem anhalten ließen. Diese Arroganz erinnert an ein aufgeblasenes Stubenmädchen, das es für Noblesse hält, über alles und jedes zu mäkeln.

Es gab noch üblere Sitten. Einige Klubmitglieder, die ein Anrecht für die italienische Oper hatten, spielten die ganze Vorstellung über Karten, sie erschienen nur, um das »Ut diez« eines berühmten Tenors zu hören. Zu Beginn des Akts waren die ersten Reihen noch leer, doch kurz vor der berühmten Stelle kamen Lärm und Geschwätz auf, Stühle knarrten. Das war der Einzug der »Kenner« – der Clubmen. War die Stelle genommen und auf Verlangen des Publikums hin einigemal wiederholt, entstanden erneut Lärm und Geklapper – die Klubmitglieder gingen, ihre Kartenpartie zu Ende spielen. Geschmacklose, leere Leute, ohne Sinn für Kunst.

Leider verfiel die Gesangskunst vor meinen Augen, das Geheimnis der Stimmausbildung, des Belcanto und der Diktion ging verloren. Ende des vorigen Jahrhunderts wurde Moskau erneut von einer Manie für die italienische Oper ergriffen. Die Privatoper des berühmten Mäzens S. I. Mamontow versammelte die besten ausländischen Sänger. Viele von ihnen erwiesen sich als begabte Leute, ja sogar als Künstler. Doch löschten die Erinnerungen an Phänomene wie Patti, Lucca, Cotogni und andere alle späteren Eindrücke aus. Schaljapin ausgenommen, er ist der Gipfel, weitab von allen anderen. Doch es gab noch mehr Ausnahmen. Zum Beispiel das spontane Stimmaterial des berühmten Tenors Tamagno. Vor seinem ersten

Auftritt in Moskau hat man wenig Reklame für ihn gemacht. Ein guter Sänger wurde erwartet – mehr nicht. Tamagno erschien als Othello mit seiner gewaltigen Figur und schlug sofort zu mit einer alles niederschmetternden Stimme. Wie ein Mann prallte die Menge instinktiv zurück, so als wollte sie sich vor der Druckwelle schützen. Und als es schließlich auf »Muselma-a-nn« wie aus einem Vulkan ausbrach, verlor das Publikum für einige Minuten das Bewußtsein. Wir sprangen alle auf. Bekannte suchten sich mit den Augen, Unbekannte wandten sich an Unbekannte mit ein und derselben Frage: »Haben Sie das gehört? Was war das?« Das Orchester setzte aus, Verwirrung auf der Bühne. Dann kam die Menge plötzlich zu sich, strömte an die Rampe und schrie außer sich vor Begeisterung »da capo«. Bei seinem nächsten Besuch sang Tamagno im Bolschoi Theater. Die Eröffnung fiel auf den Zarengeburtstag, und so wurde vor Beginn die Hymne gespielt. Während Orchester, Chor und alle Solisten bis auf Tamagno auf der Vorderbühne aus voller Brust sangen und fortissimo spielten, flog von hinten ein durch nichts aufzuhaltender Ton und überdeckte alle Solisten mitsamt Chor und Orchester. Man konnte und wollte nichts anderes hören. Das war der hinter dem Chor versteckte Tamagno. Er war ein mittelmäßiger Musiker, intonierte und sang oft falsch, kam aus dem Takt und aus dem Rhythmus, war ein schlechter Schauspieler. Doch er war nicht unbegabt, darum konnte man mit ihm auch Wunder vollbringen. Sein Othello war ein Wunder, musikalisch wie schauspielerisch ideal. Diese Rolle hatte er jahrelang (jawohl, jahrelang) mit Genies wie Verdi und dem greisen Tomaso Salvini musikalisch und schauspielerisch einstudiert.

Sollen doch die jungen Schauspieler wissen, was man durch Arbeit, Technik und wirkliche Kunst erreichen kann. Tamagno war groß in dieser Rolle, nicht nur, weil zwei Genies ihn geschult hatten, sondern auch dank seines Temperaments, seiner Aufrichtigkeit und Unmittelbarkeit, die ihm von Gott gegeben waren. Seine Lehrer, meisterhaft in der Technik, hatten seine begnadete Natur aufzudekken gewußt. Allein konnte er mit sich nichts anfangen. Man hatte ihm die Rolle, nicht aber das Verstehen und Beherrschen der Schauspielkunst beigebracht.

Ich berichte von diesen Erinnerungen, weil es für den kommenden Teil meines Buches wichtig ist, daß der Leser meine Eindrücke von Ton, Musik, Rhythmus und Stimme miterlebt, die eine Rolle in meinem Leben und Schaffen als Künstler spielen sollten. Das ging mir erst unlängst auf, gegen Ende meiner künstlerischen Tätigkeit. Ich begriff, welche Bedeutung die spontanen Eindrücke für mich haben: Sie waren jene Impulse, die mich kürzlich erst zum Studium der Stimme und ihrer Ausbildung, zur Veredelung des Tons, der Diktion und musikalischen, rhythmischen Intonation, zur Einfühlung in die Psyche der Vokale, Konsonanten, Wörter und Sätze, des Monologs veranlaßt haben. Im Hinblick auf die Anforderungen der dramatischen Kunst freilich. Doch davon später. Meine musikalischen Erinnerungen sollen vorerst als Spur im Gedächtnis des Lebens bleiben.

Mit diesen Erinnerungen will ich außerdem den jungen Schauspielern zeigen, wie wichtig es ist, viele schöne und starke Eindrücke in uns aufzunehmen. Der Schauspieler muß für das Schöne in allen Bereichen des eigenen wie fremden Schaffens und Lebens einen Blick haben. Er braucht Eindrücke von guten Vorstellungen, Schauspielern, Konzerten, Museen, Reisen und guten Bildern aller Richtungen, von Ultralinks bis Ultrarechts, weil niemand wissen kann, was seine Seele aufwühlt und die Tresore der Schöpferkraft aufbricht.

Scherze

Außerdem braucht der Schauspieler Menschen, unter denen er lebt und die ihm Stoff für sein Schaffen liefern.

Das Schicksal hat mich mein Leben lang mit solchen Menschen und Gemeinschaften verwöhnt. Es fing schon damit an, daß ich zu einer Zeit lebte, als in Kunst, Wissenschaft und Ästhetik ein großer Aufschwung einsetzte. In Moskau haben bekanntlich die damals neuen Kaufleute den entscheidenden Antrieb gegeben, sie, die erstmals die Arena des russischen Lebens betraten und sich neben ihren Industrie- und Handelsbelangen auch für die Kunst lebhaft interessierten.

Pawel Michailowitsch Tretjakow zum Beispiel, der Begründer der berühmten Galerie, die er der Stadt Moskau stiftete. Er arbeitete von früh bis spät im Kontor oder in der Fabrik, abends widmete er sich seiner Galerie oder sprach mit jungen Malern, in denen er Talent witterte. Ein, zwei Jahre später kamen ihre Bilder in die Galerie, und sie selbst wurden erst bekannt, und dann berühmt. Und mit welcher Bescheidenheit Tretjakow sein Mäzenatentum betrieb! Wer würde in der verlegenen, schüchternen, hochgewachsenen, hageren Gestalt, die an einen geistlichen Würdenträger erinnerte, den berühmten russischen Medici erkennen! Statt zur Kur fuhr er sommers nach Europa, um dort Bilder und Museen kennenzulernen und um zu Fuß, nach einem für sein ganzes Leben gedachten Plan, Deutschland, Frankreich und einen Teil Spaniens zu durchwandern.

Ein anderer Fabrikant, K. T. Soldatenkow, widmete sich der Herausgabe von Büchern, die mit hohen Auflagen nicht rechnen konnten, die für Wissenschaft und überhaupt Kultur und Bildung aber unentbehrlich waren. Sein herrliches, im griechischen Stil erbautes Haus wurde zu einer Bibliothek, deren Fenster nie festlich leuchteten; nur zwei Fenster des Arbeitszimmers warfen noch lange nach Mitternacht ihr stilles Licht in die Dunkelheit.

M. W. Sabaschnikow war ähnlich wie Soldatenkow ein Mäzen der Literatur und der Buchkunst und gründete einen in kultureller Hinsicht beachtenswerten Verlag.

S. I. Stschukin sammelte Arbeiten neuer französischer Maler in seiner Galerie, die allen an der Malerei Interessierten kostenlos offenstand. Sein Bruder, P. I. Stschukin, gründete ein großes Museum des russischen Altertums.

Alexej Alexandrowitsch Bachruschin schuf aus eigenen Mitteln das einzige Theatermuseum in Rußland, wo er alles zusammentrug, was russisches und teilweise westeuropäisches Theater betraf.

Und noch eine überragende Gestalt, ein Erneuerer des russischen Kulturlebens, unnachahmlich in seiner Begabung, Vielseitigkeit, Energie und Großzügigkeit: der Mäzen Sawwa Iwanowitsch Mamontow, der zugleich Konzert- und Opernsänger, Regisseur, Dramatiker, Begründer einer russischen Privatoper, Förderer der Malerei wie Tretjakow und Erbauer von zahlreichen Eisenbahnlinien in Rußland war.

Zu gegebener Zeit werde ich auf ihn ausführlich zu sprechen kommen, wie auch auf einen anderen großen Mäzen des Theaters, Sawwa Timofejewitsch Morosow, dessen Tätigkeit mit der Gründung des Künstlertheaters eng verbunden ist.

Menschen, die mich unmittelbar umgaben, förderten ebenfalls die Herausbildung meiner schauspielerischen Ader. Durch besondere Talente zeichneten sie sich zwar nicht aus, doch dafür konnten sie arbeiten, sich ausruhen und feiern.

Und daß Scherze und Späße in unserer Familie blühten, dafür sei Kosma Prutkow dank.

Nicht weit von unserem Haus wohnten meine Vettern S., sehr gebildete und für die damalige Zeit fortschrittliche Leute, die einen ganzen Produktionsbereich – die Weberei, auf neue Gleise gestellt haben. Bei ihnen ging es laut und fröhlich zu: abends Diskussionen zu gesellschaftlichen Themen, zur Tätigkeit der Selbstverwaltungen in der Stadt und auf dem Land; zu Feiertagen, vor der Jagdsaison gab es Schützenfeste mit Preisen. Von zwölf Uhr Mittags bis zum Sonnenuntergang war ein einziges Geballer in der Luft. Nach dem Peterstag begann die Jagd – erst das Wild, dann auch Wölfe, Bären und Füchse. Zu Jagdzeiten im Herbst und Winter belebte sich der Hundehof. An Feiertagen trafen in aller Frühe die Jäger ein, die Jagdhörner ertönten, Zutreiber zu Fuß und zu Pferd stolzierten umher, umringt von den Hundemeuten. In Kaleschen fuhren mit Gesang die Jäger, hinter denen ein Pferdekarren mit Proviant holperte. Wir Grünschnäbel nahmen zwar an der Jagd nicht teil, standen aber bei Morgengrauen auf, um die Ausfahrenden zu verabschieden, und blickten voller Neid in die angeregten Gesichter der Jäger. Nach der

Jagd betrachteten wir gern die erlegten Tiere. Dann erfolgte allgemeines Waschen oder Baden, und nachts gab es Musik, Tanz, Zaubertricks, Spiele und Rätselraten. Manchmal taten sich alle Familien zusammen und veranstalteten Wasserfeste: tagsüber wurde um Preise geschwommen, abends fuhr man in geschmückten Booten auf dem Fluß, vorneweg ein riesiger Kahn mit dreißig Mann Blasorchester. In der Johannisnacht waren jung und alt im Zauberwald dabei. In Laken vermummt und geschminkt lauerte man den Farnkrautsuchenden auf. Kamen sie in die Nähe, sprangen die Spaßmacher von den Bäumen oder hinter den Büschen hervor. Andere wieder trieben, bewegungslos am Bug des Bootes stehend, sie selbst und das Boot in weiße Laken gehüllt, stromabwärts: dies Gespenst mit langem weißem Schwanz machte ungeheuren Eindruck.

Es gab auch bösartigere Scherze, deren Opfer ein junger deutscher Musiker, unser erster Musiklehrer, war. Er war naiv wie ein vierzehnjähriges Mädchen und glaubte schlichtweg alles, was man ihm erzählte, um ihn zu ängstigen. Einmal redete man ihm ein, im Dorf sei eine große dicke Bäuerin aufgetaucht, die sich mit afrikanischer Leidenschaft in ihn verliebt habe und überall nach ihm suche. Eines Nachts kam er in sein einsames Zimmer, zog sich aus und ging mit der Kerze in die benachbarte Schlafkammer. Im Bett lag die riesige Akulina; da sprang der Deutsche im Hemd aus dem Fenster, es war gottlob nicht hoch. Der Hund erblickte die nackten Beine und das weiße Nachthemd und fiel ihn an. Sein Geschrei hallte über das ganze Dorf. Im großen Haus wachte man auf, verschlafene Gesichter blickten aus den Fenstern, die Frauen schrien, ohne zu wissen, was geschehen war. Doch da eilte der Pulk der Spaßvögel, die das Ganze verfolgt hatten, zu Hilfe und retteten den armen halbnackten Deutschen. Inzwischen sprang der als Akulina Verkleidete aus dem zerwühlten Bett und ließ dort mit Absicht ein Stück weiblicher Unterwäsche liegen. Das Geheimnis wurde nie gelüftet, so daß der Mythos von Akulina den naiven Jüngling – eine spätere musikalische Berühmtheit – noch lange in Schrecken versetzte. Man hätte ihn beinahe um den Verstand gebracht, wenn sich mein Vater nicht eingemischt und diesem Unfug ein Ende gesetzt hätte.

Dem Beispiel der Älteren folgend, liebten auch wir Scherze und Streiche, die Vorfahren effektvoller Bühnentricks. Um das Anwesen Ljubimowka wimmelte es plötzlich von Sommerfrischlern. Sie fuhren mit ihren Booten direkt an unserem Haus vorbei: unausgesetztes Geschrei und üble Gesänge ließen uns keine Ruhe. Die ungebetenen

Nachbarn mußten verscheucht werden. Wir kauften eine große Ochsenblase, stülpten ihr eine Perücke über und malten Augen, Nase, Mund und Ohren darauf. Das Gesicht wurde etwas gelblich und glich einer Wasserleiche oder einem Meeresungeheuer. Diese Blase wurde an einem langen Seil befestigt, dessen anderes Ende durch die Griffe zweier Pud-Gewichte gezogen war. Eines der Gewichte wurde in der Mitte des Flusses, das andere dicht am Ufer versenkt. Wir selbst versteckten uns im Gebüsch. Zog man am Seil, so mußte die geschminkte Ochsenblase naturgemäß untergehen, ließ man das Seil los, schoß sie mit aller Kraft nach oben. Die Sommerfrischler fuhren unbekümmert auf dem Fluß. Wir lauerten ihnen auf, und wenn das Boot die richtige Stelle erreichte, sprang das behaarte Ungeheuer aus dem Wasser und verschwand alsbald. Der Effekt war unbeschreiblich.

Wir reagierten nicht nur auf Ereignisse unseres Familienlebens, sondern auch auf das Geschehen außerhalb unserer vier Wände und des Anwesens. Es war eine Art Darstellung, die einem Schauspiel nahekam: wir versetzten uns in andere hinein oder bildeten ein anderes, unserer häuslichen Realität fernliegendes Leben nach. Als in Rußland allgemeine Wehrpflicht eingeführt wurde, stellten wir aus gleichaltrigen Jungen ein eigenes Heer. Es wurden sogar zwei: eins von meinem Bruder und eins von mir. Oberbefehlshaber beider verfeindeter Heere war ein und dieselbe Person, ein Freund meines Vaters. Auf seinen Ruf hin waren zu diesem Spiel aus den benachbarten Dörfern Jungen von zehn, elf Jahren zusammengelaufen, unsere neuen Freunde. Es herrschte völlige Gleichberechtigung, alle waren gemeine Soldaten bis auf den Oberbefehlshaber, der aus uns Unteroffiziere und später Offiziere auszubilden hatte.

Es begann ein Wetteifern: jeder wollte die ganze Militärweisheit begreifen, um schleunigst Offizier zu werden. Einige von den Gescheiteren wurden uns zu ernsten Konkurrenten und hatten uns in puncto Militärbegriffe einiges voraus. Bei der Erweiterung der Ausbildung, als es hieß, jeder Soldat müsse des Lesens und Schreibens kundig sein, wurden mein Bruder und ich mit der Anleitung der Kameraden beauftragt, zu welchem Zweck man uns zu Unteroffizieren befördern mußte.

Am Tage unserer Beförderung wurden Manöver angesetzt. Anführer der beiden kriegführenden Armeen waren mein Bruder und ich. Kurz vor Beginn, als die beiden Heere angetreten waren und darauf brannten, sich in die Schlacht zu stürzen, ertönten in der

Ferne Jagdhörner, Posaunen gleich, und in den Hof kam im Galopp ein Reiter, ein Gast unserer Nachbarn. Er war merkwürdig gekleidet: ein bis zum Knie reichender weißer kurzer Unterrock und darüber ein Etwas, das eine persische Uniform sein sollte. Der Melder sprang vom Pferd, verbeugte sich tief vor unserem Oberbefehlshaber nach orientalischem Brauch und beglückwünschte uns zu der seltenen Gnade, die uns zuteil wurde, nämlich daß der persische Schah mit seiner Begleitung uns mit seinem hohen Besuch beehren werde. Bald darauf erschien in der Ferne eine Prozession, in weiße Bade- und Hausmäntel gekleidete Menschen mit Turbanen aus weißen Handtüchern auf dem Kopf. Einige trugen auch echte kostbare Buchara-Mäntel (aus der Sammlung meiner Vettern, der damals bekannten Seiden- und Brokatfabrikanten). Der Schah selbst trug einen orientalischen Prunkmantel, einen echten Turban und einen prachtvollen Säbel aus der nämlichen Sammlung. Er ritt auf unserem alten Schimmel, der trotz seines Alters seine Schönheit nicht verloren hatte. Über dem Schah trug man einen reich verzierten Schirm mit angehefteten Quasten, Fransen und goldbestickten Samtstoffen.

Auf der Terrasse vor dem großen Manöverplatz tauchte wie im Märchen ein mit orientalischen Teppichen und Stoffen geschmückter Thron auf. Die Treppe, die auf die Terrasse und zum Thron führte, wurde ebenfalls mit Teppichen ausgelegt. Von irgendwoher brachte man Fahnen, mit denen auf die Schnelle der Balkon ausgeschmückt wurde.

Der Schah, der aufgrund seiner hohen Würde keinen Schritt laufen wollte, wurde feierlich vom Pferd gehoben, auf den Balkon getragen und auf den Thron gesetzt. Da erkannten wir in ihm unseren Vetter.

Die Übung begann. Wir zogen im Parademarsch vorbei. Der Schah rief uns kriegerisch unverständliche Worte zu, die offensichtlich Persisch sein sollten. Eigenartigerweise sang seine Begleitung, verbeugte sich tief und schritt würdevoll um den Thron herum. Vor so viel Zeremoniell waren wir alle aufgeregt.

Und nun das Manöver. Wir bekamen die Stellungen beider Heere und die strategische Aufgabe erklärt und wurden auf die Plätze gebracht. Angefangen wurde mit Umgehungen, Gefechten aus dem Hinterhalt und mit Ausfällen, bis es schließlich zur General-schlacht kam. Angeheizt von der feindlichen Stimmung schlugen wir uns, was das Zeug hielt. Ein Verwundeter mit einem blauen Auge war schon zu beklagen. Doch plötzlich, im Augenblick des erbittertsten Handgemenges, stürzte sich tapfer unsere Mutter ins Gewühl. Sie hantierte schwungvoll mit ihrem Schirm, stieß die Krieger auseinander und herrschte uns so laut an, daß der Kampf augenblicklich aufhörte. Nachdem sie die Heere vertrieben hatte, fing sie an, uns ebenso wie unsere Obrigkeit zu schelten. Keiner ist verschont geblieben. Der Schah von Persien trat schuldbewußt an sie heran. Da schrie einer der Jungen so laut er konnte:

»Ich erkläre Persien den Krieg!«

Im Nu waren beide Heere angetreten, bildeten ein alliiertes Heer und stürzten sich auf den Schah. Er schrie auf, wir auch, er floh, wir setzten ihm nach. Schließlich wurde er von der Meute ergriffen, umringt und von allen Seiten gekniffen. Diesmal schrie er nicht mehr aus Spaß, sondern vor Schmerz. Doch da erschien am Horizont die uns nachjagende Mutter mit Schirm – und das alliierte Heer floh.

Schulzeit

Nach den patriarchalischen Gepflogenheiten jener Zeit wurde der Unterricht zunächst zu Hause erteilt. Die Eltern sparten nicht an Geld und stellten uns nahezu ein ganzes Gymnasium. Von früh bis spät löste ein Lehrer den anderen ab. In den Pausen wurde die Geistesarbeit mit Spaziergängen, Fechten, Tanzen, Schlittschuhlauf, Rodeln und sonstigen Körperübungen ausgeglichen. Die Schwestern hatten russische, französische und deutsche Erzieherinnen, die auch uns die Sprachen beibrachten. Wir hatten außerdem einen hervorragenden Erzieher, Monsieur Vincent aus der Schweiz, Sportler, Fechter, Turner und Reiter. Dieser großartige Mensch spielte eine wichtige Rolle in meinem Leben: er redete auf die Eltern ein, uns aufs Gymnasium zu schicken. Doch unsere kinderliebende Mutter konnte sich etwas Grauenhafteres nicht vorstellen. Sie sah uns, schutzlose Engel, schon von starken und bösartigen Jungen verprügelt oder von den Lehrern in den Karzer gesperrt. Die hygienischen Bedingungen der Schule und die unvermeidliche Ansteckungsgefahr erfüllten sie mit Schrecken.

Einzig die Notwendigkeit, Freizügigkeit im Wehrdienst durch den entsprechenden Bildungsgrad zu erlangen, zwang die Mutter nachzugeben. So wurde ich, bereits ein dreizehnjähriger Junge, zur Zulassungsprüfung für die dritte Klasse in ein Moskauer Gymnasium geschickt. Vor der Prüfung hängte mir die Amme ein Beutelchen mit Heilschlamm vom Heiligen Afon um den Hals, auf daß mich Gott mit Weisheit segne. Auch Mutter und die Schwestern gaben mir Heiligenbildchen mit. Statt in der dritten Klasse landete ich in der ersten, und auch das nur dank Protektion und Fürsprache. Beim Schreiben der Prüfungsarbeit zupfte ich in meiner Ohnmacht an einem Brustknopf, der das Beutelchen mit dem Heilschlamm zerriß, und alles rieselte heraus.

Zu Hause wurde ich, ein langer Lulatsch und Schüler der ersten Klasse, ausgeschimpft und anschließend in die Badewanne verwiesen, die ich beim Abwaschen des Afon-Schlamms mit eigenen Tränen nachfüllte.

Ich war damals schon fast so groß wie jetzt. Meine Schulkameraden waren alle klein und reichten mir gerade bis zum Gürtel. Natürlich fiel ich jedem, der in die Klasse kam, als erster auf. Ob es der Direktor oder der Kurator war – immer wurde ich aufgerufen. Meine Bemühungen, kleiner zu erscheinen, blieben vergeblich, ich gewöhnte mich nur daran, den Rücken zu krümmen.

Ich kam genau zu der Zeit aufs Gymnasium, als die klassische Bildung verstärkt kultiviert wurde. Zur Verwirklichung des klassischen Bildungsprogramms wurden Ausländer aller Nationalitäten nach Rußland geholt. Allenthalben führten sie eigene Ordnungen ein, die oftmals mit der Natur des russischen Menschen unverträglich waren.

Unser Gymnasiumsdirektor war dumm und hatte einen Tick: fast an jedes Wort hängte er den Buchstaben »s«. Beim Betreten des Katheders begrüßte er uns etwa folgendermaßen:

»Guten Tag-s, junge Freunde-s! Heute schreiben-s wir-s ein Extemporale-s. Doch zunächst-s prüfen wir-s recentium-s verborum-s«.

Auf dem Katheder sitzend, bohrte er mit dem Federhalter im Ohr, säuberte ihn dann mit einem eigens mitgeführten Läppchen.

Doch möge ihm Gott vieles vergeben, er war ein gütiger Mensch, und ich denke nicht im Bösen an ihn.

Der Inspektor war ebenfalls Ausländer. Man stelle sich eine lange, hagere Figur vor, mit vollkommen kahlem Schädel merkwürdiger, auf Degenerierung hindeutender Form, der aufgrund der blassen Haut an einen Totenkopf erinnerte: lange Nase, abgehärmtes Gesicht, blaue Brille, die die Augen verschwinden ließ; bauchlanger dunkler Bart, ein struppiger, den Mund überdeckender großer Schnurrbart, abstehende Ohren. Der Kopf war immer etwas in die Schultern eingezogen, an den hohlen Bauch hielt er stets seine platte Hand wie eine Kompresse. Das alles wurde auf dürren Beinen schleppend fortbewegt. Seine Stimme schoß fast von innen heraus, um auf einen einzigen Vokal einzuschlagen, alle übrigen Laute und Silben aber zu zermantschen und herauszuspucken. Er konnte sich lautlos heranschleichen und, von niemand bemerkt, mitten in der Klasse explodieren:

»Aaaaust! Seeetz! …«

Das bedeutete: »Aufstehen! Setzen!«

Unklar, ob zur Strafe oder zur körperlichen Ertüchtigung, ließ er uns dutzendmal aufstehen und setzen, stieß dann einen Fluch aus, den niemand verstehen konnte, und kroch genauso unbemerkt aus der Klasse, wie er hereingekrochen war.

Ein anderes Mal, zu Beginn der großen Pause, als die kindliche Ausgelassenheit am stärksten war, erschien er wie ein Gespenst hinter einer Tür, wo er sich versteckt gehalten hatte. Dann folgte ein Ausspucken einzelner Vokale, und zuletzt vernahm man:

»Aaaal ... miii ...riii! ...«

Dieses bedeutete, daß er allen das Mittagessen gestrichen habe. Man führte uns an unsere Plätze im Speisesaal und hieß uns stehen, solange die anderen aßen. Die meisten Kameraden ließen uns aus Protest etwas von ihren Piroggen, Brötchen und Süßigkeiten zukommen, was diese Strafe zum Vergnügen machte. Doch der Haß gegen diese Form der Bestrafung, gegen die Verhöhnung des Kindes lebt bis heute in mir, und ich kann ihn bis zu meinem Tod nicht vergessen.

Aus den nichtigsten Gründen wurden die Kinder ohne viel Federlesens in den Karzer gesperrt. Dort waren Ratten. Es ging sogar das Gerücht um, daß sie dort absichtlich gezüchtet wurden – damit die pädagogische Wirkung der Strafe gesteigert werde, hieß es.

Der Unterricht beinhaltete hauptsächlich das Pauken lateinischer Ausnahmen, das Auswendiglernen sowohl der Originaltexte als auch deren Übersetzungen in schauderhaftem Russisch. Hier eine Kostprobe einer solchen Übersetzung: an einer Stelle der »Odyssee« hieß es, »das Pferd spitzte die Ohren«; der ausländische Lehrer übersetzte es wörtlich und zwang uns, es wie folgt zu pauken: »Ohren am Rössl hervorragend«.

Um der Gerechtigkeit willen muß ich eingestehen, daß einige von meinen Kameraden mit guten Kenntnissen und passablen Erinnerungen an diese Zeit das Gymnasium verlassen haben. Aber ich konnte nie pauken: das Gedächtnis, überfordert von dieser Arbeit, blieb fürs ganze Leben ausgezehrt und unbrauchbar. Als Schauspieler, dem das Gedächtnis unentbehrlich ist, erhebe ich Anklage wegen dieser Verstümmelung und denke nur im Bösen an meine Gymnasialzeit.

Wissenswertes habe ich aus dem Gymnasium nicht mitgenommen. Mir dreht sich heute noch das Herz um, wenn ich an qualvolle Nächte denke, die ich mit Büffeln der Grammatik oder eines griechischen und lateinischen Textes zugebracht habe: Mitternacht, heruntergebrannte Kerze, du kämpfst mit dem Schlaf, marterst deine Aufmerksamkeit für eine lange Liste von unzusammenhängenden Wörtern, die in einer vorgegebenen Reihenfolge behalten werden sollen. Doch das Gedächtnis nimmt nichts mehr auf, wie ein vollgesogener Schwamm. Aber es sind noch einige Seiten zu pauken. Kann man sie nicht, dann gibt es Geschrei, schlechte Zensuren, eine Strafe womöglich. Aber das Schlimmste ist der Abscheu vor dem Lehrer und seinem den Menschen demütigenden Benehmen.

Endlich war das Maß voll, der Vater erbarmte sich unser und nahm uns aus der Schule.

Wir wechselten in ein anderes Gymnasium über, das das genaue Gegenteil dessen war, dem wir entflohen waren. Hier geschahen zwar auch unglaubliche Dinge, doch von einer ganz anderen Art. Einige Wochen nach unserem Eintritt hat sich zum Beispiel folgendes zugetragen. Der Inspektor, ein Schönling und stadtbekannter Herzensbrecher, inspizierte die Schlafsäle der Zöglinge. Plötzlich lief einer von ihnen, einer aus dem Orient, dem Inspektor mit einem Holzscheit hinterher und warf es nach ihm. Glücklicherweise kam der Inspektor mit einer Prellung am Bein davon. Lange Zeit humpelte er, der Schüler saß im Karzer. Die Sache wurde allerdings vertuscht, weil eine Frau im Spiel war.

Ein anderes Mal hörte man in einer Klasse mitten im Unterricht Harmonikatöne und dumpfen, wie aus der Ferne kommenden Gesang. Erst wurde es nicht beachtet, weil man meinte, die Töne kämen von der Straße; dann stellte man fest, daß sie aus dem an der Tür gelegenen Kabüffchen kamen. Man förderte einen betrunkenen Schüler ans Licht, den man zum Ausnüchtern in den Verschlag gesteckt hatte.

Viele der Lehrer hatten ihre Eigenheiten. Einer betrat das Klassenzimmer immer auf eine andere Art und Weise: einmal ging die Tür auf, dann flog etwas durch die Klasse und landete auf dem Katheder: das Klassenbuch, in das Zensuren und Rügen eingetragen wurden; erst danach erschien der Lehrer selbst. Ein anderes Mal tauchte er noch vor dem Läuten in der Klasse auf, als wir uns noch balgten und durch das Zimmer rasten. Wir erschraken, stürzten zu den Bänken, indessen er verschwand und mit einiger Verspätung zurückkam.

Der Geistliche war bis ins Lächerliche naiv. Seine Stunden nutzten wir zur Vorbereitung auf Latein und Griechisch. Um den alten Mann aus dem Konzept zu bringen und seine Stunde platzen zu lassen, verkündete einer der Kameraden, ein kluger und belesener Junge, daß es keinen Gott gebe.

»Sei still, sei still, bekreuzige dich!«, erschrak dann der Alte und fing an, den Verirrten zu bekehren. Es schien, als wollte es ihm glükken, und er freute sich über seinen Sieg, doch da tauchte eine weitere, noch ketzerischere Frage auf, und der arme Seelenhirte sah sich verpflichtet, das verirrte Schaf zu erretten, über welcher Aufgabe die Stunde verging. Als Lohn für seine Gerissenheit und Beharrlichkeit empfing der Kamerad mehrere Leberpasteten beim nächsten Frühstück.

Die Reifeprüfung wurde mit außergewöhnlicher Strenge durchgeführt. Am meisten hatten wir Angst vor den schriftlichen Prüfungen in Griechisch und Latein. Sie fanden in einem riesigen runden Saal des alten Hauses statt. Die zehn bis fünfzehn Abiturienten wurden auf weit auseinanderstehende Einzelbänke gesetzt, fast vor jeder stand ein Lehrer oder Pedell, um das Abschreiben zu verhindern. In der Mitte des Saals stand ein langer Tisch, an dem der Direktor, der Inspektor, der Lehrer, ein Assistent und noch andere thronten. Zum Schluß hatten dann doch alle ohne Ausnahme von einem Kameraden abgeschrieben: alle hatten genau dieselben Fehler. Der ganze Ältestenrat zerbrach sich den Kopf, dieses Kunststück zu enträtseln. Man wollte schon eine Nachprüfung ansetzen, sogar eine Ermittlung einleiten, doch das hätte nur die Obrigkeit selbst ins Gerede gebracht, die sich den Vorfall nicht einmal annähernd erklären konnte. Das Geheimnis? Die Schüler, die alle bis auf einen keine Ahnung vom Lehrstoff hatten, schlugen ihre Bücher zu und widmeten sich voll und ganz dem Studium des Taubstummenalphabets. Ganze Abende wurden nur noch damit zugebracht. Der Primus diktierte uns die Prüfungsarbeit vor aller Augen mit den Händen. Viele Jahre waren seitdem vergangen, ich war erwachsen und schon verheiratet, als ich meinem ehemaligen Griechischlehrer begegnete. Er hatte die Geschichte nicht vergessen und flehte mich an, ihm das Geheimnis zu verraten.

»Um nichts in der Welt!« sagte ich schadenfroh. »Ich vererbe es meinen Kindern, wenn ihr es nicht lernt, die Schuljahre zu einer Freude werden zu lassen, statt zur Zuchthausarbeit, an die man sich wie an einen Alptraum erinnert!«

Das Maly Theater

Das Maly Theater hat sich besser als sämtliche Schulen auf meine geistige Entwicklung ausgewirkt. Es lehrte mich das Schöne sehen und erkennen. Was kann schon nützlicher sein, als diese Erziehung des Gefühls und des Geschmacks für das Schöne?

Ich bereitete mich auf jede Inszenierung des Maly Theaters vor. Dabei fand sich ein kleiner Kreis von jungen Leuten zusammen, die gemeinsam das ins Repertoire aufgenommene Stück lasen, Sekundärliteratur und die Kritiken dazu studierten und sich ihre eigene Meinung über das Werk bildeten. Dann gingen wir zusammen in die Vorstellung und tauschten anschließend in Gesprächen unsere Eindrücke aus. Wir sahen uns die Inszenierung noch einmal an und stritten erneut darüber. Dabei trat sehr oft unsere Unkenntnis in vielen Dingen der Kunst und Wissenschaft zutage. Wir bemühten uns, diesen Mangel zu beheben, und veranstalteten für uns selbst Vorlesungen zu Hause oder anderswo. Das Maly Theater wurde zu einem Hebel, der unser geistiges, intellektuelles Leben steuerte.

Zur Vergötterung des Theaters kam die Vergötterung einzelner Schauspielerinnen und Schauspieler.

Ich habe noch die großartigen, unnachahmlichen Schauspieler des Maly Theaters erlebt, eine ganze Palette von Talenten und Genies. Wie ich seinerzeit durch die italienische Oper verwöhnt war, die fast nur aus Berühmtheiten bestand, so wurde ich es jetzt durch den verschwenderischen Talentereichtum des Maly Theaters.

Haben Sie schon einmal bemerkt, daß es im Theaterleben manchmal langes ermattendes Stocken gibt, wo weder neue begabte Dramatiker noch Schauspieler noch Regisseure auftauchen? Doch auf einmal schüttet die Natur völlig unerwartet ein ganzes Ensemble aus und einen Schriftsteller und einen Regisseur dazu; und gemeinsam schaffen sie ein Wunder, eine Epoche im Theater.

Dann kommen die Nachfolger der großen Schöpfer. Sie nehmen die Tradition auf und bringen sie den nächsten Generationen. Doch die Tradition ist launisch, sie verwandelt sich wie der Blaue Vogel bei Maeterlinck und wird zum Gewerbe, und nur das entscheidende winzige Körnchen hält sich bis zur Neugeburt des Theaters, das dieses

Körnchen des Großen und Ewigen erbt und ihm Eigenes, Neues hinzufügt, das ebenso an kommende Generationen weitergegeben und ebenso verschüttet wird, bis auf das kleinste Teilchen, das in die gemeinsame Schatzkammer der Welt gelangt, ins Materiallager einer künftigen großen Kunst der Menschheit.

Im russischen Theater gab es einmalige Ensembles. Zu Stschepkins Zeit brachte das Leben eine ganze Plejade von großen Bühnenkünstlern hervor: Karatygin, Motschalow, Sosnizki, Schumski, Samarin, Samoilow, die Sadowskis, die Nikulina-Kosizkaja, Shiwokini, die Akimowa, die Wassiljews, den großen Martynow, die Nikulina. Einige von ihnen, wie Stschepkin und Samarin, waren erst einfache ungebildete Leute. Sie haben sich selbst Wissen angeeignet und wurden die Freunde Gogols, Belinskis, Aksakows, Herzens, Turgenjews und anderer. Einige Zeit später kam eine weitere Gruppe von Talenten auf: Fedotowa, Jermolowa, Warlamow, Dawydow, Jushin und andere.

Ich erinnere mich an Wassili Ignatjewitsch Shiwokini. Er trat auf die Bühne und ging direkt auf die Zuschauer zu, blieb an der Rampe stehen und begrüßte von sich aus das Publikum, das ihn mit Ovationen feierte. Dann erst begann er seine Rolle zu spielen. Diesen für ein ernsthaftes Theater ungeziemenden Spaß konnte man Shiwokini nicht versagen – so sehr entsprach er seiner Schauspielerpersönlichkeit. Bei Begegnungen mit dem beliebten Schauspieler jubelten die Zuschauer ihm zu, allein schon, weil er Shiwokini war, weil er zu gleicher Zeit mit uns lebte, weil er uns die wundervollen Minuten der Freude schenkte, weil er immer sicher und heiter war und ihn alle liebten. Doch dieser Shiwokini konnte an den komischsten, ja geradezu clownesken Stellen tragisch–ernst werden. Er wußte das Geheimnis, durch Ernst das Lachen hervorzurufen. Wenn er litt, verzweifelt über die Bühne lief oder mit aller Aufrichtigkeit seines Talents um Hilfe flehte, war der Ernst, mit dem er Nichtigkeiten nahm, unwiderstehlich komisch. Sein Gesicht und die Mimik lassen sich nicht beschreiben. Er war so bezaubernd häßlich, daß man ihn hätte liebkosen und küssen wollen. Auf der Bühne wirkte er wie eine Verkörperung der ewigen allgegenwärtigen Gutmütigkeit und Ruhe.

Ein anderes Genie, an das ich mich ausgezeichnet erinnere: Schumski. Von allen Weltgrößen könnte man ihn wohl nur mit Coquelin vergleichen im Sinne der Virtuosität, der interessanten Zeichnung und Ausführung der Rolle. Schumskis Vorteil war seine absolute Aufrichtigkeit. Er hätte es mit jedem französischen Sganarell aufnehmen können. Er spielte nicht nur Komödie, sondern auch

Tragödie; auch da ließen ihn seine Eleganz, Virtuosität und Aristokratie nicht im Stich.

Samarin – ehemals ein eleganter junger Mann für französische Rollen – war im Alter ein idealer Famusow, ein charmanter Schauspieler mit seiner etwas fülligen Greisenschönheit, außerordentlichen Stimme und Diktion, den raffinierten Manieren und einem ungeheueren Temperament.

Die Medwedewa kannte ich ausgezeichnet, nicht nur als Schauspielerin, sondern auch als einen von der Natur reich beschenkten Menschen. Sie war im gewissen Sinn meine Lehrerin und hatte einen großen Einfluß auf mich. Zu Beginn ihrer Laufbahn galt sie als durchschnittliche Schauspielerin für jugendliche Rollen, bis sie im Alter ihr ureigenstes, naturgegebenes Fach der Charakterrollen entdeckte und mit einer ganzen Palette von Farben unvergeßliche Gestalten auf der Bühne schuf. Eine Charakterdarstellerin von Gottes Gnaden, die selbst im täglichen Leben nicht eine Stunde existieren konnte, ohne eine Galerie von Charaktertypen vorzuführen, die sie gesehen hatte. Nadeshda Michailowna Medwedewa sprach in Bildern: wenn sie erzählte, daß der und der Herr bei ihr gewesen war und den und den Gedanken geäußert hatte, dann sah man sowohl den Betreffenden als auch die Art, wie er sprach, bereits vor sich.

Einmal erlebte ich folgende Szene in ihrem Haus. Die Medwedewa war krank und konnte im neuen Stück nicht spielen, das im Maly Theater inszeniert wurde. Da ich mir vorstellen konnte, wie qualvoll es für sie war, eine andere in ihrer Rolle zu wissen, fuhr ich die Alte besuchen. Ihre Wohnung war leer, da alle ins Theater gefahren waren, bis auf das uralte Weiblein, das bei ihr das Gnadenbrot essen durfte. Ich klopfte und trat leise in den Salon, in dessen Mitte mit zerrauftem Haar die verlegene Medwedewa saß. Im ersten Augenblick erschrak ich über ihr Aussehen, doch sie beruhigte mich:

»Da sehen Sie mal – ich spiele. Statt ans Sterben zu denken, spiele ich alte Wachtel! Werde wohl noch im Grab weiterspielen!«

»Was spielen Sie denn«, fragte ich.

»Eben eine alte Wachtel«, sagte sie und begann zu erzählen: Also es kommt eine Köchin oder bloß ein Dorfweib zum Doktor. Kommt, setzt sich hin, legt den Beutel mit Gemüse hierhin, das Mäntelchen vom Enkel dahin, sitzt und guckt: da ein Bild, dort ein Spiegel. Da sieht sie sich im Spiegel und freut sich. Schiebt sich die Haare unters Kopftuch – das Weib im Spiegel auch, na sowas. Da lächelt sie.

Ein dümmeres Lächeln, als die Medwedewa es vorführte, läßt sich nur schwer vorstellen.

Kommt der Doktor und ruft sie herein. Sie geht ins Sprechzimmer, ihr Zeug nimmt sie mit. »Was hast du?« fragt der Doktor. »Wo tut's denn weh?« »Ich hab ihn verschluckt.«

»Was hast du verschluckt?« »Einen Nagel verschluckt.« »Wie groß?« »Na so …«, zeigt einen vier bis fünf Zoll langen Nagel.

»Du wärst doch längst tot, Alte, wenn du so einen Nagel verschluckt hättest.« »Ach was, tot. Ich lebe noch!« »Ja, und was jetzt?« »Der sticht. Hier sticht er, und da, und hier auch«, und zeigt auf verschiedene Stellen am Körper.

»Zieh dich mal aus«, sagt der Doktor und geht. Und die Alte beginnt sich auszuziehen: erst den Fellmantel, das Tuch, die Strickjacke, den Rock, das Hemd. Nun will sie sich die Schuhe ausziehen, kommt aber nicht an die Füße heran – der Bauch ist im Wege. Also setzt sie sich auf den Fußboden, zieht den einen Schuh aus, den zweiten, dann die Strümpfe, und hilft dabei mit dem anderen Fuß nach. Nackt, versucht sie aufzustehen, bringt es aber nicht fertig. Kommt endlich doch hoch, setzt sich auf den Stuhl und sitzt nun so da!

Und ich sah vor mir wahrhaftig ein nacktes Weiblein sitzen.

Bezeichnend für Nadeshda Michailowna war ihre fast kindliche Unmittelbarkeit, die sich oft in völlig überraschender Form äußerte. Eine Begebenheit zeigt anschaulich diese ihre Eigenart, aber auch ihre Beobachtungsgabe, die eine Charakterdarstellerin, die sie ja war, so nötig braucht. Nadeshda Michailowna erhielt im Alter eine Staatsrente, und ihre Dankbarkeit äußerte sich in einer greisenhaften Anhimmelung Alexanders III. Als er starb, wollte die kranke Greisin die Überführung der Leiche nach Moskau unbedingt sehen, doch die Ärzte meinten, die Aufregung würde ihrem Herzen nicht gut bekommen. Sie bestand aber darauf, so daß man sie hinfahren mußte. In der Mjasnizkaja wurde ein Fenster gemietet, von dem aus die Prozession gut zu sehen war. Am frühen Morgen wurde Nadeshda Michailowna mit ihrem ganzen Staat von Ärzten und Verwandten hingebracht. An Vorsorge und Aufregung hat es nicht gefehlt, da der Zustand der Patientin bedenklich war und man jede Minute auf das Schlimmste gefaßt sein mußte. Als die Spitze des Leichenzuges erschien und die Kranke von einem nervösen Zittern befallen wurde, waren alle einsatzbereit: der eine hielt die Mixtur, der andere den Meßbecher mit Tropfen, ein dritter den Salmiakgeist. Alles war auf dem Sprung. Plötzlich und für alle unerwartet ertönte im Zimmer der freudige, beinahe begeisterte, kindlich-unbefangene Ausruf Nadeshda Michailownas:

»Der Hintern, nein, was für ein Hintern!«

Es war der Hintern eines auf dem Bock des Katafalks sitzenden Kutschers, ein breiter runder Hintern, drapiert in die Falten des Überrocks, der die Aufmerksamkeit der Schauspielerin derart beanspruchte, daß sie den Sarg selbst übersah. Der schauspielerische Instinkt und die Beobachtungsgabe hatten die untertänige Patriotin überwältigt.

Der Schauspieler des Maly Theaters Alexander Pawlowitsch Lenski besaß eine außerordentliche Sanftheit, die sich wohl nur mit der W. I. Katschalows vergleichen ließe. In Lenski war ich verliebt: in seine schmachtenden, verträumten blauen Augen, in seinen Gang, seine Geschmeidigkeit, in seine überaus ausdrucksvollen und schönen Hände, seine bezaubernde Stimme mit dem Timbre eines Tenors, aber auch in sein vielseitiges Talent für Theater, Malerei, Bildhauerei und Literatur. Natürlich habe ich ihn seinerzeit kopiert, seine Stärken (vergeblich!) wie seine Schwächen (mit Erfolg!).

Über Glikerija Nikolajewna Fedotowa möchte ich an dieser Stelle nur einige Worte sagen, da ich im weiteren öfter auf sie und ihren künstlerischen und ethischen Einfluß auf mich zu sprechen komme. Sie war vor allem ein ungeheueres Talent, eine Schauspielerin par excellence, eine ausgezeichnete Interpretin, die ihre Rollen ganz aus dem inneren Gehalt der Stücke heraus zeichnete. Sie beherrschte meisterhaft die künstlerische Verwandlung und war virtuos in der schauspielerischen Technik.

Die Liste großer Schauspieler, die mich beeinflußt und mir als Muster gedient haben, ist bei weitem nicht vollständig. Es fehlen M. G. Sawina, O. O. und P. M. Sadowski, P. A. Strepetowa, N. A. Nikulina, J. K. Leschkowskaja und zahlreiche ausländische Schauspieler.

Außerdem kann ich aus Platzmangel nicht von denen reden, die, wie etwa A. I. Jushin, ihre Schauspielerlaufbahn zusammen mit mir begonnen haben.

Doch bei einer kürzlich von uns gegangenen Schauspielerin muß ich eine Ausnahme machen, um zu erklären, was sie für mich gewesen ist. Ich spreche von der Jermolowa.

Maria Nikolajewna Jermolowa – das ist eine ganze Epoche im russischen Theater, doch für unsere Generation ist sie ein Symbol der Weiblichkeit und Schönheit, der Kraft und des Gefühls, der aufrichtigen Schlichtheit und Bescheidenheit. Ihr Naturell war einmalig:

geniales Feingefühl, spontanes Temperament, nervliche Empfindsamkeit und unerschöpfliche seelische Tiefe. Obwohl keine Charakterdarstellerin, stand sie – ein halbes Jahrhundert lang fast nur in Moskau – täglich auf der Bühne. Sie stand für sich selbst, sie stellte sich selbst dar. Und dennoch zeichnete M. N. Jermolowa in jeder Rolle ein immer neues, unverwechselbares Bild der Seele, immer anders, immer einmalig.

Jeder Rolle verhalf die Jermolowa zu einem eigenständigen Leben. Aber sie waren alle aus ein und demselben organischen Material, ihrer integren Persönlichkeit, geschaffen.

Andere Schauspielerinnen ihres Typs hinterlassen, im Gegensatz zu ihr, lediglich die Erinnerung an die eigene Person, nicht aber an die Rollen, die alle einander und ihren Schöpferinnen gleichen.

Jermolowas so zahlreiche wie vielfältige Schöpfungen wurden mit immer den gleichen, ihr allein eigenen schauspielerischen Mitteln geschaffen, mit dem für sie typischen Gebärdenreichtum, einer Heftigkeit, Behendigkeit, die fast ans Rasen über die Bühne grenzte; mit ihren Ausbrüchen von vulkanischer Leidenschaft bis zum Äußersten, mit ihrer verblüffenden Fähigkeit, auf der Bühne aufrichtig zu weinen, zu leiden und zu glauben.

Das Äußere Maria Nikolajewnas war nicht weniger bemerkenswert: ein großartiges Gesicht mit beseelten Augen, die Figur einer Venus, eine tiefe, warme Stimme, Plastizität, Harmonie und Rhythmus selbst im leidenschaftlichen Rasen, grenzenloser Charme und ein Sinn für Bühnenwirksamkeit, die selbst ihre Mängel zu Vorzügen werden ließen.

Alle ihre Bewegungen, Worte oder Handlungen, auch wenn sie nicht immer geglückt und genau waren, atmeten ein warmes und sanftes oder auch flammendes, bebendes Gefühl. Zu diesen Vorzügen hatte sie von Natur aus ein außerordentliches psychologisches Feingefühl. Eine Kennerin des weiblichen Herzens, verstand sie es wie keine andere, »das ewig Weibliche« bloßzulegen und darzustellen, genauso wie alle Windungen der bis zu Tränen rührenden, bis zum Schauder grauenvollen und zum Lachen komischen weiblichen Seele. Wie oft ließ sie die Zuschauer zum Taschentuch greifen und die tränenden Augen trocknen. Um ihre Kraft und das Ansteckende ihrer Wirkung ermessen zu können, mußte man mit ihr auf der Bühne gestanden haben. Diese Freude, Ehre und Seligkeit durfte ich erleben, da ich mit ihr in Nishni Nowgorod den Paratow in »Mädchen ohne Mitgift« spielte. Eine unvergeßliche Aufführung, in der ich, wie mir schien, für Minuten genial geworden war. Kein Wunder auch: man mußte sich von Jermolowas Talent anstecken lassen, wenn man neben ihr auf der Bühne stand.

Ihre persönlichen Bekannten versetzte Maria Nikolajewna in Erstaunen mit ihrem aufrichtigen Nichtbegreifen der eigenen Größe. Sie war von einer krankhaften Schüchternheit und Bescheidenheit. Wenn ihr eine neue Rolle angeboten wurde, errötete sie, sprang auf, rannte durchs Zimmer, griff dann zur rettenden Zigarette, rauchte sie aufgeregt an, einzelne Brocken mit ihrer tiefen Stimme hervorstoßend:

»Kann doch nicht Ihr Ernst sein! Da sei Gott vor! Wie will ich das machen? Ich habe doch gar nichts für diese Rolle! Was habe ich dort zu suchen? Gibt's denn nicht genug junge Schauspielerinnen? Hören Sie auf!«

Alle großen Schauspieler, die ich hier zu skizzieren versuchte, haben mir mit ihrem künstlerischen und persönlichen Leben geholfen, jenes Ideal des Schauspielers zu schaffen, das ich in meiner Kunst anstrebte. Sie haben mich nachhaltig beeinflußt und mich künstlerisch und ethisch erzogen.

Das Debüt

Das kleine Gebäude im Hof unseres Anwesens bei Moskau, in dem ich als Dreijähriger erstmals aufgetreten war, brach zusammen, und wir alle bedauerten das. Das war der einzige Ort, wo man in größeren Gesellschaften singen, lärmen und tanzen konnte, ohne andere zu stören. Wie jetzt ohne den alten Bau leben? Nicht wir allein beweinten ihn, auch die Nachbarn. Der Vater gab dem allgemeinen Bitten nach und beschloß, ein anderes Gebäude mit einem großen Saal an der alten Stelle zu bauen, damit man dort bei Gelegenheit Hausvorstellungen geben konnte. Ich glaube, Vater hat sich bei seinem Entschluß von dem Bestreben leiten lassen, die Kinder in der Nähe des Hauses zu halten. Darum ließ ihn sein Feingefühl auf alle unsere Ansprüche reagieren und auf das Leben und die Bedürfnisse der Jugend eingehen. Dank dieser Taktik meiner Eltern hatte unser Haus öfter seine Physiognomie gewechselt, je nach dem, was dort veranstaltet wurde. Vater, ein bekannter Wohltäter, hat zum Beispiel eine Ambulanz für die Bauern eingerichtet. Meine ältere Schwester verliebte sich in einen der Ärzte, so daß das ganze Haus sich verstärkt für Medizin zu interessieren begann. Von allen Seiten strömten die Kranken zusammen, aus der Stadt kamen Ärzte, Freunde meines Schwagers. Unter ihnen waren Liebhaber der dramatischen Kunst. Es gab eine Aufführung im Haus. Alle wollten mitspielen. Kurz darauf interessierte sich die zweite Schwester für unseren Nachbarn, einen jungen deutschen Kaufmann. Nun wurde bei uns deutsch gesprochen, und das Haus füllte sich mit Ausländern. Man begeisterte sich für Reiten, Pferderennen und überhaupt für jeden Sport. Wir jungen Leute legten Wert darauf, europäisch gekleidet zu gehen, und wer konnte, ließ sich kleine Koteletten stehen und trug eine modische Frisur. Dann aber verliebte sich einer der Brüder in die Tochter eines einfachen russischen Kaufmanns mit Wams und hohen Stiefeln – gleich wurde das Haus volkstümlich. Der Samowar kam nicht mehr vom Tisch, alles trank Tee und ging übereifrig in die Kirche. Man zelebrierte feierliche Gottesdienste mit den besten Kirchensängern und Chören und sang auch selbst Messen. Inzwischen verliebte sich die dritte Schwester in einen Radfahrer. Prompt zogen wir Wollstrümpfe und kurze Hosen an, kauften uns Räder und radelten erst auf drei, dann auch auf zwei Rädern. Die vierte Schwester endlich verliebte sich in einen Opernsänger, und das ganze Haus fing zu singen an. Viele berühmte russische Sänger – Sobinow, Sekar-Roshanski, Olenin – waren häufig zu Gast in unserem Haus, besonders auf dem Gut. Sie sangen im Zimmer und im Wald, tagsüber Romanzen, nachts Serenaden. Sie sangen im Boot und im Freibad. Dort trafen sich die Sänger jeden Tag um fünf, vor dem Essen. Sie stellten sich auf dem Dach des Badehauses in einer Reihe auf und sangen ein Quartett. Kurz vor der letzten Note purzelten sie kopfüber ins Wasser, tauchten auf und beendeten das Quartett. Wer als erster den Schluß singen konnte, war Sieger.

Wer weiß, vielleicht haben diese Metamorphosen und Umkrempelungen des ganzen Hauses und die unablässigen Verwandlungen und Verkleidungen aller Familienmitglieder mich als Schauspieler beeinflußt und mir die Wandelbarkeit beigebracht, die mir in den Charakterrollen zugute kam.

Die im folgenden zu beschreibende Periode ist die der Begeisterung für das Laientheater. Der Bau des neuen Theaters kam sehr gelegen: es war ein echtes kleines Theater mit allen Schikanen, mit Garderoben für Schauspieler und und und.

Das neue Gebäude mußte nur noch mit einer Inszenierung eingeweiht werden.

Doch wo finde ich Schauspieler, einen Regisseur und alles übrige? Ich mußte Familienmitglieder, Verwandte und Bekannte, Diener und Gouvernanten fast mit Gewalt als Schauspieler anheuern. Einige von den gewaltsam Herangezogenen infizierten sich für den Rest ihres Lebens am Gift des Theaters. Mein Bruder W. S. Alexejew und die Schwester S. S. Alexejewa (Sokolowa) zum Beispiel sind mit mir zusammen auf die Bühne getreten, die uns auch heute, im Alter, zusammenführt. Indessen hatte sich das Haus, den Wechsel gewohnt, auf die Laientheater-Linie eingestellt: alle, sogar Vater und Mutter, wurden Schauspieler. Unser Hauslehrer, ein Student, der sich für einen Theater-Spezialisten hielt (er leitete einen Zirkel), übernahm die Regie.

Es fing das übliche Laien-Gemauschel an: die Auswahl des Stücks; jeder wollte eine Rolle nach seinem Geschmack, keine kleinere als die anderen, damit sich niemand übergangen fühlte. Um das zu erreichen, mußten mehrere Einakter gespielt werden, nur so konnte man jeden beschäftigen.

Welche Rolle nehme ich für mich?

Was war mein damaliges Ideal?

Ein reichlich primitives. Ich wollte nur meinem Lieblingsschauspieler, dem Komiker Nikolai Ignatjewitsch Musil, ähnlich sein. Ich wollte die gleiche Stimme haben wie er und die gleichen Manieren. Die schätzte ich damals am meisten an dem nunmehr verstorbenen ausgezeichneten Schauspieler. Deshalb lief meine ganze Arbeit darauf hinaus, seine Gestik einzustudieren und mit heiserer Stimme zu sprechen. Ich wollte eine genaue Kopie von ihm sein. Natürlich wählte ich ein Stück aus, in dem er spielte: das Vaudeville »Eine Tasse Tee« – ich mußte ihm unbedingt treu bleiben. Ich kannte jede Stelle, jedes Arrangement, jede Intonation, jede Geste und die Mimik des geliebten Schauspielers. Der Regisseur hatte mit mir keine Arbeit, da die Rolle von einem anderen bereits gemacht war, ich brauchte es nur zu wiederholen und das Original blind zu kopieren. Ich fühlte mich fabelhaft, frei und sicher auf der Bühne.

Ganz anders war es mit einer anderen Rolle – des Alten im Vaudeville »Der alte Mathematiker oder die Erscheinung des Kometen in einer Kreisstadt«. Da hatte ich kein Muster vor mir, und deshalb erschien mir die Rolle leer, farb- und gehaltlos. Ich brauchte ein fertiges Bühnenmodell. Hier aber mußte ich mir vorstellen, wie dieser oder jener Schauspieler, dessen Spielmanier ich nachmachen konnte, die Rolle gespielt haben würde.

Einiges erriet ich, und dann fühlte ich mich wohl auf der Bühne; an anderen Stellen traf ich es nicht, dann ging es schief. Manchmal verfiel ich zufällig in die Spielmanier eines anderen Schauspielers, und da lebte ich für Minuten wieder auf. Und so wiederholte sich das einigemal. Derart spielte ich in einer Rolle ein Dutzend Typen, in einem Menschen sah ich mehrere Gesichter. Jede einzelne kopierte Stelle hatte etwas für sich, doch zusammen ergaben sie einen Wirrwarr. Die Rolle wurde zu einer Flickendecke, und mir war sehr unwohl auf der Bühne. Die zweite Rolle hatte nichts von dem Befinden, das ich in der »Tasse Tee« hatte, und so verursachte mir der »Alte Mathematiker« die ersten Schöpferqualen, deren Grund ich noch nicht ahnte. Bei den Proben zur »Tasse Tee« sagte ich mir:

»Gott! Welche Freude – Kunst und Schaffen!«

Beim »Alten Mathematiker« mußte ich mir im stillen eingestehen:

»Gott! Welche Marter, Schauspieler zu sein!«

So erschien mir die Kunst bald leicht, bald schwer, mal entzükkend, mal unerträglich, mal freudvoll, mal quälend. Und ich irrte mich damals nicht. Es gibt keine größere Freude, als sich wie zu Hause auf der Bühne zu fühlen, und keine größere Pein, als nur Gast auf ihr zu sein. Nichts ist quälender, als die Pflicht, koste es was es wolle, etwas Fremdes, Formloses und dich nichts Angehendes zu verkörpern. Auch heute noch werde ich von diesen Widersprüchen gleichermaßen erfreut und gemartert.

Mein Debüt fand am Namenstag meiner Mutter statt, am 5. September 1877. Was fern und unerreichbar schien, sollte endlich in Erfüllung gehen: in wenigen Stunden werde ich im Rampenlicht stehen, allein und vor aller Augen. Meinetwegen werden viele Menschen aus Moskau und Umgebung kommen, und ich kann mit ihnen tun, was mir beliebt. Wenn ich will, werden sie still dasitzen, mich ansehen und mir zuhören; oder ich lasse sie lachen. Wenn ich nur bald auf die Bühne könnte, um das zu erleben, was ich damals das Gefühl der »Öffentlichkeit« nannte.

Den ganzen Tag über befand ich mich in einer mir bis dahin unbekannten Hochstimmung, die ein nervöses Zucken in mir auslöste. Ich war minutenlang einer Ohnmacht nahe – vor Glück. Alles erinnerte an die bevorstehende Aufführung, ich bekam Herzklopfen, das mich am Sprechen hinderte. Als ich mit meinem Bruder vom Moskauer Gymnasium aufs Gut zurückfuhr, wäre ich in einem dieser Augenblicke beinahe aus der Kutsche herausgefallen. Auf den Knien hielt ich einen riesigen Karton, den ich wie die Taille einer dicken Frau umfaßte. Darin befanden sich Perücken und Schminkzeug, deren Geruch durch die Ritzen des Kartons mir in die Nase schlug. Ich berauschte mich an diesem Geruch des Theaters, der Schauspieler, der Kulissen und wäre bei einem Schlagloch beinahe herausgeflogen. Als ich zu Hause die für die Gäste gedeckten Tische erblickte, das Geschirr, die Boten der Konditoreien, die Aufregung und die übrigen Vorbereitungen, mußte ich mich schnell hinsetzen, sonst wäre ich vor Herzklopfen in diesem halbwachen Zustand noch umgefallen.

Man brachte uns auf die schnelle etwas zu essen an einem der mit Geschirr vollgestellten Tische. Ich liebe diese Mahlzeiten inmitten der aufregenden Vorbereitungen eines Festes! In solchen Augenblicken wird das herannahende große und freudige Ereignis greifbar.

Im Theatergebäude herrschte ein noch größeres Durcheinander.

Die Schwestern mit ihren Freundinnen und einigen jungen Leuten aus unserem Freundeskreis verteilten die Kostüme auf Garderoben und Kleiderständer. Die Maskenbildner machten Schminke, Bärte und Perücken zurecht, kämmten sie und drehten sie neu ein. Ein Junge, den alle nur Jascha nannten, flitzte von einer Garderobe zur anderen. An diesem Tag waren wir aufeinander getroffen, um uns nie wieder zu trennen. Jakow Iwanowitsch Gremislawski sollte eine wichtige Rolle im Theaterleben spielen, und er brachte seine Kunst auf eine Höhe, die Europa und Amerika staunen ließ.

An Jaschas Spiegel setzten sich reihum die handelnden Personen: Vater, die Brüder, der Hauslehrer. Als sie aufstanden, waren sie verwandelt. Die einen wurden älter, die anderen jünger und schöner, die dritten bekamen eine Glatze, wieder andere waren nicht mehr zu erkennen.

»Das sind doch nicht wirklich Sie?! Ha-ha-ha … Erstaunlich! Nicht wiederzuerkennen. Seht doch mal her, was sie aus ihm gemacht haben! Unglaublich! Bravo!«

Solche bei Laienvorstellungen unvermeidlichen Rufe ertönten überall in der Garderobe, in der sich Menschen drängten, auf der Suche nach einer Krawatte, nach Kragenknöpfen oder einer Weste. Die Neugierigen, die nicht dazugehörten, standen im Wege, qualmten mit ihren Zigaretten und lärmten, und es gab kein Mittel, sie aus der kleinen Garderobe zu vertreiben.

Doch da erdröhnte in der Ferne ein Militärmarsch: auf allen Pfaden des Gartens kamen mit Laternen in der Hand die Gäste, um feierlich das Theatergebäude zu betreten. Die Musik kam immer näher und übertönte zum Schluß auch unsere Stimmen. Man verstand sein eigenes Wort nicht mehr. Dann entfernte sich die Marschmusik und machte dem Raunen der Menge, dem Fußgetrappel und dem Stühlerücken Platz. Die Schauspieler hinter den Kulissen sind stiller geworden, in den Garderoben sprach man leiser, auf den Gesichtern erschien schuldbewußtes Lächeln, Verlegenheit. In mir aber war freudiger Aufruhr: ich konnte weder ruhig sitzen noch still stehen. Ich raste durch die Räume und störte alle. Das Herz pochte und schien Augenblicke lang zu stocken. Doch dann ging der Vorhang auf, und die Vorstellung begann.

Endlich trat auch ich auf die Bühne, wo ich mich sofort blendend fühlte. Etwas stieß mich an, erregte, beflügelte mich, und ich raste gleich einem durchgehenden Pferd immer weiter – durch das ganze Stück. Nicht die Rolle und nicht das Stück waren es, die ich da schuf – das leere Vaudeville ist nicht der Rede wert – ich schuf meine Kunst, den schauspielerischen Gottesdienst. Ich schenkte mein Genie den Zuschauern, ich empfand mich als einen großen Schauspieler, der sich der Menge zur Bewunderung zur Schau stellte. Mich erregte das Rasen meines inneren Rhythmus und Tempos, das mir den Atem verschlug. Worte und Gesten entschlüpften mir mit unfaßbarer Schnelligkeit. Ich bekam keine Luft, die Atemnot hinderte mich am Sprechen, und diese gesteigerte Nervosität und Ungehaltenheit hielt ich für echte Inspiration. Ich war überzeugt, daß ich die Zuschauer in meiner uneingeschränkten Gewalt hatte.

Das Stück war zu Ende, und ich erwartete Zustimmung, Lob und Entzücken. Doch alle schwiegen und mieden mich geradezu. Mir blieb nichts übrig, als zum Regisseur zu gehen und mich soweit zu erniedrigen, ihm ein Kompliment zu entlocken.

»Ach doch, immerhin ganz nett«, sagte er zu mir.

Was meinte er nur mit diesem »immerhin«?!

Von diesem Augenblick an begann ich zu erkennen, was schöpferischer Zweifel ist.

Nach dem zweiten Stück, dem »Alten Mathematiker«, in dem ich mich nicht sonderlich gut fühlte, sagte mir freudig der Regisseur, im aufrichtigen Bestreben, mich aufzumuntern:

»Das war schon bedeutend besser!«

Wie kommt das? Fühlt man sich wohl auf der Bühne – wird nicht gelobt; ist das Befinden schlecht – kommt Zustimmung! Was ist der Grund? Woher kommt dieses Mißverhältnis zwischen dem eigenen Befinden auf der Bühne und dem Eindruck der Zuschauer im Saal?

An jenem Abend erfuhr ich auch, daß es nicht so einfach ist, die eigenen künstlerischen Fehler einzusehen. Es ist schon eine ganze Wissenschaft, von der Bühne aus zu erkennen, was von deinem Spiel auf der anderen Seite der Rampe ankommt. Ich mußte sehr lange herumfragen, mal mich dumm stellen, mal betteln, um herauszubekommen, daß ich trotz meiner »Inspiration« einfach zu leise gesprochen hatte, so daß man mir hätte »Lauter!« zurufen mögen; zweitens hatte ich den Text so schnell heruntergeschnattert, daß alle am liebsten »Langsamer!« gerufen hätten. Meine Arme mußten mit einer derartigen Schnelligkeit durch die Luft gesaust und meine Beine mich dermaßen von einer Ecke der Bühne in die andere geschmissen haben, daß niemand begreifen konnte, was auf der Bühne geschah. An jenem Abend erfuhr ich auch, was die von der kleinlichen Schauspielereitelkeit getriebenen Sticheleien sind, und was sie erzeugen: Gehässigkeit, Klatsch und Neid.

Statt Freude brachte mir mein Debüt Verwirrung, die ich jedoch mit allen Mitteln zu vertreiben suchte. Gleich bei der nächsten Gelegenheit – einer Hausinszenierung – nahm ich mir vor, laut zu sprechen und nicht mit den Händen herumzufuchteln.

Die Reaktion? Man bezichtigte mich des Schreiens und der Grimassenschneiderei; ich würde zu dick auftragen und keinen Sinn fürs richtige Maß haben. Offensichtlich war die Nervosität von den Händen auf das Gesicht übergegangen – daher das Grimassieren. Nun, und der Sinn fürs richtige Maß? Theoretisch verstand ich es natürlich, doch in der Umsetzung …

Die Vorstellungen waren selten, der Leerlauf in der Zwischenzeit war quälend. Um einerseits die Durststrecken zu überbrücken und andererseits unserer Lust auf Schelmereien und Witze Luft zu machen, von der wir schon in der Kindheit angesteckt waren, ließen wir uns folgendes einfallen: mein Freund und ich verkleideten und schminkten uns als heruntergekommene Säufer und gingen eines Abends zum Bahnhof, wo wir Fremde und Bekannte belästigten. Mal gab man uns eine Kopeke, mal ließ man Hunde auf uns los, und die Aufsicht verjagte uns vom Bahnsteig. Je schlimmer man mit uns verfuhr, desto größere Befriedigung war das für unser Schauspielergefühl. Im Leben mußte man glaubwürdiger spielen als auf der Bühne, wo einem alles abgenommen wird, andernfalls konnte es Krach geben. Schon daß man uns rausschmiß, bedeutete: es war gut gespielt. Den »Sinn fürs richtige Maß« habe ich damals in der Praxis schätzen gelernt.

Einen noch größeren Erfolg hatten wir als Zigeuner. Diese hatten einmal in der Nähe unseres Hauses ihr Lager aufgeschlagen, und in allen Besitzungen huschten wahrsagende Zigeunerinnen mit ihren kleinen Kindern umher. An einem Abend erwarteten wir unsere Cousine, die mit dem Zug kommen sollte. Sie war in unseren Nachbarn verliebt und ließ sich bei jeder Gelegenheit wahrsagen, um ihr Schicksal zu erfahren. Also wollten wir ihr einen Streich spielen. Die für die Schwester neu angestellte Gouvernante, die hervorragend wahrsagen konnte, ich und ein Junge, der Sohn unseres Stubenmädchens, verkleideten und schminkten uns als Zigeuner und liefen zur Zeit der Ankunft des Zuges in Richtung Bahnhof. Unterwegs setzte ich meiner Begleiterin auseinander, was sie der Cousine wahrzusagen hatte. Als wir der Kutsche mit der Cousine begegneten, liefen wir, scheinbar in Zigeunersprache etwas schreiend, hinter ihr her. Das Mädchen erschrak und befahl dem Kutscher, auf die Pferde loszuprügeln und zu fahren, was das Zeug hielt. Wie wir es mit dem Bruder ausgemacht hatten, blieben wir wartend am Tor unseres Gutes. Bald erschienen sämtliche Hausbewohner mit der von geheimnisvollem Schaudern erfaßten Cousine am Gartentor, und das Wahrsagen begann. Der Effekt überstieg unsere Erwartungen. Wieder einmal konnte ich stolz darauf sein, den Sinn fürs richtige Maß bewiesen zu haben.

Zur Illustration jener Kurve, die die Arbeit eines ohne fachmännische Beratung Dilettierenden beschreibt, schildere ich einige, für meine weitere Arbeit bezeichnende Aufführungen. Dabei werde ich nicht chronologisch vorgehen, zumal mich etwas anderes interessiert. Wichtig sind die Etappen und Stufen selbst, die der Schauspieler in seinem künstlerischen Wachstum durchläuft; wichtig ist die Kurve dieses Wachstums, mit all ihren Abweichungen.

Schauspielerei im Leben

Eine Aufführung konnten wir nicht zustandebringen, weil es nicht möglich war, eine Truppe zusammenzustellen. Nun entschlossen wir uns, das heißt, zwei Schwestern, ich und ein Freund, etwas für uns allein zu proben, der Übung halber. Die Wahl fiel auf zwei aus dem Französischen übersetzte Vaudevilles: »Die schwache Seite« und »Das Geheimnis der Frau«.

Inzwischen hatten wir alle möglichen europäischen Berühmtheiten gesehen, unser Geschmack war verfeinert, und wir wurden anspruchsvoller in den eigenen künstlerischen Bestrebungen. Unsere Pläne als Regisseure und Schauspieler überstiegen unsere Mittel und Möglichkeiten. Wie wollte man auch ohne schauspielerische Technik und genaue Kenntnisse etwas zustandebringen, wo nicht einmal das Material für Dekorationen und Kostüme da war! Denn außer den alten Kleidern von den Eltern, Schwestern und Bekannten, außer den erbettelten abgelegten Klunkern, Bändern, Knöpfen, Schleifchen und sonstigen Kinkerlitzchen besaßen wir nichts. Ob wir wollten oder nicht, mußten wir anstelle der prachtvollen Ausstattung künstlerische Einfälle und originelle Stückinterpretation einsetzen. Ein Regisseur tat not. Da wir aber keinen hatten und dennoch furchtbar gern spielen wollten, mußte einer Regie führen. Das Leben selbst zwang uns zu lernen und war unsere praktische Schule.

So auch diesmal: wie macht man aus simplen Vaudevilles pikante Inszenierungen mit französischem Pfiff?

Die Fabel ist einfach: zwei Studenten verlieben sich in zwei Putzmacherinnen und versuchen, deren schwache Seiten aufzuspüren, um ihre Liebe zu gewinnen. Doch wo ist sie, die schwache Seite einer Frau? – Da, ein Kanarienvogel vertrimmt sein Weibchen, und – sie ist lieb zu ihm. Vielleicht ist es das: verprügeln? Sie probieren es, und fangen beide Ohrfeigen. Doch zu guter Letzt verlieben sich die Putzmacherinnen in die beiden, und es wird geheiratet. So einfach ist das, klar und naiv!

Und das andere unkomplizierte Sujet: ein Kunstmaler und der Student Megrio, den ich spielte, bemühen sich um eine Putzmacherin. Der Maler will heiraten, und der Student hilft ihm dabei. Doch sie entdecken etwas Furchtbares: die Braut trinkt, man hat Rum bei ihr gefunden! Kummer und Verzweiflung! Doch es erweist sich, daß die Putzmacherin den Rum zum Haarewaschen braucht. Der Rum fällt dem Studenten und dem betrunkenen Concierge zu, die Putzmacherin – ihrem Bräutigam, dem Maler. Die Letzteren küssen sich im Finale; der Student und der Concierge liegen unterm Tisch und singen ein überaus komisches Schlußduett der Saufbrüder.

Maler, Putzmacherin, Mansarde, Student, Montmatre – das hat Stil, Charme, Grazie, sogar Romantik.

Es war Sommer. Wir Schauspieler wohnten alle in Ljubimowka und konnten ungehindert proben, um bei der ersten passenden Gelegenheit zu spielen, was wir denn auch ausgiebig taten. Man stand frühmorgens auf, ging baden – und spielte dann ein Vaudeville. Nach dem Frühstück – das zweite. Man machte einen Spaziergang und wiederholte anschließend das erste Stück. Abends kam dann vielleicht Besuch, den wir gleich fragten:

»Möchten Sie, daß wir Ihnen ein Stück vorspielen?«

»Bitte«, antwortete dann der Besuch.

Wir zündeten Petroleumlampen an – die Dekoration wurde nie abgeräumt –, ließen den Vorhang herunter, zogen uns an – der eine eine Bluse, der andere eine Schürze, ein Häubchen oder Mütze –, und es begann eine Vorstellung für einen einzigen Zuschauer. Für uns waren es Proben, bei denen wir uns immer neue Aufgaben stellten, um uns zu vervollkommnen. Und da wurde der mir einmal hingeworfene Satz vom »richtigen Maß« allseitig studiert. Zuletzt reduzierte ich die Schauspieler auf ein derart richtiges Maß, daß sie sich nicht zu atmen getrauten, während der Zuschauer vor Öde einschlief.

»Ganz gut, aber … zu leise!« sagte er schüchtern.

Daraus ergab sich eine neue Aufgabe für die Proben: wir mußten lauter sprechen. Ein anderer Zuschauer fand, es sei zu laut. Also war es nicht das richtige Maß, man durfte nicht zu laut sprechen. Doch wollte uns diese auf den ersten Blick simple Aufgabe nicht gelingen. Das ist das Schwierigste auf der Bühne – nicht leiser und nicht lauter zu sprechen, als nötig, und dabei locker und natürlich bleiben.

»Ein Vaudeville muß im Tempo voll durchgespielt werden«, sagte uns ein anderer Zuschauer.

»Im Tempo? Also gut? Der Akt läuft vierzig Minuten lang. Wenn wir es in dreißig Minuten schaffen, dann ist es Tempo …« Nach vielen Proben schafften wir es in dreißig Minuten.

»Wenn wir es in zwanzig Minuten bringen, dann wird's richtig«, erteilte ich den nächsten Auftrag.

Es wurde eine Art Sport daraus, man spielte auf Geschwindigkeit und erreichte die zwanzig Minuten. Jetzt war das Vaudeville für unsere Begriffe nicht zu laut, nicht zu leise, hatte Tempo, Stimmung und Glaubwürdigkeit. Als aber unser Kritiker wiederkam, sagte er:

»Ich verstehe reineweg nichts mehr, weder was ihr da schnattert, noch was ihr tut. Ich sehe nur, daß alle hin und her rasen wie Besengte.«

Doch wir ließen uns nicht entmutigen:

»Rasen, sagen Sie? Das heißt: so wie vorher, nur deutlicher in der Diktion und in den Bewegungen.«

Wäre es uns gelungen, diese allerschwerste Aufgabe bis ins Letzte zu erfüllen, wir wären möglicherweise große Schauspieler geworden, doch es gelang uns ja nicht. Immerhin haben wir etwas erreicht, und diese Arbeit brachte uns gewiß einigen Nutzen rein äußerlicher Art: wir begannen deutlicher zu sprechen und bestimmter zu handeln. Immerhin etwas. Freilich waren bislang die Deutlichkeit und die Bestimmtheit um ihrer selbst willen da. Unter solchen Umständen konnte von Glaubwürdigkeit keine Rede sein.

Das Ergebnis war ein neuerliches Stutzen, um so mehr, als uns nicht einmal jener kleine äußerliche Gewinn bewußt geworden war, den uns die Erfahrung brachte.

Eine nächste Aufführung wollten wir mit jenen machen, die im Sommer in Ljubimowka zusammen wohnten. Jedoch suchten wir vergeblich nach einem passenden Stück. So entschlossen wir uns, Text und Musik für eine Operette selbst zu schreiben. Folgendes Prinzip wurde der neuen Arbeit zugrunde gelegt: Jeder denkt sich eine Rolle nach seinem Geschmack aus und legt dar, was er spielen möchte. Dann überlegten wir, welche Fabel sich aus den gesammelten Wünschen ergeben könnte, und verfaßten den Text. Einer unserer Freunde erbot sich, die Musik zu schreiben. Diesmal erfuhren wir, frischgebackene Autoren und Komponisten, sämtliche Schaffensqualen am eigenen Leibe. Uns wurde klar, was es bedeutet, ein musikdramatisches Werk hervorzubringen, und worin die Schwierigkeit dieser schöpferischen Arbeit besteht. Freilich waren uns einzelne Stellen gelungen, sie waren bühnenwirksam, heiter, und lieferten dem Regisseur und den Schauspielern guten Stoff. Als wir aber die einzelnen Teile miteinander verbinden und sie in einen Zusammenhang bringen wollten, mußten wir feststellen, daß das nicht ging. Es gab keinen grundlegenden, alles vereinigenden Gedanken, der auf das Anliegen des Autors hingedeutet hätte. Im Gegenteil, jeder verfolgte andere Ziele, die das Stück in die verschiedensten Richtungen zerrten. Jedes für sich genommen nicht schlecht, zusammenbringen ließen sie sich aber nicht. Damals begriffen wir nicht die Ursache unseres literarischen Mißerfolgs, doch es war schon gut und nützlich, daß wir auf diesem Gebiet überhaupt gearbeitet hatten.

Ich hatte mir auch eine Rolle ausgedacht. Ich überlegte, wen ich spielen möchte. Vor allem natürlich einen schönen Mann, um gefühlvolle Liebesarien singen zu können, Erfolg bei Damen zu haben und einem meiner Lieblingssänger ähnlich zu sein, den ich auf der Bühne in Stimme und Auftreten kopieren konnte. Mein eigenes Fach habe ich zu jener Zeit gar nicht wissen wollen. Wer kennt nicht die Eigenart von uns Schauspielern: der Häßliche möchte auf der Bühne ein Schönling sein, der Kleine groß, der Schwerfällige flink. Wer kein tragisches oder lyrisches Talent hat, träumt von Hamlet oder einer Liebhaber-Rolle; der Einfältige will Don Juan sein, der Komiker − ein King Lear. Fragen Sie einen Laien, welche Rolle er am liebsten spielen möchte − Sie werden staunen. Die Menschen streben immer nach etwas, das ihnen nicht gegeben ist, auch Schauspieler suchen auf der Bühne, was sie im Leben entbehren. Doch das ist ein gefährlicher und irriger Weg. Das Verkennen seines eigentlichen Faches und seiner Berufung ist für den Schauspieler das größte Hindernis in seiner Entwicklung. Das ist die Sackgasse, in die er manchmal für Jahrzehnte gerät und aus der es so lange keinen Ausweg gibt, bis er seinen Irrtum einsieht. In dieser Hinsicht hatte uns die gerade beschriebene Aufführung zufällig einen wesentlichen Dienst erwiesen.

Eine der Darstellerinnen erkrankte und ich mußte schweren Herzens ihre Rolle meiner Schwester S. S. Alexejewa (Sokolowa) geben, der man bei uns als einer Art Aschenbrödel nur grobe Arbeiten auftrug: sie war für Kostüme, Requisiten und Dekorationen zuständig, gab den Schauspielern das Stichwort. Als Schauspielerin erschien sie nur im äußersten Fall und auch nur in kleinen Rollen. Und jetzt auf einmal − die Hauptrolle. Da ich an einen guten Ausgang dieser Umbesetzung nicht glaubte, führte ich die Proben nur als Pflichtübung durch und konnte oftmals meine Verärgerung über sie nicht verbergen, obwohl sie nichts dafür konnte und meine Mißgunst keineswegs verdiente. Bei einer Probe marterte ich sie und brachte sie an die äußerste Grenze ihrer Geduld. Aus lauter Verzweiflung spielte sie die

Hauptszene so, daß es uns die Sprache verschlug. So als hätte sie einen Pfropfen aus sich herausgerissen, der bis dahin ihre Seele verschlossen hatte. Die Verzweiflung fegte die Schranken der Beklemmung hinweg, und das starke Temperament brach wie ein Strom durch einen gerissenen Damm. Eine neue Schauspielerin war entstanden!

Die Operette hatte keinen Erfolg, doch am selben Abend entschlossen wir uns zur Inszenierung eines eigens für die entdeckte Schauspielerin ausgewählten Stücks: Djatschenkos »Der praktische Herr«. Für diese Arbeit galt ein neuer Grundsatz: um sich besser in die Rolle einzuleben und sie als zweite Haut zu spüren, braucht man Gewöhnung und ständige Übung. Wir beschlossen, ganze Tage nicht als wir selbst, sondern als die jeweilige Person und unter den Gegebenheiten des Stückes zu leben. Unser eigentlicher Tagesablauf mochte sein, wie er wollte – ob man spazierenging, Pilze sammelte oder Boot fuhr – wir mußten uns nach den Verhältnissen des Stücks und nach dem Wesen der jeweiligen Rolle richten. Man mußte das wirkliche Leben gleichsam übertragen und es der Rolle anpassen. Laut Stück hatten mir die Eltern meiner Braut strengstens verboten, mit ihr spazierenzugehen und überhaupt mit ihr zusammenzusein, weil ich ein armer und häßlicher Student, sie aber ein reiches und schönes Fräulein war. Ich mußte ganz geschickt ein heimliches Stelldichein mit ihr verabreden. Erschien dann der Freund, der den Vater spielte, so mußte ich mich unauffällig von der Schwester – meiner Braut also – trennen oder mir etwas einfallen lassen, um das unerwünschte Beisammensein zu rechtfertigen. Der Freund wiederum mußte bei solchen Gelegenheiten so reagieren wie der »praktische Herr«, dessen Rolle er spielte, und nicht so, wie er normalerweise reagiert hätte.

Das Schwierige an diesem Versuch war, daß man nicht nur Schauspieler, sondern auch Autor von immer neuen Stegreifszenen sein mußte. Oft ging uns der Gesprächsstoff aus, dann machten wir eine kurze Pause und bestimmten, was mit den Personen unter den gegebenen Umständen zu geschehen hatte, welche Gedanken, Worte und Handlungen logisch wären. Dann schlüpften wir wieder in unsere Rollen und setzten die Versuche fort. Zu Anfang war es sehr schwierig, dann gewöhnten wir uns daran.

Auch diesmal begann ich, meiner damaligen Gewohnheit treu, den bekannten Schauspieler des Kaiserlichen Theaters M. P. Sadowski in der Rolle des Studenten Melusow in Ostrowskis »Talente und Verehrer« zu kopieren. Ich legte mir den gleichen tapsigen Gang »über den Onkel« zu, imitierte seine Kurzsichtigkeit, die ungelenken Hände, zupfte an den noch spärlichen Barthaaren, rückte an der Brille und strich mir das lange gelockte Haar glatt. Unmerklich für mich selbst wurde das Kopierte auf die Dauer zur Gewohnheit, später auch zu meiner eigenen, aufrichtig erlebten Haltung. Auf der Bühne, umgeben von Attrappen und geschminkten Menschen, bewegt man sich innerhalb eines bestimmten Konsens, doch im wirklichen Leben darf man nicht fürs Publikum spielen und sich über die reale Umwelt hinwegsetzen. Was das richtige Maß ist, habe ich damals erneut und am eigenen Leibe erfahren. Unsere Versuche brachten nicht den erwarteten Erfolg, doch ich zweifle nicht daran, daß sie die Keime des Zukünftigen in uns genährt haben. Es war die erste Rolle, in der mich Leute, die etwas davon verstanden, lobten. Die jungen Mädchen aber beklagten: »Wie schade, daß Sie so häßlich sind!« Es schmeichelte mir mehr, den Mädchen als den Kennern zu glauben, und ich träumte wieder davon, einen Schönling zu spielen.

Kaum fand ich aus der Sackgasse auf den richtigen Weg, schon verirrte ich mich wieder dorthin und probierte alle Rollen, nur die nicht, die mir die Natur bestimmt hatte. Arme Schauspieler, die ihr Fach nicht ahnen! Es ist so wichtig, seine Berufung beizeiten zu erkennen.

Musik

Ich war etwas über zwanzig, als ein solider Geschäftsmann zu mir sagte: »Wer es zu einer achtbaren Stellung bringen will, sollte sich einer gemeinnützigen Sache annehmen: Kurator einer Lehranstalt oder eines Armenhauses werden, Stadtverordneter vielleicht«. Mit jenem Tag begann mein Leidensweg. Ich fuhr zu irgendwelchen Beratungen und bemühte mich, imposant und wichtig aufzutreten. Ich tat so, als würde es mich ungeheuer interessieren, was für Jacken oder Häubchen man den Frauen im Altersheim genäht hatte; ich ersann Maßnahmen zur Verbesserung der Kindererziehung in Rußland, ohne auch nur das geringste von dieser spezifischen und wichtigen Sache zu verstehen. Gleich einem Schauspieler erlernte ich die hohe Kunst des tiefsinnigen Schweigens bei mir völlig unverständlichen Dingen und konnte sehr vielsagend und geheimnisvoll äußern: »Tja ... hm! ... Ich werde es mir überlegen.« Ich lernte es, fremde Meinungen aufzuschnappen und sie geschickt als meine eigenen anzubringen. Ich mußte die Rolle des Kenners in Dingen, von denen ich nichts verstand, so gut gespielt haben, daß man sich darin überbot, mich in alle möglichen Kuratorien, schulische Aufsichtsbeiräte und dergleichen zu wählen. Ich zerriß mich fast, hatte nie Zeit, war immer müde, doch im Innern war Kälte, ein übler Nachgeschmack und das Gefühl, etwas Schlimmes getan zu haben. Ich tat etwas mir Fremdes, von dem keine Befriedigung zu erwarten war; ich machte eine Karriere, die ich gar nicht brauchte. Indessen konnte ich mich weder dem immer stärkeren Sog meiner neuen Tätigkeit entziehen noch mich von den damit verbundenen Verpflichtungen lossagen. Glücklicherweise fand sich ein Ausweg. Mein Vetter, ein überaus agiler Mensch und einer der Direktoren der Russischen Musikgesellschaft sowie des Konservatoriums, mußte seinen Posten um eines höheren willen verlassen. Man wählte mich zum Nachfolger. Ich nahm dieses Amt an. So konnte ich unter dem Vorwand des Zeitmangels von allen übrigen Verpflichtungen Abstand nehmen. Lieber in der Atmosphäre der Kunst unter begabten Menschen sein, als in Wohlfahrtseinrichtungen schmoren, die mir fremd waren.

Und es gab zu jener Zeit wahrlich bemerkenswerte Leute am

Konservatorium. Es genügt zu sagen, daß meine damaligen Ko-Direktoren der Komponist Pjotr Iljitsch Tschaikowski, der Pianist und Komponist Sergej Iwanowitsch Tanejew, dann einer der Mitbegründer der Tretjakow-Galerie, Sergej Michailowitsch Tretjakow, sowie sämtliche Professoren, darunter Wassili Iljitsch Safonow, gewesen sind. Meine Stellung als Direktor der Russischen Musikgesellschaft gab mir stets Gelegenheit, auch andere herausragende und begabte Menschen kennenzulernen wie Anton Grigorjewitsch Rubinstein oder Erdmannsdörfer, die auf mich einen tiefen Eindruck machten und von großer Bedeutung für meine künstlerische Zukunft waren.

Selbst bei einer flüchtigen Bekanntschaft mit bedeutenden Persönlichkeiten hinterlassen doch schon ihre Nähe, der unsichtbare Austausch von geistigen Strömen, auch ihre spontane Reaktion auf ein Ereignis, einzelne Ausrufe, ein dahingeworfenes Wort oder ein beredtes Schweigen eine unauslöschbare Spur in unsren Seelen. Im Laufe seiner Entwicklung erinnert sich der Schauspieler bei ähnlichen Lebenssituationen an den Blick, die Worte, Ausrufe und Schweigepausen einer bedeutenden Persönlichkeit und entschlüsselt für sich ihren wirklichen Sinn. Auch ich erinnerte mich öfter an die Augen, Ausrufe und das vielsagende Schweigen A. G. Rubinsteins, mit dem mich das Schicksal zwei- oder dreimal die Güte hatte zusammenzuführen.

Es begab sich, daß zum Zeitpunkt der Ankunft A. G. Rubinsteins in Moskau, wo er ein Konzert dirigieren sollte, alle Verantwortlichen der Russischen Musikgesellschaft in wichtigen Angelegenheiten außerhalb Moskaus weilten, so daß ich die amtliche Verantwortung übernehmen mußte. Das machte mich ziemlich verlegen, da mir bekannt war, daß Rubinstein streng und direkt bis zur Schroffheit war und keinerlei Kompromisse und Halbheiten in der Kunst duldete. Natürlich fuhr ich zum Bahnhof, ihn zu empfangen. Doch er kam mit einem früheren Zug, und so konnte ich ihn erst im Hotel kennenlernen. Das Gespräch war ganz offiziell und kurz. Ich fragte, ob er nicht bestimmte Anordnungen hinsichtlich des Konzerts treffen wolle.

»Was für Anordnungen? Ist doch alles klar«, antwortete er lässig mit seiner hohen Stimme und durchbohrte mich mit forschendem Blick. Im Gegensatz zu uns Sterblichen scheute er sich nicht, Menschen lange zu betrachten, so als seien sie Gegenstände. Diese Angewohnheit habe ich auch bei anderen großen Persönlichkeiten bemerkt, denen ich später begegnete.

Die Antwort und der Blick Rubinsteins machten mich verlegen; sie schienen mir Verwunderung und Enttäuschung zu bedeuten: »So weit ist es schon gekommen! Rotzbuben als Direktoren! Was versteht so einer von unserer Arbeit? Aber Gefälligkeiten anbieten!«

Seine Ruhe und Lockerheit, die Löwenmähne zusammen mit den trägen Gebärden eines königlichen Raubtiers bedrückten mich. In seinem kleinen Zimmer fühlte ich meine Nichtigkeit und seine Größe. Ich wußte, wie dieser gelassene Hüne am Flügel oder am Dirigentenpult sich entflammen konnte; wie dann seine langen Haare flogen und die Hälfte des Gesichts bedeckten; welches Feuer sich in seinem Blick entzündete; wie seine Arme, der Kopf und sein ganzer Leib sich auf das tobende Orchester stürzten. In meiner Vorstellung wurden Rubinstein und Löwe eins, darum schien es mir damals, als wäre ich zu Gast beim König der Tiere in seinem kleinen Käfig.

Eine Stunde später traf ich ihn auf der Orchesterprobe. Rubinstein versuchte vergeblich, das dröhnende Orchester mit seiner hohen Stimme zu überbrüllen. Auf einmal kreischte er auf und rief den Posaunen scharf etwas zu. Offenbar waren ihm deren Töne nicht kräftig genug, um seine Gefühle wiederzugeben, und er forderte, daß die Posaunen ihre Schalltrichter höher hielten, damit ihr Dröhnen ungehindert auf das Publikum niederprasseln konnte. Als die Probe zu Ende war, lag Rubinstein wie ein Löwe nach dem Kampf, schweißüberströmt, müde und dennoch graziös in seiner Garderobe. Mit stockendem Herzen stand ich vor seiner Tür und wußte selbst nicht, ob ich ihn bewachte, vergötterte oder nur durch den Türspalt bewundernd ansah. Die Musiker waren ebenfalls begeistert und verabschiedeten sich ehrerbietig, als er nach der Ruhepause ins Hotel fuhr.

Um so befremdeter war ich, als einige aufgeregte Musiker an mich herantraten und in herausforderndem Ton erklärten, sie würden zum heutigen Konzert nicht erscheinen, wenn Rubinstein sich bei ihnen nicht entschuldige.

»Wofür?« fragte ich verwundert, noch ganz überwältigt·von dem, was ich gerade gehört und gesehen hatte.

Es war nicht herauszubekommen, worin die Beleidigung bestand. Vielleicht hatten die Musiker ein ihnen zugerufenes Wort mißverstanden, oder aber sie konnten sich mit der ganzen Art des Auftretens eines Genies nicht abfinden. Trotz aller Bemühungen war es mir nicht gelungen, sie zu beschwichtigen. Ich erreichte lediglich ihre Zusage, zum Konzert zu erscheinen: wenn Rubinstein verspricht, sich nach dem Konzert bei ihnen zu entschuldigen, dann setzen sie sich an die Pulte, wenn nicht – dann tun sie, was sie für richtig halten.

Ich fuhr augenblicklich zu Rubinstein, entschuldigte mich, stotterte ihm das Vorgefallene vor und fragte, was ich jetzt tun sollte. Meine Meldung machte auf ihn nicht den geringsten Eindruck, er blieb in der gleichen entspannten Stellung liegen wie auch bei unserer ersten Begegnung. Ich aber schwitzte vor Aufregung, ja Angst vor dem sich anbahnenden Skandal, und aus Hilflosigkeit.

»Gu-u-ut! Ich werde es ihnen sa-a-agen!« fiepte langsam Anton Grigorjewitsch.

Würde man den Tonfall wiedergeben können, wie das gesagt worden war, so müßte es heißen:

»Nun gut, ich werde es ihnen schon zeigen, den Maulhelden! Die jage ich noch ins Bockshorn!«

»Dann kann ich also den Musikern ausrichten, daß Sie sich entschuldigen werden?« drängte ich, um endlich das Pünktchen aufs »i« zu setzen.

»Gut, gut! … Sagen Sie es ihnen! … Sie sollen sich an ihre Pulte setzen!« sagte er noch langsamer durch die Zähne, streckte sich nach einem Brief und öffnete ihn.

Ich hätte mich natürlich um eine klarere Antwort bemühen müssen, doch ich wagte nicht, ihn länger zu belästigen, und ging, ohne meine Forderung durchgesetzt zu haben, unzufrieden, beunruhigt und unsicher, ob das Konzert stattfinden werde.

Vor Beginn des Konzerts sagte ich den Musikern, ich hätte mit Rubinstein gesprochen und ihm alles berichtet, worauf er mir geantwortet habe: »Gut, gut, ich werde es ihnen sagen!« Den Tonfall, die eigentliche Würze, unterschlug ich freilich. Die Musiker waren es zufrieden, und außerdem werden sich ihre hitzigen Köpfe inzwischen abgekühlt haben.

Das Konzert wurde ein überwältigender Erfolg. Doch mit welcher Kälte und Verachtung nahm der geniale Mann ihn auf, mit welcher Gleichgültigkeit bedachte er die ihm zujubelnde Menge! Er kam nach vorn, verbeugte sich mechanisch und vergaß gleich darauf alles, was ihn umgab, unterhielt sich vor den Augen des Publikums mit einem Bekannten, so als würde diese Raserei ihn selbst gar nicht betreffen. Jedesmal, wenn die Geduld des Publikums und der auf die Pulte klopfenden Musiker zu reißen drohte, und es schien – ein Augenblick noch, und die Menge fängt zu randalieren an, schickte man mich, als Veranstalter, zu Rubinstein, ihn daran zu erinnern, daß der Jubel noch nicht zu Ende war und er sich noch einmal zeigen mußte. Schüchtern erfüllte ich meine Pflicht und erhielt jedesmal die ruhige Antwort:

»Aber ich hö-ö-öre es doch!«

Im Klartext: »Ich werde Sie wohl zuletzt fragen, wie ich mit ... denen da umzugehen habe!«

Ich verstummte, war aber innerlich begeistert und beneidete das Genie um das Recht auf solcherart überlegener Teilnahmslosigkeit dem Ruhm und dem Publikum gegenüber.

Flüchtig sah ich die rebellischen Musiker: im Jubelchor schrien und tobten sie am meisten.

Es gab noch eine zweite Begegnung mit A. G. Rubinstein, von der ich, ungeachtet der unglücklichen Figur, die ich da abgab, berichten möchte, weil sich hier die typischen Züge eines großen Mannes zeigten, die mich tief beeindruckten.

Es war ebenfalls die Zeit meines Direktorats in der Russischen Musikgesellschaft. Im kaiserlichen Bolschoi Theater wurde mit großem Aufwand die zweihundertste Vorstellung des »Dämon« gefeiert. Die Elite der Moskauer Gesellschaft füllte das Theater, überall Festbeleuchtung, namhafte Gäste in den Hoflogen und beste Sänger selbst in den kleinsten Rollen. Ein grandioser Empfang für Rubinstein, ein Tusch des Orchesters, das »Hoch«, gesungen vom Chor und den Solisten. Die Ouvertüre setzte ein, der Vorhang ging auf, die Vorstellung begann. Der erste Akt endete mit riesigem Erfolg und mehreren Vorhängen. Den zweiten Akt dirigierte der Komponist mit einiger Nervosität, sein Löwenblick traf mal einen Sänger, mal einen Musiker; seine Bewegungen wurden ungeduldig, ja ärgerlich. Im Theater hieß es:

»Anton Grigorjewitsch ist nicht in Stimmung. Etwas paßt ihm nicht ...«

In dem Augenblick, als der Dämon aus dem Boden heraus über der auf der Ottomane liegenden Tamara erschien, unterbrach Anton Grigorjewitsch das Orchester, die ganze Vorstellung, und rief ungeduldig, nervös mit dem Stab auf das Pult klopfend, jemandem hinter den Kulissen zu:

»Ich habe schon hun-n-ndert Mal gesagt ...« Der Rest war nicht zu hören.

Später stellte sich heraus, daß der Scheinwerfer den Dämon nicht von vorn, sondern von hinten anzustrahlen hatte.

Eine Totenstille trat ein. Auf der Bühne und hinter den Kulissen Aufregung, ab und zu lugten Köpfe hervor, Hände winkten. Die armen Sänger, miteins der Musik und der gewohnten Handlung beraubt, standen wie verloren da und schämten sich, so als hätte man sie vor aller Augen nackt ausgezogen. Es schien, als wäre eine Stunde vergangen. Die Menge im Zuschauerraum, die sich von der Betroffenheit erholt hatte, fing allmählich zu maulen und zu nörgeln an. Das Raunen nahm zu. Rubinstein saß ruhig, fast so, wie ich ihn bei der ersten Begegnung im Hotel erlebt hatte. Als der Lärm das zulässige Maß überschritt, drehte er sich ruhig und langsam zum Publikum und klopfte streng mit dem Stock auf das Pult. Das hieß aber durchaus nicht, er gebe sich geschlagen und wolle die Vorstellung fortsetzen; es war ein strenger Aufruf zur Ordnung. Es zischte im Saal, dann war Stille. Es verging noch einige Zeit, bis starkes Licht endlich den Rücken des Dämons traf und seine Figur fast in eine gespensterhafte Silhouette verwandelte. Die Vorstellung ging weiter.

»Wie schön!« raunte es im Saal.

Der Beifall nach dem zweiten Akt fiel etwas bescheidener aus – vielleicht war das Publikum beleidigt? Doch das machte nicht den geringsten Eindruck auf Rubinstein. Ich sah ihn hinter den Kulissen vollkommen ruhig mit einem Bekannten sprechen.

Den nächsten Akt mußten wir, das heißt ein Kollege aus der Direktion und ich, eröffnen: wir wurden beauftragt, dem Komponisten einen gewaltigen Kranz mit langen Bändern zu überreichen. Rubinstein hatte sich gerade an sein Pult gesetzt, als wir mit unserer Last zwischen dem roten Portal und dem Vorhang buchstäblich durchgequetscht wurden. Es mußte ja zum Lachen gewesen sein, zu sehen, wie wir uns durch den schmalen Spalt zwängten. Ans starke Rampenlicht der großen Bühne nicht gewöhnt, waren wir sofort geblendet und sahen gar nichts vor uns, so als hätte ein Nebel alles verschleiert, was auf der anderen Seite der Rampe geschah. Wir gingen und gingen. Mir war, als hätten wir eine Werst zurückgelegt. Im Saal wurde erst getuschelt, dann steigerte sich das Geraune zum Lärm. Die dreitausendköpfige Menge brüllte vor Lachen, wir aber gingen weiter, ohne zu verstehen, was uns geschah, bis aus dem Nebel die Loge des Intendanten vor uns aufwuchs, die fast auf die Vorderbühne herausragte. Demnach hatten wir uns vor aller Augen auf der Bühne verirrt: die Mitte lag längst hinter uns, jene Stelle am Souffleurkasten, wo in früheren Zeiten der Dirigent mit dem Rücken zum Orchester plaziert war, sozusagen als Verbindungsmann zwischen Bühne und

Orchester. Die Augen gegen das Rampenlicht schützend und dergestalt in den Saal blickend, achtlos den riesigen Kranz mit den Bändern auf dem Boden schleifend, boten wir einen reichlich komischen Anblick. Anton Grigorjewitsch bog sich vor Lachen. Er klopfte wie besessen mit dem Stock auf das Pult, um uns anzugeben, wo er war. Endlich fanden wir ihn, überreichten ihm den Kranz und verließen vor Verlegenheit rasch, fast fluchtartig die Bühne.

Ich begegnete auch anderen großen Musikern.

Als Nikolai Grigorjewitsch Rubinstein starb, hatte man lange nach einem Nachfolger für die Leitung der Sinfoniekonzerte in Moskau gesucht. Zahlreiche Kandidaten wurden geprüft; man entschied sich schließlich für Max Erdmannsdörfer, einen bekannten Dirigenten und hervorragenden Musiker, der, wie es hieß, »hoffähig« war. Als ich Direktor der Russischen Musikgesellschaft war, stand er auf der Höhe seines Ruhms.

Die Frau meines Vetters, den ich damals im Konservatorium vertrat, war mit Erdmannsdörfers Frau befreundet. Ich war jung und hatte eine sogenannte Stellung – kurzum, ich hatte alles, was eine gute Partie ausmachte. Manche Damen können einen in der Freiheit herumlaufenden Junggesellen nicht ruhig sehen, so als stünde auf seiner Stirn geschrieben »Noch zu haben«. Sie können nicht ruhig schlafen, bis sie den jungen, glücklichen und sorglosen Menschen, der noch leben und die Welt sehen will, statt sich mit einer Frau am muffigen Familienherd einzusperren, mit den Banden der Ehe gefesselt haben. Kurzum, man wollte mich auf Biegen und Brechen verheiraten. Da gastierte in Moskau die hervorragende Geigerin S. – eine sentimentale, blonde und talentierte junge Deutsche. Sie wurde von ihrer gestrengen Mutter begleitet, die die Qualitäten ihrer Tochter wohl kannte. Meine Schwägerin – die selbsternannte Heiratsvermittlerin – begann zu kurbeln und gab unentwegt Abende und Diners, zu denen mit besonderem Nachdruck die junge Berühmtheit und ich geladen wurden. Die Schwägerin pries der gestrengen Mutter eifrigst meine Vorzüge: »Unfaßbar, so jung und schon Direktor einer Institution wie der Russischen Musikgesellschaft«. Zu mir sagte sie: »Was für ein reizendes Persönchen, diese S.! Wie kann man nur in deinen Jahren so blind und kalt sein! Steh auf und biete ihr einen Stuhl an!« Oder: »Reich ihr den Arm und führe sie zu Tisch!«

Ich reichte ihr den Arm, führte sie zu Tisch, saß beim Essen neben ihr und war sehr froh, ahnte aber nicht, was meine Schwägerin im Schilde führte. Vermutlich war auch Pjotr Iljitsch Tschaikowski in die Verschwörung gegen mich verwickelt, dessen Bruder mit der Schwester meiner Schwägerin verheiratet war. Ich wurde immerzu zu Musikabenden mit anschließendem Essen eingeladen, die von Musikern und Komponisten im Hotel Billo gegeben wurden, wo die meisten Künstler von außerhalb abstiegen, natürlich auch die junge Berümtheit S. Zu diesen Abenden im intimen Kreis traf sich die Musik-Elite. Hier wurden neue Werke vorgestellt, und die junge Geigerin spielte Musikstücke vor, die ins Konzertprogramm nicht aufgenommen worden waren. Die junge Diva gefiel Tschaikowski, und er plazierte mich immer wieder neben ihr, obwohl er bei seiner Schüchternheit völlig unfähig war, »les honneurs de la maison« zu machen. Seine Liebenswürdigkeit verwirrte mich. Ich konnte den Grund nicht verstehen. Er sagte mir mit Vorliebe, ich könnte den jungen Peter den Großen spielen und, wenn ich Sänger werden sollte, würde er eine passende Oper dazu schreiben.

An diesen Abenden schenkten mir Erdmannsdörfer und seine Frau eine außergewöhnliche Aufmerksamkeit. Nebenbei hörte ich, daß sie mich miteins liebgewonnen hätten und sich freuten, daß ich Direktor der Musikgesellschaft geworden war.

Im Anschluß an diese intimen Abende lud die Mutter der Geigerin mich und einige Musiker zu einem Tee auf ihr Zimmer. Für ein paar Minuten kam auch Tschaikowski mit seiner weichen Pelzmütze unterm Arm (wie ich ihn so oft gesehen habe) und verschwand dann genauso unerwartet, wie er gekommen war. Er war immer etwas nervös und im Aufbruch. Am längsten blieben die Erdmannsdörfers und meine Schwägerin. Dann verschwanden auch sie geheimnisvoll, und ich war allein mit der Geigerin und ihrer Mutter, die mich nie gehen lassen wollte. Ich konnte nicht allzu gut Deutsch, und um die Zeit mit etwas auszufüllen, brachte mir die junge Diva das Geigenspiel bei. Aus dem prachtvollen Futteral wurde ihre Stradivari herausgeholt, die ich, voller Angst, sie zu zerdrücken, in die ungelenke Hand nahm. Die andere Hand ergriff nicht minder ungelenk den Bogen, und in die Stille des wohlgesitteten deutschen Hotels sägte sich das Gekratze der von mir gezüchtigten Saiten. Die Diva reiste bald ab. Zum Abschied brachte ich ihr einen Strauß Rosen, deren Blätter sie wehmütig abriß und mir zuwarf, als der Zug anfuhr. Der Roman blieb unvollendet.

Meine Begriffsstutzigkeit wurde von der Schwägerin mit manch hartem Wort bedacht!

Zu dieser Zeit lernte ich die Familie Erdmannsdörfer näher kennen. Er war begabt, nervös, temperamentvoll und nicht einfach im Umgang. Offensichtlich verstand ich es, auf ihn einzugehen, was man von den anderen Mitgliedern der Direktion nicht behaupten konnte. Letztlich entstand eine eigenartige Lage: wenn der Dirigent um etwas gebeten werden mußte, dann taten es nicht seine Musikerkollegen, ebenfalls große Künstler, sondern sie übertrugen es mir. Meist verfuhr ich nicht direkt, sondern auf dem Umweg über Erdmannsdörfers liebe und gescheite Frau, die ihn zu beeinflussen wußte. Allmählich gewöhnte er sich an mich und wollte mit niemandem sonst verhandeln. Einmal war es so weit gekommen, daß ich, ein Musikbanause, mit ihm zusammen das Programm für die bevorstehende Konzertsaison zusammenstellte. Wahrscheinlich hatte er mich hinzugeholt, um nicht allein mit seinen Gedanken zu sein, oder um jemanden zu haben, der seine Bemerkungen niederschrieb. Nur zu verständlich, daß die Direktoren und Musiker mich benutzten, um das von ihnen vorgesehene Programm durchzusetzen. Ich war gezwungen, einem berühmten Musiker Ratschläge zu geben. Nun besaß ich eine fürs praktische Leben sehr wichtige Fähigkeit, von der schon die Rede war: ich konnte zur richtigen Zeit schweigen, an anderer Stelle eine geheimnisvolle Miene aufsetzen und ein vieldeutiges »So?« von mir geben oder nachdenklich ein »Also, Sie meinen …« murmeln oder aber bedeutungsträchtig hauchen »So, jetzt verstehe ich …«, dann, als Reaktion auf einen Programmvorschlag Erdmannsdörfers, eine mißbilligende Grimasse ziehen. »Nein?« fragte er verwundert. »Nein«, erwiderte ich überzeugt. »Nun, was dann?« »Ein Mozart, ein Bach«, sagte ich der Reihe nach die mir angegebenen Titel auf. Dumm waren meine Souffleure offensichtlich nicht, denn mein großer Freund staunte über meinen Geschmack und Feinsinn.

Gab er nicht gleich nach, mußte ich die Sache vorsätzlich verwirren. »Wie war das eben?« versuchte ich ihn auf eine, wie mir schien, passende Melodie zu lenken. »Aber spielen Sie«, waren die Worte des berühmten Dirigenten. Doch ich zog es vor, zu singen, was mir gerade einfiel. Natürlich begriff er nichts, setzte sich ans Klavier und versuchte zu raten. »Nein, nein, das ist es nicht!« Und wieder sang ich ihm etwas Undefinierbares vor, wieder rannte er zum Klavier, doch ich gab mich nicht zufrieden. So lenkte ich ihn von seinem Vorschlag ab, um dann aufzuspringen, so als hätte ich eine glänzende Idee, nachdenklich durchs Zimmer zu laufen, und ein neues, mir vorher schon aufgetragenes Programm zu verkünden, das den Meister wieder einmal über mein Feingefühl und Verständnis für Musik staunen ließ.

So gelang es mir, vieles davon durchzusetzen, worum die Kollegen aus der Direktion mich gebeten hatten. Als Schauspieler hatte ich in dieser Rolle nicht wenig zu leisten: ich mußte maßvoll und überzeugend spielen, um nicht ertappt zu werden. Ich gebe auch zu, daß mein Erfolg mir einige künstlerische Befriedigung brachte. Wennschon nicht auf der Bühne, dann wenigstens im Leben spielen!

Schauspielschule

Je mehr ich spielte und je hartnäckiger ich nach den für mich geeigneten Wegen suchte, desto stärker wurde meine Verwirrung, doch ich fand keinen kompetenten Menschen, der mich hätte anleiten können.

Mir blieb nur eins: ins Maly Theater zu gehen und dort an guten Vorbildern zu lernen, was ich auch tat. Wenn ausländische Berühmtheiten zu Gastspielen nach Moskau kamen, stürzte ich mich natürlich auf sie und ließ keine Vorstellung aus.

So ging es mir auch mit Rossi. Ich erinnere mich nicht genau, wann er erstmals gekommen war – schließlich halte ich mich in diesem Buch nicht an die Chronologie. Ich weiß nur, daß der berühmte Italiener mit seiner recht mäßigen Truppe die ganze Fastenzeit über im Moskauer Bolschoi Theater spielte. Damals waren die Vorstellungen in russischer Sprache zur Fastenzeit verboten, in fremden Sprachen durfte man aber spielen. So kam es, daß das Bolschoi Theater frei war.

Natürlich hatte ich ein Abonnement für alle Vorstellungen.

Die außergewöhnliche Plastizität und der Rhythmus Rossis versetzten mich in Erstaunen. Kein spontanes Temperament wie Salvini oder Motschalow; er war ein genialer Handwerker. Auch ein Handwerk erfordert eine Begabung, die sich bis zur Genialität steigern kann. So war es bei Rossi. Das will aber nicht heißen, Rossi hätte keine Ausstrahlung, kein Temperament oder keine Ausdruckskraft gehabt. Im Gegenteil, er besaß das alles im hohen Maße, und wir hatten oftmals im Theater mit ihm lachen und weinen müssen. Doch es waren nicht die Tränen einer tiefen seelischen und körperlichen Erschütterung. Rossi war unwiderstehlich, doch nicht durch spontane Kraft, sondern durch die Logik seiner Gefühle, die Konsequenz der Rollenführung; er spielte ruhig und war sich seines Könnens wie seiner Wirkung auf uns sicher. Wenn Rossi spielte, wußte man, daß er überzeugte, weil seine Kunst echt war. Was gibt es Überzeugenderes als die Echtheit! Er sprach und bewegte sich betont schlicht. Zunächst sah ich ihn als Lear, und ich muß gestehen, daß der erste Eindruck nicht der beste war. Das äußere Bild seiner Rollen war fast immer schwach, er schenkte ihm nicht die gebührende Aufmerksamkeit: ein banales Opernkostüm, schlecht geklebter Bart, belanglose Maske.

Der erste Akt schien nichts Besonderes zu versprechen. Die Zuschauer stellten sich zunächst auf das Spiel in einer fremden Sprache ein. Doch je weiter der Meister seine Rolle vor uns ausbreitete und deren innere und äußere Konturen zeichnete, desto größer, weiter und tiefer wurde sie in unserer Vorstellung. Unauffällig, ruhig und konsequent führte uns Rossi Schritt für Schritt, gleichsam Stufe um Stufe auf der seelischen Treppe zum Höhepunkt seiner Rolle. Doch er versetzte uns nicht den letzten spontanen Hieb eines gewaltigen Temperaments, der ein Wunder in den Köpfen und Herzen der Zuschauer bewirkt, sondern zog sich, als wollte er den Schauspieler in sich schonen, hinter simplem Pathos oder einem Gastspieltrick zurück, wohl wissend, daß man es nicht einmal bemerkt, daß wir auch ohne ihn das von ihm Eingeleitete zu Ende bringen und, dem Gesetz der Trägheit folgend, die letzte Höhe erreichen. Von diesem Kunstgriff machen die meisten großen Schauspieler Gebrauch, freilich unterschiedlich in der Art und dem Zweck. An lyrischen Stellen, in Liebesszenen und poetischen Metaphern war Rossi einmalig. Er hatte das Recht, schlicht zu sprechen, und er konnte es auch – was bei Schauspielern so selten ist. Sein Recht war die Stimme, die er glänzend beherrschte, die außergewöhnlich klare Diktion und korrekte Intonation. Dazu kam seine Plastizität, die er zu einer Vollendung brachte, daß sie zu seiner zweiten Natur wurde. Und seiner Natur lag das Lyrische am meisten.

Dabei war sein Äußeres alles andere als erstklassig: er war klein, dick, hatte einen gefärbten Schnauzbart, breite Hände, runzliges Gesicht mit allerdings prächtigen Augen – ein wahrer Spiegel der Seele. Mit diesem Aussehen wagte sich Rossi, schon ein Greis, an den Romeo. Spielen konnte er ihn nicht, doch er zeichnete bezaubernd sein seelisches Bild – eine kühne, nahezu waghalsige Zeichnung. In der Szene beim Mönch zum Beispiel wälzte sich Romeo-Rossi vor Verzweiflung und Qual auf dem Boden – und das als Greis mit einem runden Bauch! Dennoch wirkte es nicht lächerlich, weil es für die innere Zeichnung der Rolle, für eine überzeugende und spannende psychologische Linienführung unentbehrlich war. Wir verstanden die großartige Absicht, bewunderten sie und fühlten mit Romeo.

Den wahren Wert des Talents und der Kunst Rossis erkannte ich erst, als ich selbst Schauspieler wurde. Zur fraglichen Zeit aber bewunderte ich unbewußt den großen Künstler und bemühte mich, ihn zu kopieren. Das war schädlich und nützlich zugleich: schädlich, weil das Kopieren das individuelle Schöpfertum hemmt; nützlich, weil das Kopieren eines großen Vorbilds zum Schönen erzieht.

Angeregt von unserer theatralischen Tätigkeit richtete uns Vater einen herrlichen Theatersaal auch in Moskau ein. Das große Eßzimmer ging in den Rauchsalon über, in dem man die Bühne errichten und ebenso schnell wegräumen konnte. An gewöhnlichen Tagen war es Eßzimmer; wenn Vorstellungen gegeben wurden – das Theater. Es genügte, das Gaslicht der Rampe anzuzünden und den prächtigen roten, goldbestickten Vorhang hinaufzuziehen, hinter dem sich die Bühne befand, und die Verwandlung war komplett. Hinter der Bühne war für alles Notwendige gesorgt. Eine Vorstellung sollte den neuen Saal einweihen.

Ich hatte damals aus Wien eine neue Operette »Giavotta« mitgebracht, die zwei Vorzüge hatte: den einen, nie in Moskau gespielt worden zu sein, und den anderen, allen Beteiligten mehr oder weniger passende Rollen zu bieten. Nur für die Rolle des Herzogs hatten wir keine Besetzung: es mußte schon ein ordentlicher Sänger sein, was wir ja alle nicht waren. Wir mußten einen Absolventen des Konservatoriums engagieren, einen Bariton mit guter Stimme und Vortragsweise. Leider war er klein, häßlich, mit dem banalen Gehabe eines schlechten Opernschauspielers und ohne jegliche Anzeichen eines dramatischen Talents. Der Bariton ließ sich von uns nichts sagen, so sehr fühlte er sich uns überlegen. »Um so schlimmer für ihn!« meinte ich in meiner törichten verletzten Eitelkeit. Seine Partnerin war eine Verwandte von uns – eine Sängerin, die ihr Leben lang in der Oper singen wollte, sich aber bis ins hohe Alter nicht auf die Bühne traute. Schon bei den ersten Proben zeichneten sich zwei Gruppen ab. Wir – die armseligen und nichtigen Laien, und sie – die ausgebildeten Sänger. Der Wettstreit verlieh uns doppelte Energie. Ein großes Hindernis war, daß der Bariton seinen Part bald konnte und nicht bereit war, ihn mit dem ungebildeten Chor einzustudieren. Also lernte ich seinen Part, um mit dem Chor zu proben.

Als alles fertig war, erschien der Bariton und billigte gnädig die Arbeit der Laien. Wir hatten nach einem System geprobt: vor allem wollten wir den Text so beherrschen, daß die Worte automatisch, wie von selbst von der Zunge sprangen, so wie wir es in der »Schwachen Seite« und im »Geheimnis der Frau« geübt hatten. Zweitens bemühten wir uns, im täglichen Leben nicht wir selbst zu sein, sondern als Rolle zu handeln, wie wir es im »Praktischen Herrn« gehandhabt hatten. Verständlicherweise konnte eine solche Verschmelzung nicht viel bringen, da das Hineinschlüpfen in die Person immer neue Improvisationen erforderte, während das handwerksmäßige Einpauken des Textes die Improvisation ausschloß. Das Herunterrasseln des Textes behielt wie jede grobe, rein mechanische Methode die Oberhand. Der Partner war mit seinem Text gerade fertig, als ich prompt aufs Stichwort loslegte. Das Gefühl kam zu spät und konnte die Worte nicht einholen. Diese automatische Sicherheit wurde von uns auch noch für gutes Tempo und volles Spiel gehalten.

Durch häufiges Proben erreichten wir dann doch fließende Übergänge. Wir schliffen uns gewissermaßen aufeinander ein, und der Automatismus gab uns die Illusion, perfekt zu sein. Die Konzeption der Inszenierung war sicher nicht schlecht. Kein Wunder auch: das Vorbild der besten europäischen Schauspieler hat unseren Geschmack geschult. Ein Vergleich zwischen uns und den ausgebildeten Sängern wäre in dieser Hinsicht zweifellos nicht zu deren Gunsten ausgefallen. Dennoch brauchte der Bariton nur aus voller Brust einen hohen Ton zu singen und mit edlem Klang den Saal zu erfüllen – schon vergaß uns das Publikum und brachte demjenigen die Ovationen dar, in dem es den Fachmann spürte.

»Er hat doch keinen Schimmer«, erhitzten wir uns mit unverhohlenem Neid.

»Gewiß«, sagte uns jemand von den Zuschauern. »Aber die Stimme, wissen Sie! Eine Kraft! Ein Können!«

»Da soll hier einer arbeiten!« sagten wir, zuckten die Achseln und sahen uns hilflos an.

Der Held des Abends war der Bariton, und wir waren nur seine Statisten. Vor so viel Ungerechtigkeit sind wir erneut ins Grübeln gekommen. Freilich, außer Talent braucht man Können! Doch woher nehmen? Wie und an was soll man arbeiten? Nichts gegen das Lernen, doch man sage uns wie und wo? An wen soll man sich wenden? Eine Schule gab es damals nicht. Es gab lediglich Laienzirkel, in denen plan- und systemlos über Kunst gestritten wurde. Privatunterricht? Die meisten der sogenannten Professoren stümperten nur herum und verdarben die Schüler, und die guten Schauspieler interessierten sich kaum für Laien. Zwar hatten einzelne hervorragende Schauspieler ihre entweder selbsterarbeiteten oder von den älteren Lehrern geerbten Grundsätze, doch sie würden ihre Geheimnisse nicht ausplaudern. Wie der Künstler arbeitet, ist ein Geheimnis, das er mit ins Grab nimmt: der eine, weil er sich selbst nicht zu erkennen vermag und daher intuitiv und ohne bewußte Haltung gegenüber seinem Schaffen vorgeht; andere hingegen wissen sehr wohl, was, wofür und wie gemacht wird, aber es ist ihr Geheimnis, ihr Patent, das gratis einem anderen zur Verfügung zu stellen einer Geschäftsschädigung gleichkäme. Die einen wie die anderen konnten möglicherweise ganz gut unterrichten, aber sie öffneten ihren Schülern nie die Augen.

Zu meinem Glück wurde gerade eine neue Theaterschule gegründet, geleitet von einer begabten Schauspielerin und Stschepkin-Schülerin aus der alten Schule der Kaiserlichen Theater. Ich habe viel davon gehört, wie dort in den früheren Zeiten unterrichtet wurde, und diese Erzählungen sind mir im Gedächtnis geblieben.

In den alten Zeiten war der Unterricht simpler und, wer weiß, vielleicht auch teilweise richtiger als heute.

»Du willst zum Theater, Schauspieler werden? Geh auf die Ballettschule: ein Schauspieler muß vor allem sich gerade halten können. Und Leute werden dort immer gebraucht, wenn nicht beim Tanz, dann bei Massenauftritten oder als Pagen. Wird aus dir ein Tänzer – ausgezeichnet. Sehen wir aber, daß du für den Tanz nicht geeignet bist, sondern mehr zur Oper oder zum Schauspiel neigst, dann schicken wir dich zu einem Sänger oder Schauspieler in die Lehre. Klappt es auch dort nicht, dann kommst du zurück und spielst weiter Pagen oder wirst Dekorateur oder Kanzleibeamter.«

Bei dieser Methode kamen nach einer gründlichen Prüfung nur wirklich Begabte auf die Bühne, und das war gut so. Ohne Talent und Anlage sollte man nicht zum Theater gehen. In der jetzigen Schauspielschule ist das anders: man braucht eine bestimmte Menge zahlender Schüler. Doch ist nicht jeder Zahlende für Schauspiel begabt. In Wirklichkeit ist es genau umgekehrt: die Begabten zahlen nicht, selbst wenn sie Geld hätten – man wird sie auch so nicht fortjagen. Die weniger oder gar nicht Begabten müssen zahlen: sie unterstützen die Schule materiell, unterhalten die Professoren, tragen die Heizkosten. Um einen Begabten heranzubilden, muß man hundert Unbegabten etwas vormachen – das ist die Bilanz. Ohne Kompromiß kann keine Kunstschule existieren.

Wie wurden nun früher die Ballettschulabsolventen in der dramatischen Kunst ausgebildet?

Man gab sie zu einem der besten Schauspieler in die Lehre. Michail Semjonowitsch Stschepkin zum Beispiel – der Stolz unserer nationalen Kunst, der das aufleben ließ, was Rußland vom Westen übernommen hatte, und die Grundlagen der russischen dramatischen Kunst schuf – nahm die Schüler in seine Familie auf. Sie waren bei ihm in Kost und Logis, wurden erwachsen, heirateten. Er unterrichtete sie folgendermaßen … Doch sollte statt meiner seine Schülerin – die berühmte Schauspielerin des Maly Theaters Fedotowa – über den Unterricht bei Stschepkin berichten, so wie sie es mir öfter erzählte:

Bei unserem unvergeßlichen Michail Semjonowitsch war das so: ich wohnte in den Sommerferien bei ihm zu Hause … nun, da spielten wir im Garten Croquet, nicht wahr, und da höre ich über den ganzen Garten: »Luschenka!« Der Alte war nämlich aufgewacht, kam mit der Tabakspfeife und im Morgenrock mich zum Unterricht rufen. Da schimpft man und heult und wirft den Schläger auf die Erde vor Ärger, aber was nützt's, denn auf ihn nicht zu hören war unmöglich. Wieso unmöglich, weiß ich auch nicht so recht, aber es war eben unmöglich, und daran gab's nichts zu rütteln. Da kommt man mit beleidigter Miene, setzt sich vor das Buch und schaut sonstwo hin.

»Laß den Mund nicht so hängen, sammel dich und lies mir nur diese eine Seite hier vor«, sagte dann der Alte. »Liest du sie gut, laß ich dich gleich wieder laufen, wenn nicht, dann bleibst du bis zum Abend hier sitzen, bis du es kannst, tut mir leid.«

»Aber Michail Semjonowitsch, mein Lieber, ich kann jetzt nicht. Später dann, da lese ich eben zehn Seiten vor.«

»Schon gut, schon gut, erzähl nicht! Lies mal lieber, halte dich und mich nicht auf.«

Also fängt man an zu lesen, und es will und will nicht gehen.

»Sag mal, bist du nicht zur Schule gegangen, daß du hier silbenweise liest? Lies wie es sich gehört, wirst es wohl schon wissen.«

Das will ich ja auch, doch will mir das Croquetspiel nicht aus dem Sinn. Vergißt man es dann und denkt ein bißchen über die Rolle nach und was sie bedeutet – siehe da, da klappt's auf einmal.

»Siehst du. Na lauf jetzt, kluges Köpfchen!«

Und da läuft man los wie besengt. Das Spiel geht weiter, wieder Lärm, Gelächter, doch mitten im tollsten Spiel wieder die Stimme des Alten: »Luschenka!« Und alles noch mal von vorne.

So hat er unseren Willen trainiert. Sonst ist es mit dem Schauspieler aus. Er muß als erstes seinen Willen beherrschen lernen.

Ein anderes Mal erzählte sie:

Endlich hatte ich mein Debüt, die Feuertaufe. Lärm, Beifall, Vorhänge! Und da stehe ich nun, dumme Trine, und weiß nicht, wie mir geschieht. Einen Knicks zum Publikum und schnell zurück hinter die Kulissen, und noch mal, und noch mal. Richtig abgehetzt hab' ich mich. Und doch, was für eine Freude! Unglaublich, daß ich das alles angerichtet habe. Und hinter den Kulissen steht mit seinem Stöckchen Michail Semjonowitsch und lächelt. So ein herzensgutes Lächeln hat der Alte. Und wissen Sie, was das für uns bedeutete: »Michail Semjonowitsch lächelt!« Das wissen nur wir und der liebe Gott. Ich laufe zu ihm hin, er trocknet mir das Gesicht mit dem Tuch ab, küßt mich und tätschelt mir die Wange. »Kindchen«, sagt er, »nicht umsonst habe ich dich und du hast mich gequält. Nun lauf, lauf schon! Verbeuge dich, solange sie noch klatschen. Steck ein, was du dir erarbeitet hast.« Und wieder auf die Bühne, Knickse nach allen Seiten – und ab hinter die Kulissen. Endlich war es still.

»Und jetzt komm mal her, Kindchen«, ruft er mich zu sich. »Was denkst du, Kindchen, wofür haben sie dir geklatscht? Ich werde es dir sagen. Dafür, daß dein Schnäuzchen so frisch und hübsch ist. Wenn ich mit meiner alten Visage so gespielt hätte wie du heute, was meinst du, was sie mit mir gemacht hätten?«

»Ja, was denn?«

»Mit einem Schrubber von der Bühne gejagt. Merk dir das. So, und jetzt geh und hör dir die Komplimente an. Wir reden dann noch über alles. Unter vier Augen!«

Nach ihrem ersten Erfolg, schon als vielbeschäftigte Schauspielerin des Maly Theaters, tanzte die frischgebackene dramatische Schauspielerin dennoch weiter im Ballett.

Ähnlich war es mit dem damals berühmten Schauspieler Samarin: nach seinem erfolgreichen Debüt wurde er als jugendlicher Liebhaber ins Ensemble aufgenommen und oft besetzt, spielte aber gleichzeitig im Ballett »König Kandaules« den über die Bühne laufenden Löwen, der von einem Pfeil getroffen wird. Der berühmte Schauspieler starb so überzeugend, daß man keinen Ersatz für ihn finden konnte.

»Laßt sie ruhig tanzen und spielen, und nicht wie Halbgötter herumsitzen! Bei den jungen Leuten muß man aufpassen, daß sie nicht hochnäsig werden«, das war die Meinung der alten Lehrer und der Theaterleitung.

Aber es gab am selben Theater auch andere Lehrmethoden. Einer der genialsten Schauspieler verfuhr folgendermaßen mit einem jungen, doch reichlich eingebildeten Mann, der gerade von der Schule ins Theater gekommen war. Sie spielten zusammen in einem Vaudeville, in dem sich alles um einen wichtigen Brief drehte, den der junge Mann verloren hatte. Der Schüler ließ den Brief absichtlich fallen, statt ihn zu verlieren.

»Noch einmal!« hieß es. »Völlig unglaubwürdig! So läßt man keinen Brief fallen. Denk mal ein bißchen nach, wie man einen Liebesbrief fallen läßt. Das dürfte dir doch bekannt sein, du Schelm. Jetzt war es besser. Noch mal! Das war wieder nichts!« Auf diese Weise feilte er stundenlang an Dingen, ohne die es das Stück nicht gegeben hätte. So mußten die Direktion und das Repertoirebüro geduldig warten, bis der junge Schauspieler den Brief verlieren lernte.

Die Vorstellung war vorbei, und der jugendliche Liebhaber wurde noch hochnäsiger.

»Den muß man auf seinen Platz verweisen!« beschloß der Meister.

Vor versammelter Mannschaft sagte er honigsüß zu ihm: »Stjopa, mein Junge, reich mir doch bitte meinen Pelz. Ja und die Galoschen auch. Da stehen sie, hol sie mal. Sei nicht so bequem, bück dich schon für den alten Mann. Halt mal fest. So ist es brav! Jetzt kannst du wieder gehen!«

In der Schauspielschule wurde vor allem das volle Programm der Allgemeinbildung unterrichtet. Berühmte Professoren nahmen sich Zeit, um sich mit den Schülern zu unterhalten. In Spezialfächern verlief der Unterricht etwa so: angenommen, ein Schüler konnte die Laute »s«, »sh« oder »stsch« nicht richtig aussprechen. Der Lehrer setzte sich dann vor ihn hin, öffnete so weit wie möglich den Mund und sprach zum Schüler:

»Sieh mir in den Mund. Siehst du, was die Zunge macht? Sie legt sich an die Wurzeln der oberen Zähne. Mach das jetzt nach. Sprich! Wiederhole das zehnmal! Mach den Mund weiter auf – jetzt sehe ich dir in den Mund!«

Meine eigenen Erfahrungen haben mich überzeugt, daß nach ein oder zwei Wochen beharrlichen Übens die falsche Aussprache von Konsonanten korrigiert werden kann.

Einzelne Schauspielschüler hatten bei Opernsängern Stimmausbildung.

In den Deklamationsstunden wurden Gedichte auswendig gelernt und rezitiert. Hier kam es auf den Lehrer an: wer falsches Pathos für unentbehrlich in Tragödien hielt, wollte, daß die Wörter fast gesungen wurden; wer das innere Pathos dem äußeren und aufgesetzten vorzog, der war für Schlichtheit. Ihre Stärke besteht im Eindringen in das Wesen des Textes, was ungleich schwerer ist, aber auch ungleich richtiger. Parallel dazu wurde eine Rolle für die Bühne oder für die internen Übungsabende einstudiert.

Es heißt, Michail Semjonowitsch Stschepkin habe immer einen Weg zu den Seelen und Gefühlen seiner Schüler zu finden gewußt, und wurde von ihnen sofort verstanden. Wie er das machte, bleibt sein Geheimnis, von dem mit Ausnahme einiger Briefe an Schumski, Alexandra Iwanowna Schubert, Gogol und Annenkow jede Spur fehlt.

Jede Vorstellung war für den Schüler eine Art Probe, nach der er gelobt oder ausführlich kritisiert wurde. Nach einem Mißerfolg wurde dem Schüler erklärt, was schlecht war und warum, woran er noch arbeiten müßte und was er schon gut konnte. Lob munterte ihn auf, Kritik wies ihm den Weg. Wurde einer aber hochnäsig, machte man mit ihm nicht viel Federlesens. So hat man gelehrt in der alten Zeit.

Die Erben und Nachfolger jener großen Künstler überbrachten uns die Fragmente dieser einfachen, ungeschriebenen und weisen Traditionen und pädagogischen Mittel. Sie bemühten sich, dem Weg ihrer Lehrer zu folgen. Begabten Menschen wie der Fedotowa, ihrem Mann, Nadeshda Medwedewa oder W. N. Dawydow war es gelungen, den geistigen Kern der Tradition zu vermitteln. Weniger Begabte verstanden Tradition oberflächlich und sprachen mehr von ihrer äußeren Form denn vom Inhalt. Wieder andere sprachen von Kunstgriffen schlechthin, ohne auf das Wesen der Kunst einzugehen. Sie kopierten Stschepkin und bildeten sich ein, sie unterrichteten à la Stschepkin, wo sie doch in Wirklichkeit eine Reihe von Klischees vorführten und zeigten, wie eine Rolle »zu spielen« war, oder gar erzählten, was bei einer Rolle zum Schluß als Resultat herauszukommen hatte.

Am grünen Prüfungstisch saßen einige Künstler und sehr viele Nichtkünstler: einfache Pädagogen und Beamte, die mit Kunst nichts zu tun hatten. Nach dem kurzen Vortrag eines Gedichts entschieden sie – schon durch die Mehrheit bei der Abstimmung – über das Schicksal von Begabten und Unfähigen. Aus eigener jahrelanger Erfahrung weiß ich, daß die Besten bei der Prüfung nur selten die in sie gesetzten Hoffnungen erfüllen. Mit gutem Aussehen und einiger bei Liebhabervorstellungen oder Konzerten erworbenen Routine ist es ein Leichtes, selbst einen erfahrenen Lehrer zu täuschen, um so mehr, als dieser versucht, in jedem Prüfling ein neues Talent zu sehen. Es ist nämlich sehr schmeichelhaft, ein neues Genie entdeckt zu haben. Ebenso angenehm ist es, sich mit einem begabten Schüler zu brüsten. Doch sind wahre Talente oftmals sehr tief verborgen, und sie lassen sich nur schwer ans Licht bringen. Wenn ich mich recht erinnere, hatten viele der heute berühmten Schauspieler ihre Aufnahmeprüfungen mit knapper Not bestanden. Vielen erging es wie Orlenew oder der Knipper, die an einer der besten Theaterschulen als ungeeignet abgewiesen worden waren. Man vergleiche die Aufnahmemethoden an Theaterschulen und an den alten Schauspielhäusern – der Unterschied wird augenfällig.

Mein Trumpf waren die Erfahrungen, die ich bei den Liebhabervorstellungen gesammelt hatte.

Jeder der Examinatoren wird über mich gesagt haben:

»Das Wahre ist es gewiß nicht. Das taugt nichts. Doch der Wuchs, die Stimme, die Figur – so was ist selten auf der Bühne.«

Hinzu kam, daß Glikerija Nikolajewna Fedotowa mich kannte, weil ich als Freund und Altersgenosse ihres Sohnes – eines Studenten, begeisterten Theaterliebhabers und späteren Schauspielers am Maly Theater – oft bei ihr zu Hause war. Trotz meines mäßigen Vortrages wurde ich angenommen.

Zu jener Zeit wurde von den Schauspielschülern ein ziemlich hoher Bildungsgrad verlangt, viele wissenschaftliche Fächer waren in den Lehrplan aufgenommen worden. Gelehrte Professoren stopften den Schülern die Köpfe voll mit allen möglichen Informationen über das jeweils geprobte Stück. Das regte zwar das Denken an, doch das Gefühl blieb unberührt. Man erzählte uns sehr bildhaft und auch nicht unbegabt, wie eine Rolle oder ein Stück zu sein hatten – das Endergebnis des Schaffens also. Doch wie man dazu kommt, auf welchen künstlerischen Wegen und mit welcher Methode das Gewünschte erreicht werden konnte – darüber bewahrte man Schweigen. Man lehrte uns das Spiel im Allgemeinen oder eine Rolle im Einzelnen, nicht aber unsere Kunst. Keine Grundlage, kein System. Die praktischen Kunstgriffe wurden nicht wissenschaftlich untersucht. Ich kam mir vor wie ein Klumpen Teig, aus dem man ein Brot einer bestimmten Form und Geschmacksrichtung bäckt.

Die Vortragsweise wurde uns vorgesagt, das Spiel vorgemacht, und so mußte jeder von uns vor allem seinen Lehrer kopieren. Die

Texte wurden überaus korrekt, nach Punkt und Komma und den übrigen grammatikalischen Regeln gesprochen. Die äußere Form war bei allen gleich und verdeckte wie ein Waffenrock das innere Wesen des Menschen. Nicht dafür schrieb der Dichter seine Werke, von etwas ganz anderem sprach sein Gefühl, etwas ganz anderes war ihm wichtiger als das, was uns die Deklamatoren von der Bühne aus glauben machen wollten. Ich kannte Lehrer, die folgende Anweisungen gaben:

»Die Stimme geballt, und mit Volldampf! Spann dich an, verdichte die Stimme! Lies drauflos, wie es kommt!«

Ein anderer Lehrer kam nach der Probe zu einer öffentlichen Vorführung hinter die Kulissen und regte sich auf:

»Sie wackeln ja gar nicht mit dem Kopf! Wenn ein Mensch spricht, wackelt er unbedingt mit dem Kopf!«

Dieses Wackeln hatte eine eigene Geschichte. Es gab damals einen ausgezeichneten Schauspieler, der großen Erfolg, aber auch viele Nachahmer hatte. Leider hatte er eine ärgerliche Angewohnheit, nämlich mit dem Kopf zu wackeln. Und so übernahmen alle seine Epigonen, ohne daran zu denken, daß das Original vor allem ein hochbegabter und technisch brillanter Schauspieler war, nicht die Qualitäten, die man einem ja ohnehin nicht abgucken kann, sondern nur seinen Fehler, das Kopfwackeln, das sich mühelos aneignen ließ. Ganze Jahrgänge verließen die Schule mit wackelnden Köpfen.

Mit einem Wort, die Schüler mußten ihre Lehrer nachahmen. Und sie taten es auch, nur eben bedeutend schlechter, denn sie hatten weder genügend Talent noch Technik, um das gleiche genauso gut zu machen. Doch sie hätten es auf eine eigene Art gut machen können, vielleicht schlechter, dafür aber ehrlich, natürlich und glaubwürdig. In der Kunst ist vieles möglich – nur künstlerisch überzeugend muß es sein.

Trotz aller Mängel im Schauspielunterricht hat sich dank einzelner Lehrer dennoch der Geist Stschepkins an Schulen und Theatern erhalten und auch uns noch, freilich degeneriert, erreicht.

An der Schauspielschule geriet ich in eine Gruppe von Schülern, die viel jünger waren als ich. Es gab fünfzehnjährige Schülerinnen und Schüler, und unter ihnen ich – einer der Direktoren der Musikgesellschaft und Vorsitzender zahlreicher Wohlfahrtseinrichtungen. Die Unterschiede zwischen uns und unseren Anschauungen waren zu groß, als daß ich mich unter regelrechten Schulkindern und ihrem Sinn für Schulordnung hätte wie zu Hause fühlen können. Dazu kam, daß ich, angesichts meiner unaufschiebbaren Verpflichtungen in der Fabrik und im Amt, nicht pünktlich sein konnte. Es folgten Anspielungen auf mein ewiges Zuspätkommen, Sticheleien der Mitschüler, denen man derlei Vergehen nicht nachsah wie mir – ich hatte es satt und verließ die Schule nach kaum mehr als drei Wochen. Außerdem ging bald danach auch Glikerija Nikolajewna, um derentwillen es sich noch gelohnt hätte zu bleiben.

Das Knabenalter des Künstlers

Der Alexejew-Zirkel

In der fraglichen Zeit war Operette groß in Mode. Der bekannte Manager Lentowski engagierte großartige Künstler, darunter wirkliche Talente, Sänger und Schauspieler, für jedes Fach. Dieser außerordentliche Mann schuf mit seiner Energie eine Sommerbühne, die in puncto Abwechslungsreichtum und Großzügigkeit ihresgleichen suchte. Mitten in der Stadt, zwischen den Häuserblöcken lag ein Park mit Hügeln, offenen Plätzen sowie Teichen mit quellklarem Wasser. Der Garten hieß »Ermitage« (nicht der heutige, sondern der alte). Heute ist davon nicht eine Spur mehr geblieben, da der ganze Garten mit Häusern bebaut worden ist. Was es in diesem Garten nicht alles gegeben hat! Bootsfahrten auf dem Teich, unglaublich buntes und aufwendiges Feuerwerk auf dem Wasser; Seeschlachten mit Schiffsversenkungen; Seiltanz über dem Teich, Wasserfeste mit Gondeln und festlich beleuchteten Booten; badende Nymphen, Ballett zu Wasser und zu Lande. Zahlreiche Wandelpfade, geheimnisvolle Lauben, Gänge mit romantischen Bänken am Ufer des Teichs. Der ganze Garten schwamm in einem Meer von Hunderten, wenn nicht Tausenden von Lichtern. Zwei Theater gab es dort: ein riesengroßes mit einigen Tausend Plätzen für die Operette; und ein anderes, eine Freilichtbühne, für Melodramen und Feerien, eingerichtet nach dem Muster der griechischen Ruinen und mit dem Namen »Anthäus« bedacht. In beiden Theatern liefen für die damalige Zeit prachtvolle Inszenierungen mit Ballett, mehreren Orchestern, Chören und ausgezeichneten Darstellern. Neben dem Theater befanden sich zwei große Bühnen unter freiem Himmel mit Hunderten von Zuschauerplätzen. Alles, was es in Europa an Unterhaltungskünstlern gab – von den Café-chantant-Divas bis zu den Exzentrikern und Hypnotiseuren – ist im »Ermitage« gewesen. Wer nach Moskau engagiert wurde, stieg im Preis auf der Weltbörse der Künstler. Die zweite, noch größere Bühne gehörte dem Zirkus: Akrobatik, Tierdressuren, Trapezkünstler, Rennen, Wettkämpfe, Ringen und was nicht alles.

Ganz Moskau besuchte den berühmten Garten. Prozessionen, Militärkapellen, Zigeunerchöre, Volksliedsänger und anderes mehr zogen auch Ausländer an. Die Büffets verkauften pausenlos. Familien, einfache Leute, Aristokraten, Kokotten, unternehmungslustige junge Männer, Geschäftsleute – alles lief abends in den »Ermitage«, besonders an heißen Sommertagen, wenn einem die Moskauer Hitze den Atem verschlug. Lentowski war vor allem daran interessiert, Familien in den Garten zu bekommen, und hat strengstens darüber gewacht, daß nichts den guten Ruf seiner Unternehmung gefährdete. Er soll zu ziemlich drastischen Mitteln gegriffen haben. Die unglaublichsten Gerüchte waren in Umlauf: Einen Raufbold soll er am Kragen gepackt und über den Zaun zum Nachbarn hinüber geworfen haben; um das Gemüt eines um sich schlagenden Betrunkenen zu kühlen, soll er ihm zu einem Bade im Teich verholfen haben. Die Kokotten fürchteten ihn wie das Feuer und benahmen sich daher im Garten wie wohlgesittete Töchter in einer großbürgerlichen Pension. Verletzte dann doch eine von ihnen die Anstandsregeln, verlor sie für immer das Recht, den Garten zu betreten, und hiermit auch den Verdienst.

Dies alles erschien durchaus glaubwürdig, da der gestrenge Unternehmer von beeindruckendem Äußeren war: enorme Kraft, imposante Figur mit breiten Schultern, schöner schwarzer, etwas orientalisch anmutender Vollbart und langes Haar eines alten russischen Bojaren. Kraftvolle Stimme, energischer, sicherer Gang, russischer Wams aus feinem schwarzen Tuch, hohe Lackstiefel – das alles ließ ihn nahezu jugendlich und schlank erscheinen. Er trug eine schwere goldene Kette, an der allerlei Andenken vom Publikum und namhaften Persönlichkeiten, darunter auch gekrönten, hingen. Dazu eine russische Schirmmütze und ein wuchtiger Stock, fast schon ein Knüppel, der alle Randalierer in Schach hielt. Lentowski konnte urplötzlich an jeder Stelle seines gigantischen Gartens auftauchen und wußte über alles, was darin geschah, Bescheid. Genau dieser, von der Jugend damals heiß verehrte Garten »Ermitage« wurde zum Wunschtraum unserer theatralischen Sehnsüchte.

Im Sommer 1884 machten wir uns an eine Operette. Dabei wurden nicht nur Lentowskis Schauspieler und sein Theaterbetrieb, sondern auch das, was darum herum passierte, zum nachahmungswürdigen Muster.

Wir begannen, auf dem großen Platz vor dem Theater in Ljubimowka einen Pavillon für die Musiker einzurichten, Lichtergirlanden und Lampions aufzuhängen und Tische aufzustellen für Gäste, die Tee oder Erfrischungsgetränke zu sich nehmen wollten. Dazu bereiteten wir ein Freilichtprogramm mit buntem Feuerwerk am Fluß vor. Alle Vergnügungen sollten wie im »Ermitage« pausenlos aufeinanderfolgen. Geht die Theatervorstellung zu Ende, setzt die Musik draußen ein und lockt die Gäste zu immer neuen Vergnügungen an, die so lange dauern, bis es im Theater zum nächsten Akt läutet. Welche Mühe es uns kostete, einen solchen Abend nur ein einziges Mal zu veranstalten, da es uns an Publikum mangelte, läßt sich sicherlich vorstellen. Den größten Teil der Illumination und Ausstattung des Gartens mußten wir aus Geldknappheit eigenhändig anfertigen. Parallel dazu liefen die Proben der Operette mit großen Chören. Wir inszenierten den ersten Akt von »Maskottchen«, worin ich natürlich den Part des schönen Schäfers Pipo sang. Wenn ich heute mein Foto in dieser Rolle sehe, muß ich mich schämen. Alles Abgeschmackte, was es an Bonbon- und Frisierschönheit gab, wurde für meine Maske bemüht: nach oben gedrehtes Schnauzbärtchen, gelocktes Haar, hautenge Hose. Und das sollte ein einfacher, naturverbundener Schäfer sein! Keine Absurdität ist dem Schauspieler zuviel, wenn er sich des Theaters zum Zwecke der Selbstdarstellung bedient! Diesmal schwelgte ich in opernhaften Gesten und toten, faden Klischees. Gesungen habe ich freilich wie ein Amateur.

Dagegen waren alle übrigen Darsteller ganz anständig in ihren Rollen. Für die Chöre gewannen wir alle Verwandten und Bekannten, die auch nur einen Anflug von Stimme hatten. Es war für alle eine große Anstrengung. Viele mußten wie mein Bruder und ich nach der Büroarbeit allabendlich gegen sieben Uhr aufs Dorf hinausfahren, wo dann nach dem Abendessen ab neun Uhr bis zwei oder drei Uhr in der Nacht geprobt wurde. Am nächsten Morgen stand man um sechs auf und fuhr nach Moskau, um zur Abendprobe wieder zurückzukehren. Unbegreiflich, wie wir das durchhalten konnten, um so mehr, als wir auch nachts oft nicht schliefen. Nach den Proben begaben wir uns ins große Gästezimmer, das mit Betten vollgestellt war, zwischen denen nur ein schmaler Gang frei blieb. Dort tobten wir uns dann aus: ein Wortgefecht löste das andere ab, Witze wurden erzählt, wir schütteten uns vor Lachen aus. Außerdem stellten wir Tiere dar, hauptsächlich Affen, denen wir gleichtaten, indem wir im Adamskostüm vom Schrank sprangen. Es folgten nächtliches Baden im Fluß, Zirkusspiele, Turnen und Spaziergänge auf dem Dach des Hauses.

Die Folge davon war, daß die Decke unseres Schlafzimmers Sprünge bekam, so daß es geräumt und die Gäste anderswo untergebracht werden mußten. Doch auch dann waren wir nicht zu bremsen und liefen einander scharenweise besuchen.

Sowohl die Theaterdarbietung als auch das Gartenfest waren ein Erfolg, doch uns Schauspielern brachten sie wenig Nutzen, wenn sie uns nicht sogar schadeten: den früheren schauspielerischen Klischees wurden weitere aus Oper und Operette hinzugefügt.

Dennoch sind Operette und Vaudeville eine gute Schule für Schauspieler. Unsere Altvorderen haben nicht umsonst ihre Karriere dort angefangen und ihre Schauspielkunst und Technik erlernt und erarbeitet. Stimme, Diktion, Geste, Bewegung, Rhythmus, munteres Tempo und echte Heiterkeit gehören unbedingt zur leichten Muse. Doch erst Grazie und Eleganz verleihen dem Stück jenes Prickeln, ohne das der Sekt nur ein säuerliches Wässerchen wäre. Ein weiterer Vorteil dieses Genres besteht darin, daß es zwar viel äußere Technik erfordert und sie hiermit auch ausbildet, aber die Gemüter nicht mit zu starken Gefühlen überfordert und vergewaltigt, also den jungen Schauspielern keine ihre Kräfte übersteigenden künstlerischen Aufgaben stellt. Diese hohen künstlerischen Anforderungen der Operette waren damals auch uns klar, und wir konnten uns mit geringeren nicht zufriedengeben, weil der sensibilisierte Geschmack der Kunst diese Finessen abverlangte. Ich aber war wie zum Hohn schlaksig, ungelenk, besaß keine Grazie, dafür mannigfache Sprachfehler. Ich brillierte mit meiner Ungeschicklichkeit derart, daß man in kleineren Räumen, die ich betrat, sich beeilte, Vasen und Porzellanstatuetten in Sicherheit zu bringen, die ich anderenfalls umgestoßen und zerbrochen hätte. Auf einem Ball stieß ich eine Palme samt Kübel um; ein anderes Mal, als ich mit einem Mädchen, dem ich den Hof machte, tanzte, stolperte ich, klammerte mich an einen Konzertflügel, der ein kaputtes Bein hatte, und stürzte mitsamt dem Flügel zu Boden.

Diese komischen Vorfälle sorgten für meinen Ruhm als Tolpatsch. Nicht mit einer Silbe wagte ich von einer Zukunft als Schauspieler zu sprechen; ich erntete nur noch Spott und Sticheleien der Freunde.

Ich mußte mit meinen Anlagen ringen, an Stimme, Diktion und Gestik arbeiten, was mir viele künstlerische Qualen bereitete. Die Arbeit an mir selbst grenzte an eine Manie.

Es war ein heißer Sommer, und ich beschloß, der Landluft, der sommerlichen Natur und den Annehmlichkeiten des familiären Lebens zu entsagen. Diese Opfer wurden den Übungen im nunmehr leeren Haus in der Stadt gebracht. Dort, vor dem riesigen Spiegel im Flur, konnte ich an Gestik und Bewegung arbeiten, und die Mamorwände und die Treppe boten der Stimme eine gute Resonanz. Den ganzen Sommer und Herbst über arbeitete ich nach Büroschluß von sieben Uhr abends bis drei, vier Uhr ununterbrochen nach einem eigenen Programm.

Was ich alles in dieser Zeit gemacht habe, läßt sich kaum aufzählen: was mir in die Hände fiel – ein Plaid, ein Stück Stoff, ein Damen- oder Herrenhut – alles ließ sich zur Darstellung eines äußeren Typs verwenden, den ich mir selbst ausdachte. Ich lernte meinen Körper und dessen Bewegungen kennen, indem ich mich wie ein Zuschauer im Spiegel betrachtete. Damals war ich noch unwissend und ahnte nichts von den Gefahren, die die Arbeit vor dem Spiegel in sich birgt. Doch sie hatte auch Nützliches: ich erkannte meinen Körper mit seinen Mängeln und fand Mittel, sie zu beseitigen. Auch hinsichtlich der szenischen Plastizität machte ich große Fortschritte, die mich befähigten, gleich im darauffolgenden Jahr ein neues Genre auszuprobieren – die französische Komödie mit Gesang, die damals von der großartigen, von Moskau, Petersburg, Paris und ganz Frankreich angebeteten Anne Judic in Mode gebracht wurde. Das war ein weiterer Schritt zum dramatischen Theater.

Meine Schwestern kamen aus Paris zurück, voller Begeisterung von der Judic. Sie hatten sie in »Lillie« gesehen – einer Komödie mit Gesang in vier Akten, mit nur wenigen handelnden Personen, dafür aber vielen musikalischen und dramaturgischen Qualitäten. Die Schwestern erzählten uns nicht nur den Text fast wörtlich, sondern sangen auch alle musikalischen Einlagen vor. Allein die Jugend mit ihrem unverbrauchten Gedächtnis ist in der Lage, mit einer derartigen Genauigkeit ein nur ein- oder zweimal auf der Bühne gesehenes Stück wiederzugeben.

Unverzüglich machten wir uns daran, den Text nach den Worten der Schwestern niederzuschreiben und das Stück zu rekonstruieren. Gewöhnlich ergeben sich bei Übersetzungen aus dem Französischen sehr lange russische Sätze und komplizierte Perioden. Wir aber beschlossen, den Text nur in kurzen Sätzen wie im Französischen zu schreiben.

Jeder übersetzte Satz wurde von dem jeweiligen Darsteller auf seine Sprechbarkeit geprüft: der Satz sollte natürlich gesprochen werden können und dem Schauspieler die Möglichkeit geben, ihn nach französischer Art zu intonieren und zu akzentuieren. Glücklicherweise konnten fast alle Schauspieler nicht nur gut Französisch, sondern fühlten auch dessen Aroma und Musikalität. Floß doch in unserer Familie französisches Schauspielerblut. Einige brachten es darin zur Perfektion, besonders die ältere Schwester S. S. Alexejewa (Sokolowa). Es war nicht herauszubekommen, ob sie Russisch oder Französisch sprach. Freilich vernachlässigte sie wie wir alle den Sinn und das Wesentliche des Textes und achtete vielmehr auf den französischen Klang und Tonfall. Deshalb dachten die Zuschauer zeitweise, daß das Stück in der Fremdsprache gespielt würde. Auch trafen wir in der Handlung und in den Bewegungen den für die Franzosen typischen Rhythmus und das Tempo. Wir kannten die Sprech- und Verhaltensweise der Franzosen und empfanden sie nach.

Die Szenen und die Inszenierung insgesamt folgten freilich aufs Sklavischste der Pariser Inszenierung, so wie die Schwestern von ihr berichtet hatten.

Ich eignete mir prompt die Sprech- und Bewegungsweisen meiner französischen Rolle an, was mir sofort eine Souveränität auf der Bühne gab. Schon möglich, daß ich nicht die vom Autor konzipierte Figur spielte, doch es war mir sicher gelungen, den Typ eines echten Franzosen zu verkörpern. Und das war schon ein Erfolg, denn wenn ich auch kopierte, dann nicht das fertige, starre theatralische Klischee, sondern das Lebendige, das mir selbst aufgefallen war. Von dem Augenblick an, als ich den nationalen Charakter der Rolle empfand, fiel es mir leicht, das Tempo und den Rhythmus meiner Worte und Bewegungen zu untermauern. Das waren nicht mehr Tempo und Rhythmus um ihrer selbst willen, sondern ein innerer Rhythmus, wenn auch allgemeiner, allen Franzosen überhaupt und nicht etwa einer bestimmten, von mir darzustellenden Person eigenen Art.

Die Aufführung war ein rauschender Erfolg und wurde mehrfach vor überfülltem Saal wiederholt – gratis, versteht sich. Die zahlreichen Wiederholungen machten uns stolz: man war also populär. Heldin des Abends war die Schwester S. S. Alexejewa (Sokolowa), mein Erfolg konnte sich ebenfalls sehen lassen.

Ob diese Aufführung schauspielerisch einen Nutzen brachte? Ich denke schon, und zwar einen doppelten. Zunächst machte die Nachahmung des Französischen unsere schwerfällige Rede leichter und verlieh ihr, die dem Russischen eigene Weitschweifigkeit mildernd, eine gewisse Schärfe. Zweitens mußten wir, bedingt durch den Inhalt des Stücks und die Anlage der Figuren, naturgemäß anders an sie herangehen, denn es waren Charakterrollen. Man stelle sich vor: im ersten Akt erschien ich als junger Soldat, der Trompeter Piou-Piou; im zweiten Akt als 25jähriger weltgewandter Offizier und im letzten Akt als greiser gichtleidender General a. D. Mag die Charakterisierung, nach der ich damals suchte, auch äußerlich gewesen sein, doch man kann über das Äußere zum Inneren gelangen. Gewiß nicht der beste, aber immerhin ein möglicher Weg in der Kunst, der mir geholfen hat, zeitweise in der Rolle zu leben, wie ich es auch als Student im »Praktischen Herrn« tat.

Für die kommende Wintersaison bereitete der Alexejew-Zirkel unter der Regie meines Bruders, W. S. Alexejew, im Eßzimmer-Theater in der Stadt eine große und schwierige Inszenierung vor – die japanische Operette »Der Mikado« nach der Musik des englischen Komponisten Sullivan und mit den Dekorationen K. A. Korowins.

Im Winter wurde unser Haus zu einem Stückchen Japan. Eine ganze am Zirkus engagierte japanische Artistenfamilie hielt sich Tag und Nacht bei uns auf. Alle erwiesen sich als sehr nette Menschen und wurden, wie man so sagt, Freunde des Hauses. Die Japaner brachten uns ihre Gepflogenheiten bei: die Art zu gehen, sich zu halten, sich zu verbeugen, zu tanzen und den Fächer zu gebrauchen. Letzteres ist eine gute Übung für den Körper. Für die Proben wurden nach den Anweisungen der Japaner für alle Mitwirkenden, ja sogar Nichtmitwirkenden japanische Kostüme aus feinem Kattun mit Gürteln genäht, die wir anzuziehen und zu binden übten. Die Frauen liefen tagelang mit in den Knien zusammengebundenen Beinen umher und der Fächer wurde zu einem notwendigen, den Händen vertrauten Gegenstand. Es war uns bereits ein Bedürfnis, uns beim Sprechen nach japanischer Art des Fächers zu bedienen.

Nach der täglichen Arbeit hüllten wir uns zu Hause in unsere japanischen Probenkostüme und liefen damit den ganzen Abend herum bis in die Nacht, an Feiertagen sogar den ganzen Tag über. Am Mittags- oder Teetisch thronten die Japaner mit ihren Fächern, die immerzu raschelten oder beim raschen Auf- und Zuklappen knisterten.

Wir hatten japanischen Tanzunterricht, und die Frauen erlernten alle Verführungskünste der Geishas. Wir konnten uns nunmehr rhythmisch auf den Absätzen drehen, mal das rechte, mal das linke Profil zeigend, uns zu Boden fallen lassen, indem wir uns artisten- gleich zusammenklappten; konnten im Takt trippeln, hüpfen, laufen. Einige Damen schließlich lernten es, im Rhythmus des Tanzes den Fächer so nach vorn zu werfen, daß er im Flug einen Halbkreis beschrieb und in den Händen eines Tänzers oder Sängers landete. Wir lernten das Jonglieren mit dem Fächer, lernten, ihn über die Schulter oder übers Bein zu werfen. Doch vor allem eigneten wir uns sämtliche japanischen Posen mit dem Fächer an, die wir mit Num- mern versahen und über die Inszenierung verteilten. Damit war für jede Passage, jeden Takt oder jede wichtige Stelle eine bestimmte Ge- ste, Bewegung oder Handlung mit dem Fächer festgelegt. In den Massenszenen, also in den Chören, bekam jeder Sänger bestimmte Gesten und Bewegungen mit dem Fächer in gleicher Weise vorge- schrieben. Der Gesamteindruck oder vielmehr das Kaleidoskop von unablässig wechselnden und ineinander übergehenden Gruppen war das Wichtigste: warfen die einen ihre Fächer nach oben, mußten die anderen sie sinken lassen und an den Füßen öffnen; die dritten taten das gleiche nach links; die vierten nach rechts etc.

Wenn in den großen Ensemble-Szenen dieses Farbenspiel in Be- wegung gesetzt wurde und über die Bühne große, mittlere und kleine, rote, grüne und gelbe Fächer durch die Luft flatterten, stockte einem der Atem ob soviel effektvoller Theatralik. Wir stellten allerlei Podeste auf, damit man von der Rampe, wo die Darsteller mit den Fächern auf dem Boden lagen, bis in den Hintergrund die ganze oh- nehin nicht sehr hohe Bühne mit den Fächern ausfüllen konnte; sie bildeten eine Art Vorhang. Bühnenpodeste sind ein altes, aber für den Regisseur bequemes Mittel, um einzelne Gruppen hervorzuhe- ben. Denkt man sich die bunten Kostüme dazu, von denen etliche echt japanisch waren, alte Samurai-Rüstungen, Fahnen, unver- fälschte Japonnerien, die originellen Bewegungen, die Geschicklich- keit der Schauspieler, das Jonglieren, die Akrobatik, den Rhythmus und den Tanz, nicht zu vergessen die hübschen Gesichter der jungen Damen und Herren, ihr Feuer und Temperament − so wird der Er- folg nur zu verständlich.

Ich allein war ein dunkler Fleck in der Inszenierung.

So befremdlich und unerklärlich es ist: ich, der ich meinem Bru- der bei der Regie mitgeholfen und mit ihm nach einem neuen Ton und Stil der Inszenierung gesucht hatte, wollte mich als Schauspieler nicht von der banalen, opernhaften Postkartenschönheit lösen.

Nachdem ich mir im Sommer im leeren Flur eine Palette von Bewegungen erarbeitet hatte, konnte ich in dieser japanischen Inszenierung davon nicht Abstand nehmen und bemühte mich, einen süßlich-hübschen italienischen Sänger abzugeben. Wie wollte ich mich mit meiner langen, hageren Figur japanisch verneigen, wo ich doch nur davon träumte, sie geradezubiegen! Als Schauspieler verfing ich mich auch diesmal in den alten Fehlern und der opernhaften Banalität.

Als nächstes wollten wir, der Operette langsam überdrüssig, ein Schauspiel inszenieren. Ich würde über diese Arbeit kein Wort verlieren, wenn nicht ein Umstand gewesen wäre, der mich als Schauspieler beeinflußt hatte. Ich habe nämlich die Dummheit begangen, in einem simplen Vaudeville eine tragische Rolle zu spielen. Das Stück hieß »Ein Unglück besonderer Art« und hatte folgendes triviale Sujet: um seiner Frau Angst einzujagen und damit ihre Liebe neu zu entfachen, spielt der Ehemann ihr eine Tragödie vor – er tut so, als habe er Gift genommen, das angeblich seine tödliche Wirkung zu zeigen beginnt. Zum Schluß löst sich alles in Wohlgefallen und Küsse auf.

Dieses seichte Vaudeville benutzte ich nicht, um Lachen zu erwecken, sondern um meine dramatische Kraft zu erproben und den Zuschauer zu erschüttern. Aus Dummheit wollte ich das Unmögliche, das Unvereinbare erzwingen, woraus sich eine Reihe komischer Momente ergab.

»Macht es Eindruck?« fragte ich nach einer Probe.

»Ich weiß nicht, ehrlich gesagt, auf mich nicht«, sagte verlegen der Gefragte.

»So – und jetzt?«

Und ich lief auf die Bühne und spielte noch mal von vorne, mit noch größerer Anstrengung, die alles nur noch verschlimmerte.

Nun ja, Maske, Jugend, laute Stimme, theatralische Effekte, gute Vorbilder, die ich kopierte – letztlich mußte das ja irgend jemand gefallen. Und da es keinen Schauspieler gibt, der nicht auch seine Verehrer hätte, hatte ich sie auch in dieser Rolle und erkannte nur ihnen Kompetenz zu. Anderslautende Urteile führte ich auf Neid, Dummheit und Unverstand zurück.

Zur Rechtfertigung eigener Fehler, des Selbstbetrugs also, verfügt jeder Schauspieler über ein ganzes Arsenal von Gründen und Ausreden. Davon hatte auch ich im Überfluß, um mir einreden zu können, ich sei der geborene Tragöde. Wie auch nicht! Hatte ich doch sogar im Vaudeville eine Erschütterung bewirkt. In Wirklichkeit sah die Sache anders aus: die Farben der Tragödie sind greller, auffälliger, sie wirken stärker auf Augen und Ohren ein. Deshalb machten sich alle meine Fehler diesmal noch mehr bemerkbar als in den anderen Aufführungen. Peinlich genug, wenn mit halblauter Stimme falsch gespielt wird; wenn man es aber lauthals tut, so wird die Peinlichkeit noch größer. Diesmal spielte ich lauthals falsch.

Wie auch immer, in dieser Inszenierung spielte ich meine erste tragische Rolle!

Der Konkurrent

Inzwischen bekam unser privates Liebhabertheater einen Konkurrenten: den Zirkel des Sawwa Iwanowitsch Mamontow.

Am Anfang des Buches versprach ich, einige Worte über diesen bemerkenswerten Menschen zu sagen, der nicht nur auf dem Gebiet der Kunst, sondern auch als gesellschaftlich tätiger Mensch berühmt wurde.

Er war es, der die Eisenbahnlinien sowohl nach Norden, nach Archangelsk und Murman, legte und damit den Zugang zum Eismeer sicherte, als auch nach Süden, zu den Kohlengruben im Donez, um diese mit dem Zentrum der Kohleförderung zu verbinden – obwohl man, als er diese wichtige Kulturtat in Angriff nahm, über ihn lachte und ihn einen Hochstapler und Abenteurer nannte. Und demselben Mamontow, der als Mäzen auf dem Gebiet der Oper den Sängern wertvolle Hinweise zu Maske, Kostüm, Gestik, ja sogar zum Gesang gab wie überhaupt zur Schaffung von bühnenwirksamen Figuren, hat die Kultur der russischen Oper einen mächtigen Anstoß zu verdanken: er förderte Schaljapin ans Licht, machte mit dessen Hilfe Mussorgski populär, den viele Sachverständige abgeschrieben hatten; in seinem Theater verhalf er Rimski-Korsakows Oper »Sadko« zu einem riesigen Erfolg. Dem dadurch bewirkten Wiedererwachen der Schaffenskraft Korsakows sind »Die Zarenbraut« und »Saltan« zu verdanken, die für Mamontows Oper geschrieben und dortselbst uraufgeführt wurden. In seinem Theater, wo er eine Reihe von herrlichen Opernaufführungen in eigener Regie zeigte, sahen wir zum erstenmal anstelle von früheren handwerksmäßigen Dekorationen die großartigen Schöpfungen Wasnezows, Polenows, Serows, Korowins, die wie Repin, Antokolski und andere der besten russischen Maler jener Zeit in Mamontows Familie aufwuchsen und dort beinah schon ihr Leben verbrachten. Schließlich, wer weiß, ob der große Wrubel sich ohne ihn den Weg nach oben, zum Ruhm hätte bahnen können! Denn bei der Allrussischen Kunstausstellung in Nishni-Nowgorod wurden seine Bilder abgelehnt. Selbst die energische Fürsprache Mamontows hatte die Jury zu einer wohlwollenden Beurteilung nicht bewegen können. Daraufhin errichtete Mamontow aus eigenen Mitteln eine ganze Halle für Wrubel und stellte dort dessen Arbeiten aus. Dadurch machte Wrubel auf sich aufmerksam, wurde von vielen anerkannt und später auch berühmt.

Mamontows Haus befand sich in der Sadowaja, unweit vom Roten Tor und von uns. Das Haus war ein Asyl für junge begabte Maler, Bildhauer, Schauspieler, Musiker, Sänger und Tänzer. Mamontow interessierte sich für alle Künste und kannte sich darin aus. Ein- oder zweimal im Jahr wurden in seinem Haus Theatervorstellungen für Kinder, manchmal auch für Erwachsene gegeben. Meistens liefen Stücke eigener Schöpfung, geschrieben vom Hausherrn selbst oder seinem Sohn; manchmal brachten befreundete Komponisten Opern oder Operetten. Auf diese Weise entstand die Oper »Camorra« mit dem Text S. I. Mamontows. Man griff auch zu Stücken bekannter russischer Schriftsteller, zum Beispiel Ostrowskis »Schneeflöckchen«, für das Viktor Wasnezow eigenhändig die Dekorationen schuf und Figurinen zeichnete, die nunmehr in zahlreichen Kunstbänden reproduziert worden sind. Diese berühmt gewordenen Inszenierungen wurden, im Gegensatz zu unserem Alexejew-Zirkel, immer in aller Eile gemacht, im Laufe einer Woche zu Weihnachten oder Fastnacht, zu einer Zeit also, wo die Kinder schulfrei hatten. Das Stück wurde innerhalb von zwei Wochen geprobt und zugleich wurden Dekorationen und Kostüme angefertigt. Das Haus wurde dann zu einer riesigen Werkstatt, in der man Tag und Nacht arbeitete. Junge Leute und Kinder, Verwandte und Bekannte kamen von überall her und legten Hand an. Die einen halfen den Malern, indem sie Farben rieben oder Leinwände grundierten, andere kümmerten sich um Möbel und Requisiten. Die Frauen schneiderten währenddessen Kostüme unter der strengen Aufsicht der Maler, die man immerzu herbeirief und um Erläuterungen bat. Überall im Zimmer standen Zuschneidetische; hierher wurden dauernd die Schauspieler zur Kostümprobe von der Bühne geholt; freiwillige und angeheuerte Schneider und Schneiderinnen arbeiteten hier schichtweise Tag und Nacht. In einer anderen Ecke des Zimmers übte ein Musiker am Flügel eine Arie und ein Couplet mit einer halbwüchsigen Darstellerin, die offenbar über nicht gerade geniale musikalische Fähigkeiten verfügte. Das Haus war eingehüllt in Lärm und Gepolter aus der Tischlerei, nämlich dem großen Arbeitszimmer des Hausherrn selbst, seiner Werkstatt. Dort wurde die Bühne gebaut. Ohne sich vom Lärm stören zu lassen, ging einer der zahlreichen Regisseure inmitten der Bretter und Hobelspäne mit den Darstellern ihre Rollen durch. Eine zweite

Probe ähnlicher Art fand an dem belebtesten Ort des Hauses statt – an der Vordertreppe. Mit allen Unklarheiten in Fragen Regie und Besetzung lief man hinunter zum Chefregisseur, das heißt zu Mamontow. Er saß im großen Eßzimmer am Tisch mit Tee und kalten Speisen, welche im Laufe des Tages nicht abzunehmen schienen. Hier tummelten sich auch die ständig ankommenden und einander ablösenden freiwilligen Helfer. Inmitten dieses Lärms und Stimmengewirrs schrieb der Hausherr am Stück, dessen erste Akte oben geprobt wurden. Jede fertige Seite wurde sofort ins reine geschrieben und dem jeweiligen Darsteller übergeben, der nach oben rannte und vom noch nicht trockenen Blatt eine gerade aus der Feder gekommene Szene probte. Mamontow besaß eine bewunderungswürdige Fähigkeit, mitten im Trubel zu arbeiten und viele Dinge gleichzeitig zu tun. So auch jetzt: er leitete die ganze Arbeit, schrieb an seinem Stück, scherzte mit jungen Leuten, diktierte Geschäftsbriefe und Telegramme in seinen komplizierten Eisenbahnangelegenheiten, deren Anreger und Leiter er war.

Als Ergebnis dieser zweiwöchigen Arbeit kam eine Inszenierung zustande, die einen entzückte und zugleich verärgerte. Einerseits die herrlichen Dekorationen von besten Malern, die zusammen mit einer glänzenden Idee des Regisseurs eine neue Ära in der Theaterkunst einläuteten und die besten Theater Moskaus aufmerken ließen. Andererseits traten vor diesem prächtigen Hintergrund Laien auf, die nicht einmal ihre Rollen auswendig konnten, geschweige miteinander etwas anzufangen wußten. Die harte Arbeit des Souffleurs war nicht zu überhören, die verschüchterten Schauspieler, deren leise Stimmen nicht zu hören waren, stockten, machten hilflose Pausen, man sah unverständlich verlegene Konvulsionen anstatt der Gesten, die schauspielerische Technik fehlte total. Das alles nahm den Aufführungen die Bühnenwirksamkeit und machte sowohl das Stück als auch die Idee des Regisseurs mitsamt der prächtigen Ausstattung fragwürdig. Freilich blitzte in dieser oder jener Rolle gelegentlich ein Talent auf, denn es gab auch echte Schauspieler im Ensemble. Dann lebte die Bühne, solange derjenige darauf stand, für einige Augenblicke auf. Diese Aufführungen schienen eigens dazu geschaffen zu sein, die völlige Nutzlosigkeit jeglicher Ausstattung zu beweisen, wenn die Hauptperson des Theaters – ein begabter Schauspieler – fehlte. Ich begriff es gerade bei diesen Aufführungen und sah mit eigenen Augen, welche Folgen das Provisorische, die Vernachlässigung der Probenarbeit und das Fehlen eines Ensembles für unser kollektives Schöpfertum haben können. Ich konnte mich überzeugen, daß es im Chaos keine Kunst geben kann. Kunst ist Ordnung und Ebenmaß. Was geht es mich an, wie lange man am Stück gearbeitet hat: einen Tag oder ein Jahr? Ich frage auch den Maler nicht, wie viele Jahre er an einem Bild gearbeitet hat. Mir kommt es darauf an, daß Schöpfungen eines einzelnen Künstlers oder eines künstlerischen Bühnenkollektivs Ganzheit und Abgeschlossenheit, Harmonie und Ordnung aufweisen; daß alle Beteiligten und Schöpfer einer Inszenierung einem gemeinsamen künstlerischen Ziel dienen. Es ist befremdlich, daß Mamontow, ein so empfindsamer Schauspieler und Künstler, einen Reiz an derartiger Nachlässigkeit und Hast bei seiner Theaterarbeit finden konnte. Das war der Punkt, über den wir stritten und uns zerstritten. Daraus entstanden eine gewisse Konkurrenz und der Antagonismus zwischen seinen und unseren Inszenierungen. Das hinderte mich jedoch nicht daran, an seinen Aufführungen teilzunehmen, Rollen zu spielen und die Arbeit der Maler und Regisseure zu bewundern. Doch als Schauspieler brachte es mir nichts als Bitterkeit.

Dennoch haben diese Aufführungen eine große Rolle in der Dekorationskunst des russischen Theaters gespielt: talentierte Maler fühlten sich angesprochen; so tauchten wirkliche Bühnenbildner auf, die allmählich die früheren Dekorateure zu verdrängen begannen, die kaum mehr waren als einfache Anstreicher.

Interregnum

Ballett – Opernkarriere – Liebhabermief

Mit unserem Alexejew-Zirkel ging es bergab. Die Schwestern und der Bruder heirateten, es kamen Kinder und mit ihnen die Sorgen, die keine Zeit fürs Theater ließen. Es war nicht möglich, eine neue Inszenierung zu machen, und so begann für mich eine lange Strähne des Leerlaufs. Doch mein fürsorgliches Schicksal schlummerte nicht und ließ mich die Zeit nicht unnütz vergeuden. In der Wartezeit auf eine neue Arbeit stieß es mich als erstes ins Reich Terpsichores. Unsereins, der dramatische Schauspieler, braucht es unbedingt. Dennoch ging ich ins Ballett zunächst ohne ein bestimmtes Ziel. In dieser Periode des »Interregnums« war mir alles recht, so geriet ich ins Ballett, um zu sehen, wie meine Kameraden, eingefleischte »Ballettomanen«, sich zu Trotteln machen ließen. Ich ging hin, um über Leute zu lachen – und ging selbst auf den Leim.

Der Ballettomane ist gewissermaßen immer im Dienst: er läßt keine Vorstellung aus, kommt aber grundsätzlich zu spät, um mit Musik über den Mittelgang des Parketts feierlich zu seinem Platz zu schreiten. Eine ganz andere Sache, wenn »sie«, das heißt der Gegenstand der Liebe, schon zu Beginn des Aktes auf der Bühne ist: dann geht er während der Ouvertüre zu seinem Platz. Gnade ihm Gott, wenn er sich verspätet, es wäre eine Kränkung ohnegleichen! War »sie« mit ihrem Part fertig und stand auf dem Programm keine anerkannte Diva weiter, galt es eines echten Kenners für unwürdig, die Zeit fürs Mittelmaß zu verschleudern. Inzwischen ging man ins für Ballettomanen eingerichtete Kabüffchen im Rauchzimmer und saß dort, bis der (eigens dazu abgestellte) Theaterdiener kam und jedem der Verehrer meldete, es sei soweit. Dies bedeutete, daß die Angebetete des einen oder anderen bald auf der Bühne erscheint. Was machte es schon, daß »sie« nicht gerade mit dem größten Talent gesegnet war, man mußte selbstverständlich »sie« anschauen, ohne das Opernglas von den Augen zu nehmen, und zwar nicht nur während sie tanzte, sondern vor allem, wenn sie Pause hatte. Denn gerade dann funkte der mimische Telegraph.

Ein Beispiel: sie steht abseits, während eine andere tanzt. Nun blickt sie über die Rampe in Richtung zum abonnierten Verehrer. Sie lächelt. Das heißt: alles in Ordnung, sie ist nicht böse. Lächelt sie aber nicht, sondern blickt nachdenklich in die Ferne, wendet ihren betrübten Blick ab und geht mit niedergeschlagenen Augen hinter die Kulissen, dann heißt das: sie ist gekränkt und will nicht zu ihm hinschauen. Dann sieht es schlimm aus. Dem armen Ballettomanen stockt das Herz, und es wird ihm schwindlig. Hals über Kopf stürzt er zu einem Freund, setzt sich zu ihm, kommt sich dabei wie ein öffentlich begossener Pudel vor und fängt zu flüstern an:

»Hast du gesehen?«

»Tja«, antwortet finster der Freund.

»Was soll das heißen?«

»Verstehe ich nicht. Warst du in den Passagen?«

»Klar«.

»Hat sie gelächelt? Küsse durchs Fenster geschickt?«

»Ja doch«.

»Dann verstehe ich gar nichts mehr.«

»Was soll ich denn tun? Ihr Blumen schicken?«

»Du bist wohl verrückt! Einer Elevin Blumen hinter die Kulissen schicken!«

»Ja, was nun?«

»Laß mich nachdenken. Halt! Meine guckt. Bravo! Bravo! Ja, klatsche doch schon!«

»Bravo! Bravo! Zugabe!«

»Nein, diesmal wohl keine. Also folgendes: du kaufst Blumen, ich schreibe einen Zettel und schicke ihn zusammen mit den Blumen der meinen. Verstehst du? Sie übergibt die Blumen und bringt das in Ordnung!«

»Genial! Du bist ein Freund! Immer holst du mich aus der Patsche! Ich laufe schon!«

Im nächsten Akt erscheint sie mit einer Blume am Mieder, blickt in Richtung des Schuldbewußten und lächelt. Voller Verzückung springt er auf und läuft abermals zum Freund.

»Sie hat gelächelt! Gelächelt! Gott sei Dank! Was hat sie mir aber übelgenommen, das ist die Frage?«

»Du kommst zu uns nach der Vorstellung und erfährst alles von meiner.«

Nach der Vorstellung hat der Ballettomane seine Dame des Herzens nach Hause zu bringen. Wer aber in eine Elevin der Ballettschule verliebt ist, wartet auf sie am Künstlereingang. Hier spielt sich folgende Szene ab. Eine große Reisekutsche fährt vor, die vordere, also dem Eingang nächstgelegene Tür wird aufgeschlagen. In die Kutsche springt »sie« und stellt sich an der gegenüberliegenden, also der hinteren Tür so auf, daß sie sie mit ihrem Körper verdeckt. Das Fenster wird heruntergelassen, »er« tritt heran und küßt ihr die Hand oder steckt ihr einen Zettel zu oder sagt ihr etwas sehr Kurzes, aber ausreichend Tiefsinniges, worüber es sich eine ganze Nacht nachzudenken lohnen würde. Währenddessen steigen ihre Freundinnen durch die Vordertür ein.

Es gab Wagemutige, die es fertigbrachten, die Elevin zu entführen, mit ihr in eine Droschke zu steigen und über mehrere Straßen zu jagen. Wenn die Theaterkutsche am Schuleingang ankam, waren die Flüchtlinge schon zur Stelle. Er half der Dame in die hintere Tür, während andere Elevinnen durch die vordere ausstiegen und so die heimliche Rückkehr der Geflohenen vor den Blicken der Dueña, der diensthabenden Aufseherin, schützten. Dies war jedoch ein schwieriges Manöver, das eine Bestechung des Kutschers und des Theaterpförtners sowie gründliche Vorbereitung erforderlich machte.

Nachdem der Ballettomane die Elevin verabschiedet hatte, fuhr er zum Freund oder, genauer, zu dessen Dame des Herzens, wo sich alles sehr einfach aufklärte. Der heutige betrübliche Zwischenfall ereignete sich also aus folgendem Grunde: am Tage zuvor waren alle Verehrer in den Passagen, die gegenüber der Theaterschule liegen; zur verabredeten Stunde haben die Elevinnen aus dem Fenster geguckt, Kußhände durch die Fensterklappe entsandt und alle erdenklichen kabbalistischen Zeichen gemacht, als plötzlich im unteren Fenster die Dueña erschien und die jugendlichen Helden sich zum eiligen Rückzug veranlaßt sahen. Kurze Zeit danach kehrten sie wieder, mit Ausnahme des Betreffenden, weshalb seine Dame des Herzens denn auch schmählichst von den Freundinnen ausgelacht worden war.

Die möblierten Zimmer, in denen gewöhnlich die unverheirateten Tänzerinnen wohnten, erinnerten in vielerlei Hinsicht ans Studentenleben in den Mansarden. Aus verschiedenen Zimmern kamen die Mieter zusammen, jemand lief in den Laden, Eßbares zu holen, andere brachten mit, was sie hatten, die Verehrer brachten Konfekt und boten es sich gegenseitig an. So improvisierte man ein Abendbrot mit Tee aus dem Samowar. Im Laufe dieses »Festessens« wurden Schauspielerinnen und die Theaterleitung eingehend durchgehechelt oder Ereignisse aus der Theater- und Kulissenwelt besprochen. Die Hauptsache aber war die detaillierte Analyse der letzten Vorstellung. Diese Diskussionen mochte ich sehr, weil ich beim Zuhören in die Geheimnisse der Ballettkunst Einblick bekam. Für jemand, der nicht vorhat, diesen Gegenstand eingehend zu studieren, sondern sich lediglich in groben Zügen damit bekannt machen will, um das zu begreifen, was er später vielleicht in allen Einzelheiten zu lernen haben wird, ist es das Zweckmäßigste und Interessanteste, lebendigen Streitgesprächen von Spezialisten über das gerade Gesehene, und folglich persönlich Überprüfbare, beizuwohnen. Diese Streitgespräche mit handfesten Beispielen für die zur Debatte stehenden Prinzipien weihten mich am besten in die Geheimnisse der Balletttechnik ein. Gelang es einer Tänzerin nicht, mit Worten zu überzeugen, überzeugte sie mit den Beinen, das heißt, sie tanzte. Ich mußte sogar öfter die Rolle des Partners übernehmen und die Tänzerin stützen, wobei ich sie nicht selten fallen ließ. Auf diese Weise kam ich hinter das Geheimnis manch eines ausgeklügelten Tricks. Fügt man die endlosen Streitgespräche im Rauchkabuff des Theaters hinzu, wo ich willkommen war und kluge, belesene sowie feinsinnige Ästheten traf, die die Tänze und Bewegungen nicht nach ihrer äußeren Form, sondern nach dem ästhetischen Eindruck oder den künstlerischen Zielen beurteilten, so kam ein mehr als ausreichendes Material für meine Studien zusammen. Dies nahm ich, wie ich schon sagte, ohne ein bestimmtes Ziel auf, da ich nicht zum Lernen ins Ballett ging, sondern weil mir das geheimnisvolle, bunt-grelle und poetische Kulissenleben gefiel.

Wie schön, wie zauberhaft sind die Rückseiten der Dekorationen im überraschenden Lichtspiel der überall aufgestellten Reflexwände, Scheinwerfer und magischen Laternen. Blaues, rotes, violettes Licht hier, dort das Irisieren des fließenden Wassers. Die endlose Höhe und Finsternis des Schnürbodens, unergründliche Tiefe der Versenkungen. Malerische Gruppen von Darstellern in bunten Kostümen aus verschiedenartigsten Stoffen warten auf ihren Auftritt. In der Pause – grelles Licht, rasendes Hin und Her, Chaos, Arbeit. Herabsinkende und hinauffliegende bemalte Leinwände mit Bergen, Felsen, Flüssen, Seen, mit wolkenlosem Himmel und grimmigen Gewitterwolken, mit paradiesischen Gewächsen und höllischem Fegefeuer. Über den Fußboden gleiten bemalte Wände der Pavillons, Säulenreliefs, Bögen, Architekturteile. Erschöpfte, schweißüberströmte, schmutzige Bühnenarbeiter; und daneben – eine ätherische Tänzerin, die ihre Füßchen und Händchen streckt, bereit, jeden Moment auf die Bühne hinauszuflattern. Fräcke der Musiker, Livreen der Theaterdiener, Uniformröcke der Militärs, geckenhafte Anzüge der Ballettomanen, Lärm, Geschrei, Nervosität – alles gerät durch- und ineinander.

Die ganze Bühne entblößt sich, damit nach dieser babylonischen Verwirrung alles allmählich in Ordnung komme und ein neues, harmonisches Bild entstehe. Wenn es auf Erden etwas Zauberisches gibt, dann nur auf der Bühne!

Wie wollte man sich in dieser Atmosphäre nicht verlieben? Auch ich war verliebt, auch ich schaute ein halbes Jahr lang auf eine Elevin, von der es hieß, sie sei besinnungslos in mich verliebt, und ich redete mir ein, daß sie mir zulächelte und geheime Zeichen von der Bühne gab. Wir wurden uns erstmals vorgestellt, als die Elevinnen zu Weihnachten nach Hause durften. Doch welch eine bittere Entdeckung! Es erwies sich, daß ich ein halbes Jahr lang eine Falsche angeguckt hatte. Doch auch diese andere gefiel mir gleich, und ich verliebte mich in sie auf der Stelle. Das alles war kindlich naiv, geheimnisvoll, poetisch und vor allem rein. Völlig irrig die Annahme, im Ballett herrsche ein ausschweifender, lasterhafter Geist. Ich habe nie etwas davon gesehen und denke mit Dankbarkeit an jene fröhliche Zeit, die Verliebtheit und Begeisterung zurück, die ich im Reiche Terpsichores erlebte. Ballett ist eine wunderschöne Kunst, aber nicht für uns Schauspieler. Wir brauchen eine andere Plastizität und Grazie, einen anderen Rhythmus und Gang, eine andere Gestik und Bewegung. Alles ganz anders! Allein der erstaunliche Arbeitswille und die Fähigkeit, den eigenen Körper in der Gewalt zu haben, sollten von uns angestrebt werden.

Zur Zeit meiner Schwärmerei fürs Ballett kam nach Moskau die berühmte italienische Tänzerin Zucchi, die oft bei uns zu Gast war und manchmal nach dem Abendessen auf unserer Bühne tanzte.

Meine Brüder hatten damals einen buckligen Erzieher.

Ein italienischer Aberglaube besagt, wenn man einen Buckligen soundso viele Male umarmt und küßt, wird man glücklich. Die Zucchi wollte sehr glücklich werden, wozu sie den Buckligen unzählige Male hätte küssen müssen. Aber wie?

Also brachten wir sie auf die Idee, unter dem Vorwand, es sei für einen karitativen Zweck, das Ballett »Esmeralda« aufzuführen und den Buckligen zu bitten, den Quasimodo zu spielen. Bei den angeblichen Proben einzelner Szenen konnte sie ihn umarmen und küssen, so oft es ihr italienisches Glück erforderte. Ich erbot mich, die Umarmungen und Küsse zu zählen.

Die Proben, bei denen die Zucchi sowohl Regie führte als auch den Hauptpart der Esmeralda tanzte, nahmen ihren Anfang. So durften wir sie tanzen, Regie führen und spielen sehen. Mehr wollten wir ja auch nicht. Abergläubisch, wie sie war, nahm die Zucchi ihre Arbeit ernst. Sie führte die Proben so, daß der Bucklige keinen Zweifel an der Seriosität und der Notwendigkeit unseres Unterfangens hegte. Bei diesen Proben konnten wir aus nächster Nähe die Arbeit der großen Künstlerin beobachten, was für uns um so interessanter war, als die Zucchi vor allem dramatische Schauspielerin und erst in zweiter Linie Tänzerin war, wenn auch eine erstklassige. Bei diesen halb scherzhaften Proben erlebte ich ihre unerschöpfliche Phantasie, die schnelle Auffassungsgabe und die Flexibilität, die Originalität und den Geschmack, mit denen sie an jede künstlerische Aufgabe und jedes Arrangement heranging, ihre außergewöhnliche Anpassungsfähigkeit und vor allem den kindlichen Glauben an das, was sie jede Sekunde auf der Bühne tat und was um sie herum passierte.

Überdies verblüffte mich die Lockerheit ihrer Muskeln selbst in Augenblicken stärkster seelischer Regung, gleich, ob ich sie im Schauspiel berührte oder beim Tanz als ihr Partner stützen mußte. Ich war das völlige Gegenteil, immer verkrampft auf der Bühne und phantasielos, weil ich mich nur fremder Vorbilder bediente. Meine Flexibilität, meine Anpassungsfähigkeit, mein Sinn für szenische Aufgaben bestanden lediglich darin, mich dem zu kopierenden Schauspieler ähnlich zu machen. Originalität und eigenen Geschmack konnte ich genaugenommen nirgends einbringen, weil ich ja fremde, vorgefertigte Muster benutzte. Meine Aufmerksamkeit galt nicht dem, was jetzt auf der Bühne geschah, sondern dem, was vorzeiten auf anderen Bühnen geschehen war, von denen ich meine Vorbilder bezog. Ich tat nicht, was ich selbst fühlte, sondern wiederholte, was ein anderer gefühlt hatte. Doch ein fremdes Gefühl zu leben ist unmöglich, solange es nicht zum eigenen geworden ist. Darum kopierte ich nur äußerlich die Ergebnisse fremder Gefühlsregungen; ich strengte mich körperlich an, reagierte mich ab. Es war die Zucchi, die mich vielleicht zum erstenmal über meinen Fehler nachdenken ließ, dem ich damals noch nicht Herr zu werden wußte.

Unter dem Einfluß Mamontows folgte der Ballettbegeisterung die Operneuphorie. In den 70er Jahren begann sich in der russischen

Nationaloper einiges zu tun. Tschaikowski und andere Größen der Musikwelt fingen an, für die Bühne zu schreiben. Ich ließ mich von der allgemeinen Begeisterung hinreißen, bildete mir ein, ich sei ein Sänger, und bereitete mich auf eine Opernkarriere vor.

Damals hatte unter den zahlreichen Gesangslehrern einer besonderen Erfolg – der Tenor Fjodor Petrowitsch Komissarshewski, Vater der berühmten Schauspielerin Vera Komissarshewskaja und des in der heutigen Zeit bekannten Regisseurs Fedor Komissarshewski. Bei ihm nahm ich Gesangsunterricht. Täglich jagte ich nach Büroschluß, oftmals ohne gegessen zu haben, ans andere Ende der Stadt zum Unterricht bei meinem neuen Freund. Ich weiß nicht, was mir mehr einbrachte: der Unterricht selbst oder die Gespräche danach.

Als es mir schien, daß meine Vokalübungen soweit gediehen waren, daß ich mit einem Part auftreten konnte, entschloß man sich zu einer Aufführung: Komissarshewski nämlich hatte selbst Sehnsucht nach der Bühne und wollte mit mir zusammen auftreten. Unser Eßzimmer-Theater stand leer, und so beschlossen wir, es zu nutzen. Wir studierten zwei Szenen ein: das Duett mit Mephisto aus dem »Faust« und den ersten Akt aus Dargomyshskis »Russalka«, in dem ich den Müller und Komissarshewski den Fürsten sangen. Außerdem wurden für die übrigen Schüler andere Szenen vorbereitet, wo echte Sänger auftraten mit Stimmen, von denen ich nur träumen konnte. Nach der zweiten Probe wurde ich heiser, und je länger ich sang, um so schlimmer wurde es.

Das war jammerschade! Wie angenehm und außerordentlich leicht ist es doch, in der Oper zu spielen. Ganz recht, zu spielen, nicht zu singen (vor allem, wenn man keine Stimme hat). Der Komponist hat schon alles getan, du brauchst nur vernünftig wiederzugeben, was er geschaffen hat, und der Erfolg ist dir gewiß. Ich kann es nicht verstehen, wie man sich nicht hinreißen läßt von der Schöpfung eines begabten Komponisten. Musik, Orchestrierung, Leitmotive – all das ist derart überzeugend, klar und beredt, daß sogar ein Toter zu spielen anfangen könnte. Nur nicht sich selbst daran hindern, in der zauberischen Kraft des Klangs ganz aufzugehen. Außerdem sind die Opernklischees des Mephisto oder des Müllers in »Russalka« derart eindeutig und ein für allemal festgelegt, daß sie keiner Vorarbeit bedürfen: also, raus auf die Bühne und spiele, wie es sich gehört. Mit einem Wort: kopiere und sonst nichts! Schließlich gingen meine damaligen Ideale auch nicht viel weiter, zumal ich echten Schauspielern überhaupt und meinem jeweiligen Liebling im besonderen ähnlich sein wollte. Zu meinem Glück kam die Aufführung nicht über die Generalprobe hinaus, da klar wurde, daß sie mir nicht zum Ruhm verhelfen konnte. Zudem ließ meine Stimme durch tägliche intensive Arbeit immer mehr nach, bis sie völlig versagte und ich außer einem Fiepen meiner Kehle nichts entlocken konnte.

Nachdem ich mit guten Sängern auf einer Bühne gestanden hatte, begriff ich, wie ungeeignet mein stimmliches Material für die Oper und wie unzureichend meine musikalische Ausbildung waren. Mir wurde klar, daß ich nie ein Sänger werden würde und daß ich die Träume von einer Opernkarriere für immer begraben mußte.

Der Gesangsunterricht hörte auf, doch ich fuhr weiterhin fast jeden Tag zu meinem ehemaligen Lehrer, um mit ihm über Kunst zu sprechen und bei ihm Musik- und Gesangskundige zu treffen, Professoren des Konservatoriums, an dem Komissarshewski die Opernklasse führte und an dem ich nach wie vor einer der Direktoren war. Im Vertrauen gesagt, ich hatte die verwegene Idee, Komissarshewskis Partner in der Klasse für Rhythmus zu werden, die ich ins Leben zu rufen gedachte. Ich stand nämlich unter jenem einmaligen Eindruck, den bei den Opernproben das rhythmische Spiel zur Musik auf mich gemacht hatte. Es fiel mir auf, daß die Sänger es fertigbringen, mehrere unterschiedliche Rhythmen auf einmal aufzunehmen: das Orchester mit dem Komponisten hat einen Rhythmus, wobei der Gesang ihm notwendigerweise folgt. Der Chor hingegen hebt und senkt die Arme in einem anderen Rhythmus, und er geht über die Bühne in einem dritten; jeder Sänger ist je nach Stimmung in seinem eigenen Rhythmus aktiv, auch wenn er genaugenommen inaktiv ist.

Ich konnte Komissarshewski von der Notwendigkeit des physischen Rhythmus für den Sänger überzeugen, und er ging auf meine Idee ein. Wir fanden auch einen Pianisten, der sich auf Improvisationen verstand: ganze Abende hindurch bewegten wir uns, saßen oder schwiegen im Rhythmus.

Bedauerlicherweise lehnte das Konservatorium Komissarshewskis Antrag auf Einrichtung einer solchen Klasse ab. Die Proben wurden abgebrochen. Doch ich brauche seitdem nur Musik zu hören – und unwillkürlich folgen Bewegung und Mimik dem Rhythmus, so wie ich es mir damals vorstellte.

Diese mir damals unklaren Vorstellungen brachte ich auch auf die dramatische Bühne, ohne daß ich freilich dahinterkam, was mich zu diesem oder jenem Rhythmus führte.

Nachdem ich das Rhythmische zwar gestreift, mir aber nicht bis ins Letzte bewußt gemacht hatte, vergaß ich es für einige Zeit. Doch hat die Arbeit des Unterbewußtseins offenbar nie aufgehört. Nun, darüber zu seiner Zeit.

Der Gesang war also nicht meine Berufung. Was nun? Zurück zu Operette und Haustheater? Doch das konnte ich nicht mehr: dazu hatte ich von Komissarshewski viel zu viel über die hohen Ziele und Aufgaben der Kunst erfahren.

Außerdem war, wie ich schon erwähnte, unsere Truppe auseinandergefallen.

Es blieb nur das Schauspiel. Ich wußte allerdings, daß es die am schwierigsten zu erforschende Art der Bühnenkunst war. Ich befand mich an einem Scheideweg, zauderte und wußte mit mir nicht wohin. In jener Zeit – immer noch das »Interregnum« – erteilte mir das Schicksal eine für meine Entwicklung als Schauspieler nützliche Lehre.

In unserem Theaterraum fand eine Vorstellung zu Wohlfahrtszwecken statt. Das Verlockende für das Publikum war, daß außer uns Laien des Alexejew-Zirkels einige Schauspieler des Maly Theaters mitwirkten. Aufgeführt wurde »Der Glückspilz« des damals begabtesten und beliebtesten Dramatikers W. I. Nemirowitsch-Dantschenko. Unter den Akteuren waren die berühmte Glikerija Nikolajewna Fedotowa, Olga Ossipowna Sadowskaja sowie andere Schauspieler unseres trefflichen Maly Theaters, dem ich so sehr verpflichtet bin. Eine unerwartete und völlig unverdiente Ehre! Ich spürte meine Nichtigkeit neben den großen Schauspielern. Ihr Verhalten uns gegenüber fand ich rührend.

»Der Glückspilz« stand auf dem Spielplan des Maly Theaters und war im Laufe der Saison mehrere dutzendmal gelaufen. Für uns aber war er ganz neu. Die Proben waren verständlicherweise nicht für die Schauspieler des Maly Theaters, sondern für uns Laien bestimmt. Und dennoch kamen berühmte Schauspielerinnen, die das Stück unzählige Male gespielt hatten, eine halbe Stunde vor Beginn, bereiteten sich auf die Probe vor, betraten zur festgesetzten Stunde die Bühne und mußten warten, weil die Laien (außer mir, versteht sich) sich verspäteten.

Die großen Schauspielerinnen probten mit voller Stimme, während die Laien ihren Text vom Blatt heruntermurmelten. Zugegeben, es waren alles sehr beschäftigte Leute, die wenig freie Zeit hatten. Doch was geht das Kunst, Schauspieler, Theater an?!

Ich stand zum erstenmal neben echten, hochbegabten Schauspielern auf einer Bühne: ein wichtiger Augenblick in meinem Leben! Doch ich war schüchtern, verlegen, ärgerte mich über mich selbst, gab aus Befangenheit vor, zu verstehen, was man mir erklärte, ohne es in Wirklichkeit zu begreifen. Meine Hauptsorge war: nicht verärgern, nicht aufhalten, sondern aufnehmen und kopieren, was mir gezeigt wurde. Das genaue Gegenteil dessen also, was wirkliches Schöpfertum verlangt. Doch ich konnte nicht anders. Wer sollte mich auch umschulen? Man darf aus den Proben keinen Unterricht in der dramatischen Kunst machen. Außerdem hatte ich vor noch gar nicht langer Zeit die Theaterschule verlassen und mit ihr Glikerija Nikolajewna Fedotowa, der ich nun als fertiger Schauspieler begegnete.

Aufgrund meiner laienhaften Unerfahrenheit hielt mein »Rappel«, wie die Schauspieler es nennen, nicht lange an: kaum, daß man entflammt, schon ist alles am Verlöschen. Dadurch wurden die Rede und die Bewegungen auf der Bühne bald energischer – wo die Stimme voll klang, die Worte deutlich kamen und den Zuschauer erreichten; bald verblaßte alles – ich wurde matt, begann zu murmeln, Worte wurden zu Klumpen, und aus dem Zuschauerraum rief man »Lauter!«

Sicher konnte ich mich zwingen, laut zu sprechen und energisch zu handeln, doch wenn man sich selbst nötigt, die Lautstärke und die Behendigkeit um ihrer selbst willen aufzudrehen, ohne Sinn und innere Veranlassung – dann ist es noch beschämender. Ein solcher Zustand kann keine schöpferische Stimmung erzeugen. Aber neben mir – ich habe es gesehen – waren die wirklichen Künstler immer innerlich geladen, etwas erhielt sie beständig auf einer gewissen Stufe von Intensität, die nie nachließ. Sie konnten auf der Bühne nicht anders als laut sprechen, nicht anders als energisch sein. Ganz im Gegensatz zu uns Laien. Uns mußte immer jemand von außen anheizen, aufmuntern und aufheitern. Nicht wir hatten das Publikum in der Hand, im Gegenteil: wir selbst erwarteten, von ihm an die Hand genommen, aufgemuntert und liebkost zu werden; dann erst bekamen wir vielleicht Lust zu spielen.

»Wie kommt das?« fragte ich die Fedotowa.

»Schätzchen, Sie wissen nicht, von welchem Ende anfangen. Aber lernen wollen Sie auch nicht«, stichelte sie, wobei ihre weiche Stimme und der zärtliche Tonfall die Schärfe milderten. »Sie brauchen Training, Ausdauer, Disziplin. Ein Schauspieler ohne das alles ist undenkbar«.

»Wie kommt man zu Disziplin?« bohrte ich weiter.

»Spielen Sie öfter mit uns, wir werden Sie schon hinkriegen. Wir sind ja auch nicht immer so wie heute. Wir können auch streng werden. Ach, was denken Sie, wie gallig wir sein können! Ja, und die heutigen Schauspieler sitzen meist mit den Händen im Schoß und harren einer Eingebung des Apollon. Umsonst, sage ich Ihnen! Der hat selbst genug am Halse.«

Als die Vorstellung begann, der Vorhang aufging und die erfahrenen Schauspieler den Ton angaben, rissen sie uns tatsächlich mit, nahmen uns gleichsam ins Schlepptau. Da mußte man voll dasein und mithalten. Mir schien sogar, daß auch mein Spiel inspiriert war. Aber leider schien es nur mir so. Die Rolle war längst noch nicht fertig.

Das Training und die Disziplin der Schauspieler zeigten sich noch deutlicher bei der Wiederholung des »Glückspilzes« in Rjasan, fast in der gleichen Besetzung, das heißt mit den Schauspielern des Maly Theaters und mit mir. Das kam so:

Ich kehrte gerade aus dem Ausland nach Moskau zurück. Auf dem Bahnsteig erblickte ich unter anderen meinen Kameraden Fedotow, den Sohn der Fedotowa, der ebenfalls in unserer Aufführung mitspielte. Er bat mich inständig im Namen aller am »Glückspilz« Beteiligten, für den erkrankten Schauspieler A. I. Jushin einzuspringen und in Rjasan die mir wohlbekannte Rolle zu spielen. Ich konnte nicht nein sagen und fuhr, trotz Müdigkeit nach der langen Auslandsreise, nach Rjasan, ohne meine Verwandten, die zu Hause auf mich warteten, gesehen zu haben. Wir fuhren 2. Klasse. Man gab mir das Textbuch, damit ich meine Rolle durchgehen konnte, die ich zur Hälfte vergessen, ohnehin nie recht gekonnt und auch nur einmal gespielt hatte. Vom Rattern des Wagens, dem dauernden Hin und Her und dem Gequatsche der Reisenden wurde mein Kopf noch schwerer. Ich nahm kaum auf, was ich da las, erinnerte mich nicht an den Text, regte mich auf und war zeitweise nahe am Verzweifeln, da ich nichts so fürchtete, als auf der Bühne mit ungelerntem Text zu stehen.

»Ach, na ja«, dachte ich, »wenn wir da sind, findet sich mit Gottes Hilfe ein freies Zimmer, wo ich für mich allein die Rolle wenigstens einmal aufmerksam durchlesen kann.«

Doch es kam anders. Die Vorstellung fand nicht im Theater, sondern in irgendeinem Regimentskasino statt: eine kleine Laienbühne und nebenan ein einziger Raum, der mit spanischen Wänden unterteilt war und Damen- und Herrengarderoben samt dem Aufenthaltsraum für die Schauspieler darstellte, in dem man für uns den Tisch gedeckt und einen Samowar hingestellt hatte. Dortselbst befand sich auch das Militärorchester, das man noch hineingezwängt hatte, um mehr Platz im Zuschauerraum zu bekommen. Als das Orchester aus allen Posaunen zu röhren anhub und man die Pauken und Trommeln zu verprügeln sich mühte, wo wir uns gerade anzogen und schminkten, glaubte ich das Erdendasein nicht länger ertragen zu können. Jeder Ton des Marschs schlug gleichsam auf eine wunde Stelle an meinem Kopf ein. Ich mußte die Wiederholung der Rolle sein lassen und ganz auf den Souffleur vertrauen, der glücklicherweise ausgezeichnet war.

Als ich die Bühne betrat, glaubte ich einen Pfiff zu hören. Noch einen. Dann noch kräftigere. Ich verstand nicht, was los war! Ich blieb stehen, blickte ins Publikum und sah einige Zuschauer sich zu mir hinneigen und voller Bosheit pfeifen.

»Wofür? Was habe ich denn getan?«

Es stellte sich heraus, daß man mich ausgepfiffen hatte, weil ich anstelle des angekündigten Jushin gekommen war. Ich war so verstört, daß ich hinter die Kulissen ging.

»Na herzlichen Glückwunsch! Feuertaufe bestanden! Einen Auspfiff gratis kassiert!«

Daß es gerade angenehm war, kann ich nicht sagen. Aber etwas besonders Schlimmes fand ich, ehrlich gesagt, nicht dabei. Ich war sogar froh, denn das gab mir das Recht, schlecht zu spielen und es mit Gekränktsein oder Unlust zu rechtfertigen. Dieses Recht gab mir Mut, und ich ging zum zweitenmal auf die Bühne. Diesmal wurde ich mit Applaus empfangen, doch aus Eitelkeit nahm ich ihn verständlicherweise mit Verachtung auf, das heißt, ich beachtete ihn nicht und stand wie versteinert da, als gelte der Applaus nicht mir. Daß ich eine unfertige Rolle nicht gut spielen konnte, verstand sich von selbst. Daß ich das erstemal auf einen Souffleur angewiesen war, kam hinzu. Es ist ein Horror ohne fest sitzenden Text auf der Bühne zu sein, ein Alptraum!

Endlich war es vorbei. Wir konnten uns gerade noch abschminken, als es auch schon zum Bahnhof ging, um zurück nach Moskau zu fahren. Aber wir kamen doch zu spät und mußten in Rjasan übernachten. Während für uns Zimmer gesucht wurden, hatten die Verehrer der Fedotowa und der Sadowskaja ein Abendessen improvisiert. Gott, was für eine elende Figur ich da machte: blaß vor Kopfweh, mit gekrümmtem Rücken auf schwachen Beinen, die mir den Dienst versagten. Mitten im Essen schlief ich ein, während die Fedotowa, die meine Mutter hätte sein können, frisch, jung, fröhlich und kokett war und munter plauderte. Man hätte sie für meine Schwester halten können. Die Sadowskaja – ebenfalls keine junge Frau mehr – tat es der Freundin gleich.

»Aber ich komme doch gerade aus dem Ausland«, sagte ich zu meiner Entschuldigung.

»Du kommst aus dem Ausland, und Mutter ist krank mit achtunddreißig Fieber«, wies mich ihr Sohn zurecht.

»Ja, das ist Training und Disziplin,« mußte ich da denken.

Dank meinen häufigen Auftritten in Liebhabervorstellungen wurde ich unter den Moskauer Dilettanten ziemlich bekannt. Man lud mich gern sowohl in einzelne Vorstellungen als auch in Zirkel ein, wo ich nahezu alle Laienschauspieler jener Zeit kennenlernte und mit vielen Regisseuren arbeitete. Dabei stand es mir frei, Stücke und Rollen auszusuchen, die ich haben wollte, so daß ich mich in unterschiedlichen, vor allem dramatischen Rollen versuchen konnte, von denen junge Menschen immer träumen. Wenn man viel jugendliche Kraft hat und nicht weiß, wohin damit, dann läßt man sich vor Leidenschaft in Fetzen reißen. Aber genauso gefährlich und schädlich wie mit einer ungeschulten Stimme etwa in Wagneropern zu singen ist es für einen jungen Menschen, sich ohne die dazugehörige Technik und Ausbildung an Rollen heranzuwagen, denen er nicht gewachsen ist. Wenn man etwas tun muß, was die eigenen Kräfte übersteigt, greift man unvermeidlich zu allen erdenklichen Tricks, das heißt, man weicht vom wichtigsten, grundlegenden Weg ab. Genau das widerfuhr mir im höchsten Maße während meines Leidensweges als Amateur.

Ich spielte in den verschiedensten und beliebigsten Inszenierungen, in rasch entstehenden und genauso rasch eingehenden Liebhaberzirkeln, in dreckigen, kalten und winzigen Räumen unter schlimmsten Bedingungen. Dauernder Probenausfall, Bummelei, Flirt statt Arbeit, Geschwätz, auf die Schnelle zusammengehauene Vorstellungen, die nur wegen des anschließenden Tanzes besucht wurden. Man mußte auch in ungeheizten Räumen spielen. Bei großer Kälte richtete ich meine Garderobe in der Wohnung meiner Schwester ein, die in der Nähe des Theaters wohnte, wo ich des öfteren spielte. In jeder Pause mußte ich zum Umziehen mit einer Droschke zur Schwester fahren und mich danach bis zum Auftritt in einen Pelz hüllen.

Was für ein Graus waren diese selbstgestrickten Liebhaberaufführungen! Was habe ich da nicht alles erlebt! Zu einer Vaudeville-Vorstellung mit etwa fünfzehn Darstellern kam nicht einmal die Hälfte zusammen, und so wurden wir, die wir in einem anderen Stück spielten, genötigt, auch hier einzuspringen, obwohl wir nicht die geringste Ahnung hatten.

»Was sollen wir denn spielen?« fragten wir ratlos.

»Was, was! Einfach raus auf die Bühne und reden, was Ihnen einfällt! Wir müssen spielen, die Leute haben bezahlt!«

Und wir gingen tatsächlich auf die Bühne und erzählten das Blaue vom Himmel und traten ab, wenn uns nichts mehr einfiel. Dann kamen andere und taten das gleiche. Wenn die Bühne leer wurde, wurden wir wieder hinausgeschubst. Das Publikum grölte genauso wie wir über den Unsinn, der von der Bühne herunterkam. Nach Beendigung der Vorstellung klatschte man das ganze Ensemble heraus an die Rampe und brüllte »Zugabe«. Der Veranstalter triumphierte.

»Was habe ich gesagt? Sehen Sie? Und dazu mußte man Sie erst überreden!«

Oft mußte ich auch in mehr als fragwürdigen Etablissements spielen. Was sollte man auch tun? Die Gelegenheiten waren rar, und spielen wollte ich für mein Leben gern. Und wenn es für berufsmäßige Falschspieler und Kokotten war. Für mich, einen Mann mit »Position«, einen Direktor der Russischen Musikgesellschaft, war es hinsichtlich meiner Reputation nicht ungefährlich, in derartigen Einrichtungen aufzutreten. Ich mußte mich hinter einem Decknamen verstecken, der die Gewähr bot, daß er mich wirklich deckte. Zu jener Zeit gab es einen Amateur, einen Doktor M., dessen Spiel mir gefiel und der unter dem Namen Stanislawski auftrat. Eines Tages hörte er auf und verließ die Bühne, und ich beschloß, sein Nachfolger zu werden, zumal der polnische Name, wie mir schien, die beste Deckung bot. Doch ich wurde eines Besseren belehrt. Und zwar durch folgenden Vorfall:

Ich trat in einem französischen Vaudeville in drei Akten auf, dessen Handlung in der Garderobe einer Schauspielerin, hinter den Kulissen spielte. Frisch gelockt, nach der letzten Mode angezogen, flog ich mit einem riesigen Blumenstrauß auf die Bühne und erstarrte. Vor mir in der Hauptloge saßen Vater, Mutter und die greisen Gouvernanten. In den darauffolgenden Akten standen mir Szenen bevor, die die gestrenge Familienzensur niemals durchgehen lassen würde.

Vor Verlegenheit und Scham wurde ich steif wie ein Holzklotz. Aus einem gewandten jungen Lebemann machte ich einen schüchternen, wohlerzogenen Knaben. Zu Hause wagte ich nicht, den Angehörigen unter die Augen zu treten. Am nächsten Tag sagte mir Vater einen einzigen Satz:

»Wenn du unbedingt anderswo spielen willst, dann schaffe dir einen anständigen Zirkel und ein ordentliches Repertoire, aber spiel nicht jeden Mist mit sonstwem.«

Die alte Gouvernante, die mich noch als Säugling kannte, wehklagte:

»Niemals, niemals hätte ich gedacht, daß unser Kostja, ein so sauberer junger Mensch, fähig wäre, in aller Öffentlichkeit … Entsetzlich! Entsetzlich! Warum mußten meine Augen das sehen?!«

Nun, auch das Schlechte hat etwas Gutes: Auf meinen Irrwegen durch Liebhabervorstellungen lernte ich Menschen kennen, die in der Folgezeit angesehene Mitglieder unseres Laienzirkels »Gesellschaft für Kunst und Literatur« wurden und später zum Künstlertheater überwechselten, darunter Artjom, die Samarowa, Sanin und die Lilina.

Der Künstler
als junger Mann

Moskauer Gesellschaft für Kunst
und Literatur

Zu jener Zeit tauchte in Moskau der ehemals bekannte Regisseur Alexander Filippowitsch Fedotow wieder auf, der Mann der berühmten Schauspielerin und Vater meines Freundes Alexander Alexandrowitsch Fedotow, den ich schon erwähnte. Alexander Filippowitsch machte eine Inszenierung, um sich dem Moskauer Publikum in Erinnerung zu bringen. Sein Sohn spielte selbstverständlich mit, und durch ihn wurde auch ich eingeladen. Man spielte »Die Streithähne« (»Les Plaideurs«) von Racine in der Übersetzung A. F. Fedotows, der ja auch Schriftsteller und Dramatiker war. Die Hauptrolle spielte der seinerzeit bekannte Maler – Autodidakt und Ästhet – Fjodor Lwowitsch Sollogub, Neffe des durch den »Tarantas« berühmt gewordenen Schriftstellers W. A. Graf Sollogub und Freund von W. S. Solowjow. Ich hatte die Hauptrolle in Gogols Einakter »Die Spieler«, der zur Eröffnung des Abends gegeben wurde. Zum erstenmal begegnete ich einem wirklich hochbegabten Regisseur wie A. F. Fedotow. Der Umgang und die Proben mit ihm waren für mich die beste Schule. Offensichtlich fand er Interesse an mir und war bestrebt, mich in seinen Familienkreis einzubeziehen.

Fedotows Inszenierung wurde ein Erfolg, ein Erlebnis, nach dem ich unmöglich zu meinem früheren Laien-Tingeln zurückkehren konnte.

Wir, die Darsteller in seiner Inszenierung, wollten nicht einfach so auseinandergehen. Man faßte die Gründung einer größeren Gesellschaft ins Auge, in der sowohl alle Laienschauspieler in einem Zirkel als auch die Theaterschauspieler und Vertreter anderer Künste in einem gediegenen Künstlerklub ohne Kartenspiel zusammengeschlossen werden sollten. So etwas hatten mein Freund F. P. Komissarshewski und ich uns schon lange gewünscht. Nun mußte ich nur noch Komissarshewski mit Fedotow zusammenbringen, damit das geplante Unternehmen endgültig ausdiskutiert werden konnte.

Wenn man etwas leidenschaftlich wünscht, so erscheint es einfach und erreichbar. Auch uns schien es ein Leichtes zu sein, die nötige Geldsumme mit Hilfe von Mitgliedsbeiträgen und einmaligen Spenden zusammenzutragen. Eine bergab rollende Lawine reißt auf ihrem Wege alles mit sich, genauso wuchs unsere neue Idee. Wir kamen auf immer weitere Aufgaben und Einrichtungen. Fedotow vertrat die Theater- und Schriftstellerkreise; Vertreter der Musik und der Oper war Komissarshewski; Graf Sollogub repräsentierte die Maler. Außerdem schloß sich unserer Gesellschaft der Herausgeber der gerade entstandenen und später überaus erfolgreichen Literatur- und Kunstzeitschrift »Der Künstler« an. Die Begründer der Zeitschrift nutzten die Gelegenheit, über die im Entstehen begriffene Gesellschaft ihr Unternehmen zu popularisieren. Unsere zügellose Phantasie ließ uns die Eröffnung einer Schauspiel- und Opernschule beschließen, hatten wir doch so hervorragende Pädagogen wie Fedotow und Komissarshewski unter uns!

Man hieß unsere Pläne gut und sagte uns Erfolg voraus, einzig Graf Sollogub zügelte meine unbändige Phantasie und warnte vor Euphorie.

Auch die Fedotowa rief mich öfter zu sich, um mich wie ein Freund, wie eine Mutter vor der Gefahr zu warnen, auf die ich anscheinend zusteuerte. Doch ließ ich – kraft meiner Natur das, wovon ich gerade schwärmte, hartnäckig und stur durchzusetzen – die Stimmen der Besonnenheit nicht in mein Bewußtsein dringen. Den Pessimismus der Fedotowa schob ich auf familiäre Zwistigkeiten zwischen ihr und ihrem Mann; der praktischen Erfahrung Sollogubs traute ich einfach nicht, dazu war er mir zu sehr Künstler.

Zu allem Unglück, oder auch Glück, erhielt ich zu ebendieser Zeit völlig überraschend eine beachtliche Summe, fünfundzwanzig- oder dreißigtausend Rubel. Derartige Beträge nicht gewöhnt, hielt ich mich bereits für einen Millionär. Die Gesellschaft brauchte einen Vorschuß, um sich ein angemessenes Haus nicht entgehen zu lassen, ohne das uns die Verwirklichung des Vorhabens unmöglich schien. Ich gab dieses Geld. Dann sollten die Räume schnellstens renoviert werden, wozu wiederum Geld benötigt wurde. Da es einstweilen keine anderen Einkünfte gab, wendete man sich neuerlich an mich, der ich in meiner Besessenheit natürlich nicht nein sagte.

Ende 1888 fand mitten in der Wintersaison die feierliche Eröffnung unserer Gesellschaft für Kunst und Literatur im prachtvoll eingerichteten Hause statt, in dessen Mitte ein großer Theatersaal war, der auch als Tanzsaal diente. Rings um ihn befanden sich Foyers und ein großer Raum für die Maler. Sie hatten eigenhändig die Wände bemalt und Möbel und Einrichtung entworfen. In diesem pittoresken Raum trafen sie sich, machten Skizzen, die sie während des darauffolgenden Familienabends versteigerten, um ihr Abendessen bestreiten zu können.

In der Zwischenzeit lasen und spielten Schauspieler aus allen Theatern Szenen aus Stücken, ließen sie sich Scharaden und Improvisationen einfallen, sangen und tanzten. Das Amüsante war, daß Schauspieler häufig als Tänzer und Sänger auftraten, die Ballettänzer hingegen als Schauspieler.

Die ganze intellektuelle Welt war bei der Eröffnung der »Gesellschaft« zugegen. Man dankte den Gründern, unter anderen mir, dafür, daß wir allen ein Obdach gewährt hatten; man versicherte uns, daß man auf diesen Zusammenschluß von Schauspielern, Malern, Musikern und Theoretikern seit langem gewartet habe. Die Presse reagierte auf die Eröffnung mit Begeisterung. Einige Tage später fand die erste Aufführung der Schauspielabteilung der Gesellschaft statt. Die vorausgegangene kleine Geschichte scheint mir erzählenswert.

Die erste Saison

Eine Operation

Bereits im Frühjahr war beschlossen worden, zur Saisoneröffnung Puschkins »Geizigen Ritter« und Molières »Georges Dandin« zu bringen. Schwierigeres für Anfänger ließ sich kaum vorstellen. Ich frage mich heute noch, wie wir auf diese Werke gekommen sein mochten. Ist doch ein jeder Satz bei Puschkin ein Thema wenn nicht für ein ganzes Werk, so doch für einen ganzen Akt. Was die wenigen Seiten dieses Stücks enthalten, käme dem Inszenieren von mehreren großen Stücken gleich. Die Tragödie des Geizes schöpft alles aus, was über dieses menschliche Laster gesagt worden ist und wird.

Ich spielte in beiden Stücken. Im ersten die Titelrolle des Geizigen; im zweiten die komische Rolle Sotenvilles. Klassische Rollen müssen gleich Monumenten in Bronze gegossen werden. Ein Laie kann das nicht schaffen: er braucht eine spannende Fabel und äußere Handlung, die von sich aus die Aufmerksamkeit des Zuschauers fesseln. Puschkins Fabel ist dagegen einfach, und die äußere Handlung ist kaum vorhanden. Es kommt ausschließlich auf die innere Handlung an.

»Wen nehme ich mir zum Vorbild? Wen werde ich wohl kopieren? Ich habe niemand in dieser Rolle gesehen und kann mir gar nicht vorstellen, wer sie spielen würde und wie«, dachte ich bei mir. »Die Lage ist ausweglos. Wie wird mich Fedotow wohl hinauslotsen? Ich gebe mich ganz in seine Hand.«

»Heute nacht werde ich bei Ihnen schlafen, vielmehr nicht schlafen«, sagte mir eines Tages Fedotow. »Richten Sie es so ein, daß wir in einem Zimmer einander gegenüber liegen können.«

Ich tat es. Fedotow war bereits ein alter Mann mit dichtem grauem Haar, gestutztem Schnauzbart, der es gewohnt war, immerzu abrasiert zu werden, wie es bei Schauspielern eben so ist. Seine Augen schnellten unentwegt hin und her und zwinkerten, dazu kamen ein nervöses Zucken im Gesicht und eine bewegliche Mimik. Er ging etwas gebückt wegen des Asthmas, das ihn jedoch nicht daran hinderte, übermenschliche Energie zu entwickeln und pausenlos dünne, aromatisierte Damenzigaretten zu rauchen, wobei er eine an der anderen anzündete.

Im Nachthemd, das seine nackten Greisenbeine sehen ließ, fing er an, mit großer Begeisterung und Bildhaftigkeit, an der er keinen Mangel litt, die Dekoration, den Aufbau und die Idee der Inszenierung zu beschreiben. Seine Idee bezeichnete er als »durchdacht«, doch in Wirklichkeit wußte er selber nicht, was daraus werden würde. Es waren Bilder aus der Phantasie, die er aus dem Stegreif schilderte, um mich genauso wie sich selbst zum Schöpfertum anzufeuern. Jahre später tat ich das gleiche, daher kenne ich dieses Vorgehen der Regisseure sehr gut. Was tut's, wenn auf der Bühne alles anders aussehen wird als in der Phantasie? Oftmals glaubt man gar nicht an die Verwirklichung dessen, was einem vorschwebt, doch entfacht und beflügelt dieses Drauflos-Träumen die Phantasie. In die Erzählung Fedotows brachte ich eigene Bemerkungen und Gedanken ein. Dann verwarfen wir alles und fingen ganz von vorne und wieder anders an, stießen auf Hindernisse, änderten den Plan von Grund auf und machten einen neuen. Aus den unzähligen Träumereien entstand endlich eine Art Extrakt oder Kristall, knapp und umfassend wie Puschkins Stück selbst. Mitten in seinen Träumereien sprang Fedotow aus dem Bett und führte mir vor, was er vor seinem geistigen Auge sah. Seine greisenhafte gebückte Figur, die mageren Beine, das erregte Gesicht ließen bereits die Konturen einer zaghaft aus dem Nebel heraustretenden Gestalt erscheinen, die ich, dank seines großen Talents, langsam zu erkennen wähnte: einen hinfälligen, nervösen Greis, interessant in äußerlicher wie innerlicher Charakterisierung. Mir hingegen schwebte eine andere, in ihrem Laster erhabenere und gelassenere Gestalt vor – nicht oberflächliche Nervosität, sondern denkmalhafte Selbstbeherrschung und Gewißheit des eigenen Rechts. Wie sich herausstellte, suchte auch Fedotow dasselbe, seine Nervosität war lediglich die Müdigkeit nach der Arbeit des Tages.

Es gab aber doch einen Unterschied: seine Gestalt war älter und in höherem Maße Charakterrolle als meine. Sie entstieg nahezu den Bildern alter Meister: diese typischen Greisengesichter im rötlichen Kerzenschein, gebeugt über ein Schwert, das sie vom Blut reinigen, oder über ein Buch geneigt. Meine Vorstellung war anders; simpel ausgedrückt, ein edler Vater oder Greis aus einer Oper, etwa ein Saint-Brie aus den »Hugenotten«. Im Geiste war ich schon dabei, das Kostüm eines berühmten italienischen Baritons anzuprobieren:

schöne Beine im schwarzen Trikot, prachtvolle Schuhe, weite Knie-
hosen, ein entzückend auf Taille geschnittenes Wams, ein Degen.
Der Degen war die Hauptsache! Er lockte mich am meisten. Nun
stritten sich in meiner Seele zwei völlig entgegengesetzte Gestalten,
die sowenig zusammenleben konnten wie zwei Bären in einer Höhle.

Es begann eine Zeit der qualvollen Zweiteilung. Ich konnte mich
nicht entschließen, ob ich Fedotow oder doch lieber den Bariton kopieren sollte. Stellenweise war ich für Fedotow, dessen Talent und
die Originalität seiner Idee außer Zweifel standen. An zahlreichen
anderen Stellen dagegen gewann der Bariton die Oberhand. Wie
konnte ich auch auf schöne Beine im Trikot und den hohen spanischen Kragen verzichten, wo mir doch endlich eine schöne mittelalterliche Rolle in den Schoß fiel, die ich bislang weder spielen noch in
der Oper zu meiner Sängerzeit hatte singen dürfen! Damals meinte
ich, Verse deklamieren oder Singen sei fast das gleiche. Meine Ge-
schmacksverirrung mußte Fedotow stutzig gemacht haben. Als sie
ihm aufging, mäßigte er seinen Eifer, verstummte dann und löschte
bald die Kerze.

Unser nächstes Zusammentreffen und das Gespräch über die
Rolle ergaben sich bei der Vorführung von F. L. Sollogubs Entwürfen
zu den Dekorationen und Kostümen.

»Grauenhaft!« sagte ich zu mir, während ich die Zeichnungen betrachtete.

Man denke sich einen uralten Mann mit aristokratischen Ge-
sichtszügen in einem schmuddligen, abgewetzten ledernen Kopf-
schutz, der eher an ein Weiberhäubchen erinnert, mit einem langen,
ewig nicht gestutzten spanischen Spitzbart und dünnem verwahrlo-
stem Schnurrbart; bekleidet mit einem ausgebeulten, verschlissenen
Trikot, das häßliche Falten über die abgemagerten Beine wirft; lange
spitze Schuhe, die eher Pantoffeln gleichen (und die Füße schmal
und mager erscheinen lassen); ein grobes, formloses, halbzugeknöpf-
tes Hemd steckt in ehemals prachtvoller Kniehose; darüber eine Art
Umhang mit weiten Ärmeln, wie Priester ihn tragen. Die hohe und
magere Figur zu einem Fragezeichen gekrümmt und über eine Truhe
gebückt: dorthin rieselt durch seine ausgedörrten Finger das Geld.

»Wie bitte? Ein elender Bettler statt meines bildschönen Baritons? Nie im Leben!«

Ich war derart getroffen, daß ich meinen Zustand nicht verbergen konnte, und flehte unter Tränen, mich von der nunmehr verhaßten Rolle zu befreien.

»Spielen kann ich sie sowieso nicht mehr«, war meine Schlußfolgerung.

»Wie hätten Sie es denn gern?« fragten der Maler und der Regisseur fassungslos. Ich erläuterte ihnen ohne Umschweife, was ich mir erträumte und was mich an der Rolle lockte. Ich bemühte mich, das Bild, das ich mir vorstellte, zu zeichnen. Ich zeigte sogar das Foto des Baritons, das ich heimlich in der Tasche trug.

Ich verstehe bis heute nicht, wie sich in mir die Abgeschmacktheit eines Opernsängers mit den Finessen des französischen Theaters und der Operette, die meinen Geschmack als Regisseur entwickelt hatten, vertragen konnten. Offenbar blieb ich als Schauspieler immer derselbe geschmacklose Kopierer.

Fedotow und Sollogub begannen eine Operation an mir vorzunehmen: eine Art Amputation, Extraktion und Ausätzung der theatralischen Fäulnis, deren Ansammlungen sich im Verborgenen immer noch hielten. Das war eine Kopfwäsche, die ich mein Lebtag nicht vergessen werde. Sie lachten mich aus und bewiesen mir, so eindeutig, wie zwei mal zwei vier ist, die Rückständigkeit, Unhaltbarkeit und Seichtheit meines Geschmacks, derart, daß ich erst verstummte, mich dann schämte, endlich meine eigene Nichtigkeit empfand und mir innerlich leer vorkam. Das Alte taugte nichts, Neues hatte ich nicht da. Noch hatte man mich vom Neuen nicht überzeugt, doch mir zweifellos das Alte gründlich ausgeredet. In einer Reihe von Gesprächen, Vorführungen von Bildern alter und neuer Meister, geschickt vorgebrachten Vorträgen und erbaulichen Belehrungen pflanzte man mir Körnchen für Körnchen das Neue ein. Ich kam mir vor wie ein Kapaun, den man mit nahrhaften Nüssen mästet. Also mußte ich das heißgeliebte Foto des Baritons in den Schreibtisch stecken, weil ich mich meines ehemaligen Traums schämte. War das etwa kein Erfolg?!

Doch war es bis zu dem, was meine neuen Lehrer wollten, noch unendlich weit!

Auf der nächsten Stufe der Arbeit an der Rolle sollte ich lernen, äußerlich, körperlich einen Greis darzustellen.

»Einen Tattergreis können Sie leichter spielen als einen betagten Mann«, erklärte mir Fedotow. »Beim Greis sind die Konturen deutlicher.«

Auf die Darstellung von Greisen war ich schon etwas vorbereitet: während meiner Sommerübungen vor dem Spiegel hatte ich alles schon durch, darunter auch Alte. Außerdem beobachtete und kopierte ich einen Bekannten, einen gebrechlichen alten Mann. Damals habe ich an mir selbst körperlich empfunden, daß sein Normalzustand etwa dem der großen Müdigkeit eines jungen Mannes nach langem Fußmarsch gleicht: die Beine, die Arme und der Rücken werden steif, so als seien sie nicht geölt, eingerostet. Bevor man sich erhebt, muß man sich darauf einstellen, den Körper nach vorne beugen, um den Schwerpunkt zu verlagern, dann sich aufstützen und sich mit Hilfe der Hände erheben, weil die Beine teilweise den Dienst versagen. Ist man hochgekommen, streckt man nicht gleich den Rücken, sondern biegt ihn nach und nach gerade. Solange die Beine noch steif sind, trippelt man. Wenn man aber zum Schluß in Gang, ja in Schwung kommt, dann wird es schwierig haltzumachen. Das habe ich nicht nur theoretisch begriffen, sondern auch praktisch an mir erlebt. Ich konnte innerhalb dieser greisenhaften Empfindung leben, die an meine jugendliche Müdigkeit angelehnt war. Und ich fand, daß ich gut war. Und je besser es mir erschien, desto eifriger bemühte ich mich, das zu produzieren, was ich mir für die Rolle angeeignet hatte.

»Nein, das taugt nichts. Das ist die reinste Karrikatur. Wie die Kinder, die alte Leute nachahmen«, kritisierte mich Fedotow. »Nicht so drücken. Leichter!«

Ich nahm etwas zurück, doch es war immer noch zuviel.

»Noch weniger, noch weniger!« kommandierte er.

Ich nahm immer mehr zurück, bis ich ganz aufhörte, mich anzustrengen und, nur dem Gesetz der Trägheit folgend, den greisenhaften Rhythmus beibehielt.

»Jetzt ist es goldrichtig«, lobte Fedotow.

Ich verstand überhaupt nichts mehr. Wenn ich Ausdrucksformen verwendete, die ich für die Darstellung des Alten gefunden hatte und die von Fedotow gutgeheißen wurden, sagte er: »Das taugt nichts«; ließ ich sie aber fallen, so war alles in Ordnung. Demnach brauchte man keine Ausdrucksformen? So sagte ich mich von den gefundenen Methoden los und hörte auf zu spielen. Dann aber rief man mir zu: »Lauter, man hört gar nichts!«

Wie ich mich auch abmühte, ich konnte nicht dahinterkommen. Alle weitere Arbeit an dieser Rolle blieb erfolglos. An ruhigeren, einfacheren Stellen kamen in mir vage Empfindungen auf, doch es waren Gefühle eines Schauspielers, die mit der Rolle nichts zu tun hatten. Ich erlebte auch äußerlich, das heißt körperlich etwas, was sich jedoch nur auf das Greisenhafte der Charakterrolle bezog. Dabei konnte ich mit Leichtigkeit den Text sprechen, allerdings nicht aus dem inneren Grund des Puschkinschen Barons, sondern einfach um des Sprechens willen. Genauso wie man sich zwingen kann, auf einem Bein zu hinken, dabei das Zimmer aufzuräumen und gleichzeitig ein Liedchen zu trällern, kann man auch greisenhaft gehen, Arrangements einhalten, vorgegebene Handlungen ausführen und dabei mechanisch Puschkins Verse deklamieren. Ein besseres Ergebnis konnte ich damals wohl kaum erringen, derart zuwider wurde mir die Rolle, in deren Haut ich mich nicht voll und ganz hineinzwängen konnte. Ich hatte mir die Rolle gleichsam um die Schultern geworfen, so wie man sich auf die Schnelle einen Mantel umhängt. Das Ärgerlichste aber war, daß es mir nur an ruhigen Stellen mit knapper Not gelang, die vordem erarbeiteten technischen Griffe anzuwenden. Wo ich aber die volle Kraft einzusetzen hatte, verkrampfte ich mich und verlor dadurch das Wenige, was ich für die Rolle gefunden hatte. In diesen Momenten überkam mich das, was ich ehedem Inspiration nannte: ich drückte auf die Kehle, röchelte und zischte, spannte den Körper an und las die Verse wie ein Provinzkomödiant, mit üblem Pathos und leerer Seele.

Die Proben wurden abgebrochen, und ich fuhr nach Vichy zur Kur. Dort quälte ich mich mit der Rolle den ganzen Sommer lang und trampelte sie immer fester. Ich konnte an nichts anderes denken, sie beherrschte meinen Geist und wurde zu einer krankhaften fixen Idee. Die grausamsten aller Foltern der Menschheit sind die Schöpferqualen. Man erahnt dieses Etwas, das der Rolle fehlt, es ist hier in dir, zum Greifen nah – also greift man, doch es verschwindet spurlos, als sei es vom Erdboden verschlungen. Mit öder Seele und leerem Geist nimmt man sich eine starke Stelle der Rolle vor. Man braucht sich nur zu öffnen, doch da entwachsen der Seele eine Art Stoßstangen, die mich der starken Empfindung nicht näher kommen lassen. Ein Zustand wie der eines Menschen, der sich nicht entschließen kann, in eiskaltes Wasser zu springen.

Auf der Suche nach einem Ausweg kam ich auf ein neues Mittel, das mich damals genial dünkte. Einige Werst von Vichy entfernt stand ein mittelalterliches Schloß mit einem riesigen Kellergewölbe.

»Man soll mich dort für einige Stunden einschließen. Dort, in diesem echten alten Bau, finde ich vielleicht in der gruseligen Einsamkeit jenes Gefühl, jenes Befinden oder die Empfindung ...« Ich wußte selbst nicht, was mir damals fehlte und was ich suchte. Ich begab mich zum Schloß und setzte es durch, daß man mich für ganze zwei Stunden im Keller einschloß. Es war gruselig, einsam und finster, Ratten gab es, und es war feucht – diese Unbilden hinderten mich nur daran, mich auf die Rolle zu konzentrieren. Und als ich anfing, in der Dunkelheit den mir inzwischen leidgewordenen Text zu sprechen, war das purer Schwachsinn. Dann fror es mich, und ich fürchtete allen Ernstes, mir eine Lungenentzündung zu holen. Vor lauter Angst konnte ich überhaupt nicht an die Rolle denken. Ich klopfte, doch niemand machte auf. Ich bangte nun tatsächlich um mein Leben, doch hatte das mit der Rolle nicht das geringste zu tun.

Das einzige Ergebnis des Experiments waren ein handfester Schnupfen und eine noch gründlichere Verzweiflung. Offensichtlich genügte es nicht, sich im Keller mit Ratten einsperren zu lassen, um Tragöde zu werden. Man brauchte etwas anderes. Aber was? Anscheinend sollte man sich im Gegenteil auf irgendwelche Höhen, in hehre Sphären emporschwingen. Doch wie man dorthin gelangt, sagt einem keiner. Die Regisseure erläutern sehr beeindruckend, was sie erreichen wollen, was sie für das Stück benötigen; sie interessiert nur das Endresultat. Wenn sie kritisieren, weisen sie darauf hin, was sie nicht benötigen. Doch wie das Gewünschte zu erreichen ist, wird tunlichst verschwiegen.

»Miterleben, tiefer, stärker empfinden, leben!« heißt es.

Oder:

»Sie erleben es nicht mit! Sie müssen miterleben! Versuchen Sie, es zu erfühlen!«

Und man versucht, man drückt und strengt sich an mit aller Kraft, das Eingeweide ist ein einziger Knoten; die Kehle preßt man zusammen bis zur Heiserkeit, man reißt die Augen auf, das Blut steigt einem in den Kopf. Man strengt sich bis zur Erschöpfung an, diese Zwangsarbeit auszuführen, man verbannt die Sinne in den Magen und ist dermaßen müde, daß man außerstande ist, auf Verlangen des Regisseurs die Szene noch einmal zu wiederholen.

Und das waren erst die Proben. Wie soll es dann in der Vorstellung werden, vor dem Publikum, wenn ich vor Aufregung die Selbstbeherrschung verliere? Und so war es auch: bei der Premiere war mein Spiel das, was die Schauspieler »eine einzige Krampfader« nennen.

Aber die Vorstellung hatte Erfolg.

Herrliche Dekorationen und Kostüme nach den Entwürfen des hochbegabten Sollogub; großartige Szenenarrangements, die ganze Atmosphäre der Inszenierung, gepaart mit einer Stimmigkeit (für die

Fedotow schon gesorgt hatte) – all das war neu und originell für jene Zeit. Es wurde geklatscht. Wer sollte sonst heraustreten, wenn nicht ich? Also trat ich heraus und verbeugte mich, und das Publikum feierte mich, weil es die Leistung des Bühnenbildners von der des Regisseurs und wiederum die des Regisseurs nicht von der des Schauspielers zu unterscheiden vermag. Letztendlich galt das Lob auch mir. Und ich glaubte es und dachte allen Ernstes: wenn sie loben, dann kommt es beim Publikum an, dann machte ich also starken Eindruck, war gut, und diese »Krampfader« ist höchstwahrscheinlich die Inspiration. Folglich empfinde ich richtig, und alles steht zum Besten.

Aber der Regisseur schimpft. Sicher aus Neid! Dann muß er ja einen Grund haben!

Aus diesem Teufelskreis des Selbstbetrugs gibt es keinen Ausweg: der Schauspieler versinkt und wird eingesogen in den Morast der Schmeicheleien und Lobhudeleien. Immer obsiegt das Angenehmere, das, dem man am liebsten glauben möchte. Es obsiegt das Kompliment der bezaubernden Verehrerinnen, nicht aber die bittere Wahrheit des Kenners.

Junge Schauspieler! Hütet euch vor euren Verehrerinnen! Macht ihnen den Hof, wenn's beliebt, aber redet mit ihnen nicht über Kunst! Lernt es beizeiten, von den ersten Schritten an, die harte Wahrheit über sich zu verstehen und zu lieben! Und erkennt Menschen, die euch dazu verhelfen können. Mit ihnen solltet ihr, sooft es geht, über Kunst reden. Laßt euch des öfteren von ihnen ausschimpfen!

Ein glücklicher Zufall

»Georges Dandin«

Die Arbeit an der anderen Rolle, dem Sotenville in »Georges Dandin« war ebenfalls nicht leicht. Der Anfang ist das Schwerste. Je bedeutender das Werk, desto hilfloser steht man vor dem Sockel seiner Größe, gleich einem Wanderer am Fuße des Montblanc.

Auch Molière sind die menschlichen Leidenschaften und Laster in all ihrer Breite vertraut. Er beschreibt, was er gesehen und gekannt hat. Doch als Genie kennt er alles. Sein Tartuffe ist nicht bloß ein Monsieur Tartuffe, sondern alle menschlichen Spielarten eines Tartuffe zusammengenommen. Er beschreibt ein Leben, eine Begebenheit, eine Privatperson; das Ergebnis aber ist ein allgemeinmenschliches Laster oder eine Leidenschaft. In dieser Beziehung steht er Puschkin wie auch allen großen Schriftstellern nahe, die in diesem Sinne alle miteinander verwandt sind. Sie sind ja deshalb groß, weil sie einen weiten Horizont haben und in anderen Dimensionen erfassen.

Puschkin, Gogol, Molière und andere große Dichter hat man längst ein für allemal hineingesteckt in abgewetzte Uniformröcke aller möglichen Traditionen, die einen nicht zur lebendigen Natur vordringen lassen. Werke von Shakespeare, Schiller oder Puschkin heißen im Jargon der Schauspieler und Kulissenschieber »gotisch«; Molières Stücke heißen schlicht und einfach »molièrisch«. Schon die Existenz einer Benennung und die Verallgemeinerung zu einem abrufbaren Begriff enthalten den Hinweis darauf, daß sie einem pauschalen Klischee einverleibt worden sind. Ein Stück in Versen, mittelalterliche Kostüme, Pathos – gleich Romantismus, mit »gotischen« Dekorationen und Kostümen, eben ein »gotisches« Stück.

An der Entstehung solcher Vorurteile und anderer Verzerrungen großer Werke durch falsch verstandene Traditionen sind nicht nur die Theater und Schauspieler schuld, sondern in viel höherem Maße die Pädagogen, die schon den ganz Jungen – mit ihrer übergroßen Empfindlichkeit, ungetrübten Intuition und ihrem alles festhaltenden Gedächtnis – die Anmut der ersten Bekanntschaft mit den Genien fürs ganze Leben verderben, weil sie, von einem pauschalen, reichlich verwitterten und darum ausgedörrten Urteil ausgehend, vom Großen sprechen.

Und wie sind denn nun die »klassischen«, »gotischen« Stücke zu spielen? Aber das weiß doch jeder! Jeder Gymnasiast führt Ihnen vor, wie auf dem Theater hehre Gefühle wiederzugeben, wie Verse mit Pathos und Singsang zu deklamieren und ein Kostüm zu tragen sind; ebenso wie man als Schauspieler feierlich über die Bühne zu schreiten, verschiedene Posen einzunehmen und was nicht alles noch zu tun hat.

Der Dichter und sein Stil? Ach was! Auf die spanischen Stiefel kommt es an, auf das Trikot und den Degen; hinzu kommen das singende Hersagen der Verse, die auf die Spitze gestellte Stimme, schauspielerndes Auftreten, tierisches Temperament, beeindruckende Oberschenkel, eingedrehte Haare und angemalte Augen.

Molière ergeht es nicht anders. Wer kennt nicht den molièreschen Rock? Er ist immer der gleiche für alle seine und ihm ähnliche Stücke. Machen Sie sich die Mühe und erinnern Sie sich an irgendeine Inszenierung – gleich stehen alle Inszenierungen aller seiner Stücke in allen Theatern vor Ihnen. Vor Ihren Augen werden alle von Ihnen jemals gesehenen Orgones, Cléandres, Clothildes und Sganarelles loshüpfen, alle einander gleichend wie ein Ei dem anderen. Und dieses ist die heutige Tradition, die von allen Theatern peinlichst gehütet wird! Aber wo bleibt denn Molière? Er steckt in der Tasche des besagten Rocks, hinter lauter Tradition sieht man ihn nicht. Indes brauchen Sie nur sein »L' impromtu de Versailles« zu lesen, um sich davon zu überzeugen, daß Molière selbst auf das schärfste eben das verurteilt, was das Wesen der ihm zugeschriebenen Traditionen ausmacht. Gibt es etwas Langweiligeres als Molièresche Tradition auf der Bühne? Das heißt: Molière »wie immer«, Molière »wie er sich gehört«, Molière »überhaupt«!

Ein furchtbares und fürs Theater tödliches Wort – »überhaupt«. Genau das Wort stand zwischen mir und dem Sotenville Molières wie eine trennende Mauer. Hinter dieser Mauer sah ich den Molière nicht. Schon auf der ersten Probe wußte ich alles besser. Hatte ich doch unzählige Molières auf französischen Bühnen gesehen! Eine »Dandin«-Inszenierung war zwar nicht darunter, aber was soll's! Ich hatte vor mir Molière »überhaupt« – und das war mir, dem eingefleischten Kopierer, mehr als ausreichend.

Auf den ersten Proben reproduzierte ich schon was das Zeug

hielt die mir bekannten »molièreschen« Mätzchen und fühlte mich wie zu Hause.

»Da haben Sie sich aber was abgeguckt in Paris«, grinste Fedotow. »Geht wie geschmiert!«

Fedotow verstand es, die zwischen dem Schauspieler und der Rolle stehende Mauer abzutragen und den Rock der abgenutzten Traditionen herunterzureißen, indem er andere, unverfälschte Kunsttraditionen anbot. Er ging auf die Bühne, und indem er selbst spielte, schuf er das Wahre, Lebendige, und riß damit das Verlogene und Überlebte nieder. Es ist freilich nicht gerade gut, durch Vorzeigen zu lehren, weil das zum Kopieren verleitet, doch waren Fedotows diesbezügliche Überlegungen einfacher und praktischer Natur:

»Was will ich denn sonst mit Laien anstellen, wenn nicht selber vorzeigen, zumal die Inszenierung zum festen Termin stehen muß. Soll ich etwa eine Klasse einrichten und ihnen Elementarunterricht geben? Sollen sie nur kopieren, sie spielen sich schon frei!«

Fedotow spielte die Fabel des Stücks, die ihrerseits mit der Psychologie untrennbar verbunden ist, und diese wiederum mit dem Bild, mit dem Dichter. Die Komik eines Werkes, die Satire treten von selbst zutage, wenn man den Dingen, die sich dort abspielen, Glauben und Ernst entgegenbringt. Eben diesen Ernst hatte Fedotow im hohen Maße; außerdem war er als echter russischer Komödiant und Charakterdarsteller immer kräftig, schillernd und saftig. Mit anderen Worten, er hatte das Zeug, Molière zu spielen. In der Blütezeit des russischen Theaters galten als beste Molière-Darsteller die russischen Schauspieler: Stschepkin, Schumski, Sadowski, Shiwokini. Hinzu kam, daß Fedotow bis ins feinste Detail das französische Theater kannte, was seinem Spiel Leichtigkeit, Eleganz, Präzision und Vollendung verlieh. Wenn Fedotow spielte, war alles klar: da eröffnete sich die organische Natur der Rollen in all ihrer Schönheit.

Das hört sich so schön und einfach an! Und man brauchte es nur zu tun! Doch man betritt die Bühne, und alles kippt um. Zwischen dem Zusehen aus dem Zuschauerraum und dem Auf-der-Bühne-Stehen ist ein ungeheuerer Unterschied. Alles, was von unten als leicht erscheint, wird zu einem Problem auf der Bühne. Das Schwierigste aber auf der Bühne ist, allen Ernstes das zu glauben, was darauf geschieht. Denn ohne dies kann man keine Komödie oder Satire spielen, erst recht keine französische und schon gar keine klassische, molièresche. Hier kommt es darauf an, an die eigene dumme oder unwahrscheinliche oder gar ausweglose Lage wirklich zu glauben;

wirklich besorgt zu sein und zu leiden. Man kann diesen Ernst aufsetzen, das Ergebnis wäre dann freilich das Gegenteil. Die Komödie ist viel zu sensibel, um sich für derartiges nicht zu rächen. Wirklich erleben oder nur so tun, als ob, ist ein gewaltiger Unterschied, genauso gewaltig wie der zwischen einer natürlichen Komik und der rein äußerlichen Grimassenschneiderei eines Possenreißers.

Wo Fedotow organisch erlebte, täuschte ich gefühllos das Erleben vor. Ich bemühte mich, ernst zu erscheinen und das, was mit mir auf der Bühne geschah, zu glauben. Deshalb war Fedotows Spiel echt und voller Leben, mein Spiel hingegen war nur dessen Protokoll. Was Fedotow vorführte, war so großartig, daß ich es nicht fertigbrachte, davon Abstand zu nehmen. Ich war sein Gefangener – ein unvermeidliches Ergebnis jeglichen Vorzeigens auf der Bühne. Die Mauer der falschen Traditionen brach zwar zusammen, doch an ihrer Statt richtete sich zwischen mir und der Rolle eine fremde, Fedotowsche Interpretation auf. Ich mußte mich über dieses neue Hindernis hinweg meinem Sotenville nähern und in ihn hineinschlüpfen. Ein schwieriges Unterfangen. Eine wenn auch fremde, so doch lebendige Gestalt war mir lieber als die tote Molière-Tradition. Doch wenn Fedotow die kleinsten Anzeichen von Selbständigkeit wahrnahm, freute er sich wie ein Kind und beseitigte alles, was den Schauspieler an seiner Selbstverwirklichung hinderte.

Ich fing, wie gesagt, wieder an, Fedotow zu kopieren, freilich nur äußerlich, den lebendigen Funken eines Talents kann man sowieso nicht nachahmen. Es war nicht einmal das Schlimmste, daß ich, ein eingeschworener Kopierer, gerade das Kopieren am wenigsten beherrschte, denn es ist ein ganz besonderes Talent, das ich nicht besaß. Weit schlimmer war, daß ich hilflos die Flucht ergriff, wenn mir die Kopie nicht gelang, und mich an alte, festgefahrene Spielformen klammerte: ich suchte das Lebendige mal durch Tempo, Herschnattern des Textes und Herumfuchteln herauszuholen, mal durch pausenloses Spiel, auf daß der Zuschauer sich nicht langweile, mal durch ohnmächtige Anspannung aller Muskeln und das Herausquetschen eines Temperaments oder durch ein Umherstreuen des Textes. Kurzum, ich kam fatalerweise auf meine früheren Fehler aus der Laien- und Operettenzeit zurück, die sich in einem Satz formulieren lassen: »Spiel drauflos, daß sich die Leute nicht langweilen!«

Früher hatte man mich doch dafür gelobt! Schließlich konnte ich auch heiter und unbeschwert, beweglich oder komisch auf der Bühne sein!

Doch diesmal wollte Fedotow meine Rückfälle in die alte Sackgasse nicht mehr akzeptieren. Vom Regiepult aus rief er mir zu: »Hören Sie auf zu kauen! Deutlicher! Glauben Sie, daß mich als Zuschauer so was aufheitert? Eben nicht, mir ist langweilig, weil ich nichts verstehe. Und Ihr Stampfen und Fuchteln, dieses ganze Gelaufe und Gewese hindern mich am Sehen. Nur ein Flimmern vor den Augen und ein Knattern in den Ohren – und darüber soll ich mich freuen!«

Die Endproben rückten immer näher, aber ich saß immer noch zwischen zwei Stühlen. Doch glücklicherweise bedachte mich Apoll mit einem Geschenk: ein einziger Strich in meiner Maske verlieh dem Gesicht einen lebendigen, schelmischen Ausdruck und krempelte miteins alles in mir um. Was unklar war, wurde deutlich; was keinen Boden hatte, erhielt ihn; was ich unfähig war, zu glauben, wurde glaubwürdig. Wer erklärt mir diesen unbegreiflichen, wunderwirkenden künstlerischen Sprung! Etwas wuchs heran, füllte sich gleich einer Knospe mit Säften und ist endlich reif geworden. Eine unverhoffte Berührung – und die Knospe zersprang und zeigte frische junge Blüten, die sich in der Sonne aufrichteten. So genügte auch bei mir eine zufällige Berührung mit dem Schminkpinsel, die die Knospe zum Springen brachte, und die Rolle begann, ihre Blütenblätter im strahlenden, wärmenden Rampenlicht zu entfalten. Das war ein Augenblick höchster Freude, der alle früheren Schöpferqualen aufwog. Womit wäre er zu vergleichen? Mit der Rückkehr ins Leben nach einer schweren Krankheit? Oder mit einer glücklichen Entbindung? Welch eine Wonne, in solchen Augenblicken Schauspieler zu sein, doch wie selten werden sie beschieden! Sie bleiben für immer ein leuchtender Punkt unserer Sehnsüchte, ein Leitstern für den suchenden und wollenden Künstler.

Rückblickend auf diese Inszenierung verstehe ich die Wichtigkeit jenes Augenblicks in meinem Künstlersein. Dank Fedotow und Sollogub überwand ich den toten Punkt und fand aus der Sackgasse heraus, in der ich lange genug auf der Stelle getreten hatte. Einen neuen Weg fand ich zwar nicht, doch ich begriff meinen Grundfehler, und das ist ja nicht wenig. Ich hatte die einfache Emotion des Schauspielers – eine Art von Hysterie oder szenischen Kollers – für Funken wahrer Inspiration gehalten. Nach dieser Inszenierung jedoch wurde mir klar, daß das ein Irrtum war.

Selbstbeherrschung

Kurz nach dem »Geizigen Ritter« inszenierten wir Pissemskis Drama aus dem Bauernleben »Ein bitteres Los«, in dem ich den Bauern Anani Jakowlew spielte. Ein meisterhaftes Stück, nach Tolstois »Macht der Finsternis« das beste aus dem russischen Bauernalltag.

Die Rolle Ananis erfordert für Augenblicke nicht nur dramatische, sondern auch tragische Emphase. Die übrigen Rollen wurden unter unseren Amateuren glücklich aufgeteilt und fanden sogar – insbesondere die der Lisaweta, der Frau Ananis – überaus bemerkenswerte Interpreten.

Wie bei früheren Arbeiten stellte ich mir auch diesmal eine Aufgabe: mich selbst beherrschen zu lernen. Das erschien mir notwendig, weil in Augenblicken starker Gefühlsregung, die ich für Inspiration hielt, nicht ich meinen Körper beherrschte, sondern, im Gegenteil, er mich. Was kann aber der Körper ausrichten, wo die Arbeit einer schöpferischen Empfindung verlangt wird! In solchen Augenblicken verspannt sich der Körper aus lauter Willenlosigkeit. Eine abnorme Anspannung ruft überall, in allen Zentren, Verkrampfungen hervor, deretwegen die Beine den Dienst versagen, die Arme steif werden, der Atem stockt, die Kehle sich zusammenzieht und der ganze Körper erstirbt. Oder aber die unbeherrschten Empfindungen führen zur Anarchie im Körper: die Muskeln kontraktieren unwillkürlich, und es kommt zu unzähligen Bewegungen, sinnlosen Posen und Gesten, nervösen Ticks und dergleichen. Vor diesem Chaos flieht das eigentliche Gefühl und verkriecht sich in seine Schlupfwinkel. Wer wird denn in einem solchen Zustand noch schöpferisch sein und denken können? Natürlich muß man ihn erst in sich selbst überwinden, das heißt die Anarchie beseitigen, den Körper von der Übermacht der Muskeln befreien und ihn in den Dienst des Gefühls stellen.

Damals verstand ich das Wort Selbstbeherrschung leidlich äußerlich und bemühte mich vor allem, jegliche überflüssige Bewegung oder Geste zu unterdrücken; ich lernte, unbeweglich auf der Bühne zu stehen. Vor einer tausendköpfigen Menge stillzustehen ist ein hartes Brot. Zwar gelang es mir, doch nur um den Preis einer starken Anspannung des ganzen Körpers: ich befahl mir einfach, mich nicht zu rühren, und erstarrte durch diesen Gewaltakt nur um so mehr. Von Probe zu Probe, von Vorstellung zu Vorstellung befreite ich mich dann doch von der Verkrampfung. Die allgemeine Anspannung formte ich in eine partielle, lokale um. Ich konzentrierte sie auf einen bestimmten Punkt: auf die Finger, die Zehen oder das Zwerchfell, vielmehr auf das, was ich dafür hielt. Ich ballte die Fäuste und preßte mir die Fingernägel mit einer solchen Kraft in die Handflächen, daß manchmal blutige Spuren zurückblieben. Oder ich krümmte die Zehen und drückte sie mit dem ganzen Körpergewicht in den Fußboden: Blutflecken in den Schuhen waren keine seltene Folge. Durch das Herbeiführen dieser lokalen Anspannung löste ich mich von der des ganzen Körpers, der nun frei und ohne zu zappeln stillstehen konnte. Bei weiteren Übungen lernte ich, die von mir selbst geschaffenen lokalen Spannungsknoten in Händen, Füßen und so weiter zu lösen. Lange Zeit wollte es mir nicht gelingen: kaum war die geballte Faust geöffnet, schon stürzten die in ihr versammelten Krämpfe wie freigelassene Gefangene in alle Teile des Körpers. Also mußte ich sie wieder in der Faust einsperren – ein Teufelskreis, aus dem ich keinen Ausweg wußte. Wenn es mir aber gelang, mich von jeglicher Verkrampfung zu lösen, verspürte ich Freude, und vom Regiepult rief man mir zu:

»Ausgezeichnet! Wunderbar! Schlicht und natürlich!«

Doch waren solche Minuten leider selten, zufällig und kurzlebig.

Ich machte eine weitere Entdeckung: je ruhiger und beherrschter mein Körper war, desto stärker kam der Wunsch, die Geste durch Mimik, Blick und Tonfall zu ersetzen. Wie glücklich war ich dann! Ich meinte, alles begriffen zu haben und die Entdeckung voll einsetzen zu können. Darum beeilte ich mich, der Mimik, den Augen, der Stimme freien Lauf zu geben. Doch da rief der Regisseur:

»Schneiden Sie keine Grimassen!« Oder: »Schreien Sie nicht!«

Und ich war erneut ratlos.

»Wieder daneben! Wieso finde ich das dann gut?« fragte ich mich. Der Zweifel ergriff mich wieder, alles Gefundene verschwand, und die Anarchie der Muskeln setzte wieder ein.

»Worauf kommt es dann an?« forschte ich.

»Worauf es ankommt? Darauf, daß Sie keine Grimassen schneiden sollen.«

»Keine Mimik also – oder wie?«

Nun gab ich mir Mühe, die Mimik nicht zu steigern, ja sie zu unterdrücken. Es folgte zwar keine Bemerkung vom Regiepult, doch mir fiel Folgendes auf: wollte ich in der Szene der Auseinandersetzung mit dem Gutsbesitzer gleichgültig oder gelassen erscheinen, stieg sofort eine Erregung in mir auf, die, je stärker ich sie zu unterdrücken suchte, sich immer mehr ausbreitete. Dann fühlte ich mich wieder wohl auf der Bühne. Ein Verbergen des Gefühls bringt es demnach um so mehr zum Glühen. Warum gibt es dann keine Reaktion vom Regiepult?

Die Probe des Akts war beendet, und ich wurde gelobt – für alles zusammen. Doch das war mir zu allgemein. Wie nötig hätte ich Bestätigung vom Regiepult genau in dem Augenblick, wo ich mich selbst gut fand, gehabt! Doch hatten die Regisseure diese wichtige Erkenntnis offenbar noch nicht gemacht.

So war es an den ruhigen Stellen der Rolle. Dann aber kam die glänzend geschriebene Szene des Aufruhrs, von Fedotow großartig inszeniert und von den Schauspielern überzeugend gespielt – eine Szene, bei der man nicht gleichgültig bleiben konnte. Ich ließ mich von der allgemeinen Begeisterung mitreißen und war meiner Stimme nicht mehr Herr. Sosehr ich mich zwang, die Gesten im Zaum zu halten, setzte sich letzten Endes das Temperament gegen mein Bewußtsein und meine künstliche Selbstbeherrschung durch. Ich verlor die Gewalt über mich in einem Maße, daß ich nach dem Schluß der Probe nicht zu sagen wußte, was ich auf der Bühne gemacht hatte. Schweißgebadet vor Erregung ging ich zum Regiepult, um meinen Kummer loszuwerden:

»Ich weiß schon, was die mir sagen werden: zuviel des Gestikulierens. Aber es ging über meine Kraft! Hier, die Hände habe ich mir blutig gekrallt!« sagte ich zur eigenen Rechtfertigung.

Wie groß war mein Erstaunen, als alle sich auf mich stürzten und mir gratulierten:

»Großartig! Ein kolossaler Eindruck! Das nenne ich Selbstbeherrschung! Spielen Sie nur bei der Vorstellung genauso, mehr brauchen Sie nicht!«

»Aber die Gesten, ich hatte sie doch gar nicht mehr im Griff, ich habe mich gehenlassen?«

»Das war ja gerade richtig!«

»Das war also richtig, daß ich die Gesten nicht im Griff hatte?« fragte ich wieder und wieder.

»Genau richtig. Wer denkt noch an Gesten, wenn er außer sich ist?« wurde ich belehrt. »Das war es ja eben, daß wir gesehen haben, wie Sie sich immer mehr zurückhalten mußten, bis schließlich irgend etwas riß – und da verloren Sie die Gewalt über sich. Genau das nennt man eine Steigerung, ein Crescendo, den Übergang vom Piano zum Forte. Das Gefühl stieg von den tiefsten zu den höchsten Tönen, von der Gelassenheit bis zur Raserei. Das sollten Sie sich merken. Halten Sie sich zurück, solange die Kräfte reichen, je länger, um so besser. Lassen Sie ruhig den Aufstieg lang werden, doch der letzte, entscheidende Stoß muß kurz sein. Gerade das ist gut! Sonst ist die Kraft verbraucht, der Stoß kommt nicht zustande. Die meisten Schauspieler machen es umgekehrt: sie lassen das Interessanteste beiseite, nämlich das allmähliche Aufsteigen des Gefühls. Sie springen vom Piano gleich zum Fortissimo und bleiben ewig darin stecken.«

»Aha, das ist also das Geheimnis! Das ist immerhin ein praktischer Hinweis, nun stehe ich als Schauspieler nicht mehr mit leeren Händen da!«

Ringsum jubelte alles, ein untrügliches Zeichen dafür, daß man hingerissen war. Ich befragte jeden, der mir über den Weg lief, nach seinem Eindruck. Nicht etwa aus Eitelkeit, sondern um zu vergleichen, was die anderen im Saal empfanden, während ich auf der Bühne war. Heute weiß ich einiges über den Unterschied zwischen dem Eindruck des Zuschauers und dem eigenen Befinden des Schauspielers.

Wie schon in der Rolle Sotenvilles war mir auch diesmal das Maskenbild eine Hilfe. Ich sah einen lebenden Menschen, der mir nicht gewaltsam aufgezwungen, sondern natürlich mit meinem Innersten verbunden war. Ich erkannte die Gestalt und lebte in ihr, dennoch fing ich nach alter Gewohnheit an, sie zu kopieren. Es ist immerhin besser, die eigene, selbständig geschaffene Gestalt zu kopieren als fremde Klischees und Spielmuster.

Die Aufführung wurde ein großer Erfolg. Die Presse und das Publikum wurden nicht müde, das Stück, die Inszenierung und die Schauspieler zu loben. Diese neue Inszenierung blieb länger auf dem Spielplan, und ich fühlte mich von Mal zu Mal immer sicherer und besser. Vieles von dem, was ich auf der Bühne tat, erreichte die Zuschauer, und ich war glücklich, das Geheimnis gefunden zu haben, so meinte ich, auf das man bauen, sich stützen konnte, um sicherer weiterzugehen.

Zwei Schritt zurück

»Der steinerne Gast« und »Kabale und Liebe«

Der neuen schauspielerischen Erkenntnisse, die ich »Selbstbeherrschung« nannte, bediente ich mich nicht lange. Ich brauchte nur die Puschkinschen Verse aus dem »Steinernen Gast« zu hören – in dem ich erst den Don Carlos, später auch den Don Juan spielte – spanische Stiefel anzuziehen und den Degen zu ergreifen, und alles schwer erarbeitete Neue war dahin und überließ seinen Platz dem herrischen Alten, das seine Kraft aus meinen frühen Jahren des Amateurseins schöpfte. Den alten Gewohnheiten nachgeben, das ist als wenn man nach langer Unterbrechung wieder zu rauchen anfängt. Der Körper stürzt sich mit Begierde auf die nur zu gut bekannten Empfindungen, die er zeitweilig entbehren mußte. Nie aber hat er den geheimen Wunsch nach einer Zigarette aufgegeben, und nun holt er mit aller Leidenschaft das Versäumte nach.

Meine Fortbewegungsart in der Kunst war also ein Schritt nach vorn, zwei Schritt zurück. Warum griff ich mir Rollen, für die ich noch nicht reif war? Das größte Hindernis bei der künstlerischen Entwicklung eines Schauspielers ist die Hast, das Überfordern der eigenen noch schwachen Kräfte, der ewige Wunsch, nur noch erste Rollen und tragische Helden zu spielen. Die Empfindungen vorzeitig vor unlösbare Aufgaben zu stellen ist noch schlimmer und gefährlicher, als mit einer ungeschulten Stimme schwierige Partien etwa in einer Wagner-Oper zu singen. Der Apparat der Nerven und des Unterbewußtseins der Schauspieler ist viel empfindlicher und komplizierter, er läßt sich leichter ausrenken und viel schwieriger wieder einrenken als die Stimme eines Sängers. Der Mensch ist aber offenbar so eingerichtet, daß er immer von etwas träumt, was er nicht hat oder darf: Knaben wollen um jeden Preis rauchen und den Schnurrbart zwirbeln, um den Erwachsenen zu ähneln; die Mädchen fangen zu flirten an, wo sie noch mit Puppen spielen und lernen sollten; der Jüngling macht sich älter, um sich den Anschein eines Verbitterten zu geben und interessant zu erscheinen. Aus lauter Neid will jeder sein, was er weder ist noch soll. Bei uns ist es auch nicht anders. Ein

Anfänger will vor allem den Hamlet spielen, eine Rolle, die man erst spielen kann, wenn man in der Blüte seiner Kräfte steht. Er begreift nicht, daß er mit dieser Hast seinen feinen, zerbrechlichen und schwer zu reparierenden seelischen Apparat vergewaltigt und zerstört. Alles Einreden auf Eleven und junge Schauspieler ist umsonst. Eine hübsche Gymnasiastin braucht nur zu klatschen, eine andere ihn zu loben und eine dritte ihm ein Briefchen mit Bild und der Bitte um ein Autogramm zu schreiben – sogleich müssen alle weisen Ratschläge einer kleinlichen Eitelkeit weichen.

Auch ich spielte Spanier, bestellte mir Stiefel in Paris und strapazierte mein bescheidenes schauspielerisches Können um des Lobes und der Briefe der Gymnasiastinnen willen.

Ungünstig war, daß ich die Rolle des Don Juan übernehmen mußte, weil der ursprüngliche Darsteller die Rolle nach der ersten Vorstellung abgegeben hatte. Sofort meldete sich die kleinliche Eigenliebe.

»Als ich mich um die Rolle bewarb, hat man sie mir nicht gegeben. Jetzt aber, wo sie keinen mehr haben, kommen sie angekrochen! Warum wohl? Weil sie meinen Wert eingesehen haben!«

So spielte sich der eitle Theatermann in mir auf.

Gnädig übernahm ich die Rolle. Es schmeichelte mir, daß ich für den Spielplan unentbehrlich war.

Die Vorstellung lief ganz gut. Man klatschte mir Beifall, weil die Gymnasiastinnen den Darsteller nicht von der Rolle zu unterscheiden vermögen, obwohl ich Trottel wie ein Besengter auf meinen alten Fehlern galoppierte. Man sah sie noch deutlicher, da ich seit der Rolle des Anani mit »Selbstbeherrschung« spielen konnte. Sobald Selbstbeherrschung auf der Bühne im Spiel ist, verstärkt sie gleichermaßen das Gute wie das Schlechte. Es war nicht gut für diese Rolle, daß ich mich in emotional starken Szenen zu offenbaren gelernt hatte: hiermit produzierte ich noch mehr falsches theatralisches Pathos, weil ich innerlich nichts anderes in dieser Rolle zu bieten hatte. Wie eh und je kopierte ich den Opernbariton, in Pariser Stiefeln und mit dem Degen behängt. Niemand konnte mich von meiner Überzeugung abbringen, ich hätte das Geheimnis begriffen, wie man nicht nur einfache Bauern, sondern auch spanische Liebhaber in Tragödien spielt. Die Arbeit am Don Carlos und am Don Juan warf mich wieder zurück.

Leider war auch meine nächste Rolle in dieser Spielzeit wenn auch nicht spanisch und in Versen, so jedenfalls eine mit Degen, Liebesworten, hohen Stiefeln und gehobenen Redensarten. Ich spielte den Ferdinand in Schillers »Kabale und Liebe«. Doch es gab da ein »Aber«, das mich im gewissen Sinne vor neuen Fehlern bewahrte und ohne das wir die Tragödie nicht bewältigt hätten.

M. P. Perewostschikowa, mit dem Bühnennamen Lilina, spielte die Luise. Sie war, der damaligen öffentlichen Meinung zum Trotz, als Schauspielerin in unser Ensemble gekommen. Es stellte sich heraus, daß wir, ohne es zu wissen, ineinander verliebt waren. Erst das Publikum klärte uns darüber auf: wir küßten uns viel zu natürlich und gaben damit unser Geheimnis von der Bühne aus preis. In dieser Inszenierung spielte ich am wenigsten mit Technik, dafür um so mehr mit Intuition. Es wird nicht schwerfallen zu erraten, wer uns da beflügelte: Apoll oder Hymen.

Im Frühjahr, nach der ersten Spielzeit der Gesellschaft für Kunst und Literatur, wurde ich Bräutigam. Wir heirateten am 5. Juli desselben Jahres. Dann gingen wir auf die Hochzeitsreise. Als wir im Herbst zurückkehrten, gaben wir bekannt, daß meine Frau in der bevorstehenden Spielzeit leider nicht in der Lage sein werde, ihren Verpflichtungen am Theater nachzukommen.

Wie man sieht, kamen mit diesem Stück weder die Liebe noch die Kabale zu kurz. Es wurde zwei- oder dreimal gespielt und dann abgesetzt. Ob wir auch weiterhin mit der gleichen Unbefangenheit und Inspiration gespielt hätten? Oder hätte sich mein Ferdinand nach einigen Wiederholungen dem Don Juan und dem Don Carlos zugesellt als tadelnder Zeuge meines Starrsinns?

Wie schon in den früheren Aufführungen hatte der erfahrene Fedotow es wieder verstanden, brauchbare schauspielerische Fähigkeiten zu fördern. Eifrig folgten wir den Anweisungen des Meisters; sie waren uns eine Hilfe, ohne daß wir eine bewußte Beziehung dazu gehabt hätten. Schauspielerisch haben uns die Aufführungen wohl kaum weitergebracht.

Die Vorstellungen hatten großen Erfolg, und ich frohlockte, da ich mein Bild von den heroischen Rollen bestätigt sah und sie nach dem Don Juan immer mehr liebgewann.

»Also kann ich doch tragische Rollen spielen«, sagte ich mir. »Also bin ich ein Liebhaber. Demnach gelten meine im ›Bitteren Los‹ gefundenen technischen Prinzipien auch für die Tragödie!«

Auf eine nicht uninteressante Begebenheit aus der gleichen Zeit will ich noch aufmerksam machen. Zur Stärkung des Budgets unserer Gesellschaft wurde in den Sälen der ehemaligen Adelsversammlung ein großer Maskenball gegeben. Die Ausstattung der Räume oblag den besten Malern, bekannte Schauspieler hatten sich als Teilnehmer angesagt. Einen besonderen Erfolg auf dem Ball hatte ein improvisierter Zigeunerchor, der sich aus Meisterschülern und Mitgliedern der Gesellschaft zusammensetzte. Als Solisten traten die beiden Töchter von F. P. Komissarshewski auf, die aus Petersburg angereist waren. Beide hatten großartige Stimmen und eine vom Vater geschulte gediegene Vortragsweise. Das war der erste große öffentliche Auftritt der später berühmten Schauspielerin Vera Fedorowna Komissarshewskaja.

Wer einen Bösen spielt,
der suche in ihm das Gute

Das erste Jahr des Bestehens brachte der Gesellschaft zwar ein großes Defizit, erschütterte aber nicht unseren Glauben an den späteren
Erfolg.

Zu Beginn der zweiten Spielzeit fanden bereits beträchtliche Veränderungen in der Gesellschaft statt. Aufgrund der Konkurrenz zwischen den beiden Abteilungen und Schulen – Schauspiel und
Oper – kam es zwischen den beiden Leitern, Fedotow und Komissarshewski, zu Unstimmigkeiten, deren schwere materielle Folgen
ich tragen mußte. Und Ende des Jahres wurde man auch noch der
Familienabende überdrüssig.

Die Schauspieler klagten:

»Wir haben selbst im Theater schon das Spielen satt!«

Die Maler pflichteten ihnen bei:

»Wir haben zum Malen auch zu Hause keine Lust! Abends
möchte man Karten spielen, aber hier geht das nicht. Und das soll
ein Club sein!«

Die Maler wollten ohne das Kartenspiel keine Bilder mehr malen, die Tänzer nicht mehr tanzen, die Sänger nicht mehr singen. Ein
Wort ergab das andere, und die Maler traten aus der Gesellschaft
aus. Ihnen folgten zahlreiche Schauspieler, so daß der Club bei der
Gesellschaft für Kunst und Literatur sich von selbst erübrigte. Geblieben war die Schauspielabteilung mit der dazugehörigen Opern-
und Schauspielschule.

Die zweite Spielzeit 1889 bis 1890 begann mit Pissemskis »Die Eigenmächtigen«, wo ich die Rolle eines General en chef unter dem
Zaren Paul I. spielte. Das Stück und die Rolle waren zwar meisterhaft geschrieben, doch im schwerfälligen, steifen Stil jener Epoche.

Vieles von meinen früheren Funden kam mir auch in der neuen
Rolle zugute: Selbstbeherrschung, Verbergen des inneren Eifers
durch äußere Gelassenheit (was ja in der Rolle Ananis meine Leidenschaft schürte), Mimik, Augenspiel (die sich von allein einstellen,
wenn die Anarchie der Muskeln gebändigt wird), völlige Preisgabe

der Gefühle im Augenblick höchster Erregung, aber auch das Greisenhafte des »Geizigen Ritters«.

Auch diese Rolle hatte ihre gefährlichen Klippen: hohe Stiefel,
einen Degen, Liebesworte und -gefühle, und wenn auch keine Verse,
so doch den hochgestochenen Sprachstil. Allerdings war Imschin zu
sehr Russe, als daß in ihm ein »Spanier« zu befürchten wäre. Zudem
war seine Liebe nicht die eines Jünglings, sondern die eines alten
Mannes mit den entsprechenden seelischen Umrissen.

Es hieß, mir sei ohne mein Wissen eine überzeugende Gestalt unterlaufen, deren Herkunft ich nicht angeben konnte. Die technischen
Mittel meines Spiels erzeugten Echtheit, die ja der beste Erreger des
Gefühls, der Einbildungskraft und der Kreativität ist. Erstmals
brauchte ich niemanden zu kopieren und fühlte mich ausgezeichnet
auf der Bühne.

Auch das hatte seinen Grund, auf den ich folgendermaßen gekommen war.

Parallel zu den »Eigenmächtigen« wurde ein anderes Stück probiert, in dem ich zwar nicht mitspielte, aber in meiner freien Zeit
manchmal die Proben dazu besuchte und, wenn ich gefragt wurde,
meine Meinung sagte. Die treffendsten Worte fallen einem nicht
dann ein, wenn man sie um jeden Preis sagen will, sondern wenn
man nicht daran denkt – dann ergeben sie sich von selbst. Zum Beispiel kann ich nicht philosophieren und Aphorismen erfinden, wenn
ich mit mir allein bin. Will ich aber meine Gedanken einem anderen
begreiflich machen, so wird mir die Philosophie unentbehrlich, und
die Aphorismen entstehen von selbst. Diesmal ebenso. Aus dem Zuschauerraum sieht man besser, was auf der Bühne passiert, als jemand, der auf der Bühne steht. Von unten erkannte ich sofort die
Fehler der Kollegen und machte sie darauf aufmerksam.

»Versteh doch«, sprach ich auf einen ein, »du spielst einen Jammerlappen, du flennst nur noch, wobei du sicherlich einzig darum
besorgt bist, Gott behüte, bloß keinen Jammerlappen abzugeben.
Kümmere dich nicht darum, hat doch der Autor mehr als genug dafür getan. Du tünchst alles mit ein und derselben Farbe an. Aber
Schwarz ist dann erst richtig schwarz, wenn als Kontrast ab und zu
auch mal Weiß auftaucht. Laß du auch ein bißchen Weiß sehen in
Verbindung mit anderen Farbtönen – dann hat man Kontrast, Ab-
wechslung und Echtheit. Darum sollst du, wenn du so einen Greiner
spielst, die Stellen heraussuchen, wo er fröhlich und munter ist.
Wenn du dann wieder jammerst, so wirkt das nicht mehr eintönig,

im Gegenteil, die Wirkung verdoppelt sich. Aber dieses unausgesetzte Greinen bei dir jetzt ist unerträglich wie Zahnschmerzen. Spielst du einen guten Menschen, suche in ihm das Böse; im Bösen suche das Gute.«

Als mir dieser Aphorismus entschlüpfte, merkte ich, daß auch mir selbst die Rolle des Generals Imschin klargeworden war. Ich machte denselben Fehler wie mein Kollege: ich spielte nur ein Ungeheuer. So war die Rolle angelegt, der Autor hatte mehr, als gut war, dafür gesorgt. Ich konnte mir die Mühe sparen und vielmehr nach Stellen suchen, wo der Alte gütig, leidend, reumütig, liebend, zärtlich und selbstaufopfernd war. Also habe ich in meinem Künstlerköfferchen ein Stück mehr zu tragen!

Wer einen Bösen spielt, der suche in ihm das Gute.

Wer einen Greis spielt, der suche, wo er jung ist; wer einen Jüngling spielt, der suche, wo er alt ist, und so weiter.

In dem Maße, wie ich mich meiner Entdeckung bediente, wurde die allgemeine Stimmung der »Eigenmächtigen« entspannter, und die Klagen über deren »Schwere« wurden seltener.

Die ganze zweite Spielzeit der Gesellschaft verlief ebenso wie die erste im Suchen nach ähnlichen künstlerischen Aufgaben und entsprechenden technischen Lösungen.

Leider sahen wir bei A. F. Fedotow nicht mehr die frühere Besessenheit: irgend etwas paßte ihm nicht, er vertrug sich nicht mit F. P. Komissarshewski und verlor das Interesse an der Sache.

Charakterrollen

»Mädchen ohne Mitgift« – »Der Rubel«

Im zweiten Jahr spielte ich mehrere Charakterrollen, zum Beispiel den Paratow in Ostrowskis »Mädchen ohne Mitgift«. Viele Liebesworte, hohe Stiefel und ein Mantel, der sich mit einem spanischen Umhang hätte messen können – alles gefährliche Klippen für mich. Ein Kampf zwischen meinen früheren Bariton-Allüren und den neuerworbenen technischen Handgriffen stand ins Haus. Ich griff immer wieder zu den neuen Mitteln, zu allem, was ich bisher gefunden hatte. Dadurch entstand ein Wohlbefinden, dem ich vertraute. Die Phantasie wurde angeregt und brachte aus sich heraus Details, Gewohnheiten und einzelne Charakterzüge des Paratow hervor, seine militärische Haltung zum Beispiel oder seinen Wagemut. Mit diesem Gepäck wußte ich, was ich auf der Bühne zu tun hatte, und kam mir nicht nackt vor. Im Laufe der Proben gewöhnte ich mich an die technischen Mittel; die typisch russische Großzügigkeit Paratows machte auch mich offenherzig. Zum Glück war das Maskenbild auch dem Charakter entsprechend. Ich sah die Gestalt vor mir und wußte sofort, was wohin gehörte.

So habe ich die schlummernde Intuition gereizt und mir mit ihrer Hilfe die Figur veranschaulicht. Dabei erhielt sie eine Grundlage und eine gewisse Berechtigung, den Rest kopierte ich nach alter, noch lebendiger Gewohnheit hinzu.

In dieser Rolle mußte ich allerdings eine unerfreuliche Entdekkung machen: ich kam mit dem Text nicht zurecht. Trotz der prächtigen Sprache Ostrowskis, in der jedes Wort an der richtigen Stelle steht, ging der Text mir nicht von der Zunge. Ich spürte, daß ich mich jeden Augenblick versprechen konnte. Das nervte und verunsicherte mich; es entstanden Verzögerungen, unnötige Pausen, szenische Mißverständnisse, die der Rolle und dem Stück die notwendige komödienhafte Leichtigkeit und das Fließende nahmen. Die Angst um den Text war so groß, daß ich bei der geringsten Stockung Schweißausbrüche hatte. Einmal verhaspelte ich mich derart, daß ich nicht mehr den Weg aus diesem Wortlabyrinth wußte. Völlig durcheinander verließ ich die Bühne und verpatzte damit einem Kollegen die beste Szene seiner Rolle.

Dieses erstmals empfundene Lampenfieber zeigte sich auch in anderen Rollen und nahm mir die Selbstsicherheit, die ich gewonnen zu haben glaubte. Wenn ich meine neue Schwäche vergaß, verschwand sie – ein Beweis dafür, daß sie rein nervösen Ursprungs war. Die Richtigkeit dieser Annahme läßt sich mit folgendem Beispiel belegen. Am Tage einer Vorstellung von »Mädchen ohne Mitgift« erkrankte ich ernstlich: das Fieber stieg bis auf 39,5, und ich war nur halb bei Bewußtsein. Nun wollte ich ein Muster an Disziplin für meine Kollegen sein und kam mit allen notwendigen Vorkehrungen, bei 25 Grad Frost, ins Theater. Ich ließ mich im Liegen schminken, und da ich mein Kostüm nicht wechseln mußte, konnte ich zwischen den Auftritten und in den Pausen hinter den Kulissen liegen bleiben. Die Kollegen befürchteten, daß ich es nicht durchstehen und mitten im Akt von der Bühne gehen würde. Doch ich spielte, abgelenkt durch meine Krankheit, sicher und frei wie noch nie: Der Text war kein Hindernis, und das Gedächtnis ließ mich nicht im Stich.

Die Arbeit an der Rolle Paratows sowie die Ergebnisse dieser Arbeit waren insofern lehrreich, als sie mir meine eigentliche Berufung und mein Fach klar vor Augen führten. Ich bin Charakterschauspieler. Über die Charakterisierung war es mir gelungen, alle Klippen zu umgehen, die in der Rolle Paratows steckten: den spanisch anmutenden Mantel, die hohen Stiefel, Herzensergüsse und sonstige unheilvolle Versuchungen.

Hätte ich aber auf die Charakterisierung verzichtet und die Rolle auf meine persönlichen Eigenschaften zugeschnitten, so wäre mir die Niederlage gewiß.

Und das aus folgendem Grund:

Es gibt Schauspieler, meistens erste Liebhaber und Helden, die so sehr in sich verliebt sind, daß sie immer und überall nicht die von ihnen zu schaffenden Gestalten, sondern die eigene Person darstellen, an der sie bewußt festhalten. Ohne ihre eigene Person existiert für sie weder die Bühne noch die jeweilige Rolle. Sie brauchen den Hamlet oder den Romeo genauso wie eine Modebesessene ein neues Kleid braucht. Solche Schauspieler haben schon recht, an sich selbst festzuhalten, weil ihre ganze Stärke in ihrer persönlichen Ausstrahlung liegt. Schlüpfen sie in einen Charakter, verlieren sie alles.

Andere hingegen scheuen sich, sich selbst zu zeigen. Auch wenn sie einen guten Menschen spielen, immer empfinden sie es als Anmaßung, sich fremde Eigenschaften zuzuschreiben. Spielen sie aber Dummköpfe, Lüstlinge oder Betrüger, dann schämen sie sich dieser Laster. Als Fremde jedoch, versteckt unter der Maske, haben sie keine Furcht, die eigenen Laster und Tugenden zu offenbaren und das zu tun, was sie sich ohne Maske nie getraut hätten.

Ich gehöre zu den Schauspielern dieses Typs. Ich bin Charakterschauspieler. Mehr noch, ich glaube, alle Schauspieler müßten Charakterschauspieler sein – nicht äußerlich natürlich, sondern im Sinne einer inneren Charakterisierung. Aber auch äußerlich sollte der Schauspieler sich öfter mal von sich lösen, was freilich nicht bedeutet, daß er seine Individualität und Ausstrahlung verlieren soll. Das heißt, daß er in jeder Rolle seine Ausstrahlung und Individualität finden und dennoch in jeder Rolle ein anderer sein muß. Müssen denn alle Liebhaber unbedingt Schönlinge mit gelocktem Haar sein? Haben unschöne, aber liebenswerte junge Leute etwa kein Recht auf Liebe? Indessen habe ich in meinem Leben nur einen einzigen Liebhaber gekannt, der sich nicht scheute, sich häßlich zu machen, um sein liebendes Herz noch deutlicher zu zeigen, etwa so wie der stinkige Fellmantel des Jauchefahrers Akim in der »Macht der Finsternis« dessen kristallklare Seele deutlicher erscheinen läßt. Doch damals liebte ich nicht die Rolle in mir, sondern mich in der Rolle. Deshalb interessierte mich nicht der schauspielerische Erfolg, sondern mein persönlicher, eigener Erfolg, und so benutzte ich die Bühne als eine Vitrine für die Selbstdarstellung.

Dieser Fehler entfernte mich natürlich von den schöpferischen Zielen und von der Kunst überhaupt.

Bei dieser Inszenierung begann ich zu begreifen, daß mein Bühnencharme nicht in meiner eigenen Persönlichkeit, sondern in den von mir geschaffenen Gestalten, in meiner Schauspielerei also, bestand. Das war eine wichtige Entdeckung, die aber damals nur ungenügend in mein Bewußtsein vorgedrungen war.

Meine nächste Arbeit war die Rolle des Maklers Obnowlenski in Fedotows »Der Rubel«, dessen Inhalt ich heute nicht mehr wiederzugeben vermag. Ähnlich wie bei Sotenville gab die Maske den Anstoß dazu, daß die Rolle nach endlosem Gewürge dann doch Form annahm. Der Friseur hatte mir in der Eile den rechten Teil des Schnurrbarts etwas höher geklebt als den linken. Dadurch bekam das Gesicht etwas Gerissenes, ja fast Unverschämtes. Als Pendant zum Schnurrbart zeichnete ich mir auch die rechte Augenbraue höher als die linke. Es entstand ein Gesicht, bei dem man den Text ganz einfach sprechen konnte, denn jeder begriff, daß Obnowlenski ein Schwindler war, dem man kein Wort glauben durfte.

Die Charakterisierung sorgte auch hier für den Erfolg.

Heute habe ich endlich die simple Wahrheit begriffen, daß das Kopieren eines fremden schauspielerischen Verfahrens noch lange keine eigene Gestalt hervorbringt. Ich habe begriffen, daß man eine eigene Gestalt schaffen muß, die ich damals jedoch nur äußerlich sah. Wahr ist allerdings, daß ich es nicht verstand, einen Weg zur Rolle zu finden, wenn nicht ein Regisseur wie A. F. Fedotow ihn mir gezeigt oder ein Zufall wie bei Sotenville mich darauf gebracht hätte. Dann erst erschloß ich sie mir, ausgehend von der Pose, der Geste, der Maske, dem Kostüm oder den Manieren.

Ohne die der Rolle entsprechende Charakterisierung kam ich mir auf der Bühne nackt vor, und ich schämte mich, so unverhüllt, als ich selbst, auf die Bühne zu treten.

Neuer Zweifel

»Lebe nicht so, wie du willst«
»Das Geheimnis der Frau«

In derselben Spielzeit hatte ich die Rolle des Pjotr in Ostrowskis »Lebe nicht so, wie du willst«. Im Stück wie in der Rolle war viel Platz für Unrast, Leidenschaft, psychologische Steigerungen und tragische Höhepunkte. Ich glaubte, das nötige Temperament, die Figur und die Stimme dazu zu haben. Außerdem verfügte ich über bewährte Mittel, die Selbstbeherrschung und auch eine gewisse Technik. Doch sie verschwanden alle, sobald ich mich der Rolle des Pjotr näherte. Gleich zu Beginn streifte ich nur die Oberfläche der Rolle, ohne in sie einzudringen. So kann ein Motor auf vollen Touren sinnlos laufen, solange der Transmissionsriemen lose ist, der die Maschine in Bewegung bringen könnte. Ich arbeitete ebenfalls im Leerlauf: nur mit der Oberfläche der Nerven und der Peripherie des Körpers, ohne die Seele zu berühren, die kalt und unbeteiligt blieb. Worte, Gesten und Bewegungen rasten am Gefühl vorbei wie Eilzüge an den drittrangigen Bahnhöfen oder wie ein Schiff, das sich vom Anker losgerissen hat, im Meer treibt ohne Steuermann, Passagiere und Ladung. Das mechanische Spiel nach außen ist dem inneren Erleben um Längen voraus. Um diesem sinnlosen Rasen auf der Oberfläche Einhalt zu gebieten, muß das Kreative – die Intuition und das Gefühl – die Initiative ergreifen und die Rolle des Steuermanns übernehmen; wie ein Schiff Ladung und Passagiere an Bord trägt, muß die Rolle Träger eines inneren Gehalts werden.

Wie lockt man das Gefühl aus seinem Versteck heraus? Wie bringt man es dazu, die schöpferische Initiative zu übernehmen? Man muß es für die Innenwelt des Hünen Pjotr begeistern können, für sein weites russisches Herz, sein unbändiges Temperament, seine leidenschaftliche Liebe, die in Eifersucht, Verzweiflung und Wahnsinn umschlägt.

Doch das Gefühl blieb stumm, und ich wußte es mit keinem Trick mitzureißen. Ich konnte nur mittels einer aktiven äußeren Bewegung der Arme und Beine für Augenblicke die Muskeln aufwekken, und dann fing ich an, mich ohne Sinn und Verstand mechanisch aufzuziehen, um gleich danach wieder stehenzubleiben wie eine kaputte Uhr. Wenn man lange genug an den Zeigern herumdreht, fängt die Uhr an zu schnarren, Anzeichen eines inneren Lebens von sich zu geben und in unsinnigen Abständen die Stunden zu schlagen, um gleich darauf zu verstummen. Genauso unmotiviert flackerten in mir für Augenblicke Empfindungen auf, die der äußere physische Reiz provozierte. Hat sie aber mit dem geistigen Wesen der Rolle etwas zu tun, diese mechanische Erregung für Augenblicke? So etwas zählt nicht, weil es der Kreativität fremd ist. Andere Mittel hatte ich aber nicht. Ohne innere Steuerung war ich hilflos gegenüber den großen Aufgaben, die das schöpferische Empfinden vor einen Tragöden stellte. Mir blieb nichts weiter übrig, als einen Tragöden zu markieren: ich wollte stärker, größer und grimmiger erscheinen, mich zu einem Hünen hochstapeln. Ich hatte die Gestalt nur geneckt, wie Gogol es treffend nannte, konnte mit ihr aber nicht eins werden. Ich vergewaltigte mein Gefühl, und der Körper zahlte es mir heim. Es geschah, was in solchen Fällen geschehen mußte und was jeder Künstler am meisten fürchten sollte. Aus der Ohnmacht heraus, die vor mir stehenden Aufgaben zu bewältigen, stellten sich Krämpfe und Überspanntheit ein. Eine Erstarrung des ganzen Körpers, die Anarchie der Muskeln, arge Übertreibungen und handwerksmäßige schauspielerische Klischees waren die Folgen. Tut man dem eigenen Naturell und Gefühl auch nur die geringste Gewalt an, so ist das schon schlimm genug in unserer Kunst. Ungleich schlimmer ist es in einer tragischen Rolle, wo alles verzehnfacht erscheint, da in solchen Rollen gewaltige menschliche Emotionen im Spiel sind, denen ein unerfahrener Schauspieler nicht gewachsen ist. Stellen Sie sich vor, man würde Sie zwingen, über einen tiefen Graben zu springen oder auf einen hohen Zaun zu klettern, oder man wollte Sie in ein Bienenhaus zwängen, wo Sie den Bienen ausgeliefert wären. Selbstverständlich sträuben Sie sich dagegen und strecken die Hände vor, um sich der Gewalt zu erwehren und der Aufgaben zu entledigen, obwohl Sie so schwer auch nicht sind. Stellen Sie sich aber nun vor, man wollte Sie in einen Löwenzwinger sperren, man befiehlt Ihnen, über einen Abgrund zu springen oder einen steilen Felsen zu erklimmen. Natürlich wird Ihr Widerstand größer sein, mit zehnfacher Kraft werden Sie sich gegen die Gewalt stemmen und die Ausführung eines menschenunmöglichen Befehls zu verweigern suchen. Zwingt man Sie aber doch etwas zu tun, was Ihre Kräfte übersteigt, dann strengen Sie sich an, verkrampfen sich, gerade weil Sie die Aufgabe nicht zu erfüllen vermögen.

Nur zu oft gerät ein unerfahrener Schauspieler in eine solche Lage. Er soll weinen, wenn ihm nicht danach zumute ist; lachen, wenn er traurig ist; leiden, wenn er vergnügt ist; kurzum, Gefühle verkörpern, die er nicht empfindet. Daher alle möglichen Zugeständnisse, die man dem eigenen Naturell macht, um sich aus der ausweglosen Situation zu retten. Das Ergebnis ist Verkrampfung, Nötigung der Stimmbänder, des Zwerchfells und der übrigen Muskelpartien – alles Falschspielerei, um sich und das Publikum zu täuschen. Der einzige Ausweg ist das Eingehen einer Konvention, die nach mehrmaliger Wiederholung zum schauspielerischen Klischee wird.

Je mehr die gestellte Aufgabe die Kräfte des Schauspielers übersteigt, desto stärker ist die Abwehrreaktion des verängstigten Gefühls, und es ist mehr Gewalt vonnöten, um die unsichtbaren Puffer zu überwinden. Je öfter der Schauspieler in solche ausweglosen Situationen gerät, desto verängstigter wird sein Gefühl, das sich daran gewöhnt hat, eine Pufferzone aufzubauen. Man ist dann gezwungen, immer öfter in der Konvention und den abgegriffenen Klischees Zuflucht zu suchen.

Es gibt auch annehmbare Klischees. Eine gut gearbeitete Rolle kann mit der Zeit durch nachlässige Behandlung ihres inneren Wesens zu einem äußerlichen Klischee erstarren. Doch wird in der Erstarrung etwas festgehalten, was ein echtes Erlebnis gewesen ist. Mag diese Art von Klischees noch so verwerflich sein, sie ist immer noch besser als ein Klischee, das sich abmüht, äußerlich wiederzugeben, was innerlich nie erlebt worden ist, das sich mit einer durch häufigen Gebrauch abgewetzten Konvention an der Echtheit vorbeizumogeln sucht.

Das schlimmste aller Klischees ist das des russischen Hünen und Recken, eines Bojarensohns oder Dorfburschen mit seiner obligaten Großherzigkeit. Dafür gibt es den typischen kraftvoll gemütlichen, schaukelnden Gang, ein für allemal festgelegte große Gesten, traditionelle Posen und Haltungen wie: die Hände in die Hüften stemmen, keckes Aufwerfen des Kopfes zwecks Zurückwerfens der wallenden Locken; besonders beliebt ist das Spiel mit der Mütze, die unbarmherzig geknetet wird, was eine mechanische Verstärkung der Leidenschaft nach sich zieht; des weiteren waghalsige stimmliche Arabesken in hohen Tonlagen, singende Sprechweise an besonders lyrischen Stellen und dergleichen. Diese Plattheiten haben sich so

sehr in die Ohren, Augen und Muskeln der Schauspieler hineinge-
fressen, daß sie ihnen mit keinem Mittel auszutreiben sind.

Zu meinem Verhängnis war damals Serows Oper »Des Feindes
Macht« große Mode, eine Oper nach dem Stück von Ostrowski
»Lebe nicht so, wie du willst«, das wir ja spielten. Ist das Klischee des
russischen Recken im Schauspiel schon schlimm, so ist es in der
Oper geradezu unerträglich. Und das opernmäßige Klischee des
Pjotr ist das ärgste von allen. Und gerade diesem Klischee bin ich
verfallen, da das Opernhafte mich immer noch festhielt, wenn es
auch zeitweise verstummte. Erstmals nach langer Zeit wandte ich die
nur zu bekannten schauspielerischen Mittel an, kam wieder auf den
Geschmack und gab mich nun, einem ehemaligen Raucher gleich,
ganz und gar allen meinen schlechten Angewohnheiten hin.

Der Schaden dieser Inszenierung liegt auf der Hand, doch sie
hatte auch einen Nutzen. Sie erbrachte den Beweis (der mich leider
nicht überzeugte), daß die Tragödie und das emotional starke
Drama, die eine zehnfache Anspannung aller Kräfte verlangen, wohl
am nachhaltigsten das Gefühl vergewaltigen können, wenn es nicht
von selbst intuitiv entsteht oder mit Hilfe einer gut erarbeiteten
Technik hervorgerufen wird. Darum kann der Schaden von solchen
Rollen beträchtlich sein. Hiermit warne ich junge Schauspieler davor, die, noch ohne geziemende Technik, nach dem Hamlet, dem
Othello oder anderen tragischen Rollen greifen. Die jungen Schauspieler sollen erst etliche Mittel der inneren Schauspieltechnik
beherrschen lernen, bevor sie sich diesen Rollen zuwenden.

Weder dem Stück noch meiner Rolle war Erfolg beschieden. Ich
war verzweifelt und glaubte nicht mehr an mich. Da aber keine noch
so miese Rolle ohne Bewunderer bleibt, so fanden sich auch für mich
solche. Ich tröstete mich. Der Mißerfolg hat mich nicht davon überzeugen können, daß die tragischen Rollen für mich noch sehr verfrüht waren. Hartnäckig träumte ich weiter von ihnen und behinderte damit den natürlichen Lauf meiner Entwicklung.

Meinen nahezu unglaublichen Erfolg im Vaudeville »Das Geheimnis
der Frau«, wo ich nichts anderes tat, als die Rolle des Studenten Megrio, den ich in unserem Zirkel gespielt hatte, zu wiederholen, weiß
ich nicht zu erklären. Ich habe rein gar nichts am früheren Prinzip –
spiel drauflos, daß die Leute sich nicht langweilen – geändert, was
zweifellos falsch war: Herunterplappern des Textes, pausenlose Aktion, Anheben des Tons und des Tempos um ihrer selbst willen, zun-

genbrecherisches Schnattern und Herumstreuen der Wörter – kurzum alle Unsitten, die sich in den ersten Laieninszenierungen eingeschliffen hatten, blieben auch diesmal an der Tagesordnung. Doch sie gefielen zu meinem größten Erstaunen den gestrengen Richtern meines Schauspiels, A. F. Fedotow, F. P. Komissarshewski und F. L. Sollogub. Sie lobten mich in der Rolle des Megrio, was mich vollends verwirrte. Die einzige Erklärung war meine Jugend und das dazugehörige Feuer. Eine wichtige Voraussetzung, die sich leider mit den Jahren verliert. Offenbar hatten alle anderen Rollen, an die ich mit größerer Strenge herangegangen war, nur deshalb Erfolg, weil in ihnen jenes jugendliche Feuer loderte, das von ganz allein ein Leben auf der Bühne erzeugt. Sollte es wirklich so sein, dann verstehe ich, weshalb ich heutzutage oft die Meinung meiner einstigen Bewunderer höre, früher, als man noch nicht genug geschult war, habe man viel besser gespielt als heute, wo man viel zuviel weiß. Wie will man aber dieses jugendliche Feuer erhalten? Es geht verloren, so leid es auch tut. Ist es denn nicht möglich, technisch das festzuhalten, was in jungen Jahren so schön war, womit ich intuitiv in der Rolle des Megrio lebte?

Beim Rauschen des Beifalls am Schluß der Vorstellung sagte ich mir immer wieder:

»Also bin ich doch ein Liebhaber. Ich kann also doch in meinem eigenen Namen spielen. Demnach sind dieses Mordstempo, die Zungenbrecher und die anderen operettenhaften Mätzchen zulässig!«

Und ich begann wieder an sie zu glauben, und sie schlugen immer tiefere Wurzeln in mir.

Die Meininger

Etwa zu gleicher Zeit kam das berühmte Ensemble des Herzogs von Meiningen mit dem Regisseur Chronegk nach Moskau und stellte erstmals eine neue Art von Inszenierungen vor: historisch getreue Ausstattung, Volksszenen, prachtvolle Dekorationen, erstaunlich diszipliniertes Spiel und perfekte Organisation eines richtigen Festes der Kunst. Ich ließ keine einzige Vorstellung aus, nicht nur, um sie zu sehen, sondern auch, um sie zu studieren.

Es hieß, im Ensemble gäbe es nicht einen begabten Schauspieler. Das stimmte nicht, es gab ja Barnay, Teller und andere. Man mußte freilich mit dem deutschen Pathos und der Spielweise in den Tragödien nicht unbedingt einverstanden sein. Auch zeigten die Meininger keine schauspielerischen Neuerungen. Dennoch wäre der Vorwurf, alles sei nur Äußerlichkeit und schillernde Attrappe, ungerecht. Als Chronegk davon hörte, brauste er auf:

»Ich bringe ihnen Shakespeare und Schiller, aber die gucken nur nach den Möbeln. Einen merkwürdigen Geschmack hat dieses Publikum!«

Und er hatte recht, denn sein Ensemble war vom Geiste Shakespeares und Schillers erfüllt.

Der Herzog von Meiningen hatte es verstanden, einzig mit den Mitteln der Regie und ohne sonderlich begabte Schauspieler, vieles vom künstlerischen Wesen der großen Dichter in eine ästhetische Form zu bringen. Eine Szene aus der »Jungfrau von Orléans« werde ich nie vergessen: der schmächtige, jämmerliche und verstörte König sitzt auf dem viel zu großen Thron; seine dünnen Beinchen baumeln in der Luft, ohne das Fußkissen zu erreichen. Um den Thron herum stehen ratlose Höflinge, die mit ihrer Unterwerfung aus letzter Kraft das Ansehen des Königs zu retten suchen. Wo die Macht zusammenbricht, sind die von der Etikette vorgeschriebenen Bücklinge überflüssig. Mitten im Verlöschen des königlichen Glanzes erscheinen die englischen Gesandten – hochgewachsen, schlank, forsch und unglaublich frech. Der Spott und die Überheblichkeit der Sieger sind nicht zu ertragen. Als der König den erniedrigenden, seine Würde verletzenden Befehl erteilt, versucht der mit der Ausführung Beauftragte eine ehrerbietige Verbeugung, hält plötzlich inne, zögert, richtet sich dann auf und bleibt mit gesenktem Blick und Tränen in den Augen stehen – dann stürzt er, alles Zeremoniell vergessend, fort, um nicht vor den anderen weinen zu müssen.

Die Zuschauer, ich inbegriffen, weinten mit, weil dieser Einfall des Regisseurs starke Emotionen auslöste, die dem Wesen des Augenblicks vollkommen entsprachen.

Mit ebenso guten Regieeinfällen werden auch andere Szenen der Demütigung des französischen Königs dargestellt: die bedrückende Stimmung am Hofe, das Auftreten der freiheitsbesessenen Erretterin Jeanne d'Arc. Der Regisseur schuf eine derart erstickende Atmosphäre an dem niedergeschlagenen Hofstaat, daß der Zuschauer das Kommen der Erlöserin nicht erwarten kann. Er freut sich so sehr darauf, daß er auf das Schauspielerische gar nicht mehr achtet. Das Talent des Regisseurs hat es oft überdeckt.

Ein Regisseur kann vieles, aber keineswegs alles. Das Entscheidende liegt in den Händen der Schauspieler, die es zu unterstützen und vor allem zu lenken gilt. Um diese Unterstützung schienen sich die Meininger Regisseure nicht sonderlich bekümmert zu haben und waren daher verurteilt, ohne die Hilfe der Schauspieler zu arbeiten. Die Regiekonzeption war stets großzügig und geistig tief. Doch wie sollte man sie ohne die Mitarbeit der Schauspieler verwirklichen? Also mußte das Schwergewicht auf die Inszenierung selbst verlagert werden. Die Notwendigkeit, allein für alle zu schaffen, erzeugte den Regiedespoten.

Mir schien, daß auch wir Amateure in der gleichen Lage waren wie Chronegk und der Herzog von Meiningen. Auch wir wollten große Aufführungen machen, erhabene Gedanken und Gefühle offenbaren, doch wir mußten in Ermangelung der ausgebildeten Schauspieler alle Macht an den Regisseur abgeben, der, auf sich selbst angewiesen, nur durch äußeres Geschehen mit Dekorationen, Requisiten, interessanten Arrangements und den eigenen Einfällen das Ganze auf die Beine zu stellen hatte. Aus diesem Grunde hielt ich den Despotismus der Meininger Regisseure für berechtigt. Ich fühlte mit ihnen mit und versuchte, hinter die Arbeitsweise Chronegks zu kommen. Einiges erfuhr ich auch von Personen, die mit ihm zu tun hatten und seine Proben besuchten.

Chronegk – der Alptraum der Schauspieler – unterhielt außerhalb der Proben und der Vorstellungen schlichte und kameradschaftliche Beziehungen selbst zu den unscheinbarsten Mitgliedern seines

Ensembles. Er kokettierte nachgerade mit dieser Beziehung zu den Subalternen. Doch war er wie umgewandelt, wenn die Probe begann und er seinen Platz als Regisseur einnahm. Er saß stumm und wartete, bis der Uhrzeiger die für die Probe festgesetzte Stunde anzeigte. Dann läutete er eine mittelgroße Glocke mit bedrohlich tiefem Klang und verkündete teilnahmslos: »Anfangen«. Sogleich verstummte alles, und die Schauspieler schienen ebenfalls wie umgewandelt. Die Probe begann pünktlich und lief ununterbrochen solange, bis die unheimliche Glocke ertönte und der Regisseur mit seiner nüchternen Stimme Anweisungen gab. Darauf folgte das unvermeidliche »Anfangen«, und die Probe wurde fortgesetzt.

Plötzlich eine Stockung auf der Bühne, eine Ratlosigkeit. Die Schauspieler tuschelten, die Regieassistenten rannten hin und her: etwas war nicht in Ordnung. Nämlich: einer der Darsteller hatte sich verspätet, und sein Monolog mußte ausgelassen werden. Ein Regieassistent teilte es Chronegk mit und verharrte am Souffleurkasten in Erwartung weiterer Anordnungen. Alles erstarrte. Chronegk kostete die grausame Pause weidlich aus: sie schien endlos. Chronegk überlegte. Alles wartete auf die Urteilsverkündung. Endlich kam sie:

»Die Rolle des zuspätgekommenen Herrn X wird für die Dauer des Moskauer Gastspiels Herr Y übernehmen. Herr X erhält den Auftrag, bei den Volksszenen die allerletzte Statistengruppe ganz hinten einzuweisen.«

Und die Probe lief weiter in veränderter Besetzung.

Ein anderes Mal, nach einer Vorstellung von Schillers »Die Räuber«, hielt er über einen Regieassistenten Gericht. Jener offenbar etwas leichtfertige junge Mann hatte es versäumt, eine Statistengruppe zur rechten Zeit auf die Bühne zu schicken. Nach der Vorstellung rief Chronegk den Schuldigen zu sich und tadelte ihn sanft, während der junge Mann sich scherzhaft zu rechtfertigen befleißigte.

»Herr Schulz«, sprach Chronegk einen zufällig vorübergehenden Bühnentechniker an, »sagen Sie, bitte, auf welches Stichwort tritt in diesem Akt da eine Gruppe Räuber von links auf?«

Der Techniker deklamierte mit Pathos den ganzen Monolog, offenbar darum bemüht, seine schauspielerischen Fähigkeiten zu demonstrieren. Chronegk klopfte ihm freundschaftlich auf die Schulter, wandte sich seinem Assistenten zu und sagte ihm vorwurfsvoll:

»Der ist einfacher Bühnentechniker. Sie aber sind Regieassistent! Sie sollten sich schämen! Pfui!«

Ich wußte sehr wohl zu schätzen, was uns die Meininger mit ihrer

Art, durch die Regie den geistigen Kern des Werkes zu offenbaren, gebracht hatten. Dieser Erkenntnis bleibe ich in Dankbarkeit mein Lebtag verpflichtet.

Für unsere Gesellschaft wie auch für mich persönlich waren die Meininger eine wichtige Etappe.

Allerdings war ihr Einfluß auf mich nicht nur positiv. Gewiß gefielen mir Chronegks Zurückhaltung und Nüchternheit sehr. Ich suchte ihn nachzuahmen und wurde mit der Zeit auch zum Regiedespoten, was nicht weiter schlimm wäre, wenn nicht einige russische Regisseure mich nachgeahmt hätten. Auf diese Weise entstand eine ganze Generation von Regiedespoten. Da sie aber nicht das Talent Chronegks und des Herzogs von Meiningen hatten, wurden sie zu modischen Inszenatoren, die den Schauspieler behandelten, als wäre er ein Möbelstück oder ein Kleiderständer, und die ihn wie eine Schachfigur hin und her schoben.

Handwerkliche Erfahrung

Unsere oder vielmehr meine Schulden stiegen derart in die Höhe, daß wir genötigt waren, die Gesellschaft für Kunst und Literatur zu schließen. Eine Auflösungsversammlung wurde einberufen, die ein entsprechendes Protokoll verfaßte. Als ich im Begriff war, meinen Namen unter das Protokoll zu setzen, hielt jemandes Hand mich zurück. Das war Pawel Iwanowitsch Blaramberg, eines der Mitglieder unserer Gesellschaft, ein bekannter Komponist und von allen respektierter Mann.

»Wie?! Ein so vielversprechendes Unternehmen auflösen, das seine Lebensfähigkeit bereits bewiesen hat?« wütete er. »Das lasse ich nicht zu! Sich einschränken, was abgestorben ist, abhacken – ja, aber was fruchtbar ist, soll erhalten bleiben! Der Amateurzirkel muß um jeden Preis weiterexistieren. Es sind Pfennigbeträge, die nötig sind, und ich glaube nicht, daß sie jemanden von uns wohlhabenden Leuten ruinieren könnten. Heute abend, nach dieser Versammlung, werden Sie ganz gewiß in ein Restaurant zum Abendessen gehen und dort aus Anlaß der Auflösung soviel Geld ausgeben, wie es für einen oder zwei Monate der Existenz des Unternehmens reichen würde. Opfern Sie die fünf oder sechs Abendessen und erhalten Sie am Leben, was die Kunst erneuern wird. Geben Sie mir ein Blatt Papier! Reich bin ich nicht, aber ich zeichne als erster. Und dieses Protokoll, zerreißen Sie es!«

Das Blatt Papier wurde herumgereicht. Viel brachte es nicht, aber es genügte, um die Sache auf der bescheidensten Grundlage weiterzuführen.

Nach der Versammlung ging man doch in ein Restaurant und brachte dort eine Summe durch, die einem Monatsbudget des Zirkels gleichkam.

In der nächsten Spielzeit fand die Gesellschaft in einer kleinen, bescheiden eingerichteten Wohnung ihr Domizil. Die Ämter wurden unter den Mitgliedern der Gesellschaft aufgeteilt. Gezahlt wurde nichts. Für die Gage eines Regisseurs reichte das Geld nicht, so daß ich Fedotows Stelle einnehmen mußte.

Das ehemalige riesige Gebäude der Gesellschaft mußten wir an den Jägerclub abgeben, der uns das Angebot machte, einmal in der Woche an den Familienabenden zu spielen. Wir nahmen die schwierige Arbeit, jede Woche ein neues Stück zu bringen, was damals alle Theater taten, auf uns. Mit dem Unterschied, daß die Berufsschauspieler Erfahrung und Technik hatten, um so etwas durchzustehen, wir uns aber bei dieser Sache übernahmen. Jedoch es blieb uns nichts anderes übrig.

Vor allem polierten wir die alten Stücke auf.

Während einer der Proben zu Pissemskis Tragödie »Die Eigenmächtigen« erschien Glikerija Nikolajewna Fedotowa, die ehemalige Frau A. F. Fedotows, der uns vor kurzem verlassen hatte. Sie setzte sich an den Regietisch und sagte:

»Vor zwei Jahren habe ich Sie gewarnt, aber Sie haben auf mich nicht gehört. Und ich habe Sie auch in Ruhe gelassen. Jetzt aber, wo alle anderen weg sind, will ich mit Ihnen arbeiten. Fangen Sie an, mein Lieber! In Gottes Namen!«

Wir lebten auf. Die Fedotowa hatte ganz andere Arbeitsmethoden als ihr Mann. Er sah das Bild, die Gestalten und zeichnete sie nach. Sie aber sah das Gefühl und wollte es wiedergeben. Sie ergänzten sich gleichsam.

Die Fedotowa wurde Leiterin der Schauspielabteilung unseres Zirkels. Sie inspizierte und berichtigte unsere Inszenierungen. Später, als sich in unserer Kasse etwas Geld angesammelt hatte, luden wir erfahrene Schauspieler des Maly Theaters als Regisseure zu uns ein, um die Fedotowa zu entlasten. Mit ihnen zusammen inszenierten wir viele Stücke für die Abende im Jägerclub.

Was haben wir von den neuen Regisseuren gelernt? Wenn Fedotow die Inszenierung im Ganzen gestaltete und die Fedotowa hauptsächlich auf die Gefühle achtete, so zeichneten die neuen Regisseure einzelne Figuren, und das mehr äußerlich. Angesichts der Vereinbarung mit dem Jägerclub, die uns jede Woche eine Premiere abverlangte, hielten es die neuen Regisseure für nützlich, uns Handwerkliches beizubringen, das Spiel nach einer ein für allemal festgelegten Form. Dank dieser Handgriffe sammelten auch wir unsere schauspielerischen Erfahrungen: wir gewöhnten uns an die Bühne, wurden sicherer und findiger im Handeln; durch die Übung festigte sich die Stimme, man gewöhnte sich daran, laut zu sprechen und überzeugend aufzutreten, damit der Zuschauer uns glaubte, daß wir eine Berechtigung hatten, von der Bühne aus zu sprechen und gehört zu werden. Das war bereits ein Unterschied zu den Laien, die beim Betreten der Bühne nicht so recht wissen, ob sie jetzt wirklich auftreten sollen oder nicht; der Zuschauer ist dann seinerseits nicht sicher, ob er unbedingt zuhören müsse. Der Laie spricht, doch der Zuschauer will ihm nicht zuhören. Natürlich ist auch ein Laie manchmal imstande, den Zuschauer für Sekunden mitzureißen, doch rasch ist der göttliche Funke erloschen und der hilflose Schauspieler steht wie ein zufälliger Gast auf der Bühne.

Die rein schauspielerische Praxis brachte uns eine theatergerechte Bühnenwirksamkeit, die wir als einen Erfolg ansahen. Unsere Errungenschaften werden aber kaum unsere künstlerische Leiterin gefreut haben, die unsere Arbeit mehr auf eine innere Entwicklung hinlenkte. Dieser Weg erwies sich als für uns noch viel zu schwer, da wahre Kunst mit Ausdauer und Beständigkeit gelernt werden will.

Die neuen Regisseure waren uns gerade recht. Sie brachten uns bei, wie ein Stück gespielt werden sollte, und das gefiel uns, weil es in uns die Illusion einer intensiven produktiven Tätigkeit weckte. Diese hastige Verschleißarbeit hinterließ neben dem Nutzen auch beträchtlichen Schaden; es schlichen sich zunehmend billige Angewohnheiten und handwerksmäßige Klischees zweifelhaftester Güte ein.

Die Auftritte im Jägerclub brachten uns einige Popularität.

Eine Begebenheit aus jener Zeit scheint mir wert, erzählt zu werden. Vera Fedorowna Komissarshewskaja weilte immer noch in Moskau bei ihrem Vater, der in unserer Gesellschaft seine auf ein Minimum reduzierte Opernklasse führte. Er hatte eine Wohnung von der Gesellschaft, wo seine Tochter in einem mit Requisiten und Theatermöbeln vollgestellten Kämmerchen wohnte. Von niemandem beobachtet, sang sie leise zur Gitarre schwermütige Zigeunerromanzen von verlorener Liebe, Untreue und dem Leid des Frauenherzens.

In einem für unser Theater kritischen Moment baten wir sie, eine erkrankte Schauspielerin bei den nächsten Vorstellungen im Jägerclub zu vertreten. Ich spielte zusammen mit der frischgebackenen Amateurin in Gneditschs elegantem Einakter »Glühende Briefe«. Das war der erste und recht erfolgreiche Auftritt der späteren Berühmtheit auf einer Moskauer Bühne.

Mitten in der Spielzeit ereignete sich aber leider ein Unglück: das Haus des Jägerclubs brannte nieder.

Bis zur Errichtung eines neuen, noch prachtvolleren Gebäudes blieben wir ohne Arbeit und mußten uns auf eigenes Risiko mit unseren Aufführungen durchschlagen.

Die erste Regiearbeit

Wir hatten das Glück, das eben vollendete Stück »Früchte der Bildung« von Lew Nikolajewitsch Tolstoi zu bekommen. Er schrieb es zum Spaß für eine Hausinszenierung in Jasnaja Poljana. Jedermann war überzeugt, daß das Stück für eine öffentliche Vorstellung nicht zugelassen werden würde. Es ist uns dennoch gelungen, eine Zulassung durch die Zensur zu erwirken – für eine geschlossene Veranstaltung freilich. Tolstois Name war so populär, daß seinem neuen Stück auch diese harte Bedingung nichts anhaben konnte.

Mit der Inszenierung wurde ich betraut, was meine erste Erfahrung als Schauspielregisseur werden sollte.

Dieses Stück Tolstois bereitet dem Regisseur große Schwierigkeiten, vor allem aufgrund der Vielzahl der handelnden Personen und der sich daraus ergebenden komplizierten Arrangements. Ich machte es sehr direkt: ich spielte den Darstellern vor, was mir vorschwebte, und sie kopierten mich. Dort, wo ich das richtige Gefühl traf, lebte das Stück auf; dort, wo es über einen äußeren Einfall nicht hinausging, war alles leblos. Der Vorzug meiner Arbeit bestand darin, daß ich aufrichtig sein wollte und nach Echtheit suchte. Verlogenheit, besonders theatralische, handwerksmäßige, wurde von mir verfolgt. Ich begann das Theater auf dem Theater zu hassen und nach wirklichem – nicht alltäglichem zwar, sondern künstlerischem – Leben zu suchen. Mag sein, daß ich damals zwischen zweierlei Echtheiten auf der Bühne nicht zu unterscheiden wußte, zumal ich sie viel zu äußerlich begriff. Doch selbst die von mir angestrebte äußere Echtheit brachte mich auf interessante Lösungen, die zur wirklichen Echtheit führten. Das Wahre reizte das Gefühl, und dieses erweckte die kreative Intuition.

Ich hatte es außerdem einem glücklichen Zufall zu verdanken, daß die Rollen überaus günstig unter den Mitwirkenden verteilt worden waren: die meisten Schauspieler schienen eigens für ihre Figuren geschaffen zu sein. Es waren Aristokraten, Gesinde und Bauern darzustellen. Die Aristokraten wurden von wohlerzogenen Leuten mit weltmännischen Manieren gespielt, was selten genug im Theater ist;

andere Schauspieler eigneten sich als Charakterdarsteller für die Bediensteten. Unter den Darstellern der Bauern war auch W. M. Lopatin (der später in unserem Ensemble unter dem Pseudonym Michailow auftrat), der Bruder des berühmten Philosophen L. M. Lopatin, jener Mann, der als Bauer in der Laienaufführung Tolstoi so beeindruckt haben mußte. Tolstoi spürte in ihm einen guten Schauspieler, der sich in der russischen Bauernseele auskannte, und schrieb für ihn eine große Rolle statt der ursprünglich nur wenige Worte umfassenden.

In den »Früchten der Bildung« hatten viele der späteren Schauspieler des Künstlertheaters großen Erfolg. M. A. Samarowa, M. R. Lilina, W. W. Lushski, W. M. Michailow, A. R. Artjom, N. G. Alexandrow, A. A. Sanin und, unter dem Pseudonym Komina, V. F. Komissarshewskaja.

Die Arbeit an dieser Inszenierung lehrte mich auch die administrativen Seiten der Regie. Eine Gruppe von Schauspielern im Augenblick der kreativen Anspannung aller ihrer Nerven zu beherrschen ist nicht leicht. Unser Organismus ist anfällig und eigensinnig, also muß man ihn sich untertan machen. Dazu braucht es die Autorität des Regisseurs, die ich damals noch gar nicht besaß. Doch ich überwältigte die Kollegen mit meiner fanatischen Liebe zur Sache, mit meiner Arbeitswut und Strenge, vor allem mir selbst gegenüber. Ich war der erste, dem ich Strafen auferlegte, und zwar so unerbittlich und überzeugend, daß es nie als bloße Pose wirkte. Zuspätkommen zu den Proben, Nichtbeherrschen des Textes, private Unterhaltungen während der Arbeit, unerlaubtes Verlassen des Probenraums wurden von mir strengstens bestraft, weil ich genau wußte, daß die Unordnung im Theater schnell zu jener Zügellosigkeit führen konnte, vor der ich mich aus dem Laientheater geflüchtet hatte. Übertriebene Putzsucht, besonders bei Frauen, wurde geahndet als von der Arbeit abhaltend; Flirt wurde nicht geduldet.

»Ernstgemeinte Liebe – bitte schön! Sie wirkt erhebend. Duelliert euch doch um eine Frau, geht ins Wasser, sterbt von mir aus! Doch der oberflächliche Nervenkitzel ist unzulässig; durch ihn entsteht Abgeschmacktheit, die einen zu Boden zieht.«

So puritanisch waren meine damaligen Ansichten.

In unserer Armut konnten wir von der Pracht der früheren Dekorationen nicht einmal mehr träumen, wo doch eine gute Dekoration für den Laien oft die Rettung bedeutet. Unzählige schauspielerische Sünden werden von gemalten Bildern überdeckt, die dem Schauspiel einen künstlerischen Anstrich geben! Nicht zufällig verstecken sich zahllose unbegabte Schauspieler und Regisseure hinter Dekorationen, Kostümen, effektvollen Farben, hinter Stilisierung, Kubismus, Futurismus und sonstigen Ismen, mit deren Hilfe sie den naiven und unerfahrenen Zuschauer zu verblüffen suchen. Bei schlechten Dekorationen hingegen, die den Schauspieler und den Regisseur nicht verstecken, sondern in den Vordergrund rücken, muß man eben gut spielen und auf das bauen, was das Wesen des Werks ausmacht.

Wir bemühten uns redlich um die Wiedergabe des von Tolstoi großartig geschriebenen Stoffes und reagierten auf alles Lebendige, was wir fanden, im Stück, in den Rollen, den Arrangements, den Kostümen und Dekorationen. Ebenso reagierten wir auf uns selbst, die Partner oder auch die Zufälligkeiten der Inszenierung. Die Stellen, die wir nicht von selbst zu erfühlen vermochten, waren leblos und öde; dort wurde nur der Text rasch heruntergesprochen, um den Gang der Vorstellung nicht aufzuhalten.

Die Aufführung hatte außerordentlichen Erfolg und wurde mehrfach gespielt, was der materiellen Lage des Theaters sehr gut bekam.

Der Nutzen dieser Arbeit bestand für mich darin, einen Zugang zur Seele des Schauspielers gefunden zu haben: von außen nach innen, vom Leib zur Seele, von der Verkörperung zum Miterleben, von der Form zum Inhalt. Außerdem lernte ich, Arrangements zu gestalten, in denen sich der Kern des Stücks wie von selbst erschließt.

Das Gute am Neuen war dabei, daß mir das Schlechte vom Alten nicht unterlaufen war.

Erfolg in eigener Sache

»Das Dorf Stepantschikowo«

Anfang des nächsten Jahres wurde für den Jägerclub ein neues prächtiges Gebäude in der Woswishenka gemietet und eingerichtet, das ehemalige Haus der Moskauer Stadtduma. Nach der Neueröffnung des Clubs nahmen wir unsere wöchentlichen Vorstellungen wieder auf, die uns ja Geld einbrachten. Um unsere künstlerischen Errungenschaften zu demonstrieren, wollten wir, wie etwa bei den »Früchten der Bildung«, Sondervorstellungen geben, fürs Herz gewissermaßen.

Zu diesem Zweck nahmen wir meine Dramatisierung der Erzählung »Das Dorf Stepantschikowo und seine Bewohner« von Dostojewski. Ich hatte mich zu einer Dramatisierung entschlossen, weil mir die Witwe des Schriftstellers berichtet hatte, ihr Mann hätte ursprünglich ein Stück schreiben wollen, dann aber doch Abstand davon genommen, weil es zu umständlich war, eine Genehmigung für öffentliche Aufführungen bei der Zensur zu erwirken, und Fjodor Michailowitsch hatte dringend Geld gebraucht. Meine Bühnenfassung der Erzählung wurde von der Zensur verboten. Auf Anraten erfahrener Leute änderte ich die sinntragenden Eigennamen in anderslautende Synonyme um: Foma Opiskin hieß nun Foma Oplewkin, Obnoskow – Otrepjew, Misintschikow – Paltschikow und so weiter. In dieser Form wurde das Stück fast ohne Streichungen von der Zensur genehmigt.

Sowohl dieses Stück als auch die Rolle des Oheims waren für mich als Schauspieler außerordentlich wichtig: im Repertoire eines jeden Schauspielers gibt es unter den vielen Rollen einige, die von selbst in ihm Gestalt angenommen haben. Berührt man so eine Rolle, dann wird sie lebendig auch ohne Suchen, Schöpferqualen und fast ohne technischen Aufwand. Das kommt daher, daß das seelische Material und die es formenden Prozesse im voraus vom Leben selbst vorbereitet werden und nur auf einen Zufall oder eine Koinzidenz warten, um sich zu entfalten. Die Rolle und die Gestalt sind von der Natur organisch geschaffen worden, sie können nur so sein und nicht anders. Sie lassen sich genauso schwer analysieren wie die eigene Psyche.

Eine solche Rolle war für mich der Oheim im »Dorf Stepantschikowo«. Selbstverständlich war ich völlig eins mit ihm: wir hatten gleiche Ansichten, Gedanken und Wünsche. Wenn man mir sagte, er sei ein naiver und nicht sonderlich gescheiter Mensch, der nur nutzlos Staub aufwirbele, so fand ich das ganz und gar nicht. Ich meinte, alles, was den Oheim betroffen mache, sei vom Standpunkt der Menschlichkeit und des Edelmuts aus äußerst wichtig. Ich selbst schämte mich in dieser Rolle, weil ich – ein Greis! – mich in ein Mädchen verliebte. Was konnte ich ihr schon bedeuten?! Es heißt, Foma sei ein Gauner. Wenn er aber tatsächlich um mich besorgt ist und ganze Nächte im Gebet verbringt, wenn er mir zu meinem eigenen Wohl reinen Wein einschenkt, dann ist er für mich selbstaufopfernd. Man fragte, warum ich den Foma nicht davongejagt hätte. Wie sollte ich aber ohne ihn mit den unzähligen alten Weibern, diesen Schnorrern und Schmarotzern fertig werden? Die hätten mich doch aufgefressen! Es hieß, im Oheim erwache zum Schluß ein Löwe. Ich sehe das viel einfacher: er hat getan, was jeder Liebende getan hätte. Ich lebte in der Welt des Stücks und sah keine Erlösung für den Oheim als die, die er selbst für sich gewählt hatte. Kurzum, in den Grenzen des Stücks wurde ich zum Oheim. Versuchen Sie, dieses für den Schauspieler magische Wort »werden« zu begreifen. »Den Gang und die Bewegungen aufschnappen und nachäffen, das Kleid und den Körper der Rolle tragen« könne auch ein zweitrangiger Schauspieler, sagte Gogol, doch »die Seele der Rolle packen« und zu einer Kunstfigur werden könne nur ein wahres Talent. Wenn das stimmt, dann hatte ich Talent, denn ich bin der Oheim geworden, während ich in anderen Rollen fremde oder eigene Figuren mehr oder weniger »nachäffte« (kopierte, kolportierte).

Welches Glück ist es doch, auch nur einmal im Leben zu erfahren, was ein wahrer Schöpfer auf der Bühne empfindet und schafft! Dieser Zustand ist paradiesisch für den Schauspieler. In dieser Rolle erlebte ich ihn und wollte in der Kunst nichts anderes mehr hinnehmen. Gibt es denn keine technischen Mittel, sich nicht zufällig, sondern aus eigenem Willen den Zugang zum Schauspielerparadies zu verschaffen? Wo und wie sucht man nach den Grundlagen für eine solche Technik? Eine Frage, die für jeden echten Schauspieler die wichtigste werden muß.

Ich weiß nicht, wie ich diese Rolle spielte, und will mich selbst weder loben noch kritisieren, doch ich war erfüllt von jener Glückseligkeit, die mich darüber hinwegsehen ließ, daß unsere Inszenierung kommerziell nichts einbrachte.

Nur noch wenige waren von Dostojewski auf der Bühne und von unserer Inszenierung angetan.

Der vielgerühmte Schriftsteller Dimitri Wassiljewitsch Grigorowitsch, ein Freund und Altersgenosse Dostojewskis, kam hinter die Kulissen gerannt und schrie ekstatisch, seit dem »Revisor« habe die Bühne nie wieder derart leuchtende, farbkräftige Gestalten gesehen. Das Genie Dostojewskis ergriff ihn und rief in ihm Erinnerungen wach, die ich nicht das Recht habe preiszugeben, zumal Grigorowitsch es nicht für nötig erachtet hatte, es selbst zu tun. Auf diese Weise widerfuhr mir das Glück, im »Dorf Stepantschikowo« die unsagbaren Freuden eines wahren Künstlers erleben zu dürfen.

Bekanntschaft mit Lew Tolstoi

Etwa zur gleichen Zeit gab unser Zirkel mehrere Vorstellungen in Tula. Proben und andere Vorbereitungen fanden im gastfreundlichen Hause von Nikolai Wassiljewitsch Dawydow statt, einem guten Freund von L. N. Tolstoi. Für diese Zeit mußte sich das Haus allen Anforderungen des Theaters anpassen. In den Pausen zwischen den Proben gab es das Mittag- oder Abendessen, bei dem es sehr heiter zuging, ein Witz löste den anderen ab. Der nicht mehr junge Hausherr verwandelte sich da in einen Gymnasiasten.

Eines Tages, mitten in der allgemeinen Heiterkeit, erschien im Vorzimmer eine Gestalt in bäuerlichem Fellmantel. Kurz darauf betrat ein alter Mann mit langem Bart, Filzstiefeln und einer von einem Gürtel zusammengehaltenen grauen Bluse des Eßzimmer, wo er mit Freudenrufen begrüßt wurde. Im ersten Augenblick erkannte ich L. N. Tolstoi nicht. Keine Fotografie, auch nicht die Porträts von ihm, können den Eindruck wiedergeben, den sein lebendiges Gesicht und seine Gestalt insgesamt machten. Wie will man auch auf dem Papier oder auf der Leinwand die Augen Tolstois festhalten, die in die Seele drangen und sie gleichsam ausloteten! Diese Augen waren mal scharf und stechend, mal sanft und sonnenwarm. Betrachtete Tolstoi einen Menschen, so wurde er unbeweglich, er konzentrierte sich und drang forschend in den Menschen ein und sog alles aus ihm heraus, was in ihm verborgen war – das Gute wie das Böse. In solchen Minuten verbargen sich seine Augen hinter den vorstehenden Augenbrauen wie die Sonne hinter einer dunklen Wolke. Auch konnte er mit einer kindlichen Unmittelbarkeit auf einen Scherz reagieren, dann lachte er unbändig, und seine Augen wurden fröhlich und vergnügt, traten hinter den buschigen Brauen hervor und leuchteten. Sprach jemand einen interessanten Gedanken aus, so war Lew Nikolajewitsch als erster begeistert; er wurde dann jugendlich feurig und behende. In seinen Augen sprühten die Funken des genialen Künstlers.

An jenem Abend meiner ersten Bekanntschaft mit Tolstoi war er sanft, gelassen, greisenhaft freundlich und gutmütig. Bei seinem Erscheinen sprangen die Kinder von ihren Plätzen auf und umgaben

ihn mit einem dichten Ring. Er wußte alle Namen und auch Spitzna-
men, stellte jedem uns unverständliche Fragen, die das nur den Eingeweihten bekannte häusliche Leben betrafen.

Wir Gäste wurden der Reihe nach zu ihm geführt. Er gab jedem
die Hand und sah ihn sich genau an. Ich fühlte mich wie durchbohrt
von seinem Blick. Diese überraschende Begegnung und Bekanntschaft mit Tolstoi versetzte mich in den Zustand einer Erstarrung.
Ich wußte nicht so recht, was in mir und um mich herum vorging.
Um diesen Zustand zu begreifen, muß man sich vorstellen, welche
Bedeutung Lew Nikolajewitsch für uns hatte.

Als er noch lebte, sagten wir: »Welch ein Glück, Zeitgenosse Tolstois zu sein!« Wenn es einem seelisch schlecht ging oder wenn man
die Menschen sich wie Tiere benehmen sah, tröstete man sich mit
dem Gedanken, dort, in Jasnaja Poljana, lebte *ER* – Lew Tolstoi –
und das Leben wurde wieder lebenswert.

Am Eßtisch saß er mir gegenüber.

Ich mußte recht merkwürdig ausgesehen haben, denn Tolstoi sah
mehrmals neugierig zu mir herüber. Auf einmal neigte er sich zu mir
und fragte etwas. Doch ich war so durcheinander, daß ich ihn nicht
verstand. Alles lachte, und ich wurde immer verlegener.

Tolstoi wollte lediglich wissen, welches Stück wir in Tula spielten, und ich kam nicht auf den Titel. Jemand sagte ihn mir.

Lew Nikolajewitsch kannte Ostrowskis Stück »Das letzte Opfer«
nicht und gab es in aller Offenheit und unumwunden zu; er konnte
einfach etwas zugeben, was wir verbergen mußten, um nicht für Ba-
nausen gehalten zu werden. Tolstoi hatte das Recht, etwas zu vergessen, was jeder einfache Sterbliche zu wissen hatte.

»Erzählen Sie ganz kurz den Inhalt«, sagte er.

Alles wurde still in Erwartung meiner Erzählung, aber ich
konnte, gleich einem Schüler, der durch die Prüfung fällt, kein einziges Wort aus mir herauspressen. Meine vergeblichen Anläufe sta-
chelten nur das Gelächter der vergnügten Tischrunde an. Mein
Nachbar war auch nicht der tapferste. Seine gestotterte Erzählung
wurde ebenfalls mit Gelächter quittiert. Schließlich mußte der Hausherr, N. W. Dawydow, Tolstois Bitte erfüllen.

Beschämt durch mein Versagen saß ich still und wagte nur ver-
stohlen und schuldbewußt den großen Mann anzusehen.

Gerade wurde der Braten gereicht.

»Lew Nikolajewitsch! Wie wär's mit einem Stückchen Fleisch?«
neckten Erwachsene und Kinder den Vegetarier Tolstoi.

»Her damit!« scherzte Tolstoi.

Von allen Seiten des Tisches wurden ihm riesige Stücke Rinderbraten angeboten. Unter allgemeinem Gelächter schnitt sich der berühmte Vegetarier ein winziges Stück Fleisch ab, begann daran zu kauen, schluckte es mühsam herunter und legte Messer und Gabel beiseite.

»Ich kann keine Leichen essen! Das ist Gift! Verzichtet auf das Fleisch, dann erst versteht ihr, was gute Laune und frischer Kopf sind!«

Bei seinem Steckenpferd angelangt, breitete Tolstoi die inzwischen bekannte Vegetarierlehre aus.

Tolstoi konnte zum langweiligsten Thema sprechen, aus seinem Munde wirkte es interessant. Nach dem Essen, bei einer Tasse Kaffee im Halbdunkel des Arbeitszimmers, berichtete er uns über eine Stunde lang von seiner Unterhaltung mit dem Anhänger einer Sekte, deren Religion durchweg auf Symbolen aufgebaut war. Ein Apfelbaum auf rotem Himmel bedeutete eine bestimmte Erscheinung im Leben, brachte Freude oder Kummer; eine dunkle Tanne auf dem Mondhimmel hingegen bedeutete ganz etwas anderes; ein fliegender Vogel auf wolkenlosem Himmel oder vor einer Gewitterwolke war wieder ein Vorzeichen für irgend etwas, und dergleichen. Man mußte sich über Tolstois Gedächtnis wundern, der mühelos nicht enden wollende Beispiele dieser Art aufzählte und uns durch eine magische Kraft zwang, mit Spannung und Interesse dieser im Grunde ermüdenden Aufzählung zuzuhören.

Dann sprachen wir vom Theater und brüsteten uns vor Tolstoi damit, daß wir als erste in Moskau seine »Früchte der Bildung« gebracht hatten.

»Macht dem alten Mann die Freude – erwirkt die Aufhebung des Verbots für die ›Macht der Finsternis‹ und spielt sie«, sagte er zu uns.

»Und das erlauben Sie uns?« riefen wir im Chor.

»Ich verbiete niemandem, meine Stücke zu spielen«, erwiderte er.

Sofort fingen wir an, die Rollen zu verteilen und festzulegen, wer das Stück inszenieren sollte und wie. Tolstoi wurde unverzüglich zu den Proben eingeladen. Bei dieser Gelegenheit wollten wir klären, welche der Fassungen des vierten Aktes gespielt werden sollte und wie die beiden Fassungen miteinander zu verbinden seien, um eine ärgerliche Verzögerung der Handlung mitten im Höhepunkt des Dramas zu vermeiden. Mit unserer ganzen jugendlichen Energie setzten wir Tolstoi zu, so daß es den Anschein hatte, als wollten wir morgen schon mit den Proben beginnen.

Tolstoi war bei dieser verfrühten Konzeptionsbesprechung schlicht und offen, so daß wir bald ohne Befangenheit mit ihm reden konnten. Seine Augen glänzten wieder wie die eines Jünglings.

»Ein Vorschlag«, sagte Tolstoi und war schon angeregt durch die plötzliche Idee. »Ihr schreibt mir, wie die Teile verbunden werden sollen, und ich überarbeite das Stück nach euren Anweisungen.«

Mein Kollege, dem diese Worte galten, wurde verlegen und versteckte sich, ohne ein Wort zu sagen, hinter dem Rücken eines neben ihm Stehenden. Lew Nikolajewitsch verstand unsere Scheu und redete auf uns ein, sein Vorschlag sei keineswegs unbescheiden oder unausführbar. Im Gegenteil, wir würden ihm einen Dienst erweisen, weil wir Spezialisten seien. Doch nicht einmal Tolstoi konnte uns davon überzeugen.

Einige Jahre verstrichen, ohne daß ich Lew Nikolajewitsch ein weiteres Mal begegnete.

In der Zwischenzeit wurde »Die Macht der Finsternis« von der Zensur durchgelassen und in ganz Rußland gespielt. Und zwar so, wie Tolstoi es geschrieben hatte, ohne irgendeine Verbindung der Fassungen des vierten Akts. Tolstoi soll sein Stück in vielen Theatern gesehen haben und mit einigen Dingen zufrieden, mit anderen wieder unzufrieden gewesen sein.

Nach einer Zeit bekomme ich einen Zettel von einem Freund Tolstois, indem es heißt, Tolstoi wünsche mich zu sprechen. Ich fahre zu ihm, und er empfängt mich in einem für wichtige Gespräche vorgesehenen Raum seines Moskauer Hauses. Nun erfahre ich, daß Tolstoi sowohl mit den Inszenierungen als auch mit dem eigenen Stück unzufrieden war.

»Schreiben Sie mir auf, wie Sie sich den vierten Akt vorstellen. Ich schreibe ihn um, und Sie spielen.«

Er sagte das so natürlich, daß ich mich traute, ihm meinen Plan darzulegen. Wir sprachen ziemlich lange, und währenddessen hielt sich seine Frau Sofja Andrejewna im Nebenzimmer auf.

Versetzen Sie sich nun in ihre Lage und bedenken Sie dabei, mit welcher krankhaften Eifersucht sie über ihren genialen Mann wachte. Was sollte sie davon halten, daß ein dahergelaufener junger Mann das Stück auseinandernimmt und dem Dichter das Schreiben beibringt? Eine Frechheit ohnegleichen.

Sofja Andrejewna hielt es nicht länger aus. Sie stürmte ins Zimmer und griff mich regelrecht an. Ich gestehe, ich habe da nicht wenig zu hören bekommen. Und es wäre längst nicht alles gewesen, wenn nicht die Tochter Maria Lwowna herbeigeeilt wäre, um ihre Mutter zu beschwichtigen. Während dieses ganzen Auftrittes saß Lew Nikolajewitsch unbeweglich da und zupfte an seinem Bart. Nicht ein einziges Wort sagte er zu meiner Verteidigung. Als Sofja Andrejewna gegangen war und ich immer noch völlig verstört dastand, lächelte er mir aufmunternd zu und meinte:

»Machen Sie sich nichts daraus! Sie ist nur etwas verstimmt und nervös.«

Dann fuhr er, an unser Gespräch anknüpfend, fort: »So, wo waren wir stehengeblieben?«

Einmal traf ich L. N. Tolstoi zufällig in einer Gasse in der Nähe seines Hauses. Es war die Zeit, als er seinen berühmten Artikel gegen den Krieg und das Militär geschrieben hatte. Obwohl ich mit einem Bekannten unterwegs war, der mit Tolstoi auf freundschaftlichem Fuße stand, wurde ich doch wieder unsicher, weil Tolstois Gesicht einen strengen Ausdruck hatte und die Augen hinter den dichten Brauen nicht zu erkennen waren. Er war nervös und gereizt. Ich ging ehrerbietig hinter ihm her und lauschte seinen Worten. Mit großem Temperament und Eifer brandmarkte er den legitimierten Menschenmord. Das waren Gedanken aus jenem Artikel. Er entlarvte die Militärs und ihre Moral mit um so größerer Überzeugung, als er seinerzeit etliche Feldzüge mitgemacht hatte. Er konnte nicht nur aus der Theorie heraus so sprechen, sondern aus eigener Erfahrung. Ich sah die grimmigen Brauen, die glühenden Augen, die jeden Augenblick sich mit Tränen füllen konnten, und ich vernahm seine strenge und gleichzeitig leidende, erregte Stimme.

Plötzlich tauchten an einer Straßenkreuzung wie aus dem Boden gestampft zwei Reitergardisten in langen Uniformmänteln; mit blankpolierten Helmen, klirrenden Sporen und den auf dem Boden laut aufschlagenden Säbeln auf. Schöne, junge, hochgewachsene Figuren, frische Gesichter, sicherer, geschulter Gang – sie waren prachtvoll. Tolstoi hielt im halben Wort inne, saugte sich mit den Augen an ihnen fest und blieb mit offenem Munde und erstarrter Gebärde stehen. Sein Gesicht strahlte.

»Ah, ja!« seufzte er aus voller Brust. »Ausgezeichnet! Teufelskerle!« Und begann auf der Stelle mir die Bedeutung der militärischen Haltung auseinanderzusetzen. Da konnte man unschwer einen alten, erfahrenen Krieger in ihm erkennen.

Nach einer geraumen Zeit fand ich beim Aufräumen meines Schreibtischs einen an mich adressierten verschlossenen Brief. Ich öffnete ihn und erstarrte: der Brief war von Tolstoi. Auf mehreren Seiten beschrieb er mir den ganzen Leidensweg der Geistesstreiter und bat mich, beim Sammeln der Mittel für die Überführung der Verfolgten ins Ausland behilflich zu sein. Ich verstehe bis heute nicht, wie dieser Brief so lange ungeöffnet in meinem Schreibtisch liegen konnte.

Es war mir daran gelegen, Tolstoi über diesen Zwischenfall und mein Schweigen persönlich aufzuklären. Ein Bekannter, der der Familie Tolstoi nahestand, riet mir, zu einer Zeit zu erscheinen, wo Tolstoi eine Unterredung mit einem Schriftsteller hatte. Er hoffte, vor oder nach diesem Gespräch eine kurze Audienz bei Tolstoi für mich arrangieren zu können. Leider bekam ich ihn dennoch nicht zu Gesicht, weil der fragliche Schriftsteller Tolstoi länger aufgehalten hatte. Ich war bei diesem Gespräch nicht zugegen, doch man unterrichtete mich darüber, was oben im Zimmer Tolstois vor sich ging, als ich unten wartete.

»Stellen Sie sich vor allem«, berichtete mir mein Bekannter, »die beiden Figuren vor: auf der einen Seite Lew Nikolajewitsch, auf der anderen der magere, abgezehrte Schriftsteller mit langen Haaren, weichem Schillerkragen ohne Krawatte. Ein Nervenbündel, das eine geschlagene Stunde lang in einer überkandidelten Sprache, die von neuen Wortschöpfungen strotzt, dartut, wie er eine neue Kunst suche und schaffe. Es sprudelt Fremdwörter, Zitate von unerdenklichen neuen Autoren, aus philosophischen Werken und Gedichten neuester Machart, die die frischerfundenen Grundlagen der Poesie und der Kunst illustrieren sollen. Und der ganze Aufwand nur, um das Programm einer geplanten Monatsschrift zu umreißen, für die Tolstoi als Autor gewonnen werden sollte.

Lew Nikolajewitsch hörte dem Mann aufmerksam und geduldig eine gute Stunde zu, ging dabei auf und ab, blieb manchmal stehen und durchbohrte den Sprechenden mit seinem Blick, wandte sich dann ab und erging sich, die Hände hinter den Gürtel gesteckt, wieder im Zimmer, so lange, bis der Schriftsteller verstummte.

»Mehr kann ich dazu nicht sagen!« beschloß er seine Rede.

Tolstoi wanderte nachdenklich weiter, und der Gast wischte sich den Schweiß vom Gesicht und fächelte sich mit dem Taschentuch Luft zu. Endlich blieb Tolstoi vor ihm stehen und blickte ihn durchdringend mit ernstem, strengem Gesicht an.

»Ist mir zu hoch!« sagte er dann, womit er meinte: »Erzähle mir, einem alten Mann, nicht, im Himmel sei Jahrmarkt!«

Dies gesagt, ging Tolstoi zur Tür, öffnete sie, setzte den Fuß über die Schwelle, wandte sich dann zu seinem Besucher um:

»Ich habe immer gedacht, ein Schriftsteller schreibt dann, wenn er etwas zu sagen hat, wenn das, was er zu Papier bringen will, in seinem Kopf gereift ist. Weshalb ich aber unbedingt im März oder Oktober für eine Zeitschrift schreiben muß – das habe ich nie begreifen können.«

Dann ging Tolstoi hinaus.

Erfolg beim Publikum

»Uriel Acosta«

Ich will Ihnen den Inhalt des »Uriel Acosta« von Gutzkow ins Gedächtnis rufen, den unsere Gesellschaft in Szene setzte. Der jüdische Philosoph Acosta hat ein nach Meinung der orthodoxen Rabbiner ketzerisches Buch geschrieben. Während eines Gartenfestes beim reichen Manasse, dessen Tochter in Acosta verliebt ist, erscheinen die Rabbiner und sprechen den Fluch über den Ketzer aus. Von diesem Augenblick an ist Acosta ein Verdammter. Um sich vom Makel zu reinigen, muß er sich von seinen Ideen und Überzeugungen öffentlich lossagen. Sein Lehrer, die Braut, die Mutter und die Brüder flehen ihn an, Buße zu tun. Nach einem übermenschlichen inneren Kampf zwischen dem Philosophen und dem Liebenden in Acostas Seele gewinnt der letztere. Um der Liebe willen geht Acosta in die Synagoge, sich von seinen theologischen Ideen loszusagen. Während der Zeremonie aber siegt die Idee doch über die Liebe: Acosta bekennt sich in aller Öffentlichkeit zu seiner Ketzerei, und die fanatische Menge stürzt sich auf ihn, um den Verbrecher zu bestrafen. Zum letzten Mal sieht Acosta seine Braut bei ihrer Hochzeit mit einem reichen Mann. Doch hat die getreue Geliebte schon Gift genommen und stirbt in den Armen des von allen verfluchten Ketzers. Acosta entleibt sich ebenfalls. Die Liebe feiert mit diesen beiden Opfern ihren Sieg.

In meiner Interpretation des Acosta siegt der Philosoph über den Liebenden. Für die Stellen, bei denen es auf Überzeugung, Standhaftigkeit und Mut ankam, fand ich genügend Stoff, um sie überzeugend darzustellen. In den Liebesszenen verfiel ich, wie so oft, in Weichheit, Femininität und Sentimentalität.

Es hat etwas Lächerliches: Ein hochgewachsener Mann, kräftig gebaut und mit tiefer, voller Stimme, greift unvermittelt zu den Manieren eines brustschwachen Operntenors mit weibischem Gehabe. Wie kann einer, der so gebaut ist wie ich, mit verschleierten Augen in die Ferne blicken und, dem Weinen nahe, seine Liebste zärtlich und rührend anhimmeln? Und überhaupt, gibt es auf der Bühne Widerwärtigeres als einen gefühlsduselnden und verklärt lächelnden Mann?

Damals begriff ich nicht, daß es auch männlichen Lyrismus, männliche Zärtlichkeit und Verträumtheit, männliche Liebe gibt und daß die Sentimentalität nur ein Surrogat des Gefühls ist. Ich war mir noch nicht bewußt, daß der feinste Tenor und die zarteste jugendliche Naive vor allem darum besorgt sein müssen, daß ihr Gefühl fest und männlich sei. Je zartfühlender die Liebe, desto klarer und intensiver muß sie seelisch gefärbt sein. Lasche Sentimentalität bei einem jungen Mann oder einem gesunden jungen Mädchen widerspricht ihrer Natur und erzeugt einen Mißklang.

Deshalb waren die Liebesszenen der Rolle in meiner Interpretation nichtssagend. Glücklicherweise gab es nur wenige davon. Szenen hingegen, die durch den Willen geprägt waren und die unerschütterliche Überzeugung des Philosophen darstellten, gelangen mir; und hätte es die Überbleibsel des Opernhaften, das in mir in beträchtlichem Maße hängengeblieben war, nicht gegeben, hätte meine Arbeit sich ohne weiteres sehen lassen können.

Außerdem hatte sich ein weiterer großer Mangel bei mir bemerkbar gemacht, den ich nicht wahrhaben wollte: ich kam mit dem Text nicht zurecht. Ein Defekt, der schon früher aufgetreten und deshalb keine Überraschung für mich war. Früher, aber auch heute, hat er mich immer daran gehindert, ganz in der Intuition oder Inspiration aufzugehen, weil er dazu zwang, mich immerfort selbst unter Kontrolle zu haben. In der Emphase kann das Gedächtnis versagen und den notwendigen Redefluß unterbrechen. Tritt so etwas ein, dann bedeutet das: Stockung, Filmriß und … Panik. Diese Abhängigkeit vom Text bei unzuverlässigem Gedächtnis – verbunden mit der Notwendigkeit, eine ständige Kontrolle durch das Bewußtsein durchzuführen – beraubt einen der Möglichkeit, sich in aller Freiheit und Unmittelbarkeit dem Kreativen hinzugeben. Ohne diese Abhängigkeit, bei stummen Szenen etwa oder beim Markieren der Rolle auf den Proben aus dem Stegreif, ohne den gelernten Text, kann ich mich ganz offenbaren und alles hergeben, worüber mein Herz verfügt.

Ein gutes Gedächtnis ist für den Schauspieler äußerst wichtig. Das sinnlose Pauken im Gymnasium hat meins nahezu ruiniert! Junge Schauspieler, hütet und entwickelt euer Gedächtnis, denn es ist in allen kreativen Momenten von größter Wichtigkeit, besonders aber in Augenblicken höchster schauspielerischer Anspannung.

Unter dem Einfluß der Meininger bauten wir mehr, als es nötig war, auf das Äußerliche der Inszenierung, vor allem auf Kostüme, auf historische, ja museale Echtheit, und ganz besonders auf Massenszenen, die damals neu auf dem Theater waren. Mit dem mir damals eigenen Despotismus riß ich als Regisseur, ohne irgendwelche Einwände gelten zu lassen, alles an mich und verfügte über Schauspieler, so als seien sie Schaufensterpuppen. Es gab freilich Ausnahmen: die sehr begabten W. W. Lushski und G. S. Burdshalow, die später berühmte Schauspieler des Moskauer Künstlertheaters wurden; A. A. Sanin und N. A. Popow wurden gute Regisseure, um nur einige zu nennen. Die übrigen Amateure, die mir zur Verfügung standen, verlangten selber diesen Despotismus. Wer wenig Talent hat, muß gedrillt, angezogen und vom Regisseur auf die Bühne geschickt werden. Gänzlich Unbegabte, vor allem wenn man gezwungen ist, ihnen größere Rollen zu geben, sind im Interesse der Inszenierung zu vertuschen. Dazu gab es, wie ich damals meinte, zuverlässige Mittel, die ich bis zur Vollkommenheit zu beherrschen glaubte. Gleich einem Paravent decken sie ab, was auf der Bühne nicht gesehen werden darf. Im zweiten Akt des »Acosta« zum Beispiel, während des Gartenfestes bei Manasse, mußten zwei unbegabte Amateure, die eine lange Szene hatten, in den Hintergrund gespielt werden. Ich wählte eine der schönsten Damen und einen gutaussehenden Herrn in den prächtigsten Kostümen und postierte sie auf dem höchsten Podest der Bühne als Blickfang. Der Kavalier machte der Dame intensiv den Hof, und diese kokettierte. Ich dachte mir für sie eine ganze Szene aus, die die Aufmerksamkeit der Zuschauer von den auf der Vorderbühne Dilettierenden ablenkte. Lediglich an den für die Fortführung der Handlung wichtigen Stellen mußten sich die Statisten mäßigen, damit die Zuschauer den Text mitbekamen. Recht einfach, nicht wahr? Natürlich wurde der Regisseur für derartige Tricks getadelt, doch es ist besser, die Schuld auf sich zu nehmen, als sich Unfähigkeit des Ensembles vorwerfen zu lassen.

Für den Erfolg des Stücks und einzelner Darsteller braucht man wirkungsvolle Einlagen, die die Höhepunkte markieren. Sind die Schauspieler dazu nicht in der Lage, muß der Regisseur hilfreich eingreifen. Für solche Fälle hatte ich zahlreiche bewährte Kunstgriffe auf Lager.

Im »Uriel Acosta« gibt es zwei Szenen, die sich dem Zuschauer unbedingt einprägen müssen: die Verfluchung Acostas während des Festes bei Manasse im zweiten Akt und der Widerruf Acostas in der

Synagoge im vierten Akt. Die eine Szene fast mondän, die zweite eher volkstümlich. Für die erste Szene brauchte ich schöne, weltgewandte Frauen und Männer (häßliche und ungelenke verdeckte ich mit Charaktermasken und Kostümen); für die zweite Hauptszene mit Volk benötigte ich junge, hitzköpfige Studenten, die ich sogar vor Handgreiflichkeiten mir, sprich Acosta, gegenüber zurückhalten müßte. Als im zweiten Akt der Vorhang aufging und die Dekoration des Gartens mit zahlreichen wirkungsvoll zu bespielenden Podesten freigab und ein bunter Strauß von Schönheiten in herrlichen Kostümen auftrat, da lief ein Schauer des Entzückens durch den Zuschauerraum. Die Lakaien reichten Wein und Leckereien, die Kavaliere hofierten mit umständlichen Verbeugungen ihre Damen, welche ihre koketten Blicke hinter den Fächern verbargen. Die Musik spielte, einige tanzten, andere bildeten malerische Gruppen. Der Hausherr trat auf, begleitet von den Altvorderen und namhaften Gästen, die man ehrerbietig begrüßte und an die Tafelrunde bat. Auch tauchte Acosta auf, doch rückten allmählich und unauffällig alle Gäste von ihm ab. Endlich erschien die schöne Judith, die Tochter des Hausherrn, und ging freudig auf den Ketzer zu. Das fröhliche Stimmengewirr der Gäste floß mit der Musik zusammen.

Plötzlich ertönten aus der Ferne sonore, bedrohliche Posaunen, schrille Hörner und gedehnter Baßgesang. Die Gäste erstarrten für einen Augenblick, dann ging alles im Chaos auf – eine Panik setzte ein. Zugleich erschienen auf dem hinteren Podest des Balkons die furchteinflößenden schwarzen Rabbiner. Synagogendiener mit Kerzen trugen die heiligen Bücher und Rollen. In aller Eile wurden Taleths über die Festkleidung geworfen und die Kästchen mit den Gebeten um den Kopf gebunden. Die schwarzen Diener entfernten behutsam alle Gäste von Acosta: der grausige Ritus der Verfluchung begann. Acosta protestierte, rechtfertigte sich, und die junge Gastgeberin stürzte auf ihn zu und gab demonstrativ ihre Liebe zu ihm bekannt. Eine Sünde war geschehen, eine Gotteslästerung. Alles erstarrte. Dann gingen die Gäste stumm und betroffen auseinander. Der Aufbau dieser Szene schuf wie von allein die richtige Stimmung. Hier sprang der Regisseur für den Schauspieler ein.

Zum ersten Mal sah man auf einer russischen Bühne eine Massenszene, in der alles auf eine hohe theatralische Wirksamkeit hin gearbeitet war. Was sich nach diesem Akt im Zuschauerraum abspielte, war unbeschreiblich. Ehegatten, Geschwister, Eltern, Bekannte und Verehrer unserer bildschönen Statisten stürzten an die Rampe mit an

Brüllen grenzenden Rufen, schwenkten Tücher, zerbrachen Stühle und verlangten immerzu, alle Mitwirkenden zu sehen, was eine Unmenge an Vorhängen bedeutete.

Die Volksszene war anders konzipiert und sollte auch andere Empfindungen hervorrufen. Nach dem Ritual in der Synagoge mit Psalmgesängen und öffentlichem Verhör betrat der reumütige Acosta eine Erhebung, um, umgeben vom Volk, seinen Widerruf zu verkünden. Er begann zu stammeln, kam ins Stocken und brach zuletzt unter den seelischen Martern zusammen. Man hob ihn auf, brachte ihn zu Bewußtsein und zwang den Schutzlosen, die Widerrufserklärung zu Ende zu lesen. Acostas Bruder, der aus der Menge heraus laut schrie, die Mutter sei gestorben und die Braut habe man mit einem anderen verlobt, brachte die Erlösung. Acosta begriff nun, daß die seelischen Bande, die ihn an die Mutter und die Geliebte fesselten, gefallen waren: jetzt kam der Philosoph zu sich, richtete sich auf und rief wie weiland Galilei in die Menge:

»Und sie bewegt sich doch!«

Alle Mühe, die Menge davon abzuhalten, den Verdammten zu berühren – was nach dem religiösen Glauben Unheil bringen konnte – war umsonst: man stürzte sich auf Acosta und wollte ihn in Stücke reißen. Kleidungsfetzen flogen durch die Luft; Acosta fiel, verschwand in der Menge und sprang wieder auf, um neue Gotteslästerungen über die Menge hinweg auszustoßen.

Ich kann aus eigener Erfahrung bei dieser Vorstellung sagen: es ist grauenvoll, mitten in der tobenden Menge zu sein. Das war der Höhepunkt des Stücks, die Katharsis. Das Volk trug mich mit atemberaubender Energie auf seinen Wellen, ohne mir Zeit zu lassen, seelische Stoßdämpfer vorzustrecken. Es ist, glaube ich, der Menge zu verdanken, daß ich diese Szene gut gespielt habe und den Gipfel des wahren tragischen Pathos erreichen konnte.

Denn im Akt davor sah es ganz anders aus.

Auch dort gab es eine tragische Steigerung, die ich aber allein, ohne fremde Hilfe zu vollziehen hatte. Und je näher ich ihr kam, desto starrer wurden die seelischen Puffer, hinderten mich am Erreichen des künstlerischen Ziels. Wieder hielten die inneren Zweifel den seelischen Sturm im Zaum, und ich konnte mich nicht mehr bedenkenlos in die transzendenten Gewässer des Tragischen stürzen. In diesem Augenblick glich ich einem Schwimmer, der ins kalte Wasser springen mußte. Ich fühlte mich wie ein Tenor, der das hohe C nicht schafft.

Die Inszenierung des »Acosta« mit großen Volksszenen à la Meininger machte viel von sich reden und zog die Aufmerksamkeit von ganz Moskau auf sich. Man sprach von unsren Inszenierungen; wir wurden populär und gewissermaßen Patenthalter für Massenszenen. Auch wurde die allgemeine Stimmung in der Gesellschaft etwas besser. Schauspieler und andere Mitglieder, die auf einen Erfolg nicht mehr gehofft hatten, waren wieder frohen Mutes und entschlossen sich, im Zirkel zu bleiben.

Zunehmendes Interesse für Regie

Die nächste Inszenierung unserer Gesellschaft war das Stück »Der polnische Jude« von Erckmann-Chatrian.

Es gibt Stücke, die an und für sich interessant sind. Es gibt aber auch andere, die interessant gemacht werden können, wenn der Regisseur mit einer originellen Idee an das Stück herangeht. Wollte ich Ihnen jetzt die Fabel des »Polnischen Juden« erzählen, so würde es Sie langweilen. Nehme ich aber nur das Grundgewebe des Stücks und sticke darauf die unterschiedlichsten Ornamente meiner Phantasie als Regisseur, dann füllt sich das Stück mit Leben und wird interessant.

Ich hatte dieses und kein anderes Stück gewählt, nicht nur, weil es mir im Original gut gefallen hatte, sondern vielmehr, weil ich eine Inszenierungskonzeption fand, in die ich mich regelrecht verliebte. Ab jetzt erzähle ich die Geschichte nicht so, wie sie geschrieben worden war, sondern so, wie sie in der Gesellschaft in Szene gesetzt wurde.

Stellen Sie sich ein gemütliches Interieur im Hause des Bürgermeisters eines kleinen Grenzortes in den Bergen des Elsaß vor. Der Ofen brennt, die Lampe leuchtet fröhlich. Um den Tisch am Heiligabend sitzen die Tochter des Bürgermeisters, ihr Bräutigam – ein Grenzoffizier –, der Förster und noch jemand aus dem Ort. Draußen stürmt es, der Wind heult; die Fensterscheiben klirren, und durch die Ritzen pfeift es zum Gotterbarmen. Doch die Gesellschaft ist frohgemut: man singt, raucht, ißt, trinkt und macht Witze. Ein heftiger Windstoß läßt die Gesellschaft zusammenfahren und erinnert sie an einen ähnlichen Sturm vor einigen Jahren: damals hörte man das helle Glöckchen eines Pferdeschlittens. Das Geläut kam immer näher und brach plötzlich ab. Die Tür ging auf, und auf der Schwelle erschien ein großer, in einen Pelz gehüllter Mann.

»Friede sei mit euch!« sprach der Fremde.

Es war ein reicher polnischer Jude, von denen viele hier die Grenze passierten. Er warf den Pelz ab und entledigte sich seines schweren Wickelgürtels, in dem es nach Goldmünzen klang. Nachdem er sich aufgewärmt und den Sturm abgewartet hatte, fuhr der Jude fort. Am nächsten Tag fand man seine Pferde und den Schlitten, er selbst aber war spurlos verschwunden.

Nachdem man sich wohl zum hundertstenmal über jenen merkwürdigen Vorfall gewundert hat, wendet man sich wieder dem Wein und dem Gesang zu. Endlich erscheint der Hausherr, der Bürgermeister. Die Ausgelassenheit nimmt immer mehr zu, begleitet vom Geheul des Windes, aus dem man plötzlich ein helles Glöckchen herauszuhören glaubt. Ein Pferdeschlitten. Das Geläut kommt immer näher und bricht plötzlich ab. Die Tür geht auf, und auf der Schwelle erscheint, wie vor Jahren schon, ein großer, in einen Pelz gehüllter Mann.

»Friede sei mit euch!« spricht der Fremde. Er wirft den Pelz ab und entledigt sich seines schweren Wickelgürtels, in dem es nach Goldmünzen klingt. Die Anwesenden erstarren. Der Bürgermeister fällt bewußtlos um.

Der zweite Akt zeigt die gute Stube im Hause des Bürgermeisters. Es ist der Tag der Hochzeit der Tochter mit dem Grenzoffizier. Die Verwandten sind alle in der Kirche, die Glocken läuten. Einzig der Bürgermeister ist zu Hause geblieben – er hat sich immer noch nicht vom Schreck erholt. Der Bräutigam kommt ihn besuchen, um ihn ein bißchen abzulenken. Mitten im Gespräch horcht der Bürgermeister auf: in das Kirchengeläut hinein scheint sich ein feines, durchdringendes silbernes Glöckchen zu mischen. Ja, es klingt doch etwas in der Ferne. Oder scheint es nur so? Doch! Ein Glöckchen. Nein, jetzt wieder nichts. Um den Kranken zu beruhigen, erzählt der Offizier, der Mörder werde bald gestellt sein, die Polizei sei ihm endlich auf der Spur. Man kommt aus der Kirche. Zur Hochzeit versammeln sich Gäste, der Notar, die Freundinnen der Braut und die Dorfmusikanten. Die Trauung ist vollzogen, und alle beglückwünschen das junge Paar und den Vater. Die Musik spielt auf, und das Fest nimmt seinen Lauf. Doch immer deutlicher mischt sich in die Klänge der Kapelle ein feines Glockenläuten; es wird immer lauter und übertönt die Musik, indem es alle Töne in sich aufnimmt, und ist nun ganz allein, einem durchdringenden, Ohren und Gehirn durchbohrenden Schrei gleich zu hören. Der irregewordene Bürgermeister fleht die Kapelle an, lauter zu spielen, um das Glöckchen zu übertönen. Taumelnd stürzt er auf die erstbeste Dame zu und dreht sich mit ihr in wahnwitzigem Tanz. Er singt sogar mit der Kapelle mit, doch das

Glöckchen klingt immer lauter, durchdringender und unnachgiebiger. Die Gäste bemerken den Wahnsinn des Bürgermeisters, hören auf zu tanzen und drücken sich an die Wände, er aber kreist unablässig in jenem halsbrecherischen Tanz.

Dritter Akt: eine Mansarde mit schrägem Dach, unten, hinter einer Zwischenwand, die Treppe. In der Rückwand, fast auf der Höhe des Fußbodens, die Fenster, mit heruntergelassenen Jalousien, durch deren Lamellen tiefstes Dunkel der Nacht zu sehen ist. Zwischen den Fenstern ein riesiges, fast in die Mitte des Zimmers hineinragendes Bett. Entlang der Rampe, mit dem Rücken zum Zuschauer, stehen ein Tisch, Bänke, eine Kommode und ein Ofen. Es ist dunkel. Von unten dringen laute Hochzeitslieder, Musik, heitere junge Stimmen und Rufe Angetrunkener. Fröhlich gackernd steigen mehrere junge Leute die Treppe hinauf: sie bringen mit Kerzen den Vater der Braut, der müde ist und sich ausruhen möchte, auf sein Zimmer. Die jungen Leute verabschieden sich, und der blasse, erschöpfte Bürgermeister taumelt zur Tür, um sie abzuschließen. Dann fällt er entkräftet auf einen Stuhl und hört von unten den Lärm und das Klirren der Gläser, in dem das aufdringliche Läuten des unheilverkündenden Glöckchens zu erkennen ist. Voller Schwermut und Unruhe beeilt sich der Bürgermeister, ins Bett zu kommen, um im Schlaf Vergessen zu finden. Er löscht die Kerze, doch in der Dunkelheit bricht eine ganze Sinfonie aus grausigsten Tönen über ihn herein: eine akustische Halluzination, in der sich das fröhliche Grölen, die Musik und die fließend in Trauerlieder übergehenden Hochzeitsgesänge vermischen; laute Stimmen der feiernden Jugend werden untermalt vom dumpfen, fast jenseitigen Gegröle der Betrunkenen; dazu das Geschepper von Geschirr und Bierkrügen, das an die Kirchenglocke erinnert. Doch durch alle Laute hindurch, dem Leitmotiv einer Sinfonie gleich, schiebt sich, bald quälend und zudringlich, bald siegreich und bedrohlich, das unheimliche Glöckchen. Der Bürgermeister stöhnt im Dunkeln und stößt unverständliche Schreie aus. Er wälzt sich hin und her, das Bett knarrt, etwas fällt um, vielleicht ein Stuhl, den er umgestoßen hat. Auf einmal flackert am Bett blaugraues Licht auf, das sich unmerklich verstärkt und genauso unmerklich verlischt. Allmählich zeichnet sich, begleitet von den Lauten der akustischen Halluzination, die Figur eines Menschen ab. Sein Kopf mit den grauen, herunterhängenden Haaren ist gesenkt. Seine Hände sind gefesselt, und wenn er sie bewegt, hört man ein Rasseln wie von Ketten. Hinter seinem Rücken ist ein Pfahl mit einer Aufschrift. Alles macht den Eindruck eines an den Pranger angeketteten Verbrechers. Das Licht wird stärker, verfärbt sich aus dem Grau ins Grünliche. Es breitet sich über die Rückwand aus und wird zum gruseligen Hintergrund für die mit dem Rücken zum Publikum an der Rampe stehenden schwarzumhüllten Schemen. In der Mitte, dort wo der Tisch gestanden hat, sitzt auf einem Podest ein großer, fülliger Mann mit einem schwarzen Mantel und einem Richterhut bekleidet. Zu beiden Seiten von ihm sitzen mehrere ähnlich aussehende Gestalten mit flacheren Hüten. Rechts, anstelle der Kommode, streckt sich in Richtung des Verbrechers eine schlangenähnliche Figur in Schwarz, der Ankläger. Links, anstelle des Ofens, steht, an sein Pult gelehnt, die Hand voller Trauer vor die Augen haltend, regungslos der Verteidiger, ebenfalls in Schwarz. Das Verhör des Angeklagten verläuft wie ein Alptraum: flüsternd und im unentwegt wechselnden Rhythmus. Der Verbrecher senkt den Kopf immer tiefer, er verweigert die Aussage. Auf einmal erwächst aus der Ecke mit dem Kleiderständer eine lange, dürre Gestalt; sie kriecht die Wand hinauf, die Decke entlang, läßt sich über dem Angeklagten herab und starrt ihn an. Das ist der Hypnotiseur. Nun muß der Verbrecher den Kopf heben, und der Zuschauer erkennt das abgehärmte, gealterte und eingefallene Gesicht des Bürgermeisters. Unter Hypnose beginnt er weinend und stokkend auszusagen. Bei der Frage des Anklägers, was er mit dem ermordeten und ausgeraubten polnischen Juden getan habe, verstummt der Verbrecher erneut und ist zu einer Aussage nicht zu bewegen. Dann erhebt sich ein neuerlicher Sturm von unerträglichsten Tönen; die Bühne verdunkelt sich, und hinter den Scheiben der auf die Treppe führenden Tür lodert eine grellrote Flamme auf. Der Bürgermeister hält es in seinem Wahn für das Feuerloch der Schmiede, stürzt darauf zu, um den fülligen Körper des ermordeten Juden in den engen Schlund des glühenden Ofens zu zwängen und alle Spuren seines Verbrechens im Feuer zu vernichten. Doch damit verbrannte er seine eigene Seele. Mit einemmal ist alles verschwunden. Durch die Jalousien sieht man die roten Strahlen der aufgehenden Sonne, doch von unten hört man anhaltendes Grölen betrunkener Hochzeitsgäste. Einige von den fröhlichen Gesellen steigen die Treppe zur Mansarde hinauf, um dem Hausherrn zu sagen, es sei schon Tag und Zeit zum Aufstehen. Sie klopfen an. Keine Antwort. Sie lachen und klopfen wieder an; auch jetzt keine Antwort. Sie wundern sich erst, dann wird ihnen die Sache unheimlich: sie schlagen die Scheibe ein, öffnen die Tür und finden den Bürgermeister tot.

Die Verwandlung des Zimmers in ein Gericht verlief fast unmerklich und wirkte dermaßen gruselig, daß so gut wie bei allen Vorstellungen nervenschwache Damen den Saal verließen, wenn sie nicht schon ohnmächtig geworden waren, worauf ich als Erfinder dieses Tricks sehr stolz war!

Während das Publikum bei dieser Szene erschrak, beobachtete ich von hinten ein ganz anderes Bild. Die Amateure, unter denen es sehr ernst zu nehmende Leute gab, ja sogar einen hohen Staatsbeamten, krochen eiligst im Dunkeln über die Bühne, um vor dem Einschalten des Lichts an ihre Plätze zu gelangen. Einige waren im Verzug und wurden von anderen geschubst. Das war derart komisch, daß ich mich auf die hochdramatische Szene nicht konzentrieren konnte. Ich schloß die Augen und dachte: »Genau so ist sie, die Bühne! Von hier aus zum Lachen, von dort unten zum Fürchten!«

Ich denke mir gern Mystifikationen auf dem Theater aus und freue mich, wenn ich einen Trick finde, der den Zuschauer hinters Licht führt. Auf dem Gebiet des Phantastischen kann die Bühne noch vieles leisten. Bisher hat sie noch nicht einmal die Hälfte des Möglichen gebracht. Ich will gestehen, daß gerade dieser (meines Erachtens bühnenwirksame) Trick im letzten Akt einer der Hauptgründe gewesen ist, weshalb ich diese Inszenierung machte. Und ich hatte recht – es war ein Erfolg: Man klatschte Beifall. Wem? Mir. Wofür? Für die Regie oder für die Schauspielerei? Ich gefiel mir in der Meinung, es sei für das letztere, und bezog den Beifall auf mein gutes Spiel. Wußte ich's doch, daß ich ein Tragöde war! Die Rolle gehörte ja zum Repertoire so großer Schauspieler wie Irving, Barnay, Paul Mounet und anderer.

Rückblickend glaube ich, nicht gar so schlecht gespielt zu haben. Das Interesse für das Stück und diese Rolle nahm zu, doch wurde es nicht durch die Psychologie, nicht durch den menschlichen Geist der Rolle erweckt, sondern durch die äußere Fabel. Wer war der Mörder? Ein Rätsel, das die Zuschauer in Spannung hielt und nach einer Lösung verlangte. Es gab auch andere, für die Tragödie wichtige Höhepunkte, zum Beispiel die Ohnmacht am Schluß des ersten Akts und den rasenden Tanz am Schluß des zweiten Akts. Wer hat eigentlich diese starken Momente geschaffen: der Regisseur oder der Schauspieler? Selbstverständlich der Regisseur, dem die Lorbeeren in viel größerem Maße zustanden als dem Schauspieler.

Diese Inszenierung war für mich eine andere Art von Schule, in der ich lernte, von außen, durch Regieeinfälle, dem Schauspieler zu helfen. Und außerdem lernte ich die Kunst, die Fabel des Stückes, seine äußere Handlung genau herauszuholen. Wie oft sieht man sich im Theater ein Stück an, ohne die Abfolge der Ereignisse und den Zusammenhang zwischen ihnen recht zu verstehen. Das muß doch als erstes im Stück herausgearbeitet sein, wie will man sonst von inneren Zusammenhängen sprechen! Unsere Schauspieler aber hatten einen großen Defekt: sie beherrschten die Sprechtechnik so wenig wie ich selbst. Die Kenner hatten uns deswegen heftig kritisiert und meinten, wir sollen bei den besten Schauspielern anderer Theater sprechen lernen. Doch wir hatten instinktiv eine Scheu davor und verteidigten uns folgendermaßen:

»Wir wollen lieber undeutlich sprechen als so wie alle anderen. Entweder kokettieren sie mit den Worten und sind entzückt von den Modulationen der eigenen Stimme, oder sie machen aus dem Sprechen eine Staatsaktion. Man soll uns beibringen, schlicht, erhaben, schön und musikalisch zu sprechen, aber ohne diese stimmlichen Fioritur en, ohne Schaubudenpathos und sonstige Verrenkungen. Das gleiche wollen wir auch für die Bewegungen und Handlungen haben. Mögen sie bescheiden, wenig ausdrucksvoll und bühnenwirksam – im Sinne der Schauspielerei – sein, dafür sind sie nicht verlogen, sondern menschlich und schlicht. Wir hassen das Theatralische am Theater, aber wir lieben Bühnenwirksames auf der Bühne. Und das ist ein gewaltiger Unterschied.«

Diese Inszenierung hatte mich einigermaßen davon überzeugt, daß ich allmählich zu spielen anfing. Zwar war es noch nicht die Tragödie selbst, doch immerhin ein nahes Vorfeld. Gleich dem Tenor, der das hohe C nicht schafft, war ich ein Tragöde ohne tragische Höhepunkte. In solchen Augenblicken brauchte ich die Hilfe des Regisseurs, die ich bei dieser Inszenierung durch eine bühnenmäßige Lösung erhielt.

Diese Arbeit brachte mich zwar nicht vorwärts, warf mich aber auch nicht zurück. Ich behauptete mich in dem guten Neuen, das ich bis dahin gelernt hatte.

Versuche mit Berufsschauspielern

Auf der Suche nach einem Mitarbeiter, mit dem ich die Leitung des geplanten Theaterunternehmens teilen könnte, aber auch, um Schauspieler zu finden, die den Kern unseres Liebhabertheaters festigen sollten, wandte ich mich an professionelle Schauspieler und Unternehmer und versuchte, mit ihnen zu inszenieren.

In einem Datschen-Vorort von Moskau führte ich Regie bei Gogols »Revisor«.

Wer wüßte nicht, wie man den »Revisor« zu spielen hat? Alles stand an seinem angestammten Platz: das Sofa, der Stuhl und die übrigen Kleinigkeiten. Die Probe begann ganz flott und lief so, daß man hätte meinen können, die Leute müßten das Stück mehrere hundertmal gemeinsam gespielt haben: keine einzige individuelle Intonation oder Nuance mehr. Alles war ein für allemal als jenes Gogol-Klischee festgelegt, gegen das er doch so energisch in seiner »Vorbemerkung für solche, die den ›Revisor‹ ordentlich spielen wollen« und in dem bekannten Brief über die Inszenierung seiner Komödie ins Feld zog. Absichtlich ließ ich die Schauspieler gewähren, sagte ihnen nach dem ersten Akt eine Unmenge Komplimente und beschloß meine Rede mit dem Eingeständnis, mir bliebe nichts weiter übrig, als zur Premiere zu erscheinen und Beifall zu klatschen, denn es sei ja alles fertig. Wenn aber die Schauspieler Lust hätten, einen anderen, nämlich den Gogolschen »Revisor« zu spielen, so müsse man von vorne, mit dem Abc anfangen. Den Schauspielern war eine solche Arbeitsweise willkommen, also machte ich mich voller Selbstvertrauen ans Werk.

»Fangen wir an!« sagte ich und betrat die Bühne. »Dieses Sofa links kommt nach rechts! Die Eingangstür kommt von rechts in die Mitte. Zu Beginn des Akts waren Sie auf dem Sofa? Nun gehen Sie auf die gegenüberliegende Seite zum Sessel!«

So despotisch sprang ich damals mit den gestandenen Schauspielern um.

»Spielen Sie das Stück von vorn mit den neuen Arrangements!« kommandierte ich. Die ratlosen Schauspieler standen mit verdutzten Gesichtern da und wußten nicht, was sie tun sollten und wie.

»Und wie weiter?« stutzte der eine.

»Und wo gehe ich jetzt hin?« fragte der andere.

»Wie soll ich diesen Satz sprechen?« wollte ein dritter wissen, jetzt aber ohne Anspruch, so als sei er ein schlichter Amateur.

Nun, nachdem sie den Boden unter den Füßen verloren hatten, lieferten sie sich mir völlig aus, und ich begann, sie genauso zu dirigieren wie die Laien. Das paßte vielen nicht, und zwischen ihnen und mir richtete sich eine Wand auf.

Die Aufführung mißlang, da die Schauspieler nicht genug Zeit hatten, das Alte zu vergessen und sich das Neue anzueignen. Ich hatte ihnen nichts beigebracht, sondern sie nur verunsichert. Sie hingegen brachten mir einiges bei. Ich mußte am eigenen Leibe erfahren, was Klatsch, Spott und Intrigen sind. Ich erfuhr auch, daß es viel leichter ist, jahrhundertealte Traditionen zu zerstören, als neue zu schaffen.

Mein erster Versuch mit den Professionellen kann nicht als erfolgreich gewertet werden.

Der zweite Anlauf war schon besser. Ein damals bekannter Theaterunternehmer und überaus begabter, erfahrener und feinsinniger Mann bot mir an, in dem riesigen Solodownikow-Theater das damals vieldiskutierte Stück Hauptmanns »Hanneles Himmelfahrt« zu inszenieren, und zwar aus Anlaß der Krönungsfeier für Nikolai II. Eine verantwortungsvolle Aufgabe, weil nicht nur Zuschauer aus Moskau und der Provinz, sondern auch Ausländer meine Arbeit bewerten würden.

Neben der Möglichkeit, mich einem breiten Publikum vorzustellen, hatte ich einen geheimen Zweck im Auge: die Arbeitsweise des vielgerühmten Unternehmers aus der Nähe kennenzulernen.

Vielleicht war er der Theaterdirektor, den ich suchte?

Es war um die Fastenzeit, wo alljährlich Schauspieler aus der Provinz nach Moskau kamen, um auf der Theaterbörse neue Verträge für die nächste Spielzeit abzuschließen. Ich wurde eingeladen, bei der Auswahl der Schauspieler für die Inszenierung dabei zu sein. Zur festgesetzten Stunde war ich an dem mir beschriebenen Ort und fand mich in einem kürzlich geräumten Kaufladen, den der pleitegegangene Inhaber in Eile verlassen haben mußte. Überall Müll, Gerümpel, Papierfetzen, kaputte Regale und Kisten, ein altes Sofa mit abgebrochenen Lehnen, einige Sessel in ähnlichem Zustand, alte Reklameschilder für Kurzwaren und dergleichen. Eine Wendeltreppe führte nach oben in eine Rumpelkammer mit schmutzigem Fensterchen und einer Unzahl von Schachteln und Kästchen. Die Decke war so niedrig, daß ich mir dauernd den Kopf daran stieß. Hier saßen auf Holzkisten mein künftiger Manager und sein Assistent. Von unten kamen abgerissen, ärmlich und nicht sonderlich sauber aussehende Menschen, die geduzt wurden.

»Heb den Rock, zeig die Beine«, sagte der Assistent zu einem jungen Mädchen. »Halt dich gerade! Dreh dich um!«

Das arme Mädchen legte in diesem ungeheizten Kabuff ihren Fellmantel ab und versuchte, sich so gut es ging gerade zu halten.

»Kannst du singen?«

»Ich bin dramatische Schauspielerin, ich singe nicht.«

»Kommt zu den Bettlern«, entschied der Manager.

»Oder vielleicht als Prostituierte?« meinte mildtätig der Assistent und trug sie in die Liste der Asylbewohnerinnen ein.

Die junge Schauspielerin nickte kaum merklich und ging hinaus. Man rief den Nächsten herein, doch ich schloß die Tür und bat um eine Erklärung.

»Entschuldigen Sie«, begann ich so vorsichtig und freundlich wie ich nur konnte, »aber ich sehe mich außerstande, diese Arbeit fortzusetzen. Was ist Ihre Meinung: kann man sich mit Kunst und Ästhetik in einem Kuhstall befassen? Oder hat die Ästhetik vielleicht ihre Forderungen, auf die man wenigstens im minimalen Umfang eingehen müßte, sonst würde die Ästhetik aufhören, eine solche zu sein? Die Mindestforderung, und nicht nur die der Ästhetik, sondern auch die der primitivsten Kultur ist Sauberkeit. Lassen Sie doch diesen Stall hier sauberfegen, den ganzen Kram wegschmeißen, den Fußboden wischen, die Fenster putzen, den Raum heizen, ein paar billige Thonet-Stühle und einen simplen Tisch mit Tischtuch bringen und einige Federhalter, damit man auf dem Tisch und nicht an der Wand wie jetzt schreiben kann. Ist es dann soweit, dann werde ich mich mit größtem Eifer dieser für mich sehr interessanten Arbeit widmen. So wie jetzt aber geht das nicht, mir wird übel. Und noch eins: Sie sind Direktor einer Einrichtung, die den Menschen Bildung vermittelt. Die Schauspieler sind Ihre allernächsten kulturellen Partner. Lassen Sie uns das nicht vergessen und sie nicht wie Huren und Sklaven, sondern wie Persönlichkeiten behandeln, die dieses hohen Namens würdig sind.

Sollten meine Worte Sie nicht gekränkt haben, sondern vielmehr zur Realisierung dieser rechtschaffenen Sache anspornen, dann reichen Sie mir die Hand, und wir verabschieden uns bis zum nächstenmal. Sollte meine Ansprache Sie verletzt haben, dann wollen wir uns für immer trennen.«

Meine Einschätzung des Managers war richtig: er war ein feinfühliger und anständiger Mensch. Meine Worte machten ihn ganz verlegen, er schlug sich mit der Hand auf die Stirn und murmelte beschämt:

»Wieso bin ich alter Trottel nicht schon früher darauf gekommen?!«

Er umarmte mich, und ich ging.

Beim nächsten Mal war der Laden geheizt und blitzte vor Sauberkeit. Die oberen und unteren Räume waren eingerichtet mit Möbeln, die jedem Operetten-Schloß Ehre gemacht hätten: schwere, auf theatralischen Luxus hingetrimmte Vorhänge mit goldenen Fransen, mit Silber- und Goldbronze bemalte Stühle, Tischtücher aus Samt und Seide, Vasen und Uhren aus Pappmaché, Teppiche, Karaffen, Gläser, Aschenbecher und Tee für die Schauspieler. Das obere Kämmerchen war nun ein richtiges Büro des Direktors. Die Schauspieler, nicht wenig erstaunt über die Verwandlung, beeilten sich, ihre Mäntel abzulegen, machten sich zurecht und benahmen sich so, wie sie es von der Bühne in den Rollen der spanischen Granden kannten. Der so entstandene Stil dieses Raums war schon reichlich eigenartig. Doch das Ziel war erreicht, und man konnte mit den Leuten vernünftig sprechen.

Die Schauspieler waren gut gelaunt und gespannt auf diese neue Unternehmung, von der sie sich nach den entnervenden Zuständen in Provinztheatern einiges versprachen. Die Arbeit ging gut voran, und jeder wollte in Gesprächen mir zu verstehen geben, daß mein Ansehen immer mehr zunahm. Da das Theater erst ab der nächsten Woche gemietet war, fingen wir, um keine Zeit zu verlieren, in diesem behelfsmäßigen Raum zu proben an. Als erstes lernte ich alle Vor- und Nachnamen der Schauspieler auswendig. Die Verblüffung eines drittrangigen Schauspielers oder gar Statisten, wenn er möglicherweise zum erstenmal mit seinem Namen angesprochen wurde! Wo man ihn doch früher wie einen Sklaven behandelt und nur mit »He, du da!« angeredet hatte. Es war eine Art Bestechung meinerseits, der kein einziger Darsteller widerstehen konnte. Mehr noch, man fing an, mich mit den ausgesuchtesten Manieren zu hofieren.

Die Art der Probenarbeit, mit der wir begonnen hatten, war allen neu. Diesmal war ich, gewitzt durch die Erfahrung beim »Revisor«, vorsichtiger, so daß alles zu meiner und des Managers Freude glänzend lief. Er überschüttete meine angebliche Kunst im Umgang mit Menschen mit Komplimenten. Diese Kunst bestand darin, daß ich Menschen als Menschen behandelte.

Nach einer Woche durften wir ins Solodownikow-Theater, wo wir erneut Schmutz, Kälte und Verwahrlosung vorfanden. Wieder mußten die Schauspieler vor ihren Auftritten in den Korridoren herumlungern und vor lauter Langeweile Kollegen durchhecheln und Gerüchte in Umlauf setzen. Die Disziplin sank rapide. Ich dachte mit Wehmut an den verlassenen Laden zurück. Um die Lage zu retten, mußte ich einen weiteren coup d'état lancieren.

Ich sagte die Probe ab, verließ das Theater und ließ dem Manager ausrichten, ich könne nur wiederholen, was ich im schmutzigen Kaufladen aus ähnlichem Anlaß gesagt hätte, bevor daraus ein Palast geworden sei. Nach einigen Tagen erhielt ich eine Aufforderung zur Probe. Diesmal war das Theater sauber gewischt und geheizt. Mir wurde mit operettenhaftem Prunk ein hübsches Zimmer eingerichtet, die Schauspieler erhielten Aufenthaltsräume, einen für die Damen und einen für die Herren. Leider fühlten sich bei weitem nicht alle bemüßigt, die Hüte abzunehmen – eine Unsitte in allen Theatern. Die Atmosphäre hinter den Kulissen impft den Schauspielern gräßliche Angewohnheiten und eine Nachlässigkeit ein, die ich zu bekämpfen trachtete, um offenen Herzens und mit sauberen Händen ans Werk zu gehen. Da bin ich auf folgenden Trick gekommen. Zu Beginn des Stücks trat ein sehr bekannter, in der Provinz ehemals berühmter Schauspieler in einer kleinen Rolle auf. Heimlich bat ich ihn, in Mantel, Hut, Galoschen und mit dem Spazierstock auf die Bühne zu kommen und den Text herunterzumurmeln, wie es an einigen Theatern üblich war. Ich bat ihn ehrerbietig um Erlaubnis, ihm, einem verdienten Schauspieler, einen strengen Verweis zu erteilen und ihn aufzufordern, Mantel, Hut und Galoschen abzulegen und in voller Lautstärke ohne Textbuch zu proben. Der berühmte Mann war intelligent und verständnisvoll genug, auf diesen Vorschlag einzugehen. Alles verlief wie geplant: höflich, aber bestimmt und überall vernehmlich wies ich, meines Anspruchs auf Macht bewußt, den Darsteller zurecht. Die anwesenden Schauspieler mußten vermutlich gedacht haben: »Wenn sich der junge Regisseur erlaubt, mit einem ehrwürdigen, angesehenen Künstler so zu sprechen, was blüht dann uns, unbekannten Schauspielern, wenn wir ihm nicht gehorchen?«

Die größte Überraschung für sie war, daß ich von der fünften Probe an vollkommenes Beherrschen des Textes verlangte und das

Textbuch auf den Proben verbot. Das verfehlte seine Wirkung nicht, und das nächste Mal konnte jeder seinen Rollentext.

Nach dem zweiten coup d'état konnten die Proben im Theater reibungslos laufen. Doch fing der Manager vor lauter Freude unseligerweise zu trinken an und ließ sich mehr gehen, als der Anstand es erlaubte. Dann tauchte ein zweiter Trinklustiger auf, einen dritten hatte ich auch schon im Verdacht. Wieder kam die Sache ins Wackeln und drohte abzusinken. Ich sah den Moment für einen dritten coup d'état als gekommen an. Ich brach die Probe ab, entschuldigte mich bei den Schauspielern für den verpatzten Abend und fuhr nach Hause. Meine Verärgerung wirkte um so geheimnisvoller, ja unheimlicher, als ich keine Gründe dafür nannte. Am selben Abend schrieb ich dem Manager, daß ich auf die Ehre, deren er mich für würdig befunden habe, verzichte, und erklärte mit aller Entschiedenheit, daß ich unter den Bedingungen, wo der Manager selbst sich dem Trunk hingebe, mich außerstande sehe, die Arbeit weiterzuführen. Ich wußte, daß er in der Klemme war: er hatte fast sein ganzes Vermögen investiert, Schulden gemacht und kannte außerdem niemanden, der für mich hätte einspringen können. Mir wurde berichtet, daß der Manager sich aller der medizinischen Wissenschaft bekannten Mittel bediente, um der Trunksucht zu begegnen und wieder wie ein Mensch auszuschen. Geschniegelt und gebügelt, gewaschen und duftend kam er zu mir und schwor bei allem, was ihm gerade einfiel, so etwas werde nie wieder vorkommen. Ich ging sofort darauf ein und erschien am Abend zur Probe.

In »Hanneles Himmelfahrt« wird zunächst das Leben von Bettlern und Prostituierten in einem Asyl gezeigt: unverblümt und mit naturalistischer Überdeutlichkeit. Im zweiten Akt erfolgt eine grundlegende Wandlung: vom Naturalismus zum Phantastischen. Hannele, die im ersten Akt stirbt, nimmt nun Abschied von ihrem Körper und dem realen Leben und geht in die Ewigkeit ein, die auf der Bühne dargestellt ist. Ihre Leidensgenossen im Asyl, rohe Bettler, verwandeln sich in Schemen ihrer selbst und werden gütig, zärtlich und sanft, ganz im Gegensatz zu ihrer früheren Grausamkeit gegenüber Hannele, die nun, einer Märchenprinzessin gleich, in einem gläsernen Sarg ruht.

Mit dieser Szene sollte die Probe beginnen, und ich war lange davor ins Theater gekommen und zerbrach mir den Kopf, wie ich reale Menschen in ihre eigenen Schatten verwandeln könnte. Die Bühne war noch dunkel; hinter einer Dekoration hervor fiel ein Strahl grellen bläulichen Lichts auf den Fußboden und ließ eine geheimnisvolle Atmosphäre entstehen, in der die Zimmerwände nur noch erahnbar waren. Alles übrige versank im Dunkeln. Die Schauspieler versammelten sich zur Probe, unterhielten sich auf der Bühne und gerieten ab und zu in den Lichtstrahl. Dabei krochen ihre langen Schatten über den Fußboden, die Decke und die Wände. Wenn sie sich bewegten, erschienen ihre Körper nur als Silhouetten, während ihre Schatten sich trafen und trennten, sich verknoteten und lösten, so daß die Schauspieler sich in diesem Lichtspiel verloren und selber Schatten zu sein schienen. Heureka! Ich hab's! Ich mußte mir nur merken, wo der Lichtkegel lag, denn es ist nicht immer möglich, etwas Zufälliges auf der Bühne festzuhalten und zu wiederholen. Ich rief einen Beleuchter zu mir und ließ alles aufschreiben: die Stärke der Glühbirne und die Art des Lichtes, die Lage der Lampe und die Stelle des Lichtkegels auf dem Fußboden, die ich kennzeichnete. Zu diesem Effekt mußte ich entsprechende Handlungen für die Darsteller finden, was nicht mehr schwierig war, da ja der Lichtstrahl alles andere bestimmte. Ich ließ die Schauspieler so sprechen und sich bewegen, wie wir es aus unseren Träumen oder aus dem Fieberwahn kennen: jemand flüstert Ihnen unverständliche Worte zu… ein Innehalten mitten im Wort… eine lange Pause… alles bebt und wogt, so als atme es. Wieder die langsame, stockende, nur einzelne Wörter hervorhebende Rede – chromatische Hebungen und Senkungen. Eine neue Pause, dann plötzliches Raunen, langsames, monotones Sich-Wiegen der am Fußboden klebenden schattenhaften Menge der Bettler. Schatten bewegen sich an der Decke und an den Wänden. Mit einemmal wird unter lautem Knarren und Schnarren des Riegels die Tür aufgerissen.

Die scharfe, kreischende Stimme einer eintretenden Bettlerin, wie man sie etwa in einem Fieberwahn hört:

»Is das a Wetter!« schrillt diese Stimme wie ein plötzlicher Herzstich. Alles schreckt auf und rast ziellos über die Bühne. Die Schatten springen, alles vermischt sich, wie wenn es einem schwindlig wird. Dann ebbt alles allmählich ab, nur ein leichtes Wogen, eine Starre dann und eine lange, bedrückende Pause. Ein weiches, wehklagendes Flüstern:

»Hannele! Haaannele!«

Die starke chromatische Hebung eines Seufzers und das genauso abrupte Abfallen der Intonation bis zum resignierenden Flüstern:

»Hannele ist tot!«

Die Menge der Schemen gerät in Bewegung, man hört das Schluchzen und Stöhnen der jungen Mädchen und der Greise.

Zu gleicher Zeit ruft aus der entlegensten Garderobe ein Tenor mit hoher, heller Stimme:

»Sie bri-i-ingen einen glä-ä-äsernen Sa-a-arg!«

Die Stimme vibriert, da der Rufer an den Schultern gerüttelt wird.

Einige Minuten lang ertönt der kaum vernehmliche Ruf des mystischen Boten. Nun huschen die Schatten im Zimmer umher und wiederholen denselben Satz, heben aber die Pfeif-, Zisch- und Nasallaute hervor:

»Ssie brinnngen einnnen gläs-s-sernnnen S-s-arg!«

Dieses Pfeifen und Zischen setzt leise ein, steigert und verdichtet sich unter den chaotischen Bewegungen der Masse; dann kommt es näher, das heißt, auf die Bühne und hinter die Kulissen, wo die übrigen Statisten zu zischen anfangen, bis sie nicht mehr können. Dann setzt der Chor ein, dem sich alle Bühnentechniker und einige Musiker anschließen, die uns freundlicherweise helfen. Das Ganze ergibt ein grandioses Gezisch, begleitet von schwindelerregenden Bewegungen der Schatten, die einem Alptraum entstiegen sein mochten. Und da erscheint in der Mitte der Bühne der hell erleuchtete gläserne Sarg mit dem als Märchenprinzessin gekleideten Hannele. Die Leiche des anderen Hannele im Bettlergewand bleibt auf der Vorderbühne liegen. Nach dem Erscheinen des Sargs verfällt alles in selige Versunkenheit, Reglosigkeit und langsames Sich-Wiegen der Schemen. Eine lange, lange Pause.

In diesem Augenblick ertönte von irgendwoher, nicht laut, doch klar und vernehmlich, ohne jedes Pathos, wie eine akustische Halluzination ein Baß mit allen Anzeichen von Trunkenheit:

»Sie bringen einen gläsernen Sarg!«

Wir zuckten zusammen wie von einem elektrischen Schlag. Der Manager, ich und einige andere feinfühlige Leute, die zugegen waren, sprangen auf und wußten sich nicht zu beruhigen. Der Manager stürzte zu mir:

»Was war das? Das war genial! Festhalten, unbedingt festhalten! Wir machen's gleich nochmal!«

Wir stürzten auf die Bühne, um den genialen Erzeuger des phänomenalen Effekts zu umarmen. Das Genie war der total betrunkene Regieassistent. Der Ärmste hatte gehört, daß das Trinken bei dieser Unternehmung strengstens verboten sei, und nahm, da er sich verraten zu haben glaubte, Reißaus. Auch später, trotz der Bemühungen des Managers, ihn betrunken zu machen, traute er sich nicht, angeheitert auf der Bühne zu erscheinen und wurde nur noch nüchtern gesehen, unfähig, den göttlichen Satz noch einmal zu bringen.

Völlig verzweifelt holte der Manager einen passenden Baß aus dem Kirchenchor. Zunächst probte er nüchtern: ohne Erfolg. Daraufhin gab ihm der Manager zu trinken. Zwar war der Ton gut, doch der Mann verpaßte stets, betrunken wie er war, seinen Einsatz oder sprach den unpassendsten Text. Nun fing auch der Manager wieder zu trinken an. Als ich das bemerkte, protestierte ich entschieden gegen den genialen Pinselstrich. Der Manager willigte ein, ließ aber das Trinken nicht und meldete sich krank. Ich tat so, als glaubte ich an seine angebliche Erkrankung, wies aber seine Angehörigen an, ihn solange nicht ins Theater gehen zu lassen, bis er »genesen« war. Inzwischen soll der unselige Kranke im Hause getobt und gebrüllt haben, er trinke für die Kunst, weil außer ihm keiner den genialen Pinselstrich zustandebringen könne.

»Othello«

Unsere nächste Inszenierung war »Othello«. Bevor ich aber darauf zu sprechen komme, berichte ich von einigen Erlebnissen, die mich bewogen haben, die Titelrolle zu übernehmen. Diese Erlebnisse waren von außerordentlicher Bedeutung nicht nur zu dem Zeitpunkt, als ich den Othello spielte, sondern für mein ganzes künstlerisches Sein.

Moskau hatte das Glück, das Gastspiel des Königs der Tragöden, des weltberühmten Tomaso Salvini senior, erleben zu dürfen. Fast die ganze Fastenzeit lang gastierte er mit seinem Ensemble im Bolschoi Theater. Man gab den »Othello«.

Zu Anfang ließ mich das Spiel des Gastes kalt. Sicherlich hatte er nicht die Absicht, gleich zu Beginn die Aufmerksamkeit auf sich zu lenken, andernfalls hätte er es mit einem einzigen Strich erreicht, was die nächste Szene im Senat bewies. Der Anfang des Bildes brachte nichts Neues, also konnte ich die Figur, das Kostüm und die Maske Salvinis genauer betrachten. So besonders fand ich sie weder damals noch später. Ich glaube, daß er gar keine Maske hatte: es war das Gesicht des Genies, das möglicherweise von keiner Maske verdeckt zu werden brauchte. Ein großer, störrischer Schnurrbart, die etwas zu perückenhafte Perücke; ein übermäßig schwerer, fast dick zu nennender Körper, den die am Gürtel steckenden orientalischen Dolche nur noch dicker machten, vor allem, wenn er seinen maurischen Kapuzenumhang trug. Das alles entsprach kaum dem Typus des Kriegers Othello.

Und dennoch. Salvini trat an den erhöhten Platz der Dogen heran, dachte nach, konzentrierte sich, und plötzlich hatte er uns alle, das ganze Publikum des Bolschoi Theaters, in der Hand. Es schien nur eine Geste gewesen zu sein: er griff, ohne hinzusehen, mit der Hand ins Publikum, packte es und hielt es die ganze Vorstellung lang wie Ameisen in seiner Faust. Drückte er fester zu, bedeutete es den Tod; ließ er etwas lockerer, dann war es die Geborgenheit, die Seligkeit. Wir waren ganz in seiner Gewalt, für immer, fürs Leben. Jetzt war uns klar, wer dieses Genie war, wie er sich gab, was wir von ihm zu erwarten hatten.

Ich erspare mir die Beschreibung von Salvinis Spiel mit all seinem Reichtum und dem Vermögen, uns alle Stufen jener Leiter mitsteigen zu lassen, die Othello in die Hölle seiner Eifersucht führt. In der Theaterliteratur gibt es reichlich Berichte, nach denen sich diese außergewöhnlich schlichte und klare, diese riesige und unvergleichliche Gestalt wiederherstellen läßt: Salvini als Othello. Eins ist für mich unzweifelhaft: Salvinis Othello ist ein Monument, ein Denkmal, die Verkörperung eines unabänderlichen Gesetzes.

Das Wort des Dichters »So schaffe man für immer, ein für allemal!« nahm Salvini in seiner Kunst buchstäblich und wörtlich.

Wie kam es nun, daß ich bei Salvini auch an Rossi und die großen russischen Schauspieler, die ich damals gesehen hatte, denken mußte? Ich fühlte wohl, daß etwas Gemeinsames, Verwandtes da war, das ich gut kannte und bei wirklich großen Schauspielern immer sah. Was war das?

Ich zerbrach mir den Kopf, ohne eine Anwort zu finden.

Ähnlich wie ich Chronegk und die Meininger beobachtete und ihr Leben hinter den Kulissen auskundschaftete, wollte ich alles wissen, was Salvini hinter den Kulissen tat, und befragte jeden, der mir über den Weg lief, danach.

Salvinis Beziehung zu seiner Pflicht als Schauspieler war rührend. Am Tag der Vorstellung war er schon frühmorgens erregt, aß wenig, zog sich nach dem Mittagessen zurück und empfing niemanden. Vorstellungsbeginn war um acht. Um fünf war Salvini im Theater, drei Stunden vor Beginn also. Er ließ seinen Pelz in der Garderobe und begab sich auf die Bühne, wo er, wurde er angesprochen, mit jemandem plauderte, dann, wieder allein, nachdachte, um anschließend in seiner Garderobe zu verschwinden. Etwas später kam er in Schminkjacke oder Morgenrock wieder, wandelte über die Bühne, probierte stimmlich einen Satz aus, vollführte einige Gesten, die er für die Rolle brauchte, und ging erneut in die Garderobe, um das Gesicht dunkel zu schminken und sich den Bart zu kleben. Nach dieser sicher nicht nur äußerlichen Verwandlung betrat er leicht und beschwingt wieder die Bühne, als die Techniker die Dekorationen aufbauten. Salvini sprach dann mit ihnen.

Dachte er vielleicht, er sei unter den eigenen Soldaten, die Barrikaden und Befestigungen gegen den Feind errichten? Wer weiß. Seine kräftige Figur, die Haltung eines Feldherrn und die scharf beobachtenden Augen schienen diese Vermutung zu bestätigen. Und immer wieder begab sich Salvini in die Garderobe, um mit der Perücke und dem Unterkleid Othellos, dann mit Wickelgürtel und Jatagan, ein andermal mit dem Turban zu erscheinen, und endlich in der vollen Montur des Feldherrn Othello die Bühne zu betreten. Und jedesmal hatte man den Eindruck, er bedecke nicht nur sein Gesicht und seinen Leib, sondern stelle allmählich seine Seele dementsprechend ein und eine nötige innere Stimmung her. Er fuhr in die Haut und den Leib des Othello mit Hilfe von wichtigen rituellen Vorkehrungen.

Diese Vorkehrungen vor jeder Vorstellung zu treffen war diesem Genie ein Bedürfnis, obwohl er nach fast zehnjähriger Arbeit die Rolle mehrere hundertmal gespielt haben dürfte. Sein Eingeständnis, er habe erst nach der hundertsten, wenn nicht zweihundertsten Vorstellung begriffen, was Othello sei und wie man ihn gut spielen könne, war kein leeres Wort.

Gerade diese Einzelheiten über Salvini machten auf mich jenen tiefen Eindruck, der mein ganzes weiteres Leben als Künstler prägen sollte.

Seit ich Salvini gesehen hatte, ließ sich der Traum von der Rolle des Othello nicht mehr verdrängen. Doch wurde der Wunsch, den Mohren zu spielen, nahezu unüberwindlich, als ich während meiner Reisen Venedig besuchte. Auf den Kanälen in der Gondel gleitend, wußte ich bereits, daß ich in der kommenden Saison die geliebte Rolle spielen würde.

Von früh bis spät rannten meine Frau und ich durch die Museen Venedigs, suchten nach Antiquitäten, zeichneten Kostüme von den Fresken ab, kauften Brokat, Stickereien oder auch einzelne Möbelstücke.

Während der nämlichen Reise kam ich auch nach Paris, wo ich eine zufällige Begegnung hatte, von der ich berichten will.

In einem der Pariser Sommerrestaurants erblickte ich einen wunderschönen Araber in Nationaltracht und machte seine Bekanntschaft. Eine halbe Stunde später saß ich mit meinem neuen Freund in einem Séparée beim Mittagessen, zu dem ich ihn eingeladen hatte. Als er erfuhr, daß sein Kostüm mein Interesse geweckt hatte, zog er seine Übergewänder aus und ließ mich den Schnitt abnehmen. Außerdem sah ich von ihm einige mir typisch erscheinende Bewegungen und Posen ab, die ich im Hotelzimmer eine halbe Nacht lang vor dem Spiegel übte, nicht ohne mich vorher mit Bettlaken und Handtüchern verkleidet zu haben. Ich wollte aus mir einen schlanken

Mohren machen, mit flinken Wendungen des Kopfes und den Bewegungen der Hände und des Körpers, die denen eines horchenden Rehs glichen. Ich wollte mir auch den geschmeidigen, majestätischen Gang und die Haltung der Hände mit den Innenflächen zum Gesprächspartner aneignen.

Nach dieser Begegnung entstand in meiner Vorstellung eine Doppelgestalt des Othello: die des Salvini und die des schönen Arabers.

Nach Moskau zurückgekehrt, ging ich an die Vorbereitung des »Othello«. Doch ich wurde vom Pech verfolgt. Ein Hindernis kam nach dem anderen. Es fing damit an, daß meine Frau erkrankte und ich die Rolle der Desdemona einer anderen geben mußte, die sich sofort manches darauf einbildete und überheblich wurde. Zur Strafe nahm ich ihr die Rolle weg.

»Lieber eine mäßige Aufführung, als Schauspielerkapriolen in unserer sauberen Sache dulden«, meinte ich.

Die Rolle mußte ich einer liebenswürdigen jungen Dame übertragen, die zwar noch nie auf einer Bühne gestanden hatte, aber äußerlich zur Gestalt Desdemonas paßte.

»Die wenigstens wird mitmachen und gehorchen«, sagte der Despot in mir.

Trotz eines gewissen Erfolgs beim Publikum war unsere Gesellschaft sehr arm, weil unsere neue Leidenschaft – die prachtvolle Ausstattung – sämtliche Einkünfte verschlang. Wir hatten nicht einmal genug Geld, um einen Probenraum zu unterhalten; die Proben fanden in meiner Wohnung statt, in dem einzigen größeren Zimmer, das ich für die Gesellschaft erübrigen konnte. »Bißchen eng, aber gemütlich!« war unser Wahlspruch.

»Um so besser! So können wir die Athmosphäre unseres kleinen Zirkels sauber halten!«

Die Proben gingen täglich bis drei, vier Uhr in der Nacht. Die Zimmer meiner nicht allzu großen Wohnung wurden von den Schauspielern eingeräuchert. Täglich mußte Tee zubereitet werden. Das war unserer Hausbediensteten zuviel, und sie murrte. Doch meine kranke Frau und ich ertrugen geduldig alle Unannehmlichkeiten, um die Sache nicht auseinanderfallen zu lassen.

Ehrlich gesagt, hatten wir außerdem Besetzungsschwierigkeiten. Wir fanden keinen Jago, obwohl wir jeden ausprobiert hatten. Nun mußten wir einen erfahrenen Schauspieler engagieren, der leider auch nur äußerlich der Rolle entsprach: ein ausdrucksvolles Gesicht, bösartige Stimme und Augen. Doch daß er so furchtbar unflexibel und bar jeder Mimik war, machte sein Gesicht leblos.

»Das kriegen wir schon hin!« meinte ich nicht ohne eine gewisse Selbstüberschätzung.

Der erste Akt begann mit dem Glockenschlag einer fernen Turmuhr. Diese heute banal gewordenen Klänge empfand man damals als sehr beeindruckend. Man hörte leises Plätschern der Ruder (auch das war unsere Erfindung), eine Gondel glitt heran, hielt an, die Ketten, mit denen man sie am venezianisch bemalten Pfahl festmachte, rasselten. Die Gondel schaukelte leicht auf den Wellen. Othello und Jago saßen im Kahn, stiegen aus und begaben sich unter die Kolonnaden eines nach einem venezianischen Dogenpalais aussehenden Hauses. Als Brabantio Alarm schlug, geriet das ganze Haus in Aufruhr: die Fenster flogen auf, daraus stierten verschlafene Gesichter, die Wache rannte umher, das Gesinde legte im Laufen die Waffen an und lief den Entführern der Desdemona nach. Einige sprangen in eine überfüllte Gondel und fuhren unter der Brücke hindurch, andere wieder rannten über die Brücke, kehrten um, holten noch etwas, das sie vergessen hatten, und stürmten dann davon. Die Entführung einer weißen Aristokratin durch einen Schwarzen spielte in unserer Inszenierung eine wichtige Rolle.

»Stellen Sie sich vor, irgendein Tatare oder Perser würde aus dem Palast des Großfürsten die junge Großfürstin entführen. Was glauben Sie, was da los gewesen wäre in Moskau!« bemerkte ein nicht gerade hochintelligenter Zuschauer.

Im Senat saß der Doge mit seiner goldenen Mütze auf dem traditionellen Platz, umgeben von Senatoren mit schwarzen Kappen, Brokatbändern über den Schultern und hühnereigroßen, edelsteinverzierten Knöpfen. Alle anderen trugen schwarze Masken. Ein bemerkenswertes Detail: obwohl die Anwesenheit Unbeteiligter bei einer nächtlichen Sitzung widersinnig war, konnte ich von dem, was ich in Venedig notiert und gezeichnet hatte, nicht abweichen. Das Stück hatte es zwar nicht bereichert, aber immerhin.

Wie trug ich Othellos berühmten Bericht vor dem Senat vor? Ich trug gar nichts vor, ich erzählte einfach. Damals erkannte ich die künstlerische Gestaltung des Wortes und der Rede überhaupt nicht an. Worauf es mir ankam, war die äußere Gestalt. Die Maske ging zwar daneben, doch alles in allem war die Figur geglückt. Das Gift meiner Bekanntschaft mit dem Araber in Paris wirkte, und ich kopierte ihn. Überraschenderweise verfiel ich trotz des aufwendigen

Kostüms nicht in das Gehabe eines Opernbaritons. Es war das Bild Salvinis, das mich daran hinderte. Außerdem schirmte mich das Orientalische von den früheren Torheiten ab. Die flinken Bewegungen des Arabers, den gleitenden Gang und die nach vorn gekehrten Handflächen verinnerlichte ich derart, daß sie mir auch privat öfter unterliefen, so als führten sie ein Eigenleben. Ein für die Inszenierung typisches Detail sei hier noch genannt, das mit dem Verdecken der darstellerischen Unzulänglichkeiten zusammenhängt.

Finale der Szene im Senat. Die Senatoren, Othello, Desdemona und Brabantio waren gegangen. Zurück blieben nur die Diener, die die Lichter löschten, und Jago, der sich wie eine Maus in eine dunkle Ecke verkrochen hatte. Die Dunkelheit, die von zwei trüben Lichtern in den Händen der Diener nur leicht abgemildert war, verdeckte das ausdruckslose Gesicht des Jago-Darstellers. Zugleich aber klang seine hervorragende Stimme durch das Dunkel noch voller und bösartiger hindurch. So wurden zwei Fliegen mit einer Klappe geschlagen: ein Mangel vertuscht und die starken Seiten des Darstellers hervorgehoben.

Der Regisseur half dem Schauspieler, indem er ihn ausdeckte.

Unsere Dastellung Zyperns war ebenfalls eine Neuheit für die damalige Zeit.

Zypern ist ja nicht Venedig, wie es gewöhnlich im Theater dargestellt wird.

Zypern ist Türkei, also leben dort keine Europäer, sondern Türken. Deshalb trugen die Komparsen in den Massenszenen türkische Kleidung.

Man darf auch nicht vergessen, daß Othello auf die Insel kam, kurz nachdem ein Aufstand niedergeschlagen worden war. Schon ein einziger Funke hätte genügt, um den Brand erneut auflodern zu lassen. Die Türken sehen die Sieger schief an: die Venezianer sind es nicht gewöhnt, Rücksicht zu nehmen, und führen sich genauso ungeniert auf wie zu Hause. Sie zechen in einer Art Kaffeehaus, das in der Mitte der Vorderbühne aufgebaut ist, an der Kreuzung zweier enger Gassen, die jeweils nach links und nach rechts bis in die Hinterbühne bergauf führen. Aus der Schenke ertönen schwermütige Klänge der Surna und anderer orientalischer Instrumente: dort wird getanzt, gesungen und gegrölt. Die Türken gehen grüppchenweise am Haus vorbei, schielen mißbilligend zu den gottlosen Europäern hinüber, jederzeit bereit, die Messer zu zücken.

Jago spürt diese Spannung und ersinnt eine Intrige viel größeren

Formats, als es auf der Bühne üblicherweise gezeigt wird. Es geht ihm nicht nur darum, zwischen zwei Offizieren, die ihm im Wege sind, Feindschaft zu säen. Sein Ziel ist viel höher gesteckt: den Zwist zum Anlaß eines neuen Aufruhrs auf der Insel zu machen, da es Jago bekannt ist, daß ein Funke dieses Pulverfaß explodieren lassen würde. Also bauscht er eine harmlose Schlägerei zweier Betrunkener zu einer Sensation auf, die er selbst und Rodrigo auf allen Straßen ausposaunen. Die Rechnung geht auf: schon schleichen sich die Rebellen die Gassen entlang zur Schenke, um die Sieger zu überfallen und zu vernichten. Mit Knüppeln, blanken Jataganen und krummen Säbeln über den Köpfen stehen die Angreifer. Auf der Vorderbühne, mit dem Rücken zum Zuschauer, stellen sich die Venezianer auf, bereit, den Kampf aufzunehmen. Endlich stürzen sich die Türken von beiden Seiten auf die Venezianer, und es beginnt ein Handgemenge, in dessen Mitte plötzlich Othello erscheint und mit seinem riesigen, breiten Schwert die Kämpfenden gleichsam voneinander abschneidet. Hier, angesichts des Todes, besteht er seine Feuerprobe und beweist seinen Mut und sein kriegerisches Geschick. Das Teuflische an Jagos Intrige tritt deutlich zutage.

Kein Wunder, daß Othello geneigt ist, Cassios Schuld mit ihren nahezu katastrophalen Folgen als schwer anzusehen, daher das strenge Gericht und die harte Strafe. Bis zu dieser Stelle hat der Regisseur eine Intrige im großen Maßstab vorbereitet und den Schauspielern, soweit er konnte, geholfen.

Vom dritten Akt an ist kein Regietrick mehr möglich. Jetzt kommt es auf den Schauspieler an, der nunmehr alle Verantwortung zu tragen hat. Nun hatte bei mir schon für die tragische Szene im dritten Akt des »Acosta« die Selbstbeherrschung und innere Charaktergestaltung nicht ausgereicht, um den Kampf zwischen Überzeugung und Gefühl, zwischen dem Philosophen und dem Liebenden darzustellen. Wie sollte ich da die ungleich schwierigere Technik für den Othello beherrschen, wo doch bei ihm alles auf einer mathematisch genauen Steigerung der Eifersucht beruht, von der Gelassenheit über das kaum merkbare Aufkeimen bis zum Höhepunkt der Leidenschaft. Die Steigerung von der kindlichen Vertrauensseligkeit Othellos im ersten Akt über den ersten Zweifel und den Beginn der Eifersucht und dann mit erbarmungsloser Folgerichtigkeit über alle Zwischenstufen bis hin zum tierischen Ausbruch durchzustehen – das ist schon hart genug. Noch härter aber ist es, wenn die Unschuld des Opfers erwiesen ist, das Gefühl in den tiefsten Abgrund der Verzweiflung, in das Fegefeuer der Reue hinabstürzen zu lassen. Und das alles hoffte ich Tor allein mit Hilfe der Intuition zu bewältigen. Außer einer wahnsinnigen Anspannung, der seelischen und körperlichen Erschöpfung und dem vergeblichen Herauspressen von tragischen Gefühlen brachte ich nichts zustande. Dieser ohnmächtige Krampf brachte mich sogar um das Wenige, das ich seit dem »Bitteren Los« zu beherrschen glaubte. Keine Selbstbeherrschung, keine Zügelung des Temperaments und schon gar keine Farbschattierungen – ein einziges Strapazieren der Muskeln, Vergewaltigung der Stimme und des ganzen Organismus. Hinzu kamen die nach allen Richtungen aufgebauten Stoßdämpfer als Selbstschutz vor unlösbaren Aufgaben – dies als Folge meines Eindrucks von Salvini und der daraus resultierenden Forderungen, die ich selbst an mich stellte.

Gerechtigkeitshalber sei gesagt, daß ich in der ersten Hälfte durchaus annehmbare Stellen hatte: zum Beispiel die erste Szene des dritten Aktes, in der Jago die ersten Zweifel in die Seele Othellos sät; die Szene mit dem Tuch Desdemonas und einige mehr. Dafür reichten meine Technik, Stimme, Erfahrung und Übung aus. Fing ich aber an, meine Ohnmacht zu spüren, dann dachte ich nur an notwendige Steigerungen und erzeugte damit nichts als Verkrampfung. Ein Chaos im Denken und Fühlen, wie ich es in der Rolle Pjotrs in »Lebe nicht so, wie du willst« erlebt hatte. Von einer systematischen und allmählichen Steigerung des Gefühls konnte keine Rede sein. Am schlimmsten war meine Stimme dran, das feinste Organ, das den Überdruck nicht vertrug. Schon bei den Proben gab sie mir mehrfach Warnsignale: ich schaffte bestenfalls die ersten beiden Akte, wurde dann heiser und mußte für mehrere Tage die Proben unterbrechen, bis der Arzt den Schaden behoben hatte. Erst bei diesem harten Zusammenstoß mit der Wirklichkeit begriff ich, daß man als Tragöde einiges wissen und können muß, sonst bleibt man auf der Strecke. Es liegt an der Stimme, meinte ich, sie ist für Gesang ausgebildet, und ich stelle sie auf Schauspiel um. Es war schon etwas Wahres daran: meine Stimme saß tief innen und hatte, da ich auf die Kehle und das Zwerchfell drückte, keinen Resonanzboden. Die Proben wurden für kurze Zeit unterbrochen, und ich machte mich mit der mir eigenen Hartnäckigkeit an den Gesang. Da ich mich für einen ausreichend erfahrenen Sänger hielt, entwickelte ich ein eigenes System der Umschulung der Stimme fürs Drama und brachte es im übrigen zu ansehnlichen Erfolgen. Nicht daß meine Stimme voluminöser geworden wäre, aber ich konnte leichter sprechen und hielt es, wenn auch mit großer Mühe, das ganze Stück lang durch, ein Gewinn nicht nur für diese Rolle, sondern auch für meine Technik in den späteren Jahren.

Der enormen Last, die ich mir damals aufbürdete, war ich nicht gewachsen. Nach jeder Probe mußte ich mich hinlegen: ich bekam Herzklopfen und eine Art asthmatischen Anfall. Die Inszenierung wurde zur Qual, doch ich konnte sie nicht absagen, weil die Unkosten ins Unermeßliche angewachsen waren und dringend gedeckt werden wollten. Das ganze Unternehmen drohte zu platzen, aber wir hatten keine andere Geldquelle. Außerdem hätte mein Stolz als Schauspieler und Regisseur darunter gelitten, denn ich selbst war es ja, der auf dieser Inszenierung hartnäckig bestand, während erfahrenere Leute mich von dieser Unbedachtheit abzubringen versuchten. Die Kunst rächte sich, und das Theater bestrafte den Dickkopf für seine Überheblichkeit. Eine nützliche Lehre, fürwahr. Erschöpft und mit Herzklopfen und Atemnot im Bett liegend, dachte ich: »Nein! Kunst ist es nicht! Salvini hätte mein Vater sein können, macht aber nicht schlapp, obwohl er im riesigen Saal des Bolschoi Theaters spielt. Und ich schaffe gerade noch die Probe im winzigen Zimmer, doch selbst dafür reichen meine Nerven und die Stimme nicht aus. Ich nehme ab, als sei ich ernstlich krank. Wie will ich da die Vorstellungen durchhalten? Der Teufel muß mich geritten haben, das hier angekocht zu haben! Eine Tragödie zu spielen ist kein so großes Vergnügen wie ich dachte!«

Ein weiteres Mißgeschick: auf der Generalprobe, an der stärksten Stelle der Szene mit Jago, ritzte ich ihm mit dem Dolch die Hand. Blut floß aus der Wunde, die Probe mußte unterbrochen werden. Das Ärgerlichste war, daß, trotz der Gefährlichkeit meines Spiels, mein Othello das Publikum völlig kalt ließ. Das kränkte mich am meisten. Wäre mein Spiel beeindruckend gewesen, und ich hätte dann jemanden im Eifer verwundet, dann würde man gesagt haben, ich hätte so stark gespielt, daß ich mein Temperament nicht zügeln konnte. Gerade schön ist das ja nicht, doch für einen Schauspieler sehr schmeichelhaft. Ich aber hatte leidenschaftslos einen Menschen verletzt. Nicht mein Spiel, sondern das Blut beeindruckte die Zuschauer, das war es ja eben. Außerdem zeugte der Unfall eindeutig von der mangelnden Selbstbeherrschung. Über diesen Zwischenfall wurden Gerüchte verbreitet, auch die Zeitungen waren sich nicht zu gut, die Nachricht zu drucken. Das reizte das Publikum und ließ es mehr von mir erwarten, als ich zu geben vermochte.

Die Aufführung war kein Erfolg. Selbst die prächtige Ausstattung änderte nichts daran. Mehr noch: sie wurde kaum beachtet, vielleicht, weil die aufwendige Ausstattung nach dem »Acosta« nichts Überraschendes mehr war oder weil die Ausstattung nur dann gut und hilfreich ist, wenn das Entscheidende, die Darsteller des Othello, des Jago und der Desdemona, überzeugend sind. Nichts dergleichen hatten wir aufzuweisen, und mir diente diese Inszenierung lediglich als Warnung vor Starrsinn, Selbstgefälligkeit und der Mißdeutung der Grundlagen der Kunst und ihrer Technik. Fazit:

»Vergreife dich nicht an Rollen, die du mit Gottes Hilfe erst gegen Ende deiner Bühnenkarriere bewältigen kannst!«

Ich schwor mir, nie wieder eine Tragödie zu spielen.

Doch da kam der berühmte Rossi nach Moskau, spielte den Othello, und im Zusammenhang mit seinen Vorstellungen wurde im Publikum und in der Presse auch mein Othello lobend erwähnt. Das genügte, um in mir die Träume von Hamlet, Macbeth, Lear und allen mir damals völlig unzugänglichen Rollen aufleben zu lassen.

Es gab auch einen anderen Grund für das Aufflackern meiner Träume. Zu einer der Vorstellungen des »Othello« kam der berühmte Rossi, von dem ich schon ausführlich berichtet habe. Der große Schauspieler blieb bis zum Schluß, klatschte, wie es die Ethik der Schauspieler verlangte, kam aber nicht hinter die Kulissen, sondern bestellte mich zu sich, was ihm als dem Älteren auch zustand. Innerlich bebend erschien ich beim großen Schauspieler, einem charmanten, belesenen, gebildeten und glänzend erzogenen Menschen. Natürlich hatte er alles gleich durchschaut, sowohl die Grundidee als auch das türkische Zypern und selbstverständlich auch den Trick mit Jago in der Dunkelheit, doch er zeigte sich weder sonderlich überrascht noch begeistert. Er sei ein Gegner von auffälligen Dekorationen, Kostümen und Einfällen, weil sie das Publikum viel zu sehr von den Schauspielern ablenken.

»Diese Kinkerlitzchen braucht man, wenn man keinen Schauspieler hat. Ein schönes, weit geschnittenes Kostüm verhüllt einen armseligen Leib, in dem kein Schauspielerherz schlägt. Es ist für Unbegabte gut, doch Sie haben das ja nicht nötig«, so versüßte mir Rossi die bittere Pille, bevor er sie mir in ausgesuchten Worten und unter graziösesten Handbewegungen verabreichte. »Jago ist kein Schauspieler Ihres Theaters, Desdemona è bella, doch es wäre verfrüht, über sie zu urteilen: sicher steht sie erst seit kurzem auf der Bühne. Was übrigbleibt, sind Sie.«

Der große Künstler dachte nach.

»Der liebe Gott gab Ihnen alles, was Sie für die Bühne brauchen, alles für einen Othello, überhaupt für den ganzen Shakespeare. (Ich erbebte bei diesen Worten.) Jetzt liegt es nur an Ihnen. Was Sie brauchen, ist Kunst. Sie kommt, natürlich.« Nachdem er die Wahrheit gesagt hatte, fing er an, sie in Komplimente zu kleiden.

»Wo und wie soll ich denn die Kunst lernen, bei wem?« fragte ich unentwegt.

»Hm – tja! Wenn Sie keinen großen Meister in Ihrer Nähe haben, dem Sie sich anvertrauen können, so kann ich Ihnen nur einen einzigen Lehrer empfehlen«, erwiderte Rossi.

»Wer ist es? Sagen Sie es mir!« drängte ich.

»Sie selbst«, schloß er mit der bekannten Geste aus seiner Rolle des Kean.

Was mich stutzig machte, war, daß er trotz meiner Bemerkungen nichts über meine Interpretation der Rolle sagte. Später, als ich objektiver über mich selbst urteilte, sah ich ein, daß Rossi gar nichts anderes sagen konnte. Über meine Interpretation war er sich genauso im unklaren wie schließlich auch ich, da ich nicht wußte, was von mir und was vom großen Salvini darin war. Um genau zu sein, lief es bei mir darauf hinaus, die Vorstellung zu Ende zu spielen, ohne zusammenzubrechen; das Tragische herauszuquetschen, Eindruck auf den Zuschauer zu machen, Erfolg zu haben oder mich wenigstens nicht zu blamieren. Wie will man von einem Sänger, der lauthals bis zur Stimm- und Empfindungslosigkeit schreit, erwarten, daß er seinen Gesang nuanciert oder die Romanzen und Arien künstlerisch interpretiert? Alles wird nur in die Stärke gesteckt, in eine einzige Farbe, so wie bei den Malermeistern, die die Zäune anstreichen. Meilenweit sind sie entfernt von dem Künstler, der durch ein feinstes Geflecht von Farbtönen und Linien seine subtilsten und unbewußtesten Regungen mitzuteilen weiß! Genauso weit entfernt war ich von einem wahren Schauspielkünstler, der in aller Ruhe und Sicherheit seine Interpretation der Rolle dem Publikum bieten kann. Talent und angeborene Anlagen sind noch nicht genug, man braucht Übung, Technik und Kunst. Genau das meinte Rossi, und mehr hätte er auch nicht sagen können. Genau das bestätigten mir sowohl meine Erfahrungen als auch die persönliche Praxis, und es wurde ein Wegweiser für meine künftige Arbeit.

Die Hauptsache aber war, daß ich zu begreifen anfing, wie viel mich von einem Tragöden vom Rang eines Salvini trennte.

Das Schloß in Turin

Nachdem ich mir am »Othello« die Finger verbrannt hatte, traute ich mich an keine Tragödie mehr. Doch ohne spanische Stiefel und mittelalterliche Schwerter wurde es allmählich langweilig. Also versuchte ich mich in der Komödie und entschloß mich aus diesem Grunde für Shakespeares »Viel Lärm um nichts«.

Einen anderen Grund dafür will ich gern eingestehen.

Während unserer Italien-Reise stießen meine Frau und ich im Park von Turin auf die Toreinfahrt eines mittelalterlichen Schlosses, das für eine Ausstellung nach historischen Mustern nachgebaut worden war. Die Zugbrücke wurde für uns mit Gerassel heruntergelassen, die Tore geöffnet, und wir fanden uns, nachdem wir über den Wassergraben gelaufen waren, in einem Feudalstädtchen, das einem Traumgebilde glich. Enge Gassen, Häuser mit Arkaden, unter denen Menschen liefen; auf dem Platz eine originelle Kathedrale, kleine Wasserbecken und das riesige Schloß des Souveräns, umgeben von einem zusätzlichen Wassergraben mit Zugbrücke. Sämtliche Häuser waren mit nachempfundenen, farbenfrohen italienischen Fresken bemalt. Am Eingangstor die Schutzgarde – bewaffnete Soldaten, Schießscharten mit angelehnten Leitern, Wehrgänge mit Aussparungen für Musketen und Arkebusen. Die Stadt war umgeben von einer Zinnenmauer, auf der ein Wachposten auf und ab ging. Mengen von Menschen wandelten in der Stadt – Bürger, Pagen, Kaufleute, die ständig in diesem phantastischen Städtchen lebten und mittelalterliche Trachten trugen. Auf allen Straßen reihten sich Fleischereien, Obst- und Gemüseläden, aus dem oberen Fenster eines Hauses baumelten an einem Stock zum Lüften herausgehängte mittelalterliche Unterhosen und Hemden in der schwülen Gassenluft. Vor dem Laden des Waffenschmiedes war man betäubt vom Gehämmer und der Hitze der Ofenglut. Ein finster dreinblickender Priester und ein barfüßiger Mönch mit Tonsur und einem Strick anstatt des Gürtels trotteten vorüber. Hier gab sich ein Straßensänger seiner Serenade hin, dort gab sich eine Kokotte dazu her, andere in ein Gasthaus zu locken, in dem auf einem Spieß im riesigen Kamin ein ganzer Hammel brutzelte. »Das Schloß ist leer, der Herzog ist mit der Familie verreist«, klärte uns der Oberst der Schutzgarde auf. Hier seien die Kasernen und die kleine Küche für seine Soldaten, weiter käme die große Küche für den Herzog mit einem ausgewachsenen aufgespießten Ochsen hoch unter der Decke. Dies hier sei das Eßzimmer mit dem Doppelthron für den Herzog und seine Gemahlin, davor ein Eßtisch, bestehend aus auf zwei Böcken ruhenden Bohlen. Des weiteren der Innenhof, von dem aus man auf dem obersten Balkone die Jagdfalken sehen konnte. Wir begaben uns in den Thronsaal mit der Ahnengalerie und den an Sprechblasen erinnernden, an den Wänden hängenden weißen Zungen mit erbaulichen Aussprüchen. Im Schlafgemach sah man ein großes Heiligenbild, das sich wie eine Tür öffnen ließ und in einen schmalen Gang führte, der in ein Türmchen mündete. Dort befand sich eine runde Kammer mit einem riesigen Himmelbett. An den kalten Steinwänden hingen Schleifchen, Blumen, Zettel und Schriftrollen aus verschiedenfarbigem Papyrus; des weiteren ein Trikot, Mantel und Degen. Das war die Kammer des Pagen. Wir waren auch in der Kapelle und besuchten den Priester in seiner Zelle. Nach diesem Rundgang ging es mir auf, was das bedeutete, wenn in den Shakespeare-Stücken aus dem Mittelalter gesagt wird: »Man schicke nach dem Geistlichen«, und dieser ist eine Minute später mit seinem Segen zur Stelle, denn er wohnt ja gleich hier. Ging man den Korridor entlang, so fand man sich in einer Hauskirche und konnte sich innerhalb von Minuten trauen lassen. Wer in diesem Schloß gewesen ist, der verspürte den Hauch des Mittelalters.

Ich wollte schon für einige Zeit hier Quartier beziehen, um das Mittelalterliche voll und ganz in mich aufzunehmen, doch durften zu meinem Bedauern Fremde hier nicht übernachten, darum blieben wir solange, bis man uns aufforderte, das Städtchen zu verlassen, bevor die Haupttore geschlossen wurden.

Ganz berauscht von diesem Erlebnis, begann ich nach einem Stück zu suchen, in dem sich dieses herrliche Material zum Ausdruck bringen ließ. Ich brauchte keine Inszenierung für ein Stück, sondern ein Stück, das ich inszenieren konnte. In dieser Absicht blätterte ich im Shakespeare und fand, daß sich meine inszenatorischen Ideen am besten in »Viel Lärm um nichts« unterbringen ließen. Eins habe ich freilich nicht bedacht: ob mir, einem kräftigen, hochgewachsenen Mann, die Rolle eines flinken und schlagfertigen Witzbolds wirklich entsprach. Erst nach Beginn der Proben kamen mir die Zweifel.

»Zwei Benedicte lassen sich aus Ihnen gut und gerne machen«, sagte mir jemand, »doch für einen sind Sie viel zu groß.«

In dieser Rolle war ich mir selbst im Wege und wußte nicht, wohin mit mir. Nach langen Qualen meinte ich, einen nicht üblen Ausweg, genauer einen Kompromiß, gefunden zu haben. Ich beschloß, einen ungehobelten Ritter zu spielen, der nur an Schlachten denkt und Frauen haßt, ganz besonders Beatrice. Er sagt ihr absichtlich Frechheiten. Ich hoffte, die Charakterisierung der Gestalt in der äußerlichen, soldatischen Rüdheit zu finden. Damals verbarg ich mich gern hinter der Charaktermaske. Doch hoffte ich vergeblich und versank wieder einmal im Morast der Opernhaftigkeit, was mir immer dann zustieß, wenn ich in den Rollen mich selbst darstellte.

Mit der Regie sah es wesentlich besser aus: das Stück paßte in mein mittelalterliches Schloß, ich fühlte mich dort wie zu Hause und kannte mich aus. Wo wohnte zum Beispiel der angereiste Intrigant Herzog Don Juan mit seinem Gefolge? Selbstverständlich in einem der Häuser des Städtchens. Wo trieben Borachio und Konrad ihre Späße? Hier, in den schmalen Straßen des Städtchens. Wohin führte man sie ab? Gleich um die Ecke zu den Kasernen, wo Holzapfel und Schlehwein Justiz übten. Wo wurde Claudio getraut? Wo ereignete sich der Skandal während der Zeremonie? Sie wissen schon, in der Hauskapelle. Wohin ging Benedict, um Claudio zum Duell zu fordern? In das Haus, wo auch Don Juan abgestiegen war. Wo fand der Maskenball statt? Im Innenhof, unter den Arkaden, im Thronsaal und auch im Speisezimmer. Alles übersichtlich, natürlich und gemütlich, wie es einstmals war.

Damals meinte ich, der Regisseur müsse das Alltägliche des Lebens, des Stücks und der Rolle erkennen und verinnerlichen, um den Zuschauer zu veranlassen, sich in diesem Alltäglichen wie zu Hause zu fühlen. Erst später ging mir der wahre Sinn des sogenannten Realismus auf.

»Wo Außerbewußtes beginnt, hört der Realismus auf.«

Ohne den zuweilen an den Naturalismus grenzenden Realismus bleibt die Sphäre des Unterbewußten unerreichbar. Wenn der Körper nichts fühlt, bleibt auch die Seele stumm. Doch davon später. Vorerst lassen wir es damit bewenden, daß mir die Notwendigkeit einleuchtete, Museen zu besuchen, Reisen zu unternehmen, für die Inszenierungen notwendige Bücher zu sammeln, Gemälde und Drucke, kurzum alles, was ein Abbild des menschlichen Lebens und hiermit auch die Charakterisierung des Innenlebens ist. Sammelte ich früher ziemlich wahllos alles mögliche, so galt ab jetzt mein Augenmerk Büchern und Gegenständen, die mit Theater und Regie zusammenhingen.

Der Nutzen dieser Inszenierung bestand außerdem darin, daß ich einmal mehr die Bedeutung der Charakterisierung bei der Abwehr von schädlichen schauspielerischen Attitüden erkannte. Ich meinte, der schöpferische Weg führe von der äußeren Charakterisierung zum inneren Gefühl. Später sollte ich erfahren, daß es ein möglicher, doch bei weitem nicht der sicherste Weg war. Stellte sich das Charakterliche von selbst ein und ich beherrschte die Rolle auf Anhieb, dann war es ein Glück. Doch meist dauerte es seine Zeit, und dann sah ich hilflos zu. Wo das Charakterliche hernehmen? Ich dachte lange darüber nach und arbeitete an mir. Auch das war nützlich, denn auf der Jagd nach dem Charakterlichen stieß ich auf das echte, unverwechselbare Leben. Ich begann, Stschepkins Rat befolgend, »die Muster dem Leben zu entnehmen« und sie nach Möglichkeit auf die Bühne zu übertragen. Früher hatte ich mich auf der Suche nach für einem eine bestimmte Rolle passenden Duktur in den verstaubten Archiven alter und verschlissener Traditionen und Klischees vergraben. In diesen muffigen und leblosen Rumpelkammern ist weder Material noch Inspiration für unterbewußtes Schaffen und schauspielerische Intuition zu finden. Und dabei sucht die Mehrzahl der Schauspieler Anregung gerade in diesen Ablagerungen des Gewohnheitsmäßigen und der Klischees. Unsere Aufführung hatte großen Erfolg, der hauptsächlich der Regieführung zu verdanken war. Als Schauspieler aber gefiel ich nur noch den liebenswürdigen und alles verzeihenden Gymnasiastinnen.

»Die versunkene Glocke«

Auf dem Theaterhorizont war ein neues Stück Hauptmanns, »Die versunkene Glocke«, aufgetaucht, und unsere Gesellschaft brachte es als Moskauer Erstaufführung. In dieser lyrischen Märchen-Tragödie gibt es neben der Philosophie viel Phantastisches. Die alte Wittichen ist eine Art Hexe. Ihre goldblonde Enkelin Rautendelein ist ein schönes Kind der Berge, Traum der Dichter, Muse der Maler und Bildhauer, die in den Strahlen der Bergsonne tanzt oder am Bach weint. Ihr Ratgeber und Gesprächspartner ist der Philosoph Klabautermann, der, einem Walroß gleich, schnaubend aus dem Wasser steigt, sich mit den Flossen das Maul trockenwischt und in entscheidenden Augenblicken das tiefsinnige »Bre-ke-ke-keks!« von sich gibt. Der Waldschrat mit Tierschnauze, Fell und Schwanz hüpft von Stein zu Stein, springt in den Abgrund, kraxelt die Bäume hinauf und hinterträgt, dank seiner Neugierde bestens informiert, alle Neuigkeiten seinem Freund Klabautermann. Im Mondenschein dreht sich ein ganzer Reigen von hübschen jungen Elfen, die an unsere Nixen erinnern. Fabeltiere, eine Mischung aus Ratte und Maulwurf, kommen auf den Ruf der Wittichen hin von allen Seiten angekrochen und tun sich an den Speiseresten gütlich. Ein Felsen mit tiefem Spalt, in dem die Hexe Wittichen wohnt, darf auch nicht fehlen, sowenig wie ein winziger, von heruntergerollten Steinen übersäter Platz, auf dem Rautendelein tanzt und hüpft und sich sonnt. Da ist auch ein Bergsee mit rauschenden Wellen, denen der Klabautermann entsteigt; ein über dem Bach liegender Baumstamm, auf dem der Waldschrat geschickt balanciert. Hinzu kommen unzählige Podeste, auf unterschiedlicher Höhe angebracht, die zusammen mit den Versenkungsklappen den Boden chaotisch erscheinen lassen.

In dieses phantastische Höllental stürzt Meister Heinrich, den ich spielte, hinein. Ich hatte einen guten Einfall, um mein Erscheinen beeindruckend zu inszenieren: von einem hinter den Kulissen aufgebauten Gerüst rutschte ich auf einem blankpolierten Brett, das mit Steinen und Bäumen kaschiert war, mit dem Kopf nach unten auf die Bühne. Mir hinterher kam eine Lawine von Steinen, Bäumen und Gestrüpp, begleitet von ohrenbetäubendem Gepolter, das uns in der Kombination der Geräusche trefflich gelungen war. Rautendelein grub mich unter den Steinen hervor und sah den Meister Heinrich zum erstenmal, was vollauf genügte, um in diesem Augenblick die Liebe zwischen den beiden entstehen zu lassen. Nachdem der große Meister Heinrich zu sich gekommen war, berichtete er mit stockendem Atem von der ihm widerfahrenen Kastastrophe und von seinem Wunsch, eine riesige Glocke (sprich: Religion, Idee) zu gießen, die weltweit klingen und den Menschen vom neuen Glück künden sollte. Doch erwies sich die Glocke als zu schwer: als man sie aufhängen wollte, stürzte sie herunter und riß alles mit sich, auch den Schöpfer, Meister Heinrich. Begleitet von den Lauten und Tönen des Gebirges und vom fernen Echo menschlicher Stimmen, sank die Nacht nieder. Die Stimmen gehörten dem Pastor, dem Lehrer und einem Dorfbewohner, die ausgezogen waren, den Meister zu suchen. Der Waldschrat aber lenkte mit seinem grausig von den Bergen widerhallenden Geheul die Suchenden vom Weg ab und führte sie ins Höllental. Das Geheul und die Stimmen kamen immer näher, ohne daß sich auf der Bühne etwas ereignete. Toneffekte dieser Art waren damals eine Neuheit, die von sich reden machte.

Unten, in der Versenkung, die einen Teil des Tals darstellte, tauchten Lichter auf, die, je näher sie auf die Zuschauer zu kamen, desto größer wurden. Der Waldschrat hüpfte von Stein zu Stein, vom Felsen zum Bach, lief flink wie ein Akrobat über den Baumstamm und sprang mit einem Satz auf einen hohen Podest, dann auf einen nächsten und verschwand hinter den Kulissen. Währenddessen kamen die Menschen aus der Versenkung. Auch sie mußten sich den Turnern gleich fortbewegen: über Felsenbrocken hoch- und runterklettern, in einer Luke verschwinden, um an einer anderen Stelle wieder aufzutauchen, und in der Dunkelheit über den rauschenden Bach laufen. Als der Pastor das rote Licht am Felsen der Wittichen sah, befahl er ihr, im Namen des Herrn herauszukommen.

Erst sieht man den langen unheimlichen Schatten aus dem Felsspalt kriechen, dann tritt auch die Wittichen mit ihrem Krückstock im geheimnisvollen Schein des roten Lichts hervor. Auf Geheiß des Pastors zeigt sie die Stelle, wo Heinrich liegt, den die Menschen nach unten, auf die Erde tragen. Nebel steigt auf. In seinem unförmigen Dunst zeichnen sich Silhouetten von Gestalten ab, die sich wie nach einem langen Schlaf strecken und recken. Das sind die Elfen, die das Los des Volkshelden Baldur beweinen. Plötzlich ertönt der Ruf, Baldur sei am Leben, und schon drehen sich die Elfen voller Hoffnung in einem endlosen Reigen, steigen die Felsen hinauf und hinab, begleitet vom Johlen, Pfeifen und Kreischen eines ganzen Orchesters der Bergwelt.

Man bringt Heinrich zu seiner vor Kummer fast besinnungslosen Frau. Er liegt, ein Sterbender, in seinem Bett, während die Frau nach dem Arzt läuft. Da erscheint, als Bäuerin verkleidet, Rautendelein, und die Küche rötet sich vom Widerschein des angezündeten Kaminfeuers. Der Schatten Rautendeleins schnellt durch das Zimmer, für Augenblicke sieht man auch sie selbst mit langen fliegenden goldenen Haaren, die sie wie eine wunderschöne Hexe erscheinen lassen. Mit raschen, tierhaften Bewegungen huscht sie ins Zimmer, um nach dem Kranken zu sehen, und rennt wieder in die Küche, um ihren Zaubertrank zu brauen. Sie gibt Heinrich davon zu trinken und entführt den nunmehr Genesenen in die Berge. So beginnt Meister Heinrich wieder von seinem menschenunmöglichen großen Werk zu träumen.

Endlich ist Heinrichs Schmiede fertig. Gnome und andere Geister besorgen die schweren Arbeiten für die noch nie dagewesene Glocke. Von der glühenden Eisenstange des Meister Heinrich angetrieben, schleppen die buckligen, krummen und mißgestalteten Wesen schwere Metallstücke hoch und runter, die in der Höllenschmiede geschmiedet werden. Glühende Metallbrocken, schwarzer Rauch, eine rotglühende, höllengleiche Esse, gewaltige Blasebälge, ohrenbetäubendes Hämmern, das Poltern und Klirren der fallenden Silberblöcke, scharfe Zurufe des Meister Heinrich – so entsteht eine regelrechte Höllenfabrik auf der Bühne. Die Glocke ist fertig und wartet nur darauf, der Welt den langersehnten Klang zu schenken. Und nun erklingt sie mit einer derartigen Kraft, daß keines Menschen Ohren und Nerven diese übernatürlichen Klänge ertragen können: es ist dem Menschen nicht gegeben, das zu erkennen, wozu nur höhere Wesen befähigt sind. Wieder stürzt sich Heinrich in den Abgrund. Rautendelein und die Menge der vor Kummer fast vergehenden Elfen trauern dem toten Helden und dem auf Erden nicht zu erfüllenden Traum nach.

Das Material, das der Dichter in seinem Stück lieferte, war eine unversiegbare Quelle für die Phantasie der Regisseurs. Zum Zeitpunkt dieser Inszenierung beherrschte ich bereits den Bühnenraum und war, um es etwas moderner auszudrücken, ein erfahrener Konstrukteur. Ich will erklären, was ich damit meine.

Der Bühnenrahmen und der Fußboden ergeben eine Dreidimensionalität: Höhe, Breite, Tiefe. Der Bühenbildner malt seine Entwürfe auf Papier oder Leinwand, auf einer Fläche also, wobei er oft die dritte Dimension – die Tiefe des Bühnenraumes – außer acht läßt. Natürlich drückt er sie auf der Skizze perspektivisch aus, doch berücksichtigt er nicht den Grundriß und die Ausmaße des Bühnenraums. Überträgt man die Skizze auf die Bühne, so verbleibt schon im Proszenium eine gewaltige Fläche des schmutzigen Fußbodens, der die Bühne einer Estrade ähnlich erscheinen läßt. Man kann sie nur vor der Rampe stehend, deklamierend, sich bewegend bespielen und seine Gefühle nur in dem Maße offenbaren, als der Einfallsreichtum des sich stets nur aufrecht und gerade haltenden Schauspielers es zuläßt. Dadurch wird der Spielraum für plastische Posen und Bewegungen stark eingeschränkt, und die Wiedergabe der Gefühlsregungen wird dürftiger. Es ist auch schwer, stehend zu übermitteln, was nur im Sitzen oder Liegen überzeugend ist. Und so sind dem Regisseur, der durch Arrangements und Umgruppierung dem Schauspieler helfen könnte, die Hände gebunden, weil der Bühnenbildner statt einer plastischen Gestaltung des Fußbodens langweilige blanke Bohlen einsetzt. Unter solchen Bedingungen ist der Schauspieler gezwungen, die Bühne allein auszufüllen, allein das Stück zu tragen und mit Hilfe der Mimik, des Augenspiels und der äußerst eingeschränkten Plastizität die feinsten Regungen des komplizierten Seelenlebens seiner Helden darzustellen, ob bei Hamlet, Lear, Macbeth oder anderen. Es ist unglaublich schwer, ganz allein die tausendköpfige Zuschauermenge im Bann zu halten.

Wenn es nun Schauspieler gäbe, die eine so einfache Aufgabe erfüllen könnten, wie vor dem Souffleurkasten stehend zu spielen! Wie würde das die Sache vereinfachen! Allein solche Schauspieler gibt es nirgends auf der Welt. Ich beobachtete die großen Künstler, um festzustellen, wie lange sie allein und ohne jegliche Hilfe, auf der Vorderbühne stehend, die Aufmerksamkeit der Menge zu fesseln vermochten. Ich achtete auch auf die Vielfalt ihrer Posen, Bewegungen und der Mimik. Die Erfahrungen zeigten, daß das Maximum ihrer Fähigkeit, die Masse durchgehend in Spannung zu halten, bei einer emotional starken Szene sich auf sieben Minuten (ungeheuer viel!), bei einer einfachen, ruhigen Szene auf eine Minute (auch schon viel) belief. Dann ging ihnen der Vorrat an Ausdrucksmitteln aus, und sie mußten sich wiederholen. Die Aufmerksamkeit der Zuschauer ließ nach bis zum nächsten Bruch, in dem neue Mittel der Umsetzung ein neuerliches Anschwellen der Aufmerksamkeit hervorriefen.

Und das bei Genies! Was ist aber mit den durchschnittlichen Schauspielern mit ihren hausbackenen Methoden, einem flachen, starren Gesicht, ihren klammen Händen, dem erstarrten und verspannten Körper auf trampelnden und zappelnden Beinen? Wie lange können sie die Aufmerksamkeit des Zuschauers beanspruchen? Dabei sind sie es gerade, die sich am liebsten mit ausdruckslosem Gesicht und Körper auf der Vorderbühne zur Schau stellen und nach Möglichkeit in der Nähe des Souffleurkastens postieren. Den Anspruch, die Bühne mit sich allein auszufüllen und das Publikum zu fesseln, haben sie gleichermaßen, nur daß es ihnen nicht gelingt. Daher werden sie so nervös und überschlagen sich fast aus lauter Angst, das Publikum könnte sich langweilen. Gerade sie hätten es mehr als andere nötig, den Regisseur und den Bühnenbildner flehentlich zu bitten, einen bequem konstruierten Fußboden zu bauen, der ihnen helfen würde, durch Arrangements seelische Nuancen der Rolle darzustellen, was sie mit ihren hausbackenen Mittelchen allein nicht können. Räumliche Gestaltung der Bühne würde ihnen helfen, wenn auch nicht im vollen Maße die Gefühle in jeder Situation zu offenbaren, so doch wenigstens die innere Struktur der Rolle plastisch wiederzugeben, wobei ein günstiges Arrangement die entsprechende Atmosphäre schaffen würde. Was nützt mir als Schauspieler die Tatsache, daß hinter meinem Rücken ein Prospekt von der Hand eines berühmten Malers hängt? Ich sehe ihn doch nicht, er inspiriert mich nicht und ist keine Hilfe. Mehr noch: er zwingt mich, genauso genial zu sein wie der Hintergrund, den ich gar nicht sehen kann und der mich oft behindert, weil man sich mit dem Bühnenbildner nicht geeinigt hat und er in den meisten Fällen für sich allein arbeitet. Man stelle mir lieber einen schönen alten Sessel hin, damit ich um ihn herum eine Unzahl von Posen und Bewegungen zum Ausdruck meiner Gefühle finden kann; oder einen Stein, auf dem ich träumend sitzen, in Verzweiflung liegen oder, um dem Himmel näher zu sein, stehen kann. Diese sichtbaren und greifbaren Gegenstände, die uns durch ihre Schönheit künstlerisch ansprechen, sind uns Schauspielern nützlicher und wichtiger als die Menge von farbenfrohen Leinwänden, die wir nicht sehen. Die Gegenstände leben mit uns und wir mit ihnen, die gemalten Kulissen aber, die hinter uns hängen, leben an uns vorbei.

»Die versunkene Glocke« bot einem konstruktiv denkenden Regisseur ungeheure Möglichkeiten. Urteilen Sie selbst: im ersten Akt – Berge, Steine, Felsen, Bäume und Wasser, das Chaos, in dem die märchenhaften Geister leben. Ich kredenzte den Schauspielern einen Fußboden, auf dem einfach zu gehen unmöglich war. »Sollen sie nur kraxeln, auf Steinen sitzen, auf die Felsen steigen, hüpfen, kriechen, balancieren, untertauchen und wieder in die Höhe klettern«, dachte ich. »Das wird sie (und mich natürlich auch) zwingen, in für das Theater ungewöhnlichen Arrangements anders zu spielen, als es nach den herkömmlichen Traditionen üblich ist. Ein Stehen an der Rampe fällt weg und hiermit auch opernhaftes Einherschreiten und pathetisches Gen-Himmel-Reißen der Arme.« Auf der ganzen Bühne waren nur wenige Steine, auf denen man sitzen oder stehen konnte. Meine Rechnug ging auf: ich hatte als Regisseur mit dem ungewohnten Aufbau den Schauspieler nicht nur unterstützt, sondern ihm auch gegen seinen Willen neue Gesten und Spielmittel abgerungen. Eine Menge von Rollen hatte durch diese Bühnengestaltung gewonnen: der hüpfende G. S. Burdshalow als Wassermann, die auf- und untertauchenden W. W. Lushski und A. A. Sanin, die gleichermaßen gut als Waldschrat waren; das über die Felsen springende Rautendelein von M. F. Andrejewa; die dem Nebel entspringenden Elfen und die sich durch die roterleuchtete Felsspalte durchzwängende Wittichen. Das alles zusammen machte ihre Charakterrollen farbig, märchenhaft und weckte die Phantasie der Schauspieler. Um nicht ungerecht zu sein, muß ich zugeben, daß ich als Regisseur diesmal einen wesentlichen Schritt nach vorn getan hatte.

Schauspielerisch hingegen sah es bei mir ganz anders aus. Alles, was ich nicht konnte und nicht sollte, weil es meinem Naturell widersprach, machte das Wesen des Meister Heinrich aus. Das lyrische Element, das ich damals als etwas Süßliches, Weibisches und Sentimentales mißverstand, das Romantische, das weder ich noch andere, mit Ausnahme wirklicher Genies, einfach, bedeutsam und nobel auszudrücken vermochten; schließlich das tragische Pathos, das ich allein und ohne Regietricks zu tragen hatte, die mir im »Acosta« und im »Polnischen Juden« so hilfreich waren – das alles überstieg meine Kräfte und Fähigkeiten. Heute wissen wir, daß der Schauspieler, will er etwas vollbringen, das seine Kräfte übersteigt, unweigerlich im Morast von äußerlichen und mechanischen Klischees landet; daß das Klischee nur eine Folge der Ohnmacht ist. In dieser Rolle hatte ich, an Stellen höchster Steigerung, mit um so größerer Unverschämtheit und handwerksmäßiger Sicherheit zum Klischee verschnitten, was ich zu bewältigen nicht imstande war. Daher die neuerliche Vergewaltigung der eigenen Natur, eine Verzögerung der künstlerischen

Entwicklung und das sträfliche Verkennen der eigenen Berufung, des schauspielerischen Fachs!

Doch sorgten die Verehrer und Verehrerinnen, die den Schauspieler an der richtigen Selbsteinschätzung immer hindern, dafür, mich in meinen Fehlern zu bestärken. Zwar schwiegen einige Kollegen, auf deren Meinung ich Wert legte, vieldeutig und grimmig, doch um so empfänglicher war ich für Schmeicheleien, aus Angst, das Selbstvertrauen zu verlieren. Das Schweigen deutete ich leichtsinnigerweise als Neid und Intrige, doch empfand auch ich den ziehenden Schmerz des Unbefriedigtseins. Zu meiner Rechtfertigung sei gesagt, daß nicht die Eigenliebe eines verwöhnten Schauspielers mich so arrogant machte, sondern es waren vielmehr immerwährende, uneingestandene Zweifel an mir selbst und die panische Angst, das Selbstvertrauen zu verlieren, nicht ausreichend Mut zu haben, von Angesicht zu Angesicht vor die Menge zu treten – das war der Zwang, an meinen Erfolg glauben zu müssen. Die meisten Schauspieler haben Angst vor der Wahrheit, nicht weil sie sie nicht ertrügen, sondern weil sie dadurch die Zerstörung ihres Selbstvertrauens befürchten.

Die Aufführung hatte einen außerordentlichen Erfolg und wurde nicht nur im Jägerclub, sondern auch später im Künstlertheater wiederholt.

Ein Treffen
von weitreichender Bedeutung

Wladimir Iwanowitsch Nemirowitsch-Dantschenko wird sicherlich eines Tages selbst darüber berichten, wodurch und wie er auf die Arbeit im Moskauer Künstlertheater gekommen ist. Ich erinnere lediglich daran, daß er damals ein bekannter Dramatiker war, in dem einige Ostrowskis Nachfolger sahen. Nach seinem Vorspiel bei den Proben zu urteilen, war er ein geborener Schauspieler, der sich rein zufällig auf einem anderen Gebiet betätigte. Mehrere Jahre lang leitete er neben seiner literarischen Tätigkeit die Schule der Moskauer Philharmonischen Gesellschaft, durch die viele junge Schauspieler gegangen waren, bevor sie ihre Engagements an kaiserlichen, privaten oder auch provinziellen Bühnen erhielten. Der Jahrgang 1898 stellte alle vorherigen Jahrgänge in den Schatten: es war eine ganze Reihe von Schauspielern, die allesamt ihrem schauspielerischen Fach entsprachen und, wenn auch nicht alle gleich begabt, alle unter einem Stern geboren waren und im Herzen die Ideale ihres Lehrers trugen. Es gab darunter seltene schauspielerische Individualitäten: die Knipper (die spätere Frau Tschechows), die Sawizkaja, die Munt, Meyerhold, Snegirew und andere. Wäre es nicht ein Jammer, wenn dieses zufällig entstandene Ensemble auseinandergelaufen und in allen möglichen Krähwinkeln des weiten Rußland hängengeblieben wäre wie schon so viele von den hoffnungsvollsten Zöglingen W. I. Nemirowitsch-Dantschenkos?

Er sah genauso wie ich die Lage des Theaters um die Jahrhundertwende, in dem die glänzenden Traditionen der Vergangenheit in simple, routinierte Manier ausgeartet waren, als hoffnungslos an. Damit meine ich natürlich nicht die einzelnen Talente, die auf hauptstädtischen und provinziellen Bühnen brillierten, denn das Niveau der Schauspieler in ihrer Masse war dank der entstandenen Theaterschulen intellektuell gestiegen. Doch waren Talente von Gottes Gnaden rar, und der Theaterbetrieb befand sich nunmehr in den Händen der Kneipiers und der Bürokraten. Wer hätte da mit einem Aufblühen der Künste rechnen dürfen?

Im Bestreben, ein Theater auf einer anderen Grundlage zu betreiben, suchten wir nach geeigneten Leuten und hatten einander schon ins Auge gefaßt. Wladimir Iwanowitsch konnte mich leichter ausfindig machen, da ich als Schauspieler, Regisseur und Leiter des Laienzirkels mit meinen Leistungen regelmäßig vor das Publikum trat, während seine Schulabende selten, meist unter Ausschluß der Öffentlichkeit und demnach nicht allen zugänglich waren.

Deshalb war er es, der mich fand und ansprach. Im Juni 1897 erhielt ich einen Zettel, in dem er mich zu einer Unterredung in den »Slawischen Basar«, ein Moskauer Restaurant, bat, wo er mich über den Zweck unseres Treffens aufklärte. Es ging um die Gründung eines neuen Theaters, dessen Kern mein Laienensemble und der Jahrgang seiner im kommenden Jahr zu entlassenden Schüler bilden sollten. Hinzu kämen seine ehemaligen Zöglinge I. M. Moskwin und M. L. Roksanowa. Die fehlenden Schauspieler seien aus anderen hauptstädtischen und provinziellen Theatern auszuwählen. Die Hauptfrage sei es zu klären, inwiefern die künstlerischen Prinzipien der künftigen Leiter miteinander korrespondierten, wie weit die Kompromißbereitschaft beiderseits gehen könne und welche Berührungspunkte es zwischen uns gebe.

Keine Weltkonferenz der Völker würde die wichtigsten staatspolitischen Fragen mit solcher Sorgfalt erörtert haben, wie wir die Grundlagen der künftigen Unternehmung, Fragen der reinen Kunst, unsere künstlerischen Ideale, die Ethik der Bühne, die Technik, organisatorische Pläne, das künftige Repertoire und unser Verhältnis zueinander erörterten.

»Nehmen wir mal den Schauspieler A.«, examinierten wir einander. »Halten Sie ihn für begabt?«

»In sehr hohem Maße.«

»Würden Sie ihn in Ihr Ensemble aufnehmen?«

»Nein.«

»Warum?«

»Er ist ein Karrierist, er hat sein Talent den Erwartungen des Publikums angepaßt, seinen Charakter den Launen der Unternehmer und seine ganze Persönlichkeit dem billigen Theatergeschmack. Wer dieses Gift in sich trägt, ist nicht zu retten.«

»Und was sagen Sie zur Schauspielerin B.?«

»Eine gute Schauspielerin, aber nichts für uns.«

»Wie das?«

»Sie liebt nicht die Kunst, sondern nur sich selbst darin.«

»Und die C.?«

»Geht auch nicht. Eine unverbesserliche Schmierendiva.«

»Und der Schauspieler D.?«

»Den kann ich Ihrer Aufmerksamkeit nur empfehlen.«

»Und warum?«

»Er besitzt Ideale, für die er auch kämpft. Er findet sich nicht mit dem Bestehenden ab.«

»Da ich Ihre Meinung teile, werden Sie mir erlauben, ihn in die Liste der Kandidaten einzutragen.«

Doch dann kamen wir auf die Literatur zu sprechen, und ich spürte sofort Nemirowitsch-Dantschenkos Überlegenheit und ordnete mich gern seiner Autorität unter. Ins Protokoll der Sitzung schrieb ich, daß ich meinem künftigen Kompagnon W. I. Nemirowitsch-Dantschenko ein unumschränktes Veto-Recht in allen literarischen Fragen zugestehe.

In Fragen des Schauspiels, der Regie und der Inszenierung hingegen war ich weniger nachgiebig. Ich hatte einen Fehler, den ich inzwischen weitgehend bekämpft zu haben glaube: war ich einmal von etwas begeistert, stürzte ich mich wie mit Scheuklappen, ohne Rücksicht auf Verluste, auf das mir vorschwebende Ziel. Argumente und Überredungsversuche waren da wirkungslos. Höchstwahrscheinlich waren es die Spuren meines kindlichen Starrsinns. Zur fraglichen Zeit aber war ich bereits ein erfahrener Regisseur, darum mußte mir Wladimir Iwanowitsch das Veto-Recht in Fragen der Regie und der künstlerischen Gestaltung zugestehen, und so stand es im Protokoll:

»Das literarische Veto-Recht steht Nemirowitsch-Dantschenko, das künstlerische Veto-Recht Stanislawski zu.«

Im Verlaufe der folgenden Jahre hielten wir uns streng an diese Bedingung. Sprach jemand von uns das magische Veto, wurde der Streit mitten im Wort abgebrochen und durfte nicht wieder aufgenommen werden. Wer sein Veto einlegte, mußte die volle Verantwortung tragen.

Freilich gingen wir sehr vorsichtig mit diesem ultimativen Recht um und machten davon nur in äußersten Fällen Gebrauch. Jeder war dann von seinem Recht völlig überzeugt, obwohl es sicherlich auch Fehlentscheidungen gab, und konnte ungehindert seine Pläne auf dem entsprechenden Gebiet verwirklichen. Weniger Erfahrene sahen zu und lernten von uns, was sie vordem nicht begreifen konnten.

In Fragen der Organisation trat ich den Vorrang nur zu gern meinem neuen Kollegen ab, dessen Verwaltungstalent offensichtlich war, und begnügte mich mit der Rolle des Beraters, wenn meine Erfahrung gebraucht wurde.

Die finanzielle Seite kam im »Slawischen Basar« ebenfalls zur Sprache. Es wurde beschlossen, die Teilhaber vor allem unter den Direktoren der Philharmonischen Gesellschaft zu werben, zu denen nicht wenige vermögende Leute zählten, aber auch unter den Mitgliedern der Gesellschaft für Kunst und Literatur. Meine materielle Beteiligung konnte nur bescheiden sein, weil die Schulden der Gesellschaft meine finanzielle Basis stark erschüttert hatten.

Bezüglich der allgemeinen Ethik einigten wir uns sofort darauf, daß man Schauspielern menschliche Bedingungen schaffen müsse, bevor man von ihnen die Befolgung von Anstandsregeln, die für alle kultivierten Menschen gelten, fordert. Wissen Sie, unter welchen Bedingungen die Schauspieler, insbesondere in der Provinz, leben müssen? Sie haben oft nicht einmal ein winziges Plätzchen für sich hinter den Kulissen. Drei Viertel des Hauses stehen den Zuschauern zur Verfügung: Büffets, Teestuben, Imbißräume, herrliche Garderoben, Foyers, Rauchzimmer, Toiletten mit Waschbecken und warmem Wasser, Wandelgänge. Ein Viertel des Hauses lediglich dient der Bühnenkunst. Dazu gehören Fundusse für Dekorationen und Requisiten, Schalträume und Elektro-Ausrüstung, Büroräume, Werkstätten, Kostümfundus und Schneiderei. Was bleibt dann für den Schauspieler? Einige winzige Buchten unter der Bühne, ohne Fenster und Ventilation, immer verstaubt und verschmutzt, weil von oben, vom Bühnenfußboden, der die Decke dieser sogenannten Garderoben bildet, ständig Dreck und Staub rieselt, der, vermischt mit der von den Dekorationen abbröckelnden Farbe, derart ätzend ist, daß einem die Augen tränen und die Lunge wehtut. Denken Sie an die Einrichtung dieser Garderoben, und Sie werden keinen nennenswerten Unterschied zu Gefängniszellen ausmachen: einige schlechtgehobelte Bretter auf an die Wand genagelten Konsolen ersetzen den Schminktisch; ein meist schiefer, aus schlechtem Glas gemachter und bei Gelegenheit billig gekaufter Spiegel, den sich zwei oder drei Schauspieler teilen müssen; ein aus dem Parkett ausrangierter, notdürftig reparierter und in die Garderoben strafversetzter Stuhl; eine Holzlatte mit ein paar Nägeln ersetzt die Kleiderhaken; eine Brettertür mit zum Beobachten der sich umkleidenden Damen bestens geeigneten Ritzen; eine Strippe und ein Nagel statt eines Schlosses; nicht immer salonfähige Inschriften an den Wänden. Blickt man aber in den Souffleurkasten, so wird man an die mittelalterliche Inquisition erinnert! Dieser Märtyrer ist zu ewiger Folter im Theater verdammt, so daß man um sein Leben bangen muß. Ein schmutziger, hundehüttengroßer, mit staubigem Filz ausgeschlagener Kasten. Die eine Körperhälfte des Souffleurs empfängt Kellerfeuchtigkeit unterhalb der Bühne, die andere – in Höhe des Bühnenfußbodens – wird von beiden Seiten von hundertwattstarken Glühlampen der Rampenbeleuchtung aufgewärmt. Der ganze Staub, der beim Auf- und Zugehen des Vorhangs oder beim Schleifen der Damenröcke über den Fußboden aufgewirbelt wird, fliegt unweigerlich in den Mund des Märtyrers. Dabei muß er den ganzen Tag über und am Abend ohne Verschnaufpause bei Proben und Vorstellungen mit unnatürlich gepreßter und verspannter Stimme sprechen, um nur von den Schauspielern, nicht aber von den Zuschauern gehört zu werden. Bekanntlich erkranken drei Viertel aller Souffleure an Schwindsucht. Jeder weiß das, doch macht niemand Anstalten, einen halbwegs annehmbaren Souffleurkasten zu erfinden, und das in unserem mit Erfindungen wahrlich nicht geizenden Jahrhundert.

In den meisten Theatern sind der Zuschauerraum, die Bühne und die Garderoben an ein gemeinsames Heizungssystem angeschlossen. Geheizt wird nur soviel, wie das Publikum es braucht, so daß es in den Garderoben genauso warm ist wie im Zuschauerraum. Hauptsache, daß das Publikum sich wohlfühlt, an Schauspieler wird dabei nicht gedacht. Deswegen schlottern die Schauspieler in den sommerlichen Kostümen und Trikots oder sie vergehen vor Hitze, wenn besonders stark geheizt wird, in ihren schweren Pelzmänteln, wie sie in russischen Bojarenstücken, im »Zar Fjodor« etwa, üblich sind. Zur Zeit der Proben wird im Theater normalerweise gar nicht geheizt. Mehr noch, es kühlt schon seit den frühen Morgenstunden beim Hinaus- und Hineintragen von Dekorationen für die vergangene und die kommende Vorstellung stark aus, weil dabei das riesige Tor auf der Bühne manchmal stundenlang offensteht, solange, bis die Bühnentechniker mit ihrer Arbeit fertig sind. Oftmals verzögern sich dadurch die Proben, und die Schauspieler sind genötigt, einige Zeit, anstatt sich der künstlerischen Arbeit zu widmen, in der frostigen Luft zu verbringen. Unter solchen Bedingungen muß man mit Mantel und warmen Überschuhen probieren, und so wird von der Straße der Schmutz auf die Bühne geschleppt.

So etwas wie einen Aufenthaltsraum für Schauspieler hatte es zur damaligen Zeit kaum in Theatern gegeben, und darum mußten die Diener der Ästhetik und Schönheit in Erwartung ihres Auftritts hinter schmutzigen Kulissen, in kalten Gängen und in ihren Garderoben herumlungern. Ununterbrochenes Rauchen, das Mitbringen von Broten, Wurst oder Hering, die auf einer auf dem Schoß liegenden Zeitung ausgebreitet wurden, Klatsch, billiger Flirt, üble Nachrede und Zoten waren eine nur zu natürliche Folge der unmenschlichen Bedingungen, unter denen die Diener der Musen drei Viertel ihres Lebens zubringen mußten.

Alle diese Dinge hatten wir bedacht, und bei jener berühmten Beratung festgelegt, daß das erste Geld, das wir für die Renovierung unseres künftigen Theatergebäudes zu bekommen erhofften, für die Schaffung von menschenwürdigen Bedingungen hinter den Kulissen verwendet werde, um den Anforderungen der Ästhetik und des schöpferischen Lebens der Schauspieler gerecht zu werden. Jeder Schauspieler sollte eine eigene Garderobe haben, vielleicht so groß wie eine Einzelkabine auf einem Dampfer, die nach den Wünschen und dem Geschmack ihres Bewohners eingerichtet werden mußte. Ein Schreibtisch mit notwendigen Utensilien konnte am Abend zum Schminktisch werden. Hinzu kamen ein kleines Bücherregal, Kleiderschrank, Waschbecken, ein bequemer Sessel und ein Sofa, auf dem man sich nach den Proben vor den Vorstellungen ausruhen konnte. Zur Ausstattung gehörten Parkettfußboden, Vorhänge vor den Fenstern, mit denen man den Raum während der Matinée-Vorstellungen völlig verdunkeln konnte, gute Beleuchtung zum Schminken und unbedingt ein Fenster mit viel Licht. Wir Schauspieler sehen manchmal monatelang keine Sonne: wir stehen spät auf, weil wir, erregt durch die Abendvorstellung, spät zu Bett gehen; eilen dann zur Probe und sind den ganzen Tag in einem Raum ohne Tageslicht, und wenn wir wieder auf der Straße sind, so brennen im Winter bereits die Laternen. Und so geht es Tag für Tag viele Wintermonate lang. In den Garderoben sollte es sauber sein wie auf einem Schiff, darum mußte für viel Hilfspersonal gesorgt werden. Die Damen- und Herrengarderoben sollten in verschiedenen Stockwerken liegen, mit getrennten Aufenthaltsräumen hinter den Kulissen, wo man auch Gäste empfangen konnte. Dort sollte es ein Klavier, eine Bibliothek und einen großen Tisch für Zeitungen, Bücher und Schachspiel geben (Karten und sonstige Glücksspiele waren streng zu verbieten). Eintritt in Mänteln, Galoschen und Mützen war strengstens untersagt, wie auch den Damen das Tragen von Hüten in den Räumen des Theaters.

Erst nachdem ein den Ansprüchen des künstlerischen Lebens genügendes Gebäude fertig sein würde, könnte man dementsprechend strenge Anforderungen an die Schauspieler stellen.

Wir sprachen auch von der künstlerischen Ethik und brachten unsere Erkenntnisse in Form von Thesen oder Aphorismen zu Protokoll. Hier einige davon:

»Es gibt keine kleinen Rollen, sondern nur kleine Schauspieler.«

Oder: »Heute Hamlet, morgen Statist, aber auch als Statist unbedingt Künstler.«

»Dichter, Schauspieler, Bühnenbildner, Schneider und Techniker dienen alle dem Ziel, das der Dichter seinem Stück zugrundegelegt hat.«

»Jegliche Störung des schöpferischen Lebens im Theater ist ein Verbrechen.«

»Zuspätkommen, Faulheit, Launen, Hysterie, charakterliche Unverträglichkeit, Unkenntnis der Rolle und die damit zusammenhängende Notwendigkeit, mehrmals dasselbe wiederholen zu müssen, sind alle gleichermaßen schädlich und darum zu beseitigen.«

Es wurde außerdem beschlossen, daß unser Unternehmen ein Volkstheater sein würde mit etwa den gleichen Aufgaben und Zielen, wie sie Ostrowski vorschwebten. Zur Popularisierung dieser Idee sollten öffentliche Vorträge gehalten, ein entsprechender Antrag an die Moskauer Duma gestellt werden u. a. m.

Dieser Beschluß wurde dann auch umgesetzt, doch es erwies sich, daß das Repertoire der Volkstheater durch die Zensur derartig eingeschränkt wurde, daß wir genötigt gewesen wären, unsere künstlerischen Aufgaben auf ein Minimum zu reduzieren. So beschlossen wir, unserem Theater den Status des »allgemein zugänglichen« zu geben.

Diese erste historische Beratung mit W. I. Nemirowitsch-Dantschenko, die für das künftige Theater von entscheidender Bedeutung war, begann um zwei Uhr am Nachmittag und endete am nächsten Morgen um acht. Sie dauerte also achtzehn Stunden ohne Pause. Wir verständigten uns über alle grundsätzlichen Fragen und gelangten zu der Überzeugung, daß wir zusammen arbeiten konnten. Bis zur Eröffnung des Theaters im Herbst 1898 verblieben noch ein Jahr und vier Monate. Trotz dieser langen Zeit gingen wir unverzüglich ans Werk. Wladimir Iwanowitsch sollte im Laufe des Jahres die Schauspieler meines Zirkels und ich seine Schüler, die er ins Ensemble aufzunehmen gedachte, kennenlernen. Ich hatte seitdem keine Vorstellung der Schauspielschule der Philharmonischen Gesellschaft verpaßt. Auch verlief keine meiner Inszenierungen ohne Prüfung und Kritik von Nemirowitsch-Dantschenko.

Vor der Eröffnung
des Moskauer Künstlertheaters

Nun rückte die erste Spielzeit mit ihren täglichen Vorstellungen, die im Laufe der Sommermonate unbedingt vorbereitet werden mußten, immer näher. Doch wo sollten wir arbeiten? Das gemietete Theater stand uns erst ab September zur Verfügung, bis dahin aber hatten wir nicht einmal einen Probenraum. Es war aus finanziellen Gründen günstiger, den Sommer über außerhalb der Stadt zu wohnen und zu proben. Außerdem war es gut für die Gesundheit. Zum Glück konnte eines unserer Mitglieder, N. N. Archipow (als Regisseur später unter dem Namen Arbatow bekannt), uns eine ziemlich geräumige Scheune auf seinem Gut, etwa dreißig Werst von Moskau entfernt, in der Nähe der Datschengegend Puschkino anbieten. Das Angebot wurde angenommen, und wir richteten die Scheune für die Proben ein: eine Bühne, ein kleiner Zuschauerraum, zwei Aufenthaltsräume für Damen und Herren und eine überdachte Terrasse, auf der die Schauspieler zwischen ihren Auftritten Tee trinken konnten. Vorerst hatten wir keine Bediensteten und mußten uns selbst um die Reinigung der Räume kümmern: Schauspieler wie Regisseure und Geschäftsführer, jeder der Reihe nach. Als erster war ich dran und debütierte äußerst unglücklich, da ich den Samowar zwar mit Holzkohle anheizte, ihn aber mit Wasser zu füllen vergessen hatte, so daß er platzte. Nicht genug, daß ich alle um den Tee brachte, ich stellte mich beim Fegen und Staubwischen reichlich ungeschickt an, weil ich das alles noch nicht konnte. Dafür legte ich einen strengen Tagesablauf fest, der die Proben in sachliche Bahnen lenkte. Ich führte ein Arbeitsjournal oder Protokoll, in das alles eingetragen wurde, was die Arbeit des Tages betraf: das zu probende Stück, die Besetzung, Namen der Zuspätgekommenen und die Gründe dafür, die aufgetretenen Mängel, Maßnahmen zu ihrer Beseitigung und was sonst so anfiel, was den ordnungsgemäßen Ablauf störte. Die Proben begannen um elf Uhr und endeten gegen fünf Uhr nachmittags. Danach gingen die Schauspieler zum Fluß baden, Mittag essen und sich ausruhen, um gegen acht Uhr zur zweiten Probe, die bis um elf in der Nacht ging, zu erscheinen. So probten wir zwei Stücke an einem Tag. Und was für Stücke! Morgens den »Zar Fjodor«, abends »Antigone«;

oder: morgens »Kaufmann von Venedig«, abends »Hanneles Himmelfahrt« oder »Die Möwe«. Damit nicht genug: parallel dazu wurde individuell mit ein oder zwei Schauspielern gearbeitet. Dazu ging man in den Wald, wenn es warm war, bei kühlem Wetter traf man sich in der Hütte des Hausbesorgers. Die Hauptarbeit mit Moskwin an der Rolle Fjodors verlief in der besagten Wärterhütte. Wladimir Iwanowitsch ging mit Moskwin die Rolle durch, während ich mit einem anderen, weniger geeigneten Schauspieler probte. Diese Arbeiten fanden in der Periode der drückenden Hitze statt, die Temperatur stieg in diesem überaus heißen Sommer auf vierzig Grad und sogar höher. Die Scheune war unglücklicherweise mit Blech gedeckt, so daß es ein leichtes ist, sich vorzustellen, bei welchen Temperaturen wir, schweißgebadet, die Verneigungen der Bojaren im »Zar Fjodor«, die Karnevalstänze im »Kaufmann von Venedig« oder die unzähligen Verwandlungen in »Hannele« probten.

Die Schauspieler wurden in den gemieteten Datschen in Puschkino untergebracht. Jede Wohngemeinschaft führte auf kollegialer Grundlage ihren Haushalt: einer sorgte für Ordnung und Sauberkeit, ein anderer für Verpflegung, ein dritter übermittelte die Theaternachrichten, d. h., er informierte über angesetzte und abgesagte Proben sowie über Anordnungen der Regisseure und der Theaterleitung. In der ersten Zeit, wo es noch kein Zusammengehörigkeitsgefühl zwischen den einander noch fremden Menschen gegeben hatte, ging es nicht ohne Mißverständnisse ab. Es gab auch ernstere Fälle, wo wir uns von dem einen oder dem anderen trennen mußten. Auf einer Probe zum Beispiel gerieten einige Schauspieler in Streit miteinander und warfen sich gegenseitig Ausdrücke an den Kopf, die im Theater unzulässig waren, und schon gar nicht auf der Bühne. Wladimir Iwanowitsch und ich wollten den Schuldigen eine Lehre erteilen und überantworteten sie dem Gericht des Ensembles. Sofort wurden alle Proben abgesagt, und innerhalb von eineinhalb oder zwei Stunden wurde die Mitgliederversammlung einberufen. Zu diesem Zwecke mußten unter anderem reitende Boten entsandt werden, um nach Ausflüglern unter den Schauspielern zu suchen. Diesen Aufwand betrieben wir bewußt, um dem Ernst der Angelegenheit Nachdruck zu verleihen und ein Exempel zu statuieren. Als die Versammlung eröffnet wurde, erläuterten Wladimir Iwanowitsch und ich das Gefährliche an diesem Vorfall, der ja ein Präzedenzfall werden könnte. Wir stellten das Ensemble vor die Frage, ob es in die Fußstapfen vieler anderer Theater treten wolle, wo solche Dinge an der

Tagesordnung waren, oder ob die Mitglieder des neuen Ensembles gewillt seien, derartige demoralisierende Entgleisungen zu unterbinden und die Schuldigen geziemend zu bestrafen. Die Schauspieler verfuhren sogar strenger als wir annahmen: sie beschlossen, sich von dem schuldigen Kollegen, ungeachtet seiner wichtigen Stellung im Ensemble, zu trennen. Aufgrund dessen mußten wir fast alle die im großen und ganzen fertigen Stücke neu besetzen und proben. Ein ähnlicher Zwischenfall, allerdings in milderer Form, ereignete sich später noch einmal. Der Schuldige mußte eine hohe Strafe zahlen und eine öffentliche Rüge hinnehmen, die von mehreren Schauspielern bekräftigt wurde. Das war eine Sitzung, die sich den Schauspielern eingeprägt hatte und sie dazu bewog, von Verletzungen der Disziplin auf der Bühne für immer Abstand zu nehmen. Im Laufe der gemeinsamen Arbeit und des immer längeren Zusammenlebens hatten sich die anfänglichen Wellen geglättet, und man lebte kameradschaftlich und fröhlich. In der probenfreien Zeit tobten sich alle aus und trieben allerhand Spaß.

Ich wohnte auf dem Gut meiner Eltern, sechs Werst von der Bahnstation Puschkino entfernt, und kam jeden Morgen um elf Uhr in den Proberaum, wo ich bis spät in der Nacht verblieb. In den Pausen aß und erholte ich mich bei dem Schauspieler unseres Theaters Serafim Nikolajewitsch Sudbinin, der später ein bekannter Bildhauer in Paris wurde. Dank der Liebenswürdigkeit und Gastfreundschaft seiner Frau bekam ich mein Mittagessen und einen Raum in ihrem kleinen Häuschen, in dem der Bühnenbildner Viktor Andrejewitsch Simow die Modelle für die Dekorationen anfertigte. Die Notwendigkeit eines ständigen Kontakts zu mir, dem Oberspielleiter, veranlaßte ihn, seine Werkstatt vorübergehend in meine Nähe zu verlegen.

Das Programm des neuen Unternehmens war durchaus revolutionär: wir protestierten gegen veraltete Spielweisen, gegen Theatralik und falsches Pathos, gegen das Deklamieren und Übertreiben im Spiel, gegen leere Stilisierung in Inszenierung und Bühnenbild, gegen das Starsystem, das jedes Ensemble zersetzte, gegen die ganze Struktur der Aufführungen und das armselige Repertoire der damaligen Theater.

In unserem zerstörerischen revolutionären Bestreben nach einer Erneuerung der Kunst erklärten wir allen auf dem Theater üblichen stilistischen Überhöhungen, welche Form sie auch annehmen mochten, den Krieg: ob in der Schauspielkunst, der Inszenierung, in den Dekorationen und Kostümen oder in der Auslegung der Stücke.

In dem Moment setzten wir unsere künstlerische Zukunft auf eine Karte und mußten um jeden Preis Erfolg haben, zumal um uns herum eine nicht gerade wohlwollende Atmosphäre entstand. Wir wurden zur Zielscheibe für bösartige Spötter, und einige einflußreiche Persönlichkeiten wie auch Vertreter der Presse (die uns später durchaus wohlgesinnt waren) prophezeiten uns den Untergang. Man nannte uns verächtlich Laien und behauptete, wir hätten keine richtigen Schauspieler, als Ersatz gäbe es prachtvolle Kostüme und Dekorationen. Außerdem sei das Ganze die Grille eines größenwahnsinnigen Kaufmanns (womit ich gemeint war). Es brachte die Leute auf, daß wir ein Repertoire von zehn Stücken angegeben hatten, während in anderen Theatern jede Woche eine neue Aufführung gebracht werden mußte, um die Häuser zu füllen, was selten gelang. Und da erdreisteten sich die Laien zu glauben, sie könnten eine ganze Spielzeit mit nur zehn Stücken bestreiten!

Auf allen Gebieten des komplizierten Theaterbetriebes stand uns umfangreiche Arbeit bevor. Das betraf Darstellung, Regie, Kostüm, Bühnenbild, Theaterleitung, Finanzierung und anderes mehr.

Vor allem mußten unbedingt die Direktion und die finanzielle Seite funktionieren. Der einzige, der in der Lage war, diese schwierige Arbeit zu bewältigen und das junge Unternehmen an jeder Scylla und Charybdis vorbeizulotsen, war W. I. Nemirowitsch-Dantschenko, der über ein außerordentliches organisatorisches Talent verfügte. Also mußte er sich, neben seiner künstlerischen Arbeit, dieses öden, undankbaren, aber überaus wichtigen Bereiches annehmen.

Die zweite Sorge galt der rechtzeitigen Fertigstellung der Ausstattung, das heißt, der Dekorationen, Requisiten und Kostüme für die zu spielenden Stücke.

Damals wurde die Frage der Dekorationen üblicherweise sehr einfach gelöst: ein Prospekt als Hintergrund, vier oder fünf bogenartige, hintereinander gestaffelte Kulissen, auf denen ein Palastsaal mit Gängen und einer offenen oder überdachten Terrasse, einem Blick auf das Meer und dergleichen gemalt waren. Mitten auf der Bühne der unverhüllte, schmutzige Fußboden und ein paar Stühle, je nach Anzahl der Darsteller. Zwischen den Kulissen sah man Scharen von Bühnentechnikern, Statisten, Friseure und Schneider umherlaufen oder auf die Bühne gucken. Wurde eine Tür gebraucht, so stellte man sie zwischen die Kulissen, und es kümmerte niemanden, daß über der Tür ein Loch klaffte. Bei Bedarf wurden auf Prospekt und Kulissen Straßen mit tiefer Perspektive, einem riesigen, menschenleeren Platz mit Springbrunnen, Denkmälern und sonstigem gemalt. Schauspieler, die ganz hinten standen, waren ungleich größer als die Häuser. Der schmutzige Fußboden präsentierte sich in all seiner unansehnlichen Nacktheit und gewährte den Schauspielern volle Freiheit, vor dem Souffleurkasten zu stehen, der ja bekanntlich die Diener der Melpomene so sehr anzieht.

Die Bühne beherrschte ein nach ein und derselben Schablone gemalter Empire- oder Rokokopavillon mit Türen aus Leinwand, die beim Auf- und Zumachen flatterten und sich ansonsten selbsttätig öffneten und schlossen, wenn die Darsteller auftraten oder abgingen.

Die Abstände zwischen den Kulissen waren mathematisch berechnet. Wir aber brachten alle Abstände durcheinander, so daß die Zuschauer sich anfangs nicht zurechtfinden konnten in den überraschenden Linien, wie sie auch in der Natur vorkommen. Den gepinselten Pavillon ersetzten wir durch Wände mit Tapeten, Stuck und Decke. Den Fußboden kaschierten wir mit bemalten Leinwänden und beseitigten seine öde Fläche mit Hilfe von Aufbauten und Podesten aller Art. Es war eine komplizierte Kombination von Podesten, Treppen, Gängen und Galerien, die es uns ermöglichten, Massenszenen ausgewogen anzulegen. Auf der Vorderbühne stellten wir Baumstämme auf, weil wir meinten, es sei besser, wenn die Schauspieler zwischen den Bäumen auftauchten, als daß sie unentwegt am Souffleurkasten stünden und das Publikum überanstrengten. Gewöhnlich wird auf der Bühne nur ein Zimmer gezeigt, wir aber bauten ganze Wohnungen mit drei oder vier Räumen auf.

Die Arrangements und Dekorationsgrundrisse wurden damals mit ähnlicher Einfachheit gelöst. Es gab eine ein für allemal festgelegte Anordnung von Möbeln: rechts ein Sofa, links ein Tisch mit zwei Stühlen. Eine Szene wurde am Sofa gespielt, die nächste am Tisch, die dritte vorn am Souffleurkasten und so weiter in derselben Reihenfolge.

Wir hingegen verwendeten ungewöhnliche Perspektiven der Zimmer mit unerwarteten Winkeln und Ecken, Ausschnitte mit Möbeln auf der Vorderbühne, die mit der Rückseite zum Zuschauer zeigten und hiermit die vierte Wand andeuteten.

Es war üblich, daß der Schauspieler dem Publikum sein Gesicht zeigte, während wir ihn mit dem Rücken zum Zuschauer plazierten, und das an den spannendsten Stellen des Stücks. Dieser Trick half dem Regisseur oftmals, unerfahrenen Schauspielern an den Höhepunkten ihrer Rolle Deckung zu geben.

Normalerweise wurde bei vollem Licht gespielt, wir aber spielten ganze Szenen, manchmal sogar die wichtigsten, im Dunkeln.

Man machte dem Regisseur den Vorwurf, er wolle um jeden Preis auffallen. Die Wahrheit aber war, daß er damit lediglich den unerfahrenen Schauspielern, die mit ihren Aufgaben nicht fertig wurden, aus der Patsche half.

Bei solchen Aufgaben brauchte der Regisseur die Unterstützung des Bühnenbildners, mit dem er eine günstige Aufstellung der Möbel und Requisiten finden und eine passende Stimmung durch die Dekorationen erzeugen konnte.

Glücklicherweise hatten wir in V. A. Simow einen Bühnenbildner, der den Wünschen des Regisseurs und der Darsteller entgegenkam. Er war eine damals seltene Ausnahme, da er nicht nur in seinem Beruf, sondern auch in Fragen der Regie ein großes Talent war. V. A. Simow interessierte sich nicht nur für die Dekorationen, sondern beschäftigte sich mit dem Stück, seiner Interpretation und den Aufgaben der Darsteller und der Regie. Überdies war er bereit, seine Auffassungen als Bühnenbildner der Grundidee der Inszenierung unterzuordnen.

Mit den Kostümen stand es damals auch nicht zum besten: kaum jemand interessierte sich für die Geschichte des Kostüms oder sammelte alte Kleider, Stoffe und Bücher. In den Kostümateliers konnte man nur drei Stile finden: »Faust«, »Hugenotten« und »Molière«, wenn man vom nationalen Bojarenstil absieht.

»Haben Sie vielleicht ein spanisches Kostüm in Richtung ›Faust‹ oder ›Hugenotten‹?«, fragten die Kunden.

»Valentin, Mephisto und St. Bris in allen Farben auf Lager«, lautete die Antwort des Inhabers.

Selbst bereits vorhandene Muster konnten nicht nachgearbeitet werden. Die Meininger hatten, als sie in Moskau gastierten, liebenswerterweise einem Theater erlaubt, ihre Dekorationen und Kostüme zu kopieren. Als die Kostüme fertig waren, hatten sie nicht die Spur einer Ähnlichkeit mit den Meininger Kostümen mehr gehabt, da die Moskauer Schauspieler nach eigenem Gutdünken die Schneider angewiesen hatten, an einer Stelle etwas anzusetzen, an einer anderen abzunähen, und so kamen wieder einmal »Faust« und »Hugenotten« im üblichen theatralischen Stil heraus. Die Schneider hatten sich auf klischeeartig festgelegte Schnitte spezialisiert und sahen keinen Grund, in Büchern zu blättern oder sich die Figurinen des Bühnenbildners anzusehen. Jegliche Neuerung und Veränderung der Schablone wurde als Unerfahrenheit des Auftraggebers erklärt und abgetan.

»Der Bühnenbildner hat vielleicht das erste Mal damit zu tun, aber ich habe Hunderte davon genäht«, das war die gängige Auffassung der damaligen Schneider.

Dennoch gelang es uns, freilich mit großer Mühe, einige von ihnen etwas von ihrem toten Punkt fortzubewegen. Das war noch während meiner Arbeit in der Gesellschaft für Kunst und Literatur. Mit der Zeit wurde daraus auch eine Schablone »à la Stanislawski«, die, nunmehr degeneriert, kaum besser als die des ehemaligen »Faust«- und »Hugenotten«-Stils war. Durch diese Umstände sah ich mich genötigt, die Herstellung von Kostümen selbst zu leiten. Man brauchte etwas Neues, Überraschendes, auf das noch nie jemand gekommen war. Meine Frau, M.P.Lilina, war mir dabei eine Hilfe, da sie einen Sinn für Kostüme, Geschmack und Erfindungsgabe hatte. M.P.Grigorjewa, eine heute noch in unserem Ensemble beschäftigte Schauspielerin, erbot sich, uns zu helfen, da sie sich ebenfalls für Theaterkostüme interessierte. Später halfen auch Verwandte und Bekannte mit. Zunächst beschäftigten wir uns mit den Kostümen der Epoche des »Zaren Fjodor«, weil diese Tragödie A.Tolstois als erste aufgeführt werden sollte. Nun ist das Klischee des Bojarenkostüms ganz besonders abgedroschen. Historische Kostüme aus den Museen weisen Nuancen in den Linien und im Schnitt auf, die von gewöhnlichen Schneidern nicht wahrgenommen werden, die aber für den Stil der Epoche typisch sind. Um diese Feinheiten zu erfassen, braucht es einen Künstler. Eben diesem Geheimnis, diesem »je ne sais quoi« im Kostüm, waren wir auf der Spur. Alte Bücher und Stiche, Museen, kirchliche und klösterliche Gewandkammern wurden eingehend durchgesehen und studiert. Es gelang uns dennoch nicht, diese kunsthistorischen Muster genau zu kopieren, und darum machten wir uns auf die Suche nach alten Stickereien, Kopfbedeckungen, Häubchen und so weiter. Ich rüstete zu einer Expedition in verschiedene Städte zu Trödlern und Händlern sowie in Dörfer zu den Bauern und Fischern, die, wie es hieß, in ihren Truhen viele schöne Dinge verwahrten und an Moskauer Antiquitätenhändler verkauften. Darum mußte unser Überfall überraschend sein, damit die Konkurrenz uns nicht zuvorkommen konnte. Diese erste Expedition verlief erfolgreich und brachte eine reiche Ausbeute.

Eine zweite Expedition wurde inzwischen vorbereitet: nach Jaroslawl, Rostow (bei Jaroslawl), Troize-Sergiewo und in andere durch ihre Altertümer berühmte Städte. Ein ehemaliges Mitglied der Gesellschaft bekleidete einen sehr hohen Posten bei der Eisenbahn und hatte einen Dienstwagen zu seiner Verfügung, den er uns für die geplante Expedition überließ. Ein Teil des Ensembles blieb in Puschkino, um mit W. I. Nemirowitsch-Dantschenko die Proben fortzusetzen, während der Rest des Ensembles zusammen mit mir, dem Bühnenbildner Simow, dem Regieassistenten Sanin, meiner Frau, die uns in Kostümfragen beriet, und einer Kostümbildnerin sich auf die Suche nach weiterem Material begab. Das war eine unvergeßliche Reise: der großartige Salonwagen mit einem uns zugeteilten Schaffner, der für uns kochte, so daß wir fast wie zu Hause speisen konnten. Abends, bei Aufenthalten auf den Stationen oder während der Fahrt ging es im Salon sehr fröhlich zu: man tanzte, sang, zeigte Taschenspielertricks oder turnte; doch man führte auch ernsthafte Diskussionen, schmiedete Pläne für das künftige Theater und machte Ausstellungen von erbeuteten museumswürdigen Gegenständen. Beim Zwischenhalt in einer Gegend, die uns ausgezeichnet gefiel, baten wir, unseren Waggon abzuhängen, und so blieben wir den ganzen nächsten Tag dort stehen: wir gingen bei herrlichem Wetter im Mondschein spazieren, sammelten Beeren, machten Lagerfeuer und kochten uns das Essen im Wald, kurzum, es war ein bezauberndes Picknick. Schließlich waren wir in Rostow bei Jaroslawl angekommen. Diese historisch interessante Stadt liegt an einem großen See. In der Mitte der Stadt steht der alte Kreml mit dem Palast Iwans des Schrecklichen, der Kathedrale und dem durch das herrliche Glokkenspiel berühmt gewordenen Glockenturm. Der alte Kreml war vor gar nicht langer Zeit fast verfallen, doch da tauchte ein unternehmungslustiger Mann auf und ließ die ganze alte Herrlichkeit wieder herstellen, so daß wir alles in einem mustergültigen Zustand vorfanden. Dieser Mann richtete ein ganzes Museum von alten Stickereien, Tuchen, Handtüchern, bedruckten Stoffen, Teppichen und dergleichen mehr ein, die er bei den Trödlern und in den umliegenden Dörfern kaufen konnte. Der Name dieses bemerkenswerten Mannes ist Schljakow, ein einfacher, ortsansässiger Pferdegeschirrfabrikant und Händler, kaum gebildet zu nennen, was ihn nicht daran hinderte, Kenner auf einem besonderen kunsthistorischen Gebiet zu werden, nämlich dem des alten Stoffdrucks. Schljakow bot uns liebenswerterweise die Schlüssel vom Schloß und vom Museum an.

Das uns eingeräumte Recht nutzten wir nicht nur, um die

Grundrisse aufzunehmen und Museumsgegenstände abzuzeichnen, sondern auch zu rein schauspielerischen Zwecken: wir wollten die Atmosphäre des Palastes spüren und beschlossen, eine Nacht dort zu verbringen. Im Halbdunkel des Kerzenlichts hörten wir plötzlich sich nähernde Schritte, die von den Steinplatten des Fußbodens widerhallten. Die niedrige Tür der Gemächer von Iwan dem Schrecklichen ging auf, und eine hohe Gestalt im Mönchsgewand bückte sich, um durch die Tür zu kommen, und wuchs erneut vor uns auf. Da erst erkannten wir einen unserer Kollegen. Sein Erscheinen war derart überraschend und unheimlich, daß wir den Hauch des grimmigen russischen Altertums zu spüren vermeinten. Als dieser Kollege, eingehüllt in Stoffe und Gewänder aus dem Museum, den langen Gang über dem Bogen des Palasttores abschritt und seine Kerze in den Fenstern auftauchte und gespenstische Schatten warf, da war uns, als wandelte der Schatten Iwans des Schrecklichen durch die Gänge des Palastes.

Am nächsten Tag wurde eigens für uns das große Läuten der berühmten Rostower Glocken angeordnet. Es war schon etwas Einmaliges. Man stelle sich oben auf der Kirche einen langgestreckten überdachten Gang vor, den Glockenstuhl, an dem entlang kleine und große Glocken ganz verschiedener Tonhöhen aufgehängt sind. Mehrere Glöckner müssen von einer Glocke zur anderen in einem genau abgestimmten Rhythmus laufen, um sie anzuschlagen. Auf diese Art und Weise spielten die Musiker dieses Glockenorchesters ihre Melodie. Es bedurfte langwieriger Proben, um den gewünschten Wohlklang zu erzielen und die Glöckner daran zu gewöhnen, in einem bestimmten Tempo und Rhythmus von Glocke zu Glocke zu laufen.

Nach Rostow besuchten wir andere Städte und fuhren dann auf der Wolga von Jaroslawl abwärts, stiegen in größeren Städten aus, um tatarische Stoffe, Gewänder und Schuhe zu kaufen. Die Stiefel, die wir damals kauften, werden auch heute noch im »Zar Fjodor« getragen. Unsere fröhliche Gesellschaft eroberte den Dampfer und gab den Ton an. Der Kapitän hatte uns ins Herz geschlossen und gönnte uns die Ausgelassenheit. Von früh bis spät wurde gelacht. Nicht nur wir lachten, sondern auch die meisten Passagiere, mit denen wir Bekanntschaft schlossen und die wir in unsere gesellige Runde aufnahmen. Am letzten Abend vor der Ankunft veranstalteten wir einen Maskenball. Alle Schauspieler und einige Passagiere kostümierten sich mit den von uns gekauften Stoffen und alten Kleidungsstücken. Man tanzte, sang und trieb allen möglichen Spaß zur Freude und Belustigung der übrigen Gäste. Für mich und Simow war das eine Art Vorführung der gekauften Kleidungsstücke an lebendigen Menschen in den sich zufällig bildenden Gruppen im Abendlicht. Wir saßen und sahen zu, schrieben auf und überlegten uns, wie wir das Gekaufte am besten einsetzen könnten.

Wieder zu Hause, tat ich das Mitgebrachte zu dem, was wir schon hatten, und wir saßen stunden- und tagelang umgeben von Stoffen, Fetzen, Stickereien und kombinierten Farben, suchten bunte Tupfer aus, um weniger farbenfrohe Stoffe und Kostüme zu beleben, und bemühten uns, wenn nicht wirklich zu kopieren, so wenigstens die Stimmung einzelner Stickereien, Verzierungen für die Kragen der Bojarenkostüme, die Zarenschärpen, Schmuckbänder, den Kopfputz des Zaren und so weiter aufzufangen. Wir wollten weg vom plumpen Theatergold und dem Groschenprunk und suchten nach schlichter, aber vornehmer und von der Patina des Alters überzogener Ausstattung. Manchmal hatten wir Glück, doch bei weitem nicht immer. Woher die Stoffe nehmen, die den Prunk der Zarengewänder hergegeben hätten? Alles, was wir den Büchern entnommen, in Museen gefunden und skizziert hatten, stellte äußerst interessante Aufgaben, allein wir fanden weder Mittel noch Wege zu ihrer Verwirklichung. Also mußte ich wieder auf Reisen gehen, diesmal zum Jahrmarkt nach Nishni Nowgorod, wo man oftmals hochinteressante alte Dinge auftreiben konnte. Ich hatte Glück: gleich vor der Reihe mit den Ständen, wo gewöhnlich alte Sachen verkauft wurden, stieß ich auf einen großen Haufen alter Kleidungsstücke und Stoffetzen, vermischt mit allerlei Plunder und Müll. Unter dem Haufen sah ein Stück alten goldbestickten Stoffes hervor, aus dem später das Kostüm Fjodors für den ersten Akt gemacht wurde. Endlich fand ich, wonach ich so lange gesucht hatte, und mußte diesen Stoff um jeden Preis kaufen. Um den Haufen herum versammelten sich bereits Leute, offenbar Interessenten, deren Gesprächen ich entnehmen konnte, der Haufen käme aus einem entfernten Kloster, das aus Not seinen Besitz verkaufen mußte. Ich wühlte an einer anderen Stelle des Haufens und entdeckte Goldstickereien, aus denen wir den Kopfputz für die Frauen im »Fjodor« arbeiten ließen. An einer anderen Stelle fand sich eine alte geschnitzte Trinkschale. Ich mußte unverzüglich handeln, denn die Sachen lagen unbeaufsichtigt herum und konnten leicht gestohlen werden, und so entschloß ich mich, den ganzen Haufen zu kaufen. Der Besitzer ließ sich jedoch nur schwer ausfindig machen. Endlich fand ich den Mönch und nahm ihm für tausend Rubel auf eigenes Risiko den ganzen Krempel ab. Den Rest des Tages wühlte ich darin, da ich befürchtete, in der Nacht würde man die Schätze stehlen. Eine fürchterliche Arbeit war das, schmutzig und ermüdend. Ich fiel fast um vor Erschöpfung, konnte aber am ersten Tag das Wichtigste retten, vergrub den Rest im übrigen Tand, um am nächsten Tag weiter zu suchen. Schmutzig, schweißüberströmt, aber jubelnd kam ich ins Hotel, nahm ein Bad und delektierte mich, dem geizigen Ritter Puschkins gleich, am Anblick der neuen Schätze. Es war eine reiche Ausbeute, mit der ich nach Moskau zurückkehrte, denn ich brachte fast ein ganzes Museum von Kostümen, aber auch von anderen Dingen für den »Zar Fjodor« mit: viel Holzgeschirr für das erste Bild, das Gelage bei Schuiski, Schnitzwerk für die Möbel, orientalische Bänke und anderes mehr. Man muß nicht alles auf der Bühne prunkvoll gestalten; was man braucht, sind charakteristische Details, wie ich sie für die Inszenierung von dieser überaus glücklichen Reise mitbrachte.

Inzwischen hatten unsere frischgebackenen Kostümbildnerinnen im Herstellen der blassen Farbtöne für die historischen Kostüme und Stickereien große Erfolge zu verzeichnen. Auf der Bühne ist nicht alles Gold, was glänzt. Andererseits wird nicht jeder Glanz gleich den Eindruck des Goldes erwecken. Wir lernten es, uns den Bedingungen der Bühne anzupassen und als Gold, Edelsteine oder reiche Verzierung simple Knöpfe, Muscheln, Steine oder Siegellack erscheinen zu lassen, die besonders präpariert und geschliffen wurden. Um Perlmutt- oder Perlenstickereien nachzubilden, färbten wir auf besondere Art einfachen Bindfaden, den wir dann nach einem bestimmten Muster annähten. Meine Mitbringsel brachten uns auf neue Ideen, und bald verarbeiteten wir neben Originalstücken auch Imitationen. Kurzum, wir hatten alle Hände voll zu tun.

Der allgemeine Ablauf der Aufführungen mußte ebenfalls revidiert und erneuert werden. In allen Theatern jener Zeit begann man auch Schauspielaufführungen mit einer Musikdarbietung. Das Orchester befand sich, ohne jeden Zusammenhang mit den Bühnenereignissen, ganz vorne, wo es die Schauspieler am Spielen und die Zuschauer am Sehen hinderte. Vor den Vorstellungen und in den Pausen wurden gewöhnlich Ouvertüren von Suppé, Polkas mit Kastagnetten und dergleichen gespielt. Was sie mit »Hamlet« zu tun hatten, der auf der Bühne gespielt wurde, wußte auch niemand zu sagen. Die leichte Musik störte nur, da sie den Zuschauer in eine ganz andere Stimmung versetzte. Eine besondere Musik mußte geschrieben werden. Wo sollte man einen Komponisten hernehmen, der mit den Anforderungen des Dramas vertraut war? Für den »Zaren Fjodor« ließen wir eine Ouvertüre komponieren, aus der eine glänzende Sinfonie wurde. Was hatte die aber mit dem Drama zu tun?

Die Ouvertüre wurde ebenso gestrichen wie die Pausenmusik. Das Orchester wurde hinter die Kulissen gebracht, so wie das Stück es erforderte.

Auch andere althergebrachte Konventionen des Theaters mußten bekämpft werden. So war es üblich, daß die Stars und berühmte Gäste bei ihrem ersten Auftritt sich für den Applaus, mit dem sie begrüßt wurden, bedankten. Verließen sie die Bühne, so wurde ebenfalls geklatscht, und sie erschienen wieder, um sich auch mitten im Akt zu verbeugen. Gegen diese Sitte kämpfte schon Lenski im Maly Theater an, doch in anderen Häusern saß sie noch sehr fest.

In unserem Theater wurde das Herauskommen der Schauspieler nicht nur während des Spiels, sondern auch zwischen den Akten und nach Beendigung der Vorstellung abgeschafft, was freilich erst in den nächsten Jahren durchgesetzt wurde.

Die Einlasser und Theaterdiener in ihren Fräcken und posamentenverzierten Livreen mit vergoldeten Knöpfen wie in den kaiserlichen Theatern huschten ungeniert zwischen den Reihen hin und her und störten die Schauspieler und die Zuschauer gleichermaßen. Das Laufen durch den Zuschauerraum nach Beginn der Vorstellung war bei uns sowohl für die Diener als auch für die Zuschauer selbst strengstens untersagt, doch wollten die Zuschauer zunächst, trotz der überall angebrachten Verbotsschilder, den Aufforderungen nicht Folge leisten, und so kam es mehrfach zu Beschwerden oder gar Skandalen. Doch eines Tages, kurz nachdem wir die Verbeugungen abgeschafft hatten, erblickte ich Grüppchen von Zuschauern, die eilig die Gänge des Theaters entlangliefen, um noch rechtzeitig an ihre Plätze zu gelangen. Was war geschehen? Die Schauspieler hatten den Zuschauern den Gehorsam gekündigt, indem sie auf den Beifall hin nicht mehr herauskamen, und so mußte der Zuschauer, der sich nicht mehr als unumschränkter Herrscher fühlte, unsere Anordnungen, wenn auch spät, befolgen.

In allen Theatern hingen als Samt billig hergerichtete rote Tücher und ein Vorhang mit aufgepinselten goldenen Quasten, dessen eine Ecke etwas zur Seite aufgeschlagen war und eine ebenso gemalte Landschaft mit Bergen, Tälern, Meeren oder auch Städten, Parks, Springbrunnen und den übrigen Attributen des Poetischen und

Schönen den Blicken preisgab. Wozu diese grellen, abscheulichen Farben, die das Auge marterten und die Farben des Bühnenbildners außer Kraft setzten? Fort damit! Statt dessen in Falten gelegte Stoffe in einem warmen, aber nicht grellen Ton, denn die kräftigen Farben sollten dem Bühnenbildner vorbehalten bleiben. Anstelle des üblichen, nach oben aufziehbaren Vorhangs führten wir einen zum Auseinanderziehen ein.

Die wichtigste Arbeit galt den Schauspielern. Das Ensemble mußte konsolidiert, alle mußten auf einen Nenner gebracht werden: junge wie alte, Laien wie Berufsschauspieler, begabte wie unbegabte, verdorbene wie intakte. Man mußte die neuen Mitglieder mit den Grundsätzen unserer Kunst vertraut machen.

Das war eine interessante Aufgabe.

Bedauerlicherweise war ich damals noch keine Autorität für altgediente Provinzschauspieler, die es in unserem Ensemble ja auch gab und auf die die Jüngeren hörten. Natürlich hatten wir nicht im Traum daran gedacht, in den wenigen Monaten, die uns bis zur Eröffnung verblieben, die Anfänger entsprechend anzuleiten und die alten Hasen umzukrempeln, zumal sie unseren Anweisungen sehr kritisch gegenüberstanden. Es hieß, unsere Forderungen seien undurchführbar und untheatralisch, der Zuschauer würde die Feinheiten, die wir forderten, nicht sehen und nicht hören und folglich nicht verstehen und nicht zu schätzen wissen. Die Bühne erfordere kräftigere Mittel: laute Stimme, überschaubare Handlungen, munteres Tempo und volles Spiel, wobei sie darunter nicht das Gefühl verstanden, sondern den übertriebenen Schrei, verstärkte Gesten und Aktionen, vereinfachte Rollenführung, multipliziert mit einem tierischen Temperament.

Bei Auseinandersetzungen mit Schauspielern bat ich meine Freunde und Mitarbeiter aus der Gesellschaft für Kunst und Literatur um Hilfe; W. I. Nemirowitsch-Dantschenko wandte sich an seine Schüler. Wir forderten sie auf, auf die Bühne zu gehen und den Trotzköpfen zu beweisen, daß unsere Forderungen durchaus ausführbar waren.

Überzeugte auch das nicht, so betraten wir selbst die Bühne und spielten vor, wobei wir von unseren Mitarbeitern und denjenigen, die zu unserem Glauben übergewechselt waren, Applaus ernteten. So bekräftigten wir durch den eigenen Erfolg unsere berechtigten Forderungen. In solchen Augenblicken zeigte Wladimir Iwanowitsch sein glänzendes schauspielerisches Talent, das für seine Arbeit als Regisseur so wichtig war: ein guter Regisseur muß ein geborener Schauspieler sein.

Doch auch das verfing nicht immer.

Manchmal mußte man zu härteren Mitteln greifen, um unsere künstlerischen Prinzipien durchzusetzen.

Nemirowitsch-Dantschenko hatte da seine eigenen Methoden, ich aber verfuhr folgendermaßen: ich ließ den störrischen Darsteller in Frieden und widmete mich mit doppelter Aufmerksamkeit seinem Partner, dem ich interessante Arrangements anbot und sonst mit allem half, womit ein Regisseur dem Schauspieler helfen konnte. Ich arbeitete mit ihm auch nach den Proben und ließ den Unbelehrbaren alles tun, worauf er bestand. In der Hauptsache liefen diese Wünsche auf das Stehen am Souffleurkasten, das Schäkern mit dem Publikum und das verzückte singende Deklamieren in theatralisch gestellten Posen hinaus. Ich gestehe, daß ich zuweilen zu List und Tücke griff, um dem Ungläubigen eine Lehre zu erteilen. So riet ich ihm, all das Veraltete, das er Tradition nannte, besonders stark hervorzuheben. Auf diese Weise erhielt er auf seinen pathetisch zelebrierten Text eine schlichte und doch erhabene, tief empfundene Antwort des von mir angeleiteten Partners.

Die Schlichtheit und Natürlichkeit ließen die Fehler des Trotzkopfes noch krasser erscheinen.

Auf diese Weise ging es bis zur Hauptprobe, auf der zum erstenmal der Rohbau der Inszenierung dem Ensemble und den Freunden des Theaters vorgeführt wurde. Bei diesen Proben fielen die alten und in ihren steifen Methoden befangenen Schauspieler durch, die jüngeren Kollegen aber ernteten Komplimente. So ein Ergebnis wirkte ernüchternd auf die Hartnäckigen. Nach einer solchen Probe war ein erfahrener Schauspieler über seinem Mißerfolg derart erschüttert, daß er mitten in der Nacht mit einer Troika zu mir nach Puschkino hinausgefahren war. Ich wurde geweckt und begrüßte den Gast im Schlafanzug. Wir sprachen bis zum Morgengrauen miteinander, wobei er mir diesmal zuhörte wie ein durch die Prüfung gefallener Schüler und schwor, fürderhin folgsam und aufmerksam zu sein. Danach konnte ich ihm alles sagen, was ich für richtig hielt und was er sich nicht hatte sagen lassen, solange er seiner Überlegenheit gewiß war.

In anderen schwierigen Situationen rettete mich der Despotismus, den ich bei Chronegk gelernt hatte. Ich verlangte Gehorsam und setzte mich auch durch. Viele befolgten nur äußerlich meine Anweisungen, weil sie sie vom Gefühl her noch nicht zu erfassen vermochten.

Was blieb mir auch übrig? Ich mußte innerhalb weniger Monate ein Ensemble, ein Theater und eine neue Richtung ins Leben rufen, und ich sah kein anderes Mittel, diese Aufgabe zu erfüllen.

Mit den unerfahrenen Schauspielern und Schülern verfuhren wir anders, denn sie stritten ja nicht, sondern wußten es nicht besser.

Es mußte ihnen gezeigt werden, wie man diese oder jene Rolle spielte. Die jungen Darsteller kopierten mit mehr oder weniger Glück den Regisseur, wodurch jedenfalls eine interessante Rolle zustandekam.

Die begabteren unter den Jungen, Moskwin, Gribunin, Meyerhold, Lushski, Lilina, Knipper und andere, ergriffen eigene Initiative als Künstler.

Als literarischer Erneuerer des Theaters trat W. I. Nemirowitsch-Dantschenko auf. Hier brauchte das Theater Neues, weil das meiste, was damals gespielt wurde, veraltet war.

Nemirowitsch-Dantschenko stellte mit dem ihm eigenen Feinsinn und Geschmack ein neues literarisches Repertoire zusammen, in dem klassische Stücke der russischen und internationalen Literatur zusammen mit den Werken neuerer Autoren, die die Hand auf dem Puls der Zeit hielten, vertreten waren.

Wladimir Iwanowitsch begann mit Tschechow, den er als Schriftsteller hoch schätzte und als Freund verehrte, wovon folgende Episode zeugt: Nemirowitsch-Dantschenko bekam den Gribojedow-Preis für das beste Stück des Jahres zu einem Zeitpunkt, als auch »Die Möwe« Tschechows gespielt wurde. Wladimir Iwanowitsch empfand die Auszeichnung als ungerechtfertigt und verzichtete auf den Preis zugunsten der »Möwe«. Selbstverständlich war es Nemirowitsch-Dantschenkos erster Wunsch, gerade dieses Stück Tschechows, der neue, bessere und richtigere Wege für die Kunst jener Zeit gefunden hatte, in unserem Theater zu inszenieren. Der Verwirklichung dieser Idee stand der schwierige Umstand im Wege, daß »Die Möwe« kurz vorher im Petersburger Alexandrinski-Theater trotz glänzender Besetzung mit einem riesigen Krach durchgefallen war. Tschechow war bei der Aufführung zugegen und erlitt sowohl durch die Inszenierung selbst als auch durch den Mißerfolg des Stücks eine schwere Erschütterung, so daß er an eine neue Inszenierung gar nicht erst denken wollte. Es kostete Nemirowitsch-Dantschenko nicht wenig Mühe, den Autor davon zu überzeugen, daß das

Werk trotz dieser Niederlage nicht tot sei, sondern lediglich nicht richtig dargeboten. Tschechow scheute davor zurück, die Qualen des Autors noch einmal erleben zu müssen. Doch hatte Wladimir Iwanowitsch gesiegt: wir erhielten die Erlaubnis zur Inszenierung der »Möwe«.

Nun mußte Nemirowitsch-Dantschenko eine weitere Hürde nehmen: damals hatten nur wenige Tschechows Stück begriffen, das uns heute so leicht verständlich erscheint. Es erweckte den Eindruck, wenig bühnenwirksam, monoton, ja langweilig zu sein. Als ersten mußte er mich überzeugen, der ich nach der ersten Lektüre der »Möwe« wie so viele das Stück befremdlich fand, da ja meine literarischen Ideale immer noch reichlich primitiv geblieben waren. Viele Abende hindurch erklärte mir Wladimir Iwanowitsch den Reiz von Tschechows Werk. Er verstand es, den Inhalt der Stücke so nachzuerzählen, daß sie interessant wirkten. Wie oft hatten er und wir in unserer gemeinsamen Arbeit späterhin, aber auch das Theater unter dieser seiner Fähigkeit leiden müssen!

Seine Erzählung war oftmals so verführerisch, daß wir das jeweilige Stück inszenieren wollten und erst bei den Tischproben feststellen mußten, daß vieles, wovon Nemirowitsch-Dantschenko sprach, ihm selbst und nicht dem Autor des Werkes zugeschrieben werden mußte. Solange er von der »Möwe« erzählte, gefiel sie mir. Blieb ich mit dem Text allein, langweilte ich mich wieder. Und dabei sollte ich szenische Arrangements und einen Bühnengrundriß entwerfen, da ich damals mehr als jeder andere mit dieser Vorbereitungsarbeit des Regisseurs vertraut war.

Zur Erfüllung dieser Aufgabe durfte ich Moskau verlassen und die Zeit auf dem Gut eines Bekannten bleiben. Dort sollte ich die Arrangements und die Regiekonzeption der »Möwe« zu Papier bringen und in Raten nach Puschkino schicken, wo die ersten Proben stattfanden. Damals waren die Schauspieler noch unerfahren, so daß despotisches Vorgehen fast unvermeidlich war. Ich zog mich in mein Arbeitszimmer zurück und entwarf detaillierte Arrangements, so wie ich sie in meiner Empfindung spürte, wie ich sie in meiner Vorstellungskraft sah und vernahm. Der Regisseur nahm in solchen Augenblicken keine Rücksicht auf die Gefühle der Schauspieler. Damals war ich aufrichtig der Überzeugung, man könne Menschen befehlen, was sie zu fühlen und wie sie zu leben hätten. Ich erteilte Anweisungen für jeden einzelnen und für alle Augenblicke der Inszenierung, und sie zu befolgen war Pflicht.

In meinem Regiebuch schrieb ich auf, an welcher Stelle und wie die Rolle und die Anmerkungen des Dichters zu verstehen seien; mit welcher Stimme gesprochen, wann und wie gehandelt oder gegangen werden müsse. Skizzen für Auftritte, Gänge, Stellungswechsel, Beschreibungen von Dekorationen, Kostümen, Masken, Haltungen und typischen Bewegungen der Personen fügte ich bei. Diese gewaltige, schwierige Arbeit für die »Möwe« mußte ich innerhalb von lächerlichen drei bis vier Wochen erledigen, darum blieb ich die ganze Zeit im Türmchen des Hauses sitzen, aus dem sich nur ein trostloser Ausblick auf die unendlich öde Steppe bot.

Zu meiner Verwunderung ging mir die Arbeit leicht von der Hand: ich sah und fühlte bereits das Stück.

Als Antwort auf meine Sendungen erhielt ich Lob aus Puschkino. Daß mich Wladimir Iwanowitsch lobte, der vom Stück begeistert und an meiner Arbeit interessiert war, verwunderte und freute mich weniger als der Umstand, daß sogar die Schauspieler, die ursprünglich gegen das Stück waren, die Meinung Nemirowitsch-Dantschenkos teilten. Schließlich erreichte mich die Nachricht, daß auch Tschechow, der bei den Proben zur »Möwe« in Moskau war, meiner Arbeit zustimmte. Aus demselben Brief erfuhr ich, daß Tschechow Interesse für unser Theater zeigte und ihm eine große Zukunft prophezeite.

»Es scheint so, als habe er uns liebgewonnen«, endete die Nachricht aus Moskau.

Beginn der ersten Spielzeit

Als ich nach Moskau zurückkehrte, waren die Schauspieler nicht mehr in Puschkino, sondern bereits in der Stadt, in dem von uns gemieteten Theater.

Nach meiner Ankunft fuhr ich ins Theater und konnte während der Fahrt vor Erregung ein nervöses Zittern nicht unterdrücken. Allein schon der Gedanke, daß wir ein Theater, eine Bühne, Garderoben und ein Ensemble mit richtigen Schauspielern hatten; daß wir in diesem Theater das verwirklichen konnten, was wir uns so lange erträumt hatten: die Kunst von jedem Aussatz säubern und statt einer gemeinen Schaubude einen Tempel erbauen! Wie groß war meine Enttäuschung, als ich mich in eben jener Schaubude fand, mit der wir Schluß zu machen beabsichtigten. Die »Ermitage« im Karetny Rjad (nicht zu verwechseln mit dem Unternehmen Lentowskis) bot einen erschreckenden Anblick: schmutzig und verstaubt, ungeheizt und verwahrlost, durchtränkt vom säuerlichen Bierdunst, der von den sommerlichen Gelagen und Lustbarkeiten, die hier abgehalten wurden, in der Luft hing. Zum Theater gehörte ein Garten, in dem den ganzen Sommer hindurch den Besuchern mannigfaltige Vergnügungen an der frischen Luft feilgeboten wurden. Bei schlechtem Wetter zog man in die Theaterräume. Die Einrichtung war auf den Biergartenbesucher zugeschnitten und trug das Siegel des üblen Geschmacks, der sich auf alles erstreckte: auf den Anstrich der Wände, das Tapetenmuster, die Farbenzusammenstellung, die billige, armselige Pracht, die Anschläge und Plakate, die an den Wänden klebten, den werbenden Bühnenvorhang, die Uniformen der Theaterdiener, die Auswahl der Speisen am Büffet und überhaupt auf die ganze beleidigende Bestimmung und Art des Hauses.

Alles das mußte ausgemerzt werden, doch wir hatten nicht genügend Geld, um kultivierten Menschen gerechte Bedingungen zu schaffen. Alle Wände mit den plumpen Plakaten hatten wir kurzerhand weiß übertüncht. Die schlimmen Möbel erhielten anständige Überzüge, die Gänge, die zum Zuschauerraum führten, wurden mit annehmbaren Teppichen und Läufern ausgelegt, damit die Schritte der Vorübergehenden den Gang der Vorstellungen nicht störten.

Plumpe Vorhänge wurden von den Fenstern und Türen heruntergerissen, die Fenster wurden geputzt, gestrichen und mit Tüllgardinen
versehen, unschöne Ecken verdeckten wir mit Lorbeerbäumen und
Grünpflanzen, die dem Ganzen Behaglichkeit gaben. Nun mag man
das Heruntergekommene flicken, solange man will, Vernünftiges
kommt dabei selten heraus: ist man an einer Ecke mit Zuschmieren
fertig, tut sich an einer anderen Stelle ein Riß auf. In meiner Garderobe wollte ich einen Nagel für ein Regal in die Wand schlagen, doch
sie war derart dünn und locker (die Garderoben waren ein notdürftig
umgebauter Schuppen), daß unter Hammerschlägen ein Ziegel hin-
ausflog und durch das Loch die kalte Luft drang. Mit der Heizung
sah es besonders schlimm aus, da alle Rohre durchgerostet waren
und immerzu repariert werden mußten, und das zu einer Zeit, wo der
erste Frost einsetzte und die Räume hätten täglich geheizt werden
müssen. Dieses Übel brachte viel Ärger und Verzögerung mit sich.
Doch wir gaben nicht auf und bekämpften die Mißstände, derer es
reichlich gab. Ich erinnere mich, in meiner Garderobe ein Kostüm
von der Wand abgerissen zu haben, weil es festgefroren war, und damit gleich auf die Bühne gegangen zu sein. Unzählige Proben mußten vom ohrenbetäubenden Gehämmer begleitet geführt werden,
weil die Heizungsrohre schnellstens repariert wurden, um am nächsten Tag wieder zu platzen. Die Elektroleitungen befanden sich in
keinem besseren Zustand und mußten in Ordnung gebracht werden,
weshalb denn auch die Proben bei Kerzenlicht im Halbdunkel stattfanden. Jeder Tag brachte immer neue Überraschungen: nicht alle
Dekorationen fanden Platz hinter der Bühne, und ein Schuppen
mußte angebaut werden; später mußten die Dekorationen noch ver-
kleinert werden, weil die Bühne zu klein war; aufgrund dessen mußten auch die Arrangements und der szenische Ablauf vereinfacht
werden, oder ich war genötigt, auf einen mir am Herzen liegenden
Effekt zu verzichten, weil die Beleuchtung und die Mechanik der
Bühne unzulänglich waren.

Das alles verzögerte die Arbeit, und das zu einer Zeit, wo wir
dringend das Theater eröffnen mußten, um unsere bedenklich leere
Kasse zu füllen. Parallel zu diesen Reparaturarbeiten lief die administrative Vorbereitung: Vorankündigungen der Theatereröffnung
mußten veröffentlicht werden, wozu man einen Namen fürs Theater
brauchte, doch da wir sein künftiges Gesicht nicht zu erkennen vermochten, blieb diese Frage in der Luft hängen und wurde von Tag zu
Tag hinausgeschoben. »Allgemeinzugängliches Theater«, »Dramati-

sches Theater«, »Moskauer Theater«, »Theater der Gesellschaft für Kunst und Literatur« – diese Namen wurden erwogen und wieder verworfen. Das ärgste war, daß ich keine Zeit hatte, über diese dringende Frage konzentriert nachzudenken. Meine Aufmerksamkeit galt dem Verständnis dessen, was letztendlich aus den Stücken, die wir probten, auf der Bühne werden würde. Hinterm Regiepult sitzend, merkte ich, daß es an einer Stelle Längen gab, an einer anderen Unzulänglichkeiten, oder daß irgendein Fehler die Inszenierung verfälschte und den Eindruck abschwächte. Hätte ich einmal einen Durchlauf der Inszenierung machen können, so hätte ich Klarheit gehabt, doch eine solche Durchlaufprobe war undurchführbar. Hinzu kam, daß die schwache Kerzenbeleuchtung es unmöglich machte, die Mimik und die Gruppierung der Darsteller genau zu erkennen und eine allgemeine Vorstellung von der Dekoration zu erhalten. Dann verpaßte plötzlich ein Schauspieler seinen Auftritt, weil er gerade bei der Kostümanprobe war, oder ich selbst wurde in die Geschäftsführung gerufen, weil jemand Wichtiges dringende Angelegenheiten mit mir besprechen wollte. Gleich Tantalus streckte ich mich unaufhörlich nach etwas, das sich mir immer wieder entzog.

In einem Moment, wo ich fühlte, daß mich vielleicht eine Minute konzentrierten Zusehens von der Erkenntnis des Gesamtbildes trennte, wo mir das Geheimnis der Szene, des Aktes, ja des Stückes aufgehen würde, hörte ich an meinem Ohr die Stimme Nemirowitsch-Dantschenkos:

»Wir können nicht länger zögern. Ich schlage vor, dem Theater den Namen ›Moskauer allgemeinzugängliches Künstlertheater‹ zu geben. Sind Sie einverstanden? Ja oder nein? Wir müssen uns sofort entscheiden.«

Ich gestehe, daß es mir in dem Augenblick gleichgültig war, wie das Theater genannt wurde, und ich gab, ohne zu überlegen, meine Einwilligung.

Am nächsten Tag aber, als ich die Ankündigung in den Zeitungen las, wurde mir angst, da mir klar war, welche Verantwortung wir mit dem Wort »Künstlertheater« auf uns geladen hatten.

Meine Erregung darüber war außerordentlich.

Doch brachte mir das Schicksal einen Trost: an diesem Tag spielte Moskwin nach seiner Arbeit mit Wladimir Iwanowitsch erstmals den Zar Fjodor vor und beeindruckte mich tief. Ich weinte vor Rührung, Freude und aus Hoffnung, daß wir talentvolle Menschen hatten, die zu großen Künstlern werden konnten. Es gab etwas, wofür sich zu leiden und zu arbeiten lohnte! Am selben Abend machten uns A. L. Wischnewski als Boris Godunow, W. W. Lushski als Iwan Schuiski, O. L. Knipper als Irina und andere Schauspieler eine ebenso große Freude.

Die Zeit verging wie im Fluge. Es war der Vorabend der Eröffnung. Alle Proben waren beendet, doch alles schien unfertig zu sein. Ich befürchtete, daß die unfertigen Details die ganze Inszenierung zugrunderichten würden. Ich wollte die letzte Nacht noch probieren, doch Wladimir Iwanowitsch bestand vernünftigerweise darauf, die Proben sein zu lassen und den Schauspielern eine Ruhe- und Konzentrationspause vor dem entscheidenden Tag der feierlichen Theatereröffnung am 14. Oktober 1898 zu gönnen. Trotz der späten Stunde blieb ich bis zum Ende der letzten Probe im Theater, da ich wußte, daß ich zu Hause so oder so nicht schlafen würde. Ich saß im Parkett und wartete darauf, daß der graue Stoffvorhang angebracht werde, der, wie uns schien, die Kunst durch seine ungewöhnliche Schlichtheit umkrempeln mußte.

Der Tag der Eröffnung war gekommen. Alle Beteiligten wußten sehr wohl, daß wir damit unsere Zukunft, unser Schicksal aufs Spiel setzten: entweder kommen wir durch die Pforte der Kunst durch, oder sie wird vor unserer Nase zugeschlagen. Dann würde ein tristes Dasein in einem Büro unser Los sein.

Solche Gedanken an düstere Perspektiven waren an jenem Tag der Eröffnung besonders intensiv. Meine Unruhe wurde durch die Untätigkeit verstärkt: die Regiearbeit war beendet und verblieb im Hintergrund – nun kamen die Schauspieler an die Reihe. Sie allein konnten die Inszenierung ins rechte Licht rücken, während ich nichts mehr tun konnte außer mich hinter den Kulissen zu quälen und zu martern, ohne die Möglichkeit zu haben, einzugreifen. In seiner Garderobe zu sitzen, während vorne, auf der Bühne, die Generalschlacht geschlagen wird! Kein Wunder, daß ich die letzte Möglichkeit des Eingriffs nutzen wollte, bevor der Vorhang aufging. Ich mußte zum letztenmal auf die Schauspieler einwirken.

Die panische Angst vor dem Kommenden verbergend, bemühte ich mich, froh und zuversichtlich zu erscheinen, und wandte mich vor dem dritten Klingelzeichen mit aufmunternden Worten an die Schauspieler wie ein Feldherr, der seine Armee in den entscheidenden Kampf schickt. Schade, daß mir die Stimme ab und an den Dienst versagte und der Atem stockte. Plötzlich erdröhnte die Ouvertüre und übertönte meine Worte. Sprechen war unmöglich, und mir blieb nichts weiter übrig, als mich in einen Tanz zu stürzen, um die unbändige Energie, die in mir kochte, meinen Mitkämpfern und jungen Kriegern mitzuteilen. Ich tanzte, sang und stieß aufmunternde Worte aus, bleich wie der Tod, mit verdrehten Augen, stockendem Atem und konvulsivischen Gesten. Dieser tragische Tanz erhielt später den Namen »Totentanz«.

»Konstantin Sergejewitsch, verlassen Sie die Bühne! Auf der Stelle! Und hören Sie auf, die Schauspieler aufzuheizen!« befahl mir drohend und entschlossen der Schauspieler N. G. Alexandrow, dem ich volle Macht während der Vorstellung übertragen hatte. Alexandrow besaß außerordentliche Fähigkeiten auf diesem Gebiet: er kannte sich in der Psychologie der Schauspieler aus, genoß ihr Vertrauen und reagierte blitzschnell im entscheidenden Augenblick.

Mein Tanz brach jäh ab, ich ging von der Bühne und schloß mich, vertrieben und in meinen Gefühlen getroffen, in meiner Garderobe ein.

»Ich, der ich dieser Inszenierung alles gegeben habe, werde im wichtigsten Augenblick fortgejagt wie ein Fremder!«

Sparen Sie sich das Mitleid, werter Leser! Das waren nur Schauspielertränen. Wir sind eben sentimental und gefallen uns in der Rolle der gekränkten Unschuld nicht nur auf der Bühne, sondern auch im Leben!

Später rechnete ich Alexandrow seine Zivilcourage und die Entschlossenheit natürlich hoch an.

Zum erstenmal ging der Vorhang für die Tragödie des Grafen A. K. Tolstoi »Zar Fjodor« auf. Das Stück begann mit den Worten: »Dieser Sache gilt meine ganze Hoffnung!«, die uns bedeutungsträchtig und prophetisch schienen.

Ich erspare mir die Beschreibung der nur zu gut bekannten Inszenierung und erwähne lediglich einige inzwischen gestrichene Szenen.

Die erste von ihnen zeigte das Festmahl bei Iwan Petrowitsch Schuiski, das er gibt, um Unterschriften unter dem Gesuch zu sammeln, der Zar solle sich von seiner Gemahlin trennen. Bojarenfeste auf russischen Bühnen bedienen sich seit jeher gräßlichster, abgedroschenster Klischees, die es um jeden Preis zu vermeiden galt. Ich fand eine ausgefallene Lösung (die Schauspieler nannten sie spitzfindig »über den Dächern«). Die Dekoration zeigte eine überdachte Terrasse russischen Stils mit wuchtigen Holzpfählen und nahm die linke (vom Zuschauer aus) Hälfte der Bühne ein. Zwischen ihr und

dem Zuschauer wurde eine Balustrade aufgebaut, die nur die Oberkörper der hinter ihr Agierenden sehen ließ. Das machte die Szene
interessanter. Die rechte Hälfte der Bühne zeigte die Dachfirste der
anliegenden Häuser mit dem perspektivischen Blick auf Moskau. Neben dem Vorteil, originell zu sein, hatte die auf die Hälfte der Bühne
eingeengte Terrasse den Vorzug, daß die Anzahl der Statisten und
hiermit die Ausgaben reduziert werden konnten. Je enger der Raum,
desto weniger Leute sind vonnöten, um den Eindruck einer dichten
Menschenmenge zu erwecken. Die Anzahl der Statisten, über die wir
verfügten, würde, auf die ganze Bühne verteilt, allenfalls lose Grüppchen darstellen. Angesichts unserer finanziellen Notlage aber konnten wir uns nur wenige Mitarbeiter leisten.

Die überdachte Terrasse bog im Hintergrund um die linke Haus-
ecke hinter die Kulissen. An dieser Biegung wurden geschickt Schauspieler und Statisten plaziert, so daß der Zuschauer optisch nach hinten, hinter die Kulissen gelockt wurde und den Eindruck einer sich
dahinter verbergenden Weite hatte. Es schien, als brauste dort ein
leutseliges Treiben.

Hinzu kamen die farbenfrohen Bojarenkostüme, Diener mit riesigen Schüsseln, auf denen ganze Gänse, Spanferkel, Rindsbraten-
stücke, Obst und Gemüse lagen. Weinfässer wurden hereingerollt,
das hölzerne Geschirr, das ich aus Nishni Nowgorod mitgebracht
hatte, wurde herumgereicht. Man sah angeheiterte Gäste; die schöne
Fürstin Mstislawskaja ging als die Tochter des Hausherren mit einem
Weinbecher von Gast zu Gast; man hörte das Stimmengewirr der
fröhlichen oder ernsthaften Gespräche, ausgelassenes Geplauder,
und man sah eine lange Reihe der Bojaren, die das Gesuch unter-
schrieben – all das war neu und ungewohnt zu damaliger Zeit.

Als Kontrast zu diesem Bild diente das höfische Leben mit der
dazugehörigen Etikette, den Verbeugungen, historischen Kleidern,
Stoffen, dem Thron und den Gebräuchen, wie zum Beispiel in der
Szene der Versöhnung Godunows mit Schuiski, die heute in Rußland, Europa und Amerika wohlbekannt ist.

Auch ein anderes Bild verdiente Aufmerksamkeit – »An der
Jausa« – die Szene, in der der gefesselte Volksheld Schuiski auf Befehl Boris Godunows ins Gefängnis zur Hinrichtung geführt wird.
Die Szene spielte sich auf der Brücke außerhalb der Stadt ab, auf
dem Wege zum Zuchthaus. Von der rechten (vom Zuschauer aus gesehen) vorderen Kulisse, die die Landstraße darstellte, wurde über
die Bühne hinweg eine Holzbrücke zur hinteren linken Kulisse ge-

schlagen, die die Fortsetzung der Landstraße war. Unter der Brücke war der Fluß mit Barken und Kähnen. Über die Brücke liefen unentwegt Menschen in charakteristischen altertümlichen Kostümen Mittelrußlands. Am Eingang zur Brücke saßen Bettler und ein Blinder, der zur Husle ein von Gretschaninow komponiertes Lied sang, das das Volk zum Aufruhr gegen Godunow aufrief. Die Leute blieben stehen, hörten zu, es wurden immer mehr, und sie gerieten, von den Sprüchen des leidenschaftlichen Schuiski-Anhängers, des hundertjährigen Greises Kurjukow angeheizt, in Rage, so daß es beim Erscheinen der Familie Schuiskis, die von den Strelitzen bewacht wurde, zu einem erbitterten Handgemenge kam, in dem die Strelitzen Sieger blieben. Weinende Weiber küßten ihrem Volkshelden zum Abschied Hände und Füße, während er ein letztes erbauliches Wort an sie richtete.

Historisch getreue
und lebensechte Inszenierungen

Ich habe nicht vor, alle Inszenierungen des Moskauer Künstlertheaters zu beschreiben, da es ihrer sehr viele gegeben hat und das sie betreffende Material zu umfangreich ist. Außerdem entstanden einige unter der alleinigen Leitung Nemirowitsch-Dantschenkos, an denen ich, wenn auch über die Pläne dieser Arbeiten informiert, nicht persönlich beteiligt war. Dazu zählen Inszenierungen einiger Ibsen-Dramen: »Brand«, »Rosmersholm«, »Peer Gynt«, um nur einige zu nennen; die für unser Theater bedeutenden Dramatisierungen Dostojewskis »Die Brüder Karamasow« und »Nikolai Stawrogin«; Tschechows »Iwanow«, Puschkins »Boris Godunow«, »Anathema« und andere Stücke Leonid Andrejews, Juschkewitschs »Miserere« oder Mereshkowskis »Freude wird sein«. Ich kann nicht umhin, den Horizont meiner Erinnerungen einzuengen und das Material so zu gruppieren, daß nur das Typische für die Evolution des Künstlertheaters sowie meine eigene Evolution als Künstler besonders hervorgehoben wird.

Um eine Ordnung ins Material zu bringen, will ich die Arbeit des Theaters in drei Perioden einteilen: die erste – von der Gründung des Theaters 1898 bis zur Revolution 1905; die zweite – von 1906 bis zur Oktoberrevolution; die dritte – von der Oktoberrevolution bis zur Gegenwart.

Zunächst zur Arbeit der ersten Periode, der Zeit des Suchens mit ihren Fehlern, Schwankungen, Resultaten und Schlußfolgerungen. Möge der Leser sich über die Härte nicht wundern, mit der ich mich selbst, meine Arbeit und deren Ergebnisse beurteilen werde, und diese Strenge nicht für Koketterie halten, denn wer Neues sucht, kommt ohne Strenge nicht aus. Sobald das Gefundene den Künstler befriedigt und er sich auf seinen Lorbeeren ausruht, hört sein Suchen auf und sein Vorwärtsstreben kommt zum Stillstand. Der Zuschauer, der das Gegebene hinnehmen muß, hatte vieles von dem, was das Moskauer Künstlertheater, seine Regisseure, Schauspieler und letztlich ich selbst ihm anboten, für wichtig und anerkennenswert befunden. Für mich aber wie auch für viele von uns, die stets vorausschauen, erscheint das Gegenwärtige, Verwirklichte meist als

Veraltetes und Überholtes, verglichen mit dem, was als möglich erkannt worden ist.

Die erste Periode des Moskauer Künstlertheaters ist für mich die Fortsetzung der Gesellschaft für Kunst und Literatur, denn auch da reagierte unser jugendliches, expansives Gefühl auf alles Neue und, wenn auch vorübergehend, Moderne, was sich damals in der Kunst tat. In diesem Suchen war kein System, keine Ordnung, kein einsehbares Leitmotiv. Ich fiel von einem Extrem ins andere, nahm aber alles mit, was ich vordem gefunden hatte. Das Neue wurde im Reisegepäck verstaut und raste in entgegengesetzte Richtung auf ein nächstes Abenteuer zu. Auf dem Wege verlor sich einiges vom früher Erworbenen, das zum Teil in ein plumpes Klischee ausgeartet war. Doch verblieb einiges Wichtige und Notwendige in den Tresoren der künstlerischen Seele oder wurde von den neu zu entwickelnden Techniken assimiliert.

So verlief die Arbeit nach mehreren Richtungen hin und nahm verschiedene Wege. Es waren gleichsam Streckenabschnitte, die, den Kabelschnüren ähnlich, auseinanderliefen, sich trafen und sich ineinander verwoben.

Ich will jede dieser Schnüre herauslösen und gesondert betrachten. Jede einzelne Schnur, um bei dieser Metapher zu bleiben, ist stellvertretend für eine lange Reihe von gleichartigen Versuchen und Inszenierungen.

Die erste Serie der für die Anfangsetappe typischen Inszenierungen bestand aus historischen Stücken, in denen der Alltag der Zeit widergespiegelt wurde. Zu solchen zählten: »Zar Fjodor«, »Der Tod Iwans des Schrecklichen«, »Der Kaufmann von Venedig«, »Antigone«, »Fuhrmann Henschel«, »Die Macht der Finsternis«, »Julius Cäsar« und andere mehr.

Ich beginne mit A. K. Tolstois »Der Tod Iwans des Schrecklichen«, da der Charakter der Inszenierung eine direkte Fortsetzung der Arbeit der Schauspieler und des Regisseurs am »Zar Fjodor« darstellte.

Hier wurde mit noch größerem Nachdruck und viel umfassender die historische Treue angestrebt, freilich mit all ihren Vorzügen und Irrtümern. Im »Tod Iwans des Schrecklichen« gab es gelungene Szenen, die zumindest eine flüchtige Erwähnung verdienen, wie zum Beispiel das erste Bild, das in der Duma spielt.

Ein niedriges Gewölbe, drückend und düster wie das ganze Herrschen des Schrecklichen. Ein früher Morgen, es ist fast dunkel. Die Stimmung wie vor dem Morgengebet in der Kirche – wenn in der Dämmerung die undeutlichen Figuren der Gläubigen mit in sich gekehrten Gesichtern, langsamen, noch im Schlaf befangenen Bewegungen und verschlafenen, heiseren Stimmen zusammenkommen. Die Menschen stehen in Gruppen, sind nachdenklich und wortkarg. Die Stimmung der versammelten Bojaren ist gedrückt, denn die Lage ist verzweifelt. Zar Iwan der Schreckliche hat dem Thron entsagt, und es gibt keinen würdigen Nachfolger. Doch alle sind so verängstigt, daß sie sich nicht trauen, den Herrscher zu ersuchen, seinen Entschluß zurückzunehmen und nicht abzudanken. Durch die Morgendämmerung bahnt sich der erste Sonnenstrahl durch das kleine Oberlicht den Weg und streift den Kopf des jungen Bojaren Boris Godunow. Dieser Strahl war nahezu eine Erleuchtung: Godunow hält eine glänzende Rede, die allen Mut macht. Die Bojarenschar begibt sich zum Zaren, um ihn zu überreden.

Das nächste Bild: das Schlafgemach des büßenden kaiserlichen Sünders und Sklaven Gottes Iwan des Schrecklichen. Zermartert vom nächtlichen Wachen ist der Zar, als Mönch gekleidet, dabei, sein Gebet in der kerzenerleuchteten, gold- und edelsteinglitzernden Kapelle zu beenden. Durch die kleine Tür sieht man eine große schwarzgekleidete Gestalt, die sich aus letzter Kraft unzählige Male vor dem Herrn verneigt. Endlich kriecht er durch die niedrige Tür heraus und fällt mit totenbleichem Gesicht und erloschenen Augen erschöpft in den Sessel neben dem Bett. Durch die Fenster schimmert bläuliches Morgenlicht. Die Bojaren kommen. Der Zar kleidet sich eilig aus, legt sich im Hemd ins Bett und tut so, als liege er im Sterben. Auf Zehenspitzen umringen wie zum Tode Verurteilte die Bojaren sein Sterbebett, knien nieder, berühren mit der Stirn den Boden und verharren hingestreckt. Der Schreckliche rührt sich nicht und stellt sich schlafend. Eine lange, quälende Pause, dann ein vorsichtiges, einschmeichelndes Wort Godunows, dem allgemeines, inbrünstiges Flehen folgt. Der launische Zar läßt sich lange bitten, willigt schließlich ein, indem er grausame Bedingungen stellt. Sein mageres, weißes Bein streckt sich unter der Decke hervor, mühsam erhebt er sich von seinem Lager. Man hilft ihm, kleidet ihn an, legt ihm Zarengewänder und Schärpen um, setzt ihm die Krone auf und reicht ihm den Reichsapfel und das Zepter – und plötzlich wird aus dem fast schon toten, vertrockneten Greis der grausame Machthaber mit Adlernase und gierigen Augen – Iwan der Schreckliche. Mit ruhiger, durch Mark und Bein gehender Stimme spricht er als erste Amtshandlung nach seiner neuerlichen Thronbesteigung das Todesurteil über Sizki, der es gewagt hat, nicht mit allen anderen zu kommen und den Zaren kniefällig anzuflehen. Die Glocke läutet die Messe ein. Die Prozession schreitet feierlich in die Kirche. Als letzter schreitet fest und herrisch einer der klügsten und grausamsten Machthaber und Zaren – Iwan Wassiljewitsch der Schreckliche.

Bei »Zar Fjodor« und »Tod Iwans des Schrecklichen« hatten wir uns vor allem bemüht, das theatralische Klischee der Bojaren in den im alten Rußland spielenden Stücken zu umgehen. Dieses Klischee ist wahrhaftig besonders aufdringlich und ansteckend. Eine Berührung genügt, und es erfaßt Herz, Hirn, Augen und Ohren. Wir mußten um jeden Preis neue Mittel für die Bojarenstücke finden. Oftmals gelang es uns auf Kosten des inneren Gehalts, der das Wesen der Kunst darstellt. In unserem revolutionären Eifer steuerten wir direkt auf die äußeren Ergebnisse zu und übersprangen das wichtigste Anfangsstadium der schöpferischen Arbeit – das Entstehen des Gefühls. Anders ausgedrückt, wir begannen mit der Gestaltung dessen, was wir als seelischen Gehalt nicht erlebt hatten.

Die Schauspieler kannten keinen anderen Weg als den zur äußeren Gestalt: man zog alle möglichen Gewänder und Schuhe an, polsterte sich da und dort, klebte sich Nasen und Bärte, setzte sich Perücken und Hüte auf in der Hoffnung, sich das Äußere, die Stimme und den Körper der darzustellenden Person physisch zu erschließen. Man forderte den Zufall heraus, den Glücksfall, und belauerte ihn auf den zahlreichen Proben. Der Gewinn war, daß die Schauspieler das äußerlich Charakteristische einer Gestalt beherrschen lernten, was eine wichtige Voraussetzung für ihr Können ist. Neben anderen äußeren Neuerungen sorgte auch diese für die Verbreitung und Festigung der historisch getreuen Richtung in unserem Theater.

Ich gestehe, daß ich damals die alten vereinfachenden Regiemethoden praktizierte: ich schrieb in meinem Arbeitszimmer die Arrangements nieder und spielte jedem seine Rolle vor, auf daß die jungen Schauspieler mich so lange kopierten, bis es ihnen in Fleisch und Blut übergegangen war. Was konnte ich anderes tun? Ich konnte nicht lehren, sondern nur selbst spielen, und auch das intuitiv, ohne Methode und Disziplin, da ich einen Sackvoll Versuche, Kunstgriffe und Mittel ins Theater mitbrachte, die völlig ungeordnet und unsystematisiert herumlagen. Ich konnte lediglich die Hand in den Sack stecken und auf gut Glück etwas herausfischen.

Die historischen Stücke hatten großen Erfolg, man sprach in der Presse und in der Öffentlichkeit von uns und erklärte uns ein für allemal zum Theater des naturalistischen und historischen Details und der aufs Äußerliche bedachten Inszenierungen. Dieses Mißverständnis hat sich als zählebig erwiesen und besteht heute noch, obwohl wir im vergangenen Vierteljahrhundert einen langen Weg durch die verschiedensten, ja oftmals sogar entgegengesetzten Etappen künstlerischer Entwicklung zurückgelegt und eine beträchtliche Anzahl von Evolutionen und Erneuerungen erlebt haben. Aber so ist nun einmal die öffentliche Meinung: hat sie einmal den Blick auf einen Punkt gerichtet, sieht sie nichts anderes mehr.

In Wahrheit aber ist unser Theater immer anders gewesen, als man von ihm dachte oder immer noch denkt. Es ist entstanden und existiert um der höchsten Ziele der Kunst willen. Die historische Strecke war lediglich die erste, eine Übergangsstufe unserer Entwicklung, und hatte viele Ursachen.

Vor allem die unzulängliche Ausbildung der Schauspieler, die im Widerspruch zu den großen Aufgaben stand. Wir mußten sie beschützen und den Zuschauer von ihrer Unreife durch zeitgetreue, historische Details auf der Bühne ablenken.

Den Traditionen Stschepkins verpflichtet, erkannte unser Theater den führenden Platz immer dem Schauspieler zu. Für ihn wurde alles getan, was uns zu Gebote stand. Zur damaligen Zeit befanden sich die jungen, unerfahrenen Kollegen in einer schwierigen Lage und brauchten Hilfe. Man hatte ihnen eine schwere und verantwortungsvolle Aufgabe aufgebürdet, der sie, arm an Kenntnis und Erfahrung, nicht gewachsen waren. Der Erfolg aber war für das Theater eine Existenzfrage. Also mußte einerseits die Unreife der Jugend verdeckt, andererseits nach Unterstützung bei anderen Mitschöpfern einer Inszenierung gesucht werden.

Verfügte das Theater über einen begabten Bühnenbildner, so mußten seine Kostüme und Dekorationen das Rennen machen. Der Einfallsreichtum der Regisseure sorgte für Erfolg, indem das Überraschende und Preziöse einer Inszenierung den Zuschauer beeindruckten und die Unzulänglichkeiten der Schauspieler verdeckten. Unter der schützenden Hand der Regisseure und Bühnenbildner konnten sich langsam und unauffällig die Schauspieler entwickeln, die das Ensemble festigten.

Die Inszenierungen wirkten auch deshalb realistisch, weil die Regisseure, die über meist unerfahrene Schauspieler verfügten, gezwungen waren, ihnen sehr vereinfachte künstlerische Aufgaben zu stellen, deren Material aus Erinnerungen an das wohlvertraute Alltagsleben zusammengetragen wurde. Dies war natürlich auch ein Umstand, der für das Bestehen der historischen Richtung auf unserer Bühne mitverantwortlich war. Auch die revolutionäre Stimmung im Theater trug dazu bei. Unsere Devise lautete: »Nieder mit dem Überalterten! Es lebe das Neue!«

Die Jugend, die gerade gelernt hatte, sich auf der Bühne zu bewegen, plapperte bereits von der Unbrauchbarkeit des Alten, ohne es richtig studiert zu haben. Mit größter Geringschätzung beurteilten wir das Theater und die Schauspieler der alten Schule und redeten nur noch von der Erschaffung einer neuen Kunst. Besonders ausgeprägt war diese Haltung in der Anfangsperiode, wahrscheinlich weil wir instinktiv unsere Daseinsberechtigung daraus ableiteten.

Was erschien uns in jener Zeit, wo in den meisten Theatern die Konventionen herrschten, als besonders neu, überraschend und revolutionär? Zum Befremden der Zeitgenossen waren es für uns der seelische Realismus, die Echtheit des künstlerischen Erlebens und der schauspielerischen Empfindung. Sie sind das Schwierigste, was es in unserer Kunst gibt, und erfordern lange innere Vorbereitung.

Nun sind Revolutionäre bekanntlich ungeduldig. Sie wollen das Alte auf dem schnellsten Wege beiseiteschaffen, sofort die klaren, überzeugenden und unbedingt effektvollen Resultate ihres Umsturzes sehen und unverzüglich ihre eigene, die neue Kunst schaffen.

Die äußerliche, materialgebundene Echtheit fällt immer als erste auf. Man sieht und begreift sie sofort und hält sie für eine Errungenschaft der wahren Kunst, eine glückliche Entdeckung, für einen Sieg des Neuen über das Alte. Einmal auf den äußerlichen Realismus gekommen, gingen wir den Weg des geringsten Widerstandes.

Gerechtigkeitshalber sei gesagt, daß sich hinter unseren Fehlern ein uns selbst vielleicht unbewußtes künstlerisches Motiv, die Grundlage aller Kunst verbarg: das Streben nach der wirklichen künstlerischen Wahrheit. Diese künstlerische Wahrheit erreichten wir freilich eher äußerlich durch die Echtheit der Gegenstände, Möbelstücke, Kostüme, Requisiten oder durch Bühnenlicht, Ton, das äußere Bild der Figuren und das nach außen gerichtete körperliche Leben der Darsteller. Doch allein die Tatsache, daß es uns gelungen war, die wirkliche, obgleich rein äußerliche Echtheit auf die Bühne zu bringen, zu einer Zeit, wo die Lüge die Theater beherrschte, eröffnete uns einigermaßen gute Perspektiven für die Zukunft.

Die phantastische Richtung

Das Phantastische war eine weitere Richtung in den Inszenierungen des Theaters. Damit meine ich »Schneeflöckchen« und später den »Blauen Vogel«.

Das Phantastische auf der Bühne war mir seit jeher besonders lieb. Ich bin bereit, ein Stück allein deshalb zu inszenieren. Das ist immer heiter, hübsch und unterhaltend, das ist für mich Erholung, ein Scherz, den ein Schauspieler ab und zu braucht. In einem französischen Chanson heißt es:

> »De temps en temps il faut
> prendre un verre de Cliquot.«

Das Phantastische ist für mich etwas wie ein Glas schäumenden Champagners. Deshalb machten mir die Inszenierungen des »Schneeflöckchens«, des »Blauen Vogels« und anderer Stücke immer großen Spaß. Sicher war es nicht nur das Märchenhafte, was mich lockte, sondern auch die unvergleichliche Schönheit des russischen Epos in »Schneeflöckchen« oder die künstlerische Verkörperung eines Symbols im »Blauen Vogel«.

Es ist schön, sich etwas auszudenken, was im Leben zwar nie vorkommt und dennoch Wahrheit ist, weil es in uns, im Volk und in seinen Sagen und in der Phantasie lebt.

»Schneeflöckchen« ist ein Märchen, ein Traum und eine Volkssage, in großartigen klangvollen Versen von Ostrowski erzählt. Man hätte glauben mögen, dieser Dramatiker, dieser sogenannte Realist und Alltagschronist hätte nichts sonst geschrieben außer den wundervollen Versen und sich für nichts sonst interessiert als für reine Poesie und Romantik.

Ich will hier einige Momente der Inszenierung skizzieren. Der Prolog: ein mit Bäumen und Sträuchern bewachsener, verschneiter Berg mit riesigen Schneewehen. Unten an der Rampe dichtes Gestrüpp. Der Frost hat von den Bäumen und Büschen das Laub abgerissen, und nun ragen ihre schwarzen, krummen Äste und Zweige nach allen Seiten und krächzen und schlagen aneinander bei kräftigen Windstößen. Von der Rampe bis zum hinteren Schnürboden sind in der ganzen Breite der Bühne Podeste und Gerüste unterschiedlicher Höhe aufgestellt mit großen Strohsäcken darauf, die die Schneewehen darstellen. In dichten Flocken liegt der Schnee schwer auf den Bäumen und Sträuchern. Von ferne hört man den Gesang einer großen Menschenmenge: das sind die Bewohner des gesegneten Dorfes im Reiche Berendejs, die nach einem heidnischen Brauch das Ende der Fastnachtswoche feiern, wo am Schluß eine Strohpuppe verbrannt wird. Die fröhliche Menge tanzender und singender junger Leute, Greise und Weiber stürzt auf die Bühne. Man stolpert den Berg hinunter, fällt hin, steht wieder auf, tanzt im Reigen um die Strohpuppe und entfernt sich immer weiter auf der Suche nach einem hübschen Plätzchen für die Verbrennung. Nur einige verliebte Paare küssen sich hinter den Bäumen auf Vorrat für das bevorstehende Fasten. Doch schließlich laufen auch sie lachend und scherzend davon. Eine feierliche Stille tritt ein, man hört nur den Wind im geheimnisvollen Wald pfeifen, Bäume krächzen und den Schneesturm heulen. Bald ertönt eine ganze Sinfonie von fremdartigen Geräuschen: Väterchen Frost naht. Man hört von ferne seine weit hallenden Rufe, die von den unzähligen Waldgeistern, Tieren und Bäumen erwidert werden. Indes fangen die Zweige und Äste auf der Vorderbühne sich wie Hunderte von Fingern zu bewegen an. Ein Knistern und Knarren, das in Ächzen übergeht, um im schrillen Quieken und Winseln einer ganzen Sippe von Waldschraten den Höhepunkt zu finden. Sie alle waren in den Büschen versteckt, vielmehr, sie waren diese Büsche und haben sich nun, wie vom Erdreich freigelassen, teils in Bäume, teils in märchenhafte Wesen verwandelt mit ungestalten, schiefen und krummen Leibern und klotzigen, an Baumstümpfe gemahnenden, mit Baumrinde bedeckten Köpfen. Aus den Leibern wachsen oder ragen krumme Äste statt der Arme. Einige von diesen Wesen sind lang und hager wie vertrocknete Bäume, mit grauen Moosbärten und schneeweißen Greisenhaaren; andere sind feist mit wie Frauenhaare herunterhängenden Flocken aus Schnee und Moos; die dritten sind klein wie die Kinder. Sie alle richten sich auf und laufen über die Vorderbühne, so als suchten sie jemanden. Diese hin und her rasende Sippe von Waldgeistern machte den Eindruck eines lebendig gewordenen Waldes, und dieser unerwartete Effekt schreckte nervenschwache Damen in den ersten Reihen.

Das Phantastische ist dann gelungen, wenn der Zuschauer nicht sogleich dahinterkommt, wie es gemacht ist. Auch hier konnte man nicht ohne weiteres darauf kommen, daß das Gebüsch, das von Anfang an auf der Bühne ragte, nichts anderes war als verkleidete Menschen.

Ein aus dem Schlaf geweckter Bär steckte den Kopf heraus und kam aus seiner Höhle gekrochen, umgeben von den umherrennenden Waldgeistern. Auf dem Hintergrund des weißen Schnees war er prächtig: riesig, schwarz, mit fabelhaftem zottigen Fell sah er wie echt aus.

Die Illusion war vollkommen, und niemand konnte erraten, wie dieses Tier beschaffen war. Es war kaum zu glauben, daß ein Kollege ein mit Bärenfell bezogenes und den Körper eines Bären nachbildendes Gerüst schwitzend manövrierte. Für diese Rolle hatte er lange das Leben und die Bewegungen der Bären im Zoo beobachtet. Eine Schneewehe verdeckte die Beine, die bei Bewegungen manchmal zu sehen waren, doch auch hier war der Mensch nicht zu erkennen, weil die kritischen Stellen mit weißem Fell ausgeschlagen waren, das auf dem Weiß des Schnees nicht zu erkennen war.

Zur gleichen Zeit hob hinter der Bühne ein wechselseitiges Johlen und Kreischen an, das immer dichter wurde, näher kam und bis zum Fortissimo anwuchs. Damit der Leser sich die Ausmaße dieses Schreiens vorstellen kann, bitte ich ihn, in Gedanken einen Blick hinter die Kulissen zu werfen.

Stellen Sie sich die Menge vor: Regisseure, Schauspieler, Chorsänger, Musiker, Bühnentechniker und Büroangestellte, einige Einlasser und zahlreiche Mitarbeiter der Geschäftsführung. Jeder von ihnen bekam drei oder vier Instrumente unseres eigentümlichen Orchesters. Als da wären unzählige Pfeifen, Ratschen, Vogelflöten, näselnde Rohrpfeifen und die unglaublichsten selbstgebastelten Geräuschmaschinen, die nie vordem gehörte, unbekannte und ziemlich absonderliche Laute von sich gaben – Seufzer, Gekrächze, Geschrei und Geheul. Ein Orchester von etwa siebzig Mann Stärke, und jeder spielte drei bis vier Instrumente, so daß insgesamt zweihundert bis zweihundertfünfzig Instrumente an diesem Geräuschkonzert beteiligt waren. Einige von den ganz Geschickten brachten es fertig, auch noch mit den Füßen zu arbeiten, indem sie auf besonders zurechtgemachte Bretter traten, die wie jahrhundertealte Bäume ächzten und knarrten. Beim Fortissimo flogen von rechts oben Schneeflocken auf die Bühne, bestehend aus Myriaden von weißen Papierschnipseln, die von einem Ventilator durch die Luft gewirbelt wurden. Hinter diesem Strahl von Schnipseln flatterten verschiedenfarbige, an Stökken festgemachte Tüllbahnen. Mitten im Schneesturm stieg schweren Schrittes das riesige Väterchen Frost mit wehendem weißem Bart bergab, angetan mit einer großen weißen Pelzmütze und einem prächtigen historischen Kostüm, das auf orientalische Art mit verschiedenfarbigem Fell verbrämt war. Johlend kam er an und machte es sich in einer Schneewehe bequem. Mit fröhlichem kindlichem Lachen begrüßten ihn seine Tochter, das Schneeflöckchen, und der schwarze Bär, der den Alten umarmen und küssen wollte, doch die schelmische Kleine hinderte ihn daran, indem sie auf seinen Rücken kletterte, ihn neckte und mit ihm zusammen in den Schnee rollte.

Ein anderes Bild aus meiner Inszenierung »Schneeflöckchen«:

Die Gemächer des Zaren Berendej, eines Ästheten und Philosophen. Er ist der Schutzpatron der Künste, der jungen Männer und ihrer stürmischen und ungetrübten Liebe zu den schönen Mädchen des Landes, in deren Herzen der Gott Jarila im Frühling unbändige Leidenschaften aufflammen läßt. Der Zar ist dabei, seinen Palast auszuschmücken. Mit seinen Ministern sitzt er in einer überdachten Galerie, von der aus sich ein herrlicher Blick auf das friedliche Anwesen Berendejs eröffnet. Der Bau des Palastes ist in vollem Gange: links sieht man aufgerichtete Säulen, an einigen Stellen sind noch Gerüste, überall wird gemalert. Der Zar selbst ist auf einen Säulensockel gestiegen und malt an einer zarten Blume so, als bestreiche er sie mit Salbungsöl. Neben ihm sitzt auf dem Fußboden sein Hauptminister; die Ärmel hochgekrempelt und die Schöße seiner byzantinischen Mantille hinter den Gürtel gesteckt, streicht er mit einem breiten Pinsel das Geländer der Freitreppe. Auf einem dicken Baumstamm, der vom Bau übriggeblieben ist, sitzen entlang der Rampe mit dem Rücken zum Zuschauer blinde Bandura- und Harfenspieler, Sagenerzähler und Sänger, die den Zaren und die Sonne lobpreisen. Dazu ertönt die naive Melodie der Hörner, Rohrflöten, Weidenpfeifen und Radleiern der Dorfmusikanten. Der kirchlich-rituelle Gesang macht die Szene liturgisch-feierlich. Oben an der Decke hängen an Seilen zwei uralte Freskenmaler mit weißen langen Bärten, wie die Apostel sie haben, und malen mit Hingabe an kunstvollen Ornamenten. Es ertönt die wunderschöne Stimme des Berendej, der über Erhabenes, Liebe und dahingegangene Jugendjahre doziert. Das ist die Stimme von W. I. Katschalow, der in der Rolle Berendejs debütiert. Dann erfährt der Zar, daß im Dorf das schöne Schneeflöckchen aufgetaucht ist und daß der Gast aus dem Orient, Misgir, der mit dem Dorfmädchen Kupawa verlobt ist, in Liebe zu Schneeflöckchen entbrannte. Ein entsetzliches Vergehen, ein Mädchenherz zu enttäuschen und den Schwur zu brechen! Diese Sünde wird im offenherzigen und patriarchalischen Reich Berendejs nicht verziehen!

»Das Volk soll kommen zum Zarengericht!« befiehlt der Herrscher. »Man hole den Missetäter!«

Inzwischen wehklagt, begleitet von Musik, Kupawa zu Füßen des Zaren, während er, einem kirchlichen Würdenträger gleich, die kostbaren Gewänder – eine Arbeit der Schauspielerinnen Lilina und Grigorjewa – anlegt.

Hier setzte ein originelles Orchester ein mit Tönen, die an die Klänge des Rostower Kreml erinnerten, mit dem Unterschied, daß bei uns statt der Glocken Hölzer tönten: die großen waren die tiefen Glocken, und je kleiner die Holzstäbe wurden, desto höhere Töne erzeugten sie. Wir hatten eine Art Glockenspiel mit entsprechendem Rhythmus, melodischem Klang und passendem Akkompagnement durch die Akkorde unterschiedlicher Tonalität. Für dieses Holz-Orchester gab es eine Partitur, und es mußte mehrmals geprobt werden. Hinzu kamen die Stimmen der Ausrufer mit den typischen folkloristischen Rezitativen, blumigen Fiorituren, originellen Kadenzen, die zum Repertoire der fliegenden Händler, Protodiakone, Klageweiber und Vorleser von Evangelien und Büchern der Apostel gehörten. Die Ausrufer wurden nach Stimmen über die ganze Bühne und hinter den Kulissen aufgeteilt. Die Bässe donnerten, die Tenöre ergingen sich in Fiorituren, die einen wuchtig, die anderen fröhlich gackernd, die dritten mit melodischen, aber komplizierten Modulationen. Manchmal kamen die Tenöre und Altstimmen zusammen, um gleich darauf den tiefen Männerstimmen Platz zu machen. Einige schrien direkt ins Publikum vom Dachstuhl des Palastes, zu welchem Behufe sie auf das Dach der Dekoration klettern und ihre Köpfe durch die winzigen Fenster stecken mußten.

Auf das Gepolter und Gebrüll hin versammelte sich das Volk. Die Leute kamen wie in die Kirche mit fromm gefalteten Händen, den Heiligen auf den Ikonen gleich. Das Gericht des Volkes begann. Am Schluß lobpreiste man den Zaren Berendej. Währenddessen lief das liebreizende Kind Schneeflöckchen, die Ursache des Liebeskummers, sorglos umher und pinselte mit Farbe an, was sie gerade sah. Hatte sie genug davon, dachte sie sich einen anderen Streich aus oder beäugte ungeniert, wie es Kindern eigen ist, die kostbaren Knöpfe am Gewand des Zaren, der das Mädchen liebevoll streichelte.

Bei dieser Gelegenheit fällt mir eine Begebenheit ein, die ich etwas ausführlicher beschreiben möchte, da sie uns an die geheimen Stellen der Seele und an das Unbewußte der schöpferischen Prozesse heranführt.

Als wir den Beginn dieses Aktes probten, fühlte ich, daß die oben hängenden Freskenmaler meine Phantasie anregten. Nun ist es freilich sehr beschwerlich, stundenlang bei den Proben an den Seilen angebunden zu hängen, und die Kollegen streikten. Man nahm sie ab, und die Decke wurde leer. Ich kam mir vor wie Simson, dem man das Haar abgeschnitten hatte, in dem doch seine ganze Kraft steckte. Lustlosigkeit befiel mich. Krampfhaft versuchte ich, meine Phantasie in Gang zu bringen, doch ohne Ergebnis. Endlich hatte man Erbarmen mit mir und verbrachte die Statisten wieder nach oben. Sofort war ich wie verwandelt, zum Leben erweckt. Was war geschehen?

Viele Jahre später war ich in Kiew, in der menschenleeren Wladimir-Kathedrale. Aus einer der Kapellen war leises Singen zu hören. Da erinnerte ich mich, wie ich vor langer Zeit, als die Kathedrale noch gebaut wurde, V. Wasnezow hier besuchte. Damals schien die Kathedrale leer zu sein. Von oben fielen ins Mittelschiff Garben, Strahlen von Sonnenlicht, die wie mit goldenen Spritzern die Metalleinfassungen der Ikonen benetzten und grell aufleuchten ließen. In der Stille ertönte nur das leise Singen der unter der Kuppel angebundenen Freskenmaler, die gleichsam den Ritus der Salbung vollzogen. Auch hatten sie weiße Bärte. Daher meine Idee zur Szene beim Zaren Berendej! Da erst begriff ich die Herkunft meines Einfalls und die Wege, die ihn auf die Bühne führten.

»Schneeflöckchen« ist insofern bemerkenswert, als darin erstmals der hochbegabte W. I. Katschalow auftrat, der sich erst allmählich den Erfolg und den Ruf einer Koryphäe erarbeitete.

Großartig waren M. P. Lilina als Schneeflöckchen, I. M. Moskwin als Bobyl und M. A. Samarowa als Bobylicha. Die Musik des Komponisten Gretschaninow war ebenso glänzend.

Diese Inszenierung hatte keinen Erfolg, obwohl sie, wie mir schien, ein besseres Los verdient hätte. Vielleicht lag es daran, daß die Dekorationen der beiden letzten Akte zu groß waren und viel Zeit für den Umbau erforderten, was uns veranlaßte, beide Akte in derselben Dekoration zu spielen. Daraus ergaben sich ein Durcheinander in den Arrangements und eine nicht gerade günstige Kürzung des Stücks.

Die symbolistische
und impressionistische Richtung

Auf alles Neue reagierend, zollten wir auch dem in der Literatur jener Zeit herrschenden Symbolismus und Impressionismus unseren Tribut. W. I. Nemirowitsch-Dantschenko erweckte in uns, wenn nicht gerade Begeisterung, so doch wenigstens Interesse für Ibsen und inszenierte jahrelang seine Stücke: »Hedda Gabler«, »Wenn wir Toten erwachen«, »Gespenster«, »Brand«, »Rosmersholm« und »Peer Gynt«. Ich inszenierte lediglich zwei Stücke Ibsens: »Ein Volksfeind« und »Die Wildente«, die freilich auch unter der literarischen Aufsicht Nemirowitsch-Dantschenkos auf die Bühne gebracht wurden.

Doch der Symbolismus überstieg unsere Kräfte. Um symbolistische Werke zu spielen, muß man in der Rolle und im Stück leben, sein geistiges Wesen erkennen und in sich aufnehmen, es kristallisieren, den Kristall feinschleifen und für ihn eine klare künstlerische Form finden, die eine Synthese der vielgestaltigen Ideen des Werks darstellt. Dafür waren wir viel zu unerfahren und unsere inneren Techniken noch unentwickelt. Die Kenner erklärten den Mißerfolg mit der realistischen Spielweise der Darsteller, die sich angeblich mit dem Symbolismus nicht vertrüge. In Wirklichkeit war das Gegenteil der Fall: bei Ibsen waren wir nicht realistisch genug in bezug auf das innere Leben der Stücke. Symbolismus, Impressionismus und die übrigen verfeinerten Ismen in der Kunst gehören dem Unbewußten an und beginnen dort, wo das Hypernaturalistische aufhört. Doch tritt das Unterbewußte erst aus seinem Versteck hervor, wenn sich der Schauspieler auf der Bühne geistig und körperlich normal, natürlich, das heißt, den Gesetzen der Natur folgend, verhält. Die geringste Gewaltanwendung gegenüber der Natur, und das Unterbewußte taucht in die Tiefen der Psyche auf der Flucht vor der groben Anarchie der Muskeln.

Damals konnten wir in uns nicht willkürlich das normale, natürliche Befinden auf der Bühne erzeugen. Wir verstanden es nicht, einen fruchtbaren Boden für das Unterbewußte in uns zu schaffen. Wir philosophierten zu viel, hielten kluge Reden und blieben auf der Ebene des Bewußtseins. Unser Symbol kam vom Verstand, nicht aber vom Gefühl; es war künstlich und nicht natürlich. Kurz: wir verstanden es nicht, den geistigen Realismus der Werke bis zum Symbol auszufeilen.

Manchmal freilich besuchte auch uns aus unerfindlichen Gründen die Inspiration Apolls. Auch ich hatte das Glück, auf der öffentlichen Generalprobe das Tragische der Rolle Lövborgs in »Hedda Gabler« tief und echt zu empfinden, als er nach dem Verlust des Manuskripts die letzten verzweifelten Minuten vor dem Selbstmord erlebte.

Solche Glücksmomente gab es bei mir wie auch bei anderen Kollegen, doch kann der reine Zufall nicht als Grundlage der Kunst dienen.

Vielleicht gab es aber auch einen anderen Grund, der uns das Verstehen des Ibsenschen Symbols erschwerte, nämlich die nationale Eigenart. Höchstwahrscheinlich können die »weißen Pferde von Rosmersholm« für uns nie das sein, was den Russen zum Beispiel die Sage von dem Wagen des Propheten Elias bedeutet, der beim Gewitter am Eliastag über den Himmel fährt.

Tschechow hatte bestimmt recht, als er einmal scheinbar grundlos in schallendes Gelächter ausbrach und wie immer für alle unerwartet rief: »Aber hören Sie mal! Artjom kann doch unmöglich Ibsen spielen!«

Das stimmte: der Norweger Ibsen und der waschechte Russe Artjom waren unvereinbar.

Ob dieser spontane Ausruf Tschechows nicht auf uns alle, frischgebackenen von Ibsen besessenen Symbolisten, gemünzt war?

Intuition und Gefühl

»Die Möwe«

Eine Reihe von Inszenierungen konnte man Arbeit mit Intuition und Gefühl nennen. Dazu zähle ich alle Tschechow-Stücke, einige Stücke Hauptmanns, zum Teil »Verstand schafft Leiden« Gribojedows, einiges von Turgenjew, Dostojewski und anderen. Die erste in dieser Reihe war die Inszenierung von Tschechows »Möwe«.

Ich will gar nicht versuchen, die Inszenierungen der Tschechow-Stücke zu beschreiben, denn das ist ein unmögliches Unterfangen. Ihr Reiz liegt in etwas, das sich mit Worten nicht beschreiben läßt, sondern sich hinter und zwischen ihnen, in den Blicken der Schauspieler und in der Ausstrahlung ihres Gefühls verbirgt. Dabei leben selbst die toten Gegenstände, die Geräusche, Dekorationen auf. Davon leben die Gestalten und die Stimmung des Stücks und der Inszenierung. Hier kommt es auf die kreative Intuition und das Gefühl des Schauspielers an.

Auf den Gedanken der Intuition und des Gefühls bin ich durch Tschechow gekommen. Um zum Wesen seiner Werke vorzustoßen, muß man eine Art Ausgrabung seiner seelischen Tiefen vornehmen. Sicher ist es bei jedem Werk mit tief verborgenem Inhalt erforderlich. Doch auf Tschechow trifft es im höchsten Maße zu, denn es gibt keinen anderen Zugang zu ihm. Alle Theater Rußlands und mehrere in Europa versuchten es mit den alten Spielmethoden. Und? Ihre Versuche schlugen fehl. Nennen Sie mir auch nur ein Theater oder eine einzige Inszenierung, in der es gelungen wäre, Tschechow mit herkömmlichen theatralischen Mitteln gerecht zu werden. Es waren wohlgemerkt die besten Schauspieler der Welt, denen man weder Talent noch Technik und Erfahrung absprechen konnte. Einzig dem Künstlertheater war es gelungen, Nennenswertes von Tschechow auf die Bühne zu übertragen, und das zu einer Zeit, als das Ensemble im Werden begriffen war. Unser Glück war, daß wir einen neuen Zugang zu Tschechow gefunden hatten. Das Besondere daran ist unser Beitrag zur Theaterkunst. Tschechows Stücke zeigen ihre poetische Bedeutsamkeit nicht auf Anhieb. Man liest sie und denkt:

»Ganz gut, aber nichts Besonderes, nichts Umwerfendes. Ordentlich gemacht, lebensnah, aber bekannt, nichts Neues.«

Die erste Bekanntschaft mit seinen Werken ist oftmals enttäuschend. Man weiß nicht recht, was man darüber sagen soll. Die Fabel? Sie läßt sich in zwei Sätzen wiedergeben. Die Rollen? Viele gute, doch kaum etwas, worum sich ein auf Glanzrollen spezialisierter Schauspieler (das gibt's auch) reißen würde. Die meisten Rollen sind klein, lassen sich auf einem Blatt unterbringen, von einem Textbuch kann nicht die Rede sein. Man erinnert sich an einzelne Worte oder Szenen. Doch je mehr man der Erinnerung freien Lauf läßt, desto intensiver muß man an das Stück denken. Einige Stellen bringen einen zwangsläufig auf andere, noch bessere, und nun hat man das ganze Stück vor sich, man liest es nochmal und nochmal und ahnt darin tiefliegende Schätze.

Ich habe in Tschechows Stücken mehrere hundertmal gespielt, doch es gab keine Vorstellung, wo ich nicht in ein und derselben Rolle neue Empfindungen und in dem Stück selbst immer neue Tiefen und Nuancen, die mir vordem nicht aufgefallen waren, entdeckte.

Tschechow ist unerschöpflich, weil er trotz des Alltagskrams, den er angeblich immer wieder schildert, stets bei seinem geistigen Grundgedanken bleibt und nicht vom Zufälligen oder Privaten spricht, sondern von etwas, das jeden Menschen angeht.

Darum ist sein Traum vom zukünftigen Leben auf Erden nicht spießbürgerlich kleinkariert, sondern weit, großzügig, ideal. Vermutlich wird er unerfüllbar bleiben, ein Traum, nach dem man streben soll, dessen Erfüllung aber unerreichbar ist.

In Tschechows Traum geht es um die hohe Kultur des Geistes, um eine weltumfassende Seele, um einen Menschen, der sich nicht mit »drei Arschin Erde« zufriedengibt, sondern den Erdball braucht; es geht um ein neues besseres Leben, das zu schaffen wir zwei-, dreihundert oder tausend Jahre harter Arbeit und unsäglichen Leidens benötigen werden.

Wie alles, was in den Bereich der ewigen Werte gehört, erzeugt auch dieser Gedanke ein inneres Bewegtsein.

Seine Stücke sind handlungsreich, freilich nicht in ihrer äußeren, sondern inneren Entwicklung. Schon in der Untätigkeit seiner Figuren verbirgt sich eine komplizierte seelische Aktivität. Tschechow hat besser als jeder andere bewiesen, daß das Handeln auf der Bühne auch von seinem inneren Sinn her verstanden werden muß und daß es möglich ist, auf ihm allein, das heißt ohne pseudotheatralisches Beiwerk, ein dramatisches Ganzes aufzubauen. Während die äußere Handlung auf der Bühne lediglich unterhält, zerstreut oder die Nerven kitzelt, ist die innere Handlung dabei, die Seele zu ergreifen und zu beherrschen. Es ist sicherlich noch besser, wenn beide dieser Handlungen aufs engste verknüpft dem Werk mehr an Dimension und Bühnenwirksamkeit verleihen. Dennoch muß das innerliche Handeln an erster Stelle stehen. Deshalb scheitert, wer in Tschechows Stücken nur die Fabel spielt, weil er nur die Oberfläche streift und äußere Hüllen statt Gestalten mit ihrem Innenleben wiedergibt. Gerade die seelische Beschaffenheit der Menschen ist bei Tschechow interessant.

Wer es in Tschechows Stücken aufs Spielen, Repräsentieren anlegt, geht in die Irre. Hier kommt es auf das Sein, das Leben, die Existenz an; hier folge man der tief gelegenen seelischen Hauptschlagader. Tschechows Stärke sind die unterschiedlichsten, manchmal unterbewußten Mittel der Einwirkung: mal ist er Impressionist, mal Symbolist, wo notwendig Realist oder gar fast Naturalist.

Es ist Abend, der Mond geht auf, ein Mann und eine Frau wechseln fast bedeutungslose Sätze, die allenfalls davon zeugen, daß die Menschen nicht das sagen, was sie empfinden (bei Tschechow handeln sie oft so). Aus der Ferne tönt ein abgeschmackter Wirtshauswalzer herüber, der Geistesarmut, Kleinbürgertum und billige Theatralik des Milieus heraufbeschwört. Plötzlich ein Schrei, entrissen dem Herzen eines verliebten Mädchens. Dann aber nur ein kurzer Satz, ein Seufzer:

»Ich kann nicht, ich kann es nicht, ich kann nicht.«

Formal sagt diese Szene nichts aus, doch sie weckt eine Unzahl von Assoziationen, Erinnerungen und Gefühlsregungen.

Dann legt der hoffnunglos verliebte junge Mann eine sinnlos geschossene schöne weiße Möwe der Geliebten zu Füßen. Ein betroffen machendes Symbol!

Oder: das Erscheinen des langweiligen Lehrers, der mit ein und demselben Satz das ganze Stück hindurch die Geduld seiner Frau strapaziert:

»Komm, wir fahren nach Hause. Das Kleine weint.«

Das ist Realismus.

Dann unerwartet die Szene mit der widerlichen, unflätigen Zänkerei zwischen der theaterhaft überdrehten Mutter und ihrem idealistisch gesinnten Sohn.

Das ist fast Naturalismus.

Und zum Schluß: ein Herbstabend, das Klopfen des Regens an die Fensterscheiben, Stille, man spielt Karten, und aus der Ferne tönt ein Chopinwalzer herüber und verstummt unvermittelt. Dann fällt ein Schuß. Ein Leben ist zu Ende gegangen.

Das wiederum ist Impressionismus.

Tschechow versteht es wie kein anderer, die Stimmung des Menschen differenziert wiederzugeben in Szenen oft entgegengesetzten Charakters, die er dem Alltag entnimmt und mit seinem feinsinnigen Humor zum Glänzen bringt. Das macht er nicht nur als empfindsamer Künstler, sondern auch als jemand, der um seine Macht über die Herzen der Schauspieler und Zuschauer weiß.

Er bringt sie unmerklich aus einer Stimmung in die andere, und sie folgen ihm.

Erlebt man diese Stimmungen einzeln, so fühlt man sich auf der Erde, mitten im nur zu bekannten alltäglichen Kleinkram, voller Sehnsucht und Ungeduld, aus dem Eingesperrtsein zu entfliehen. Und da läßt uns Tschechow unbemerkt seinem Traum folgen, der den einzig möglichen Ausweg weist, und schon eilen wir mit ihm davon.

Ist man einmal auf diese Goldader gestoßen, folgt man ihr auch weiter, und selbst oben angelangt, fühlt man sie unter den Worten und Handlungen des Stücks.

Wer nicht zu sehen vermag, meint, Tschechow streife nur die äußeren Umrisse der Fabel, schildere nur den Alltag mit all seinen unwichtigen Details. Gewiß, doch er braucht das nur als Kontrast zu dem Traum, der in seinem Herzen unaufhörlich pulsiert und voller Erwartung und Hoffnung ist.

Äußere wie innere Echtheit sind Tschechow gleichermaßen geläufig, wie kaum einer weiß er die leblosen Requisiten und Dekorationen mit Lichteffekten zu beleben. Er hat unser Wissen um das Leben der Dinge, Töne und des Lichts, die im Theater wie im Leben einen starken Einfluß auf die Seele ausüben, vertieft und verfeinert. Dämmerung, Sonnenaufgang und -untergang, Gewitter, Regen, Vogelgezwitscher am Morgen, Trappeln der Pferde über die Brücke, Geräusch einer davonfahrenden Kutsche, Schlagen der Uhr, Schnarren des Heimchens und Glockenschlag braucht Tschechow nicht um eines Bühneneffekts willen, nein, er will uns das Leben der menschlichen Psyche veranschaulichen. Wer kann schon sich selbst und das, was in ihm passiert, von der Welt des Lichts, der Töne und Gegenstände trennen, mit denen wir leben und die die Psyche so sehr beeinflussen? Ganz zu Unrecht hatte man uns wegen der Heimchen und anderer Ton- und Lichteffekte ausgelacht, die wir, den zahlreichen Anmerkungen des Autors folgend, bei Tschechow-Inszenierungen eingesetzt hatten. Wenn es uns gelang, es ohne schlechte Theatralik zu machen, so hatten wir eher Anerkennung verdient.

Inmitten der aufdringlichen und groben äußeren Verlogenheit auf dem Theater wäre es uns schwergefallen, die innere Echtheit der Empfindungen auf der Bühne herzustellen.

Ein wahrer Meister, versteht Tschechow die äußere und innere Theaterlüge mit seiner künstlerischen Wahrheit außer Kraft zu setzen. Dabei ist er im Umgang mit der Wahrheit sehr wählerisch. Er braucht nicht die banalen Erlebnisse, die nur die Oberfläche der Seele berühren, nicht die nur zu bekannten verschlissenen Empfindungen, die ihre Schärfe eingebüßt haben und von uns gar nicht mehr zur Kenntnis genommen werden. Tschechow sucht sich seine Wahrheiten in den intimen Stimmungen, in den verborgenen Winkeln der Psyche zusammen. Diese Wahrheiten sind überraschend und aufregend durch die geheimnisvolle Verbindung mit der vergessenen Vergangenheit, die unerklärliche Vorahnung der Zukunft, die besondere Logik, die scheinbar keine Vernunft kennt und den Menschen verspottet, in Ratlosigkeit treibt oder zum Lachen bringt.

Diese in Worten oft nicht zu fassenden Stimmungen, Vorahnungen, Anspielungen und Nuancen der Gefühle steigen aus den Tiefen der Seele auf und berühren sich mit den globalen Emotionen: den religiösen Gefühlen, dem sozialen Gewissen, dem höheren Gerechtigkeitssinn und dem Bestreben unseres Verstandes, die Geheimnisse des Seins zu erforschen. Dieses Gebiet gleicht einem Pulverfaß: ein Erlebnis oder eine Erinnerung genügen, um, einem Funken gleich, die Seele in lebendigen Gefühlen aufflammen zu lassen.

Darüber hinaus erscheinen diese subtilsten Gefühlsregungen bei Tschechow auf dem Hintergrund des unverwechselbaren, poesievollen russischen Lebens. Dadurch sind sie uns unsagbar nah und lieb, unwiderstehlich reizvoll, so daß man sich ihnen gern überläßt und ohne sie nicht mehr leben kann.

Um Tschechow spielen zu können, muß man sich vor allem bis zu seiner Goldader durchgraben, sich seinem Wahrheitssinn und Charme anvertrauen und ihm alles glauben – dann gelangt man auf den psychischen Pfaden seines Werks gemeinsam mit dem Dichter zu der Geheimtür des eigenen künstlerischen Unterbewußtseins. In diesen mysteriösen seelischen Werkstätten wird die Tschechowsche Stimmung erzeugt – ein Gefäß, in dem alle unsichtbaren und oft nicht zu erahnenden Reichtümer der Seele Tschechows aufbewahrt werden.

Die Technik dieser komplizierten inneren Arbeit und die Wege zum kreativen Unterbewußtsein können unterschiedlich sein. W. I. Nemirowitsch-Dantschenko und ich fanden eigenständige Wege zu den Werken Tschechows: Wladimir Iwanowitsch als Schriftsteller den literarischen, ich als Schauspieler den darstellerischen. Zunächst war uns dieser Unterschied hinderlich. Wir ergingen uns in langwierigen Diskussionen und kamen vom Einzelnen zum Grundsätzlichen, von der Rolle zum Stück oder zur Kunst als solcher. Manchmal gab es richtigen Streit, doch da er künstlerischen Ursprungs war, stellte er keine Gefahr dar und erwies sich als fruchtbar, weil wir dadurch lernten, mit unserem Bewußtsein zum Wesen der Kunst vorzudringen. Was die Unterschiede in unserem Herangehen betraf, so hatten sie sich bald gegeben: wir hatten begriffen, daß die Form vom Inhalt nicht zu trennen war; daß man die literarische, psychologische oder soziale Seite eines Kunstwerkes nicht gesondert von den Figuren, Szenen und der Ausstattung betrachten konnte, die erst in ihrer Gesamtheit das Künstlerische der Inszenierung ausmachen.

Unzweifelhaft war, daß eine Kollektivarbeit an Tschechow, sollte sie erfolgreich sein, eine bestimmte Verbindung von kreativen Kräften erforderte: erstens einen Theaterschriftsteller, Dramatiker und Schauspielpädagogen wie Wladimir Iwanowitsch; zweitens einen von Routine freien Regisseur, der in der Lage ist, durch Arrangements, die Führung der Schauspieler und die Anwendung der neuen Möglichkeiten von Licht und Ton die Intentionen des Dichters und das geistige Leben des Menschen auf der Bühne wiederzugeben; drittens einen Tschechow geistig nahestehenden Bühnenbildner wie W. A. Simow.

Schließlich brauchten wir begabte junge Schauspieler, die mit der Gegenwartsliteratur aufgewachsen waren, solche wie die Knipper, die Lilina, Moskwin, Katschalow, Meyerhold, Lushski, Gribunin, um nur einige zu nennen. Die Regisseure halfen den jungen Schauspielern nach Kräften, den richtigen Weg zu finden. Natürlich griff man zu allererst zu bewährten Regiemitteln: Dekorationen, Arrangements, Beleuchtung, Geräusche und Musik, mit denen man verhältnismäßig leicht eine äußere Stimmung herstellen konnte.

Oftmals wirkte sie auch auf Schauspieler. Sie sahen die äußere

Echtheit, und die Erinnerungen aus dem eigenen Leben entlockten ihnen Gefühle, wie sie Tschechow meinte. Der Schauspieler spielte dann nicht mehr, sondern wurde selbst zur Person des Stücks, die naturgemäß der Seele des Schauspielers entsprang. Fremde Worte und Handlungen wurden vom Schauspieler als seine eigenen angenommen. Ein Wunder war geschehen, jenes wichtigste und notwendigste Mysterium, das alle Opfer, Leiden und Anstrengungen in unserer Kunst rechtfertigt.

Die Inszenierungen der historischen Stücke führten uns zum äußeren Realismus, auf dem Wege der Intuition und des Gefühls kamen wir zum inneren Realismus, der uns ganz selbstverständlich an den organischen Schaffensprozeß heranführte, der im Unterbewußtsein des Schauspielers verläuft, nämlich dort, wo sowohl der äußere als auch der innere Realismus aufhören. Dieser Weg – vom Äußeren über das Innere zum Unterbewußten – ist gewiß nicht der einzig richtige, doch er ist möglich. Für mich zumindest war er damals einer der wichtigsten.

Die Inszenierung der »Möwe« entstand unter schwierigen und komplizierten Bedingungen.

Tschechow war ernstlich erkrankt: eine Komplikation seiner Tuberkulose war eingetreten. Sein seelischer Zustand war so, daß ein neuerlicher Mißerfolg der »Möwe« für ihn tödlich sein konnte, wovor uns die in Tränen aufgelöste Schwester Tschechows Maria Pawlowna warnte und uns um die Absetzung der Inszenierung anflehte. Doch wir brauchten um jeden Preis eine neue Inszenierung, weil die materielle Lage des Theaters bedenklich war, unsere Einnahmen reichten nicht aus. Der Leser möge sich selbst ausmalen, in welcher Stimmung wir Schauspieler bei der Premiere vor nicht einmal vollem Zuschauerraum (rund sechshundert Rubel Kasse) auftraten. Jedem, der auf der Bühne stand, flüsterte seine innere Stimme zu:

»Spiele gut, spiele großartig, das muß ein Erfolg werden, ein Triumph. Andernfalls wisse, daß der von dir geliebte Schriftsteller durch deine Hand stirbt. Ein entsprechendes Telegramm genügt, und du bist sein Henker.«

Ich weiß nicht mehr, wie wir gespielt haben. Nach dem Ende des ersten Aktes herrschte Totenstille im Zuschauerraum. Eine Schauspielerin wurde ohnmächtig, und ich konnte mich vor Verzweiflung kaum noch auf den Beinen halten. Doch plötzlich, nach einer langen Pause, krachte und brüllte und klatschte es im Zuschauerraum donnergleich. Der Vorhang ging auf, zu und wieder auf, und wir standen wie betäubt da. Wieder das Gebrüll und wieder der Vorhang. Wir waren wie angewurzelt und konnten es nicht fassen, daß wir uns verbeugen sollten. Endlich begriffen wir: das war ein Erfolg. Furchtbar aufgeregt umarmten wir uns wie in der Osternacht. M. P. Lilina, die die Mascha spielte und mit ihren Schlußworten das Eis in den Herzen der Zuschauer gebrochen hatte, feierten wir stürmisch. Die Begeisterung nahm mit jedem Akt zu, es wurde ein Triumph. An Tschechow ging telegraphisch ein ausführlicher Bericht.

Den meisten Erfolg hatten O. L. Knipper (Arkadina) und M. P. Lilina (Mascha), die in diesen Rollen berühmt wurden. Großartig spielten W. W. Lushski (Sorin), A. R. Artjom (Schamrajew), W. E. Meyerhold (Treplew), A. L. Wischnewski (Dorn). In dieser Inszenierung sah man schauspielerische Individualitäten, wirkliche Talente, die allmählich zu Künstlern, zum kämpferischen Kern des Ensembles wurden.

Mit dem Namen Tschechows ist der Name des inzwischen verstorbenen Kritikers N. J. Efros – eines glühenden Verehrers des Tschechowschen Werkes – verbunden. Bei der Premiere der »Möwe« stürzte er als erster an die Rampe, sprang auf einen Stuhl und applaudierte demonstrativ. Er war der erste, der den Dramatiker Tschechow, die Schauspieler und das Theater für diese Kollektivleistung lobpreiste. Seitdem gehörte Nikolai Jefimowitsch Efros zu den engsten und intimsten Freunden unseres Theaters, er liebte es von Herzen. Er blieb bis ans Ende seiner Tage ein treuer Freund und Chronist des Theaters, das ihm zu unendlichem Dank verpflichtet ist.

Tschechows Besuch
»Onkel Wanja«

Die Krankheit ließ es nicht zu, daß Anton Pawlowitsch während der Saison nach Moskau reiste, doch als es im Frühjahr 1899 etwas wärmer wurde, kam er mit der stillen Hoffnung, die »Möwe« zu sehen, und verlangte, daß wir sie ihm vorführten.

»Hören Sie, ich brauche das doch, ich bin ja der Autor! Wie soll ich denn sonst weiterschreiben?« sagte er bei jeder passenden Gelegenheit.

Was tun? Die Saison war zu Ende, das Theater ging für den Sommer in andere Hände über, unser Hab und Gut wurde in einer engen Scheune untergebracht. Um für Tschechow eine Vorstellung zu geben, hätten wir fast die gleiche Arbeit machen müssen wie zu Beginn der Saison, das heißt, ein Theater mieten, Bühnentechniker anstellen, sämtliche Dekorationen, Requisiten, Kostüme und Perücken ordnen und ins Theater bringen, die Schauspieler zusammentrommeln, Proben machen, die Beleuchtung einrichten und dergleichen mehr. Und am Ende wird die Vorstellung enttäuschend sein, denn man kann sie auf die Schnelle eben nicht gut machen.

Zudem würden die unerfahrenen Schauspieler am neuen Ort unkonzentriert sein, und das wäre in einem Tschechow-Stück das gefährlichste. Hinzu kam, daß der Zuschauerraum einer Scheune glich und, da im Zusammenhang mit Reparaturarbeiten alle Möbel fortgeschafft waren, vollkommen leer war. In einer leeren Halle bekommt alles einen hohlen Klang, es würde den Autor enttäuschen.

Doch war uns Tschechows Wort Befehl, und wir mußten ihm die Bitte erfüllen.

Die Vorführung für Tschechow fand im Nikitski-Theater statt, im Beisein von vielleicht einem Dutzend Zuschauern. Wie vorauszusehen, war die Vorstellung mittelmäßig. Nach jedem Akt kam Tschechow auf die Bühne gelaufen mit einem Gesicht, das nicht gerade vor Freude strahlte. Doch im Gehetze der Kulissen wurde er munterer, lächelte sogar, weil er die Theaterwelt liebte. Einige Schauspieler lobte er, andere hingegen hatten nichts zu lachen, besonders eine Schauspielerin.

»Hören Sie«, sagte Tschechow, »die kann einfach nicht in meinem Stück spielen. Sie haben bestimmt eine andere großartige Darstellerin, eine glänzende Schauspielerin.«

»Aber ihr die Rolle zu nehmen kommt dem Ausschluß aus dem Ensemble gleich«, argumentierten wir. »Bedenken Sie, was das für ein Schlag wäre!«

»Hören Sie, sonst ziehe ich das Stück zurück«, schloß Tschechow mit an Grausamkeit grenzender Härte und Unnachgiebigkeit. Trotz seiner außerordentlichen Empfindsamkeit und Güte war er in Fragen der Kunst streng und unerbittlich und ließ sich nie auf Kompromisse ein.

Um den Kranken nicht aufzuregen, stritten wir nicht länger, in der Hoffnung, mit der Zeit würde er die Sache vergessen. Weit gefehlt! Als es niemand mehr erwartet hatte, rief Tschechow plötzlich:

»Hören Sie, die kann einfach nicht in meinem Stück spielen!«

Während der Vorstellung mied mich Tschechow offensichtlich. Ich erwartete ihn in meiner Garderobe, doch er kam nicht. Ein schlechtes Zeichen! Also verfügte ich mich selbst zu ihm.

»Schimpfen Sie ruhig, Anton Pawlowitsch«, forderte ich ihn auf.

»Ist doch wunderbar, na hören Sie, ich sage, wunderbar! Nur, Sie brauchen schiefgetretene Schuhe und karierte Hosen!«

Mehr bekam ich aus ihm nicht heraus. Was war das? Zurückhaltung? Ein Scherz, um mich loszuwerden? Oder vielleicht Hohn? Das verstehe, wer will: Trigorin, Modeschriftsteller, Liebling der Frauen – und dann karierte Hosen und zerlumpte Schuhe. Ich hatte in dieser Rolle den elegantesten Anzug an: Hose, Schuhe, Weste und Hut in Weiß und entsprechend schöne Maske.

Erst nach einem Jahr oder mehr ging mir während einer Vorstellung der »Möwe« ein Licht auf:

Aber gewiß doch, zerrissene Schuhe, karierte Hosen und überhaupt kein Schönling! Das ist ja das Drama, daß es den jungen Dingern darum geht, daß einer Schriftsteller ist und rührende Geschichten druckt, dann werfen sich ihm sämtliche Nina Saretschnajas reihum an den Hals, ohne zu merken, daß er als Mensch unbedeutend und mit seinen karierten Hosen und zerrissenen Schuhen geradezu häßlich ist. Erst wenn die Liebesschwärmereien dieser »Möwen« vorbei sind, beginnen sie zu begreifen, daß ihre Mädchenphantasie etwas erdichtete, was es in Wirklichkeit nie gegeben hat.

Mich verblüffte der tiefe Sinn der lakonischen Bemerkungen Tschechows, die für ihn sehr typisch waren.

Nach dem Erfolg der »Möwe« rissen sich etliche Theater um

Tschechow und verhandelten mit ihm über die Inszenierung seines anderen Stücks, »Onkel Wanja«. Vertreter verschiedener Theater besuchten Tschechow, und er führte mit ihnen Gespräche hinter verschlossenen Türen, was uns nicht wenig beunruhigte, denn auch wir waren auf das Stück aus. Eines Tages kam Tschechow aufgeregt und wütend nach Hause. Es stellte sich heraus, daß der Direktor eines Theaters, dem er das Stück vor uns versprochen hatte, ihn ohne es zu wollen beleidigt hatte. Wahrscheinlich aus Verlegenheit fragte der Direktor Tschechow, was er jetzt so mache.

»Ich schreibe Novellen und Erzählungen, manchmal auch Stücke«, war die Antwort.

Ich weiß nicht, was weiter gesprochen wurde, jedenfalls überbrachte man Tschechow zum Schluß das Protokoll der Spielplankommission, das viele lobende Worte zu seinem Stück enthielt; man sei bereit, es in den Spielplan aufzunehmen unter der Bedingung, daß der Autor den Schluß des dritten Aktes, in dem der wütende Onkel Wanja auf Professor Serebrjakow schießt, umarbeitet. Tschechow wurde rot vor Empörung, als er von diesem unsinnigen Gespräch erzählte, und während er die ungereimten Motive für die Änderung des Stücks, die im Protokoll standen, zitierte, brach er in lang anhaltendes Gelächter aus. Tschechow allein war es gegeben, in einem Augenblick zu lachen, wo man es von ihm am wenigsten erwartet hätte.

Wir triumphierten innerlich, da wir das Wasser auf unsere Mühle plätschern hörten, das heißt, das Tauziehen um den »Onkel Wanja« fiel zu unseren Gunsten aus, was sich auch bestätigte. Wir bekamen das Stück, worüber Anton Pawlowitsch außerordentlich froh war. Wir gingen unverzüglich an die Arbeit. Vor allem wollten wir die Anwesenheit Tschechows nutzen, um mit ihm seine Wünsche als Autor zu klären. So merkwürdig es klingen mag, aber er konnte nicht über sein Stück reden, er wurde verlegen, unbeholfen und nahm, um aus der peinlichen Lage herauszukommen und uns loszuwerden, zu seiner üblichen Redensart Zuflucht:

»Hören Sie, ich habe das doch geschrieben, da steht alles drin.«

Oder er drohte uns:

»Hören Sie, ich mache Schluß mit dem Stückeschreiben. Für die ›Möwe‹ bekam ich nicht mehr als das.«

Er zog ein Fünfkopekenstück aus der Rocktasche hervor, zeigte es uns und brach wieder einmal in sein berühmtes Gelächter aus. Da mußten wir auch lachen, das Gespräch verlor eine Zeitlang an Ernst.

Doch nach einer Weile wurde das Verhör wieder aufgenommen: wir lauerten darauf, daß Tschechow uns mit einem zufällig dahingesagten Wort auf einen interessanten Gedanken oder eine originelle Charakteristik der Personen seines Stücks bringen würde. Beispielsweise Onkel Wanja. Man nahm an, daß er als Gutsverwalter des Professors Serebrjakow das traditionelle Kostüm eines Gutsbesitzers tragen müsse: hohe Stiefel, eine Schirmmütze, manchmal eine Reitgerte in der Hand, da ein Gutsherr durch die Besitztümer reitet. Tschechow war außer sich.

»Hören Sie«, ereiferte er sich, »es steht doch alles drin. Sie haben das Stück nicht richtig gelesen.«

Wir suchten im Original, fanden aber keinerlei Hinweise, abgesehen von einer seidenen Krawatte, die Onkel Wanja trägt.

»Hab ich doch gesagt! Steht ja alles drin!« versetzte Tschechow.

»Was steht drin?« rätselten wir. »Die seidene Krawatte?«

»Aber selbstverständlich, hören Sie mal, er trägt eine fabelhafte Krawatte und ist natürlich ein feiner, gebildeter Mann. Das stimmt doch gar nicht, daß unsere Gutsbesitzer mit gewichsten Stiefeln herumlaufen. Sie sind doch wohlerzogene Leute und tragen ausgezeichnete Kleidung, aus Paris. Das habe ich doch alles geschrieben.«

Nach Tschechows Auffassung widerspiegelte dieses winzige Detail das ganze Drama des gegenwärtigen russischen Lebens: der unbegabte und unnütze Professor genießt das Leben und den unverdienten Ruf eines bedeutenden Wissenschaftlers; ganz Petersburg himmelt ihn an, während er an idiotischen Traktaten schreibt, an denen sich die greise Woinizkaja delektiert. Der allgemeinen Begeisterung verfällt zunächst auch Onkel Wanja, der den Professor für einen großen Mann hält und kostenlos das Gut für ihn verwaltet, damit die Berühmtheit ungestört arbeiten kann. Doch Serebrjakow entpuppt sich als eine Seifenblase, die zu Unrecht einen hohen Posten bekleidet, während begabte Leute wie Onkel Wanja und Astrow ein Leben lang in Krähwinkeln des weiten, verwahrlosten Rußland versauern. Es wird Zeit, die wirklich Tätigen ans Ruder der Macht zu rufen und ihnen verantwortungsvolle Posten anzuvertrauen, die von berühmten, aber völlig unbegabten Serebrjakows besetzt gehalten werden.

Nach dem Gespräch mit Anton Pawlowitsch assoziierte sich bei mir das Bild Onkel Wanjas plötzlich mit dem P. I. Tschaikowskis.

Bei der Verteilung der Rollen gab es ebenfalls heitere Mißverständnisse. Wenn es nach Tschechow gegangen wäre, hätten einige von ihm besonders geschätzte Schauspieler alle Rollen übernehmen müssen. Als sich das als unmöglich erwies, drohte uns Tschechow:

»Hören Sie, am Ende schreibe ich noch den Schluß des dritten Aktes um und schicke das Stück an die Spielplankommission.«

Es ist heute kaum noch zu glauben, daß wir uns nach der Premiere des »Onkel Wanja« im vertrauten Kreise versammelten und in einem Restaurant Tränen der Verzweiflung vergossen, weil die Aufführung nach unserer einhelligen Meinung durchgefallen war. Die Zeit tut aber dennoch das ihre: die Inszenierung wurde anerkannt, hielt sich über zwanzig Jahre im Spielplan und wurde in ganz Rußland, aber auch in Europa und Amerika bekannt.

Alle Schauspieler waren gut – die Knipper, die Samarowa, Lushski, Wischnewski. Den größten Erfolg hatten die Lilina, Artjom und ich als Astrow. Ich mochte die Rolle anfangs nicht und wollte sie auch nicht spielen, weil ich immer davon träumte, den Onkel Wanja zu spielen. Doch war es Nemirowitsch-Dantschenko gelungen, meinen Trotz zu brechen und mich zu zwingen, Gefallen an Astrow zu finden.

Die Reise auf die Krim

Das war der Frühling unseres Theaters, die Zeit der Blüte und Freude in seinem jungen Leben. Wir fuhren auf die Krim zu Tschechow, wir gingen auf Tournee und wurden erwartet als ein Ensemble, über das die Zeitungen schrieben. Nicht nur in Moskau waren wir die Helden des Tages, sondern auch auf der Krim, das heißt in Sewastopol und Jalta. Wir dachten uns:

»Anton Pawlowitsch kann nicht zu uns kommen, weil er krank ist. Also fahren wir zu ihm, denn wir sind gesund. Wenn der Prophet nicht zum Berg kommt, muß der Berg zum Propheten kommen.«

Schauspieler mit Frauen, Kindern und Ammen, Bühnentechniker, Requisiteure, Ankleider und Friseure sowie mehrere Waggons mit Theatergepäck zogen im schlimmsten Tauwetter aus dem kalten Moskau in den sonnigen Süden. Fort mit den Pelzen! Her mit den Sommerkleidern und Strohhüten! Und sollten wir die zwei Tage unterwegs frieren, na wenn schon! Der Süden wird uns aufwärmen! Wir hatten einen ganzen Waggon zu unserer Verfügung. Wenn man jung ist und es ist Frühling, so erscheint alles in heiteren und freundlichen Farben. Nicht zu beschreiben die Späße und komischen Begebenheiten während der Fahrt. Man sang, scherzte und schloß neue Bekanntschaften.

Bachtschissarai: ein warmer Frühlingsmorgen, Blumen, grelle tatarische Kleider, bunter Schmuck und die Sonne. Und nun das weiße Sewastopol! Wenige Städte in der Welt können sich an Schönheit mit ihm messen! Weißer Sand, weiße Häuser, Kreideberge, blauer Himmel, tiefblaues Meer mit weißer Gischt, weiße Wolken in der gleißenden Sonne und weiße Möwen. Wenige Stunden später aber zogen Regenwolken auf, das Meer verdunkelte sich, der Wind brachte Schneeregen, und die Sturmsirene fing zu heulen an. Wieder Winter! Der arme Tschechow, der bei diesem Sturm zu uns aus Jalta übers Meer fahren mußte! Doch wir warteten vergeblich auf ihn, auf dem Dampfer aus Jalta war er nicht. Wie erhielten nur ein Telegramm, das uns von seiner neuerlichen Erkrankung unterrichtete. Ob er nach Sewastopol kommen würde, war fraglich.

Das Sommertheater, wo wir spielen sollten, stand verlassen mit zugenagelten Türen am Meer. Den Winter über blieb es zu, und als man es für uns öffnete, war es, als befänden wir uns am Nordpol: so kalt und feucht war es darin. Jeden Tag traf sich unser junges Ensemble vor Beginn der Proben am Vorplatz des Theaters. Zu uns stieß auch der bekannte Theaterkritiker Wassiljew, der aus Moskau als Berichterstatter gekommen war.

»Auch Goldoni reiste mit seinen eigenen Kritikern«, kommentierte er seine Funktion.

Zu Ostern wurde es wieder wärmer. Überraschend kam Tschechow und tauchte jeden Morgen am Theaterplatz auf. Einmal hörte er, daß man einen Arzt suche für den erkrankten Artjom, den Tschechow sehr mochte und für den er später Rollen in den »Drei Schwestern« (Tschebutykin) und im »Kirschgarten« schrieb.

»Aber hören Sie, ich bin doch der Arzt des Theaters!« rief Tschechow, der sich auf seine medizinischen Kenntnisse weitaus mehr zugute hielt als auf sein literarisches Talent.

»Von Beruf bin ich Arzt, nur daß ich ab und zu in meiner Freizeit schreibe«, meinte er in vollem Ernst. Nun machte er sich daran, seinen Liebling zu kurieren und verordnete ihm Baldriantropfen, dieselbe Medizin also, die sein Doktor Dorn in der »Möwe« spaßeshalber allen verordnet.

Nun zeigten wir zum erstenmal Tschechow und der Stadt Sewastopol den »Onkel Wanja«. Der Erfolg war außerordentlich, und der Autor mußte unzählige Male auf die Bühne. Diesmal war Tschechow zufrieden, außerdem sah er uns erstmals in einer öffentlichen Vorstellung. In den Pausen kam Tschechow zu mir, lobte und machte nur eine Bemerkung zur Abreise Astrows:

»Der pfeift doch, verstehen Sie. Pfeift! Onkel Wanja weint, und Astrow pfeift!« Mehr ließ er sich auch diesmal nicht entlocken.

»Merkwürdig«, dachte ich, »Wehmut, Hoffnungslosigkeit und – fröhliches Pfeifen?«

Aber auch diese Bemerkung Tschechows ging mir unversehens bei einer späteren Vorstellung auf. Einmal fing ich zu pfeifen an, um zu sehen, was passiert, und sah sofort, daß es stimmte. Aber ja doch! Onkel Wanja verliert den Mut und verfällt in Trübsinn, und Astrow pfeift. Er ist so enttäuscht vom Leben und den Menschen, daß er in seinem Mißtrauen fast bis zum Zynismus geht. Menschen können ihm nichts mehr anhaben. Zu seinem Glück liebt er die Natur, der er uneigennützig und treu dient: er legt Wälder an, die die für die Flüsse notwendige Feuchtigkeit erhalten.

Unter den Stücken, die wir auf der Krim spielten, war auch Hauptmanns »Einsame Menschen«. Tschechow hatte es noch nicht gesehen, und das Stück gefiel ihm mehr als seine eigenen.

»Das ist ein echter Dramatiker! Ich bin doch kein Dramatiker, ich bitte Sie, ich bin Arzt.«

Vom Sewastopol fuhren wir nach Jalta, wo wir fast von der ganzen russischen Literaturelite, die sich wie auf Verabredung zu diesem Zeitpunkt auf der Krim traf, erwartet wurden: Bunin, Kuprin, Mamin-Sibirjak, Tschirikow, Stanjukowitsch, Jelpatjewski und der damals gerade berühmt gewordene Maxim Gorki, der sich seiner Lungen wegen auf der Krim aufhielt. Wir schlossen Bekanntschaft mit Gorki, auf den wir mit vereinten Kräften einredeten, Stücke für uns zu schreiben. Eines seiner späteren Stücke, »Nachtasyl«, war schon konzipiert oder vielleicht sogar in den Grundzügen niedergeschrieben, und er erzählte mir die Fabel.

Auf der Krim weilten außer den Schriftstellern zahlreiche Schauspieler und Musiker, unter denen der junge S. W. Rachmaninow besondere Aufmerksamkeit erregte.

Zu immer gleicher Stunde trafen sich Schauspieler und Schriftsteller in Tschechows Haus zum Frühstück, das Maria Pawlowna, die Schwester Tschechows und unser aller Freundin, servierte. Als Herrin des Hauses thronte die Mutter Tschechows, eine bezaubernde alte Frau, die wir alle mochten, an der Tafel. Als sie vom Erfolg ihres Sohnes hörte, begehrte sie, trotz ihres hohen Alters ins Theater zu gehen, um verständlicherweise nicht uns, sondern Antoschas Stück zu sehen. Am Tag ihres Theaterbesuchs erschien ich vor dem Frühstück und fand Tschechow in größter Aufregung vor. Er berichtete, daß die Mutter ihr altes Seidenkleid aus der Truhe hervorgeholt hatte, um es für den Abend anzuziehen. Tschechow war außer sich:

»Mutter im seidenen Kleid sieht sich Antoschas Stück an! Das kann doch nicht wahr sein, hören Sie.«

Und gleich nach diesem Ausruf der Entrüstung brach er in bezauberndes, vergnügtes Gelächter aus, weil das Genrebild der im Seidenkleid sitzenden Mutter, die ihrem Sohn applaudiert, dem Autor, der ins Theater kommt, um sich vor dem Publikum zu verbeugen, ihm überaus lächerlich und kleinbürgerlich-sentimental vorkam.

Bei den täglichen Diners in Tschechows Haus sprach man viel über Literatur. Diese Dispute unter Fachleuten klärten mich über viele für einen Regisseur und Schauspieler wichtige und nützliche

Dinge auf, von denen die trockene Schulweisheit unserer Literaturgeschichte nicht die geringste Ahnung hat. Tschechow redete auf alle ein, Stücke fürs Künstlertheater zu schreiben. Bei der Gelegenheit meinte jemand, aus einer Erzählung Tschechows ließe sich leicht ein Theaterstück machen. Man holte das Buch und forderte Moskwin auf, die Erzählungen zu lesen. Anton Pawlowitsch fand großen Gefallen am Vortrag und ließ den begabten Schauspieler jedesmal nach dem Diner etwas vorlesen. Auf diese Weise wurde Moskwin zum amtlich geprüften Rezitator von Tschechow-Erzählungen bei Wohltätigkeitsveranstaltungen.

Unser Gastspiel auf der Krim ging zu Ende. Zum Dank für unseren Besuch versprachen uns Tschechow und Gorki je ein Stück. Das war, unter uns gesagt, einer der Hauptgründe, weshalb der Berg zum Propheten gegangen war.

»Drei Schwestern«

Nach dem Erfolg der »Möwe« und des »Onkel Wanja« mußte das Theater unbedingt ein neues Stück Tschechows haben. Unser Schicksal lag hiermit in den Händen Anton Pawlowitschs: ohne ein Stück von ihm würde der Erfolg der Saison in Frage gestellt und das Theater würde seine Anziehungskraft verlieren. Nur zu verständlich, daß uns die Fortschritte in der Arbeit Tschechows interessierten. Diese neuesten Nachrichten erhielt O. L. Knipper. Wir staunten, warum sie so gut informiert war und immerzu von seiner Gesundheit, vom Wetter auf der Krim, vom Stück und von Tschechows eventuellem Kommen nach Moskau sprach.

»Aha! sagten Pjotr Iwanowitsch und ich …«

Endlich schickte Tschechow zu unserer Freude den ersten Akt eines neuen Stücks, noch ohne Titel. Später kamen der zweite und der dritte, der letzte fehlte noch. Schließlich brachte Tschechow selbst den letzten Akt, und es wurde eine Lesung im Beisein des Autors angesetzt. Im Foyer saßen alle an einem großen, mit einem Tuch bedeckten Tisch; Tschechow und die Regisseure saßen in der Mitte. Das gesamte Ensemble und die Angestellten waren anwesend und einige Bühnentechniker und Schneider. Alle waren gespannt, auch Tschechow war erregt und fühlte sich nicht wohl auf seinem Platz als Vorsitzender. Immerzu sprang er auf, lief auf und ab, besonders dann, wenn das Gespräch seiner Meinung nach in eine falsche oder für ihn unangenehme Richtung lief. Einige nannten das Stück ein Drama, andere eine Tragödie und merkten nicht, daß diese Bezeichnungen Tschechow befremdeten. Einer der Redner begann seine Ausführungen in stark südlichem Idiom mit dem abgedroschenen: »Ich bin mit dem Autor brunstzipiell nicht einverstanden, dennoch …«

Dieses »brunstzipiell« hielt Tschechow nicht mehr aus. Er verließ unbemerkt das Theater. Wir dachten zunächst, er habe sich zurückgezogen, weil ihm unwohl war. Nach der Besprechung raste ich in Tschechows Wohnung und fand ihn nicht nur verärgert und enttäuscht vor, sondern so böse, wie ich ihn selten gesehen hatte.

»Das geht doch nicht, hören Sie. Brunstzipiell!« wetterte er.

Der beamtenhafte Satz hatte zwar Tschechows Geduld vollends

reißen lassen, doch es gab auch einen schwerwiegenden Grund: er war nämlich überzeugt, daß er eine heitere Komödie geschrieben habe. Da aber beim Lesen die meisten das Stück als ein Drama empfanden und sogar weinten, mußte Tschechow annehmen, daß das Stück unverständlich und damit unbrauchbar sei.

Nach der ersten Lesung begann die Regiearbeit. W. I. Nemirowitsch-Dantschenko leitete wie immer den literarischen Teil, und ich schrieb wie gehabt ausführliche Arrangements.

Die Schauspieler arbeiteten eifrig, und bald war das Stück soweit, daß über alles Klarheit herrschte. Und dennoch fehlte der Funke, das Stück schien zu lang, um nicht zu sagen langweilig. Es fehlte das gewisse Etwas. Es ist eine Qual, nach diesem Etwas zu suchen, ohne richtig zu wissen, was es ist! Alles war fertig, und die Inszenierung mußte angekündigt werden, doch wie die Dinge standen, war mit Erfolg nicht zu rechnen. Dabei fühlten wir, daß es Ansatzpunkte dafür gab, es fehlte nur eben jenes magische Etwas. Es wurde intensiv geprobt bis zur Verzweiflung, um am nächsten Tag das gleiche nochmal zu proben, doch alles ohne Ergebnis.

»Meine Herren, das kommt davon, daß wir alles todernst nehmen«, meinte einer von uns. »Wir spielen ja nur die Tschechowsche Langeweile und ziehen alles in die Länge. Wir müssen einen anderen Ton anschlagen, flott wie bei einem Vaudeville.«

Also spielten wir flott, wodurch die Handlung sich verwirrte und manchmal ganze Sätze heruntergerasselt wurden. Das Gehetze machte es auch nicht spannender. Es war sogar kaum zu verstehen, was geschah und was gesprochen wurde.

Bei einer dieser qualvollen Proben passierte folgendes: es war Abend, die Arbeit klappte nicht, und die Schauspieler brachen die Probe ab, weil sie darin keinen Sinn mehr sahen. Das Vertrauen zueinander und zum Regisseur war auf Null gesunken, die Lage war demoralisierend. Alle verkrochen sich in ihre Ecken und schwiegen mißmutig. Im trüben Licht von zwei oder drei Glühbirnen saßen wir da, unruhig und niedergeschlagen. Jemand kratzte mit den Fingernägeln an der Sitzbank. Dieses Geräusch erinnerte mich an das Kratzen der Mäuse, ich dachte an Zuhause, und mein Herz taute auf. Ich wußte, das war echt, und meine Intuition kam in Gang. Ob mir das Geräusch der kratzenden Maus in Verbindung mit der Dunkelheit und Hilflosigkeit früher einmal etwas bedeutete, wovon ich selbst nichts wußte? Seltsam sind die Wege des Unterbewußtseins!

Wie auch immer, aber ich spürte auf einmal die Szene. Sie wurde gemütlich, und die Menschen fingen zu leben an. Es ist überhaupt nicht so, als pflegten sie ihre Schwermut, im Gegenteil, sie suchen Frohsinn, Heiterkeit und Unterhaltung, sie wollen leben und nicht dahinvegetieren. Ich spürte, daß eine solche Haltung gegenüber den Menschen Tschechows richtig war, das gab mir Mut, und ich wußte intuitiv, was zu tun war.

Nun konnte die Arbeit weitergehen. Allein bei der Knipper wollte es mit der Rolle Maschas nicht klappen, doch Nemirowitsch-Dantschenko probte gezielt mit ihr, und bei den weiteren Proben ergaben sich auch bei ihr entscheidende Veränderungen, so daß die Rolle ausgezeichnet wurde.

Der arme Anton Pawlowitsch hielt es nicht aus und reiste unter dem Vorwand, seine Gesundheit habe sich verschlechtert, ins Ausland, wiewohl der Grund für die Abreise eher die Angst um sein Stück war. Daß er uns seine Adresse, an die wir über den Ausgang der Premiere hätten schreiben können, nicht gab, bestätigte diese Mutmaßung. Nicht einmal die Knipper wußte die Adresse.

Anton Pawlowitsch hinterließ uns seinen Statthalter, einen netten Oberst, der darauf zu achten hatte, daß alles Militärische, das heißt, das Aussehen und die Gepflogenheiten der Offiziere, stimmte. Darauf achtete Tschechow ganz besonders, da es Gerüchte gab, er hätte ein Stück gegen die Militärs geschrieben, was die letzteren verwirrte und beunruhigte. In Wahrheit wollte Tschechow am wenigsten den Offiziersstand treffen, den er ja mochte. Seiner Meinung nach erfüllten gerade die aktiven Offiziere eine Kulturmission, indem sie in kleine Provinznester Frohsinn, Kunst, Wissen und neue, höhere Ansprüche brachten.

Im Zusammenhang mit den »Drei Schwestern« erinnere ich mich an eine Begebenheit, die Tschechow sehr gut charakterisiert. Während der Endproben erhielten wir von ihm einen Brief aus dem Ausland, ohne Absender wohlgemerkt, des Inhalts:

»Der ganze Monolog Andrejs im letzten Akt ist zu streichen und durch die Worte: ›Ehefrau bleibt Ehefrau!‹ zu ersetzen.« Im Manuskript hatte Andrej einen glänzenden Monolog, der die Verspießerung vieler russischer Frauen beim Namen nennt: vor der Heirat haben sie noch einen Anflug von Weiblichkeit und Poesie, danach haben sie nichts Eiligeres zu tun als Häubchen aufzusetzen, zu Hause Pantoffeln und geschmacklose Kleider zu tragen. Mit der Zeit sehen auch ihre Seelen danach aus. Was soll man sich auch über solche Frauen lange auslassen? »Ehefrau bleibt Ehefrau!« Der Ton des

Schauspielers macht hier die Musik. Auch diesmal war Tschechow mit seinem Lakonismus im Recht.

Der erste Akt, der Namenstag der Irina, hatte bei der Premiere ungeheuren Erfolg, und man mußte mehrmals herauskommen (was erst später abgeschafft wurde). Doch war der Applaus nach den nächsten Akten und zum Schluß so mager, daß man froh war, einmal herauskommen zu dürfen. Wir glaubten, daß die Inszenierung keinen Erfolg hatte, daß das Stück und die Interpretation keinen Anklang fanden. Es brauchte viel Zeit, um die Kunst Tschechows auch in diesem Stück dem Zuschauer begreiflich zu machen.

Hinsichtlich der Regie und des Schauspiels gilt diese Inszenierung als eine der besten in unserem Theater. Mit Fug und Recht können die Knipper, die Lilina, die Sawizkaja, Moskwin, Katschalow, Gribunin, Wischnewski, Gromow (später auch Leonidow), Artjom, Lushski und die Samarowa als klassische Interpreten Tschechows angesehen werden. Auch ich hatte in der Rolle Werschinis Erfolg, nur bei mir selbst nicht: ich hatte das nötige Befinden und den seelischen Zustand verfehlt, die bei einer vollständigen Identifikation mit der Gestalt und mit dem Dichter entstehen.

Tschechow war nach seiner Rückkehr mit uns zufrieden, bedauerte aber, daß die Sturmglocke und andere militärische Signale beim Brand nicht stimmten. Immer wieder beklagte er sich darüber, bis wir ihm anboten, die Geräusche beim Brand selbst festzulegen und zu proben, die Bühnentechnik sei zu seiner Verfügung. Mit Freuden übernahm Tschechow die Rolle des Regisseurs und stellte eine Liste von Dingen zusammen, die er für die Proben benötigte. Ich hütete mich wohl, ihn dabei zu stören, und wußte deshalb nicht, was dort geschah. Während der Vorstellung, nach der Brandszene, kam Tschechow in meine Garderobe und setzte sich mucksmäuschenstill auf das Sofa. Ich war verwundert und fragte ihn, was mit ihm sei.

»Hören Sie, das ist ja die Höhe! Sie schimpfen!« klärte er mich kurz auf.

Neben der Direktorenloge saß nämlich eine Gruppe von Zuschauern, die das Stück, die Schauspieler und das Theater gehörig verhöhnten. Als die Geräusche des Brandes einsetzten, verstanden sie nicht so recht, was das sollte, lachten los und machten gerade feine Witze, ohne zu ahnen, daß der Autor des Stücks und Regisseur der Brandgeräusche neben ihnen saß. Nachdem Tschechow das erzählt hatte, brach er in gutmütiges Lachen aus, aus dem ein derartiger Husten wurde, daß mir angst und bange um ihn war.

Die erste Reise nach Petersburg

Nach altem Brauch endete die Moskauer Theatersaison mit stürmischen Ovationen für alle Schauspieler des Ensembles. Später, als es eine Drehbühne gab, wurde diese zum Schluß mit allen darauf stehenden Schauspielern in Gang gesetzt, so daß der Eindruck entstand, das Ensemble begebe sich mitsamt den Dekorationen auf die Reise. Das Publikum sah nun die Rückseite der Dekoration, auf der »Auf ein neues!« stand.

Getrieben von der materiellen Not, fuhren wir angsterfüllt zum erstenmal nach Petersburg. Angsterfüllt, weil es zwischen den beiden Hauptstädten schon immer Rivalitäten gab: was aus Petersburg kam, wurde in Moskau nicht anerkannt und umgekehrt. Als Moskauer waren wir auf Ablehnung in Petersburg gefaßt. Unsere Befürchtungen erwiesen sich glücklicherweise als grundlos: wir wurden hervorragend aufgenommen. Mehr noch, seit der ersten Bekanntschaft kam es zu einer regelrechten Vertrautheit mit Petersburg, und darum fuhren wir jedes Jahr nach dem Saisonschluß mit allen unseren neuen Inszenierungen dorthin.

Diese Gastspiele in Petersburg hatten etwas Besonderes an sich. In Moskau hatten wir zwar viele Freunde, aber sie waren alle Moskauer und konnten uns jederzeit sehen. Mit den Petersburger Freunden aber waren wir nur wenige Wochen zusammen, und auch das nicht jedes Jahr. Diese Begegnungen fanden im Frühjahr statt, wenn das Eis vom Ladogasee über die Newa geschwommen kam, wenn die Bäume zu grünen und die Sträucher zu blühen anfingen, wenn die Fenster aufgerissen wurden und der Gesang der Lerchen und Nachtigallen ertönte, wenn man sommerliche Kleidung anlegte und zu den Newa-Inseln oder zum Ostseestrand fuhr, wenn die Sonne heller und wärmer wurde und die weißen Nächte kamen, wo niemand schlafen konnte. Der Petersburger Frühling und das Gastspiel des Künstlertheaters wurden eins für uns wie auch für unsere Freunde aus der nördlichen Hauptstadt. Das machte unsere Begegnungen noch schöner und poetischer, die Wiedersehensfreude größer und den Abschiedsschmerz stärker. Wir wurden verwöhnt über unsere Verdienste hinaus.

Nach diesem Vorwort kann ich ruhig von den Petersburger Gastspielen sprechen, ohne daß ich befürchten muß, als billiger Aufschneider zu gelten. Es ist dennoch besser, einen Petersburger Freund, einen erfahrenen Theatermann, statt meiner sprechen zu lassen, aus dessen Brief ich zitieren darf:

»Es sind schon einige Jahre ins Land gegangen seit dem letzten Frühjahrsgastspiel des Moskauer Künstlertheaters. Inzwischen ereignete sich so viel Bedeutsames, daß man meinen könnte, es sei schon sehr lange her. Doch rückblickend erkennt man deutlich, was uns Ihre Besuche, die Gastspiele bedeuteten, nach denen sich die Intellektuellen, Gymnasiasten und Studenten rissen. Aber auch interessierte Arbeiter, Besucher der Smolny-Schule und anderer Abendkurse wußten sich Karten zu besorgen in einer für sie schwierigen Zeit. Sie werden von Ihren Angestellten von der tausendköpfigen Menge gehört haben, die Tag und Nacht bei Frost und Matsch nach den Karten anstand. Sie sahen auch das spannungsgeladene Publikum, das Ihnen mit verhaltenem Atem zuhörte und nach Schluß der Vorstellung lautstark zujubelte. Sie bekamen Blumen und Kränze, hoben von der Bühne die bescheidenen Blumensträußchen auf, die Ihnen Studenten und Gymnasiastinnen von den Rängen zuwarfen; bei der Abreise nach Moskau verbeugten Sie sich freundlich aus den Waggonfenstern vor den unzähligen fremden, doch bereits mit Ihnen verbundenen Menschen, die aus der ganzen Stadt gekommen waren, um Sie zu verabschieden, Sie noch einmal zu sehen und dem abfahrenden Zug mit Taschentüchern nachzuwinken. Doch war Ihnen bewußt, daß die Gefühle, die sich bei jenen Empfängen, Ovationen und Abschiedskundgebungen artikulierten, einen besonderen Klang hatten, einen anderen als bei unseren übrigen Lieblingen? Alte Theaterhasen, kannten wir seit unserer Jugend die Höhen der Verzückung und die Wohltaten der Erschütterung, zu denen uns die großen Talente der Bühnenkünstler verholfen hatten. Wir weinten im Theater und brüllten wie die Kinder, um den elementaren Gefühlsregungen, von denen die Seele übervoll war, Luft zu machen. Und wenn wir großen Schauspielern begegneten, erwarteten wir von ihnen diese Erschütterungen und den Rausch der Glückseligkeit. Doch bei Ihnen war das anders: wir warteten auf Sie wie auf den Frühling, der die heitere Freude, Träume und Hoffnungen bringt, der selbst in den vertrockneten, vom Leben zerschundenen Herzen die Quellen der lebendigen Poesie aufbrechen läßt. Ihre besten Inszenierungen sahen wir unzählige Male, was heißt sahen, wir hörten sie wie die Musik und empfanden Glück. Kunstgenuß, Ekstase – das fanden wir auch früher im Theater, doch daß die Bühnenkunst so nah und wunderbar wie der Frühling sein kann, daß sie Menschen jeden Alters jenes junge Glück geben kann, das sie in neu zu entdeckende Fernen mitreißt – das erfuhren wir erst durch Sie. Ob Sie das auch gefühlt haben? Ob das Fluidum jener Stimmungen, in die Sie uns versetzten, auch Sie gestreift hat?«

Wir wurden von unterschiedlichen Kreisen mit außerordentlicher Herzlichkeit empfangen. Ich erinnere mich ganz besonders an das Essen im Restaurant Contan, das zu Ehren unseres ersten Besuches in Petersburg gegeben wurde. Die besten Redner jener Zeit, A. F. Koni, S. A. Andrejewski, N. P. Karabtschewski begrüßten uns mit interessanten und geistreichen Ansprachen. A. F. Koni nahm die Haltung eines gestrengen Staatsanwalts an, verlieh seinem unverwechselbaren Gesicht entsprechenden Ausdruck und wandte sich in trockenem, offiziösem Ton an Nemirowitsch-Dantschenko und mich mit der Aufforderung:

»Angeklagte, erheben Sie sich!«

Wir gehorchten.

»Meine Herren Geschworenen«, begann er seine Rede. »Vor Ihnen stehen zwei Schwerverbrecher, die meuchlings und hinterrücks einen vorsätzlichen Mord an der von allen geliebten, jedermann gut bekannten, ehrwürdigen, hochbetagten … (eine komische Pause) … Routine begangen haben. (Wieder ernst) Die Mörder haben ihr das prachtvolle Gewand erbarmungslos heruntergerissen. Sie brachen die vierte Wand durch und zeigten dem Mob das intime Leben der Menschen; sie rotteten gnadenlos die Theaterlüge aus und setzten an ihre Stelle die Wahrheit ein, die bekanntlich bitter ist«, und so weiter. In diesem Stil fuhr Koni fort und forderte zum Schluß das höchste Strafmaß, nämlich:

»Lebenslänglicher Freiheitsentzug durch Einschluß … in unsere liebenden Herzen.«

Ein weiterer bekannter Rhetoriker, S. A. Andrejewski, verkündete lauthals folgende Ungeheuerlichkeit:

»Zu uns ist ein Theater gekommen, in dem es zu unserem größten Befremden nicht einen einzigen Schauspieler und nicht eine einzige Schauspielerin gibt.«

Es hörte sich so sehr nach Kritik an, daß wir unwillkürlich die Ohren spitzten.

»Ich sehe hier weder einen wohlgerundeten Schauspielermund

noch vom täglichen Gebrauch der Brennschere versengte ondulierte Haare noch höre ich tragende Stimmen. Auf keinem der Gesichter entdecke ich die Begierde nach Ruhm. Ich vermisse den Schauspielergang, theatralische Gebärden, verlogenes Pathos, das Gen-Himmel-Strecken der Arme und das um jeden Preis zur Schau zu stellende Temperament. Und das sollen Schauspieler sein?! Und die sogenannten Schauspielerinnen? Wo sind bitte schön die knisternden Röcke, die Intrigen und der Klatsch hinter den Kulissen? Sehen Sie doch selbst: wo sind die angemalten Wangen, nachgezogene Wimpern und Augenbrauen? Dieses Ensemble verfügt weder über Schauspieler noch Schauspielerinnen. Es hat nur noch Menschen, die tiefer Empfindungen fähig sind.« Dann hagelte es Komplimente.

Und nun ein Genrebild unseres Lebens in Petersburg. Wir sind zu Gast bei jungen Leuten in einer winzigen Wohnung, die so vollgestopft ist von Interessenten, daß ein Großteil im kalten Treppenhaus vor der Tür stehen muß und abwarten, bis sich eine Möglichkeit ergibt, mit »den Moskauern« über Kunst, Tschechow, Ibsen oder Maeterlinck zu sprechen oder einfach die Gedanken mitzuteilen, die ihnen bei einer Vorstellung in den Kopf gekommen sind. Bei der Gelegenheit können Unklarheiten über die Auslegung eines Stücks oder einer Rolle ausgeräumt werden. Wir sitzen an einem Tisch, auf dem für die letzten Groschen gekauftes Bier und Essen steht, und werden von den jungen Leuten um uns herum bewirtet. Überall wird geredet und philosophiert. W. I. Katschalow rezitiert, I. M. Moskwin erzählt komische Geschichten, A. L. Wischnewski brüllt vor Lachen. Kaum ist eine flammende Rede vorbei, schon klettert der nächste Redner auf den Stuhl. Anschließend werden Lieder gesungen.

In diesem Zusammenhang erinnere ich mich an die alljährlichen Abende, an denen wir einzelne Akte aus Tschechows Stücken ohne Dekoration, Maske und Kostüm spielten. Wir mochten diese Auftritte sehr, denn sie erlaubten uns, die Aufmerksamkeit der Zuschauer auf das Innenleben der Personen zu richten, das sich in der Mimik, in den Augen und den Intonationen manifestierte, während die äußere Handlung des Stücks mit knappen Andeutungen kenntlich gemacht wurde. Vermutlich mochte auch das Publikum diese Art von Vorstellungen.

Die letzte Vorstellung in Petersburg war gewöhnlich das Ende der Wintersaison und der Beginn der Sommerferien. An diesem Abend, genau genommen in dieser Nacht, wurde meist ein grandioser Aus-

flug auf die Newa-Inseln unternommen, ein wunderbares Frühlings-
fest.

Können Nicht-Schauspieler nachfühlen, was für uns der Begriff
»Ende der Spielzeit« bedeutete und was uns das Fest an diesem Tage
wert war? Spielzeitende ist selbst für den ergebensten Schauspieler
Beginn der, zwar nur auf den Sommer befristeten Freiheit; Schluß
mit der fast militärisch strengen Disziplin; endlich darf man krank
sein, wo man sonst gezwungen war, auch mit hohem Fieber auf die
Bühne zu treten. Es ist das Recht, frische Luft zu atmen und das Tageslicht zu genießen, weil man sonst keine Zeit für Spaziergänge hat,
die Sonne nur auf dem Wege zur Frühprobe sieht und den Rest der
Zeit im trüben Licht von wenigen Glühbirnen oder im grellen Rampenlicht verbringt. Während der Spielzeit gehen wir schlafen, wenn
die Handwerker aufstehen; wir wachen auf, wenn die Straßen von
Menschen überfüllt sind.

Spielzeitende ist das Recht, seinen Gefühlen, Gedanken und Ge-
lüsten zu leben, die fast ein Jahr lang den Dramatikern, Regisseuren,
dem Spielplan und der Geschäftsführung des Theaters dienen müssen. Das Leben als freiwilliger Sklave dauert von August bis Juni,
wenn nicht noch länger. Daher ist der letzte Tag der Fron und der erste Tag der zweimonatelangen Atempause für uns ein bedeutender
und lang ersehnter Augenblick.

Am Abend der letzten Vorstellung, wenn der herrliche Petersburger Frühling die warme Ostseeluft hauchte, wenn die ersten Blumen,
Blätter und Nachtigallen kamen, zu Beginn der weißen Nächte, sammelten unsere lieben und gastlichen Freunde Geld, mieteten einen
Dampfer und veranstalteten eine Spazierfahrt über die Newa an die
Küste, wo uns der Sonnenaufgang empfing. Fische wurden geangelt
oder notfalls gekauft, und man kochte eine Fischsuppe. Bei Sonnenaufgang fuhr man im Boot an der Küste entlang, landete auf einer
Insel, lief durch den Wald, begegnete dort Bekannten, die vom Auf-
ziehen der Brücken überrascht worden waren.

In einer solchen Nacht begegneten wir dem alten Operettensän-
ger, der vormals mit Zigeunerliedern berühmt geworden war, Alexander Dawydowitsch Dawydow. Als er noch voller Kraft war, mußte
man bei seinem Gesang weinen, so sehr gingen einem seine Lieder zu
Herzen. Nicht zufällig war er der Liebling von Angelo Masini, dem berühmten Tenor. Nun war Dawydow alt, ein Wrack ohne Stimme,
doch mit dem weiterlebenden Ruhm. Wir mußten unseren jungen
Leuten den Mann zeigen, damit sie ihren Kindern sagen konnten:

»Auch wir haben den berühmten Dawydow gehört.« Wir konnten ihn überreden, einige von seinen bekanntesten Zigeunerromanzen zu singen. Wir weckten den Wirt eines Kaffeehauses, baten ihn, den Gastraum zu öffnen und uns einen Tee zu kochen. Dawydow sang, oder vielmehr deklamierte musikalisch mit greisenhaft heiserer Stimme einige Romanzen, die uns dennoch zu Tränen rührten. Die Art, wie er das Wort auf dem trivialen Gebiet des Zigeunerlieds beherrschte, machte uns nachdenklich: er kannte das Geheimnis der Deklamation, des Sprechens und des Ausdrucks, das uns dramatischen Schauspielern, die ja mit dem Wort ständig zu tun hatten, verborgen war. Ich habe den Alten nie wiedergesehen, da er bald darauf starb.

Gastspiele in der Provinz

In manchen Jahren reisten wir von Petersburg aus nach Kiew, Odessa oder Warschau. Diese Reisen in den Süden, in die Wärme, ans Meer, an den Dnepr oder die Weichsel mochten wir sehr. Auch dort hatten wir viele Freunde, die in uns und in den Stücken den Geist ihrer Lieblingsdichter, die Hoffnung auf eine bessere Zukunft und auf die Freiheit sehen wollten. Hier geschah das gleiche wie in Petersburg. Ich kann also von den Erfolgen des Theaters berichten mit dem Hinweis auf den eben geschilderten Empfang in Petersburg. Es gibt auch aus Odessa, Kiew und Warschau Briefe von alten und jungen Theaterfreunden, die von Menschenmengen vor dem Theater, von Empfängen, Verabschiedungen, Geschenken und dem Blumenregen, von Huldigungen auf den Straßen und anderen Attributen des Erfolgs berichten. Auch dort gab es uns zu Ehren den berühmten »tollen Tag«: man mietete einen Dampfer, in dessen unteren Kajüten eine Militärkapelle, ein rumänisches Volksorchester oder ein Chor mit Solisten untergebracht waren. Auf dem Höhepunkt des Festes kamen sie an Deck und sorgten für Stimmung. Man tanzte unter freiem Himmel, unter der brennenden Sonne, mitten auf dem Dnepr. Manchmal hielt der Dampfer an einer schönen Wiese, und es gab Preisspiele, Reigentänze, Wettläufe oder Umzüge mit viel Spaß und Musik.

Das Spielzeitende wurde in der Provinz meist ein Fest, bei dem man uns über Gebühr rühmte. Das Festessen dauerte bis lange nach Mitternacht. Ein solches nächtliches Fest fand einmal im Kiewer Stadtpark am Ufer des Dnepr statt. Nach dem Souper promenierte die versammelte Gesellschaft das Ufer entlang und kam im Park des Schlosses an. Die alten Alleen und Blumenbeete versetzten uns in die Zeit Turgenews, um so mehr, als wir an einer Stelle des Parks ein Pendant zu unserer Dekoration zum zweiten Akt von Turgenews »Ein Monat auf dem Lande« entdeckten. Direkt nebenan standen mehrere wie für Zuschauer vorgesehene Bänke, auf denen unser Gefolge Platz nahm und der improvisierten Vorstellung unter freiem Himmel zusah. Mein Auftritt kam: O. L. Knipper und ich gingen wie gehabt die Allee entlang, sprachen unseren Text, ließen uns auf einer

Bank nieder, wie wir es immer taten, fingen zu sprechen an … und mußten abbrechen, weil ein Weiterspielen einfach unmöglich war. Mein eigenes Spiel schien mir in der natürlichen Umgebung verlogen. Und dabei warf man uns vor, wir hätten die Schlichtheit bis zum Naturalismus getrieben! Was wir auf der Bühne zu tun gewohnt waren, erwies sich als unzureichend.

In Odessa endete das Abschiedsfest fast mit einer Katastrophe. Es war zu einer Zeit, als kurz vor der Revolution eine der zahlreichen Unruhen in der Stadt aufkam, die Lage gespannt war und die Polizei auf der Hut. Als wir aus dem Theater heraustraten, gerieten wir in eine große Menge lärmender Menschen, die uns bis zur Uferpromenade mit sich riß. Am Ende der Promenade stand schon die Polizei in Bereitschaft. Mit dem geringer werdenden Abstand stieg die Spannung um uns herum an.

Man mußte jeden Augenblick damit rechnen, daß die berittene Polizei mit Peitschen auf die Menge losstürzte. Doch diesmal ging es ohne Prügelei ab: die Menge zerstreute sich allmählich. In meinem Zimmer angelangt, hörte ich einzelne Schreie auf der Straße. Was dort geschehen war, konnte ich in der Dunkelheit nicht erkennen.

Sawwa Morosow
und der Bau des Theaters

Unser Theater hatte zwar künstlerisch Erfolg, befand sich jedoch materiell in einer Notlage. Das Defizit wuchs mit jedem Monat an, das Reservekapital war verbraucht, so daß wir die Aktionäre zusammenrufen und sie um neue Investitionen bitten mußten. Die meisten aber waren damit leider überfordert und gezwungen, abzusagen, obwohl sie dem Theater gern geholfen hätten. Die Lage war katastrophal, doch auch diesmal sorgte das Schicksal für einen Retter.

Bereits in der ersten Spielzeit unseres Theaters hatte Sawwa Timofejewitsch Morosow eine Vorstellung des »Zar Fjodor« besucht. Dieser bemerkenswerte Mann sollte eine wichtige und erfreuliche Rolle in unserem Theater spielen, nämlich die des Mäzens, der der Kunst nicht nur materielle Opfer darbrachte, sondern ihr auch treu, uneigennützig und ohne falschen Ehrgeiz diente. Nach dieser Vorstellung meinte er, dem Theater helfen zu müssen. Nun hatte er Gelegenheit dazu.

Überraschend für alle erschien er in der fraglichen Versammlung und machte allen Aktionären das Angebot, die Anteile an ihn zu verkaufen. Der Kauf war perfekt, und seitdem gab es nur noch drei Inhaber des Unternehmens: S. T. Morosow, W. I. Nemirowitsch-Dantschenko und mich. Morosow finanzierte das Theater und übernahm die Geschäftsführung, der er sich in allen Einzelheiten in seiner freien Zeit widmete. Als verkappter Schauspieler wollte er sich verständlicherweise auch künstlerisch an unseren Vorhaben aktiv beteiligen und bat uns, ihm die Leitung der Bühnenbeleuchtung zu übertragen. Da er geschäftlich den größten Teil des Sommers in Moskau verbringen mußte, während seine Familie auf dem Lande war, widmete er die Sommertage den Beleuchtungsproben. Zu diesem Zweck verwandelte er sein Haus und den anliegenden Garten in eine Experimentierwerkstatt: im Salon wurden Versuche aller Art durchgeführt; im Bad war ein Chemielabor, wo Lacke unterschiedlicher Töne für Glühbirnen und Glasscheiben hergestellt wurden, um bestimmte Lichteffekte auf der Bühne zu ermöglichen. Im großen Garten wurde ausprobiert, wie solche Effekte auf Entfernung wirken. Morosow arbeitete als einfacher Handwerker in Arbeitskluft zusammen mit den Schlossern und Elektrikern und versetzte die Fachleute in Erstaunen ob seiner Kenntnisse der Elektrik. Mit dem Beginn der Spielzeit wurde er Leiter der Beleuchtungsabteilung und brachte sie auf Vordermann, was angesichts des schlechten Zustands der technischen Einrichtungen im »Ermitage« keine leichte Sache war. Trotz seiner vielfältigen Beanspruchung kam Morosow fast zu jeder Vorstellung oder erkundigte sich zumindest telefonisch über den Stand der Dinge in seinem Bereich, aber auch in anderen Teilen der komplizierten Theatermaschinerie.

Morosows uneigennützige Verbundenheit mit der Kunst und der Wille, der Sache nach Kräften behilflich zu sein, waren hinreißend. Als eines Tages Mängel an der Schlußdekoration zu Nemirowitsch-Dantschenkos Stück »In den Träumen«, einer bereits angekündigten Inszenierung, auftauchten und keine Zeit mehr blieb, die mißlungene Dekoration umzubauen, mußten alle Regisseure und ihre Assistenten nach Requisiten suchen, um die Mängel zu verdekken. Sawwa Timofejewitsch machte eifrig mit. Wir bewunderten ihn, der, ein solider und nicht mehr junger Mann, die Leiter hochkletterte, Draperien und Bilder aufhängte, Möbel trug und Teppiche ausrollte. Um dieser Hingabe willen mochte ich ihn um so mehr.

Nemirowitsch-Dantschenko und ich beschlossen, Sawwa Timofejewitsch in unsere künstlerische Arbeit einzubeziehen, und das keinesfalls, weil wir ihn als Finanzier fester an das Theater binden wollten, sondern weil er viel Geschmack und Verständnis für die Literatur und die schöpferische Arbeit der Schauspieler bewies. Seitdem wurden die Fragen des Spielplans, der Besetzung und der Kritik an den Mängeln der Inszenierungen mit Morosow zusammen besprochen. Auch hier zeigte er viel Feingefühl und Liebe zur Kunst.

Doch den beeindruckendsten Beweis seines liebevollen Dienstes an der Sache trat Morosow an, als die brennende Frage aufkam, daß ein neues Gebäude fürs Theater gemietet werden mußte. Die Lösung dieses schwierigen Problems übernahm Sawwa Timofejewitsch mit der seiner russischen Natur eigenen Großzügigkeit und Gründlichkeit. Er ließ uns aus eigenen Mitteln ein neues Theater in der Kamergerski-Gasse bauen, ausgehend von dem Grundsatz: alles für die Kunst und die Schauspieler, dann fühlt sich auch der Zuschauer wohl. Mit anderen Worten, Morosow tat genau das Gegenteil dessen, was bei Theaterbauten üblich war. Sonst wurden drei Viertel der Mittel für die Ausstattung der Foyers und anderer Räume für die Zuschauer bereitgestellt, und nur den Rest verwendete man für die

Schauspielkunst und die Bühnentechnik. Morosow hingegen sparte keine Mittel für Bühne und Garderoben und hielt den Teil des Gebäudes, der den Zuschauern zur Verfügung stand, betont schlicht nach den Entwürfen des bekannten Architekten F. O. Schechtel, der aus eigenem Interesse und unentgeltlich das Theatergebäude entworfen hatte. Nirgendwo im Theater gab es grelle Farben oder Goldverzierungen, um das Auge des Zuschauers nicht unnötig zu überreizen und die kräftigen Farbtöne der Dekorationen und der Ausstattung wirkungsvoller erscheinen zu lassen.

Innerhalb weniger Monate war das Theater fertig. Morosow verfolgte persönlich die Bauarbeiten, ließ Ferien Ferien sein und zog für den ganzen Sommer auf die Baustelle, wo er in einer Kammer neben dem Kontor inmitten von Gepolter, Staub und den immerzu auftauchenden Problemen des Baus wohnte.

Besonders liebevoll widmete er sich dem Bau und der Einrichtung der Bühne. Nach einem gemeinsamen Entwurf wurde eine Drehbühne installiert, die zu damaliger Zeit selbst im Ausland eine Seltenheit war. Außerdem war sie gegenüber dem gängigen Typ der Drehbühne, bei dem nur der Boden beweglich ist, wesentlich komplizierter. Morosow und Schechtel konstruierten eine drehbare Etage mit Versenkungen und der dazugehörigen Mechanik. Eine große Platte in der Drehbühne konnte über einen elektrischen Antrieb heruntergelassen werden und als Bergschlucht oder Fluß gelten oder, nach oben ausgefahren, als Bergplateau, Terrasse oder ähnliches bespielt werden. Die Beleuchtung entsprach dem letzten Stand jener Zeit, mit einem Stellwerk, mit dessen Hilfe man von einer Stelle aus sämtliche Lampen auf der Bühne und im Theater bedienen konnte. Darüber hinaus bestellte Sawwa Timofejewitsch in Rußland und im Ausland eine Menge neuester elektrischer und bühnentechnischer Einrichtungen, deren Beschreibung ich dem Leser erspare.

Das neu erbaute Theater gab dem Unternehmen Sicherheit.

Nachdem wir mit Morosows Hilfe festen Boden unter den Füßen hatten, aus dem Defizit heraus waren und einen gewissen Gewinn verbuchen konnten, beschlossen wir, zur weiteren Sicherung des Theaters das gesamte Inventar und alle Inszenierungen einer Gruppe der begabtesten Schauspieler und der Begründer des Theaters zu überschreiben, da sie ja das Herzstück des Theaters waren. Morosow verzichtete auf die Rückzahlung von angefallenen Inszenierungs- und Unterhaltungskosten und übergab alle Einnahmen der genannten Gruppe, die von nun an als Besitzer des Theaters galt.

Die gesellschaftspolitische Richtung

Der Umzug ins neue Theatergebäude in der Kamergerski-Gasse im September 1902 fiel mit einer neuen Richtung in der Arbeit des Theaters zusammen, die ich die gesellschaftspolitische nennen werde.

Etwa zwei Jahre zuvor hatte es einen ähnlichen Ansatz in der Arbeit des Theaters gegeben, zufällig, in der Spielzeit 1900/1901 bei der Inszenierung von Ibsens »Ein Volksfeind«.

Doktor Stockmann war in meinem Repertoire eine der wenigen Glücksrollen, die einen mit ihrer inneren Kraft und Ausstrahlung anziehen. Gleich nach der Lektüre des Stücks begriff ich die Rolle, lebte bereits in ihr und konnte sie schon auf der ersten Probe. Das Leben selbst wird wohl beizeiten dafür gesorgt haben, daß man darauf vorbereitet ist und in sich das notwendige seelische Material und die Erinnerungen an ähnliche Empfindungen sammelt. Mein Ausgangspunkt als Regisseur und Schauspieler waren Intuition und Gefühl. Schließlich gingen das Stück und die Rolle doch in eine andere, umfassendere Richtung und erhielten eine gesellschaftspolitische Dimension.

Stockmanns unaufhaltsamer Drang nach Wahrheit faszinierte mich und machte es mir leicht, die Menschen durch die rosarote Brille des naiven Vertrauens zu sehen, ihnen zu glauben und sie offenherzig zu lieben. Als dann die Verlogenheit von Stockmanns angeblichen Freunden zutage trat, hatte ich keine Schwierigkeiten, die Betroffenheit Stockmanns mitzuempfinden. In dem Augenblick, als ihm die Augen aufgehen, bangte ich teils um Stockmann, teils um mich, so sehr war ich dann mit der Rolle verschmolzen. Ich sah, daß Stockmann von Akt zu Akt immer einsamer wurde, und als er zum Schluß völlig vereinsamt war, empfand ich den letzten Satz des Stücks: »Der ist der stärkste Mann der Welt, der allein ist!« als den denkbar natürlichsten.

Die Intuition führte mich zur inneren Gestalt hin mit ihren Besonderheiten und Nuancen wie etwa der Kurzsichtigkeit, die die Blindheit Stockmanns gegenüber den menschlichen Lastern dokumentiert. Ich sah seine Kindlichkeit, seine jugendliche Behendigkeit, seine Freundlichkeit den Kindern und der Familie gegenüber, seinen Spaß an Witz, Spiel und Geselligkeit, seinen Charme, der jeden, der mit ihm in Berührung kam, ehrlicher und besser werden ließ. Über die Intuition kam ich von der inneren Gestalt ganz natürlich zur äußeren. Herz und Leib Stockmanns und Stanislawskis wurden ein organisches Ganzes: wenn ich an Stockmann dachte, stellten sich bei mir von allein seine Kurzsichtigkeit, sein Gang und die nach vorn gebeugte Körperhaltung ein; die Augen richteten sich aufnahmebereit auf die Person, mit der Stockmann auf der Bühne sprach; Zeige- und Mittelfinger meiner Hände streckten sich nach vorn, so als wollten sie meine Gefühle und Gedanken dem Gesprächspartner körperlich mitteilen. Diese Haltungen und Gewohnheiten waren rein instinktiv, unbewußt. Wo kamen sie her? Erst später bin ich zufällig darauf gekommen: einige Jahre nach »Ein Volksfeind« begegnete ich in Berlin einem Wissenschaftler, den ich von früher her aus einem Wiener Sanatorium kannte – da sah ich die Finger des Stockmann. Bei einem bekannten russischen Musiker und Kritiker entdeckte ich mein Auf-der-Stelle-Treten à la Stockmann. Höchstwahrscheinlich benützte ich unbewußt lebendige Muster.

Selbst wenn ich außerhalb der Bühne in die äußere Haltung Stockmanns verfiel, erlebte ich die Empfindungen, die die Ursache dieser Haltung waren. Die Gefühlswelt der Rolle wurde meine eigene. Dabei genoß ich die höchste Freude eines Schauspielers, auf der Bühne fremde Gedanken, fremde Leidenschaften und Handlungen als eigene ausgeben zu können.

»Ihr seid im Irrtum! Ihr seid Tiere, ausgesprochene Tiere!« brüllte ich in die Menge bei einer öffentlichen Lesung des vierten Akts. Mein Brüllen war aufrichtig, weil ich den Standpunkt Stockmanns angenommen hatte. Und es tat mir wohl zu wissen, daß der Zuschauer, der Doktor Stockmann liebgewonnen hatte, sich über seine Taktlosigkeit ärgerte, mit der ich die Feinde gegen mich aufhetzte. Die übertriebene Direktheit und Offenheit brachten den Helden des Stückes bekanntlich ins Verderben.

Sowohl der Schauspieler als auch der Regisseur in mir begriffen sehr wohl den Effekt dieser Offenheit und den Reiz dieser Wahrheitsliebe, die so verhängnisvoll für Stockmann geworden waren.

Stockmann wurde beliebt in Moskau und besonders in Petersburg, was auch seine Gründe hatte. Es war jene politisch unruhige Zeit vor der ersten Revolution, wo die Protesthaltung der Gesellschaft besonders stark war. Man wartete auf einen Helden, der der Regierung die bittere Wahrheit ins Gesicht sagen konnte. Man brauchte ein revolutionäres Stück, also machte man »Ein Volksfeind« zu einem solchen. Das Stück wurde beliebt, obwohl der Held ja die Gemeinschaft verachtet und Individualität predigt, der er die entscheidende Stellung übertragen möchte. Doch es genügte, daß Stockmann protestierte und kühn die Wahrheit sagte, um aus ihm einen politischen Helden zu machen.

Am Tage der blutigen Zusammenstöße am Kasaner Platz spielten wir in Petersburg »Ein Volksfeind«. Zuschauer waren durchweg Intellektuelle, im Parkett sah ich fast nur ergraute Köpfe von Professoren. Das Publikum war angesichts der Grausamkeiten des Tages äußerst erregt und reagierte bei jeder Anspielung auf Freiheit und jedem Protestwort Stockmanns. An den unerwartetsten Stellen, mitten in der Handlung, gab es demonstrativen Applaus. Es wurde ein politisches Stück. Die Stimmung im Saal war derart, daß man jederzeit mit dem Abbruch der Vorstellung und mit Verhaftungen rechnen mußte. Die Zensoren, die bei allen Vorstellungen von »Ein Volksfeind« zugegen waren und darüber wachten, daß ich als Stockmann ja den zensierten Text sprach, verdoppelten ihre Aufmerksamkeit. Ich mußte besonders achtgeben, denn der Text war mehrmals gestrichen worden und zum Teil wieder erlaubt, so daß man leicht aus Verwirrung etwas Falsches hätte sagen können. Im letzten Akt findet Stockmann in seiner vom Mob demolierten Wohnung seinen schwarzen Anzug, den er am Vortag in der öffentlichen Versammlung getragen hat, entdeckt ein Loch und sagt zu seiner Frau:

»Man soll nie seine besten Hosen anziehen, wenn man hingeht und für Wahrheit und Freiheit ficht.«

Das Publikum bezog den Satz unwillkürlich auf die Schlacht am Kasaner Platz, wo ganz gewiß nicht wenige gute Hosen für Wahrheit und Freiheit gelitten haben durften. Nach diesem Satz brauste ein Beifallssturm los, daß man die Vorstellung nicht fortsetzen konnte. Manche sprangen auf, rannten zur Rampe und streckten ihre Hände nach mir. An diesem Tag erlebte ich am eigenen Leibe die Kraft des Einflusses, den ein richtiges, ehrliches Theater auf die Menge ausüben konnte.

Stücke und Inszenierungen, die gesellschaftspolitische Stimmungen treffen und in der Menge eine Ekstase hervorzurufen vermögen, erhalten eine politische Dimension und können mit Fug und Recht als gesellschaftspolitische Inszenierungen unseres Theaters gelten.

Mag sein, daß die Auswahl des Stückes und die Art, wie die Hauptrolle gespielt wurde, unterschwellig von den damaligen sozialen Stimmungen, vom gesellschaftlichen Leben des Landes beeinflußt waren, das gierig nach einem Helden suchte, der mutig jene Wahrheit sagte, die von den Machthabern und der Zensur verboten wurde. Doch wir Darsteller dachten keineswegs an Politik und waren von den Demonstrationen im Zuschauerraum überrascht. Für uns war Stockmann weder Politiker noch Versammlungsredner, sondern ein überzeugter und rechtschaffener Mensch, ein Freund seines Volkes und seines Heimatlandes, wie es jeder ehrliche Staatsbürger sein sollte.

Für den Zuschauer war die Inszenierung ein gesellschaftspolitisches Ereignis, für mich war das Stück immer noch aus der Richtung der Intuition und des Gefühls. Durch diese beiden Komponenten erkannte ich die inneren Leidenschaften der Gestalt, aber auch die alltägliche Seite des Stückes, während seine politische Tendenz sich mir von selbst offenbarte. Unversehens geriet ich auf gesellschaftspolitische Geleise: von der Intuition über Alltag und Symbol zur Politik.

Vielleicht gibt es in unserer Kunst nur noch diese eine Richtung – die der Intuition und des Gefühls. Vielleicht erwachsen gerade daraus unbewußt äußere und innere Bilder, Formen, Ideen, Gefühle, politische Tendenzen und die entsprechende Arbeitsweise an der Rolle. Möglicherweise integriert diese Richtung alle übrigen und berührt sowohl den geistigen als auch den äußeren Kern des Stückes und der Rolle. Ähnliches erlebte ich auch bei der Arbeit am Oheim im »Dorf Stepantschikowo«: je mehr ich an des Oheims Naivität und Güte glaubte, desto unhaltbarer erschienen seine Taten, die den Zuschauer beunruhigten. Je mehr Mißverständnisse, desto stärker die Liebe des Zuschauers zur kindlichen Zutraulichkeit und seelischen Reinheit. Auch dort nahm die Richtung der Intuition und des Gefühls alle anderen Richtungen in sich auf, und das künstlerische Ziel des Autors, seine Idee, offenbarte sich von ganz allein – nicht durch den Schauspieler, sondern durch den Zuschauer, als Resultat dessen, was er im Theater erlebte. In der Rolle Stockmanns fühlte ich mich gleichermaßen wohl.

Vielleicht liegt das Geheimnis der starken Wirkung von gesellschaftspolitischen Stücken gerade darin, daß der Schauspieler sich möglichst wenig um gesellschaftliche oder politische Belange kümmert, sondern einfach unendlich ehrlich ist?

Maxim Gorki

»Die Kleinbürger«

Das Gären und Brodeln der herannahenden Revolution brachte eine
Anzahl von Stücken auf die Bühne, die die gesellschaftspolitische
Stimmung, die Unzufriedenheit und den Protest widerspiegelten und
dem Wunsch nach einem mutig die Wahrheit sagenden Helden
Rechnung trugen.

Die Zensur und die Polizei spitzten die Ohren; der rote Stift wütete über den Textbüchern und strich die geringsten Anspielungen
aus, die die öffentliche Ruhe hätten stören können. Man befürchtete,
das Theater könne eine Arena der staatsfeindlichen Propaganda werden, zumal es ja in der Tat einige Anwandlungen dieser Art gegeben
hatte.

Tendenz und Kunst sind unvereinbar, sie schließen sich gegenseitig aus. Behandelt man die Kunst mit tendenziösen, pragmatischen oder anderen kunstfremden Absichten, so welkt sie wie die
Blume in Siebels Hand. In der Kunst muß sich die fremde Tendenz
in eine eigene Idee verwandeln, zum inneren Bestreben, ja zur zweiten Natur des Schauspielers werden, dann erst wird sie zum Bestandteil seines geistigen Lebens, der Rolle und des Stücks. Dann ist es
keine Tendenz mehr, sondern das eigene Credo. Der Zuschauer mag
seine Schlüsse ziehen und die Tendenz aus dem Gesehenen wiederer-
schaffen. Die natürlichen Schlußfolgerungen entstehen im Kopf und
im Herzen des Zuschauers aus dem vom Schauspieler künstlerisch
Dargebotenen.

Dies ist die notwendige Voraussetzung, unter der die Inszenierung von politischen Stücken denkbar ist. Aber hatten wir dafür die
künstlerischen Voraussetzungen?

Der wichtigste Initiator und Schöpfer der gesellschaftlich-politi-
schen Richtung an unserem Theater war A. M. Gorki. Wir wußten,
daß er an zwei Stücken schrieb: über das erste, noch ohne Titel, erzählte er mir auf der Krim; das zweite hieß »Die Kleinbürger«. Uns
interessierte besonders das erstere, in dem Gorki das Leben der ihm
wohlvertrauten Ausgestoßenen schilderte und gerade damit berühmt

wurde. Das Leben der Asozialen wurde bis dahin noch nie auf einer russischen Bühne gezeigt. Zu jener Zeit aber standen sie, wie auch alles, was aus den untersten sozialen Schichten kam, im Mittelpunkt des gesellschaftlichen Interesses. Auch wir suchten unter diesen Menschen nach Talenten und nahmen zeitweise in unsere Theaterschule fast ausschließlich Leute aus dem Volk auf. Daher war Gorki, der so erdnah war, unentbehrlich fürs Theater.

Unentwegt setzten wir Alexej Maximowitsch mit der Bitte zu, das Stück so schnell wie möglich zu beenden, um damit das neue Theater, das uns Morosow erbaute, zu eröffnen. Doch Gorki beklagte sich über die handelnden Personen des eigenen Stücks:

»Versetzen Sie sich doch in meine Lage: nun stehen all diese Leute um mich herum, schubsen und drängeln, und ich kann sie weder zur Ordnung rufen noch untereinander aussöhnen. Wirklich wahr! Die reden und reden, und das gar nicht mal schlecht, es tut mir leid, sie zu unterbrechen, wahrhaftigen Gottes, Ehrenwort!«

»Die Kleinbürger« wurden eher reif, und darum kam das Stück eher als das erste. Natürlich freuten wir uns und wollten es zur Eröffnung des neuen Theaters in der kommenden Saison bringen. Die Schwierigkeit bestand darin, daß wir für die Rolle Teterews, des berühmten Basses aus dem Kirchenchor der Provinzstadt, keinen Darsteller hatten. Die Rolle hatte ihre Besonderheiten: sie erforderte eine ausgeprägte, farbkräftige Individualität und eine donnergleiche Stimme. Unter den Theaterschülern fand sich einer, der zweifelsohne der Rolle entsprach und obendrein tatsächlich als Baß erst in einem Kirchenchor, dann in einem Vorstadtcafé gesungen hatte. Baranow – so hieß der Schüler, der die Rolle Teterews übernehmen sollte – war ohne Zweifel begabt und ein gutmütiger Mensch, sprach aber übermäßig dem Alkohol zu und war völlig ungebildet. Es war schwierig, ihm die literarischen Feinheiten des Werkes zu erklären. Seine Ursprünglichkeit aber sollte ihm später in dieser Rolle einen guten Dienst erweisen. Baranow nahm alles, was Teterew sprach und tat, für bare Münze, er war für ihn ein positiver Held, ein Ideal. Aufgrund dessen wurden die Absichten und Tendenzen des Autors zu Gefühlen und Gedanken des Darstellers. Eine solche Aufrichtigkeit und Ernsthaftigkeit, wie Baranow sie aufbrachte, ist mit keinem technischen Kunstgriff zu erreichen. Sein Teterew war keine Theaterfigur, sondern ein echter Sänger, was die Zuschauer sofort spürten und gebührend würdigten. Alles andere war Sache des Regisseurs, der ja über viele Mittel verfügte, um dieser lebendigen Figur innerhalb seiner Stückinterpretation einen Platz zuzuweisen und ihr einen entsprechenden Sinn zu geben.

Die Saison 1901/1902 ging zu Ende, aber die Inszenierung war noch nicht einmal für eine Hauptprobe reif, die unsere Arbeit auf der Bühne hätte zusammenfassen können. Wenn man die Ergebnisse nicht beizeiten festhält, vergißt sich alles rasch, und man muß von vorne anfangen. Aus diesem Grunde wurde beschlossen, eine öffentliche Generalprobe während unserer üblichen Frühjahrsgastspiele in Petersburg um jeden Preis zu versuchen. Die Zeiten waren politisch gesehen turbulent und unruhig. Polizei und Zensur beobachteten jeden unserer Schritte, galt doch das Künstlertheater aufgrund seines neuen Repertoires als fortschrittlich. Gorki selbst stand unter Polizeiaufsicht. Erst wollte man das Stück nicht freigeben, und wir mußten darum kämpfen. Am hartnäckigsten kämpfte Witte um die Zulassung des Stücks. Schließlich wurden »Die Kleinbürger« freigegeben, allerdings mit einigen zuweilen recht kuriosen Korrekturen. So mußte z.B. die »Frau des Kaufmanns Romanow« ab sofort »Frau des Kaufmannns Iwanow« heißen, da man im Namen Romanow eine Anspielung auf das kaiserliche Haus zu sehen vermeinte. Anfangs galt die Genehmigung nur für Anrechtsvorstellungen, denn Nemirowitsch-Dantschenko bestand in den Verhandlungen mit den Behörden darauf, daß das Theater anderenfalls unmöglich seinen Verpflichtungen gegenüber den Abonnenten nachkommen könne. In diesem Zusammenhang sei eine kuriose Episode erzählt, die fast unglaubwürdig erscheinen mag, die aber nur zu bezeichnend für die damalige Zeit ist.

Der Polizeipräsident befürchtete, daß außer dem mehr oder minder soliden Anrechtspublikum sich auch junge Leute ohne Eintrittskarten hineinschummeln konnten (worüber wir nur zu gerne hinwegsahen), und befahl, statt der Schließer Polizisten aufzustellen. Als Nemirowitsch-Dantschenko davon hörte, ließ er die Polizisten, die das Publikum nur beunruhigten, entfernen und wieder die Schließer aufstellen. Daraus ergab sich eine Auseinandersetzung mit dem stellvertretenden und dann auch mit dem wirklichen Distriktsvorsteher. Schließlich folgte die Aufforderung des Polizeipräsidenten, Nemirowitsch solle umgehend zwecks Klärung des Sachverhalts bei ihm erscheinen. Wladimir Iwanowitsch weigerte sich, das Theater während der Vorstellung zu verlassen und fuhr erst am nächsten Morgen ins Polizeipräsidium. Von dem Gespräch begriff der Polizeipräsident lediglich, daß die Polizisten mit ihren Uniformen das Publikum verunsicherten, und veranlaßte, daß die Beamten ab sofort nur in Fräcken ihre Pflicht ausübten. Zur Generalprobe, die im Panajewski-Theater stattfand, kam das ganze »regierende« Petersburg, beginnend mit Großfürsten und Ministern über hohe Beamte und das Zensurkomitee bis zur Polizeiobrigkeit und den übrigen Stadtvätern mit Gattinnen und Verwandtschaft. Ins Theater wurde ein starkes Polizeiaufgebot beordert, um den Theaterplatz herum wurde berittene Polizei postiert. Man hätte denken können, daß Vorkehrungen nicht zu einer Generalprobe, sondern einer Generalschlacht getroffen würden.

Bei der Premiere war der Erfolg mäßig. Den meisten Applaus bekam Baranow als Teterew. »Endlich ein Naturtalent aus dem Volk, genau das haben wir ja gesucht«, war die einhellige Meinung. »Ein zweiter Schaljapin, mindestens!«

Die mondänen Damen begehrten ihn kennenzulernen. Der abgeschminkte Baranow wurde in den Zuschauerraum geleitet und augenblicklich von Fürstinnen und deren Töchtern umringt, mit denen das Naturgenie aus dem Volke kokettierte. Ein Bild für die Götter!

Am nächsten Tag erschienen die Rezensionen, in denen Baranow über alle Maßen gelobt wurde.

Der Ärmste! Die Lobeshymnen waren sein Untergang. Als erstes beeilte er sich, einen Zylinder, Handschuhe und einen modischen weiten Mantel zu kaufen, und hub an, die russische Kultur zu schmähen:

»Die lausigen zehn oder fünfzehn Blätter! In Paris oder London sind's fünfhundert oder vielleicht gar fünftausend!«

Mit anderen Worten, Baranow bedauerte sehr, daß er von nur fünfzehn Zeitungen gelobt wurde, während es in Paris fünftausend Rezensionen über ihn gegeben hätte. Darin bestehe, seiner Meinung nach, die Kultur.

Baranows Auftreten veränderte sich schlagartig. Bald fing er zu trinken an. Man kurierte ihn aus und verzieh ihm, weil er ein Talent war. Eine Zeitlang benahm er sich vernünftig, doch je länger er die Rolle spielte, desto größer war sein Erfolg, der ihn nach und nach zugrunde richtete. Dann wurde Baranow unzuverlässig, schützte Krankheit vor und kam eines Tages, ohne vorher Bescheid zu sagen, überhaupt nicht zur Vorstellung. Wir mußten uns von ihm trennen. Später sah man ihn in Lumpen durch Moskau laufen, mit seiner donnergleichen Stimme hochtrabende Verse und Monologe deklamieren und herumbrüllen. Polizisten brachten ihn öfter auf die Wache. Manchmal kam er aus alter Gewohnheit auch ins Theater. Man empfing ihn herzlich, gab ihm zu essen und zu trinken, doch er wagte es nicht, um Aufnahme ins Ensemble zu bitten und meinte:

»Ich bin unwürdig, weiß ich doch selber!«

Noch später wurde er auf einer Landstraße nur in Unterwäsche gesehen, dann verschwand er ganz und gar. Was mag wohl aus ihm geworden sein, aus diesem begabten, liebenswürdigen Vagabunden mit kindlichem Herzen und Verstand? Sicher ist er zugrunde gegangen am Ruhm, ein Opfer des Erfolgs. Friede seiner Asche!

Die Inszenierung hatte im großen und ganzen weder in Petersburg noch in Moskau nennenswerten Erfolg. Trotz unserer Bemühungen hat sich die politische Bedeutung des Stücks dem Zuschauer nicht erschlossen, mit Ausnahme der Rolle Baranows, der freilich am allerwenigsten an Politik dachte.

»Nachtasyl«

Zur Zeit unserer ersten Reise auf die Krim erzählte mir Gorki auf einer dunklen Terrasse beim Plätschern der Wellen den Inhalt dieses Stückes, das damals seine Gedanken beschäftigte. In der ersten Fassung war ein ehemaliger Lakai eines guten Hauses die Hauptfigur. Wie seinen Augapfel hütete er den Kragen seines Frackhemdes, das einzige, was ihn mit seinem früheren Leben verband. Im Nachtasyl war es eng, seine Bewohner zankten, die Atmosphäre war von Haß vergiftet. Der zweite Akt endete mit einer Polizeirazzia. Als man davon erfuhr, versuchte jeder in diesem Ameisenhaufen sein Diebesgut in Sicherheit zu bringen. Im dritten Akt brach der Frühling an, die Sonne wurde wärmer, die Natur wachte auf, und die Asylanten krochen aus ihren muffigen Löchern an die frische Luft. Bei den Schachtarbeiten sangen sie Lieder und vergaßen ihren Haß.

Nun aber mußten wir die erweiterte und vertiefte Fassung des Stücks inszenieren, das zunächst »Am Boden des Lebens« hieß und später auf Anraten Nemirowitsch-Dantschenkos von Gorki in »Am Boden« geändert wurde. Eine schwierige Aufgabe hatten wir zu bewältigen: ein neuer Ton, eine neue Umgebung, eine eigenartige Romantik, gepaart mit einem Pathos, das einerseits an Theatralik, andererseits an Predigt grenzte.

»Ich mag es nicht, wenn Gorki vor seine Gemeinde tritt und mit kirchenslawischem, betontem ›O‹ eine Predigt hält«, sagte einmal Tschechow über Gorki. »Alexej Maximowitsch sollte lieber zerstören, was zerstört werden muß, das ist seine Stärke und seine Berufung.«

Man muß Gorki so spielen können, daß der Satz klingt und lebt. Seine erbaulichen Monologe, wie der über den »Menschen«, sind schlicht und mit natürlicher innerer Emphase, ohne verlogene Theatralik und Aufgeblasenheit zu sprechen, sonst wird aus einem ernsthaften Stück ein wohlfeiles Melodram. Man mußte den besonderen Stil eines Deklassierten treffen und ihn auf keinen Fall mit dem üblichen Alltagsjargon des Theaters oder mit der vulgären Deklamation verwechseln. Ein Vagabund hat seine eigene Großzügigkeit und Freiheit, einen besonderen Edelmut. Wo nimmt man so etwas her? Wie auch bei Tschechow, mußten wir bis zu den seelischen Tiefen Gorkis vordringen, um den verborgenen Schlüssel zum Innersten des Autors zu finden. Dann erst konnten sich die Landstreicheraphorismen und hochtrabenden Worte der Predigt mit dem geistigen Wesen des Dichters füllen und den Schauspieler mitreißen.

Wie gewohnt, näherten sich Nemirowitsch-Dantschenko und meine Wenigkeit auf unterschiedlichen Wegen dem neuen Werk. Nemirowitsch-Dantschenko legte meisterhaft die Fabel des Stücks bloß, denn als Schriftsteller kannte er die literarischen Pfade, die zum Kreativen führten. Ich aber ließ mich wie immer hilflos vom Alltag zum Gefühl, vom Gefühl zur Gestalt, von der Gestalt zum szenischen Bild treiben oder bekniete Gorki, mehr schöpferisches Material zu liefern. Er erzählte mir dann, wie er das Stück geschrieben, welche Menschen er als Muster genommen hatte, aber auch über das eigene Leben als Vagabund, über Begegnungen mit den Protagonisten und der Person Satins – meiner Rolle. Der Mann, der Gorki als Muster für diese Rolle diente, war ein Opfer seiner Liebe zur Schwester, die mit einem Postbeamten verheiratet war. Der Beamte veruntreute Staatsgelder und hätte nach Sibirien gemußt. Satin besorgte das Geld und rettete den Schwager, wurde von ihm aber als Gauner verleumdet. Satin, der zufällig Zeuge der Verleumdung war, erschlug im Zorn den Denunzianten und wurde zu Strafarbeit und Verbannung verurteilt. Die Schwester starb. Nach Abbuße der Strafe kehrte Satin zurück und verdiente sein Geld damit, daß er mit nackter Brust durch Nishni Nowgorod lief und in Französisch Damen um ein Almosen anging, das sie ihm gern gaben wegen seines pittoresken, verwegenen Aussehens.

Gorkis Erzählungen erweckten in uns Interesse, und wir wollten nun jene Ausgestoßenen in ihrem Milieu erleben. Zu diesem Zweck gingen wir, das heißt die meisten Schauspieler, W. I. Nemirowitsch-Dantschenko, Simow, ich und einige andere unter der Führung des Schriftstellers Giljarowski, der das Leben Asozialer studierte, auf den Chitrow-Markt. Die Konfession der Landstreicher ist die Freiheit; ihr Element: Gefahr, Raub, Abenteuer, Mord und Diebstahl. Das schafft um sie eine Atmosphäre von romantischer und wilder Schönheit, die wir gerade suchten.

Am Tag zuvor hatte es einen großen Raubüberfall gegeben, so daß die dortigen illegalen »Sicherheitskräfte« über den Markt eine Art Belagerungszustand verhängten. Fremde hatten es daher schwer, sich zum Nachtasyl Zugang zu verschaffen. An einigen Stellen standen Gruppen bewaffneter Menschen, die uns mehrmals anriefen und

Passierscheine abforderten. An einer Stelle mußten wir sogar schleichen, um ja nicht gehört zu werden. Nachdem wir die Sperren passiert hatten, wurde die Sache viel leichter: wir konnten uns mühelos riesige Schlafsäle mit unzähligen wie Leichen auf Pritschen liegenden Männern und Frauen ansehen. In der Mitte eines großen Asyls befand sich die dortige Landstreicher-Universität mit den dazugehörigen Intellektuellen. Das war der Kopf des Chitrow-Marktes: alles gebildete Leute, die unter anderem Texte für Schauspieler und Theater abschrieben. Sie hausten in einem mittelgroßen Zimmer und erwiesen sich als nette und gastfreundliche Leute. Besonders der eine von ihnen bestach durch seine Schönheit, Bildung, Wohlerzogenheit, die sogar etwas Weltmännisches hatte. Er hatte zierliche Hände und ein feines Profil, sprach blendend fast alle Weltsprachen, da er als ehemaliger Gardereiter viel herumgekommen war. Nachdem er sein Vermögen verpraßt hatte, landete er am Boden. Später gelang es ihm doch noch herauszukommen und ein menschenwürdiges Leben zu führen; er heiratete, bekam eine gute Stellung und trug eine Uniform, die ihm sehr wohl anstand.

Einmal flackerte in ihm der Gedanke auf, in dieser Uniform dem Chitrow-Markt einen Besuch abzustatten. Dann vergaß er diesen törichten Einfall. Doch der Gedanke kam immer wieder und ließ ihn nicht los. Eines Tages, während einer Dienstreise nach Moskau, erschien er auf dem Chitrow-Markt, was alle in Erstaunen versetzte. Er blieb dort hängen ohne jede Hoffnung, jemals wieder herauszukommen.

Diese liebenswürdigen Asylanten nahmen uns wie alte Freunde auf, da sie uns vom Theater und von den Rollen kannten, die sie abschrieben. Wir brachten Wodka und Wurst, ein richtiges Festmahl. Als wir den Zweck unseres Kommens erklärten, nämlich das Studium des Milieus für eine Gorki-Inszenierung, waren die Armen zu Tränen gerührt.

»Daß uns diese Ehre erwiesen wird«, rief einer von ihnen aus.

»Was ist denn an uns Interessantes dran, daß man uns auf die Bühne bringt?« wunderte sich ein anderer.

Das Gespräch drehte sich darum, daß sie, wenn sie das Trinken lassen könnten, wieder Menschen werden würden, hier fortgehen würden usw., usf.

Einer von den Asylanten erinnerte sich an sein früheres Leben, von dem ihm ein abgewetztes Bildchen aus einer Illustrierten übriggeblieben war. Es zeigte einen greisen Vater, der in einer theatralischen Pose dem Sohn einen Schuldschein vor die Augen hält; daneben die weinende Mutter; der Sohn, der die Unterschrift gefälscht hatte, ein schöner junger Mann, steht erstarrt mit vor Scham und Tränen niedergeschlagenen Augen. Der Bühnenbildner Simow fand die Zeichnung schlecht, und das nicht ohne Folgen. Was da losging! So als hätte man lebendige, mit Alkohol gefüllte Gefäße geschüttelt. Der Alkohol stieg den Leuten zu Kopf, sie wurden puterrot, wild und verloren die Kontrolle über sich: erst hagelte es Geschimpftes, dann ergriff man Flaschen und Hocker und ging auf Simow los. Eine Sekunde noch, und er wäre ein toter Mann. Doch in diesem Augenblick ließ Giljarowski mit seiner donnergleichen Stimme einen derartig gepfefferten, fast arabesken Mutterfluch los, daß nicht nur wir, sondern auch die Angreifer vor Überraschung und Entzücktheit erstarrten. Es war der ästhetische Genuß, der den Stimmungswandel bewirkte: es hagelte rasendes Gelächter, Applaus, Glückwünsche und Dank für den genialen Fluch, der uns vor Tod oder zumindest Körperverletzung gerettet hatte.

Der Besuch auf dem Chitrow-Markt weckte stärker als Gespräche und Analysen des Stücks meine Phantasie und meine Kreativität. Jetzt hatte ich lebendiges Material, nach dem ich schöpferisch Menschen und Gestalten formen konnte. Alles bekam eine natürliche Begründung. Als ich Skizzen für Arrangements machte oder den Darstellern einzelne Szenen vorspielte, ließ ich mich von den lebendigen Bildern und nicht von Mutmaßungen und Hirngespinsten leiten. Das Hauptergebnis jenes Ausflugs war, daß ich nun den verborgenen Sinn des Stücks zu spüren begann.

»Freiheit um jeden Preis!« lautet der Grundgedanke. Jene Freiheit, um derentwillen die Menschen bereit sind, auf den Boden zu sinken, ohne zu ahnen, daß sie sich in die Sklaverei begeben.

Nach jenem berühmten Ausflug konnte ich mit Leichtigkeit die Bühne einrichten, ich fühlte mich im Nachtasyl wie zu Hause. Eine Schwierigkeit gab es dennoch: ich mußte in der szenischen Interpretation die öffentliche Stimmung und die politische Tendenz des Autors zum Ausdruck bringen, die in den Predigten und Monologen Satins enthalten war. Fügt man die Landstreicher-Romantik hinzu, die mich zur gängigen Theatralik verleitete, so werden die Schwierigkeiten und die für mich als Schauspieler gefährlichen Klippen deutlich, an denen ich mich immer wieder wundstieß. Ich konnte darum in der Rolle Satins nicht bewußt erreichen, was mir im Stockmann unbewußt gelungen war. Ich spielte die Tendenz als solche und dachte an die politische Bedeutung des Stücks, die eben nicht wiederzugeben war. In der Rolle Stockmanns hingegen dachte ich nicht an Politik und Tendenz, und die Rolle wurde intuitiv wie von selbst gut.

Die Praxis erbrachte wieder einmal den Beweis, daß man in einem gesellschaftspolitischen Stück unbedingt Gedanken und Gefühle der Figur verinnerlichen muß, dann kommt die Tendenz des Stücks von selbst heraus. Der direkte, auf die Tendenz hin gerichtete Weg führt unweigerlich zur puren Theatralik.

Ich mußte hart an der Rolle arbeiten, um einigermaßen vom falschen Weg abzukommen, den ich anfangs im Bemühen um Romantik und Tendenz einschlug, die nicht zu spielen waren, sondern von selber entstehen mußten als Ergebnis und Schlußfolgerung einer richtigen seelischen Haltung.

Die Inszenierung hatte einen überwältigenden Erfolg. Immerzu mußten die Regisseure und alle Schauspieler herauskommen, insbesondere der großartige Moskwin als Luka, Katschalow als hervorragender Baron, die Knipper als Nastja, aber auch Lushski, Wischnewski, Burdshalow und schließlich Gorki selbst. Es war schon komisch zu sehen, wie er, erstmals auf der Bühne, vergessen hatte, die Zigarette aus dem Mund zu nehmen, und verlegen lächelte und sich vor dem Publikum verbeugte.

»Also nein, meine Lieben, das ist doch ein Erfolg, bei Gott!« wird er zu sich selbst gesagt haben. »Sie klatschen ja, brüllen! Wirklich! Das kann doch nicht wahr sein!«

Gorki wurde zum Helden des Tages. Auf den Straßen und auch im Theater verfolgten ihn ganze Scharen von Verehrern und vor allem Verehrerinnen. Zu Anfang schämte er sich seiner Popularität, ging auf die Leute zu, zwirbelte seinen gestutzten roten Schnurrbart, strich unentwegt seine langen Haare mit kräftiger Hand oder warf sie mit einer Kopfbewegung zurück. Dabei zitterte er, blähte die Nasenflügel und stand gebückt vor Verlegenheit da.

Dann sprach er schuldbewußt lächelnd zu den Verehrern:

»Liebe Leute! Also wißt ihr ... es ist doch irgendwie peinlich, wirklich ... Ist doch wahr! ... Was müßt ihr mich anglotzen? Ich bin doch keine Sängerin ... keine Primadonna ... Also ich weiß nicht ... Nein, wirklich, auf Ehre und Gewissen ...«

Doch seine rührende Verlegenheit und die besondere Art zu sprechen fesselten die Anhänger noch mehr. Gorkis Ausstrahlung war stark. Er war auf seine Art schön, beweglich, locker und unverkrampft. Ich erinnere mich immer wieder an seine Haltung, als er mich in Jalta auf der Mole verabschiedete und auf die Ausfahrt des Schiffes wartete. Lässig an Ballen mit Frachtgut gelehnt und den kleinen Sohn Maximka an der Hand haltend, blickte er versonnen in die Ferne, und es schien, als könnte er jeden Augenblick abheben und, seinem Traum folgend, in weite Fernen entschweben.

Anstelle von Intuition und Gefühl –
Naturalismus

Auch bei dieser neuen Arbeit wollte ich in Richtung Intuition und Gefühl gehen, doch es kam überraschend ganz anders, und ich fand mich unversehens mitten im Naturalismus.

Tolstois »Macht der Finsternis« sollte unmittelbar nach Gorkis »Kleinbürgern« herauskommen. Auf der Suche nach Neuem wollte ich mich nicht mit dem Klischee des Theater-Bauern zufriedengeben. Ich wollte einen echten Bauern haben, und das weniger vom Kostüm als von der Innenwelt her. Doch es sollte anders kommen. Wir Schauspieler waren dem geistigen Inhalt des Stücks einfach nicht gewachsen und hatten, wie es immer in solchen Fällen passiert, zum Ausgleich unseres Unvermögens die Äußerlichkeit überbetont. Da sie von innen her nicht gestützt war, ergab sie nackten Naturalismus, der, je wirklichkeitsgetreuer und ethnographischer, desto unerträglicher wurde. Die seelische Finsternis fehlte, und somit war die äußerliche, naturalistische Finsternis überflüssig, denn sie hatte nichts zu illustrieren und zu ergänzen. Die Ethnographie erdrückte die Schauspieler und das Drama selbst.

Bei den Dekorationen und Kostümen taten wir zuviel des Guten, und man konnte mit Gewißheit sagen, daß keine Bühne bis dahin ein dermaßen echtes Dorf gesehen hatte. Zum Studium des Bauernalltags waren wir ins Tulaer Gouvernement, den Ort der Handlung, gereist und verbrachten dort ganze zwei Wochen, indem wir anliegende Dörfer besuchten. Der Bühnenbildner Simow und die für Kostüme verantwortliche Schauspielerin Grigorjewa zeichneten Bauernhäuser und Höfe, studierten Bräuche und Sitten sowie Einzelheiten einer Bauernwirtschaft. Außerdem brachten wir aus den Dörfern Kleider, Hemden, Fellmäntel, Geschirr und Hausrat mit. Zu allem Überfluß nahmen wir als Muster eine alte Bäuerin und einen alten Mann mit, Gevatterin und Gevatter. Beide hatten seltenes Talent für Schauspiel, vor allem die alte Frau. Die beiden hatten die Aufgabe, auf die wahrheitsgetreue Wiedergabe der ländlichen Gepflogenheiten zu achten. Nach wenigen Proben konnten sie bereits den

Text sämtlicher Rollen. Einmal baten wir die alte Frau, die Rolle der Matrjona zu probieren, weil die Darstellerin dieser Rolle erkrankt war. Was soll ich sagen? Die Improvisation dieses Dorfweibes war überwältigend. Da zeigte einer zum erstenmal, was wirkliche seelische Finsternis und deren Macht sind. Wenn sie ihre knorrige Hand in den Hemdausschnitt steckte, um zwischen ihren welken Greisinnenbrüsten die kleine Rolle mit Gift zu suchen, sie dann der Anisja gab, damit diese ihren Mann vergiftete, mit ruhigen und sachlichen Hinweisen, wie man einen Menschen allmählich und unbemerkt vergiften müsse, weil ihr das Maß dieser Greueltat gar nicht bewußt war – da liefen uns kalte Schauer über den Rücken. Bei dieser Probe war Tolstois Sohn, Sergej Lwowitsch, zugegen, der so begeistert von der Frau war, daß er uns zu überreden suchte, ihr die Rolle der Matrjona anzuvertrauen. Nach Absprache mit der ursprünglichen Darstellerin entschlossen wir uns, die frischgebackene Schauspielerin auf die Bühne zu lassen. Doch es gab da ein unüberwindliches Hindernis: in den Szenen, wo sie auf jemanden wütend zu sein hatte, ließ sie den Text Tolstois fallen und legte in derart deftigen Ausdrücken los, daß keine Zensur sie durchgelassen haben würde. Alles Bitten um Mäßigung auf der Bühne war vergeblich: sie meinte, das sei für einen Dorfbewohner unnatürlich.

Dabei brachte sie den inneren wie äußeren Gehalt der Tragödie derart kraftvoll, prall und überzeugend zum Tragen, daß sie jede Einzelheit unserer naturalistischen Inszenierung stützte und ihr Leben und Notwendigkeit verlieh.

Die Darstellerin Butowa, die die Anisja spielte, hatte ebenfalls einen Sinn fürs Dorfleben, und so wurden die beiden ein unvergeßliches Duo.

Nur schweren Herzens mußten wir der Gevatterin ihre Rolle wieder nehmen, zumal sie zu immer deftigeren Ausdrücken griff. Ich teilte sie in die Menge ein, die sich vor dem Haus des verstorbenen Pjotr, Anisjas vergifteten Mannes, versammelte. Doch selbst aus der hintersten Reihe, wo ich sie versteckt zu haben glaubte, übertönte ihr Wehklagen sämtliche Laute. Da ich es nicht über mich brachte, sie ganz zu entfernen, dachte ich mir für sie einen Gang über die Bühne aus, den sie murmelnd und jemanden Fernen rufend zu tun hatte. Doch erzeugte der Ruf ihrer altersschwachen Stimme sofort ein derart intensives Gefühl der grenzenlosen Weite des russischen Landlebens, daß nach ihrem Auftritt sich niemand mehr auf die Bühne getraute. Auch der letzte Versuch, sie hinter der Bühne singen zu lassen, erwies sich als zu gefährlich für die Schauspieler. Erst als wir ihren Gesang auf eine Grammophonplatte aufnahmen, konnte das Lied ohne das Ensemble zu stören im Hintergrund eingesetzt werden.

Mit Bedauern mußten wir auf ein großes, doch unbrauchbares Talent verzichten. Dennoch blieb der Versuch nicht folgenlos: ich konnte mich überzeugen und es mehrmals bei den Proben überprüfen, daß Realismus erst dann Naturalismus auf der Bühne wird, wenn er vom Schauspieler nicht innerlich gestützt ist. Ist er gerechtfertigt, so wird er entweder unabdingbar, oder man merkt ihn gar nicht erst, da das äußere Leben mit einem inneren Sinn erfüllt ist. Ich würde allen Theoretikern, die es aus der Praxis nicht kennen, raten, meine Worte auf der Bühne zu überprüfen.

Leider war der Realismus der Ausstattung von »Macht der Finsternis« nicht genügend durch die Schauspieler gerechtfertigt, und so beherrschten die Dinge, die äußere Gegenständlichkeit, die Bühne. Wir waren vom Weg der Intuition und des Gefühls abgerutscht und fanden uns auf der Strecke des naturalistischen Details wieder, die das Wesen des Stücks und der Rolle erdrücken.

Anstelle von Intuition
und Gefühl–
historischer Naturalismus

Bei der Aufführung des »Julius Cäsar« passierte Ähnliches wie in der »Macht der Finsternis«: die innere Arbeit der Schauspieler war schwächer als das Äußerliche der Inszenierung, und wir glitten vom Weg der Intuition in historischen Naturalismus ab.

»Es ist entschieden: wir machen Shakespeares ›Julius Cäsar‹«, sagte Nemirowitsch-Dantschenko beim Eintreten und legte seinen Hut auf den Tisch.

»Und wann soll das sein?« staunte ich.

»Zur Eröffnung der nächsten Spielzeit«, versetzte er.

»Wie wollen wir es denn schaffen, eine Konzeption zu entwickeln und Dekorationen und Kostüme fertigzustellen? In zwei, drei Tagen fahren die Schauspieler in die Sommerferien«, fragte ich immer noch verwundert.

Wenn Nemirowitsch-Dantschenko mit einer solchen Bestimmtheit sprach, hieß es, daß er mehrere Nächte mit dem Stift in der Hand beim Ausarbeiten künftiger Pläne zugebracht und alle Termine und Einzelheiten des komplizierten Theatermechanismus erwogen hatte.

Die Stückauswahl war in unserem Theater stets eine schwere Geburt, und in diesem Jahr war sie schwerer denn je. Es war bereits April, wir mußten zum Gastspiel nach Petersburg, doch niemand wußte über die Vorhaben der kommenden Saison etwas Genaues.

Ich sah ein, daß es nicht die Zeit war zum Streit und daß ich einwilligen und mich an die Verwirklichung des Unmöglichen machen mußte. Nemirowitsch-Dantschenko und Simow fuhren nach Rom, um Stoff zu sammeln, während im Theater eine regelrechte Kommission für Vorbereitungsarbeiten gebildet wurde mit mehreren Abteilungen, denen Schauspieler und Regisseure als Verantwortliche vorstanden. Die Abteilungen befanden sich im Foyer und in den anliegenden Räumen. Eine von ihnen befaßte sich mit der literarischen Seite des Stücks: alles, was den Text, die Übersetzung, Korrektur, Kürzung und literarische Kommentare sowie Auskünfte betraf, kam dorthin. Eine weitere Abteilung befaßte sich mit der Zeit Cäsars: Sitten, Bräuche, Gesellschaftsstruktur, Beschaffenheit und Grundrisse von Häusern usw. Die dritte Abteilung kümmerte sich um Kostüme: Figurinen, Schnitte, Stoffmuster, Ankauf von Stoffen, Einfärben und dergleichen. Die vierte war für Waffen und Requisiten zuständig. Die fünfte entwarf Dekorationen, sammelte Material für die Skizzen, fertigte Modelle an u. a. m. Die sechste war zuständig für Musik, die siebente für die Ausführung der nötigen Arbeiten, die achte für die Proben mit den Schauspielern, die neunte für die Komparserie und die zehnte für Koordination: dort floß alles ein, was von außerhalb gekommen war und sortiert und auf andere Abteilungen aufgeteilt werden mußte. Das Theater war wie im Kriegszustand; alle Schauspieler, Leiter und Angestellten waren einberufen. Niemand konnte sich unter welchem Vorwand auch immer vor der Arbeit drücken.

Wer nicht an einen bestimmten Arbeitsplatz gebunden war, wurde in Museen, Bibliotheken, zu Antike-Spezialisten, Privatsammlern und Antiquitätenhändlern abkommandiert. Alle Ämter und Privatpersonen, an die wir uns wandten, zeigten sich hilfsbereit und sandten uns ihre wertvollen Buchausgaben, Museumsgegenstände, Waffen und dergleichen mehr zu. Man konnte mit Gewißheit sagen, daß sämtliche kostbaren Materialien, die sich in Moskau finden ließen, von uns voll und ganz genutzt wurden.

Ein noch umfangreicheres Material brachte Nemirowitsch-Dantschenko aus Rom mit.

Dank solcher Organisation konnten wir in wenigen Wochen zusammentragen, was man unter anderen Umständen auch in einem Jahr nicht hätte sammeln können. Viele Dinge, von denen man heute, nach dem Krieg, nicht einmal träumen darf, waren damals möglich und erreichbar. Die Mitglieder des Inszenierungsausschusses suchten in allen einschlägigen Geschäften Stoffe unterschiedlichster Art und Farbe aus. Man brachte die Stoffe ins Theater, hängte sie auf der Bühne auf, strahlte sie mit vollem Bühnen- und Rampenlicht an und entschied sich vom Zuschauerraum aus für die effektvollsten Stücke. Die Kostüme wurden mit besonderer Sorgfalt farblich aufeinander abgestimmt. Welche Gruppen von Schauspielern auch immer auf der Bühne waren, immer ergab sich eine Palette von miteinander harmonierenden Farbtönen.

Wir studierten die Kostüme, ihre Schnitte und die Art, mit ihnen umzugehen. Das galt auch für die Waffen, wobei uns die antike Plastik als Muster diente. Da wir nicht nur theoretisch, sondern auch praktisch lernen mußten, ließen wir uns Probekostüme schneidern, die wir den ganzen Tag über im Theater trugen, um uns an sie zu gewöhnen, eine Übung, die wir auch davor bei den »Drei Schwestern« eingeführt hatten, da es ebenso einer Gewöhnung bedurfte, Militäruniformen zu tragen. Damals liefen wir nur noch in Uniformen herum, wagten uns sogar damit auf die Straße, auf die Gefahr hin, vors Gericht zu kommen, und ließen uns von Polizisten salutieren. Es war eine Erfahrung, die keine Bücher, Zeichnungen oder Theorien zu vermitteln vermochten. Wir lernten, die Toga zu handhaben, ohne Falten zu ordnen, Bewegungen damit zu vollführen und zu gestikulieren. Daraus ergab sich ein Schema von Bewegungen und Gesten, die wir den antiken Plastiken abgeguckt hatten.

Aus dem Ausland zurückgekehrt, übernahm Nemirowitsch-Dantschenko die Gesamtleitung der Inszenierung, und wir assistierten ihm. Zunächst mußten die Dekorationen entworfen werden. Jede von ihnen sollte eine szenische Besonderheit haben, nicht allein im Sinne von Malerei und Farbe, sondern vor allem im Sinne der Regiekonzeption. Man mußte jenes »je ne sais quoi«, jenes besondere Etwas finden, das die Dekoration überraschend und originell machen könnte. Zum Beispiel war der Durchzug des riesigen Brutus-Heeres mit nur wenigen Komparsen darzustellen. In derselben Dekoration, nur etwas weiter zurück, erscheint Brutus' Widersacher Antonius mit seinem Heer. Dieses Tal ist für den Kampf beider Heere besonders geeignet. Mit Hilfe eines gemalten, über die Bühne gespannten Prospekts konnten wir die erforderliche Weite darstellen, doch was tun mit den zahlreichen Kämpfern, die über die Bühne ziehen sollen? Wir brauchten einen Trick, um den Zuschauer geschickt zu täuschen. Während der Proben zeigte es sich, daß es wirkungsvoll war, die Krieger nicht in ihrer vollen Größe, sondern nur zur Hälfte zu zeigen: die Köpfe, Oberkörper, Helme und Speerspitzen. Die Illusion der Masse verstärkt sich, wenn das Heer hinter Bäumen oder Felsvorsprüngen zieht. Mit Hilfe der großen Versenkung konnten wir nur den Oberkörper der Vorbeimarschierenden zeigen. Andere, dem Publikum unsichtbare Mitarbeiter trugen bündelweise Speere, so daß die Illusion der Dichte verstärkt wurde. Dieser Trick hatte außerdem den Vorteil, daß die Statisten nur bis zur Hälfte angezogen zu werden brauchten, da man ihre Beine ja nicht sah. Die Statisten zogen über die Bühne, liefen dann unter dem Fußboden hindurch und erschienen wieder an der gleichen Stelle wie zuvor. Dadurch entstand ein nicht enden wollender Zug von Kriegern. Unterwegs setzte man ihnen andere Helme auf oder warf ihnen andere Umhänge um die Schultern, so daß man den Eindruck gewann, immer neue Regimenter vorbeiziehen zu sehen.

Mit der gleichen Anzahl von Komparsen gestalteten wir ebenso überzeugend die Straßenszenen im ersten Akt. Die Versenkung bildete die bergab führende Straße, wo unten in der Perspektive die Köpfe der Menge zu sehen waren. Die Reihen von Kaufläden führten von der Vorderbühne aus in den Hintergrund und verschwanden in der Versenkung. Man sah die Werkstatt eines Waffenschmieds, in der Schwerter und Rüstungen angefertigt wurden. Das Hämmern verstärkte das Raunen der Menschenmenge. Die Straße bog ein, verlief entlang der Vorderbühne und führte hinter die rechte Kulisse. In die Straße mündete eine Gasse mit einer für Italien typischen Treppe. Die Menge bewegte sich von oben nach unten und umgekehrt. Durch die Bewegung der Menschen entlang der Bühne entstand der Eindruck einer sehr belebten Straße. An der Straßenkreuzung in der Mitte der Bühne befand sich der Laden eines römischen Barbiers, der eine Art Klub der Patrizier war. Über dem Laden befand sich ein Dachgarten mit einer Bank, von wo aus die Volkstribune ihre Ansprachen hielten. Die Menge blieb mit dem Rücken zum Zuschauer stehen und hörte einige Zeit zu. Auf der Straße defilierten Matronen mit ihren Sklaven. Die Stutzer grüßten sie aus dem Barbierladen ehrerbietig, um gleich danach die vorüberhuschenden Kurtisanen anzusprechen. Von unten, die Hauptstraße entlang, zog eine Prozession: in einer Sänfte ruhte majestätisch Cäsar, in einer zweiten räkelte sich Calpurnia. Als sie die Mitte der Bühne erreicht hatten, brachte ein Wahrsager den feierlichen Zug zum Stehen: seine Warnung rief Bestürzung hervor. Brutus und seine Anhänger, die dann auftauchten, verfolgten mit wehmütigen Blicken die sich entfernende Prozession. Das Volk umringte Brutus, man überreichte ihm Bittschriften und Beschwerden. Ich muß dabei an eine kuriose Begebenheit denken, die die Notwendigkeit einer theatergerechten Erziehung selbst der unbedeutendsten Mitarbeiter anschaulich beweist. Ich spielte den Brutus. Eines Tages war einer der Bittsteller zur Vorstellung nicht erschienen. Nemirowitsch-Dantschenko, der die Vorstellung verfolgte, bat einen der Statisten einzuspringen. Und nun kam mit dem typischen Gang eines Schreibers, der sich dem Kanzleichef nähert, ein Mann in Toga auf mich zu, verbeugte sich auf durchaus neuzeitliche Weise und meldete unmißverständlich:

»Konstantin Sergejewitsch, Wladimir Iwanowitsch haben mir befohlen, Ihnen dieses zu übergeben«, und reichte mir die römischen
Täfelchen.

Die Inszenierung hatte großen Erfolg, doch hauptsächlich dank
der Regie und dem Spiel W. I. Katschalows, der einen überwältigenden Cäsar gab. Andere Schauspieler aber blieben auf der Strecke:
wir waren der Inszenierung nicht gewachsen und rutschten ins Histo-
risierende ab.

Im Museum des Künstlertheaters befindet sich Nemirowitsch-
Dantschenkos Regiebuch, das er für diese Inszenierung mit besonde-
rer Sorgfalt ausgearbeitet hatte. Da es sich dabei weniger um eine
Tragödie Shakespeares als vielmehr um ein Genrebild zum Thema
»Rom in der Epoche Julius Cäsars« gehandelt hatte, enthielt es eine
Unzahl von Charakteristiken und äußerlichen Details.

»Der Kirschgarten«

Ich hatte das Glück, den Entstehungsprozeß von Tschechows »Kirschgarten« beobachten zu dürfen. Bei einem Gespräch über das Angeln führte der Schauspieler Artjom Tschechow vor, wie man den Wurm auf den Angelhaken spießt und die Angel auswirft. Derartige Szenen gestaltete Artjom mit außerordentlichem Talent, so daß Tschechow es aufrichtig bedauerte, daß das große Publikum sie nicht auf der Bühne zu sehen bekam. Kurz danach beobachtete Tschechow einen anderen Schauspieler beim Baden im Fluß und beschloß sofort:

»Hören Sie, Artjom muß in meinem Stück unbedingt angeln und der N. gleich nebenan plantschen und jauchzen. Und da muß Artjom auf ihn wütend werden, weil der ihm die Fische verscheucht.«

Tschechow sah sie schon auf der Bühne: den einen beim Angeln, den anderen badend, hinter den Kulissen, versteht sich. Einige Tage später verkündete uns Tschechow feierlich, dem Badenden habe man einen Arm amputiert, was ihn nicht daran hindere, mit dem übriggebliebenen Arm leidenschaftlich Billard zu spielen. Der Angler aber entwickelte sich zu einem greisen Lakaien, der eben etwas Geld zusammengespart hatte.

Kurze Zeit danach sah Tschechow in seiner Phantasie das Fenster eines alten Gutshauses, mit Baumzweigen davor, die sich mit schneeweißen Blüten bedeckten. Später zog in das imaginäre Haus eine alte Gutsbesitzerin ein.

»Leider haben Sie keine geeignete Schauspielerin«, meinte Tschechow. »Hören Sie, das muß schon eine besondere Alte sein. Sie rennt doch dauernd zum alten Lakaien und läßt sich von ihm Geld borgen.«

Neben der Alten tauchte plötzlich ihr Bruder oder auch Onkel auf – der armlose begeisterte Billardspieler, ein großes Kind, das ohne Diener nicht leben konnte. Als der Lakai fortgefahren war, ohne ihm die Hose bereitgelegt zu haben, blieb der Herr den ganzen Tag im Bett.

Heute wissen wir, was von diesen Einfällen im Stück erhalten geblieben ist und was eine nur geringe Spur hinterlassen hat.

Im Sommer 1902, als Tschechow am »Kirschgarten« schrieb, lebte er mit seiner Frau O. L. Knipper-Tschechowa in unserem Haus auf dem Gut meiner Mutter in Ljubimowka. Bei unseren Nachbarn lebte eine englische Gouvernante, ein kleines mageres Geschöpf mit langen Mädchenzöpfen, das einen Männeranzug trug. Aufgrund dieses Äußeren ließen sich ihr Geschlecht, ihr Alter und die Herkunft nicht sofort erraten. Sie ging mit Tschechow freundschaftlich und ungezwungen um, was ihm sehr gefiel. Täglich erzählten sie einander den komischsten Unsinn. Tschechow behauptete zum Beispiel, er sei in seiner Jugend Türke gewesen und habe einen Harem besessen; bald werde er in seine Heimat zurückkehren, Pascha werden und die Engländerin zu sich kommen lassen. Aus angeblicher Dankbarkeit sprang die sportliche Engländerin ihm auf die Schultern, ließ sich von ihm tragen und begrüßte an Tschechows Statt alle, die entgegenkamen, das heißt, sie lüftete Tschechows Hut, verbeugte sich und plapperte mit clownesker Komik in ihrem gebrochenen Russisch:

»Tach ßön, Tach ßön, Tach ßön!«

Dabei neigte sie Tschechows Kopf zur Begrüßung.

Der Kenner wird in diesem Geschöpf den Prototyp der Charlotte aus dem »Kirschgarten« wiederfinden.

Nachdem ich Tschechows Stück gelesen hatte, begriff ich alle Zusammenhänge auf Anhieb und schrieb voller Begeisterung an den Autor. Da wurde er auf einmal unruhig und suchte mich davon zu überzeugen, daß Charlotte unbedingt eine Deutsche und in jedem Falle lang und hager sein müsse wie die Schauspielerin Muratowa, die mit der als Muster dienenden Engländerin nicht die geringste Ähnlichkeit hatte.

Die Figur Jepichodows vereinigte in sich mehrere Personen. Das Grundmuster lieferte ein Bediensteter, der auf der Datsche wohnte und für Tschechow sorgte. Tschechow sprach öfter mit ihm und versuchte ihm klarzumachen, daß man lernen und ein gebildeter Mensch werden müsse. Der derart Überzeugte kaufte sich eine rote Krawatte und begehrte Französisch zu lernen. Ich weiß nicht, auf welchen geheimnisvollen Wegen Tschechow zur Figur des fülligen und nicht mehr jungen Jepichodow gelangt ist, den wir aus der ersten Fassung des Stücks kennen.

Nun hatten wir einerseits keinen der Figur nach passenden Schauspieler, mußten andererseits den begabten und von Tschechow geliebten I. M. Moskwin besetzen, der ja damals jung und schlank war. Der junge Schauspieler paßte sich die Rolle an, wobei er zu einer Improvisation griff, die er auf dem ersten »Verkohl-Abend«, von dem noch die Rede sein wird, erfunden hatte. Wir befürchteten, daß Tschechow ihm eine solche Freiheit übelnehmen würde, doch der lachte unbändig und sagte nach Schluß der Probe zu Moskwin:

»Genau so einen Typ wollte ich schreiben. Das ist doch großartig, hören Sie mal!«

Ich weiß noch, daß Tschechow die Rolle Jepichodows im Sinne der Interpretation Moskwins abänderte.

Als Muster für die Rolle des Studenten Trofimow diente ebenfalls einer der Bewohner Ljubimowkas.

Im Herbst 1903 kam der schwerkranke Tschechow nach Moskau. Sein Zustand hinderte ihn jedoch nicht daran, fast bei allen Proben zu seinem neuen Stück, für das er immer noch keinen Titel hatte, dabeizusein.

Eines Abends teilte man mir telephonisch die Bitte Tschechows mit, ihn geschäftlich aufzusuchen. Ich ließ die Arbeit sein, eilte zu ihm und fand ihn trotz der Krankheit sehr rege. Offenbar sparte er sich das Gespräch für den Schluß auf, wie die Kinder sich einen leckeren Kuchen aufheben. Bis dahin saß man wie gewohnt am Teetisch und lachte, denn wo Tschechow war, war Langeweile ausgeschlossen. Nach dem Tee führte mich Tschechow in sein Arbeitszimmer, verschloß die Tür, setzte sich auf seinen Stammplatz in der Sofaecke, ließ mich ihm gegenüber Platz nehmen und begann zum hundertstenmal auf mich einzureden, einige Umbesetzungen vorzunehmen, da die Schauspieler nicht geeignet seien. Doch er beeilte sich, sein Urteil abzumildern, indem er hinzufügte: »Natürlich sind sie hervorragende Schauspieler.«

Ich ahnte, daß dieses Geplauder nur ein Präludium zur Hauptsache war, und widersprach deshalb nicht. Endlich kamen wir zur Sache. Tschechow ließ einige Zeit verstreichen im Bemühen, ernst zu erscheinen, was ihm schlecht gelang – ein triumphierendes Lächeln kam immer wieder durch.

»Hören Sie, ich habe einen herrlichen Titel für das Stück. Einfach herrlich!« verkündete er und starrte mich an.

»Welchen?« fragte ich gespannt.

»Der Kirschengarten«, versetzte er und brach in fröhliches Gelächter aus.

Ich sah weder den Grund zu seiner Freude noch etwas Besonderes im Titel, mußte aber, um Tschechow nicht zu enttäuschen, so tun, als habe mich seine Mitteilung beeindruckt. Was mochte ihn nur an diesem Titel so begeistern? Vorsichtig stieß ich nach, doch wieder stand ich vor Tschechows seltsamer Eigenart, über eigene Werke nicht sprechen zu können. Statt einer Erklärung wiederholte Tschechow in allen Variationen nur noch:

»Kirschengarten. Hören Sie dieses wundervolle Wort! Kirschengarten. Von Kirschen!«

Ich verstand nur, daß es um etwas Wundervolles, zärtlich Geliebtes ging. Es war nicht das Wort, sondern der Tonfall Tschechows, der es wundervoll machte. Ich machte vorsichtig eine diesbezügliche Andeutung. Meine Bemerkung betrübte ihn, sein Lächeln verschwand, das Gespräch stockte, und es entstand ein peinliches Schweigen.

Einige Tage nach diesem Gespräch kam Tschechow zu mir in die Garderobe und setzte sich, feierlich lächelnd, am meinen Tisch. Er sah immer gern unseren Vorbereitungen zur Vorstellung zu und wachte so aufmerksam über unsere Masken, daß man ihm vom Gesicht ablesen konnte, wie glücklich oder unglücklich man die Schminke auftrug.

»Hören Sie mal, nicht Kirschengarten, sondern Kirschgarten«, verkündete er und brach in Lachen aus.

Im ersten Augenblick wußte ich gar nicht, worum es ging. Doch Tschechow labte sich geradezu am Titel des Stücks, wiederholte ihn, so als wollte er damit ein früheres, schönes, nun aber unnützes Leben liebkosen, das er, weinenden Auges, in seinem Stück zerstörte. Diesmal begriff ich den feinen Unterschied: »Der Kirschengarten« ist kommerziell, profitbringend; »Der Kirschgarten« aber bringt keinen Gewinn, sondern ist in seiner schneeweißen Blüte ein poetisches Sinnbild des vergangenen Gutsbesitzerdaseins. Ein solcher Garten blüht und gedeiht aus Laune, als Augenweide für verwöhnte Ästheten. Schade um ihn, doch er muß fort, weil die wirtschaftliche Entwicklung des Landes es erfordert.

Auch diesmal mußte man bei den Proben zum »Kirschgarten« Tschechow alle Bemerkungen und Ratschläge aus der Nase ziehen. Seine Antworten glichen Worträtseln, die auf der Stelle gelöst werden mußten, weil Tschechow vor den drängenden Regisseuren die Flucht ergriff. Hätte jemand Tschechow, der bescheiden in den hinteren Reihen saß, bei den Proben beobachtet, er hätte nie geglaubt, daß es der Autor sei. Unsere Versuche, ihn ans Regiepult zu bekommen, scheiterten meist. Hatte man ihn doch am Regiepult, fing er zu lachen an. Was ihn so erheiterte, war nicht herauszubekommen: war es der Umstand, daß er einem Regisseur gleich an diesem bedeutsamen Pult saß, oder weil er das Regiepult an sich überflüssig fand? Vielleicht überlegte er, wie er uns austricksen und sich in seinen Hinterhalt zurückziehen konnte.

»Ich habe doch alles geschrieben«, sagte er dann immer. »Ich bin doch kein Regisseur, ich bin Arzt.«

Vergleicht man das Verhalten Tschechows bei den Proben mit dem anderer Autoren, so staunt man über die außergewöhnliche Bescheidenheit dieses großen Mannes, aber auch darüber, wie grenzenlos eingebildet weitaus weniger bedeutende Schriftsteller sind. Auf meinen Vorschlag, einen langen, verlogenen und umständlichen Monolog zu kürzen, sagte mir einer von ihnen gekränkt:

»Kürzen Sie nur, aber denken Sie daran, daß Sie sich vor der Geschichte werden verantworten müssen.«

Als wir es wagten, Tschechow um die Kürzung einer ganzen Szene zu bitten – am Schluß des zweiten Akts im »Kirschgarten« – wurde er traurig und blaß vor Schmerz, faßte sich dann aber und meinte:

»Kürzen Sie!«

Und machte uns nie einen Vorwurf daraus.

Ich will die Inszenierung des »Kirschgartens«, die in Moskau, Europa und Amerika mehr als bekannt ist, nicht beschreiben, sondern schildere lediglich Fakten und die Bedingungen, unter denen sie entstanden ist.

Es war eine schwere Geburt, was nicht wundernahm, da das Stück tatsächlich sehr schwierig ist. Das Verlockende darin war der Duft, den man nur spürt, wenn man die noch nicht aufgegangene Blüte gleichsam zum Blühen bringt. Doch muß das ohne Gewalt geschehen, sonst geht die zarte Blüte ein.

Damals waren unsere innere Technik und die Fähigkeit, die kreative Saite der Schauspieler zum Schwingen zu bringen, immer noch unterentwickelt. Die geheimen Gänge zu den Tiefen der Werke waren von uns noch nicht erforscht. Um den Schauspielern zu helfen, ihr Affekt-Gedächtnis zu aktivieren und ihre Seele schöpferisch sehend zu machen, versuchten wir mit Hilfe der Dekorationen, Lichteffekte und Klangbilder Atmosphäre zu schaffen. Manchmal half es, und ich gewöhnte mich daran, Licht- und Klangeffekte im Übermaß einzusetzen.

Tschechow sagte einmal zu jemandem, laut genug, daß ich es hören konnte:

»Hören Sie, ich werde ein neues Stück schreiben, und es wird folgendermaßen anfangen: ›Es ist so herrlich, so still! Man hört weder Vögel noch Hunde noch den Kuckuck noch den Uhu noch die Nachtigall noch die Uhr noch die Glöckchen und nicht ein einziges Heimchen.‹«

Natürlich galt der Stich mir.

Zum erstenmal, seit wir Tschechow spielten, fiel die Premiere seines Stücks mit seinem Aufenthalt in Moskau zusammen. Das brachte uns auf die Idee, eine Ehrung des geliebten Dichters zu veranstalten. Tschechow sträubte sich lange dagegen, drohte sogar, zu Hause zu bleiben und nicht ins Theater zu kommen. Doch wir konnten der Versuchung nicht widerstehen und setzten uns durch. Zumal die Premiere auf Tschechows Namenstag am 17. Januar fiel.

Der Tag rückte näher, und wir mußten an die Zeremonie und an die Geschenke für Tschechow denken. Eine knifflige Frage! Ich suchte sämtliche Antiquitätenläden ab, konnte aber außer einem prachtvoll gestickten Stoff von musealem Wert nichts auftreiben. In Ermangelung eines Besseren schmückten wir damit den Ehrenkranz und übergaben ihn dem Dichter.

»Immerhin eine kunstvolle Arbeit«, dachte ich mir.

Doch Tschechow machte mir nach der Feier schwere Vorwürfe:

»Hören Sie, das ist doch ein prachtvolles Ding, es hätte ins Museum gemußt!«

»Dann sagen Sie mir doch, Anton Pawlowitsch, was man Ihnen hätte schenken sollen?« fragte ich schuldbewußt.

»Eine Mausefalle«, sagte er in vollem Ernst. »Man muß doch die Mäuse ausrotten, hören Sie.« Und mußte selbst lachen. »Der Maler Korowin hat mir ein großartiges Geschenk geschickt! Wirklich großartig!«

»Was ist es denn?« fragte ich.

»Angelruten.«

Auch die übrigen Geschenke machten ihm keine Freude, einige erzürnten ihn sogar ob ihrer Banalität.

»Wie kann man nur einem Schriftsteller eine silberne Schreibfeder und ein antikes Tintenfaß schenken, na hören Sie!«

»Ja, was denn dann?«

»Einen Klistierschlauch. Ich bin doch Arzt, hören Sie. Oder Strümpfe. Meine Frau achtet doch nicht darauf. Die ist Schauspielerin. Und ich muß in zerrissenen Strümpfen herumlaufen. Ich sage ihr, Liebchen, hör mal, mein großer Zeh am rechten Fuß guckt raus.

Da sagt sie, trag den Strumpf auf dem linken Fuß. Was soll ich da nur machen!« scherzte Tschechow und brach in fröhliches Gelächter aus.

Doch bei der eigentlichen Feier war er still, so als ahnte er seinen nahen Tod. Als er nach dem dritten Akt totenblaß und mager auf der Vorderbühne stand und während der Gratulationscour den Husten nicht unterdrücken konnte, krampfte sich einem das Herz zusammen. Aus dem Zuschauerraum rief man ihm zu, er solle sich hinsetzen, Tschechow aber blieb mit finsterem Gesicht die ganze lange und zähflüssige Jubiläumszeremonie, über die er in seinen Werken gutmütig gewitzelt hatte, stehen. Doch mußte er auch hier lächeln. Einer der Literaten nämlich begann seine Ansprache mit fast den gleichen Worten, mit denen Gajew im ersten Akt den alten Schrank begrüßt:

»Sehr geschätzter und hochverehrter (hier setzte der Redner an Stelle des »Schranks« Tschechows Namen ein), freudig bewegt stehe ich vor Ihnen« usw.

Tschechow schielte zu mir, dem Darsteller Gajews, herüber, und ein tückisches Schmunzeln erschien auf seinen Lippen.

Das Jubiläum war feierlich, doch bedrückend: es erinnerte an eine Trauerfeier. Niemandem war dabei wohl zumute.

Die Inszenierung hatte mäßigen Erfolg, und wir machten uns den Vorwurf, es nicht gleich beim erstenmal verstanden zu haben, das Bedeutende, Schöne und Kostbare des Stücks herauszuarbeiten.

Tschechow starb, ohne den echten Erfolg seines letzten Werkes erlebt zu haben.

Später, als die Inszenierung an Reife und Kraft gewann, offenbarten wieder einmal viele Schauspieler ihr großes Talent: vor allem O. L. Knipper als Ranjewskaja, Moskwin als Jepichodow, Katschalow als Trofimow, Leonidow als Lopachin, Gribunin als Pistschik, Artjom als Firs, die Muratowa als Charlotte. Auch ich war in der Rolle Gajews erfolgreich und erntete sogar bei einer Probe Lob von Tschechow: für den Abgang am Schluß des vierten Aktes.

Der Frühling 1904 kam näher, und die Gesundheit Tschechows verschlechterte sich immer mehr: beunruhigende Symptome in der Magengegend ließen auf die Gefahr der Darm-Tuberkulose schließen. Das Ärztekonzil verordnete Tschechow eine Kur in Badenweiler. Während der Reisevorbereitungen wollten wir alle so oft wie möglich Tschechow sehen, doch er konnte uns nur noch selten empfangen.

Dennoch verließ ihn trotz der Krankheit seine Lebensfreude nicht, und er erkundigte sich nach dem Fortgang unserer Inszenierung von Maeterlinck und wollte auf dem laufenden gehalten werden, Dekorationsentwürfe sehen und Arrangements erläutert bekommen.

Dabei dachte er an ein eigenes Stück ganz anderer Art. Das Sujet schien tatsächlich gar nicht von Tschechow zu sein: zwei Freunde, junge Männer, lieben ein und dieselbe Frau. Liebe und Eifersucht lassen die Beziehungen immer komplizierter werden. Schließlich gehen beide auf eine Expedition zum Nordpol. Die Dekoration des letzten Aktes sollte ein im Packeis festliegendes gewaltiges Schiff sein. Zum Schluß erscheint den beiden Freunden ein weißer Geist, offenbar der Schatten oder die Seele der in der fernen Heimat gestorbenen Geliebten.

Das war alles, was ich von Tschechow über das neue Stück in Erfahrung bringen konnte.

Während der Auslandsreise, erzählte uns O. L. Knipper-Tschechowa, genoß Anton Pawlowitsch das kulturelle Leben Europas. Von seinem Badenweiler Balkon aus beobachtete er die Post, die gegenüber von seinem Zimmer lag. Von allen Seiten kamen Menschen, die ihre in Briefen dargelegten Gedanken hinbrachten, damit sie in alle Welt gelangten.

»Herrlich ist das!« rief Tschechow begeistert.

Im Sommer 1904 erreichte uns aus Badenweiler die traurige Kunde vom Tode Tschechows.

»Ich sterbe«, waren die letzten Worte des Sterbenden. Sein Tod war ruhig und erhaben.

Tschechow war tot, und nach dem Tode wurde er in der Heimat, aber auch in Europa und Amerika noch mehr verehrt. Aber dennoch blieb er von vielen unverstanden und unterschätzt. Statt eines Nachrufs will ich einige Gedanken über ihn zu Papier bringen.

Es besteht heute noch die Meinung, Tschechow sei ein Dichter des grauen Alltags und der unnützen Menschen gewesen; seine Stücke seien eine traurige Seite des russischen Lebens, ein Zeugnis der geistigen Verkümmerung des Landes. Unzufriedenheit, die alle Intentionen lähmt, Hoffnungslosigkeit, die jede Energie abwürgt, kurzum, alle Voraussetzungen für die Entfaltung der althergebrachten slawischen Schwermut seien die Motive seiner Bühnenwerke.

Wie kommt es nur, daß diese Charakteristik Tschechows in so krassem Widerspruch zu meinen Erinnerungen an ihn steht? Ich sehe ihn viel öfter munter und lächelnd als betrübt, obwohl ich ihn auch in der schlimmen Zeit seiner Krankheit erlebt habe. Tschechow liebte immer noch Scherz, Lachen und sogar Streiche. Niemand konnte einen besser zum Lachen bringen und mit dem ernstesten Gesicht die größten Unsinnigkeiten erzählen; niemand konnte die Unbildung, Grobheit, das Gejammer, Gerede, Philistertum und die ewige Teetrinkerei mehr hassen als er; niemand hatte so viel Hunger nach Leben und Kultur, wie immer sie sich äußern mochten. Jede neue nützliche Unternehmung – eine wissenschaftliche Gesellschaft, ein neues Theater, Museum oder eine neue Bibliothek – war für ihn ein echtes Ereignis. Selbst eine einfache Verbesserung des äußeren Lebens war für ihn Grund zur Begeisterung. Ich denke zum Beispiel an seine kindliche Freude über meine Mitteilung, daß am Roten Tor in Moskau statt eines abgerissenen kleinen Häuschens ein großes Gebäude errichtet werde. Über dieses Ereignis berichtete Tschechow mit Begeisterung jedem, der ihn besuchen kam. Überall suchte er nach Vorboten einer künftigen russischen und gesamtmenschlichen Kultur, nicht nur der geistigen, sondern auch der alltäglichen.

Gleiches sieht man in seinen Stücken: inmitten der totalen Hoffnungslosigkeit der 8oer und 9oer Jahre entstehen immer wieder Ideen und Träume, die das Leben in zwei-, dreihundert oder tausend Jahren herbeiprophezeien, für das wir heute bereit sein müssen zu leiden: neue Erfindungen, die das Fliegen ermöglichen zum Beispiel oder die Entdeckung des sechsten Sinns.

Haben Sie bemerkt, daß bei den Vorstellungen von Tschechows Stücken so heiter und ausgelassen gelacht wird wie sonst bei keinen anderen? Wenn Tschechow zum Vaudeville greift, steigert er den Witz bis zur hinreißenden Buffonade.

Und was ist mit seinen Briefen? Freilich entgeht mir beim Lesen auch nicht die wehmütige Stimmung, doch blitzen auf ihrem Hintergrund geistreiche Bonmots, witzige Vergleiche und humoristische Charakteristiken wie heiter funkelnde Sterne auf dem nächtlichen Himmel auf. Es geht oftmals bis zum Ulk, zum Witz und zur Anekdote bei diesem geborenen und nicht kleinzukriegenden Humoristen und Witzbold, der in der Seele des Antoscha Tschechonte und später in der Seele des kranken und erschöpften Tschechow lebte.

Fühlt sich ein gesunder Mensch fröhlich und munter, so ist es natürlich und normal. Wenn aber ein Kranker und durch sich selbst zum Tode Verurteilter (Tschechow war ja Arzt), wie ein Häftling an einen verhaßten Ort Gebundener, ohne Freunde und Bekannte Lebender in seiner Hoffnungslosigkeit dennoch zu lachen versteht und sich mit Träumen und dem Glauben an die Zukunft, für die er fürsorglich kulturelle Schätze schafft, am Leben erhält – so ist eine solche Lebensfreude und -tüchtigkeit als außerordentlich, als alle Normen übersteigend anzuerkennen. Noch weniger verstehe ich, daß Tschechow als für unsere Zeit überholt angesehen wird, und worauf sich die Meinung gründet, er hätte die Revolution und das von ihr geschaffene neue Leben nicht verstanden.

Es wäre sicher lächerlich, nicht anzuerkennen, daß die Epoche Tschechows von der heutigen Zeit und den durch die Revolution erzogenen Generationen stimmungsmäßig himmelweit entfernt ist. In vielerlei Hinsicht sind diese Epochen einander direkt entgegengesetzt. Verständlich ist aber auch, daß das gegenwärtige revolutionäre Rußland mit seiner aktiven Zerstörung der alten und der Schaffung neuer Lebensgrundsätze die Trägheit der 8oer Jahre mit ihrer passiven, abwartenden Sehnsucht nicht akzeptieren und nicht einmal verstehen kann.

Damals gab es in der stickigen Luft der Stagnation keinen Boden für einen revolutionären Aufschwung. Lediglich im Untergrund sammelte man Kräfte für schicksalhafte Vorstöße. Die Arbeit der fortschrittlichen Menschen bestand nur noch darin, die öffentliche Meinung vorzubereiten, neue Ideen zu suggerieren und die Unhaltbarkeit der alten Lebensformen nachzuweisen. Und Tschechow stand an der Seite derer, die diese Vorbereitungsarbeit leisteten. Wie nur wenige verstand er es, die unerträgliche Atmosphäre der Stagnation wiederzugeben und die Fadheit des durch sie erzeugten Lebens dem Spott preiszugeben.

Die Zeit blieb nicht stehen, und der immer vorwärtsstrebende Tschechow konnte auch nicht stehenbleiben: er evolutionierte zusammen mit dem Leben und der Zeit.

Mit der zunehmenden Anspannung der Lage und der Ankündigung der Revolution wurde Tschechow immer entschiedener. Wer ihn für willenlos und unentschieden hält wie die Menschen, die er beschrieben hat, irrt. Ich sagte schon einmal, daß er uns mit seiner Härte, Bestimmtheit und Entschiedenheit nicht selten überraschte.

»Es ist furchtbar, aber anders geht's nicht! Sollen uns doch die Japaner aus der Ruhe bringen«, sagte mir einmal Tschechow aufgeregt, aber bestimmt, als es in Rußland nach Pulver roch.

Als einer der ersten in der Literatur der Jahrhundertwende spürte er die Unvermeidlichkeit einer Revolution, die damals erst im Ansatz da war, wo die Gesellschaft immer noch im Überfluß schwelgte. Als einer der ersten gab er das Alarmsignal. War er es doch, der den herrlich blühenden Kirschgarten abzuholzen begann, weil er erkannt hatte, daß das alte Leben unumkehrbar dem Tode geweiht war.

Jemand, der vieles von der heutigen Wirklichkeit voraussagen konnte, wäre auch in der Lage, das von ihm Prophezeite anzuerkennen.

Doch ist vielleicht Tschechows Art des Schreibens dem heutigen Menschen zu sanft? Die allgemein übliche Art der Darstellung eines revolutionären Menschen auf der Bühne ist die des theatralisch-effektvollen und energischen Protests, der unerbittlichen Entlarvung und der drohenden Forderung. Das gibt es in Tschechows Werken tatsächlich nicht. Doch dadurch werden sie nicht minder überzeugend und eindrucksvoll.

In seinem Aufruf zur Erneuerung des Lebens bedient sich Tschechow oftmals des Widerspruchs. Er sagt: das ist ein liebenswerter Mensch, und der auch, alles keine schlechten Leute, ihr Leben ist normal, und ihre Schwächen sind rührend oder lächerlich. Doch alles zusammen ist langweilig, überflüssig, matt und leblos. Was tun? Man muß gemeinsam alles verändern und ein anderes, besseres Leben anstreben.

Wer das bei Tschechow nicht spürt und nicht versteht, den halte ich für einspurig und phantasielos, ohne die Fähigkeit, hinaufzufliegen oder sich ins Wesen eines Kunstwerks zu vertiefen. Das ist die Folge eines plumpen und kleinkarierten Verhältnisses zur Kunst, das ihr die entscheidende Kraft raubt.

Auch wir Bühnenkünstler gehen nicht selten mit kleinbürgerlichen Forderungen an dichterische Werke heran und heben in ihnen nicht das hervor, was wirklich wichtig ist.

Die Wiedergabe des Tschechowschen Traums auf der Bühne muß reliefartig sein, und das Leitmotiv muß immer mitklingen. Leider ist der Traum schwieriger wiederzugeben als die Äußerlichkeit und das Alltägliche. Aus diesem Grunde wird auf dem Theater oftmals das Leitmotiv vernachlässigt und das Alltägliche viel zu stark in den Vordergrund gerückt. Eine solche Verlagerung geschieht freilich nicht nur durch die Schuld des Regisseurs, sondern nicht selten durch die der Schauspieler. So spielen die Darsteller den Iwanow für gewöhnlich als einen Neurastheniker und rufen im Zuschauer höchstens Mitleid mit dem kranken Menschen hervor. Wobei Tschechow ihn als einen starken Mann und Kämpfer im sozialen Leben darstellte. Aber auch ein Iwanow hielt es nicht durch und unterlag im ungleichen Kampf gegen die unerträgliche russische Wirklichkeit. Die Tragödie besteht nicht darin, daß der Hauptheld krank geworden ist, sondern in der Unerträglichkeit der Lebensbedingungen, die einer grundlegenden Reform bedürfen. Geben Sie diese Rolle einem Schauspieler mit ungeheurer innerer Kraft, und Sie werden Tschechow nicht wiedererkennen, genauer, Sie werden ihn überhaupt erst erkennen, wie er sein soll. Geben Sie Lopachin im »Kirschgarten« die Großzügigkeit eines Schaljapin und der jungen Anja das Temperament einer Jermolowa und lassen Sie ihn mit aller Wucht das Alte abreißen und sie, die zusammen mit Petja Trofimow das Nahen einer neuen Epoche ahnt, lauthals rufen: »Sei gegrüßt, neues Leben!« – dann werden Sie verstehen, daß »Der Kirschgarten« ein lebendiges und modernes Stück ist, daß die Stimme Tschechows munter und feurig klingt, weil er nicht zurück, sondern nach vorn blickt.

Der vielgesichtige Tschechow hat wie jeder Dramatiker eine Seite, die der Bühne und uns Schauspielern unmittelbar zugewandt ist: das betrifft Grundlagen und Prinzipien des Theaters, das Verstehen seiner Aufgaben, seines Wesens, der Schreibtechniken für die Bühne usw. Auf diesem professionellen Gebiet der Kunst, außerhalb jeglicher Tendenzen oder gesellschaftspolitischer Aufträge, ist es weniger wichtig, *was* ein Dichter schreibt und *was* der Schauspieler spielt, sondern *wie* sie es tun. Wir Fachleute für Schauspiel und Regie sollten das Werk Tschechows von dieser Seite aus – Dramaturgie, Regie und Schauspiel – studieren.

Wer hat das bis jetzt getan? Welcher Schauspieler hat die Technik der Dramaturgie bei Tschechow mit all ihren Neuerungen, Regiemöglichkeiten und der bis dahin ungekannten Bühnenwirksamkeit, die eine andere Psychologie und Befindlichkeit vom Schauspieler abverlangt, studiert? Wer von uns hat den Monolog Trepljows über die neue Kunst ergründet? Wissen denn die Schauspieler von diesen Geboten, deren Text sie freilich auswendig können wie das Vaterunser, was für ein Sinn sich hinter den Worten verbirgt?

»Man muß sich wundern«, sagte Maurice Maeterlinck zu mir, »wie wenig sich die Schauspieler für ihre Kunst und deren Technik, Philosophie und Virtuosität interessieren.«

Schauspieler, die voller Selbstgerechtigkeit und Überlegenheit meinen, Tschechow sei überholt, haben sein Niveau gar nicht erreicht. Sie sind es, die zurückgeblieben sind in unserer Kunst und sich aus Unverstand oder schlichtweg aus Faulheit verachtungsvoll über Tschechow hinwegsetzen wollen. Doch kann man, ohne alle Stufen unserer Kunst genommen zu haben, nicht weiterkommen auf den neuen Stufen der natürlichen, sich aus dem Leben ergebenden Entwicklung.

Tschechow ist einer der Meilensteine auf dem Wege der Theaterkunst, den Shakespeare, Molière, Luigi Riccoboni, der große Schröder, Puschkin, Gogol, Stschepkin, Gribojedow, Ostrowski und Turgenjew gebahnt haben. Wenn wir Tschechow studiert und uns seine Erkenntnisse zu eigen gemacht haben, werden wir auf einen neuen Entdecker warten, der eine neue Strecke des endlosen Weges erschließen, sie mit uns zurücklegen und einen weiteren Meilenstein für künftige Generationen von Theaterleuten setzen wird.

Werke von Menschen, die, gleich Tschechow, Meilensteine sind, überdauern Generationen, nicht aber umgekehrt. Themen des Lebens, die von Künstlern behandelt werden, werden nur für Leute alt, unmodern und spannungslos, für die es keine geschichtliche Perspektive gibt. Ein wirkliches Kunstwerk aber geht daran nicht zugrunde und verliert nichts von seinem poetischen Wert. Mag das Tschechowsche Was – wenn nicht in einem, so in dem einem anderen Werk – veraltet und für die postrevolutionäre Periode unannehmbar sein, das Wie Tschechows aber ist auf unseren Bühnen noch gar nicht zum vollen Leben gelangt.

Darum ist das Kapitel Tschechow noch nicht abgeschlossen, man hat es noch nicht richtig gelesen und voreilig, ohne zum Wesen vorzudringen, das Buch zugeschlagen.

Man schlage es wieder auf und lese es zu Ende.

Das Studio in der Powarskaja

Einmal geschah etwas Unbedeutendes, was mich dennoch tief beeindruckte. Als wir für die Inszenierung von Maeterlincks »Blinden« eine Plastik des toten und auf der Erde liegenden Pastors – des geistigen Führers von hilflosen Blinden – brauchten, bestellte ich diese bei einem Bildhauer der damaligen linken Richtung. Er kam zu mir, sah sich die Entwürfe und Modelle an. Ich berichtete ihm über meine Inszenierungspläne, die mich, nebenbei bemerkt, selbst bei weitem nicht befriedigten. Anschließend erklärte mir der Künstler in der damals von den Modernen gepflegten grobschlächtigen Art, daß ich für die Inszenierung eine Plastik aus Holzwolle brauche. Dies gesagt, ging er, ohne sich, glaube ich, verabschiedet zu haben. Dieser Zwischenfall machte auf mich tiefen Eindruck, weniger freilich wegen der Ungezogenheit des umstürzlerischen Bildhauers als wegen des Umstands, daß ich ihm recht gab und noch deutlicher erkannte, daß unser Theater in einer Sackgasse steckte. Neue Wege waren nicht in Sicht, alte wurden zerstört.

Kaum jemand von uns machte sich Gedanken über die Zukunft. Warum auch? Das Theater hatte Erfolg, das Publikum kam in rauhen Mengen, und alles schien zum besten zu stehen. Nur wenige – darunter Nemirowitsch-Dantschenko und einige Schauspieler – wußten Bescheid. Ich mußte etwas tun: fürs Theater, für alle Schauspieler und auch für mich selbst. Ich war ein Regisseur ohne Perspektive und als Schauspieler vor lauter Stagnation erstarrt. Ich fühlte tatsächlich, daß ich die Bühne innerlich leer betrat, ausgestattet nur mit äußerlichen Angewohnheiten und ohne seelisches Feuer.

Wieder einmal kam eine Zeit des Suchens, wo das Neue zum Selbstzweck wurde. Das Neue um seiner selbst willen. Man sucht danach nicht nur in der eigenen Kunstgattung, sondern auch in Literatur, Musik und Malerei. So steht man vor einem Gemälde Wrubels oder eines anderen Modernen jener Zeit und denkt sich nach alter Gewohnheit als Schauspieler und Regisseur in den Bildrahmen hinein, um nicht von draußen, sondern von innen heraus, gleichsam im Namen Wrubels oder seiner Gestalten, seine Stimmung zu erfühlen und sich ihr körperlich zu überlassen. Doch ist der innere Gehalt des

Werkes unbestimmbar, ungreifbar für das Bewußtsein. Lediglich in Augenblicken der Erleuchtung spürt man ihn, um ihn sofort wieder zu vergessen. In diesen unbewußten Augenblicken der Inspiration hat man das Gefühl, Wrubel in sich, in den Körper, die Muskeln, die Gesten und Haltungen aufgenommen zu haben, die nun beginnen, das Wesen des Werks auszudrücken. Man merkt sich das körperlich Gefundene und versucht es vor dem Spiegel mit eigenen Augen zu überprüfen, doch man begegnet zu seiner Bestürzung nur noch einer Karikatur auf Wrubel, dem komödiantenhaften Gehabe und, was viel öfter passiert, dem altbekannten verstaubten Opernklischee. Wieder geht man zum Bild und steht davor mit dem Gefühl, den inneren Gehalt auf seine Art empfunden zu haben. Doch prüft man dieses Gefühl mit dem eigenen Befinden und sieht man sich gleichsam von der Seite an, so stellt man mit Entsetzen das gleiche Ergebnis fest. Bestenfalls ertappt man sich dabei, die äußeren Formen der Linien Wrubels zu streifen, ohne an den inneren Sinn des Werks zu denken.

In solchen Augenblicken kommt man sich wie ein Musiker vor, der genötigt ist, ein verstimmtes Instrument zu spielen, das alle künstlerischen Intentionen verzerrt, oder wie ein Gelähmter, der einen geistvollen Gedanken artikulieren will, dessen Stimme und Zunge aber wider seinen Willen abstoßende Geräusche von sich geben.

Dann sagt man sich: »Nein, diese Aufgabe ist nicht zu bewältigen, da die Formen Wrubels zu abstrakt, immateriell sind. Sie sind zu weit entfernt vom realen wohlgenährten Leib des heutigen Menschen, dessen Umrisse ein für allemal feststehen und unwandelbar sind.« Man kann doch wirklich vom lebendigen Leib keine Arme abschneiden, um sie in die schräge Perspektive eines Bildes einzubauen, Hände, Finger und Beine verlängern oder die Hüften ausrenken, wie es der Maler für erforderlich hält.

In besseren Momenten sieht man es anders: »Nein, es liegt nicht daran, daß unser Körper materiell ist, sondern daran, daß er nicht flexibel, nicht ausdrucksvoll genug ist. Er ist den Anforderungen des kleinbürgerlichen Lebens und dem Ausdruck von alltäglichen Gefühlen angepaßt. Für eine bühnenmäßige Wiedergabe von abstrakten oder hehren Gefühlen aber haben die Schauspieler ein ganzes Sortiment von abgedroschenen Klischees: das übliche Gen-Himmel-Heben der Arme, das Spreizen der Finger, das theatralische Thronen und Daherschreiten anstelle des normalen Sitzens und Gehens

u. a. m. So ist es doch! In uns stecken zwei Arten von Gesten und Bewegungen: die gewöhnlichen, natürlichen und lebensnahen; und die ungewöhnlichen, unnatürlichen und lebensfremden, die im Theater zur Wiedergabe von Hehrem und Abstraktem dienen. Diese Art der Gestik entlehnte man den italienischen Opernsängern oder schlechten Bildern und Postkarten. Wie will man denn mit diesen vulgären Formen das Transzendente, Erhabene und Edle des menschlichen Geistes, die Tiefen eines Wrubel, Maeterlinck oder Ibsen wiedergeben?«

Ich stürzte mich bei der Suche nach neuen Ansätzen für die Schauspielkunst auf die Bildhauerei, doch blieben die Ergebnisse und Schlußfolgerungen dieselben; ich wandte mich der Musik zu und versuchte, ihre Töne mit den Körperbewegungen wiederzugeben, und mußte neuerlich feststellen, daß wir alle vom althergebrachten Ballett- und Operntheater zweifelhaftester Güte vergiftet sind.

»Gott, der Gerechte«, rief in mir die Stimme des Zweifels aus, »sind wir Schauspieler denn aufgrund unserer Körperlichkeit für ewig verdammt, nur dem grob Realistischen zu dienen? Sind wir nicht berufen, weiter zu gehen, als unsere Realisten seinerzeit in der Malerei (zugegeben, ausgezeichnet) gegangen sind? Oder bleiben wir immer nur ›Wanderaussteller‹ in der Bühnenkunst?«

»Aber das Ballett?« tröstete mich die andere innere Stimme. »Was ist mit seinen Besten: Taglioni, der Pawlowa und anderen? War das nicht auch eine Lossagung von der Materialität des Körpers? Und was ist mit den wie Vögel schwebenden Trapezkünstlern? Man glaubt kaum, daß sie aus Fleisch und Blut sind.

Warum können wir uns nicht von der Materie, vom Körper lossagen? Man muß nach dieser Immaterialität suchen und sie in sich kultivieren!«

Und wieder einmal wurde nächtens vor dem Spiegel der Körper geprüft wie ehedem im Haus am Roten Tor.

Dann griff ich mir die Stimme, die wir so lange vernachlässigt hatten. Ist die menschliche Stimme tatsächlich so materiell und groß, daß sie nicht auch »Abstraktes«, Erhabenes und Edles ausdrücken könnte? Nehmen wir Schaljapin, der damals eine Stufe nach der anderen zum Gipfel des Weltruhms nahm – erreicht er nicht das, was wir im Drama suchen?

»Sicher, aber das ist Oper, das ist Musik«, mischte sich die Stimme des Zweifels ein.

Ja kann denn gesprochene Rede nicht auch musikalisch sein?

Ich versuchte Prosa und Gedichte zu sprechen und traf immerzu auf den alten verhaßten Bekannten, das theatralische Klischee der Deklamation. Je mehr Eindruck wir in der Bühnensprache schinden und je weniger unsere Stimme darauf vorbereitet ist, desto unerbittlicher sind wir gezwungen, zu den unmöglichsten Tricks zu greifen in der Art der Fioritüren und deklamatorischen Verrenkungen, um damit unsere gewöhnlich klappernde Rede zu übertünchen.

Wir haben tatsächlich keine violinengleichen, melodischen Stimmen auf der Bühne: fast jeder spricht zerhackt und betont so, als spielte er auf einem Klavier ohne Pedal. Können denn überhaupt auf diese Art erhabene Gefühle, Weltschmerz, Geheimnisse des Seins, ja das Ewige zum Ausdruck gebracht werden?

In den Augenblicken der Eingebung wiederum, wenn man aus unerfindlichen Gründen nicht den oberflächlichen Sinn der Worte, sondern das, was tief darunterliegt, erfaßt, findet man den richtigen Klang, das Schlichte und Edle, wonach man gesucht hat. Dann klingt die Stimme, und die Rede wird musikalisch. Wie es dazu kommt, bleibt ein Rätsel der Natur. Sie allein versteht es, den menschlichen Apparat im Griff zu haben wie ein genialer Virtuose sein Musikinstrument. Sie weiß auch einem Stimmlosen einen kräftigen Laut zu entlocken, was ich an einem Beispiel erläutern will.

Einer unserer Kollegen hatte eine derart schwache Stimme, daß er im Theater kaum zu hören war. Weder Gesangsunterricht noch andere künstliche Mittel vermochten seine Stimme zu entwickeln. Bei einem Spaziergang im Kaukasus wurden wir von riesigen Schäferhunden angefallen, die uns an die Beine wollten. Vor Schreck schrie mein Kollege derart, daß man ihn kilometerweit hören konnte. Er hatte eine kräftige Stimme, die er nicht handhaben konnte, und die erst von der Natur in Gang gesetzt worden war.

»Also«, sagte ich zu mir, »es kommt darauf an, die Rolle zu erfühlen, dann kommt alles von ganz allein.« Und ich bemühte mich, zu fühlen und mich zu entflammen, doch das Ergebnis waren nur körperliche Krämpfe. Ich bemühte mich, in die Tiefe der Worte vorzudringen, und es kam schwerfälliges Gestammel eines Begriffsstutzigen heraus.

In dieser Zeit des Zweifels und der Suche begegnete ich dem ehemaligen Schauspieler des Moskauer Künstlertheaters Wsewolod Emiljewitsch Meyerhold. Vier Jahre nach der Eröffnung unseres Theaters war er von uns weggegar.gen, hatte in der Provinz ein Ensemble gegründet und mit ihm nach neuerem, modernerem Ausdruck gesucht. Der Unterschied zwischen mir und ihm bestand darin, daß ich nach dem Neuen suchte, ohne die Wege zu kennen, er aber, wie es schien, Mittel und Wege gefunden hatte, ohne sie im vollen Maße verwenden zu können, teils wegen der materiellen Umstände, teils wegen des schauspielerisch schwachen Ensembles. So fand ich jemanden, den ich damals dringend brauchte. Ich beschloß, Meyerhold bei seinen neuen Arbeiten zu helfen, die sich, wie mir schien, in vielerlei Hinsicht mit meinen Vorstellungen deckten.

Doch wie und wo sollte das verwirklicht werden? Diese Arbeit brauchte eine Art Labor. Im Theater mit seinen täglichen Vorstellungen, komplizierten Verpflichtungen und dem knapp bemessenen Budget war kein Platz dafür. Man brauchte eine besondere Einrichtung, die Meyerhold treffend »Theaterstudio« nannte. Kein Theater also und keine Schule für Anfänger, sondern ein Versuchslabor für mehr oder minder fertige Schauspieler.

An der Schaffung des Studios wurde wie besessen gearbeitet, aber ich beging die gleichen Fehler wie in der Zeit der Gesellschaft für Kunst und Literatur.

Man hätte das Studio vor einer vorzeitigen Erweiterung schützen und zunächst in einem bescheidenen und nicht sonderlich kostspieligen Raum arbeiten sollen. Doch ich ließ mich dazu hinreißen, ein gerade frei gewordenes und verhältnismäßig billiges Theater zu mieten, womit die Kosten sich sofort verzehnfachten. Man mußte umbauen, Leute anstellen, die das Haus instand hielten und die notwendigen Arbeiten verrichteten. Zu allem Überfluß boten die sehr begabten Maler Sapunow und Sudejkin, die damals Ausstattungsleiter des Theaters waren, ihre Dienste für die Gestaltung des Foyers an, weil sie vom Studio begeistert waren und hier ihrer jugendlichen Phantasie freien Lauf lassen konnten. Das Ende vom Lied war, daß sie den Parkettfußboden grün anstrichen, wogegen derselbige rebellierte, so daß man den Fußboden neu machen lassen mußte.

Wie auch zu Zeiten der Gesellschaft für Kunst und Literatur entstanden zahlreiche Abteilungen. Für den Musikteil waren der begabte und schnell entflammbare I. A. Saz sowie einige jüngere Komponisten zuständig. Die gewöhnlichen Töne der Orchesterinstrumente genügten ihnen nicht, weil sie die in der Musik möglichen Klänge nur ungenügend wiedergaben. Die jungen Leute gingen auf die Suche nach neuen Musikinstrumenten, mit denen sie das Orchester bereichern wollten. Sie argumentierten folgendermaßen: der

Klang einer Hirtenflöte, die man morgens hört, ist doch schön, oder? Wieso braucht die Musik diesen Klang nicht? Welches Instrument wäre da in der Lage, diesen Klang, sei es auch nur annähernd, wiederzugeben? Die Oboe, die Klarinette? Das sind doch alles fabrikmäßige Geräusche, in denen die Natur nicht mehr zu erkennen ist. Man erwog auch andere alte und Volksinstrumente wie die Dombra und die Lyra, auf denen die Blinden ihre Psalmen oder das Lied vom Gottesmann Alexej begleiteten, aber auch kaukasische Musikinstrumente mit ihren spezifischen, im Orchester nicht vorhandenen Klängen. Es wurde eine Forschungsreise durch ganz Rußland beschlossen, um ein Ensemble von weitgehend unbekannten Musikern und Schauspielern aus dem Volk zu bilden und mit dessen Hilfe die Musik zu erneuern.

Von dieser Reise brachte man einige Naturgenies mit, deren Existenz niemand vordem bewußt war. So zum Beispiel einen nahezu genialen Virtuosen auf der Hirtenflöte, der in der Kraft des Klangs und der Musikalität jedem Virtuosen auf Blasinstrumenten Konkurrenz machen konnte, ohne dabei die eigene Naivität und das Duftige der Wiesen und Wälder einzubüßen. Oder etwa ein herrliches Familientrio: das Mädchen mit hohem Sopran, der Junge mit Altstimme, die Mutter mit einem Bariton, wobei sie einem Dudelsack gleich den Ton durchhielt, ohne daß man die Augenblicke des Einatmens ausmachen konnte. Eine derartige Atmung war mir bislang noch nicht begegnet. Man fand außerdem Märchenerzähler, die ihre Bylinen und Märchen in einem Singsang zum besten gaben; Klageweiber, die in sehr eigenartigen Kadenzen und stimmlichen Modulationen die Toten beweinten. Man entdeckte einen Geschichtenerzähler, dessen Mittel man vom ästhetischen Standpunkt aus hätte anzweifeln können, dessen Originalität und Begabung aber außer Zweifel standen. Er imitierte einen Betrunkenen: schluchzend, schreiend und sich an die Brust schlagend erzählte er voller Verzweiflung von seiner Geliebten, einem auf dem Schlachtfeld gefallenen Bruder oder Freund oder aber von einer Mutter, die ihre Kinder im Stich gelassen und sich dem Laster ergeben hatte. Ich habe mir sagen lassen, daß ihm dabei die Tränen aus den Augen schossen und sein Temperament mit ihm durchging, so daß man nicht ohne Schaudern und Tränen dieser außergewöhnlich starken, wenn auch wenig ästhetischen Darbietung beiwohnen konnte.

Statt daß ich die Unternehmungen der jungen Leute gebremst hätte, ließ ich mich selbst hinreißen und stachelte zum eigenen Schaden auch noch andere an, weil mir die neuen Ideen als überaus interessant erschienen.

Wieder suchten wir nach Geldgebern und verbrauchten in der Zwischenzeit das vorhandene Geld im Vertrauen auf künftige Einnahmen. Wir hatten im voraus viel investiert und einen Teil des Ensembles engagiert. Ein Geldgeber ließ auf sich warten, und so mußte ich notgedrungen alle Kosten tragen, obwohl ein Großteil meiner Schulden aus der Zeit der Gesellschaft für Kunst und Literatur noch nicht getilgt war.

Wir fanden junge Schauspieler und Schauspielschüler aus den Moskauer und Petersburger Theatern, darunter die heute bekannten Pewzow, Kostromskoi, W. Podgorny, W. Maksimow, Munt.

Die Proben fanden wie bei der Schaffung des Künstlertheaters ebenfalls in Puschkino statt. Ich ließ dazu wie damals eine Scheune einrichten, brachte alle im Sommer in den umliegenden Datschen unter und blieb den ganzen Sommer über fern von Moskau, um erst im Herbst die Ergebnisse dieser Arbeit zu sehen. Ich meinte, daß die Jungen volle Selbständigkeit brauchten, um erfolgreich zu sein. Meine Anwesenheit und Autorität hätten auf die Phantasie und den Willen des Regisseurs und der Schauspieler einen unnötigen Druck ausgeübt, und sie würden naturgemäß an jener Stelle landen, die mir nur zu gut bekannt war. Ich erwartete, daß das junge Gefühl etwas Neues bringen mußte, was mich mitreißen könnte. Dann würde ich mit Hilfe meiner Erfahrungen den Ansätzen folgen und die Grundlagen der neuen jungen Kunst festigen können.

Den ganzen Sommer über erhielt ich Probennotate und Briefe, in denen die neuen Prinzipien und Formen der Darbietung, die das Studio entwickelte, dargelegt wurden. Viel Originelles und Gescheites, doch wird es sich in der Praxis verwirklichen lassen? Das Credo des neuen Studios, auf eine Kurzformel gebracht, bestand darin, daß der Realismus überholt und die Zeit für das Irreale auf der Bühne gekommen sei. Nicht das Leben selbst sollte dargestellt werden, sondern das, was wir in unseren Träumen, Gesichten und Affekten vage zu empfinden vermögen. Dieser seelische Zustand sollte szenisch dargestellt werden, wie es die Maler der neuen Richtung auf ihren Leinwänden, die Komponisten der Moderne in der Musik und die neuen Dichter in ihren Werken taten. Die Werke dieser Künstler hatten keine klar umrissenen Linien, vollendeten Melodien und eindeutigen Gedanken. Die Stärke der neuen Kunst bestand in der Kombination von Farben, Linien, Tönen und Wortklängen, die eine

Stimmung erzeugten, die den Hörer oder Betrachter in ihren Bann zogen und ihn zwangen, mit der eigenen Phantasie selbständig das Werk zu vollenden.

Meyerhold sprach klug und schön von seinen Vorhaben und fand dafür auch treffende Worte. Den Notaten und Briefen konnte ich entnehmen, daß wir uns grundsätzlich einig waren und nach etwas suchten, was die anderen Künste bereits gefunden hatten, was jedoch in unserer Kunst einstweilen unanwendbar war.

Gelegentlich kamen mir Zweifel: »Was ist, wenn diese Entdeckungen nur das Ergebnis einer Begeisterung, eines Selbstbetrugs sind? Wenn das nun nicht vom inneren Erleben, sondern bloß vom Sehen und Hören, von der äußerlichen Nachahmung der neuen Formen herrührt? Es ist leicht gesagt: das, worin uns die Malerei, die Musik und andere Künste überholt haben, auf die Bühne zu übertragen. Schön wär's! Die Leinwand nimmt alle Linien und Formen auf, die der Phantasie des Malers einfallen. Aber wohin mit unserem materiellen Körper?«

Damals sah ich kein Mittel, das zu realisieren, was mir vorschwebte, was ich Gemälden, Musikwerken und Gedichten entnahm. Ich wußte nicht, wie die feinsten Schatten eines Gefühls in Worte zu fassen und auf die Bühne zu bringen seien. Was mich faszinierte, war nicht zu verwirklichen, und ich meinte, daß es Jahrzehnte, Jahrhunderte, eine ganze Kultur gar brauchen würde, bis wir Schauspieler den gleichen Weg zurückgelegt haben würden, den andere Künste bereits hinter sich hatten.

»Wer weiß, vielleicht wird eine neue junge Kultur Schauspieler hervorbringen, die die Hindernisse der Materialität unseres Körpers zu überwinden wissen werden, um das Geistige in der Kunst zu verstärken«, dachte ich in Augenblicken wiedererwachender Hoffnung.

In solchen Augenblicken wollte ich glauben, daß jede neue Generation etwas in sich trägt, was den Vätern unerreichbar war, jenes Neue, wonach wir in uns selbst und in der alten Kunst vergeblich suchten. Vielleicht wird das, was wir allenfalls zu wollen imstande sind, den Jüngeren selbstverständlich sein.

Mögen die Proben des neuen Studios noch viele Fehler enthalten oder gar ein negatives Ergebnis bringen! Ist es nicht wichtig zu wissen, was man falsch gemacht hat? So tröstete ich mich in Augenblicken des Zweifelns.

Im Herbst kehrte ich nach Moskau zurück. In der Probenscheune in Puschkino wurde nun das Ergebnis der Studioarbeit vorgeführt, allerdings nicht ganze Stücke, sondern einzelne Szenen, die die Absichten der Neuerer am deutlichsten präsentierten. Es gab viel Interessantes, Neues und Überraschendes, man sah den Einfallsreichtum des talentierten Regisseurs.

Ich sah mir diese Vorführung mit großem Interesse an und konnte beruhigt nach Hause fahren.

Die Mitglieder des Studios setzten ihre Versuche in Puschkino fort, während ich mich der täglichen Arbeit am Künstlertheater widmete und auf die Ankündigung von Generalproben wartete, doch eine Einladung kam und kam nicht.

Endlich wurde eine Generalprobe mit Maeterlincks »Der Tod des Tintagiles«, Hauptmanns »Schluck und Jau« und einigen Einaktern verschiedener Autoren angesetzt. Jetzt wußte ich Bescheid. Die jungen unerfahrenen Schauspieler hatten gerade so viel Kraft, um, geführt von einem begabten Regisseur, ihre Versuche in kürzeren Szenen dem Publikum darzubieten. Als es aber darum ging, Stücke mit großer innerer Dichte und feiner Zeichnung in eine abstraktere Form zu bringen, zeigten die Jungen ihre kindliche Hilflosigkeit. Der begabte Regisseur versuchte, sich vor die Schauspieler zu stellen, die in seinen Händen nur der weiche Ton waren zum Formen von schönen Gruppen und Arrangements, mit deren Hilfe die interessanten Ideen verwirklicht werden konnten. Doch da es den Schauspielern an technischem Können mangelte, gelang dem Regisseur lediglich die Demonstration seiner Ideen, Prinzipien und Forschungen, die jedoch nicht verkörpert werden konnten und somit zu einer abstrakten Theorie oder wissenschaftlichen Formel wurden. Einmal mehr mußte ich feststellen, daß zwischen den Ideen des Regisseurs und deren Verwirklichung ein großer Abstand ist; daß das Theater vor allen Dingen für den Schauspieler existiert und ohne ihn nicht denkbar ist; und daß die neue Kunst neue Schauspieler mit völlig anderer Technik braucht. Da es aber solche Schauspieler im Studio nicht gab, war mir das traurige Los des Unternehmens klar. Man hätte zwar ein Studio für Regiearbeit ins Leben rufen können, doch mich interessierte der Regisseur nur insofern, als er künstlerisch den Schauspieler führte, nicht aber seine Unzulänglichkeiten verdeckte. Aus diesem Grunde entsprach ein Regiestudio, so großartig es auch sein mochte, nicht meinen damaligen Vorstellungen, besonders wenn man bedenkt, daß mich sowohl die Arbeit der Bühnenbildner enttäuschte als auch deren auf das Äußerliche bedachte Mittel mitsamt den Tricks des Regisseurs. Alle meine Hoffnungen galten dem

345

Schauspieler und der Ausarbeitung von festen Grundlagen für seine Technik und Kreativität.

Ich hielt die Eröffnung des Studios für gefährlich, weil ich meinte, eine Idee schlecht zu präsentieren komme dem Mord an ihr gleich.

Nun brach im Herbst 1905 die Revolution aus, und den Moskauern war nicht mehr nach Theater zumute. Die Gründung eines neuen Unternehmens hätte viel Zeit und damit viel mehr Geld gekostet. Ich wäre nicht in der Lage gewesen, alle Gläubiger auszuzahlen, und so mußte ich das Studio eilig schließen.

Im Moskauer Künstlertheater zeigte man sich sogar froh über den Niedergang des Studios, denn man wurde inzwischen eifersüchtig. Jetzt aber kehrte ich endgültig zu meinen alten Mitstreitern zurück.

»Stanislawski wollte die heiße Suppe kosten, hat sich den Mund verbrannt und endlich begriffen, daß es ohne uns Alte doch nicht geht«, war der Kommentar.

Doch sahen Nemirowitsch-Dantschenko und ich deutlich, daß unsere Kunst auf dem Scheideweg steckengeblieben war, daß wir uns selbst und das Ensemble auffrischen mußten. In Moskau durften wir nicht länger bleiben, nicht weil die sich anbahnende Revolution und die dementsprechende Stimmung im Lande störend waren, sondern weil wir selber nicht wußten, wohin gehen und was tun. Der einzige Ausweg war ein Auslandsgastspiel.

Und gerade zu jener Zeit geschah etwas, das uns dazu den letzten Anstoß gab. Im Moskauer Künstlertheater wurde die Premiere des neuen Stücks von Gorki »Kinder der Sonne« angekündigt. Kurz vor Beginn ging das Gerücht um, die Rechtsradikalen, die »Schwarzhemden«, die uns für unzulässig links und Gorki überhaupt für einen Feind des Vaterlands hielten, planten einen Anschlag während der Vorstellung. Die Zuschauer harrten in unruhiger Erwartung eines Skandals. Im letzten Akt endlich, in der Szene eines Aufruhrs während der Cholera-Epidemie, stürzte über den Zaun des Hauses plötzlich eine Meute von Statisten, die man für die angreifenden »Schwarzhemden« hielt. Jemand schrie, der Lärm wurde unerträglich, die Leute verfielen in Hysterie, Frauen und sogar Männer. Man beeilte sich, den Vorhang herunterzulassen. Nachdem sich die Zuschauer von ihrem Irrtum überzeugt hatten, durfte die Vorstellung weitergehen, allerdings vor einem merklich geschrumpften Publikum.

Diesen tragikomischen Vorfall nahmen wir zum Anlaß, von der Unaufschiebbarkeit einer Auslandsreise zu sprechen.

Im Oktober begann der Generalstreik, danach brach der bewaffnete Aufstand aus. Das Theater wurde vorübergehend geschlossen. Nach einigen Tagen hörte die Schießerei auf den Straßen auf, der Belagerungszustand aber blieb aufrechterhalten: nach acht Uhr abends durfte man nicht mehr auf die Straße.

So lieferten uns die Umstände eine genügende Rechtfertigung für eine Auslandsreise.

Die erste Auslandstournee

Zur Beratung der Auslandstournee versammelte sich die Theaterleitung in meiner Wohnung im Karetny Rjad. Für Übernachtung war gesorgt. Wir mußten in dieser Frage unbedingt zu einer Entscheidung kommen, um einen Vorposten nach Berlin auszuschicken, der sich um die Miete eines Theaters, um die Bestellung von Dekorationen usw. kümmern sollte. Die vorerst in Moskau Zurückbleibenden waren für Geld und Organisation der Reise zuständig. Die Beratung dauerte die ganze Nacht, und selbst als die Gäste in ihre Betten gingen und die Kerzen gelöscht wurden, hörten die Diskussionen nicht auf, weil sowieso niemand schlafen konnte.

Einige Tage später reiste der Schauspieler A. L. Wischnewski als Vorposten ab, und am 24. Januar 1906 fuhren das Ensemble und ich mit Frau und Kindern über Warschau nach Berlin.

Berlin begrüßte uns mit schönem Wetter: man konnte Ende Januar im leichten Übergangsmantel gehen. Aufgrund der Hochzeit eines Angehörigen der kaiserlichen Familie war die Stadt überfüllt, deshalb mußten wir auf Hotelzimmer verzichten und eine große Wohnung mieten, aus der kürzlich ein Theaterklub ausgezogen war. Dort richteten wir uns ein – Nemirowitsch-Dantschenko, ich mit der Familie, die Knipper, Wischnewski und einige Schauspieler – und führten unseren Haushalt. Daß es sonderlich bequem war, konnte man nicht sagen, aber originell und lustig allemal.

Obwohl unsere Ankunft vom bekannten Theaterkritiker August Scholz in der Presse angekündigt und vorbereitet wurde, war zunächst die Beziehung der Deutschen zu den Russen, jedenfalls zu uns, nicht sonderlich gastfreundlich. Die Bühnentechniker hatten eine recht primitive Vorstellung von der russischen Kunst, verwechselten uns mit Zirkus und staunten darüber, daß wir keine Trapeze, Leitern oder Seile für die zu erwartenden Seiltänze mitgebracht hatten. Die bestellten Dekorationen waren nicht fertig. Alle Werkstätten erfüllten Aufträge aus Amerika und nahmen russische Revolutionäre gar nicht zur Kenntnis. Es waren unsere eigenen Bühnentechniker unter der Leitung I. I. Titows, alles Leute, die das Unternehmen liebten, es mit aufgebaut, seine Prinzipien gewissermaßen mit der Muttermilch eingesogen hatten, die uns retteten. Innerhalb weniger Nächte (tagsüber probierte das deutsche Ensemble) schafften die vier Männer, was eine ganze Fabrik einen Monat lang nicht fähig war, uns anzufertigen. Aber auch hier wurden uns Hindernisse in den Weg gelegt: um das Recht zu bekommen, nachts auf der Bühne zu arbeiten, mußten wir sämtliche deutschen Techniker nach dem Überstundentarif bezahlen. Als Statisten engagierten wir russische Emigranten. Nach der Niederlage im russisch-japanischen Krieg und nach dem Scheitern der Revolution wurden Russen im Ausland fast verächtlich behandelt, so daß wir unsere Mission darin sahen, das Ansehen der Russen nach Möglichkeit zu heben. Vor allem mußten wir mit Disziplin und Tüchtigkeit der Schauspieler Eindruck machen. Das sah jeder ein und benahm sich tadellos. Die Proben dauerten mit kurzen Pausen von früh bis spät mit einer Disziplin, die das Theater, in dem wir spielen mußten, bis dahin nicht gekannt hatte. Bald entstanden Legenden über unser Leben hinter den Kulissen, die Beziehungen verbesserten sich, doch ideal waren sie noch lange nicht.

Der Mangel an Geld und Erfahrung erlaubte uns nicht, eine einer europäischen Großstadt angemessene Reklame zu machen. Die Plakate W. A. Simows waren zu kunstvoll und darum auch zu wenig aufdringlich, als daß sie hätten ins Auge springen und für uns werben können. Außerdem waren sie knapp und verschwanden in der Flut der bunten Anschläge von großen Handelsfirmen der Metropole. Zwar war das Haus bei der ersten Vorstellung ausverkauft, doch ab der zweiten Vorstellung war es nur halbvoll.

Wir eröffneten das Gastspiel mit »Zar Fjodor«. Nicht nur unser Ansehen, sondern auch das Rußlands stand an jenem Abend auf dem Spiel, und wären wir durchgefallen, man hätte es uns nicht verziehen. Außerdem, was hätten wir dann tun sollen? Ohne Geld, das ja noch vor dem Aufgehen des Vorhangs ausgegeben worden war, nach Rußland zurückfahren? Ich erspare mir die Beschreibung der Aufregung und Unruhe hinter den Kulissen vor der ersten Vorstellung. Überraschenderweise gratulierten uns die deutschen Bühnentechniker schon vor Beginn der Aufführung. Nun erfuhren wir, daß der berühmte und ausgezeichnete Schauspieler Haase, ein Veteran der Berliner Bühnen, mit seiner Frau eingetroffen war. Dies sei ein gutes Zeichen, denn die alten Herrschaften gingen nur in ganz außerordentlichen Fällen ins Theater. Offensichtlich erweckte unsere Vorstellung das Interesse wenn nicht des breiten Publikums, so doch der Berliner Intellektuellen. Nach dem ersten Bild des »Zaren Fjodor« brauste stürmischer Applaus, und als der Vorhang zum zweiten Bild aufging, erneuerte sich der Beifall mit noch größerer Kraft. Der Erfolg nahm mit jedem Akt zu. Unser alter Freund, der berühmte deutsche Schauspieler Barnay, kam immer wieder hinter die Kulissen gelaufen, um uns Mut zu machen. Am Schluß der Vorstellung gab es unzählige Vorhänge und alle übrigen Attribute eines großen Erfolgs. Seitens der deutschen Bühnentechniker und des Theaterpersonals vollständiger Stimmungswandel: anstelle der Verachtung trat so etwas wie Anbetung.

Auf die ersten Zeitungskritiken, die über unser Schicksal im Ausland entscheiden sollten, warteten wir verständlicherweise mit großer Ungeduld und Bangigkeit. Das folgende Genrebild bezeugt unsere Aufregung. Am Morgen nach der Vorstellung, als die ersten Zeitungen erschienen waren, wurden meine Frau und ich von den Mitbewohnern-Schauspielern und ihren Frauen in aller Frühe geweckt. Sämtliche Anstandsregeln mißachtend, stürzten sie in Pyjama und Schlafrock jubelnd ins Schlafzimmer. Eine der Frauen, die blendend Deutsch konnte, übersetzte allen die Rezensionen. Wollte man ihnen Glauben schenken, so hatten wir Berlin im Sturm erobert und vollständig gesiegt. Wir staunten darüber, wie gut die deutschen Kritiker die Literatur und überhaupt das Leben Rußlands kannten. Man hätte stellenweise annehmen können, die Kritiken würden von Russen stammen, zumindest Menschen, die Russisch konnten: derart genau verstanden sie sowohl die literarische Seite als auch die Nuancen der Darstellung. Ich fragte einmal einen Sachkundigen, wie man solche Theaterkenner heranbilde. Er eröffnete mir die in Deutschland praktizierte höchst geistreiche und zweckdienliche Methode: »Wir lassen einen angehenden Kritiker keinen Verriß, sondern eine lobende Kritik schreiben, denn verreißen kann jeder, ob er von der Sache etwas versteht oder nicht, aber überzeugend loben kann nur ein Kenner.«

Der Erfolg des »Zaren Fjodor«, der Stücke Tschechows, Ibsens und Gorkis sowie die glänzenden Kritiken hatten dennoch nur wenig Einfluß auf die Einnahmen des Theaters. Sie blieben so lange gering, bis Kaiser Wilhelm fürs Theater Interesse zeigte. Erst kam die Kronprinzessin zu einer Vorstellung, dann die Kaiserin und schließlich der Kaiser höchstpersönlich. An einem Sonntag teilte man uns aus dem Schloß mit, daß der Kaiser darum bitte, am Montag für ihn den »Zaren Fjodor« zu geben. Angekündigt war aber die Premiere von

»Ein Volksfeind«, die nun abgesagt werden mußte. Die Druckereien hatten am Sonntag zu, also würden die Plakate über die Spielplanänderung erst am Montag, das heißt zu spät, erscheinen. Die Theaterdirektion machte den Hof auf diesen Umstand unmißverständlich aufmerksam. Dennoch wurde eine halbe Stunde später die Bitte des Kaisers wiederholt, er kannte sein Berlin offensichtlich besser als wir. Über das Plakat, das am nächsten Tag erschien, lief ein schräger roter Streifen mit der Aufschrift: »Auf Wunsch des Kaisers«, und das reichte aus, daß das Haus innerhalb weniger Stunden ausverkauft war. Wilhelm II. erschien in russischer Uniform und sah gar nicht so aus, wie man ihn von den Bildern her kannte. In Wirklichkeit war er untersetzt, mit recht großen Pockennarben im Gesicht und einem ganz gewöhnlichen, etwas nach oben gekämmten Schnurrbart, bei weitem nicht so übertrieben, wie es auf den Bildern dargestellt wurde. Der Kaiser saß, umringt von seiner ganzen Familie, in der Hauptloge, hielt sich ungezwungen, richtete öfter eine Frage an einen der Anwesenden, oder er bückte sich über die Brüstung der Loge und machte den im Parkett sitzenden Schauspielern seines Theaters Zeichen, indem er anerkennend in Richtung der Bühne nickte. Einige Male klatschte er demonstrativ Beifall. Entweder ist er ein begeisterungsfreudiger Mensch oder ein guter Schauspieler, meinten wir. In den Pausen wurden Nemirowitsch-Dantschenko und ich in seine Loge gerufen, wo er uns einige das Theater betreffende Fachfragen stellte. Nach Schluß der Vorstellung, nachdem das Publikum gegangen war, blieben Wilhelm II. und die Oberintendanten der königlichen Theater noch lange in der Loge und fragten uns über unseren Beruf aus. Wir mußten von A bis Z über alle Einzelheiten unserer Arbeit hinter den Kulissen berichten. Manchmal unterbrach uns der Kaiser und machte die Intendanten auf etwas aufmerksam, das es in ihren Theatern nicht gab.

Nach Wilhelms Besuch in unserem Theater füllte sich unsere Kasse, und am Ende war unser fünf- oder sechswöchiges Gastspiel nicht nur ein künstlerischer, sondern auch ein materieller Erfolg. Hinzu kamen Geschenke und Ehrungen von deutschen Schauspielern, einigen Gesellschaften, Persönlichkeiten und der russischen Kolonie. Besonders beeindruckend waren zwei Empfänge: der erste wurde in der kleinen Wohnung des alten Haase gegeben, der zweite vom berühmten Schriftsteller Hauptmann. Die Berliner pflegen zu Empfängen und Essen in Restaurants oder Hotels einzuladen, um den normalen Ablauf des häuslichen Lebens nicht zu stören. Nur wenn man jemandem eine besondere Ehre erweisen will, lädt man ihn zum Essen in seine Wohnung ein, was natürlich mit sehr viel Arbeit und Aufwand verbunden ist. Ebendiese Ehre wurde unserem Ensemble zuteil. Haase war derart begeistert von unseren Aufführungen, daß er in seine nicht sehr große Wohnung fast das ganze theatralische Berlin einlud – je zwei Schauspieler (einen Herrn und eine Dame) von jedem der wichtigsten Berliner Theater. Hinzu kamen ehemalige Schauspieler des Meininger Ensembles, die zu den Proben für eine Jubiläums-Aufführung zu Ehren des alten Meininger Herzogs nach Berlin gekommen waren. Da Haase von meinen Beziehungen zum berühmten Ensemble wußte, wollte er mir eine Freude machen, indem er mich Schauspielern vorstellte, die ich seinerzeit bewundert hatte. In zahlreichen Reden wurden Worte der Dankbarkeit gewechselt, und nach dem Abendessen plazierte man mich inmitten der Schauspieler und ließ mich Schritt für Schritt über den Ablauf unserer Theaterarbeit berichten. Diesen schwierigen und komplizierten Vortrag mußte ich in Deutsch halten, das ich inzwischen gründlich vergessen hatte. An diesen außerordentlich herzlichen Empfang beim Veteranen der deutschen Bühnen und seiner charmanten Gemahlin bewahre ich die angenehmsten Erinnerungen.

Der zweite Empfang, der von Hauptmann gegeben wurde, hatte eine kleine Vorgeschichte. Hauptmann besuchte oft unsere Vorstellungen, und seine Liebe zur russischen Literatur wie auch ihr Einfluß auf ihn sind hinreichend bekannt. Bei der ersten Vorstellung, zu der er kam (es war »Onkel Wanja«), begegnete er erstmals der russischen Bühnenkunst. In den Pausen äußerte er gegenüber seiner Frau und den anderen Verwandten, die mit ihm in der Loge saßen, recht laut seine hohe Meinung von Tschechow und unserem Theater. Nemirowitsch-Dantschenko und ich hielten es für angebracht, vor unserer Abreise aus Berlin jenem Schriftsteller unsere Hochachtung zu bezeugen, mit dessen Stücken unser Theater im Laufe von vielen Jahren den russischen Zuschauer bekannt gemacht hatte. In der kleinen Wohnung Hauptmanns fanden wir ein völliges Durcheinander vor. Seine Frau nämlich, über die erzählt wurde, Hauptmann habe sie als Rautendelein in der »Versunkenen Glocke« und als Pippa in »Pippa tanzt« beschrieben, schwärmte für Orchestermusik und, wenn ich nicht irre, sogar fürs Dirigieren. Offenbar sollte in Kürze eine Musikprobe stattfinden, denn das kleine Zimmer war mit Notenpulten vollgestellt. Aus Platzmangel wurden einige davon ins Arbeitszimmer des Schriftstellers verbracht. Hauptmann ließ uns an

Tschechow denken: beiden waren Bescheidenheit, Schüchternheit und Kürze des Ausdrucks eigen. Leider konnte das Gespräch weder ausgiebig sein noch viele Themen berühren, weil wir erstens selber von der Nähe dieses herausragenden Mannes benommen waren und zweitens, weil unser Deutsch Themen aus Kunst und Literatur nicht gewachsen war. Hauptmann sagte, er habe für seine Stücke schon immer eine solche Spielweise gewünscht, die er bei uns sah – keine theatralische Übertreibung und Künstlichkeit, sondern ein schlichtes, tiefes und gehaltvolles Spiel. Die deutschen Schauspieler behaupteten, seine Wünsche seien unerfüllbar, da das Theater eigene Anforderungen und Konventionen habe, die unantastbar seien. Jetzt aber, da der Zenit seiner schriftstellerischen Tätigkeit bereits überschritten sei, habe er gesehen, wovon er ein Leben lang träumte.

Künstlerische Reife

Entdeckung
altbekannter Wahrheiten

Der Tod Tschechows riß ein großes Stück aus der Seele des Theaters heraus. Die Krankheit und der Tod Morosows waren ein weiterer Schlag. Die Unzufriedenheit mit den mißlungenen Inszenierungen der Stücke Maeterlincks, die Schließung des Studios in der Powarskaja, der Ärger über mich selbst als Schauspieler sowie vollkommenes Dunkel in bezug auf den künftigen Weg – das zusammen beunruhigte und entmutigte mich, so daß ich immer verkrampfter und lebloser auf der Bühne wurde.

Während der langen Zeit meiner Theaterarbeit, beginnend mit dem Alexejew-Zirkel, dem Tingeln in Laienbühnen und endend mit der Gesellschaft für Kunst und Literatur und schließlich mehreren Jahren im Moskauer Künstlertheater, habe ich viel erfahren, viel begriffen, viel durch Zufall entdeckt. Unentwegt suchte ich nach immer neuen Erkenntnissen für meine Arbeit als Schauspieler und Regisseur sowie nach Prinzipien für das äußere Bild der Inszenierungen. Ich fiel aus einem Extrem ins andere, vergaß oft wichtige Errungenschaften und folgte begeistert zufälligen und fremden Spuren. Jetzt aber hatte ich einen Sack voll Material zur Technik der Schauspielkunst. Doch alles lag ungeordnet durcheinander, systemlos, erschwerte damit die Nutzung dieser künstlerischen Schätze. Man mußte Ordnung schaffen, alles sichten, auswerten und das Material in die entsprechenden Schubläden der Seele stecken, wenn man so sagen darf. Was unbehauen war, mußte bearbeitet und als Fundament der eigenen Kunst zugrunde gelegt werden; was mit der Zeit unansehnlich wurde, sollte aufgefrischt werden, sonst war eine Vorwärtsbewegung unmöglich.

Mit solchen Gedanken fuhr ich für den Sommer nach Finnland. Auf meinen Morgenspaziergängen lief ich zum Meer und stöberte, auf einem Felsen sitzend, in meiner künstlerischen Vergangenheit. Vor allem wollte ich herausfinden, was aus meiner früheren Freude am Schöpferischen geworden war. Warum langweilte ich mich damals an Tagen, an denen ich nicht spielte, und wieso freue ich mich heute, wenn ich von Vorstellungen freigestellt werde? Es heißt, den Berufsschauspielern könne es bei den täglichen Auftritten und häufigen Wiederholungen ein und derselben Rollen gar nicht anders gehen. Mit dieser Erklärung gab ich mich aber nicht zufrieden. Offenbar mögen die hier Gemeinten ihre Rollen und ihre Kunst sehr wenig. Die Duse, die Jermolowa oder Salvini haben ihre Glanzrollen ungleich öfter gespielt als ich, doch es hinderte sie nicht daran, sie jedesmal noch vollendeter zu spielen. Wie kommt es, daß ich, je öfter ich meine Rollen wiederhole, desto verkrampfter werde und zurückfalle? Schritt für Schritt ging ich die Vergangenheit durch und erkannte immer deutlicher, daß der innere Gehalt, den ich den Rollen ganz zu Anfang gegeben hatte, und die äußere Form, zu der sie im Laufe der Zeit erstarrten, so weit voneinander entfernt waren wie Himmel und Erde. Früher ging alles von der schönen und ergreifenden Wahrheit aus; heute ist davon nur die verwitterte Hülle geblieben, nur Müll, der im Leib und in der Seele steckengeblieben war aus Gründen, die mit der wahren Kunst nichts zu tun hatten. Die Rolle Stockmanns zum Beispiel. Ich weiß noch, wie ich ganz zu Anfang mit Leichtigkeit den Standpunkt eines Menschen einnehmen konnte, der lautere Absichten hatte, in den Herzen anderer nur nach Gutem suchte und alle bösen Gefühle und Leidenschaften der ihn umgebenden niederen und verkommenen Kleingeister übersah. Die Gefühle, die ich in dieser Rolle hatte, entstammten wirklichen Erlebnissen: ein Freund von mir, ein durch und durch ehrlicher Mensch in der Art Stockmanns, wurde vor meinen Augen zu Tode gehetzt, weil er aufgrund seiner Überzeugungen nicht bereit war, etwas zu tun, was die Machthabenden von ihm verlangten. Diese lebendige Erinnerung führte mich auf der Bühne unbewußt und regte mich jedesmal zu schöpferischer Arbeit an.

Im Laufe der Zeit aber verblaßten jene Erinnerungen, die die Antriebe des geistigen Lebens der Rolle und das Leitmotiv des Stükkes gewesen waren. Auf dem Felsen in Finnland sitzend, stieß ich ganz zufällig auf die verschollenen Gefühle meines Stockmann. Wie konnte ich sie verlieren, ohne sie auskommen? Wieso erinnerte ich mich an alles Äußerliche, an jede Bewegung, jede Körperhaltung, an die Mimik und das Blinzeln eines Kurzsichtigen und dergleichen?

Während des jüngsten Gastspiels im Ausland, aber auch davor, in Moskau, wiederholte ich mechanisch ebenjene einmal gefundenen und festgelegten »Mätzchen« – mechanische Zeichen eines fehlenden Gefühls. An einigen Stellen wollte ich möglichst nervös und exaltiert erscheinen und vollführte rasche Bewegungen; an anderen Stellen tat ich naiv und produzierte technisch kindlich-unschuldige

Augen; oder ich betonte den Gang und die typischen Gesten der Rolle – alles nur äußere Hüllen eines bereits eingeschlummerten Gefühls. Ich kopierte Naivität, ohne naiv zu sein; trippelte beim Gehen, ohne innerlich die Eile zu verspüren, die zu einem solchen Gang führte, usw. Ich hatte mehr oder minder geschickt die sichtbaren Erscheinungen der Gefühle und die Handlungen nachgeahmt, empfand aber dabei weder die Gefühle selbst noch das aufrichtige Bedürfnis nach einer Handlung. Von Vorstellung zu Vorstellung trichterte ich mir mechanisch die Gewohnheit ein, eine einmal festgelegte gymnastische Übung zu machen, und das bei den Schauspielern so gut entwickelte motorische Gedächtnis hielt diese Gewohnheit fest.

Hier auf dem finnischen Felsen ließ ich auch andere Rollen vor meinem geistigen Auge Revue passieren und versuchte, mir über das lebendige Material klar zu werden, aus dem sie seinerzeit gemacht worden waren, das heißt über die Erlebnisse und Erinnerungen, die mich einst zur schöpferischen Arbeit angetrieben hatten. Ich dachte an bestimmte Stellen in den Stücken und Rollen, bei denen ich Schwierigkeiten hatte; erinnerte mich an die Worte Tschechows und Nemirowitsch-Dantschenkos, an Ratschläge der Regisseure und Kollegen sowie an eigene Schöpferqualen und einzelne Etappen des Entstehens und Reifens der Rollen. Ich las noch einmal die Notizen in meinem Tagebuch, die mir sofort ins Gedächtnis riefen, was ich bei der Arbeit an den Rollen empfunden hatte. Und dann verglich ich das alles mit dem, was sich bei mir im Laufe der Zeit in den Muskeln und in der Seele abgesetzt hatte – und war verblüfft. Herrgott! Mein Körper, meine Seele und die Rollen waren aufs Häßlichste verformt von schlimmen theatralischen Angewohnheiten, schauspielerischen Mätzchen, uneingestandener Liebedienerei dem Publikum gegenüber, falschen Begriffen von Kunst – und das Tag für Tag, bei jeder neuen Vorstellung!

Wie kann die Rolle vor Ausartung, seelischer Atrophie, alles beherrschender fader Gewohnheit und stur eingepaukter Äußerlichkeit geschützt werden? Da bedarf es einer seelischen Einstimmung auf den kreativen Akt, jedesmal, bei jeder Wiederholung. Es bedarf nicht nur körperlicher Hygiene, sondern, und das vor allem, der geistigen Hygiene vor jeder Vorstellung. Man muß in jene geistige Atmosphäre eindringen können, in der allein das Sakrament des Schöpferischen möglich ist.

Mit diesen Gedanken und Sorgen kehrte ich nach den Sommerferien vor Beginn der Saison 1906/07 nach Moskau zurück und begann, mich selbst und andere bei der Theaterarbeit zu beobachten.

Doktor Stockmann gleich machte ich eine große Entdeckung und erkannte eine seit langem jedermann bekannte Wahrheit, daß das Befinden des Schauspielers auf der Bühne, wo er im Rampenlicht vor der tausendköpfigen Menge steht, widernatürlich und das Haupthindernis beim öffentlichen Schaffensakt ist. Mehr noch, ich begriff, daß man sich in einem solchen körperlichen und seelischen Zustand nur noch gekünstelt zur Schau stellen kann: man markiert das Empfinden, doch es ist unmöglich, sich ihm hinzugeben. Gewiß hatte ich das auch früher begriffen, doch nur mit dem Verstand. Jetzt aber fühlte ich es, denn in unserer Sprache bedeutet verstehen dasselbe wie fühlen. Darum kann ich sagen, daß ich diese altbekannte Wahrheit erstmals verstand. Das Unnatürliche des schauspielerischen Befindens auf der Bühne eröffnete sich mir in folgender Empfindung.

Stellen Sie sich vor, man habe Sie auf einer Erhöhung auf dem Roten Platz vor eine hunderttausendköpfige Menge gestellt. Neben Sie stellt man eine Frau, die Sie möglicherweise nie vorher gesehen haben, und befiehlt Ihnen, sich öffentlich in sie zu verlieben, und zwar bis zum Wahnsinn, auf Leben und Tod. Doch Ihnen ist nicht nach Liebe, Sie sind verlegen: Abertausende von Augen blicken Sie an und erwarten von Ihnen, daß Sie sie zu Tränen rühren; Abertausende von Herzen wollen Ihre ideelle, selbstaufopfernde, flammende Liebe bewundern, weil die Zuschauer im voraus bezahlten und das Recht haben, zu verlangen, was sie kauften. Natürlich wollen sie alles hören, was Sie sagen, und deshalb müssen Sie Liebesworte, die man einer Frau nur unter vier Augen zuflüstert, brüllen. Sie müssen von jedem gesehen und verstanden werden, deshalb sind Sie gezwungen, Gesten und Bewegungen auch für diejenigen zu vollführen, die weit entfernt stehen. Kann man denn dabei an Liebe denken, geschweige sie empfinden? Es bleibt Ihnen nichts weiter übrig, als sich anzustrengen, Sie überanstrengen sich aus Ohnmacht vor der unzumutbaren Aufgabe.

Doch hat sich das treusorgende Handwerk für solche Gelegenheiten ein ganzes Sortiment an Zeichen einfallen lassen: Ausdrucksformen für menschliche Leidenschaften, schauspielerische Bewegungen, Posen, stimmliche Intonationen, Kadenzen, Fiorituren, Tricks und andere Spielmittel, die angeblich die Gefühle und Gedanken »auf höherer Stilebene« ausdrücken. Diese Zeichen oder Klischees eines nichtvorhandenen Gefühls werden fast schon im Mutterleib gelernt und sind automatisch und unbewußt jedem Schauspieler verfügbar, wenn er auf der Bühne mit öder Seele seine Ohnmacht spürt.

Was kann man tun, damit es aussieht, als sei man bis zum Wahnsinn verliebt? Nichts weiter, als die Hand ans Herz drücken, mit den Augen rollen und diese mitsamt den Augenbrauen leidvoll gen Himmel erheben, brüllen, mit den Armen fuchteln, auf daß der Zuschauer sich nicht langweile, und – da sei Gott vor – keine noch so ersehnte Pause in den Augenblicken der Inspiration entstehen lassen, wo sonst das Schweigen beredter ist als jegliches Wort.

Hiermit ist das normale, gewöhnliche Befinden des Schauspielers der Zustand eines Menschen, der genötigt ist zu zeigen, was er nicht empfindet. Das ist jener Widersinn, bei dem der Geist mit seinen alltäglichen Sorgen um die Familie, das tägliche Brot, die winzigen Kränkungen, Erfolge und Mißerfolge lebt, während der Körper verpflichtet ist, die erhabensten Regungen von heroischen Gefühlen, Leidenschaften oder des transzendentalen seelischen Lebens auszudrücken!

Diesen Zwiespalt zwischen dem Leib und der Seele erleben die Schauspieler die meiste Zeit ihres Lebens: tagsüber von zwölf bis halb fünf in den Proben und abends von acht Uhr bis Mitternacht in den Vorstellungen, und das fast täglich. Im Bemühen um einen Ausweg aus diesem unerträglichen Zustand, wider Willen ausgestellt zu werden und nun um jeden Preis Eindruck auf die Zuschauer machen zu müssen, greifen wir zu verlogenen, künstlichen Mitteln des theatralischen Spiels und gewöhnen uns an sie. Seit mir dieser Widersinn bewußt geworden war, stand die Frage »Was tun?« wie ein grausiges Gespenst vor mir.

Nachdem ich die Verlogenheit und die Schädlichkeit des schauspielerischen Befindens klar erkannt hatte, suchte ich verständlicherweise nach einem anderen körperlichen und seelischen Zustand, einem wohltuenden und nicht dem schöpferischen Prozeß feindlichen. Nennen wir ihn schöpferisches Befinden. Ich habe damals begriffen, daß sich bei Genies fast immer wie von selbst das schöpferische Befinden einstellt, und zwar in höchstem Maße. Weniger Begabten wird es seltener geschenkt, zum Sonntag sozusagen, noch weniger Begabten allenfalls einmal im Monat, um im Bild zu bleiben. Mittelmäßigen wird es nur in außerordentlichen Situationen beschert. Dennoch sind alle Künstler, ob Genies oder einfache Talente, in dem oder jenem Maße befähigt, auf mysteriösen Pfaden der Intuition das schöpferische Befinden zu erlangen. Doch es ist ihnen nicht gegeben, willkürlich darüber zu verfügen. Sie erhalten es von Apoll als eine Art göttliches Geschenk, und es scheint so, als könnten wir diesen Zustand mit unseren menscheneigenen Mitteln nicht in uns herstellen.

Dennoch frage ich mich, ob es nicht vielleicht technische Wege gibt, das schöpferische Befinden zu erzeugen. Das heißt freilich nicht, daß ich die Eingebung selbst künstlich herbeiführen wollte, denn dies ist unmöglich. Nicht die Eingebung, sondern einen fruchtbaren Boden für sie würde ich schon willentlich herstellen wollen, jene Atmosphäre, in der die Eingebung sich oft und gern dazu herbeiläßt, unsere Seele aufzusuchen. Sagt ein Schauspieler: »Heute bin ich in Stimmung, ich bin in Form!« oder »Das Spielen macht Spaß« oder »Heute lebe ich in der Rolle«, so bedeutet das, daß sein Befinden zufällig schöpferisch ist.

Wie soll man es aber anstellen, daß dieser Zustand nicht mehr zufällig ist, sondern vom Schauspieler selbst gewollt, auf Bestellung eintritt?

Sollte es unmöglich sein, seiner auf einmal habhaft zu werden, vielleicht könnte man ihn Stück für Stück erzeugen, ihn aus Einzelteilen zusammensetzen? Wenn nötig, kann jedes dieser Teile durch Übungen gesondert und systematisch erarbeitet werden. Ist den Genies von Natur aus die Fähigkeit gegeben, das schöpferische Befinden im vollen Maße zu erlangen, dann können vielleicht einfache Menschen durch große Arbeit an sich selbst wenn auch nur teilweise Ähnliches erkämpfen. Ein durchschnittlich begabter Mensch wird dadurch freilich nicht zum Genie, doch vielleicht wird er sich dem nähern können, was ein Genie auszeichnet.

Wo sind aber der Ursprung und die Bestandteile des schöpferischen Befindens zu begreifen? Die Auflösung dieses Rätsels wurde nach den Worten meiner Kollegen zur »nächsten Passion Stanislawskis«. Was ich nicht alles versuchte, um hinter das Rätsel zu kommen! Ich beobachtete mich – eine Art innerer Schau – sowohl auf der Bühne als auch im Leben. Ich beobachtete andere Schauspieler, wenn ich mit ihnen neue Rollen probierte, vom Zuschauerraum aus und stellte alle erdenklichen Versuche mit mir selbst und mit ihnen an. Ich marterte sie, sie wurden ärgerlich und meinten, ich mache aus Proben Experimente, so als seien Schauspieler Versuchskaninchen. Sie hatten sicher recht in ihren Protesten. Das wichtigste Objekt meiner Forschungen aber waren nach wie vor die großen russischen Talente und die berühmten gastierenden Ausländer. Da sie ja öfter als andere, fast immer, ihr schöpferisches Befinden auf der Bühne haben, war es nur naheliegend, sie zu studieren, was ich denn auch tat. Diese Studien ergaben folgendes.

Ich spürte bei allen großen Künstlern: der Duse, der Jermolowa, der Fedotowa, der Sawina, bei Schaljapin, Salvini, Rossi und den begabtesten Schauspielern des Künstlertheaters etwas Verwandtes und ihnen allen Eigenes. Was war das für eine Eigenschaft? Die Mutmaßungen nahmen kein Ende, und die Frage schien mir überaus kompliziert zu sein. Zunächst bemerkte ich bei mir und anderen lediglich, daß beim schöpferischen Befinden die körperliche Lockerheit eine große Rolle spielte, völlige Entkrampfung der Muskeln und die Unterordnung des gesamten motorischen Apparates unter den Willen des Schauspielers. Dadurch kann die schöpferische Arbeit hervorragend organisiert werden, der Schauspieler kann frei und ungehemmt mit dem Körper ausdrücken, was die Seele empfindet. Beim Beobachten anderer Schauspieler empfand ich als Regisseur in solchen Momenten auch selbst den Zustand des schöpferischen Befindens. Erlebte ich es in mir auf der Bühne, so hatte ich das Gefühl der Befreiung, das ein Häftling hat, wenn er die Ketten zerreißt, die ihn jahrelang am freien Leben und Handeln hinderten.

Ich ließ mich derart hinreißen von meiner Entdeckung, daß ich aus jeder Vorstellung ein Experiment machte. Ich spielte nicht mehr, sondern vollführte vor den Augen der Zuschauer vorbereitete Übungen. Mich verwunderte lediglich, daß keiner von den mitspielenden Kollegen oder den Zuschauern auf eine Veränderung in mir aufmerksam wurde, abgesehen von einigen Komplimenten in bezug auf eine Pose, Bewegung oder Handlung, die von besonders sensiblen Zuschauern bemerkt worden waren.

Durch einen Zufall stieß ich auf eine weitere Binsenwahrheit, die ich tief empfand, das heißt erkannte. Ich begriff, daß ich mich darum auf der Bühne wohl fühlte, weil meine Übungen nicht nur die Muskeln lockerten, sondern auch die Aufmerksamkeit auf die körperlichen Empfindungen lenkten und mich so vergessen ließen, was im Zuschauerraum, jenseits des furchtbaren schwarzen Loches des Bühnenportals geschah. Derart abgelenkt, hörte ich auf, das Publikum zu fürchten, und vergaß für Augenblicke, daß ich überhaupt auf der Bühne war. Ich stellte fest, daß ich mein Befinden in solchen Momenten als besonders wohltuend empfand.

Bald erhielt ich eine Bestätigung dieser Annahme, oder vielmehr eine Erklärung dafür. Während des Moskauer Gastspiels eines der berühmtesten Schauspieler beobachtete ich aufmerksam seine Arbeit und witterte sogleich jenes mir bekannte Befinden: die Lockerung der Muskeln infolge der hohen geistigen Konzentration. Zusammen mit ihm spürte ich, daß seine ganze Aufmerksamkeit diesseits der Rampe war, er war mit den Vorgängen auf der Bühne, nicht aber mit denen im Zuschauerraum beschäftigt. Und genau diese auf einen Punkt konzentrierte Aufmerksamkeit machte für mich sein Leben auf der Bühne interessant, es zog mich zu ihm hin zu erfahren, was ihn dort so sehr beschäftigte. Da verstand ich, daß, je mehr der Schauspieler den Zuschauer zu unterhalten sucht, desto unbeteiligter der Zuschauer einem Herrscher gleich zurückgelehnt sitzt und unterhalten werden will, ohne den geringsten Versuch zu unternehmen, am schöpferischen Akt teilzunehmen. Sobald aber der Schauspieler aufhört, die Menge im Theater zur Kenntnis zu nehmen, fängt sie an, von ihm angezogen zu werden, vor allem wenn er sich auf der Bühne mit etwas beschäftigt, was die Menge selbst betrifft.

Nach weiteren Beobachtungen erkannte ich, daß das Schöpferische vor allem die totale Konzentration der körperlichen und geistigen Natur des Menschen ist. Sie erfaßt nicht nur das Sehen und Hören, sondern sämtliche fünf Sinne und außerdem den Körper, das Denken, den Willen, das Gefühl, das Gedächtnis und die Phantasie. Das Geistige und das Körperliche müssen im kreativen Akt voll und ganz auf die Vorgänge in der Seele der darzustellenden Person gerichtet sein. Diese neue Erkenntnis überprüfte ich vor den Zuschauern mit Hilfe der von mir entwickelten Übungen, die auf eine systematische Steigerung der Aufmerksamkeit gerichtet waren. Ich will dennoch nicht auf die Einzelheiten dieser Arbeit eingehen, da ich diesem Gegenstand mehrere Kapitel meines künftigen Buches zu widmen gedenke.

Einmal wurde ich unerwartet Zeuge einer Begebenheit hinter den Kulissen eines Moskauer Theaters, die mich auf wichtige Gedanken brachte und half, eine weitere Binsenwahrheit zu erkennen. Der Star und Held des Ensembles kam und kam nicht zur Vorstellung, der Uhrzeiger rückte immer näher auf acht, doch er war noch nicht im Theater. Bekanntlich halten es hausbackene Genies für unter ihrer Würde, rechtzeitig zu erscheinen. Ein Genie muß erwartet werden, sonst wäre es keins! Es gehört sich also, zu spät zu kommen. Der Regieassistent raste durchs Theater, faßte sich an den Kopf, telefonierte, um die Berühmtheit in der Stadt ausfindig zu machen. Die Schauspieler in ihren Garderoben wurden nervös, weil sie nicht wußten, was sie tun sollten: rauf mit der Schminke oder ab mit der Schminke, um sich für eine andere Vorstellung fertig zu machen, denn »er« schien heute seine Allüren zu haben. Doch fünf Minuten vor acht beehrte das hausbackene Genie das Theater mit seinem Erscheinen. Alles bekreuzigte sich und war erlöst: »Die Vorstellung findet statt. Er spielt.«

Eins, zwei, drei, und das Genie ist angekleidet, geschminkt und mit Mantel und Degen versehen. Er kennt sich aus! Und alle rufen verzückt:

»Das ist ein echter Künstler! Als letzter gekommen, als erster auf der Bühne! Also bitte! Ihr jungen Schauspieler könnt von ihm allerhand lernen!«

Warum sagt denn niemand diesem Genie:

»Es ist ja gut; glauben Sie, wir wüßten nicht, daß es keinen Menschen auf Erden gibt, der, aus einem Restaurant kommend und mit einem schlüpfrigen Witz im Ohr, innerhalb von fünf Minuten imstande ist, sich in die Sphäre des Erhabenen und Transzendenten zu begeben? Dazu braucht man Anlauf. Denken Sie an den alten Salvini! Aus dem Keller kommt man nicht mit einem Satz in den sechsten Stock!«

»Und was ist mit Kean?« entgegnet dann das Genie. »Man weiß doch, daß er in letzter Minute kam und alle aufgeregt auf ihn warteten.«

Oh, dieser theatralische Kean! Wieviel Schaden hat er angerichtet! Aber ich bitte Sie, war denn Kean tatsächlich so, wie das Melodrama es haben wollte? Und wennschon, dann wird er zweifellos deshalb geschrien und sich aufgeregt haben, weil er sich nicht genügend auf die Vorstellung hat vorbereiten können. Er wird sich selbst zürnen, weil er am Tage der Vorstellung gezecht hat. Die Natur des Kreativen hat ihre Gesetze, die für Kean und für Salvini gleich sind. Man nehme sich doch ein Beispiel am lebenden Salvini statt an einem toten Kean aus dem Melodrama zweifelhafter Güte.

Aber nein, das hausbackene Genie wird immer Kean und nicht Salvini nachahmen. Es wird immer fünf Minuten vor der Angst und nicht drei Stunden vor dem Auftritt erscheinen.

Der Grund ist einfach: um in seiner Seele drei Stunden lang etwas vorzubereiten, muß man etwas zum Vorbereiten haben. Das hausbackene Genie aber hat nichts außer seinem Talent. Es kommt zwar mit dem Kostümkoffer ins Theater, doch ohne jegliches geistige Gepäck. Was soll man auch von fünf bis acht in seiner Garderobe tun? Rauchen? Witze erzählen? Im Restaurant läßt sich das viel besser machen.

Wie ist dieser Widersinn zu erklären: die einen kommen fünf Minuten vor Beginn, die anderen kommen lange davor, gehen mechanisch den Text der Rolle durch, kleiden sich sorgfältig an, schminken sich, vergessen aber aus Angst, den Auftritt zu verpassen, vollends die Seele. Der Körper ist bereit, das Gesicht geschminkt, doch man frage einmal:

»Sie sind nun angekleidet und geschminkt, aber haben Sie Ihre Seele gewaschen, angezogen und geschminkt?«

Daran denken wir eben nicht. Wir haben Angst, den Auftritt zu verpassen, mangelhaft gekleidet und geschminkt zu sein, doch zum Beginn des Einfühlungsprozesses zu spät zu kommen macht uns gar nichts. Immer treten wir ohne jegliche Vorbereitung und mit leerer Seele auf – und schämen uns nicht unserer seelischen Nacktheit. Die innere Zeichnung der Rolle, die seinerzeit natürlich ihren Niederschlag in den äußeren Formen der jeweiligen Bühnenfigur gefunden hat, ist uns nicht viel wert. Sobald wir diese Form erkannt haben, fixieren wir sie in der mechanischen Gewohnheit, vergessen dabei aber das Seelische – den eigentlichen Sinn der Rolle – derart, daß es im Laufe der Zeit verdorrt.

Wir geraten aus der Herrschaft der schöpferischen Weisheit unter die Fuchtel der sinnlosen Gewohnheit und gleichen einem Schiff ohne Steuer und Segel. Wir treiben, wohin uns Zufall, schlechter Geschmack des Mobs, komödiantische Mätzchen, der billige Erfolg, die Eitelkeit oder sonst irgend etwas, was mit der Kunst nichts zu tun hat, treibt. Und das zusammen wird nun zum Antrieb der Seele des Schauspielers anstelle des früheren lebendigen Gefühls, das einst das geistige Leben der Rolle geschaffen hat.

Womit und wozu betreten wir denn überhaupt die Bühne?

Ich sah einen anderen großen Künstler bei seinem Gastspiel. Er sprach die einführenden Worte seines Monologs, traf aber nicht das richtige Gefühl, sondern unterlag der Gewohnheit und verfiel ins falsche Pathos. Nun konnte man beobachten, was in ihm vorging. Wie ein Sänger greift er nach dem Kammerton, um die richtige Tonhöhe zu finden. Nun glaubt man, er habe sie gefunden, aber nein, es ist zu tief. Jetzt nimmt er einen höheren Ton. Es ist zu hoch, also noch mal etwas tiefer. Da klappt es, er hat den Ton erkannt, erfühlt, gerichtet und kann sich nun beruhigt an seiner Sprechkunst ergötzen. Jetzt spricht er frei, schlicht und inspiriert. Die Rolle rollt wie auf Geleisen und reißt ihn mit sich. Er glaubt jetzt. Der Schauspieler soll vor allem dem glauben, was um ihn herum geschieht, und in erster Linie dem, was er selbst tut. Glauben kann man aber nur etwas, das wahr ist. Man muß darum immer einen Sinn fürs Wahre haben, es finden, und dazu soll man diesen Sinn auch entwickeln. Man wird einwenden:

»Aber ich bitte Sie! Von welcher Wahrheit kann da die Rede sein, wenn auf der Bühne alles Lüge und Attrappe ist: Dekoration, Pappe, Farbe, Maske, Kostüme, hölzerne Becher, Schwerter und dergleichen. Und das soll nun Wahrheit sein?«

Ich meine aber eine andere Wahrheit, die meiner Gefühle und Wahrnehmungen, die des inneren Antriebs, der sich ausdrücken will. Die Wahrheit außerhalb meiner ist für mich ohne Bedeutung, wichtig ist mir die Wahrheit in mir, nämlich wie ich die Vorgänge auf der Bühne, Gegenstände, Dekorationen, Partner und deren Gedanken und Gefühle beurteile. Der Schauspieler sagt sich:

»Diese ganzen Dekorationen, Gegenstände, Masken, Kostüme, öffentlichen Auftritte usf. sind doch nur Schummel. Ich weiß es und mache mir nichts daraus, weil mich die Gegenstände nichts angehen. Aber wenn alles, was mich umgibt, echt wäre, dann würde ich das und das tun, mich so oder so verhalten.«

Ich begriff, daß das Schöpferische dort einsetzt, wo in der Seele und der Phantasie des Schauspielers jenes magische Was-wäre-wenn auftaucht. Solange es eine reale Wirklichkeit gibt, die jedermann naturgemäß glauben muß, kann keine Kreativität einsetzen. Doch dann erscheint jenes schöpferische Was-wäre-wenn, das heißt eine eingebildete Wahrheit, der ein Schauspieler genauso, wenn nicht sogar mit größerer Bereitschaft, zu glauben versteht wie der realen Wirklichkeit, ebenso wie ein Kind an die Existenz seiner Puppe mit allem, was um sie herum geschieht, glaubt. Seit diesem Augenblick verläßt der Schauspieler die Ebene des Realen und begibt sich auf die Ebene eines anderen, zu erschaffenden, imaginären Lebens. Wenn er es glaubt, kann er schöpferisch werden.

Die Bühne ist jene Wahrheit, an die der Schauspieler aufrichtig glaubt. Selbst die dickste Lüge muß auf dem Theater Wahrheit werden, um Kunst zu sein. Dazu braucht der Schauspieler stark entwickelte Phantasie, kindliche Naivität und Zutraulichkeit sowie den Sinn fürs Wahre und Glaubwürdige in Leib und Seele. Diese Eigenschaften helfen ihm, die grobe Lüge der Bühne in die lauterste Wahrhaftigkeit seiner Beziehung zum imaginären Leben umzuwandeln. Bezeichnen wir diese Eigenschaften und Fähigkeiten des Schauspielers als Sinn für Wahrhaftigkeit. Darunter verstehen wir: Spiel der Phantasie, Erzeugung des schöpferischen Glaubens, Abgrenzung von der Lüge der Bühne, Gefühl für das richtige Maß, kindliche Naivität und Aufrichtigkeit der künstlerischen Empfindung. Es zeigt sich, daß der Sinn für Wahrhaftigkeit sich ebenso wie die Konzentration und Lockerheit der Muskeln durch Übungen entwickeln läßt. Es ist noch nicht an der Zeit, von den Methoden einer solchen Arbeit zu sprechen, es sei lediglich gesagt, daß diese Fähigkeit bis zu einem Maße entwickelt werden muß, daß schlichtweg nichts, was auf der Bühne geschieht, ohne die vorherige Reinigung durch das Filter des Sinnes für Wahrhaftigkeit empfunden werden kann.

Vom Augenblick der Wiederentdeckung dieser altbekannten Wahrheit an kontrollierte ich alle meine Übungen zur Lockerung der Muskeln und zur Konzentration mit dem Ergebnis, daß ich erst dadurch zu einer echten, natürlichen und nicht gewaltsamen Lockerung der Muskeln und zur Konzentration auf der Bühne während des Schaffensprozesses kommen konnte.

Auf dem Wege der Forschungen und der gelegentlichen intuitiven Entdeckungen erkannte ich noch viele andere im Leben (nicht aber auf der Bühne) wohlbekannte Wahrheiten. Alle zusammen halfen sie, jenen herrlichen Zustand herzustellen, den ich schöpferisches Befinden nannte, im Gegensatz zum anderen, schauspielerischen Befinden, das zu bekämpfen ich unermüdlich lernte.

Zu jener Zeit hatten wir, die beiden Leiter des Theaters, Nemirowitsch-Dantschenko und ich, uns zu eigenständigen, fertigen Regiepersönlichkeiten entwickelt. Natürlich konnte und wollte jeder von uns seinen eigenen Weg gehen, blieb aber den grundlegenden Prinzipien des Theaters treu.

Früher saßen zwei Regisseure am Regiepult, die oftmals an ein und derselben Inszenierung arbeiteten. Jetzt aber hatte jeder sein Pult, sein Stück und seine Inszenierung. Es war weder Diskrepanz in den Grundsätzen noch Bruch, sondern eine durchaus natürliche Erscheinung: jeder Künstler muß, um erfolgreich zu arbeiten, endlich auf den Weg kommen, zu dem ihn die Besonderheiten seines Wesens und Talents führen.

Die Trennung unserer Wege, vollzogen zum Zeitpunkt unserer

künstlerischen Reife, gab auch in der Tat jedem von uns die Möglichkeit, seine Fähigkeiten voll zu entfalten.

Ich muß an dieser Stelle hervorheben, daß in diesem Zeitraum die höchsten Regieleistungen Nemirowitsch-Dantschenkos fallen: seine hervorragenden Inszenierungen der »Brüder Karamasow« und der »Dämonen« Dostojewskis, in denen sich gleichzeitig seine literarische Einfühlsamkeit und das Vermögen bewährten, die Schauspieler und deren Kreativität in die von ihm gebauten Kanäle zu leiten. Bemerkenswert war besonders die kühne und blendend ausgeführte Inszenierung der »Brüder Karamasow«, in der die Dekorationen auf karge Andeutungen reduziert worden waren und das Schwergewicht auf die Schauspieler verlegt wurde. Einige von ihnen zeigten sich überraschend von einer neuen Seite. So offenbarte Leonidow als Mitja Karamasow ein ungeheures dramatisches Temperament. Die monumentale Aufführung, die an zwei Abenden gespielt wurde, erreichte im zweiten Teil eine derartige Spannung, daß man eine künftige russische Tragödie vorauszuahnen meinte.

Indessen verfolgte ich voller Zweifel und forschender Unrast meinen eigenen Weg.

»Spiel des Lebens«

Die erste praktische Erprobung der von mir in der Forschungsarbeit gefundenen Techniken des schöpferischen Befindens war die Inszenierung von Knut Hamsuns »Spiel des Lebens«. Diesen bedeutungsschweren Abschnitt meines Lebens will ich beschreiben.

Das »Spiel des Lebens« ist, jedenfalls für mich, ein irreales Stück, weil der Autor die Ereignisse mit den Augen seines Helden, des genialen Kaveno, eines Träumers und Philosophen, der den Höhepunkt seines Schöpfertums erlebt, wahrnimmt. Das Stück ist nur mit den Grundfarben der seelischen Palette, ohne Halbtöne und Schattierungen geschrieben. Jede handelnde Person verkörpert eine menschliche Leidenschaft, die unverändert durchgehalten wird: der Geizige ist stets geizig, der Schwärmer tut nichts anderes als schwärmen, der Verliebte liebt nur noch und so weiter. Es ergibt sich ein Bild, das gleichsam aus Streifen unterschiedlicher Farben besteht: grün, gelb, rot und so weiter.

Kaveno, den ich spielte, ist eine Verkörperung der emporstrebenden Idee des Traums; die in ihn verliebte Teresita, in der der Rote Hahn zu singen, das heißt das Blut zu wallen anfängt, lebt nur ihrer weiblichen Leidenschaft und vergeht vor Liebe zum Haupthelden. In ihrem Liebeswahn spielt sie mal wie besessen Klavier, ein anderes Mal löscht sie während eines kräftigen Sturms das Licht des Leuchtturms, als sie ihre Rivalin, die Frau Kavenos, auf dem Wasser nahen sieht. Wind und Wetter wüten, von Musiktönen begleitet, um sie herum. Währenddessen lauert der Quasimodo ähnliche verkrüppelte Briefträger lustvoll auf das von ihm auserkorene Opfer seiner Begierde, Teresita. Der Vater Teresitas denkt nur daran, soviel Gewinn wie möglich aus seinem Gut herauszupressen, bis sein Geiz ihn endlich zum Wahnsinn bringt. Im entscheidenden Augenblick des Stücks erscheint eine stumme, unheimliche Figur mit bittend ausgestreckter Hand – der Bettler Tü, genannt »Die Gerechtigkeit«. Er ist das Fatum des Stücks. Jede Person folgt dem Weg ihrer eigenen Leidenschaft zu einem vom Schicksal vorbestimmten irdischen, menschlichen oder höheren, übermenschlichen Ziel und geht unter, ohne es erreicht zu haben.

Wir erleben Kaveno im Augenblick, als er am schwierigsten Kapitel seines Buches zu schreiben beginnt – »Von der Gerechtigkeit«. Für ihn wird ein Gläserner Turm errichtet, damit er dem Himmel näher sei, denn auf der Erde könne man dieses Kapitel nicht schreiben. Doch das geistige Emporstreben des Dichters ringt mit den irdischen Trieben und Leidenschaften, sie hindern ihn daran, die Träume zu verwirklichen, die ihm unter der Kuppel des Gläsernen Turmes erscheinen. Die anderen stecken den Turm an, er verbrennt, und mit ihm verbrennen die Schöpfungen eines Genies, das gewagt hat, auf Erden vom Göttlichen zu träumen.

Um diese Tragödie des menschlichen Geistes herum brodelt das irdische Leben mit seinen Katastrophen. Zwischen den von Waren strotzenden Läden eines Jahrmarkts, mitten unter Käufern und Verkäufern wütet die Cholera, die dem Ganzen das Siegel eines Alptraums aufdrückt. Hinter den weißen Stoffzelten der Händler sieht man nur ihre schwarzen gespensterhaften Schatten, die die Stoffe abmessen und verkaufen. Die Schatten der Käufer stehen teils regungslos, teils ziehen sie als endloser Strom vorbei. Die Zelte stehen reihum an den Berghängen, die von der Vorderbühne bis zum hintersten Schnürboden reichen, und so scheint auch der Berg von Schatten bevölkert zu sein. Ähnliche Schatten drehen sich in rasendem Tempo in einem Jahrmarktskarussell durch die Luft, immer hinauf und hinunter. Dazu ertönen die Laute eines höllisch zischenden und pfeifenden Leierkastens. Auf der Vorderbühne tanzen wie besessen verzweifelte Menschen und fallen mitten im rasenden Tanz tot um – Opfer der Cholera.

Inmitten dieses Festes der Cholera, des sinnlichen Rausches erscheinen als Zeichen des Überirdischen geisterhafte Musikanten, leuchtet das Polarlicht auf dem winterlichen Himmel, dröhnen Hammerschläge aus den unterirdischen Steinbrüchen, wo die Riesen Marmor für einen Händler fördern. Ermattet und ausgezehrt treten die Riesen hinaus und stehen mit ihren Spitzhacken und Äxten an einer Wand, einem Basrelief gleich, in Posen, die an Plastiken von Meunier erinnern. Das Basrelief war damals in Mode und wurde als ein originelles Mittel der Inszenierung angesehen.

Die Dekorationen entsprachen der Gesamtkonzeption der Inszenierung und bestanden aus großzügig angestrichenen, hart voneinander abgegrenzten Flächen und Streifen in den Grundfarben. Dabei waren die Berge übermäßig gebirgig, die Baumstämme betont senkrecht, die Linie des in die Ferne fließenden Stroms schnurgerade.

Die Akzente der Regie (ich und L. A. Sulershizki), des Bühnenbilds (W. J. Jegorow und für den dritten Akt N. P. Uljanow) und der Musik (I. A. Saz), durchaus im Sinne der damaligen extrem linken Richtung, verliehen der Inszenierung eine bis dahin nie dagewesene Schärfe.

Die Errungenschaften des Theaters waren groß, und das war um so wichtiger, als wir damals zu den Pionieren gehörten, die der linken Front den Weg bahnten. Doch wie immer werden die Errungenschaften der Erneuerer nicht gleich richtig eingeschätzt. Später kommen andere, bedienen sich des früher Gefundenen und präsentieren es in populärer und allgemeinverständlicher Form. Genau das ist uns auch passiert.

Der Erfolg der Inszenierung hatte dennoch etwas von einem Skandal. Die eine Hälfte des Publikums, die links tendierte, applaudierte mit der ihr eigenen Rigorosität rasend und brüllte:

»Tod dem Realismus! Nieder mit den Heimchen und Mücken! (Anspielungen auf die Toneffekte bei den Inszenierungen Tschechows.) Gelobt sei das fortschrittliche Theater! Es lebe die Linke!«

Die andere – konservative, rechte – Hälfte des Publikums zischte und rief verbittert:

»Schande über das Künstlertheater! Nieder mit den Dekadenten! Nieder mit den Verrenkungen! Es lebe das alte Theater!«

Was taten nun eigentlich die Schauspieler, und worin zeigten sich ihre Errungenschaften bei dieser Inszenierung? Ich kann nur für mich sprechen, ohne auf die Kollegen einzugehen.

Ohne es zu ahnen, versteckte ich mich hinter den anderen Mitschöpfern, das heißt den Regisseuren, Bühnenbildnern, Komponisten usw., zumal die Zuschauer sich Gott sei Dank in der Arbeit jedes einzelnen im Schöpferkollektiv nicht auskennen.

In unserem Metier passiert es oft, daß die Stimmung, die von der Dekoration ausgelöst wird, den Schauspielern zugute gehalten wird; originelle Kostüme und Masken werden für Gestalten gehalten, die angeblich von uns geschaffen werden; eine schöne Musik, die den Schauspieler begleitet, um die Monotonie seiner Rede zu mildern, verwechselt man mit neuen schauspielerischen Mitteln des verbalen Gefühlsausdrucks. Unzählbar sind Inszenierungen, in denen sich in der Praxis des Theaters die Schauspieler hinter den Regisseuren, Bühnenbildnern und Musikern versteckt haben! Wie oft hat der Hintergrund die Hauptsache unserer Kunst – das Schauspiel – verdeckt!

Doch von Angesicht zu Angesicht mit dem Schauspieler sendet der Zuschauer seine Zustimmung und Mißbilligung direkt an ihn und vergißt die übrigen Mitschöpfer, die hinter den Kulissen verborgen bleiben.

Es war auch diesmal so: die Zuschauer meinten mit ihrem Beifall oder ihren Schmährufen uns Schauspieler und vergaßen die übrigen. Man hätte meinen können, die Schauspieler hätten Erfolg. Nun war ich ja gewöhnt, extrem kritisch zu mir zu sein und ohne Furcht die Wurzeln jeglicher Erscheinung bloßzulegen, darum bildete ich mir nicht viel auf diesen vermeintlichen Erfolg der Inszenierung ein. Für mich war das Ergebnis negativ, weil meine Forschungsarbeit und die gerade festgelegten Grundlagen der inneren Schauspieltechnik in meinen eigenen Augen völlig kompromittiert waren.

Genaugenommen gab es allen Grund zum Verzweifeln: ich wollte ja im »Spiel des Lebens« meine neuen und in der Probenarbeit geprüften Prinzipien der inneren Technik durchsetzen und richtete meine ganze Aufmerksamkeit auf die inneren Vorgänge im Stück. Und damit nichts davon ablenkte, verwehrte ich den Schauspielern sämtliche äußeren Ausdrucksmittel – Gesten, Bewegungen, Gänge und Handlungen, weil sie mir viel zu körperhaft, realistisch und materialistisch erschienen, wo ich doch die körperlose Leidenschaft in Reinkultur brauchte, die natürlich entstehen und unmittelbar aus der Seele des Schauspielers kommen mußte. Um sie wiederzugeben, dürften dem Schauspieler, so meinte ich, die Augen, das Gesicht und die Mimik genügen, also soll er doch unbeweglich die ihm aufgetragene Leidenschaft mit Hilfe des Gefühls und des Temperaments erleben. In meiner Begeisterung für die neuen Mittel glaubte ich aufrichtig, der Schauspieler brauche nur des rettenden schöpferischen Befindens auf der Bühne habhaft zu werden, und alles übrige würde sich von allein einstellen.

Ich war nicht wenig bestürzt, als ich sah, daß es in der Praxis genau umgekehrt war. Noch nie hatte mich das schauspielerische, nicht aber das schöpferische Befinden so fest in der Hand wie in dieser Inszenierung. Was war geschehen?

Ich dachte, daß das Wegfallen der Gesten mich körperlos machen und mir helfen würde, meine ganze Energie und Aufmerksamkeit auf das Innenleben der Rolle zu konzentrieren. In Wirklichkeit aber erzeugten die gewaltsame, innerlich nicht gerechtfertigte Bewegungslosigkeit und die auf Befehl nach innen gerichtete Aufmerksamkeit die stärkste Anspannung und Verkrampfung von Leib und

Seele. Die Folgen verstanden sich von selbst: die Gewalt hatte wie immer das Gefühl verscheucht und mechanisch eingepaukte Klischees, das schauspielerische Befinden, kurz, das Handwerk hervorgerufen. Gewaltsam preßte ich die vermeintliche Leidenschaft, das Temperament und die Inspiration aus mir heraus, doch eigentlich drückte ich bloß auf die Muskeln, den Hals und den Atem. Derartige Gewaltkuren verabreichte ich nicht nur mir selbst, sondern auch anderen, was manchmal geradezu fatale Folgen hatte. So wurde ich während einer Probe Zeuge folgender Szene. Ein Tragöde wälzte sich schweißüberströmt auf dem Fußboden und brüllte, sichtlich bemüht, Ausbrüche der Leidenschaft aus sich zu quetschen, dieweil mein Assistent rittlings auf ihm saß, ihn mit aller Kraft drückte und lauthals schrie:

»Noch mehr! Mach doch! Mehr! Kräftiger!«

Und ich Tor hatte kurz davor einen Regisseur ausgeschimpft, weil er mit den Schauspielern umgesprungen war wie mit Pferden, die eine schwere Karre nicht von der Stelle bewegen konnten.

»Nochmal! Kräftiger!« spornte der Assistent an. »Leben Sie, erleben Sie! Fühlen Sie!«

Es stellte sich heraus, daß meine vielgepriesenen Methoden nicht ein bißchen besser waren als die, die ich so leidenschaftlich bei anderen anprangerte. Das sei doch alles so einfach, dachte ich: nackte Leidenschaft und sonst nichts. Doch in der Kunst ist es so – je einfacher, desto schwieriger; das Einfache muß sinnerfüllt sein, ohne das Wesentliche verliert es den Sinn. Um wichtig zu werden und in den Vordergrund zu treten, muß das Einfache den gesamten Kreis der komplizierten Lebenserscheinungen fassen können, und das erfordert ein echtes Talent, eine vollkommene Technik und reiche Phantasie, denn es gibt nichts Langweiligeres als die Einfachheit aus Phantasielosigkeit heraus. Aus diesem Grunde erwies sich der einfache nackte Ausdruck ohne die Hilfe der theatralischen Konventionen als die schwierigste Aufgabe, die man nur einem technisch perfekten Schauspieler stellen konnte. Kein Wunder, daß wir überfordert waren.

Nach der Inszenierung von »Spiel des Lebens« war ich in hoffnungsloser Verfassung. Mir schien, die von mir geleistete Arbeit, von der ich mir das Betreten des richtigen Weges zur neuen Kunst versprochen hatte, sei ergebnislos und bringe mich erneut in eine Sackgasse, aus der ich keinen Ausweg mehr finden würde. Ich erlebte Tage und Monate qualvollster Zweifel, bevor mir eine weitere Binsenwahrheit aufging, daß alles in unserer Kunst über die Gewohnheit gehen müsse, die das Neue zu Eigenem, Organischem, zur zweiten Natur umwandelt. Erst danach kann man sich des Neuen bedienen, ohne an dessen mechanische Abläufe zu denken. Das traf auch in diesem Fall zu: das schöpferische Befinden konnte für den Schauspieler erst dann rettend werden, wenn es für ihn das Normale, Natürliche und einzig Mögliche geworden war. Andernfalls wird er, ohne sich dessen bewußt zu sein, lediglich die Form der linken Stilrichtung kopieren, sie aber nicht innerlich rechtfertigen können. Von diesem Augenblick an reduzierte ich meine Forderungen und beschränkte mich auf einfachere Aufgaben, um bei deren Lösung das anzuwenden, was ich im Laufe meiner Forschungsarbeit gefunden hatte.

Ilja Saz
und Leopold Sulershizki

Die Inszenierung von »Spiel des Lebens« war außerdem insofern bemerkenswert, als an ihr zwei außerordentlich begabte Menschen mitgewirkt hatten, denen eine bedeutende Rolle an unserem Theater zukommen sollte. Der eine, L. A. Sulershizki, beschloß, Regisseur zu werden und diesen Beruf bei mir zu erlernen. Der zweite war der Musiker und Komponist I. A. Saz, der aus dem Studio in der Powarskaja ins Moskauer Künstlertheater gekommen war.

Ich glaube, daß in der ganzen Zeit des Bestehens unseres Theaters Ilja Saz als erster ein Beispiel dafür gegeben hat, wie man in der dramatischen Kunst mit der Musik umgehen soll. Bevor er sich ans Werk machte, wohnte er allen Proben bei und beteiligte sich gleich einem Regisseur unmittelbar am Studium des Stücks und an der Ausarbeitung der Komposition. Er war in alle Einzelheiten eingeweiht und spürte genauso wie wir, an welcher Stelle des Stücks zu welchem Zwecke seine Musik nötig war, sei es um dem Regisseur zu helfen, eine bestimmte Atmosphäre zu schaffen, sei es als Hilfe für jenen Schauspieler, dem gewisse Elemente zur Darstellung der Rolle fehlten, oder aber zur Hervorhebung der Grundidee des Stücks. Die Quintessenz jeder Probenarbeit hielt der Komponist in musikalischen Themen oder in Klangfolgen, die das Material für die zu schreibende Musik waren, fest. Geschrieben wurde im letzten Moment, wenn nicht länger gewartet werden konnte. Der Prozeß der Niederschrift verlief folgendermaßen: Ilja Saz bat seine Familie, ihn in einem entlegenen Zimmer der Wohnung so lange eingesperrt zu halten, bis die Musik fertig war. Diese Anweisung wurde genauestens eingehalten, und nur drei-, viermal am Tag wurde dem freiwilligen Gefangenen das Essen gebracht. Mehrere Tage und Nächte lang tönten aus der Zelle traurige oder festliche Akkorde und Klangfolgen herüber, man hörte ihn komisch und affektiert deklamieren, was sicherlich zu seinem jeweiligen musikalischen Thema paßte. Dann war ganze Tage lang alles still. Die Familie meinte, der Gefangene würde weinen, oder es sei ihm etwas passiert, doch man wagte nicht anzuklopfen, denn ein Kontakt mit der Außenwelt konnte in diesen Augenblicken bei Saz jede schöpferische Intention zunichte machen. Die fertige Arbeit spielte der gemarterte Komponist mir und Sulershizki, der ein guter Musiker war, vor. Nach der Instrumentierung probte er mit den Musikern und spielte uns das Ergebnis erneut vor. Nun folgten langwierige und für den Komponisten qualvolle Operationen, bei denen Überflüssiges zugunsten einer Verdichtung des Wesentlichen amputiert wurde. Nach diesem zweiten Vorspiel schloß sich Saz wieder ein und überarbeitete sein Werk. Anschließend probte er es mit dem Orchester und unterzog es einer weiteren Operation, bis er endlich das Gewünschte hatte. Aus diesem Grunde war seine Musik immer ein notwendiger, ja unabdingbarer Bestandteil der Inszenierungen. Sie war mal mehr, mal weniger gelungen, doch sie war immer besonders, nicht wie die der anderen. Die Musik zum »Spiel des Lebens« war einer der wichtigsten Vorzüge der Aufführung.

Die zweite bedeutende Persönlichkeit, die auf dem Theaterhorizont bei der Inszenierung von »Spiel des Lebens« auftauchte, war mein Freund Leopold Antonowitsch Sulershizki oder, wie wir alle ihn nannten, der »liebe Suler«. Dieser bemerkenswerte und außerordentlich begabte Mann war für das Theater und auch für mein Leben als Künstler von großer Wichtigkeit.

Man stelle sich einen kleinen, kurzbeinigen, kräftig gebauten und körperlich starken Menschen vor mit einem schönen, vergeistigten und immer belebten Gesicht, klaren lachenden Augen, fein gezeichneten Lippen und einem Bärtchen à la Heinrich IV.

Das außergewöhnliche Temperament Sulers brachte Leben und Leidenschaft in jede Sache, der er sich annahm. Sein Talent zeigte sich auf allen Gebieten: Malerei, Musik, Gesang, Literatur. Sein Leben war voller Abenteuer. Was er nicht alles schon gewesen war: Fischer auf der Krim, Seemann, der mehrere Reisen um die Welt mitgemacht hatte, Anstreicher, Saisonarbeiter im Dorf, aber auch eifernder Tolstojaner und Vertrauter des Grafen, dem er seine Schriften ins reine schrieb. Als man Sulershizki einberufen wollte, verweigerte er den Militärdienst, wurde zu Einzelhaft verurteilt, dann in ein Irrenhaus gebracht und später in die entlegene Festung Kuschka verbannt. Nach Verbüßung der Strafe kehrte er nach Moskau zurück und erhielt von Leo Tolstoi den Auftrag, die »Geisteskämpfer« vom Kaukasus nach Kanada zu bringen. Unter Lebensgefahr und mit unzähligen Zwischenfällen führte Sulershizki den schwierigen Auftrag aus und leitete zwei Jahre lang die Arbeiten der »Geisteskämpfer« zur Schaffung einer Kolonie. Er war ihr Vertrauensmann und verhandelte mit den amerikanischen Behörden. In Kanada lebte Sulershizki den Winter über in einem Zelt und ruinierte seine Gesundheit. Wieder in Moskau, mußte er in der Bude eines Weichenstellers hausen, schlief oft auf dem Boulevard, da er kein Wohnrecht in Moskau mehr hatte. Etwa zu jener Zeit kam er zu uns ins Theater und wurde hier bald heimisch. Ohne eine bestimmte Verpflichtung zu haben, machte er bei allen Arbeiten mit. Wenn eine Dekoration umgesetzt oder gemalt werden mußte, wenn man Requisiten und Kostüme benötigte, ein Double, einen Partner für die Proben, einen Souffleur – Suler war überall zur Stelle.

Nach der Heirat wurde er seßhaft und bekam eine feste Anstellung am Theater als mein Assistent bei der Inszenierung von »Spiel des Lebens«. Über seine weitere Tätigkeit wird noch zu reden sein.

Schwarzer Samt

Obwohl ich von den Mitteln des Bühnenbilds enttäuscht war, mußte ich mich dennoch mehrmals auf diesem Gebiet intensiv und sogar mit gewisser Lust betätigen. Diese Arbeit ergab sich aus den komplizierten technischen Anforderungen, die das neue Stück von Maurice Maeterlinck »Der blaue Vogel« an uns stellte. Bevor ich mich ans Experimentieren machte, sichtete und wog ich zum hundertsten Mal alle Vor- und Nachteile der vorhandenen Mittel des Bühnenbilds, die Mängel des Bühnenmechanismus, der Innenarchitektur des Theaters und dergleichen mehr ab. Dabei ging ich von Folgendem aus:

Der Bühnenbildner malt seine Entwürfe in Öl. Alle Farbtöne und Linien sind bei ihm harmonisch: das tiefe Azur des Himmels, zartes Grün mit angedeuteten Umrissen des Laubs, das sich unbemerkt mit den dicht danebenstehenden Sträuchern vermischt, sonnenbeschienene Baumkronen schmelzen und verdunsten gleichsam in der Luft – das alles macht die Skizze so bezaubernd leicht. Sie ist auf Leinwand oder Papier gemalt, das zwei Dimensionen hat, Länge und Breite. Auf der Bühne aber gibt es eine dritte Dimension, das heißt die Tiefe, die von mehreren Gassen gebildet wird, die auf dem Entwurf flach, perspektivisch dargestellt werden. Beim Übertragen des Entwurfs auf die Bühne muß man dem Bild des Malers gewaltsam die dritte Dimension aufzwingen. Kein Entwurf, und schon gar nicht ein landschaftlicher, kann diese Operation überleben. Der glatte einheitliche Himmel des Entwurfs wird in fünf oder mehr Teile, je nach der Anzahl der Gassen, geteilt. Die zerschnittenen Teile hängen in Reihen von der Vorderbühne bis zum letzten Prospekt in mathematisch berechneten Abständen und erinnern an blaugefärbte Handtücher, die man nach der Wäsche zum Trocknen aufgehängt hat. Im Jargon des Theaters nennt man sie Soffitten.

Oh, dieser theatralische Soffitten-Himmel! Trotz seiner scheinbaren Transparenz schneidet er die Spitzen der Glockentürme, der Dächer oder der Baumkronen ab, wenn sie die Kühnheit besitzen, hinter diesem ätherischen Himmelblau stehen zu wollen. Hinter jeder Soffitte hängt ein Metallkasten mit mehreren Glühbirnen, so daß eine Soffitte stärker, eine andere schwächer beleuchtet ist. Dadurch verändert sich auch der Farbton der Soffitten, und anstatt miteinander zu harmonieren, unterscheiden sie sich kraß voneinander. Dadurch wird der Himmel noch mehr zerrissen. Um die blauen Handtücher zu umgehen, kommen die Bühnenbildner auf unterschiedlichste Ideen, zum Beispiel hängen sie Äste mit Laub auf, von links nach rechts oder umgekehrt über die ganze Bühne. Die so entstandenen Waldbögen hängen nun in allen Gassen der Bühne und sind nun nicht mehr blau, sondern laubgrün. Doch ist jemandem damit geholfen?

Auf dem Gemälde gibt es weder Soffitten noch Kulissen noch Anbauten, die Sträucher, Hügel oder Furchen darstellen. Auf der Bühne aber, in der dritten Dimension, sind sie unentbehrlich, sie werden einzeln aus dem Bild herausgeschnitten und als selbständige Teile auf die Bühne übertragen. Auf dem Entwurf ist zum Beispiel ein Baum, hinter ihm in der perspektivischen Entfernung sind die Ecke eines Hauses, mehrere Heuhaufen usw. Man muß sie voneinander trennen, mehrere Kulissen machen und sie hintereinander auf der Bühne aufstellen: eine für den Baum, die andere für die Häuserecke, die dritte für die Heuhaufen. Oder Bäume und Sträucher auf dem Entwurf, deren Laub sich derart miteinander vermischt, daß man Mühe hat zu sagen, wo der Strauch aufhört und wo der Baum anfängt. Dieser weiche Übergang ist auf dem Entwurf genauso bezaubernd wie in der Natur. Auf der Bühne sieht es aber ganz anders aus. Die Theaterkulisse erhält als selbständiger Gegenstand ihre scharfen Umrisse aus Pappe oder Holz. Die grobe Kontur des Holzlaubs ist eine schlimme und typische Eigenschaft der Kulisse. Die bezaubernd feinen Linien des Malers werden auf der Bühne unvermeidlich verunstaltet.

Aber es gibt ein noch größeres Übel. In der dritten Dimension, das heißt in der Tiefe der Bühne, stößt der Bühnenbildner auf den fürchterlichen Fußboden und weiß nicht, wohin mit dieser riesigen Fläche aus schmutzigen, verdreckten Brettern. Soll man nun Podeste und Versenkungen bauen? Doch wissen Sie, was das bedeutet, in der kurzen Pause einen ganzen Fußboden zuzubauen? Das würde die Arbeit erschweren und die Vorstellung verlängern. Doch nehmen wir einmal an, es ist getan worden. Wie will man aber auf dem Fußboden die mathematisch genau angelegten Gassen mit den geraden Linien der Kulissen und Anbauten verdecken? Dazu gehört schon große Geschicklichkeit, Einfallsreichtum und Kenntnis der Bühne, um derartige Schwierigkeiten in den Entwürfen und in den Dekorationen zu umgehen oder zu bekämpfen.

Und nun weitere Hindernisse: der Entwurf ist mit kräftigen Ölfarben, in zarten Aquarelltönen oder mit Gouache gemalt; die Dekorationen hingegen werden mit der fürchterlichen Leimfarbe angestrichen, dabei verlangt der Auftraggeber, daß man mehr Leim in den Farbtopf tut, sonst wird die Farbe abblättern und die Dekoration bald unansehnlich werden, die abgeblätterte Farbe aber wird zum ätzenden und für Hals und Lunge gefährlichen Staub. Bei der großen Menge Leim werden die Farben aber schmierig und erhalten einen schmutzigen Ton.

Nimmt man das alles zusammen, so wundert es uns nicht, wenn man nur mit Mühe den Entwurf des Bühnenbildners in den Dekorationen wiedererkennt. Der Bühnenbildner kann machen, was er will, nie und nimmer wird er die Materialität, Gegenständlichkeit und Grobheit der Theaterdekoration überwinden.

Das Theater und, folglich, die Dekorationen sind an sich schon durch eine Art Konsens bedingt, müssen es sein. Heißt es aber, je mehr Bedingtheit, desto besser das Theater? Sind denn diese Bedingtheiten gleichermaßen gut und zulässig? Die guten sollen nicht nur beibehalten, sondern in manchen Fällen sogar begrüßt werden, die schlechten aber sind auszumerzen.

Eine gute theatralische Konvention ist das gleiche wie Bühnenwirksamkeit im besten Sinne des Wortes. Bühnenwirksam ist alles, was dem Spiel des Darstellers und der Inszenierung insgesamt hilft. Die Haupthilfe besteht vor allem im Erreichen des schöpferischen Ziels. Darum ist jene Konvention gut und bühnenwirksam, die den Schauspielern hilft, das Leben des menschlichen Geistes in einzelnen Rollen und in der Inszenierung insgesamt wiederzugeben. Dieses Leben muß überzeugend sein und kann sich nicht in der Atmosphäre der Lüge und des Betrugs abspielen. Die Lüge muß auf der Bühne Wahrheit werden oder als solche erscheinen, um überzeugend zu sein. Die Wahrheit auf der Bühne, das ist das, was Schauspieler, Bühnenbildner und Zuschauer aufrichtig glauben, darum muß die Konvention auf der Bühne wahrhaftig, mit anderen Worten, glaubwürdig werden, damit der Schauspieler und der Zuschauer ihr glauben kann.

Eine gute Konvention muß schön sein, doch nicht im Sinne des theatralischen Blendwerks, das den Zuschauer einnebelt. Schön ist, was das Leben des menschlichen Geistes auf der Bühne und von der

Bühne aus, das heißt die Gefühle und Gedanken der Schauspieler und der Zuschauer, erhaben macht.

Die Arbeit der Regie und der Schauspieler mag realistisch, abstrakt, links- oder rechtsgerichtet, impressionistisch oder futuristisch sein – ganz gleich, Hauptsache, sie ist überzeugend, das heißt wahrhaftig oder glaubwürdig, schön, das heißt kunstvoll und erhaben, und sie widerspiegelt das echte Leben des menschlichen Geistes, ohne das es keine Kunst geben kann.

Eine Konvention, die diesen Anforderungen nicht entspricht, ist als schlecht zu bezeichnen.

Die Kulissen, die Anbauten, der Fußboden, die Pappe, die Leimfarben und die Bühnengassen dienen meist zur Schaffung einer üblen, fragwürdigen, verlogenen und häßlichen Konvention, die die Kreativität der Schauspieler hemmt und aus dem Theater ein »Theater« macht.

Diese schlechten Konventionen verunstalten den Entwurf des Bühnenbildners, der zwar auch konventionell, das aber im guten Sinne des Wortes ist.

Mit dem üblen Theatralischen mögen sich Vergnügungsetablissements abfinden, doch das echte Theater hat sie ein für allemal gnadenlos zu verbannen.

Es gehört in der letzten Zeit zum guten Ton und zeugt von raffiniertem Geschmack, einen Kult aus der theatralischen Konvention zu machen, ohne deren Qualität streng zu kontrollieren. Die Konvention in der Schauspielkunst wie auch in der Inszenierung gilt als liebenswürdige Naivität. Menschen, die vom Verstand her kreieren, bemühen sich um die Naivität und glauben auch noch an ihre angeblich kindliche, ungekünstelte Unmittelbarkeit.

Enttäuscht von den Mitteln des Bühnenbilds erklärte ich der schlechten Theatralität den Krieg und wandte mich der guten Konvention zu in der Hoffnung, sie würde an die Stelle der mir verhaßten, üblen treten. Anders ausgedrückt, man brauchte neue Prinzipien des Bühnenbildes für die nächsten Arbeiten auf dem Theater.

Mit diesen sehr allgemein gefaßten Forderungen ging ich auf die Suche nach äußeren Formen einer Theaterinszenierung. Es schien, als hätte man sämtliche bis dahin bekannte oder erfundene Mittel des Bühnenbildes erschöpft. Woher neue nehmen? Ein besonderes Dekorations-Studio eröffnen? Ich hatte aber kein Geld, da ich immer noch aus der Zeit der Gesellschaft für Kunst und Literatur und des

Studios in der Powarskaja Schulden hatte. Also mußte ich auf ein stationäres Studio verzichten und mich mit einer provisorischen, ambulanten Werkstatt zufriedengeben. Wir beschlossen, an einem bestimmten Tag alle Interessenten in meine Wohnung einzuladen, alles mögliche Arbeitsmaterial zusammenzutragen, das heißt Papier, Pappe, Farben, Stifte, Zeichnungen, Bücher, Bilder, Skizzen, Modellierton und Stoffmuster aller Art. Jeder sollte versuchen, bildlich das darzustellen, was ihm vorschwebte: einen Bühnenschnitt, eine neue Theaterarchitektur, ein neues Prinzip der Dekoration oder deren Bestandteile, ein Kostüm, eine originelle Farbkombination, einen Bühnentrick oder andere bühnengerechte Möglichkeiten, Methoden, Konzeptionen und dergleichen mehr. Zum angekündigten Abend fanden sich nur wenige Interessenten ein: mein Freund Sulershizki, der damals am Theater beschäftigte Bühnenbildner Jegorow, der inzwischen verstorbene Schauspieler (und ausgebildete Techniker) G. S. Burdshalow und ich. Wir alle kamen zu diesem Experimentierabend mit leeren Händen: ohne eine kreative Idee, ja sogar ohne einen bestimmten Anspruch, sondern nur mit Forderungen allgemeiner Art. Alle hatten das Alte satt, das niemanden mehr befriedigte, doch niemand wußte, womit es ersetzen. Unter solchen Bedingungen wollte unser Vorhaben zunächst nicht recht klappen. Der Anfang war das schwierigste: ein Ziel zu finden, einen Boden, ein Prinzip oder wenigstens einen Bühnentrick, für den man sich hätte begeistern können. Die Begeisterung, mochte sie noch so gering sein, konnte der Antrieb für die weitere Arbeit werden; doch solange sie nicht da war, hatte man keinen Boden unter den Füßen. Es mußte etwas gefunden werden, doch wo und wie suchen, wußte niemand. Man versuchte, schöpferische Gedanken und Gefühle aus sich herauszupressen, lief auf und ab, begann etwas zu tun, war dann enttäuscht und ließ das Angefangene sein. Wir kombinierten die Farben der Stoffe, zeichneten den Grundriß der Bühne, die Fläche des Fußbodens auf und hofften, über einen Zufall den Zugang zu einem entscheidenden Prinzip zu finden. Als Schöpfer wider Willen arbeiteten wir recht lustlos.

Und dann kam er, der Zufall. Ein glücklicher Zufall ist in unserem Metier eine große Hilfe. Etliche Prinzipien von Inszenierungen, über die lange Artikel in Zeitungen und Zeitschriften verfaßt und Referate gehalten werden, in denen diese Prinzipien fast schon zu Grundlagen einer neuen Kunst deklariert werden, sind in Wirklichkeit auf einen Zufall zurückzuführen. So auch hier: ich brauchte ein

Stück schwarzen Samt und konnte es nicht finden, obwohl wir es alle gerade noch gesehen hatten. Wir durchwühlten die Kästen, Kartons, Schubläden und das ganze Zimmer – es war verschwunden. Auf einmal sahen wir es an der sichtbarsten Stelle. Warum ist es uns nicht früher aufgefallen? Ganz einfach: hinter ihm hing ein größeres Stück vom gleichen schwarzen Samt, und Schwarz war auf Schwarz nicht zu sehen. Mehr noch: der Samt verdeckte die Rückenlehne des Stuhls, auf dem er lag, und aus dem Stuhl wurde ein Hocker. Wir brauchten lange, um zu begreifen, wo nun die Lehne hingeraten sein mochte, und woher ich in meinem Zimmer ein unbekanntes Möbelstück hatte.

Heureka! Ein neues Prinzip war entdeckt! Wir hatten einen neuen Hintergrund, der die Tiefe der Bühne verdecken und eine monochrome zweidimensionale Fläche entstehen lassen konnte, denn der Fußboden, die Kulissen und die Soffitten aus schwarzem Samt würden sich vom schwarzen Hintergrund nicht abheben, und der Bühnenrahmen würde von oben bis unten durch das Schwarz ausgefüllt. Auf diesem Hintergrund kann man wie auf einem schwarzen Blatt Papier weiße oder farbige Linien ziehen, Zeichnungen und Farbflecken setzen, die selbständig, für sich im riesigen Geviert des Bühnenraums existieren können. Die große Fläche der Bühne, auf der die Augen keine Ruhe finden und die Aufmerksamkeit nachläßt, auf einen kleinen Raum, vielleicht sogar einen Fleck zu reduzieren, auf den sich die Aufmerksamkeit der tausendköpfigen Zuschauermenge konzentriert – ist das nicht eine lang ersehnte Entdeckung?

Neu war sie freilich nur, weil sie uralt und darum gründlich vergessen war. »Schwarz verschwindet auf Schwarz« – ist keine große Neuigkeit, sondern ein altbekanntes Prinzip der Camera obscura. Es gibt kein Panoptikum, in dem vor den Augen des Zuschauers ein Mensch oder Gegenstand nicht plötzlich verschwinden oder auftauchen würde. Wie konnte es passieren, daß dieses praktische Prinzip bisher nicht auf der Bühne angewendet worden war? Dabei ist es so nützlich im Theater, zum Beispiel bei der Inszenierung des »Blauen Vogels«, die sonst aufgrund der Unvollkommenheit der Bühnenmechanik nicht zu verwirklichen gewesen wäre.

Wir begriffen sofort, daß uns das neue Prinzip viele technische Aufgaben, die die Verwandlungen auf der Bühne in Maeterlincks Stück betrafen, erleichtern konnte.

Das hieß doch, daß unser Traum in Erfüllung gehen durfte und wir den liebgewonnenen »Blauen Vogel« in Szene setzen konnten.

Die Phantasie sprudelte los, die Gedanken rasten, es war eine Erleuchtung.

So etwas wird einem nicht oft beschert, darum muß man die Gelegenheit nutzen. Ich rannte in mein Zimmer, um die über mich hereingebrochenen Gedanken zu ordnen und das aufzuschreiben, was vergessen werden konnte, wenn die Minute der Erleuchtung vorbei sein würde. Columbus konnte bei der Entdeckung Amerikas nicht beflügelter gewesen sein als ich an jenem Abend. Der Glaube an die Bedeutung der neuen Entdeckung war groß. Mir schwebten die verschiedensten Kombinationen und Tricks mit schwarzem Samt vor. An einzelnen Stellen des mit schwarzem Samt ausgeschlagenen Bühnenausschnitts sollten wie auf einem riesigen Blatt schwarzen Papiers überall Gesichter, Figuren oder ganze Gruppen von Schauspielern oder gar Dekorationen erscheinen und verschwinden, wenn man sie mit schwarzem Samt wieder zudeckte. Aus Dicken würde man Magere machen können, wenn man schwarzen Samt an die entsprechenden Körperstellen des Kostüms annähte und damit das Überflüssige gleichsam abschnitte. Man würde schmerzlos Arme und Beine amputieren, den Rumpf verstecken, Köpfe abschlagen können.

Nach dem denkwürdigen Abend nahmen unsere Versuche eine andere Richtung. In einem den Schaulustigen verborgenen Raum richteten wir eine große Camera obscura ein, in der wir in der gleichen Zusammensetzung unterschiedliche Experimente machten und eine Vielzahl von bühnenwirksamen Möglichkeiten und Effekten entdeckten. Schon hielten wir uns für große Erfinder, doch leider erhofften wir vom schwarzen Samt mehr, als er in Wirklichkeit leisten konnte. Zum Beispiel war das Verschwinden und Wiederauftauchen von Dekorationsteilen an unterschiedlichen Stellen der Bühne ein viel zu billiger Trick, geeignet allenfalls für eine Revue, aber nicht für ernstzunehmendes Theater. Als wir dann die in schwarzen Samt eingehüllten Dekorationen und den ebenso düster wie grausig luftlos wirkenden Bühnenraum sahen, so meinten wir, den Geruch von Gruft und Tod zu spüren.

Die zufällig im Theater weilende Isadora Duncan rief entsetzt aus: »C'est une maladie!« Und sie hatte recht.

»Macht nichts«, trösteten wir uns. »Wir wenden das gleiche Prinzip mit andersfarbigem Samt an.«

Das neue Prinzip ließ sich jedoch nur bei schwarzem Samt anwenden, der alle Lichtstrahlen in sich aufnimmt und die dritte Dimension als eine Fläche erscheinen läßt. Mit anderen Farbtönen ist dieser Effekt nicht zu erreichen: im farbigen Samt blüht die dritte Dimension genauso wie in den gewöhnlichen Dekorationen.

Doch das Schicksal ließ uns nicht im Stich und schickte uns Leonid Andrejews Stück »Das Leben des Menschen«.

»Das ist der richtige Hintergrund«, rief ich nach der Lektüre des Stücks aus.

»Das Leben des Menschen«

Leonid Nikolajewitsch Andrejew war seit jeher ein Freund unseres Theaters. Unsere Freundschaft hatte in der weit zurückliegenden Zeit begonnen, als er Journalist war und seine Theaterfeuilletons mit James Lynch signierte. Als bekannter Literat und Dramatiker äußerte Andrejew des öfteren sein Bedauern über den Umstand, daß noch keines seiner Stücke in unserem Theater aufgeführt wurde. Diesmal sprach alles dafür, sein neues Drama »Das Leben des Menschen« in den Spielplan aufzunehmen, obwohl es sich vom künstlerischen Stil her stark von anderen Stücken im Repertoire des Künstlertheaters unterschied.

Es herrschte die irrige, doch ebenso zählebige Meinung, unser Theater sei realistisch und nur noch am Alltäglichen interessiert, während das Abstrakte und Irreale uns angeblich fremd und auch unzugänglich sei.

In Wirklichkeit sah es ganz anders aus. Zu jener Zeit interessierte mich fast ausschließlich das Irreale auf der Bühne, und ich suchte nach Formen und Mitteln für dessen Darstellung im Theater. Andrejews Stück kam daher zur rechten Zeit, denn es entsprach unseren damaligen Forderungen und Versuchen. Außerdem war der Trick mit der Ausstattung ja schon gefunden, womit der Samt gemeint ist, von dem ich damals noch nicht enttäuscht war. Zwar tat es mir leid, den neuen Einfall nicht im »Blauen Vogel« vorzuführen, für den er ja gedacht war, doch ich meinte, daß der Anwendungsbereich des Samts ungleich größer werden würde, als es sich in der Praxis erwies, und für eine Reihe von Inszenierungen ausreichen müßte.

Zu Andrejews Stück paßte der schwarze Hintergrund ausgezeichnet, da konnte man von ewigen Dingen sprechen. Das Düstere, der Pessimismus im Werk Leonid Andrejews entsprachen jener Stimmung, die der schwarze Samt vermittelte. Das Leben des kleinen Mannes bei Andrejew verlief in ebenjener Düsternis inmitten der abgrundtiefen, schauerlichen Endlosigkeit. Vor einem solchen Hintergrund erschien die Gestalt, die Andrejew »Jemand in Grau« getauft hatte, noch gespenstischer: man sah sie, und auch wieder nicht. Man ahnte die Anwesenheit einer Person, die kaum wahrzunehmen war, aber dem Stück den Anflug von Fatalem gab. In ebenjene Düsternis war das Leben des kleinen Mannes zu tauchen, um ihm den Eindruck des Zufälligen, Zeitlichen und Ephemeren zu geben. In Andrejews Stück ist das Leben des Menschen eigentlich kein Leben, sondern ein Schema, allenfalls eine Kontur. Diese Kontur, das Schematische erreichte ich auch in der Dekoration, die aus Stricken bestand, die, geraden Linien einer vereinfachten Zeichnung gleich, lediglich die Umrisse eines Zimmers, der Fenster, Türen, Tische und Stühle andeuteten.

Über das riesige schwarze Blatt, wie die Bühne vom Zuschauerraum aus gesehen wurde, waren weiße Linien gezogen, die die Konturen des Zimmers und der Einrichtung in der Perspektive darstellten. Dahinter erahnte man eine unheimliche endlose Tiefe.

Natürlich dürfen die Menschen in einem solchen schematischen Raum keine Menschen, sondern nur deren Konstruktionen sein. Ihre Kostüme sind ebenfalls mit Linien umrissen. Einzelne Körperteile scheinen nicht existent, da sie vom schwarzen Samt überdeckt sind. In diesem Schema des Lebens wird ein Schema des Menschen geboren und von den Schemata der Verwandten und Bekannten begrüßt. Worte, die sie sprechen, sind kein Ausdruck lebendiger Freude, sondern ein formelles Protokoll einer solchen. Die natürlichen Ausrufe klingen nicht wie lebendige Stimmen, sondern wie von Grammophonplatten. Dieses ganze unsinnige und wie ein Traum unwirkliche Leben entsteht unerwartet vor den Augen des Publikums aus dem Dunkel und verschwindet darin genauso unvermittelt. Die Menschen gehen nicht durch die Türen, sondern erscheinen plötzlich auf der Vorderbühne und verschwinden in der finsteren Endlosigkeit.

Die Dekoration des zweiten Bildes, das die Jugend des Menschen und seiner jungen Frau darstellt, ist in etwas freundlicherem Rosa gezeichnet. Auch geben die Schauspieler mehr Lebenszeichen von sich. In der Atmosphäre der Liebesszenen und der kühnen Herausforderung des Schicksals durch den Menschen schwingt manchmal so etwas wie Ekstase mit. Das in der Jugend auflodernde Leben erstarrt im dritten Akt in den Konventionen der mondänen Gesellschaft: ein großer Ballsaal, der vom Reichtum und Prunk des Menschen zeugt, ist mit goldenen Tressen umrissen. Ein gespensterhaftes Orchester mit einem Phantom als Dirigent; triste Musik, leblos drehen sich zwei junge Damen im Tanz; im Vordergrund, an der Rampe entlang eine Reihe von Scheusalen: Greisinnen, scheintote Milliardäre, reiche Jungfern und Bräutigame, aufgetakelte Damen. Finsterer, schwarz-goldener Reichtum, Damenkleider mit schreienden Farbflecken, düstere schwarze Fräcke, stumpfe, selbstzufriedene, starre Gesichter.

»Wie schön! Wie prachtvoll! Wie reich!« rufen leblos entzückt die Gäste.

Es war eine Groteske, die heutzutage große Mode ist.

Im vierten Bild geht es mit dem kaum angefangenen Leben bereits bergab. Der Verlust des einzigen Kindes knickt das nunmehr gealterte Paar. In einem Moment der Verzweiflung flehen sie den Jemand in Grau an, doch jener hüllt sich in vielsagendes Schweigen. Der kopflose Vater geht mit den Fäusten auf ihn los, doch die mysteriöse Figur verflüchtigt sich im Raum, und das Paar bleibt allein in seiner Not, ohne den Beistand der höheren Macht.

Der Tod des vollends heruntergekommenen Menschen in einer Schenke im letzten Bild ist ein einziger Alptraum. Die schwarzen Parzen mit langen Umhängen erinnern an auf dem Fußboden umherhuschende Ratten mit langen Schwänzen; ihr greisenhaftes Flüstern, Lispeln, Hüsteln und Raunen schafft die Atmosphäre des Entsetzens und der schlimmen Ahnungen. Danach erwachsen aus der Dunkelheit einzeln und in Scharen Betrunkene auf der Vorderbühne und verschwinden genauso unerwartet. Sie zischen, gestikulieren wild oder stehen reglos im Alkoholrausch wie Gesichte im Fieberwahn. Für einen Augenblick erfüllen sie den Raum mit einem wüsten Aufschrei. Als eine Spur hinterlassen sie dumpfe Seufzer und trunkenes Röcheln. Im Augenblick des Sterbens taucht eine Unzahl von überlebensgroßen durch die Lüfte schwebenden Figuren auf, unten kriechen Schlangen hervor. Ein irrsinniges Chaos, wie es einem im schweren Todeskampf Liegenden erscheinen mag. Doch nun ertönt der letzte, Leib und Seele durchdringende furchtbare Schlag – und das Leben des Menschen endet. Alles verschwindet: der Mensch, die Gesichte und der trunkene Alptraum. Einzig die überdimensionale Figur des Jemand in Grau erwächst inmitten der bodenlosen, grenzenlosen Dunkelheit. Mit schicksalhafter, stahlharter, endgültiger Stimme spricht er über die ganze Menschheit ein für allemal das Urteil.

Alle äußeren Effekte konnten wir mit Hilfe des schwarzen Samts erreichen, dem eine wichtige Rolle in der Inszenierung zukam. Die Aufführung hatte großen Erfolg, und es hieß auch diesmal, das Theater habe neue Wege in der Kunst entdeckt. Doch sie führten nur noch bis zu den Dekorationen, die mich auch bei dieser Arbeit vom Wesen der Schauspielkunst ablenkten – denn auf diesem Gebiet haben wir mit dieser Inszenierung nichts neues gekonnt. Losgerissen vom Realismus verloren wir Schauspieler den Boden unter den Füßen und fühlten uns hilflos. Um nicht in der Luft hängenzubleiben und nicht zwischen zwei Stühlen sitzen zu müssen, griffen wir natürlich wieder zum mechanisch Gewohnten, das heißt zum üblichen handwerksmäßigen Schauspielstil, zumal er aus unerfindlichen Gründen von der Menge als »erhabener Stil« des Schauspiels mißverstanden wurde.

Ungeachtet des großen Erfolgs war ich mit den Ergebnissen unzufrieden, da ich sehr wohl wußte, daß ich nicht das geringste zur Erneuerung der Schauspielkunst beigetragen hatte.

Zu Gast bei Maeterlinck

Die uns von Maeterlinck genehmigte Inszenierung des »Blauen Vogels« kam an die Reihe. Das Stück des belgischen Dichters sollte erstmals das Rampenlicht in Moskau erblicken, im Künstlertheater. Diese Verantwortung verpflichtete, und ich hielt es für angebracht, mich mit dem Autor zu einigen und zu diesem Zwecke während des Sommerurlaubs zu Maeterlinck zu reisen, zumal ich von ihm eine freundliche Einladung erhalten hatte. Er lebte in der von ihm kürzlich erworbenen ehemaligen Abtei St.-Vandrille in der Normandie, sechs Stunden Fahrt von Paris entfernt.

Ich rüstete mich typisch russisch zur Reise: Unmengen von Päckchen, Geschenken, Pralinen und sonstigem. Im Waggon wurde ich etwas unruhig. Ja, wie denn nicht! Ich reise zu einem berühmten Schriftsteller und Philosophen, da mußte ich mir doch einen klugen Satz zur Begrüßung einfallen lassen. Ich schrieb mir auf die Manschette einen hochtrabenden Begrüßungssatz, den ich bei Bedarf ablesen konnte.

Schließlich hielt der Zug an der Endstation, und ich mußte aussteigen. Kein einziger Gepäckträger auf dem Bahnsteig. Vor dem Bahnhof einige Autos, deren Fahrer sich an der Ausgangstür scharten. Mit Paketen und Päckchen beladen, die mir dauernd aus der Hand fielen, kam ich zum Ausgang, wo ich die Fahrkarte vorweisen mußte. Dieweil ich in den Rocktaschen danach suchte, fielen meine Päckchen nach allen Seiten. Gerade in dieser kritischen Minute rief ein Fahrer mich an:

»Monsieur Stanislawski?«

Ich drehte mich um und erblickte einen glattrasierten, bejahrten und ergrauten, gut aussehenden untersetzten Mann im grauen Mantel und einer Chauffeursmütze. Er half mir, meine Sachen aufzusammeln. Dabei fiel mir der Mantel aus der Hand, er hob ihn auf und legte ihn sich behutsam über den Arm, dann führte er mich zum Wagen, ließ mich neben sich Platz nehmen, verstaute das Gepäck, und wir fuhren los. Der Fahrer wich sehr geschickt Kindern und Hühnern auf der staubigen Dorfstraße aus und raste wie ein Wirbelsturm. Bei dieser Geschwindigkeit konnte man unmöglich die Landschaft der bezaubernden Normandie bewundern. An einer Straßenbiegung vor einem Felsvorsprung hätten wir beinahe eine Kutsche umgefahren, doch der Chauffeur konnte noch blitzschnell den Pferden ausweichen. Als wir dann etwas langsamer fuhren, unterhielten wir uns über das Auto und die Gefahren des schnellen Fahrens. Schließlich fragte ich, wie es Monsieur Maeterlinck gehe.

»Maeterlinck?« rief er verwundert. »C'est moi, Maeterlinck!«

Ich klatschte mir auf die Schenkel, und wir lachten beide laut und ausgiebig. Der hochtrabende Satz wurde hiermit überflüssig, denn diese einfache und überraschende Begrüßung hatte uns auf Anhieb nähergebracht.

Durch einen dichten Wald kamen wir vor ein riesiges Klostertor. Der Riegel wurde rasselnd zurückgeschoben, das Tor öffnete sich, und das Auto, das in der mittelalterlichen Umgebung nahezu anachronistisch wirkte, fuhr ins Kloster hinein. Wohin man auch immer blickte, überall waren Spuren und Überreste vieler Jahrhunderte einer verschwundenen Kultur zu sehen. Einige Kirchen und Bauten waren zerfallen, andere noch erhalten. Wir blieben vor dem Refektorium stehen. Man geleitete mich in einen großen Saal mit Chorstühlen, Säulen und einer Treppe. Überall standen Skulpturen. Von oben stieg im roten Kostüm der Normandie Madame Georgette Maeterlinck-Leblanc herab, eine liebenswürdige Gastgeberin und eine kluge und interessante Gesprächspartnerin.

In der unteren Etage befanden sich das Speisezimmer und ein kleiner Salon, darüber, im ersten Stock, verlief ein langer Gang, von dem früher die Mönchszellen abgingen, die in Schlafgemächer, das Zimmer Maeterlincks, das seiner Frau, des Sekretärs, der Dienstboten usw. umgebaut worden waren. Hier verlief das familiäre Leben. An einem anderen Ende des Klosters, wenn man durch mehrere Bibliotheksräume, Kapellen und einen Saal gegangen war, gelangte man in ein großes Zimmer mit einer herrlichen mittelalterlichen Terrasse, das Arbeitszimmer des Schriftstellers. Hier konnte er selbst beim stärksten Sonnenschein im Schatten arbeiten.

Das mir zugewiesene Zimmer lag an einem anderen Ende, in einem runden Turm, den ehemaligen Gemächern des Erzbischofs. Die Nächte, die ich dort verbrachte, werde ich nicht vergessen: ich lauschte den geheimnisvollen Geräuschen des schlafenden Klosters, dem Knarren, Ächzen und Winseln, das ich zu hören glaubte, dem Schlagen der Turmuhr und den Schritten des Wächters. Diese mystische Atmosphäre paßte zu Maeterlinck. Hier muß ich den Vorhang der Verschwiegenheit vor seinem Privatleben herunterlassen, um nicht indiskret in ein mir zufällig eröffnetes Gebiet einzudringen. Ich kann nur sagen, daß Maeterlinck ein charmanter und herzlicher Gastgeber und ein fröhlicher Gesprächspartner war. Tagelang sprachen wir über Kunst, und es freute ihn, daß ein Schauspieler zum Wesen der eigenen Kunst vorzudringen und deren Natur zu analysieren suchte. Besonders interessierte ihn die innere Technik des Schauspielers.

Die ersten Tage vergingen in allgemeinen Gesprächen und langen Spaziergängen. Maeterlinck hatte immer ein kleines »Montecristo«-Gewehr bei sich; in einem kleinen Bach angelte er. Er erläuterte mir die Geschichte der Abtei, weil er sich ausgezeichnet in den verworrenen Spuren unterschiedlicher Epochen auskannte, deren Zeuge und Hüter das Kloster war. Nach dem Abendessen, wenn es dunkel wurde, machten wir einen Rundgang und besahen uns beim Licht der vor uns getragenen Kerzenleuchter jeden Winkel. Die hallenden Schritte auf den Steinplatten, das Altertum, der Kerzenschein und das Geheimnisvolle der Umgebung erzeugten eine einmalige Stimmung.

Im abgeschiedenen Salon tranken wir Kaffee und unterhielten uns. Zu gegebener Stunde kratzte Maeterlincks Hund Jacot an der Tür. Der Hausherr ließ ihn herein und erklärte, Jacot komme aus einem Café im benachbarten Dorf zurück, wo er ein Verhältnis habe. Zur festgesetzten Stunde kam der Hund zurück, sprang auf den Schoß des Hausherrn, und es entspann sich ein bezaubernder Dialog zwischen den beiden. Nach den klugen Augen des Hundes zu urteilen, konnte man meinen, er verstünde alles. Jacot war der Prototyp des Hundes im »Blauen Vogel«, und darum wollte ich ihn näher kennenlernen.

Zum Abschluß dieser flüchtigen Erinnerungen an die herrlichen Tage bei Maeterlinck und seiner Frau möchte ich kurz schildern, wie der Schriftsteller die Inszenierungskonzeption für sein Märchen aufnahm. Zunächst sprachen wir viel über das Stück, die Charakteristiken der handelnden Personen und die Wünsche Maeterlincks, die er in aller Bestimmtheit äußerte. Doch sobald der Boden der Regiearbeit betreten wurde, war er außerstande, sich vorzustellen, wie seine Anweisungen auf der Bühne umgesetzt werden sollten. Hier mußte ich ihm bildlich alles erläutern, ihm das ganze Stück vorspielen und einige Tricks verraten, die sich mit den vorhandenen Mitteln zeigen ließen. Ich spielte ihm alle Rollen vor, und er griff meine Andeutungen flugs auf. Maeterlinck erwies sich wie auch Tschechow als ein entgegenkommender Mann. Er war schnell begeistert von Dingen, die ihm glücklich schienen, und phantasierte gern in der angedeuteten Richtung.

Tagsüber, in den Arbeitsstunden des Dichters, ging ich mit Madame Maeterlinck durchs Kloster und träumte von einer Inszenierung von »Aglavène und Celisette« oder »Pelléas und Mélisande« in der freien Natur.

An verschiedenen Stellen der Abtei waren so malerische Winkel, die eigens für Inszenierungen von Maeterlincks Werken geschaffen zu sein schienen: ein mittelalterlicher Brunnen inmitten des dichten Grüns für die Szene der Verabredung Pelléas' mit Mélisande; an einer anderen Stelle der Gang zu einem Kellergewölbe für die Szene Pelléas und Golo und dergleichen mehr. Es wurde beschlossen, eine Aufführung zu veranstalten, bei der die Zuschauer zusammen mit den Schauspielern von einem Ort der Abtei zum anderen ziehen sollten, um das in der Natur arrangierte Stück zu sehen. Wenn mich nicht alles täuscht, wurde dieser Plan von Madame Maeterlinck-Leblance später verwirklicht.

Die Zeit der Abreise war herangekommen. Bei der Verabschiedung versprach Maeterlinck, zur Premiere des »Blauen Vogels« nach Moskau zu kommen. Zu unserem Bedauern konnte er dieses Vorhaben nicht realisieren.

Ich verzichte auf die Beschreibung der Inszenierung des »Blauen Vogels«, weil sie ja nicht nur in Rußland, sondern auch in Paris bekannt ist, wo L. A. Sulershizki zusammen mit seinem jungen Schüler J. B. Wachtangow und dem Bühnenbildner W. J. Jegorow, der die Dekorationen und Kostüme entworfen hatte, nach unserer Regiekonzeption das Stück inszenierte. Die zauberhafte Musik zum »Blauen Vogel« schrieb Ilja Saz.

Daß die Aufführung einen außerordentlichen Erfolg sowohl bei uns als auch in Paris hatte, muß gar nicht erst gesagt werden.

»Ein Monat auf dem Lande«

Turgenjews Stück »Ein Monat auf dem Lande« ist auf den feinsten Verflechtungen der Liebesgefühle aufgebaut.

Die Hauptheldin, Natalia Petrowna, hat ihr Leben in einem prunkvollen Salon, umgeben von allen Konventionen jener Epoche, eingeschnürt ins Korsett und fern der Natur verbracht. Die Beziehungen zu den ihr nahestehenden Menschen stellen ihre weibliche Psyche auf harte Proben: die Vertrautheit mit dem Ehemann, den sie nicht liebt, und mit dem verliebten Rakitin, dem sie sich nicht hinzugeben wagt; die Freundschaft der beiden Männer und die zarten Gefühle, die sie ihr entgegenbringen – diese Konstellation macht das Leben der Natalia Petrowna unerträglich. Als Gegensatz zu diesem Triumvirat von Treibhauspflanzen stellt Turgenjew die Verotschka und den Studenten Beljajew auf die Bühne. Gedeiht im herrschaftlichen Hause die Liebe der Zierpflanzen, so haben wir hier eine natürliche, naive Feld- und Wiesenliebe. Natalia Petrowna bewundert die Einfachheit der Beziehungen des verliebten Paars und fühlt sich von ihnen, von ihrer Natürlichkeit angezogen. Die Orangerie-Rose begehrt, eine Feldpflanze zu werden, und träumt von Wald und Flur. Sie verliebt sich in den Studenten Beljajew, und die Katastrophe ist komplett: Natalia Petrowna verscheucht die schlichte und natürliche Liebe Verotschkas, verwirrt den Studenten, folgt ihm aber nicht, verliert den treuen Verehrer Rakitin und bleibt für immer bei ihrem Mann, den sie zwar zu achten, aber nicht zu lieben weiß, und verkriecht sich wieder in ihr Treibhaus.

Die feinste Spitze der Liebesbeziehungen, die Turgenjew so meisterhaft geklöppelt hatte, verlangte von den Schauspielern ein besonderes Herangehen, das dem Zuschauer ermöglichte, die pittoresken Ornamente der Psychologie liebender, leidender und vor Eifersucht vergehender Herzen zu bewundern. Wollte man Turgenjew mit den üblichen Mitteln spielen, so würden seine Stücke bühnenuntauglich erscheinen, welchen Ruf sie auch im alten Theater gehabt hatten.

Wie kann man die Seelen der Schauspieler auf der Bühne so weit offenlegen, daß die Zuschauer sie sehen und die Vorgänge darin nachvollziehen können? Das ist eine schwierige Aufgabe, die sich weder mit Gestik noch mit dem Spiel der Arme und Beine noch mit dem komödiantischen Gebaren der Schauspieler lösen läßt. Man braucht unsichtbare Strahlen künstlerischen Willens und Fühlens, man braucht die Augen, die Mimik, eine kaum wahrnehmbare Intonation beim Sprechen und psychologisch überzeugende Pausen. Darüber hinaus ist alles zu beseitigen, was die tausendköpfige Menge hindert, das Wesen der von ihr erlebten Gefühle und Gedanken wahrzunehmen.

Wieder mußte man zum Statuarischen greifen, Gesten und überflüssige Bewegungen, Gänge ausschalten, und die Arrangements des Regisseurs nicht nur einschränken, sondern gänzlich abschaffen. Die Schauspieler sollten unbeweglich sitzen, fühlen, sprechen und mit ihren Empfindungen die Zuschauer anstecken. Eine Gartenbank oder ein Sofa, auf dem alle Personen des Stücks saßen, mußte genügen, um vor aller Augen das Innenleben und das psychologisch komplizierte Gewebe Turgenjewscher Spitze bloßzulegen. Ungeachtet des mißlungenen Versuchs dieser Art im »Spiel des Lebens« entschloß ich mich erneut dazu, weil ich damit rechnete, es in »Ein Monat auf dem Lande« mit normalen und aus dem realen Leben bekannten menschlichen Gefühlen zu tun zu bekommen, während ich im »Spiel des Lebens« bei völliger Unbeweglichkeit die stärksten, auf die Spitze getriebenen Leidenschaften hatte ausdrücken müssen. Die starken Leidenschaften Hamsuns schienen mir schwerer durch die Immobilität darstellbar zu sein als die komplizierte Zeichnung der Komödie Turgenjews. Der Schauspieler, nämlich ich, der eine der Hauptrollen, den Rakitin, spielen sollte, verstand dennoch sehr wohl die Schwierigkeit der neuen Aufgabe, die ich ihm als Regisseur gestellt hatte. Auch diesmal vertraute ich dem Schauspieler und verzichtete auf die Hilfe des Regisseurs. So werden wir jedenfalls erfahren, dachte ich, ob wir in unserem Ensemble echte Schauspieler haben, oder zumindest in der Praxis prüfen, ob es wirklich stimmt, daß der Schauspieler die Figur Nummer eins und der Schöpfer im Theater ist.

Man stößt also in »Ein Monat auf dem Lande« vorerst auf eine innere Zeichnung, in der sich der Zuschauer wie der Schauspieler zurechtfinden muß. Entfernt man diese Zeichnung, so wird das Werk Turgenjews überflüssig und braucht im Theater nicht gesehen zu werden, weil die äußere Handlung vom Autor, und erst recht in unserer Inszenierung, auf ein Minimum reduziert wurde. Außerdem muß den Schauspieler, der die ganze Vorstellung hindurch unbeweglich sitzt, eine Berechtigung dafür vor der Menge sichern, die ins Theater gekommen ist, um zu schauen. Diese Berechtigung erhält er nur von der inneren Handlung und der seelischen Aktivität, die von der psychologischen Zeichnung der Rolle vorgegeben wird.

In »Ein Monat auf dem Lande« ist die Zeichnung Turgenjews meisterhaft, darum konnten wir sie trotz der schwierigen Psychologie der Personen verhältnismäßig leicht in den kleinsten Strichen entziffern. Darin liegt der entscheidende Unterschied zwischen dem russischen und dem norwegischen Schriftsteller. Im »Spiel des Lebens« ist die innere Zeichnung nicht detailliert, sondern mit großzügigen Linien geschaffen. Man spielt hier den Geiz überhaupt, den Traum überhaupt, die Leidenschaft überhaupt. Und das ist ja das gefährlichste in unserem Beruf – das Überhaupt-Spiel. Im Ergebnis entsteht eine vage seelische Konturierung, und der Schauspieler verliert den Boden unter den Füßen, auf dem er hätte sicher stehen können.

In unserer Kunst muß der Schauspieler erkennen, was man von ihm fordert, was er selbst will und was ihn künstlerisch anzuregen vermag. Aus der Folge solcher den Schauspieler anregenden Aufgaben und Bestandteile der Rolle setzt sich der geistige Gehalt, die innere Partitur zusammen. Die innere Zeichnung des Stücks konnten wir recht leicht nachvollziehen; Turgenjew selbst hatte uns viel dabei geholfen. Das Verfolgen der Linien der Zeichnung und die Einhaltung der Partitur erforderten von mir als Schauspieler konzentrierteste Aufmerksamkeit, die mich vom Zuschauer ablenkte und mir die Berechtigung gab, fast unbeweglich auf einem Platz zu sitzen. Die Aufgabe, die ich im »Spiel des Lebens« nicht bewältigen konnte, erwies sich in einer feinsinnigen Komödie als lösbar.

Die Aufführung insgesamt und ich als Rakitin hatten kolossalen Erfolg. Die Resultate meiner langwierigen Forschungsarbeit, die mir half, einen eigenen Ton und einen ungewöhnlichen Spielstil, der mich von anderen Schauspielern unterschied, auf die Bühne zu bringen, wurden erstmals bemerkt und gewürdigt. Ich war glücklich und zufrieden nicht so sehr über meinen Erfolg als Schauspieler als über die Anerkennung meiner neuen Methode.

Das Hauptergebnis dieser Inszenierung bestand darin, daß ich meine Aufmerksamkeit auf das Studium und die Analyse der Rolle und meines eigenen Befindens in ihr lenkte. Damals begriff ich eine weitere Binsenwahrheit, nämlich, daß der Schauspieler nicht nur an sich selbst, sondern auch an der Rolle arbeiten lernen muß. Ich hatte es freilich auch früher gewußt, doch nur oberflächlich und anders. Das ist ein weites Feld, das besonders studiert, technisch erschlossen und durch ein System von Übungen zugänglich gemacht werden will.

Das Studium dieses Aspekts unserer Kunst wurde nun zu einer »neuen Passion Stanislawskis«. Bei dieser Inszenierung allerdings mußte ich mich notgedrungenermaßen nochmals mit der äußeren Seite unseres kollektiven Schaffens, dem Bühnenbild befassen. Den Anstoß gaben dazu neue begabte Bühnenbildner, mit denen ich es zu tun bekam.

Ich erinnere daran, daß ich mit den äußeren theatralischen Mitteln immer unzufriedener wurde und mich in die innere Kreativität vertiefte, wobei im Theater inzwischen begabte Schauspieler heranreiften, die als erstklassiges Ensemble zu gelten versprachen, während die äußere Seite meiner Inszenierungen immer mehr herunterkam. Indes beschäftigte man sich in anderen Moskauer und Petersburger Theatern immer intensiver mit der Ausstattung, manchmal sogar auf Kosten des inneren Gehalts. Das Ergebnis davon war, daß wir, die wir als erste in den 90er Jahren echte Künstler wie Korowin, Lewitan (in der Gesellschaft für Kunst und Literatur) oder Simow auf die Bühne gebracht hatten, nun unsere führende Rolle an andere abtreten mußten. In den Moskauer und Petersburger Kaiserlichen Theatern waren für das Bühnenbild anerkannte Meister wie Korowin, Golowin und viele andere zuständig. Bühnenbildner wurden nicht nur erwünschte, sondern unentbehrliche Mitglieder der Theaterfamilie, und die Ansprüche des Publikums wuchsen immerzu. Wo sollten wir einen Bühnenbildner hernehmen, der den damaligen Anforderungen unseres Theaters entsprechen würde? Man konnte bei weitem nicht mit allen von ihnen über das Wesen der Schauspielkunst reden, da viele nicht genügend ausgebildet waren, um sich in den Ideen und Aufgaben des Autors und des Stücks, in der Literatur überhaupt, in der Psychologie, den Problemen der Theaterkunst usw. auszukennen. Nicht wenige Maler ignorieren heute noch diese für uns bedeutenden Fragen und gehen entweder des Verdienstes oder ihrer eigenen künstlerischen Ziele wegen zum Theater. Das Bühnenportal betrachten sie als einen überdimensionalen Rahmen für ein Gemälde und das Theater als eine Ausstellung, in der man täglich einer großen Menge seine dekorativen Gemälde vorführen kann. Im Sinne der Popularität ist das Theater sehr verlockend für Maler. So ist es doch: in eine Ausstellung gehen ein paar

Hundert Besucher innerhalb einer kurzen Zeit, ins Theater aber gehen Tausende, Tag für Tag, Monat für Monat. Dieser Vorteil des Theaters kann den Malern nicht entgangen sein.

Ganz zu Anfang, als sie für die Oper und das Ballett gearbeitet hatten, stellte man an sie keine spezifischen, das Schauspiel betreffenden Forderungen. Der Dekorateur war absolut unabhängig und arbeitete getrennt von den Schauspielern, denen er oftmals seine Schöpfungen erst am Tage der Premiere zeigte. Es kam auch vor, daß der Bühnenbildner auf eigene Initiative willkürlich den auf dem Modell festgelegten Dekorationsgrundriß umänderte, so daß die Schauspieler und Regisseure vor vollendete Tatsachen gestellt wurden und keinen anderen Ausweg wußten, als die eingeübten Arrangements aus dem Stegreif zu ändern. Durfte man den Bühnenbildnern ähnliche Freiheiten auch im Drama gewähren?

Unser Theater stellte an den Bühnenbildner eine ganze Reihe von spezifischen Forderungen, unter anderem auch eine gewisse Mitarbeit als Regisseur. Der erste und auch einer der wenigen bekannten Regie-Bühnenbildner war W. A. Simow. Andere hatte es lange Zeit nicht gegeben, und darum mußten wir uns, außer an Simow, an junge Maler wenden, die zwar Talent, aber wenig Erfahrung und Wissen besaßen.

Bei einer unserer Reisen nach Petersburg lernten wir den Kreis um A. N. Benoit, einen der Mitbegründer der Ausstellungsreihe »Mir iskusstwa«, kennen, die damals als fortschrittlich galt. Die tiefen und vielseitigen Kenntnisse Benoits auf allen Gebieten der Wissenschaft und Kunst versetzten jeden in Staunen darüber, was das menschliche Hirn und Gedächtnis aufzunehmen vermochte. Er vermittelte seinen Freunden alles erdenkliche Wissen und beantwortete wie eine wandelnde Enzyklopädie alle ihre Fragen. Als erstklassiger Maler hatte er es verstanden, um sich Talente zu sammeln. Dieser Kreis hatte zuvor schon bei den Auslandstourneen des Djagilew-Balletts Aufsehen erregt, aber auch die Petersburger Theater kamen ohne die Hilfe und Mitarbeit der Gruppe nicht mehr aus. Die Gruppe kannte die Praxis gut und hatte Erfahrung, sie verstand sich besser als andere auf Dekorationen und Kostüme, daher schien sie unseren Forderungen am besten zu entsprechen.

Doch es gab ein großes Aber: alles Gute hatte nämlich seinen Preis. Was sich kaiserliche Theater, die von den staatlichen Zuschüssen lebten, leisten konnten, war unserem verhältnismäßig armen Privattheater unzugänglich. Aus diesem Grund konnten wir uns nur selten den Luxus und die Freude leisten, mit großen Malern zusammenzuarbeiten.

Der erste von den Petersburger Malern, den wir um Hilfe bei »Ein Monat auf dem Lande« baten, war Mstislaw Valerjanowitsch Dobushinski, der damals im Zenit seines Ruhmes stand. Er war bekannt durch feinsinnige und schöne Nachempfindungen sentimental-poetischer Stimmungen der 20er bis 50er Jahre des vorigen Jahrhunderts, die die Maler und die Sammler damals reizten, und schließlich auch die Gesellschaft. Einen besseren Maler hätte man sich gar nicht wünschen können.

Dank seinem Entgegenkommen und dem großzügigen Charakter konnten wir uns rasch einigen. Ich wählte eine einfache praktische Methode, um ihn in seinem Willen und der Phantasie nicht zu beengen und voll und ganz zu Wort kommen zu lassen und mir selbst die Möglichkeit zu geben, das zu verstehen, was den Maler am poetischen Werk am stärksten beeindruckte, was er zum Ausgangspunkt seiner Arbeit nahm. Die Methode bestand in folgendem: Dobushinski skizzierte die ersten Eindrücke mit Bleistift auf einem Stück Papier in der allereinfachsten Art. In diesen Zeichnungen glitt er gewissermaßen über die Oberfläche seiner Phantasie, ohne sich in sie zu vertiefen und einen Fixpunkt festzulegen, von dem aus die schöpferische Vertiefung ansetzen könnte. Es ist nicht gut, wenn ein Maler sich sofort auf einen solchen Punkt festlegt, von dem aus er das ganze Werk betrachtet, und ihn auch schon in der ersten durchgearbeiteten Zeichnung fixiert. Dann wird er es schwer haben, sich zum Zwecke weiterer Forschungen von dieser Zeichnung zu lösen, und er wird einseitig, voreingenommen und wie von einer Mauer umgeben sein, die ihm die Sicht auf neue Perspektiven versperrt und die der Regisseur gezwungen sein wird, mit Hilfe einer Dauerbelagerung zu nehmen.

Bei der von mir vorgeschlagenen Methode braucht der Maler sich nicht festzulegen, sondern sichtet vorerst das Material, das sich in seinem Geiste ansammelt.

Solange der Maler mit Bleistift seine Skizzen machte, angeregt durch meine vielfältigen und unauffälligen Stöße auf die Hauptaufgabe des Werkes hin, nahm ich ihm seine Andeutungen einer künftigen Dekoration ab, verwahrte sie eine Weile, spornte seine Phantasie in immer neue Richtungen an und versuchte, ihn unbemerkt in meine eigenen Regiearbeiten einzubeziehen. So entstand auch der meinen Arrangements entsprechende Grundriß der Dekorationen, den ich für mich und die Schauspieler sowie für eine stimmige Wiedergabe des Inhalts und der Handlung des Stücks als den günstigsten ansah. Später, als es um Überlegungen zu Maske und Kostüm ging, lenkte ich behutsam seine Einbildungskraft in die Richtung, die den Darstellern am meisten Rechnung trug. So versuchte ich die Vorstellungen des Bühnenbildners mit den Bestrebungen der Schauspieler zu vereinbaren.

Den Bleistiftskizzen versuchte ich das Wesentliche zu entnehmen, das, einem Leitmotiv in der Musik gleich, seine sämtlichen Skizzen durchzieht. Es ist nicht leicht, den künstlerischen Weg eines Malers im voraus zu erahnen und ihn mit der Grundstimmung des Stückes und der Inszenierung in Einklang zu bringen, um dann im Gleichschritt mit ihm zu gehen. Noch schwieriger ist es, den Maler auf den richtigen Weg zurückzuholen, wenn er, aus welchem Grunde auch immer, von ihm abgewichen ist. Mit Gewalt ist in solchen Fällen nichts zu erreichen. Da muß man mit Begeisterungsfähigkeit handeln, um den Bühnenbildner auf jenen richtigen Weg zu bringen, den uns der Autor mit seinem Kompaß, dem Grundgedanken seines Werkes, weist.

Mit den gesammelten Bleistiftskizzen, von denen der Bühnenbildner die meisten vergessen hatte, machte ich eine Ausstellung, das heißt, ich hängte die Blätter an die Wand, um deutlich den von uns zurückgelegten Weg zu sehen und zu erkennen, in welche Richtung man weitergehen sollte. Meist entstand aus den Skizzen eine Synthese, die Quintessenz, die gleichzeitig die Gedanken und Gefühle des Bühnenbildners wie des Regisseurs ausdrückte. Glücklicherweise konnte Dobushinski bei den Vorbereitungsarbeiten dabei sein. Solange wir in Petersburg auftraten, sahen wir uns natürlich oft, später kam er immer wieder nach Moskau und wohnte lange bei mir, und ich konnte täglich mit ihm reden.

Bei der Inszenierung von »Ein Monat auf dem Lande« gab es zum Glück keine größeren Meinungsverschiedenheiten zwischen Bühnenbildner, Regisseur und Schauspielern. Der Grund dafür lag darin, daß Dobushinski an allen Konzeptionsbesprechungen und Proben teilnahm und mit uns zusammen das Wesentliche des Turgenjewschen Werks zu erkennen suchte. Kurzum, er tat, was Saz in der Musik leistete.

Vertraut geworden mit mir, dem Stück, der Konzeption der Regie- und Schauspielarbeit, mit den Individualitäten der Mitschöpfer wie auch mit den gemeinsamen Vorstellungen, Hoffnungen, Schwierigkeiten und Gefahren, zog sich Dobushinski in sein Atelier zurück, das er nur selten verließ, um sich auf dem laufenden zu halten. Dabei gab er den Schauspielern oftmals Ratschläge zu Maske und Kostüm und berücksichtigte individuelle Wünsche und Vorstellungen. Der Regisseur sorgte seinerseits dafür, daß die künstlerischen Bestrebungen des Bühnenbildners, der Schauspieler und der anderen Mitschöpfer nicht auseinandergerieten. Das ist die wichtigste und unumgänglichste Bedingung für jede kollektive Arbeit. Dazu braucht man gegenseitiges Entgegenkommen und ein festes gemeinsames Ziel. Geht der Schauspieler auf die Ideen des Bühnenbildners, des Regisseurs oder des Dichters und gehen der Bühnenbildner und der Regisseur auf die Wünsche des Schauspielers ein, dann klappt alles vorzüglich. Menschen, die das, was sie gemeinsam schaffen, lieben und verstehen, müssen sich verständigen können. Schmach und Schande über solche, die es nicht zu erreichen vermögen, die nicht den gemeinsamen, sondern persönlichen, privaten Zweck verfolgen, an dem sie mehr hängen als am kollektiven Schaffen. Das ist Mord an der Kunst, mehr gibt es dazu nicht zu sagen.

Die Duncan und Craig

Etwa zur selben Zeit war es mir vergönnt, zwei große Talente kennenzulernen, die mich nachhaltig beeindruckten: Isadora Duncan und Gordon Craig.

Ich geriet zufällig in einen Abend mit der Duncan, ohne vorher etwas von ihr gehört zu haben. Deshalb war ich verwundert, unter den nicht allzu vielen Zuschauern etliche Bildhauer mit deren Wortführer S. I. Mamontow und zahlreiche Ballettänzerinnen und -tänzer zu sehen, die allenfalls zu Premieren oder außergewöhnlichen Vorstellungen erschienen. Der erste Auftritt der Duncan machte keinen besonderen Eindruck. Der ungewohnte Anblick eines fast entblößten Körpers auf der Bühne lenkte ab und erschwerte den Zugang zu ihrer Kunst. Ihr erster Tanz wurde mit spärlichem Klatschen, mißbilligendem Raunen und zaghaften Pfeifversuchen belohnt. Doch nach weiteren Tänzen, von denen der eine besonders überzeugend war, konnte ich die Proteste des einfachen Publikums nicht mehr ertragen und fing an, demonstrativ Beifall zu klatschen. Zu Beginn der Pause stürzte ich als frisch konvertierter Enthusiast an die Rampe und klatschte Beifall. Zu meiner Freude gewahrte ich S. I. Mamontow neben mir, der mir nacheiferte, sowie bekannte Maler, Bildhauer, Schriftsteller usw. Als das Durchschnittspublikum sah, daß bekannte Moskauer Künstler applaudierten, wurde es stutzig. Das Zischen hörte zwar auf, aber zu klatschen traute man sich doch noch nicht. Aber auch das ließ nicht lange auf sich warten: sobald das Publikum begriffen hatte, daß hier Applaus keine Schande war, setzte es lautes Händeklatschen, dann Rufe und schließlich Ovationen.

Nach dem ersten Abend ließ ich keinen Auftritt der Duncan aus. Das Bedürfnis, sie zu sehen, kam aus dem Schauspielerischen, einem ihrer Kunst verwandten Gefühl heraus. Später, als ich ihre Methode sowie die Ideen ihres genialen Freundes Craig kennenlernte, begriff ich, daß kraft der uns unergründlichen Bedingungen an verschiedenen Enden der Welt verschiedene Leute auf verschiedenen Gebieten auf verschiedene Weise nach den gleichen gesetzmäßig aufkommenden schöpferischen Prinzipien suchen. Wenn sie sich treffen, sind sie bestürzt über die Gemeinsamkeit und Verwandtschaft ihrer Ideen.

Genau das war auch bei dieser Begegnung der Fall: wir verstanden uns auf Anhieb.

Während ihres ersten Gastspiels habe ich die Duncan nicht kennenlernen können, doch bei ihren späteren Aufenthalten in Moskau war sie in unseren Vorstellungen, und ich durfte sie als Ehrengast begrüßen. Dieser Begrüßung schloß sich das ganze Ensemble an, das die Duncan als eine große Künstlerin kennen- und schätzengelernt hatte.

Die Duncan konnte nicht logisch, schlüssig und systematisch von ihrer Kunst sprechen. Große Gedanken besuchten sie zufällig zu überraschendsten, unscheinbarsten Anlässen. Als man sie einmal fragte, bei wem sie das Tanzen gelernt habe, antwortete sie:

»Bei Terpsichore. Ich tanzte seit dem Augenblick, als ich auf den Beinen stehen lernte. Ich habe mein Leben lang getanzt. Der Mensch, alle Menschen, die ganze Welt müssen tanzen, es war immer so und wird immer so bleiben. Schade ist nur, daß man es zu verhindern sucht und das natürliche Bedürfnis, das uns die Natur selbst gegeben hat, nicht verstehen will. Et voilà tout«, schloß sie in ihrem amerikanischen Französisch.

Ein anderes Mal, als sie über einen gerade zu Ende gegangenen Tanzabend erzählte, in dessen Verlauf zahlreiche Besucher in ihrer Garderobe sie von den Vorbereitungen zum Auftritt abgehalten hatten, erklärte sie:

»So kann ich nicht tanzen. Bevor ich die Bühne betrete, muß ich mir in die Seele einen Motor einbauen. Wenn er läuft, dann bewegen sich die Beine, die Arme und der Körper von allein, ohne mein Zutun. Wenn man mir aber keine Zeit läßt, den Motor einzubauen, dann kann ich nicht tanzen.«

Damals suchte ich gerade nach einem solchen schöpferischen Motor, den der Schauspieler vor dem Auftritt in seine Seele einbauen können muß. Da mich diese Frage beschäftigte, beobachtete ich die Duncan bei ihren Vorstellungen, Proben und Versuchen. Ich sah, wie ihr Gesicht sich durch die im Entstehen begriffene Empfindung zu verändern begann, dann ging sie mit glänzenden Augen daran, diese seelische Offenbarung umzusetzen. Das Resümee unserer sporadischen Gespräche über die Kunst und der Vergleich zwischen dem, was sie sagte, und dem, was ich machte, ergaben, daß wir dasselbe auf unterschiedlichen Gebieten der Kunst suchten.

Bei unseren Gesprächen erwähnte die Duncan ständig den Namen Gordon Craigs, den sie für ein Genie und einen der Größten im modernen Theater hielt.

»Er gehört nicht nur seinem Vaterland, sondern der ganzen Welt«, sagte sie. »Er muß dort sein, wo sein Talent sich am besten entfalten kann, wo er die günstigsten Arbeitsbedingungen und eine fruchtbare Atmosphäre hat. Er gehört ins Künstlertheater.«

Sie schrieb ihm von mir und unserem Theater und redete auf ihn ein, er solle nach Rußland kommen. Ich suchte meinerseits die Direktion des Theaters dazu zu bewegen, den großen Regisseur einzuladen, um so unserer Kunst einen Anstoß zu geben und ihr frische geistige Hefe beizumengen, wo wir doch gerade mühevoll den toten Punkt überwunden hatten. Ich muß meinen Kollegen ein Kompliment machen: sie dachten wie echte Schauspieler und nahmen hohe Unkosten auf sich, um unserer Kunst zur Weiterentwicklung zu verhelfen. Gordon Craig wurde mit der Inszenierung von »Hamlet« beauftragt, mußte aber dabei auch als Bühnenbildner wirken, da er ja tatsächlich beides war und in der Jugend im Londoner Theater von Irwing auch als Schauspieler großen Erfolg hatte. Er mußte ein ausgezeichnetes schauspielerisches Erbe angetreten haben, denn er war der Sohn der großen englischen Schauspielerin Ellen Terry.

Craig kam bei klirrendem Frost mit Sommermantel, breitkrempigem, leichtem Hut und in einen langen Wollschal eingewickelt nach Moskau. Vor allem mußte er für den russischen Winter eingekleidet werden, um sich nicht eine Lungenentzündung zu holen. Am engsten freundete er sich mit Sulershizki an. Beide erkannten sie sich sofort als talentierte Menschen und waren seit ihrer ersten Begegnung unzertrennlich. Die kleine Figur Sulershizkis bot einen krassen Kontrast zum großgewachsenen Craig. Beide sahen sie pittoresk und rührend aus, und sie lachten immerzu: der eine groß, mit langem Haar, schönen, geistvollen Augen, im Pelzmantel und mit einer russischen Schapka; der andere klein, untersetzt, in einem unmöglichen kanadischen Mantel und mit einem Fellhut in Form eines abgestumpften Kegels. Craig sprach halb Deutsch, halb Amerikanisch, Suler sprach halb Englisch, halb Ukrainisch – daher die unzähligen qui pro quo, Witze und Albernheiten.

Nachdem ich mich mit Craig bekannt gemacht hatte, kam ich mit ihm ins Gespräch und merkte bald, daß wir alte Bekannte waren. Mir war so, als sei dieses Gespräch die Fortsetzung eines Gesprächs von gestern. Voller Glut erläuterte er mir seine Grundprinzipien und die Suche nach einer neuen »Kunst der Bewegung«. Er zeigte mir Skizzen dazu, in denen Linien, fortfliegende Wolken und durch die Luft geschleuderte Steine einen unbändigen Drang nach oben darstellten, und man wollte glauben, daß daraus mit der Zeit eine neue, noch nicht zu erahnende Kunst entstehen werde. Craig sprach von der unzweifelhaften Tatsache, daß der voluminöse Körper eines Schauspielers nicht vor die gemalte flache Leinwand gestellt werden dürfe, daß man auf der Bühne Architektur, Plastik und dreidimensionale Gegenstände brauche. Nur ganz hinten, in den Zwischenräumen, ließ er die gemalte Landschaft zu.

Die herrlichen Zeichnungen Craigs zu seinem »Macbeth« und anderen Inszenierungen entsprachen zum Zeitpunkt, als er sie mir zeigte, nicht mehr seinen Forderungen. Ebenso wie ich begann er die theatralische Dekoration zu hassen. Für den Schauspieler brauche man einen schlichten Hintergrund, aus dem man mit Hilfe von Linien, Lichteffekten und dergleichen eine Unzahl von Stimmungen herausholen könne.

Weiter meinte Craig, jedes Kunstwerk müsse aus toter Materie gemacht werden – Stein, Marmor, Bronze, Leinwand, Papier, Farbe – und ein für allemal als künstlerische Form fixiert sein. Daraus folgte, daß das lebendige Material des sich ständig verändernden instabilen Körpers des Schauspielers für das Kreative ungeeignet sei. Craig ließ die Schauspieler nicht gelten, besonders solche, die keine ausgeprägte und schöne Individualität besaßen, wie etwa die Duse oder Tomaso Salvini sie hatten. Schmiere konnte Craig nicht ertragen, vor allem bei Frauen.

»Frauen sind der Untergang des Theaters«, meinte er. »Sie machen schlechten Gebrauch von ihrer Macht über uns. Sie mißbrauchen ihren weiblichen Einfluß auf die Männer.«

Craig träumte von einem Theater ohne Frauen und Männer, das heißt überhaupt ohne Schauspieler. Am liebsten würde er sie durch Puppen, Marionetten ersetzt wissen, die keine Schauspielerallüren, keine aufgesetzten Gesten, angemalten Gesichter, wohltönenden Stimmen und keine wohlfeilen, eitlen, schmierenkomödiantischen Bestrebungen haben. Puppen und Marionetten würden die Atmosphäre des Theaters reinigen, den Ernst der Sache betonen, und die toten Materialien würden es ermöglichen, den idealen Schauspieler heraufzubeschwören, der in der Seele, der Phantasie und in den Träumen Craigs lebte.

Später stellte es sich heraus, daß seine Ablehnung der Schauspieler Craig nicht daran hinderte, bei den geringsten Anzeichen eines echten schauspielerischen Talents bei Männern wie bei Frauen in Begeisterung auszubrechen. Dann wurde Craig zu einem Kind, sprang vor Entzücken und Überschwang vom Sessel auf und stürzte mit der wehenden Mähne seiner grau werdenden Haare zur Rampe. Beim Anblick der Mittelmäßigkeiten jedoch wurde er wütend und wünschte sich wieder Marionetten. Wenn es möglich gewesen wäre, ihm Künstler wie Salvini, die Duse, die Jermolowa, Schaljapin, Moskwin und Katschalow zur Verfügung zu stellen und anstelle der Mediokritäten von ihm selbst gefertigte Marionetten einzusetzen, dann würde sich Craig, denke ich, glücklich schätzen und seinen Traum verwirklicht sehen.

Diese Widersprüche waren oft verwirrend und erschwerten das Verständnis seiner grundlegenden künstlerischen Anschauungen und insbesondere der an die Schauspieler gestellten Forderungen.

Nachdem Craig unser Theater, die Schauspieler, andere Mitarbeiter und die Arbeitsbedingungen begutachtet hatte, nahm er die Stelle des Regisseurs am Künstlertheater für ein Jahr an.

Er wurde mit der Inszenierung von »Hamlet« beauftragt und fuhr zu deren Vorbereitung nach Florenz, um nach einem Jahr mit einer fertigen Konzeption wiederzukommen.

Ein Jahr später brachte Craig tatsächlich die Konzeption zum »Hamlet« sowie Modelle für die Dekorationen mit. Es war eine spannende Arbeit, die Craig leitete, während ich und Sulershizki ihm assistierten. Als vierter im Gespann wurde der Regisseur Mardshanow aufgenommen, der spätere Begründer des Freien Theaters in Moskau. In einem Proberaum, der Craig zur Verfügung gestellt wurde, richtete man eine große Puppenbühne ein. Die Beleuchtung und andere technische Vorrichtungen wurden auf Anordnung des englischen Regisseurs installiert.

Enttäuscht wie ich von den herkömmlichen theatralischen Mitteln der Ausstattung – Kulissen, Soffitten, flachen Dekorationen usw. –, verzichtete Craig auf diese schäbige Theatralik und griff zu Trennwänden, die man in unendlich vielen Kombinationen auf der Bühne aufstellen konnte, und die architektonische Formen andeuteten: Ecken, Nischen, Straßen, Säle, Türme usw. Die Andeutungen wurden vom Zuschauer aufgegriffen und durch seine Phantasie ergänzt. Hiermit wurde der Zuschauer in den Prozeß der Schöpfung einbezogen. Die Materialien für die Trennwände waren von Craig noch nicht festgelegt, doch sie mußten organisch, der Natur nahe und nicht verfälscht sein. Craig war mit Stein, unbearbeitetem Holz, Metall oder Kork einverstanden. Als Kompromiß ließ er gerade noch grobe handgewebte Leinwände oder Matten gelten, doch von Imitationen aus Pappe wollte er gar nichts wissen, ihn ekelte jegliche fabrikmäßige Verfälschung, jegliche Attrappe. Die Trennwände waren wohl das denkbar Beste: es gab keinen besseren Hintergrund für Schauspieler, denn er war natürlich, unauffällig, dreidimensional wie die Schauspieler selbst und dank der vielfältigen Möglichkeiten der Ausleuchtung seiner architektonischen Elemente auch malerisch und ermöglichte Lichteffekte, Zwischentöne und Schatten.

Craig träumte davon, die ganze Vorstellung ohne Pausen und ohne Vorhang spielen zu lassen. Das Publikum sollte den Zuschauerraum betreten und keine Bühne wahrnehmen. Die Trennwände sollten eine architektonische Fortsetzung des Zuschauerraums sein und sich mit ihm harmonisch vereinigen. Beim Beginn der Vorstellung kamen die Trennwände langsam und feierlich in Bewegung, und alle Linien und Gruppen gerieten durcheinander, bis die Trennwände in einer neuen Kombination stehenblieben. Von irgendwoher kam das Licht und warf seine verschiedenförmigen Reflexe – und nun entschwanden alle Anwesenden wie im Traum in eine andere, ferne Welt, die vom Bühnenbild nur angedeutet und von der Phantasie der Zuschauer farbig ergänzt wurde.

Als ich die von Craig mitgebrachten Dekorationsentwürfe sah, begriff ich, daß die Duncan recht hatte, wenn sie sagte, ihr Freund sei weniger im Philosophieren und Reden über die Kunst groß, sondern vor allem, wenn er zum Pinsel greift und malt. Seine Skizzen erklärten seine Träume und künstlerischen Ziele weitaus besser als alle Worte. Das Geheimnis Craigs bestand im ausgezeichneten Kennen und Verstehen der Bühne und ihrer Gesetzmäßigkeiten. Craig war vor allem ein genialer Regisseur, was ihn nicht daran hinderte, ein ausgezeichneter Maler zu sein.

Er brachte auch die Modelle der Trennwände mit, die er auf der puppengroßen Bühne aufstellte. Sein Talent und künstlerischer Geschmack äußerten sich in den Kombinationen von Linien und Ecken sowie in der Art der Ausleuchtung von architektonischen Dekorationsteilen. Beim Erklären des Stücks und der Arrangements saß Craig vor dem Modell, bewegte die Figuren mit einem langen Stock und machte auf diese Weise die Gänge der Schauspieler anschaulich. Wir verfolgten die Linien der inneren Entwicklung im Stück und versuchten, ausgehend davon, uns die Motivationen für die Gänge der Schauspieler vorzustellen, was ins Regiebuch eingetragen wurde. Schon beim Lesen der ersten Seite des Stücks mußten wir unter anderem feststellen, daß die russische Übersetzung sehr oft nicht nur die Feinheiten, sondern auch das Wesen des Shakespeareschen Textes falsch wiedergab, was uns Craig anhand einer ganzen Bibliothek zu »Hamlet«, die er aus England mitgebracht hatte, bewies. Aufgrund der falschen Übersetzung entstanden oftmals beträchtliche Mißverständnisse. In der Szene Hamlets mit der Mutter zum Beispiel, wo sie ihn fragt: »Was soll ich tun?«, antwortet Hamlet:

»Durchaus nicht das, was ich euch heiße tun … Geht, buhlt mit dem neuen Gatten …«

Gewöhnlich wird diese Antwort Hamlets damit erklärt, daß er den Glauben an die Mutter verloren und sich überzeugt hat, daß die Mutter nicht zu retten ist, und nun, gleichsam abwinkend, sich zur Ironie hinreißen läßt. Von einer solchen Interpretation ausgehend, machen die Darstellerinnen der Königin sie oftmals zu einer lasterhaften Frau. In Wirklichkeit aber liebt Hamlet, nach Craigs Beteuerung, bis zum Schluß die Mutter mit Zärtlichkeit, Achtung und Besorgnis, denn sie ist keine schlechte, sondern nur eine leichtsinnige Frau, die von der höfischen Atmosphäre verwirrt ist. Die Worte Hamlets, die sie angeblich zur Fortsetzung des Frevels auffordern, erklärte Craig mit der stilistisch feinen Shakespeareschen Redewendung: »Tue nicht, was ich sage … Geh, buhle …«, was soviel heißt wie: »Buhle nicht, geh nicht zum König, tue nicht, wozu dich meine Worte auffordern.« Deshalb behandelt Craig die Rolle der Mutter positiv.

Ich könnte viele Fälle anführen, wo wir bei der genauen Überprüfung der Übersetzung zahlreiche Stellen fanden, die die frühere, eingeschliffene Interpretation »Hamlets« in Frage stellten.

Craig hat die Interpretation Hamlets stark erweitert. Für ihn ist er der beste Mensch, der sich für die Läuterung der Erde opfert. Hamlet ist kein Neurastheniker, und noch weniger ein Wahnsinniger. Doch er ist anders als die übrigen geworden, weil er einen Augenblick lang ins Jenseits hinübergesehen hat, wo sein Vater schmachtet. Seitdem hat sich für ihn der Begriff der Wirklichkeit gewandelt, er faßt sie schärfer ins Auge, um das Geheimnis und den Sinn des Seins zu erkennen. Liebe, Haß, Starre des höfischen Lebens erhalten einen anderen Sinn, und die für einen Sterblichen nicht zu lösende Aufgabe, die ihm sein gemarterter Vater gegeben hat, macht Hamlet verstört und verzweifelt. Ginge es nur um die Tötung des neuen Königs, so würde Hamlet nicht eine Minute zaudern, doch es geht nicht nur darum. Um das Leiden des Vaters zu lindern, muß man das ganze Schloß vom Übel säubern, das ganze Land mit dem

Schwert durchschreiten, Feinde vernichten, falsche Freunde mit ver-
faulten Seelen wie Rosenkranz und Güldenstern von sich stoßen,
reine Seelen wie Ophelia vor dem Untergang retten. Der übermenschliche Drang Hamlets nach Erkenntnis läßt ihn in den Augen
der einfachen Sterblichen, die im Alltag des Schlosses und in ihren
kleinlichen Sorgen stecken, als einen Übermenschen, der anders ist
als die anderen, und folglich als einen Wahnsinnigen erscheinen.
Den kurzsichtigen kleinen Leuten, die nicht einmal vom Leben jenseits der Schloßmauern etwas wissen, geschweige von dem jenseits
dieser Welt, scheint Hamlet begreiflicherweise unnormal zu sein. Die
Bewohner des Schlosses standen bei Craig für die ganze Menschheit.

Diese erweiterte Interpretation fand natürlich auch in der Ausstattung ihren Niederschlag – in der Monumentalität, Großzügigkeit
und dekorativen Erhabenheit.

Die alleinherrschaftliche Macht, der königliche Despotismus und
der Prunk des höfischen Lebens wurden von Craig in fast schon nai-
vem Gold gehalten. Er entschied sich für simples Bronzepapier, wie
es zum Schmücken von Christbäumen gebraucht wird. Mit diesem
Papier beklebte Craig die Trennwände in den Schloßszenen. Ihm
gefielen auch billige nachgemachte Goldstickereien, deren Gold
ebenso etwas kindlich Naives hatte. Zwischen den goldenen Wänden
sitzen auf einem riesigen Thron, in Gold gehüllt, König und Königin; von ihren Schultern fließt gleichsam ein riesiger goldener Mantel herunter, der sich unten über die ganze Bühne ausbreitet. In den
herausgeschnittenen Löchern des Mantels stecken unzählige Köpfe,
die untertänig zum Thron hinaufblicken: gleich einem Meer, aus
dessen goldenen Wellenkämmen die Köpfe der im goldenen Prunk
badenden Höflinge hervorragen. Doch erstrahlt dieses goldene Meer
nicht im üblen theatralischen Glanz, denn Craig zeigt es im ge-
dämpften Licht der gleitenden Scheinwerfer, von dem der goldene
Flitter gruselig und unheilverkündend zu schimmern beginnt. Man
stelle sich von schwarzem Tüll überdecktes Gold vor. So sieht Hamlet in seinen qualvollen Visionen in der Einsamkeit nach dem Tode
des geliebten Vaters das Bild der königlichen Hoheit.

In dieser Anfangsszene inszeniert Craig eine Art Monodrama
Hamlets: er sitzt vorn, an der steinernen Balustrade des Schlosses, in
schwermütige Gedanken versunken, und es erscheint ihm der
dumpfe, lasterhafte und überflüssige Prunk des Lebens am Hofe des
ihm verhaßten Königs.

Zu diesem Bild ertönen aufdringliche und unheimliche Posaunen in unmöglichen Klangkombinationen und Dissonanzen, sie posaunen den verbrecherischen Aufstieg und die Überheblichkeit des neuen Königs in die ganze Welt hinaus. Die Musik zum »Hamlet« wurde außerordentlich glücklich von Ilja Saz in der ihm eigenen Arbeitsweise komponiert.

Ein weiteres unvergeßliches Bild in Craigs »Hamlet« offenbarte den geistigen Gehalt des dargestellten Augenblicks bis in die letzte Tiefe hinein. Man stelle sich einen langen Korridor vor, der von der vordersten linken Kulisse im Bogen in die letzte rechte Kulisse führt, hinter der er sich im riesigen Schloß verliert. Die Wände waren so hoch, daß man kein oberes Ende von ihnen sah, beklebt mit Goldpapier und von Scheinwerfern schräg angestrahlt. In diesem langen, schmalen Käfig läuft nachdenklich, stumm und einsam die schwarze Figur des leidenden Hamlet umher, gespiegelt in den goldenen Wänden des Korridors. Hamlet wird vom goldenen König und seinen Handlangern heimlich beobachtet. Diesen selben Korridor schreiten mehrmals König und Königin in ihren Goldgewändern ab. Hier stürzt auch laut, aber gemessen, die Wandertruppe der Schauspieler herein, in grellen, glitzernden erztheatralischen Kostümen, geschmückt mit langen Indianerfedern. Selbstbewußt und schauspielerisch effektvoll schreiten sie zu den feierlichen Tönen der Flöten, Zimbeln, Oboen, Piccoloflöten und Trommeln. Sie tragen auf den Schultern bunt bemalte Kostümtruhen und Teile grell bemalter Dekorationen: in falscher, mittelalterlicher Perspektive gemalte Bäume, theatralische Fahnen, Waffen und Hellebarden, Teppiche und Stoffe. Einige der Schauspieler sind von oben bis unten mit tragischen und komischen Masken behängt, andere tragen alle möglichen alten Musikinstrumente. Alle zusammen verkörpern sie die schöne und festliche Theaterkunst: sie heitern die Seele des Ästheten auf und erfüllen das arme, leidende Herz des Prinzen von Dänemark mit Freude. Craig sieht auch die Schauspieler mit den Augen Hamlets: bei ihrem Eintreten zeigt sich Hamlet für einen Moment als der junge Enthusiast, der er vor dem Tod des Vaters gewesen ist. Mit besonderer Freude empfängt er die teuren Gäste inmitten des dumpfen Alltags des Schlosses; in ihrer Gestalt tritt ihm die Heiterkeit der Kunst entgegen, und beflügelt greift er danach, um sich vom seelischen Leiden zu erholen. Genauso künstlerisch beschwingt ist Hamlet in der Szene mit den Schauspielern in ihrem Kulissenreich unter sich schminkenden und ankleidenden Komödianten und umgeben von den Tönen der Musikinstrumente, die für den Auftritt gestimmt werden. Hamlet ist Apolls Freund und fühlt sich hier in seinem Element.

Die Szene der Theateraufführung im Schloß wird bei Craig zu einem Gemälde. Das Proszenium verwandelt sich in die Bühne für die Theatervorstellung. Die Hinterbühne stellt eine Art von Zuschauerraum dar. Schauspieler und Zuschauer sind durch eine riesige Versenkung getrennt. Zwei große Säulen umreißen gewissermaßen das Bühnenportal. Von der Bühne aus führt eine Treppe in die Versenkung; auf der anderen Seite führt eine breite Treppe aus der Versenkung zum Thron von König und Königin. In mehreren Reihen sitzen die Höflinge die Hinterwand entlang. Die Höflinge sind ebenso wie das königliche Paar in goldene Gewänder gehüllt und erinnern an Bronzestatuen. In Galakostümen betreten die Schauspieler die Bühne und spielen mit dem Rücken zum Publikum dem König ihr Stück. Währenddessen beobachten Hamlet und Horatio, hinter einer Säule versteckt, den Augen der Zuschauer aber preisgegeben, was mit dem Monarchen geschieht. Der König und sein Hofstaat sind in Dunkelheit getaucht, lediglich ein gleitender Lichtstrahl greift ab und zu eines der goldenen Gewänder heraus. Hamlet und Horatio, die sich hinter der Kulisse verstecken, sowie die Schauspieler sind hingegen hell beleuchtet, die bunten Kostüme der Komödianten schillern in allen Regenbogenfarben. Doch nun erschauert der König. Wie ein Tiger stürzt Hamlet in die Versenkung und dann hinauf zu den Zuschauern des höfischen Schauspiels – zum König. In der grimmigen Dunkelheit herrscht eine unvorstellbare Verwirrung. Dann rennt der König über die Vorderbühne durch einen Lichtstreifen, Hamlet folgt ihm wie ein Tier seiner Beute.

Nicht minder feierlich ist das letzte Bild – der Zweikampf – ausgestattet. Eine Anzahl von Podesten, Treppen und Säulen. Wieder sitzen König und Königin auf dem riesigen Thron und beobachten die unten auf der Vorderbühne Kämpfenden. Das grelle Narrenkostüm Osricks ist eine Groteske auf einen Hofmann ... Erbitterter Kampf ... Der Tod ... Der hingestreckte Hamlet auf einem schwarzen Mantel ... Dahinter, hinter dem Torbogen, sieht man einen ganzen Wald von Lanzen und Standarten des Befreiers Fortinbras, der einem vom Himmel herabgestiegenen Erzengel gleich oben auf dem Thron steht. Zu seinen Füßen die Körper der gestürzten Monarchen. Feierliche Klänge eines herzergreifenden Trauermarschs; die hellen Standarten der Sieger senken sich weihevoll zum Leichnam Hamlets hinab und bedecken ihn. Hamlet liegt mit dem verklärten Gesicht eines Sühners allen irdischen Übels, dem sich die Geheimnisse des Seins auf unserer sündigen Erde offenbart haben.

So wird mit dem unheilverkündenden Glanz des Goldes und den monumentalen Bauten das Leben am Hofe dargestellt, das für Hamlet zu einem Golgatha wurde. Hamlets geistiges Leben verläuft hingegen in der Atmosphäre der Mystik, in die schon mit dem Öffnen des Vorhangs das ganze erste Bild getaucht ist: geheimnisvolle Winkel, Gänge und Durchblicke, tiefe Schatten, fahles Mondlicht, Wachtposten; mysteriöse unterirdische Geräusche, widerhallende Chorstimmen in unheimlichen Tonalitäten; der Gesang vermischt sich mit dem unterirdischen Grollen und Poltern, mit dem Geheul des Windes und einem entfernten Stöhnen. Von den grauen Trennwänden, die die Mauern des Schlosses darstellen, löst sich, einen langen Umhang hinter sich her schleifend, der Schatten des Vaters, der sich insgeheim auf die Suche nach Hamlet macht. Man sieht ihn kaum, denn sein Kostüm hat den Farbton der Mauern, so daß sich der Schatten für Augenblicke auflöst, um im schwachen Licht des Scheinwerfers wieder zu erscheinen, das Gesicht hinter einer Maske versteckt, die die unvorstellbaren Leiden und Qualen der Folter darstellt. Die Rufe der Wachtposten verscheuchen den Schatten, er verschwindet gleichsam in den Fugen der Mauern. Im nächsten Bild, das ebenfalls an den Schloßmauern spielt, verstecken sich Hamlet und seine Freunde in Erwartung des Schattens in den dunklen Nischen. Wieder gleitet der undeutliche Schatten an der Mauer entlang, und der Zuschauer kann ihn gerade noch erahnen.

Die Szene mit dem Vater spielt auf der höchsten Stelle der Schloßmauer vor dem Hintergrund des vom Mondlicht hellen Himmels, der sich langsam von der aufgehenden Sonne rötet. Hierher führt der Tote seinen Sohn, fort von der Hölle, in der er leidet, und näher zum Himmel, dem sein Geist zustrebt. Die durchsichtigen Gewänder des Toten wirken ätherisch und überirdisch vor dem Hintergrund des Mondhimmels. Die schwarze Figur des in einen Pelzumhang gehüllten Hamlet hingegen zeugt davon, wie stark er dieser schnöden materiellen Welt verhaftet ist, diesem Jammertal, dem er vergeblich zu entrinnen sucht; vergeblich forscht er nach den Geheimnissen des irdischen Seins und jener Welt, der der Schatten seines Vaters entstiegen ist. Diese Szene haucht schauerlichen Mystizismus.

Noch mehr davon ist in der Szene des Monologs »Sein oder nicht sein«, die wir nicht so verwirklichen konnten, wie Craig sie in den Skizzen vorgesehen hatte. Der lange Gang im Schloß, diesmal matt und grau, da er in Hamlets Augen den früheren Glanz verloren hat. Die Wände sind wie verrußt, und darüber kriechen von unten herauf schwarze höllische Schatten, die für Hamlet das verhaßte irdische Leben, jenes Dahindämmern bedeuten, in dem er sich seit des Vaters Tod und besonders seit seinem Einblick ins Jenseits befindet. Mit Grauen und Ekel spricht Hamlet vom irdischen Leben: »Sein«, also weiterleben, heißt für ihn dahindämmern, leiden und sich quälen. Auf der Skizze ist seitlich von Hamlet ein heller Lichtstreifen, und darin erscheint und verschwindet immer wieder die silberne Figur einer schönen Frau, die ihn sanft zu sich lockt. Das ist für Hamlet das »Nichtsein«, das heißt: nicht existieren müssen in der schlimmen Welt, ein Ende der Qual, fortgehen und sterben. Das Spiel der dunklen und hellen Schatten, das die Schwankungen Hamlets zwischen Leben und Tod bildlich darstellt, konnte ich als Regisseur nicht von der vortrefflichen Skizze auf die Bühne übertragen.

Craig erläuterte uns seine Vorstellungen und Wünsche und reiste nach Italien ab. Mit Sulershizki machte ich mich an die Verwirklichung der uns vom Initiator und Regisseur der Inszenierung hinterlassenen Aufgaben.

Da nahm unser Leidensweg seinen Anfang.

Was für ein Abstand ist doch zwischen dem luftigen und schönen Traum des Bühnenbildners oder Regisseurs und seiner Verwirklichung auf der Bühne! Wie grob sind doch alle existierenden Mittel der szenischen Umsetzung, wie primitiv und lächerlich ist die Bühnentechnik! Warum ist das menschliche Hirn dort erfinderisch, wo es um die Tötung eines Menschen durch den anderen im Krieg oder um kleinbürgerliche Bequemlichkeiten geht? Wieso muß die gleiche Mechanik grob und primitiv sein, wo es nicht um die Befriedigung von leiblichen und animalischen Bedürfnissen, sondern um die von seelischen, den lautersten Gründen des Ästhetischen entsteigenden Bedürfnissen geht? Da ist es aus mit der Erfindungsgabe. Rundfunk, Elektrizität und Strahlen aller Art vollbringen überall Wunder, nur nicht auf dem Theater, wo sie hätten eine außerordentlich effektvolle Anwendung finden und für immer die gräßlichen Leimfarben, Pappen und Attrappen von der Bühne verbannen können. Möge doch bald die Zeit kommen, wo im leeren Raum neuartige Strahlen feinste Farbtöne und Linien auf die Bühne zeichnen. Andere Strahlen wür-

den dem Menschen etwas Unbestimmtes, Körperloses und Geister-
haftes verleihen, wie wir es aus unseren Träumen kennen, und das
uns befähigt, im Geiste emporzufliegen. Dann erst hätten wir die von
Craig konzipierte Interpretation mit dem kaum sichtbaren Schatten
des Todes in Gestalt einer Frau realisieren können. Dann hätte diese
Szene – »Sein oder nicht sein« – durch uns eine originelle bildhafte
und philosophische Dimension erhalten. Bei den herkömmlichen
Mitteln hingegen sah Craigs Konzeption nun wie ein Regietrick aus
und führte uns zum hundertsten Mal die Hilflosigkeit und Grobheit
der Mittel des Bühnenbilds vor.

Da uns außer der Duncan keine Schauspielerin bekannt war, die
den hellen Schatten des Todes hätte verkörpern können, und weil wir
keine Mittel für die Darstellung der düsteren Schatten des Lebens
entdeckten, mußten wir auf den Craigschen Plan der Szene »Sein
oder nicht sein« verzichten.

Doch das sollte nicht die einzige Enttäuschung bleiben. Der arme
Craig mußte sich auf eine unliebsame Überraschung gefaßt machen; wir fanden nämlich kein natürliches oder dem natürlichen am
nächsten kommendes organisches Material für die Trennwände. Wir
probierten alles mögliche aus: Eisen, Kupfer und andere Metalle –
doch wir brauchten nur das Gewicht solcher Trennwände auszurech-
nen, um alle Gedanken an Metall für immer fallenzulassen. Andernfalls hätte man das Theater umbauen und Elektroantriebe an-
bringen lassen müssen. Wir versuchten es mit Holz und führten die
Wand Craig vor, doch weder er noch die Bühnentechniker trauten
sich, diese schreckliche, schwere Wand zu bewegen, denn sie drohte
jede Sekunde umzufallen und alle, die auf der Bühne standen, unter
sich zu begraben. Wir mußten unsere Forderungen heruntersetzen
und es mit Kork versuchen, doch auch diesmal waren die Trennwände viel zu schwer. Schließlich bespannten wir die Rahmen der
Wände mit grobem Theaterleinen, dessen Farbton nur wenig der düsteren Stimmung des Schlosses entsprach. Dennoch entschied sich
Craig für diese Wände, da sie alle Farbtöne der Beleuchtung annahmen, die auf dunklen Wänden völlig verschwunden gewesen wären.
Die Lichteffekte aber waren notwendig, um die Stimmung des
Stücks, wie Craig sie sich dachte, wiederzugeben.

Doch damit war es noch nicht getan: die riesigen Trennwände
fielen immer wieder um und rissen andere Wände mit sich. Wir ließen uns unzählige Vorrichtungen einfallen, um die Wände stabil und
beweglich zu machen, doch es erforderte zusätzliche Spezialkonstruk-

tionen und architektonische Änderungen, zu denen wir weder Zeit noch Geld hatten.

Das Umsetzen der Trennwände mußte lange mit den Bühnenarbeitern probiert werden, denn es wollte und wollte nicht klappen: mal war ein Bühnenarbeiter zwischen zwei Wänden auf der Vorderbühne zu sehen, ein andermal entstand ein Spalt, durch den man das Treiben hinter den Kulissen sehen konnte. Eine Stunde vor der Premiere kam es zu einer regelrechten Katastrophe. Folgendes war geschehen: Ich saß im Zuschauerraum und probierte mit den Bühnentechnikern zum letztenmal das Umsetzen der Trennwände, und es klappte auch leidlich. Die Probe war beendet, die Dekoration für den Anfang stand, und die Techniker durften einen Tee trinken und sich ausruhen. Die Bühne war menschenleer, im Raum war es still. Plötzlich sah ich eine Trennwand sich neigen, eine zweite mit sich reißen, eine dritte, vierte, fünfte, und alles brach vor meinen Augen wie ein Kartenhaus zusammen. Ich hörte die brechenden Leisten krachen, die Leinenbespannung reißen und sah auf der Bühne einen unförmigen Haufen, vergleichbar etwa den Ruinen nach einem Erdbeben. Die Zuschauer betraten schon den Zuschauerraum, als hinter dem Vorhang noch fieberhaft an den lädierten Trennwänden repariert wurde. Um die Katastrophe während der Vorstellung zu vermeiden, beschlossen wir, auf die Umbauten vor den Zuschauern zu verzichten und den traditionellen Vorhang zu Hilfe zu nehmen, der grob, aber zuverlässig die schwierigen Umbauten verdeckte. Welche Geschlossenheit hätte das Craigsche Prinzip der Umbauten der ganzen Inszenierung geben können!

Nach seiner Rückkehr nach Moskau begutachtete Craig unsere Arbeit mit den Schauspielern und war zufrieden. Katschalow, die Knipper, die Gsowskaja, Snamenski, Massalitinow – alles bedeutende Figuren von Weltrang. Sie und die Komparsen spielten sehr gut, aber … nach der alten Methode des Künstlertheaters. Das Neue, das mir vorschwebte, konnte ich ihnen nicht vermitteln. Auf der Suche nach dem Richtigen machten wir zahlreiche Experimente: ich trug Craig Szenen und Monologe aus verschiedenen Stücken in unterschiedlicher Spielweise vor, die Texte mußten für ihn freilich vorher übersetzt werden. Ich zeigte ihm die alte französische konventionelle Manier, die deutsche, die italienische, die russisch-deklamatorische, die russisch-realistische sowie die damals moderne impressionistische Manier des Spiels. Nichts davon gefiel Craig: er protestierte einerseits gegen die Konvention, die das gewöhnliche Theater heraufbeschwor, andererseits aber verwarf er die alltägliche Natürlichkeit und Schlichtheit, die die Darstellung des poetischen Elements beraubten. Genauso wie ich wollte Craig Vollkommenheit, das Ideale, das heißt einen schlichten, kraft- und gedankenvollen, erhabenen und schönen künstlerischen Ausdruck menschlicher Gefühle. Damit konnte ich ihm nicht dienen. Ich wiederholte ähnliche Experimente auch im Beisein Sulershizkis, doch er war noch strenger als Craig und unterbrach mich beim geringsten Anflug von Aufgesetztheit, bei der geringsten Abweichung von der Echtheit.

Diese Experimente waren historisch wichtig für mein Leben in der Kunst: ich begriff den Zwiespalt in mir zwischen dem inneren Ansturm der künstlerischen Empfindungen und deren Verkörperung durch meine Physis. Ich bildete mir ein, das Erlebte richtig wiederzugeben, in Wirklichkeit aber brachte ich es in der konventionellen, dem schlechten Theater entlehnten Form.

Der Glaube an meine jüngsten Erkenntnisse wurde erschüttert, und ich verbrachte nach diesen bedeutungsschweren Experimenten etliche Monate und Jahre in Unruhe.

Die schauspielerische Aufgabe im »Hamlet« war die gleiche wie in »Ein Monat auf dem Lande«: starkes seelisches Erleben in die schlichteste Form der Verkörperung zu bringen. Zwar gab es keine Bewegungslosigkeit, doch eine große äußere Zurückhaltung war auch diesmal geboten. Dazu mußte man wieder einmal der Arbeit an der Rolle große Aufmerksamkeit widmen und das Wesen des Stücks und der Rollen möglichst detailliert ausloten. Damit gab es bei »Hamlet« beträchtliche Schwierigkeiten. Es fing schon damit an, daß man übermenschliche Leidenschaften in sehr zurückhaltender und schlichter Form ausdrücken mußte. Die Schwierigkeit dieser Aufgabe war uns aus dem »Spiel des Lebens« gut in Erinnerung. Bei der Analyse des »Hamlet« fanden wir, im Gegensatz zu Turgenjew, keine fertige Partitur des Stücks und der Rollen. Es gibt vieles bei Shakespeare, das von den Darstellern individuell interpretiert werden muß. Um zu einer Partitur, der Goldader des Stücks, zu kommen, mußten wir es in Kleinstteile zerlegen, was dazu führte, daß das Werk im ganzen kaum zu erkennen war. Auch wenn man jeden Stein einzeln untersucht, kann man sich doch keine Vorstellung von der Kathedrale mit ihrem in den Himmel hineinragenden Turm machen, die aus diesen Steinen gebaut ist. Wenn man die Venus von Milo in Einzelteile zerlegt und das Ohr, die Nase, die Finger und die Gelenke einzeln studiert, so wird man schwerlich die ästhetische Schönheit dieses Meisterwerks der Plastik, die Anmut und die Harmonie dieser gottvollen Skulptur begreifen. So erging es auch uns: wir zerschnipselten das Stück und hörten auf, es zu sehen und damit zu leben. Eine neue Sackgasse war das Ergebnis, mit weiteren Zweifeln und Enttäuschungen, vorübergehender Verzweiflung und den übrigen unvermeidlichen Nebenerscheinungen jeglichen Suchens.

Ich erkannte, daß wir, Schauspieler des Künstlertheaters, uns bestimmte Methoden der neuen inneren Technik angeeignet und sie mit gewissem Erfolg in Gegenwartsstücken angewendet hatten. Doch für heroische Stücke hohen Stils hatten wir keine entsprechenden Methoden und Mittel gefunden, so daß wir auf diesem Gebiet noch Jahre schwer und viel arbeiten mußten.

Diese Inszenierung brachte außerdem eine neuerliche Verwirrung in meine Forschungsarbeit: wir wollten ja schlicht und bescheiden in der Ausstattung sein, doch sie wurde außergewöhnlich prunkvoll, mächtig und effektvoll – so sehr, daß die Schönheit ins Auge sprang und die Schauspieler überdeckte. Das heißt also: je mehr man sich um eine schlichte Ausstattung bemüht, desto lauter macht sie auf sich aufmerksam; sie erscheint um so prätentiöser und stellt ihre Primitivität um so deutlicher zur Schau.

Die Aufführung hatte großen Erfolg: die einen bewunderten, die anderen kritisierten sie, doch alle waren aufgewühlt und betroffen, stritten sich, hielten Vorträge, schrieben Artikel. Einige Theater eigneten sich heimlich die Idee Craigs an und deklarierten sie als ihre eigene.

Erfahrungen bei der Verwirklichung des »Systems«

Inzwischen erlangte mein »System«, so glaubte ich, seine Vollständigkeit und Ordnung. Es brauchte nur verwirklicht zu werden. An diese Aufgabe ging ich nicht allein, sondern mit meinem Freund und Helfer Leopold Sulershizki.

Zunächst wandten wir uns natürlich an unsere Kollegen vom Moskauer Künstlertheater.

Doch damals fand ich nicht die richtigen Worte, die ins Schwarze treffen und auf Anhieb überzeugen, die sich einen Weg nicht zum Verstand, sondern zum Herzen bahnen. Ich sprach zehn Wörter dort, wo ein gewichtiges ausgereicht hätte; ich verstrickte mich vorzeitig in Einzelheiten, wo anfangs der allgemeine Begriff hätte erläutert werden sollen. Diese Fehler bedingten den Mißerfolg unseres ersten Appells: die Schauspieler zeigten kein Interesse für die Resultate meiner langjährigen Forschungsarbeit. Vorerst schrieb ich ihr Desinteresse ihrer Trägheit, sogar Böswilligkeit oder einer Intrige zu. Ich suchte nach heimlichen Gegnern, dann aber tröstete ich mich mit folgender Begründung: »Der russische Mensch ist sehr fleißig und energisch auf dem Gebiet der reinen körperlichen Arbeit. Man kann ihn hundertmal Wasser pumpen oder probieren, lauthals brüllen, sich anstrengen und durch oberflächliche Emotionen die Peripherie des Körpers in Bewegung halten lassen – er wird geduldig und widerspruchslos alles tun, nur um zu lernen, wie eine bestimmte Rolle zu spielen ist. Berührt man hingegen seinen Willen und stellt ihm eine geistige Aufgabe, um in ihm eine bewußte oder unbewußte Emotion hervorzurufen und ihn die Rolle erleben zu lassen – da stößt man auf Widerstand: derart ungeübt, träge und launisch ist der Wille des Schauspielers. Die innere Technik, die ich predige und die für die Schaffung des schöpferischen Befindens unerläßlich ist, basiert hauptsächlich auf dem Willensakt. Das ist der Grund, weshalb viele Schauspieler kein Ohr für meine Appelle haben.«

Jahrelang predigte ich auf allen Proben, in allen Zimmern, Gängen und Garderoben, bei allen Begegnungen mein neues Credo – ohne Erfolg. Man hörte mich achtungsvoll an, schwieg vieldeutig, ging dann fort und flüsterte hinter meinem Rücken: »Wieso spielt er denn jetzt selber schlechter? Ohne die Theorie war er viel besser! Er sollte lieber so wie früher spielen, einfach und ohne Spintisieren!«

Und sie hatten recht: ich tauschte meine eigentliche Arbeit als Schauspieler gegen die Forschungen eines Experimentators ein und fiel als Darsteller und Interpret von Rollen und Stücken zurück. Das wurde von allen bemerkt, von den Kollegen wie von den Zuschauern. Dieses Ergebnis machte mir sehr zu schaffen, und es fiel mir schwer, den eingeschlagenen Weg der Forschung nicht zu verlassen. Doch ich hielt – zugegeben mit großen Schwankungen – durch und unternahm weitere Experimente, ungeachtet dessen, daß sie meist in die Irre führten und daß ihretwegen meine Autorität als Schauspieler und Regisseur schrumpfte.

Doch ich konnte und wollte nicht anders arbeiten, als es meine jeweilige Entdeckung und der damit verbundene Rausch von mir forderten. Mein Starrsinn machte mich zusehends unpopulärer, nur ungern wollte man mit mir arbeiten und bevorzugte andere. Zwischen mir und dem Ensemble entstand eine Mauer. Jahrelang waren meine Beziehungen zu den Schauspielern unterkühlt, ich schloß mich in meiner Garderobe ein, warf anderen Trägheit, Routine, Undankbarkeit, ja Untreue und Verrat vor und stürzte mich mit noch größerer Verbissenheit in meine Studien. Die Eigenliebe, von der die Schauspieler so leicht ergriffen werden, spritzte ihr zersetzendes Gift in meine Seele, und so erschienen mir die simpelsten Dinge in übertriebener, verzerrter Form, was meine Beziehungen zum Ensemble immer problematischer machte. Den Schauspielern fiel es schwer, mit mir zu arbeiten, und mir ging es mit ihnen ebenso.

Da wir bei unseren Altersgenossen den erwünschten Erfolg nicht erzielt hatten, appellierten ich und Sulershizki an die Jugend aus der Korporation der Mitarbeiter, kurz, der Statisten am Theater, aber auch an Sulershizkis Schauspielschüler.

Die Jugend glaubt alles ohne Überprüfung aufs Wort, deshalb hörte man uns begeistert zu, und wir schöpften Mut. Der Unterricht nach dem »System« begann, kostenlos, versteht sich. Doch auch dieses Vorhaben fand aus verschiedenen Gründen keine Weiterentwicklung. Hinzu kam, daß die jungen Leute mit ihrer Arbeit am Theater mehr als ausgelastet waren.

Nach der zweiten Niederlage beschlossen wir, unsere Versuche an einer Privatschule (von A. I. Adaschew) fortzusetzen, und stellten eine Schulklasse nach meinen Anweisungen zusammen. Einige Jahre später hatten wir ein gutes Ergebnis: mehrere Schüler Sulershizkis wurden ins Theaterensemble aufgenommen, darunter auch der inzwischen verstorbene Jewgeni Bogrationowitsch Wachtangow, der in der Geschichte unseres Theaters eine bedeutende Rolle spielen sollte. Als einer der ersten Zöglinge des »Systems« war er dessen eifriger Verfechter und Propagandist.

Einige der Ungläubigen, die von der Arbeit Sulershizkis in Adaschews Schule aus den Berichten der Schüler erfuhren, baten uns, auch ihnen die Möglichkeit zu geben, nach dem »System« zu lernen. Unter ihnen waren Schauspieler, die heute in Rußland und im Ausland bekannt sind: M. A. Tschechow, N. F. Kolin, G. M. Chmara, A. I. Tocheban, W. W. Gotowzew, B. M. Suschkewitsch, S. W. Giazintowa, S. G. Birman und andere.

Zum Zeitpunkt meiner Zusammenarbeit mit Sulershizki, das heißt in der Spielzeit 1910/11, begann man am Künstlertheater mit der Inszenierung von Tolstois »Der lebende Leichnam«. Die vielen kleinen Rollen wurden unter den jungen Leuten verteilt, die mit mir und Sulershizki arbeiteten.

Während des Unterrichts nach meinem »System« entwickelte ich meine eigene Sprache, eine Terminologie, mit der wir uns über Gefühle und schöpferische Empfindungen verständigten. Diese Begriffe, die wir auch in die Alltagssprache aufgenommen hatten, waren nur uns Eingeweihten, nicht aber anderen Schauspielern verständlich. Den einen imponierte das, es rief aber gleichzeitig Gereiztheit, Widerstand, Neid und Eifersucht bei anderen hervor, so daß sich zwei Strömungen bildeten: die eine – auf uns zu, die andere – von uns fort. Nemirowitsch-Dantschenko bemerkte diese Entwicklung und wandte sich bei einer Probe mit einer großen Rede an das Ensemble, in der er darauf bestand, daß meine neuen Arbeitsmethoden von den Schauspielern studiert und vom Theater als Richtlinie angenommen wurden. Zu diesem Zweck bat mich Nemirowitsch-Dantschenko, noch vor Beginn der Arbeit am Stück dem ganzen Ensemble mein sogenanntes »System« ausführlich zu erläutern, um auf dessen Grundlage das neue Stück zu probieren. Ich war aufrichtig gerührt von seiner kameradschaftlichen Hilfe und denke heute noch mit Dankbarkeit an ihn. Damals war ich noch nicht genügend auf die schwierige Aufgabe vorbereitet und erfüllte meine Mission unbefriedigend. Es war nur zu verständlich, daß die Schauspieler sich nicht so entflammten, wie ich es gern gesehen hätte.

Außerdem war ich im Unrecht, von ihnen eine sofortige und volle Anerkennung zu erwarten. Ich hätte von erfahrenen Leuten nicht die gleiche Einstellung dem Neuen gegenüber verlangen dürfen, der ich bei Schülern begegnete. Der unberührte, jungfräuliche Boden der Jugend empfängt alles, was man in ihre Seele sät, die fertigen Schauspieler hingegen, die ihre Methoden in langer Praxis erarbeitet haben, wollen begreiflicherweise das Neue erst selbst überprüfen und es im eigenen künstlerischen Prisma brechen. Sie können Fremdes nicht pauschal annehmen.

Das jedenfalls, was in meinem »System« eine durchgearbeitete, feste Form erhalten hatte, wurde von ihnen überlegt und ernstgenommen. Die erfahrenen Kollegen verstanden, daß ich ihnen lediglich eine Theorie anbot, die der Schauspieler selbst in langer Arbeit, Übung und Überwindung zu seiner zweiten Natur machen und sie auf natürlichem Wege in die Praxis umsetzen mußte. Jeder nahm, je nach der Auffassungsgabe, zur Kenntnis, was ich vorschlug, und arbeitete auf seine Weise daran. Was aber in meiner Theorie noch unausgereift, verworren und vage blieb, unterlag der herben Kritik der Schauspieler. Ich hätte mich über diese Kritik freuen und sie aufgreifen sollen, doch der Eigensinn und die Ungeduld hinderten mich daran, die Tatsachen richtig einzuschätzen.

Wesentlich schlimmer war, daß einige Schauspieler und Schüler meine Terminologie ohne den Inhalt zu prüfen übernommen, mich mit dem Kopf, nicht aber mit dem Gefühl verstanden hatten. Noch schlimmer war, daß sie es durchaus zufrieden waren, auf der Stelle die von mir gehörten Begriffe in Umlauf setzten und anhuben, angeblich nach meinem »System« zu lehren.

Sie haben nicht verstanden, daß das, was ich meinte, unmöglich innerhalb einer Stunde oder eines Tages angeeignet werden kann, sondern systematisch und praktisch jahrelang, ein Leben lang ständig geübt und vertraut gemacht werden muß. Man muß aufhören, daran zu denken, und abwarten, bis es natürlich, von allein ans Licht kommt. Es muß eine Gewohnheit, eine zweite Natur des Schauspielers werden. Dazu braucht man Übungen, wie sie jeder Sänger macht, der seine Stimme schult, jeder Geiger und Cellist, der in sich das Gefühl für den richtigen Klang erarbeitet, jeder Pianist, der die Technik seiner Finger entwickelt, jeder Tänzer, der seinen Körper auf die plastischen Bewegungen vorbereitet, usw.

Solche systematischen Übungen hat es damals nicht gegeben, und es gibt sie ebensowenig heute. Das sogenannte »System« ist vom Hörensagen übernommen worden und hat bis heute keine echten Ergebnisse gebracht. Sie stehen noch aus.

In manchen Fällen brachte die oberflächliche Rezeption sogar gegenteilige, negative Ergebnisse. Manche von den erfahrenen Schauspielern, die es gelernt hatten, sich nach dem »System« zu konzentrieren, begannen mit noch größerer Akribie und Ausgefeiltheit ihre früheren Fehler zu kredenzen. Sie unterschoben dem »System« ihre eigenen Gewohnheiten und Empfindungen, die im Ergebnis die gleichen handwerksmäßigen Klischees hergaben. Dieses wurde nun als das Neue, von dem im »System« die Rede ist, angenommen, und man war beruhigt, denn in der Atmosphäre der gewohnten Klischees kann es sich jeder Schauspieler bequem machen. Solche unsensiblen Schauspieler sind überzeugt, daß sie alles begriffen haben und daß das »System« ihnen einen großen Nutzen gebracht hat. Voller Rührung danken sie mir und lobpreisen die Entdeckung, doch »ich werde dieses Lobes nimmer froh«.

Wie dem auch sei, nach der denkwürdigen Rede Nemirowitsch-Dantschenkos wurde mein »System« offiziell vom Theater angenommen.

Das erste Studio
des Künstlertheaters

Nach den ersten Erfahrungen bei der Verwirklichung des »Systems« kamen Sulershizki und ich zu demselben Schluß, zu dem ich vor Jahren durch die Praxis mit W. E. Meyerhold gekommen war, nämlich, daß die Forschungsarbeit nicht am Theater mit seinen täglichen Vorstellungen, den Sorgen ums Budget und die Kasse, den komplizierten künstlerischen Arbeiten und den praktischen Schwierigkeiten eines Großunternehmers erfolgen konnte.

Die Zuschauer und die Leser dieser Zeilen werden wohl kaum etwas von der enormen künstlerischen Arbeit meiner hochbegabten Kollegen am Moskauer Künstlertheater wissen: M. P. Lilina, O. L. Knipper, M. A. Samarowa, M. G. Sawizkaja, J. M. Rajewskaja, J. P. Muratowa, N. S. Butowa, M. P. Grigorjewa, I. M. Moskwin, W. I. Katschalow, W. F. Gribunin, L. M. Leonidow, W. W. Lushski, A. R. Artjom, A. L. Wischnewski, G. S. Burdschalow, N. G. Alexandrow sowie viele andere haben zusammen mit uns diese schwer zu machende Sache ins Leben gerufen.

Man erwartete nun von jeder Inszenierung unseres Theaters eine neue Erleuchtung und Entdeckung.

Der russische Zuschauer kennt dank seiner großzügigen Natur keine Grenzen für seine Forderungen, weil er die Grenzen des Möglichen nicht kennt. Die einen liebt er, die anderen prügelt er; er lobt oder tadelt maßlos und nimmt keine Rücksicht auf Ermüdung oder materielle Möglichkeiten eines Privatunternehmens, das wie unser Theater keinerlei Subventionen erhalten hat.

Die Forderungen, denen wir zu genügen hatten, waren weit höher als die, die man an die besten staatlich subventionierten Theater der Welt stellte. Um sich auf der erkämpften Höhe halten zu können, mußte man über das Maß hinaus arbeiten, was einigen von uns zu Herz- und sonstigen Leiden, anderen zum Grab verhalf. Hilfe und Unterstützung durch die jungen Kräfte, die in einem Studio ausgebildet werden sollten, taten bitter not.

Trotz der mir vom Leben erteilten Lehren ließ ich mich von diesen Gedanken dazu hinreißen, noch einmal mein Glück mit einem Studio für die Jugend außerhalb des Künstlertheaters zu versuchen.

Als erstes galt es, einen Raum für das Studio zu mieten. Nemirowitsch-Dantschenko, der zu dem Zeitpunkt alleiniger Direktor mit unumschränkten Vollmachten war, spielte dabei die entscheidende Rolle: er bewilligte einen Kredit für das Studio und kam im Sommer von seinem Landgut, eigens, um einen Raum ausfindig zu machen. Um eine vorzeitige Auswucherung zu vermeiden, mietete er ein großes und zwei kleine Zimmer im Obergeschoß eines Hauses in der Twerskaja (dort, wo sich das frühere Kino »Lux« und in den letzten Jahren das Theater der Komissarshewskaja befand). Der Zufall wollte es, daß in diesen Zimmern V. F. Komissarshewskaja einst gewohnt hatte, und sie zu einem Teil des großen Gebäudes der Gesellschaft für Kunst und Literatur gehörten, wo ich meine Laufbahn als Schauspieler begonnen hatte. Der kleinere Raum war nicht nur aus materiellen Überlegungen, sondern auch aus künstlerischen und pädagogischen Gründen gut geeignet. Wir wußten aus der Praxis, daß ein Schüler mit noch nicht entwickelten Grundlagen wie Wille, Gefühl, Temperament, Stimme, Diktion usw. sich zu Anfang nicht überanstrengen sollte, damit es zu keiner unerwünschten Deformation durch Überbelastung kommt. Eine große Bühne verlangt mehr, als ein Anfänger geben kann, sie tut ihm Gewalt an. In der ersten Zeit braucht ein junger Schauspieler einen kleinen Raum, seiner Kraft gemäße künstlerische Aufgaben, bescheidene Forderungen und einen geneigten Zuschauer.

Der junge Schauspieler soll seine Stimme, das Temperament und die Technik nicht überbeanspruchen. Die Größe des Theaterraumes darf ihn nicht zwingen, seine Gefühle aufzubauschen, die Nervenstränge zu überspannen und sich »aus Leidenschaft in Fetzen zu reißen«, um der großen Menge zu gefallen. Er soll immer unter Aufsicht seines Leiters spielen und nach jeder Vorstellung Korrekturen und Erläuterungen erhalten, die einen öffentlichen Auftritt zum praktischen Unterricht werden lassen.

Mit der Zeit, wenn der Schauspieler seelisch und körperlich gefestigt ist und seine Rolle unter den Bedingungen des Studios mehrere dutzend- oder hundertmal gespielt hat, kann er ohne Risiko auf die große Bühne gehen, erst in der eingeübten, später auch in einer anderen Rolle. In diesem Entwicklungsstadium ist es für ihn besonders wichtig, mit gestandenen Schauspielern zu arbeiten, mit ihnen auf der Bühne zu sein vor den Augen der großen Menge und gemeinsam auf große ästhetische Fragen eine Antwort zu suchen. Ich habe seinerzeit diesen Nutzen (leider viel zuwenig) erkannt, als ich mit großen Schauspielerinnen wie G. N. Fedotowa, M. N. Jermolowa, O. O. Sadowskaja, P. A. Strepetowa und anderen gespielt habe.

Als Schauspieler des Moskauer Künstlertheaters sollte der frühere Studio-Zögling eine Stütze für die Älteren werden, ihr Nachfolger und, mit der Zeit, Teilhaber eines Unternehmens, das damals absolutes Eigentum der Schauspieler geworden war.

Nach dem Überwechseln ins Haupttheater durfte er aber die Verbindung zum Studio nicht abreißen lassen, denn dort konnte er in seiner freien Zeit als Schauspieler, Regisseur, Lehrer oder Experimentator seine Studien betreiben.

Die künstlerische und administrative Leitung des Studios übernahm Sulershizki, der von mir die Direktiven erhielt.

Ins neue Studio kamen alle, die nach meinem »System« ausgebildet werden wollten. Ich begann, meinen vollständigen Vorlesungskurs, so wie er von mir damals ausgearbeitet worden war, zu unterrichten. Viel Zeit konnte ich dem Studio leider nicht widmen, doch anstatt meiner arbeitete um so eifriger Sulershizki, der nach meinen Anweisungen Übungen zur Schaffung des schöpferischen Befindens, zur Analyse der Rolle und zur Zusammenstellung einer Partitur des Willens auf der Grundlage der logischen Folgerichtigkeit der Gefühle leitete.

Parallel zum Unterricht wurde das Stück »Hoffnung auf Segen« für eine öffentliche Vorstellung probiert. Die Vorbereitungsarbeiten leitete R. W. Boleslawski, für die Endproben war Sulershizki verantwortlich.

Der Dienst der Schauspieler im Theater, wo fieberhaft an der Fertigstellung einer neuen Inszenierung gearbeitet wurde, behinderte die Probenarbeit beträchtlich. Es gab Augenblicke, wo man meinte, die Arbeiten der jungen Leute an zwei verschiedenen Stellen seien unvereinbar, und man müsse deshalb auf die Studio-Inszenierung und andere Vorhaben verzichten. In einem solchen Augenblick erklärte ich entschlossen allen Studio-Zöglingen: »Die Aufführung muß statfinden, koste es, was es wolle, auch wenn ihr Unmögliches tun müßtet. Denkt daran, daß von dieser Aufführung meine Zukunft abhängt. Ihr sollt ebenso ein ›Puschkino‹ erleben, wie wir es vor der Gründung des Moskauer Künstlertheaters erlebt haben. Wenn es tagsüber nicht geht, dann probiert ihr eben nachts, bis zum Morgengrauen.« Und das taten sie auch. Die Inszenierung wurde erst mir, dann auch allen Schauspielern des Theaters im Beisein Nemirowitsch-Dantschenkos und des bekannten Malers A. N. Benoit vorgespielt. Die Vorführung hatte außerordentlichen Erfolg und zeigte eindeutig eine besondere, uns bislang unbekannte Schlichtheit und Tiefe im Spiel der jungen Darsteller, was ich nicht ohne Grund auf unsere gemeinsame Arbeit nach dem »System« zurückführte.

Danach gaben wir öffentliche Vorstellungen mit Kartenverkauf, wobei der Erlös zur materiellen Unterstützung des Studios verwendet wurde. Von einer Bezahlung der Schauspieler konnte einstweilen keine Rede sein, sie arbeiteten kostenlos. Im Jahr darauf, als das Studio eine endgültige Anerkennung erlangte, kam das Künstlertheater ihm großzügig zu Hilfe und übernahm es in sein Budget. Von da an hieß es das Studio des Moskauer Künstlertheaters. Später, als andere ähnliche Einrichtungen entstanden, bekam es den Namen »Erstes Studio des Moskauer Künstlertheaters«.

Die höchste künstlerische Leistung des Ersten Studios war die Dramatisierung der Erzählung von Dickens »Das Heimchen am Herd«, für die Bühne bearbeitet von B. M. Suschkewitsch, der auch an der Inszenierung teilnahm. »Das Heimchen« war für das Erste Studio das gleiche wie »Die Möwe« für das Künstlertheater.

In diese Arbeit legte Sulershizki sein ganzes Herz hinein. Er gab ihr seine erhabensten Gefühle, geistigen Kräfte, guten Werte, Überzeugungen und schönen Träume, was die Inszenierung außerordentlich rührend und beeindruckend machte. Das Stück erforderte nicht bloß ein einfaches, sondern ein besonders inniges, die Herzen der Zuschauer unmittelbar berührendes Spiel.

In dieser Inszenierung erklangen vielleicht zum erstenmal die Herztöne eines tiefen unterbewußten Gefühls in dem Maße und in der Form, wie sie mir damals vorschwebten. Diese Feinheiten verlieren sich im riesigen Raum eines wenig gemütlichen vollen Theaters, wo die Schauspieler gezwungen sind, die Stimmbänder zu strapazieren und das Spiel theatralisch zu unterstreichen.

Über das junge Studio wurde viel geschrieben und in der Öffentlichkeit und in der Theaterwelt viel gesprochen. Manchmal wurde es uns alten Schauspielern als nachahmenswertes Beispiel hingestellt, damit wir sahen, daß an unserer Seite eine Konkurrenz heranwuchs, die bekanntlich der beste Antrieb des Fortschritts ist.

Seit dieser Zeit fingen die Schauspieler des Künstlertheaters an, dem größere Aufmerksamkeit entgegenzubringen, was sie über mein neues Herangehen ans Kreative hörten. Meine Popularität lebte langsam wieder auf.

Die Arbeit im Ersten Studio lief unter der Leitung des begabten

Sulershizki sehr gut. Er war ein Mann der Idee, ein Tolstojaner, und verlangte auch im Theater und von seinen Schülern den Dienst an der Kunst, wobei er von mir alle denkbare Unterstützung erhielt. Jede Art von Taktlosigkeit, Grobheit und Unkorrektheit der Schüler traf ihn mitten ins Herz; er stritt sich mit ihnen, überzeugte und lehrte sie mit Worten und eigenem Beispiel; er erzog diese Generation, die aufgrund der herrschenden gesellschaftlichen und politischen Zustände keine gebührende Disziplin und Haltung aufbringen konnte. Ein gewisses Theatertraining erhielt sie dennoch im Dienst am Künstlertheater. Fast alle Mitglieder des Studios traten unzählige Male in Massenszenen auf, und diese harte Arbeit eines einfachen Statisten brachte ihnen den Begriff der Pflicht, ohne den man im Theater nicht auskommt, bei. Doch es mußte vieles umgeformt werden. Um diese Umerziehung kümmerte sich Suler und opferte dieser Sache seine Seele und die Nerven, was auf seine leider ohnehin nicht beneidenswerte Gesundheit ging, zumal die Ärzte bei ihm eine aus Kanada mitgebrachte nunmehr verschleppte Nephritis diagnostizierten.

Es ist nicht leicht, Erwachsene zu erziehen, die selbständig sein und andere belehren wollen. Glücklicherweise hatte Suler ein lebensfrohes, unbeschwertes und heiteres Wesen. Seine Rügen und Belehrungen waren mit Scherzen und Albernheiten gewürzt, die ihm niemand nachmachen konnte. Unmöglich, alle Blödeleien und Clownerien aufzuzählen, die er nicht nur in der Freizeit losließ, sondern auch auf den Proben, wenn die Atmosphäre gelockert werden mußte. Einer seiner Scherze sei hier erzählt. Ein junger begabter Schüler war beim geringsten Mißerfolg gleich der Verzweiflung nahe. Doch man brauchte ihn nur zu ermuntern, zu loben und darin zu bestärken, daß er ein großes Talent war, schon lebte der willensschwache junge Mensch auf. Um nicht ein und dasselbe wiederholen zu müssen, machte Suler ein Plakat mit der Aufschrift: »Der Schüler soundso ist sehr begabt.« Dieses Plakat wurde an einer Stange befestigt und bei den geringsten Zweifeln des Betroffenen feierlich durch den Probenraum getragen. Die Zeremonie des Aufschließens der Tür und das komisch-ernste Gesicht des Plakatträgers riefen allgemeines Gelächter und nachhaltige Heiterkeit hervor. Die Spannung löste sich, das junge Talent wurde munterer, und die Arbeit wurde mit neuer Begeisterung fortgesetzt.

Sulershizki träumte mit mir zusammen davon, eine Art geistlichen Orden der Schauspieler ins Leben zu rufen. Ordensbrüder sollten Menschen erhabener Ansichten, großzügiger Ideen und weiten Horizonts werden, die die menschliche Seele kannten, edle künstlerische Ziele anstrebten und sich der Idee zum Opfer bringen konnten. Wir trugen uns mit dem Gedanken, ein Landgut zu mieten, das mit der Trambahn oder Eisenbahn von der Stadt aus zu erreichen war. Man hätte an das Hauptgebäude eine Bühne mit Zuschauerraum für die Vorstellungen des Studios anbauen können. In den Seitenflügeln des Hauses wollten wir die Schauspieler einquartieren, für die Zuschauer aber sollte eine Art Gästehaus eingerichtet werden, wobei die Eintrittskarte auch zur Übernachtung berechtigen sollte. Die Zuschauer sollten lange vor Beginn der Vorstellung eintreffen, im schönen Park am Hause spazierengehen, sich ausruhen, im von den Schauspielern betriebenen Speisesaal gemeinsam zu Abend essen, den hauptstädtischen Staub von der Seele schütteln und erst dann ins Theater gehen. So würde der Zuschauer in einer für künstlerische und ästhetische Eindrücke günstigen Verfassung in die Vorstellung gehen. Die Einnahmen eines derartigen Land-Studios kämen nicht nur aus den verkauften Vorstellungen, sondern auch von der Gastronomie und Landwirtschaft. Im Frühjahr und im Sommer, zur Zeit der Aussaat und der Ernte, sollten alle Feldarbeiten von den Schülern ausgeführt werden. Das würde für die Stimmung und die Atmosphäre von großer Bedeutung sein, denn Menschen, die sich täglich in der nervösen Atmosphäre der Kulissen begegnen, können keine enge kameradschaftliche Beziehung knüpfen, die dem Schauspielerkollektiv not tut. Wenn aber dieselben Menschen sich außerdem in der Natur begegnen, in gemeinsamer Arbeit auf dem Acker, in der frischen Luft, unter den Strahlen der Sonne – dann werden sich ihre Herzen öffnen, die bösen Gedanken verdunsten, und die gemeinsame körperliche Arbeit wird sie einander näherbringen. Für die Zeit der Feldarbeiten im Frühjahr und im Herbst würde die Theaterarbeit unterbrochen, um nach der Getreideernte wieder aufzuleben. Im Winter, in der spielfreien Zeit, sollten die Schüler an der Ausstattung der Stücke arbeiten: Dekorationen malen, Kostüme schneidern, Modelle bauen usw. Die Idee der Landarbeit war ein altgehegter Traum Sulershizkis, ohne Erde und Natur konnte er nicht existieren, besonders im Frühjahr zog es ihn aus der Stadt aufs Land. Die Landwirtschaft des hypothetischen Studios sollte darum unter der unmittelbaren Aufsicht Sulershizkis betrieben werden.

Freilich blieb diese Idee im großen und ganzen ein Traum, doch einen Teil davon konnten wir immerhin verwirklichen.

An der Schwarzmeerküste auf der Krim kaufte ich an einem herrlichen Sandstrand, wenige Werst von der Stadt Eupatoria entfernt, ein Grundstück, das ich dem Studio zur Verfügung stellte. Auf diesem Grundstück wurden für die Mittel, die wir von einem Gastspiel in Eupatoria erhalten hatten, Gemeinschaftsgebäude, ein kleines Gästehaus, ein Pferdestall, ein Kuhstall, Scheunen für landwirtschaftliche Geräte, Saatgut, Lebensmittel und Vorräte sowie Keller zur Aufbewahrung von Fleisch, Milch und dergleichen erbaut. Jeder Schüler mußte eigenhändig ein Haus bauen, das dem Erbauer für Notzeiten als Wohnung dienen sollte.

Im Laufe von zwei oder drei Jahren kam eine Gruppe von Schülern mit Sulershizki im Sommer nach Eupatoria und lebte dort wie eine Herde von obdachlosen Urmenschen. Sie schleppten und behauten Steine für die Gemeinschaftsgebäude und bauten daraus provisorische Häuser, genauso wie die Kinder sie aus Bauklötzen bauen. Als Dach diente eine Plane, statt der Türen und Fenster hatte man Teppiche und Vorhänge, der Fußboden war der Sand des Strandes. Die gemütliche Einrichtung bestand aus Steinsofas und -sesseln, die mit Kissen bedeckt wurden, wie in den mittelalterlichen Schlössern; Stoffpaneele an den Wänden und chinesische Laternen, die die Zimmer abends beleuchteten. Die Truppe der Urmenschen lief halbnackt herum und war naturgemäß braungebrannt. Sulershizki gedachte seiner Methoden bei den »Geisteskämpfern« in Kanada und führte ein strenges Regime ein. Jeder Schüler hatte eine gesellschaftlich notwendige Pflicht zu erfüllen: der eine war Koch, der zweite Kutscher, der dritte war für Versorgung zuständig, der vierte für die Boote usw. Die Kunde von den Urmenschen verbreitete sich auf der ganzen Krim und lockte Neugierige an, die Reisen unternahmen, um die wilden Schüler aus dem Studio des Moskauer Künstlertheaters zu sehen.

Noch einmal mußte ich mich auf dem Gebiet der Dekorationen und der Prinzipien der Ausstattung versuchen. Die Revision der herkömmlichen Möglichkeiten ergab sich diesmal aus der Notwendigkeit, die Studiobühne im gemieteten niedrigen Raum einzurichten. Ich wollte Assoziationen mit den dürftigen Laienbühnen vermeiden, wo kein Ernst zu sehen war, und strebte nach imponierender Originalität der Lösung. Die Angelegenheit wurde dadurch noch erschwert, daß ich mit meinen knappen Geldmitteln haushalten mußte. In einem niedrigen Raum konnte man keine Podeste bauen, sonst würden sich die Schauspieler, die darauf standen, die Köpfe an der Decke einschlagen. Statt die Schauspieler auf die Podeste zu stellen, setzten wir daher die Zuschauer darauf. Die Zuschauer, auf den amphitheatrisch angeordneten Podesten sitzend, befanden sich oberhalb der Bühnenfläche und konnten die Schauspieler gut sehen, ohne einander die Sicht zu versperren. Bei einer solchen Anordnung gewann auch die Bühne, denn die Höhe war ohne die Podeste ausreichend. Die Zuschauer, die in den ersten Reihen saßen, waren durch nichts von den Schauspielern getrennt: es gab weder Balustrade noch Rampe (beleuchtet wurde von oben). Nur in den Pausen schob sich ein Stoffvorhang zwischen die Bühne und die Zuschauer.

Die Nähe der Schauspieler und der Zuschauer verband sie: die Zuschauer fühlten sich in den Raum versetzt, in dem die handelnden Personen lebten, und kamen sich wie zufällige Zeugen dessen vor, was sich im Stück abspielte. Diese Intimität machte den Reiz des Studios aus.

Von Dekorationen herkömmlicher Art konnte keine Rede sein, denn man hätte sie unmöglich ins Obergeschoß eines großen Hauses hinaufwuchten können. Außerdem hätte es für sie keinen Platz zum Abstellen gegeben, weder auf der Bühne noch im kleinen Nebenzimmer, das in Garderoben aufgeteilt wurde.

Anstelle der Dekorationen führte ich Tuchbahnen und Leinwände ein, die im gewissen Sinne eine Neuheit für die damalige Zeit waren. Zusammengestapelt in einer Ecke des Raumes, wie Bettlaken im Schrank, beanspruchten sie nur sehr wenig Platz. An jeder Bahn waren Haken angebracht. Mit Hilfe von Stöcken wurden die Bahnen hochgehoben und in ein an der Decke angebrachtes Metallnetz eingehakt, um dem zu bespielenden Raum die gewünschte Kontur zu geben. Später, als das Erste Studio in einen größeren Raum umgezogen war (am heutigen Sowjetskaja-Platz), wurde das System der Stoffbahnen vervollkommnet.

Die neue Art der Bühne machte die Suche nach anderen Ausstattungsmöglichkeiten notwendig. Für Shakespeares »Was ihr wollt« zum Beispiel dachte ich mir angesichts der vielen Bilder einen Vorhang aus, der schräg über die Bühne verlief und mit dessen Hilfe man eine Dekoration auf der linken Seite zudecken und gleichzeitig eine inzwischen vorbereitete Dekoration auf der rechten Seite den Blicken preisgeben konnte. Während auf der einen Seite gespielt wurde, konnte eine neue Dekoration auf der anderen Seite vorbereitet werden.

Bei der Inszenierung von Tolstois »Märchen vom dummen Iwan« (auf einer ähnlichen Bühne im Zweiten Studio) erfand ich, um die Pausen zwischen den zahlreichen Bildern zu verkürzen, fahrbare Plattformen. Solange auf der einen gespielt wurde, bestückte man die andere hinter den Kulissen. Im Dunkeln wurde die erste hinter die Kulissen, die zweite auf die Bühne gerollt.

Im zweiten Akt von Andrejews »Jugend«, in dem die Dekoration Eisenbahngleise am Rande eines dichten Waldes darstellte, verwendete ich schwarzen Samt. Die Teile der Bäume, die herausragten und in die Strahlen des Mondlichts gerieten, wurden mit aufgehängten Tüchern und Stoffstreifen angedeutet. Der Samt, der den Hintergrund bildete, ließ in der Phantasie der Zuschauer die unübersehbare Tiefe eines dichten Waldes entstehen und gab der winzigen Bühne eine ungeheure Tiefe. Um den Eindruck der Entfernung noch mehr zu betonen, stellte ich hinten vor dem Samthintergrund einen mit dem gleichen Samt bezogenen Transparentkasten auf, in dem kleine Löcher für die Lämpchen ausgeschnitten waren, die die Illusion von Bahnhofslichtern erweckten. Die ganze Dekoration bestand hiermit aus einigen Stoffstreifen und dem Kasten vor dem Samthintergrund. Dieses Prinzip erweiterte ich für die nicht zustande gekommene Inszenierung von A. Bloks »Rose und Kreuz«.

Inwiefern die neuen Ausstattungsmethoden des Studios bühnenwirksam waren, mag folgendes Beispiel bezeugen.

Als ich mich einmal mit den Vorzügen und Mängeln der Bühnenbilder verschiedener russischer und ausländischer Maler befaßte und prüfte, inwieweit sie tatsächlich für das Theater und insbesondere für die Schauspieler verwertbar sind, wandte ich mich an einen bekannten Maler und Kenner der Malerei mit der Frage:

»Welche Dekoration halten Sie für die annehmbarste als Hintergrund für den Schauspieler? Welche Dekoration entspricht am meisten den Aufgaben unseres Theaters?«

Es verging eine lange Zeit.

»Doch, ich weiß!« verkündete der Maler bei einer Begegnung feierlich. »Die dem Theater am besten entsprechenden Dekorationen waren die zum ›Heimchen‹ im Ersten Studio.«

Die Dekorationen und die Requisiten, die er meinte, waren sehr schlicht. Die Requisiten – Regale mit allem, was darauf stand und ein Geschirrschrank – wurden auf Sperrholz gemalt und ausgesägt. Fast alles wurde von den Schülern selbst gemacht, obwohl natürlich auch ein Bühnenbildner dabei war. Sicherlich konnte man diese Dekoration nicht malerisch, im Sinne von Malerei und Farbe, nennen, doch sie war in ihrer besonderen Art der Bühne gemäß.

Als der oben genannte Maler mir seine Meinung zu begründen anfing und mich auf verschiedene Einzelheiten der »Heimchen«-Dekorationen hinwies, begriff ich, daß mein Gesprächspartner die Dinge für besonders geglückt hielt, die die Schauspieler aus eigenem Antrieb, ausgehend von den geistigen Aufgaben der jeweiligen Rolle und der Inszenierung insgesamt, selbst angefertigt hatten. Das bestätigte mich ein weiteres Mal in der Überzeugung, daß man im Theater nicht einfach einen Kunstmaler braucht, sondern daß der fürs Theater arbeitende Maler unbedingt auch ein bißchen Regisseur sein sollte und die Aufgaben und die Prinzipien unserer Kunst und unserer Technik verstehen muß.

Über die letzte Periode des Studios will ich nicht sprechen, da ich zu dem Zeitpunkt an dessen künstlerischer Produktion nicht unmittelbar beteiligt war. Nachdem es stark genug geworden war, führte es ein selbständiges Leben und wurde schließlich zum MChAT 2. Ich bin in diesem Buch außerstande, auf jene Momente aus dem Leben des Moskauer Künstlertheaters einzugehen, die mit meiner künstlerischen Evolution nicht direkt verbunden sind, nicht einmal auf solche, die ein Historiker dieses Theaters mit besonderer Aufmerksamkeit wird behandeln müssen, weil sie von herausragender Bedeutung sind. Ich muß auch von der Darstellung der künstlerischen Tätigkeit jener Persönlichkeiten Abstand nehmen, die als unsere Schüler angesehen werden dürfen.

Nach dem Ersten Studio entstand auf der Basis der privaten Schauspielschule unserer Kollegen N. G. Alexandrow, N. O. Massalitinow und N. A. Podgorny das Zweite Studio. Im letzten Jahr ihres Bestehens brachte die Schule eine Reihe junger begabter Leute hervor: A. K. Tarassowa, M. A. Kryshanowskaja, J. I. Kornakowa, R. N. Moltschanowa, N. P. Batalow, W. A. Werbizki und andere. Ich und der inzwischen verstorbene W. L. Mtschedelow organisierten sie zu einem Studio, das die jungen Schauspieler auf eigenes Risiko betrieben, da ich sie nicht mehr materiell unterstützen konnte. Als erste Aufführung brachten sie den »Grünen Ring« von Sinaida Hippius heraus, und das bestimmte auch das weitere Schicksal des Studios. Es stand von Anfang an auf eigenen Beinen. Im Herbst 1924 wurden die Schauspieler des Studios zu Mitgliedern unseres Ensembles und sind heute dessen junge Generation.

Gleichzeitig mit dem Zweiten Studio entwickelte sich das Dritte unter der Leitung von J. B. Wachtangow (heute das Wachtangow-Theater), das sich eine Zeitlang zum Moskauer Künstlertheater bekannte. Später entstand das Vierte Studio, das heute den Namen »Realistisches Theater« führt, das sich aus Schauspielern unseres Theaters rekrutierte, die aus verschiedenen Gründen keine ausreichende Anwendung ihrer Kräfte bei uns fanden und ein Bezirksensemble bildeten, nach dem ein dringender Bedarf bestand.

Schließlich muß ich das Musikalische Studio des Moskauer Künstlertheaters (heute das Musikalische Studio »Künstler des Volkes W. I. Nemirowitsch-Dantschenko«) erwähnen, das Nemirowitsch-Dantschenko ins Leben gerufen und geleitet hat und das eine Reihe von ausgezeichneten Inszenierungen herausbrachte. Da ich aber weder an seiner Tätigkeit noch an der des Dritten und Vierten Studios teilgenommen habe, kann ich auf diese Einrichtungen nicht eingehen. Sie flüchtig zu behandeln hieße, sie nicht ernst genug zu nehmen.

Aus denselben Gründen lasse ich auch die künstlerische Arbeit des jüdischen Studios »Habima« von N. L. Zemach aus, wo auf meine Bitte hin Wachtangow einige Jahre als Lehrer und dann als Regisseur gearbeitet hat, und wo ich einen Kursus nach dem »System« geleitet habe.

Noch weniger kann ich über das armenische Studio berichten, das unter der Leitung von S. I. Chatchaturow, Regisseur des Ersten Studios, entstand, oder über unsere ausländischen Nachfolger wie die polnische Schauspielerin S. Wysozka (Stanislawskaja), die in Kiew vor dem Krieg ihr Studio nach dem Muster des Ersten Studios gründete, oder wie die heute maßgeblichen Vertreter des bulgarischen Theaters, die von der früheren bulgarischen Regierung zu uns delegiert worden waren und viele Jahre an unserem Theater mitgearbeitet haben oder Schüler unseres Studios gewesen sind.

Verkohl-Abende
und »Die Fledermaus«

Das Moskauer Künstlertheater gab nicht nur auf dem Gebiet des Dramas wichtigen Antrieb, sondern auch auf einem völlig anderen Gebiet – dem der Parodie und des Humors.

Das begann schon in der Zeit der Gesellschaft für Kunst und Literatur, als wir heitere Abende der Parodie und des Witzes veranstalteten. Ähnliche Abende gab es auch im Künstlertheater: 1902 in der Probenscheune an der Boshedomka, 1903 auf Tschechows Wunsch zur Neujahrsfeier im Künstlertheater, 1908 ebenda nach den Feierlichkeiten anläßlich des zehnjährigen Jubiläums des Theaters.

Am 9. Februar 1910 fand der erste öffentliche Verkohl-Abend mit Kartenverkauf zu Gunsten der bedürftigsten Schauspieler des Theaters statt.

Dieser und ähnliche Abende wurden innerhalb von wenigen Tagen vorbereitet. Man arbeitete überall: in den Garderoben, auf den Korridoren, in jeder Ecke, während der Vorstellungen und dazwischen, manchmal ganze Nächte hindurch. Die Resultate, die bei dieser Energie in kürzester Zeit zustande gebracht wurden, waren mitunter verblüffend.

In der Nacht vor einem Verkohl-Abend war das Theater nicht wiederzuerkennen: die Sitzreihen wurden entfernt und statt ihrer Tische aufgestellt, an denen man das Publikum bediente. Als Kellner traten junge Schülerinnen, Schüler und einige Schauspieler auf, die auf der Bühne nicht beschäftigt waren. Unter den Tischen waren unterschiedlichste elektrische Spielereien versteckt: flackernde Lämpchen, ein rasselndes Etwas und dergleichen Scherze. Alle Vorsprünge und Geländer des Zuschauerraums waren mit gemalten Teppichen und Girlanden geschmückt; oben hingen Lampions, verschiedene Kinkerlitzchen und ebenfalls Girlanden, an jedem Tisch brannte ein buntes Lämpchen, was bei der sonstigen Dunkelheit ein effektvolles Bild ergab. Auf den Rängen wurden ein Streichorchester und eine Militärkapelle untergebracht. Außerdem standen ungeheure Körbe mit Rasseln, Pfeifen und Knallblasen bereit. Gegen acht Uhr kam das Publikum und nahm Platz, das Licht ging langsam aus, und der Saal versank in völlige Dunkelheit. Kaum hatte sich das Publikum an die Dunkelheit gewöhnt, brach überraschend für alle ein unglaublicher Geräuschesturm los: Pauken und Trompeten dröhnten, Violinen und andere Streichinstrumente winselten, Blasinstrumente schrillten, die Zimbeln läuteten und der Theaterdonner gab sein Bestes. Alle verfügbaren Theatergeräusche wurden in Gang gesetzt. Gleichzeitig zu diesem akustischen Sodom flammten sämtliche Scheinwerfer auf und blendeten das Publikum, während von und zu den Rängen Papierschlangen, Konfetti und hunderte von bunten Luftballons geworfen wurden.

Das Unterhaltungsprogramm war vielfältig.

Man gab »Die schöne Helena« – eine witzige Parodie auf die berühmte Operette – wobei als Dirigent Nemirowitsch-Dantschenko, als Menelaos Katschalow, als Helena die Knipper, als Paris Moskwin und als Ajax Sulershizki auftraten. Am selben Abend dirigierte auf Wunsch des Publikums S. W. Rachmaninow den »Tanz der Apachen«, den Alisa Koonen und Richard Boleslawski vortrugen.

Es gab eine Jahrmarktsbude mit Moskwin als Bursche für alles, ein arbeitswilliger Trottel wie der Zirkus-August, der immer zur unrechten Zeit den Vorhang zog. Außerdem assistierte er den Zauberkünstlern, indem er ihnen unentwegt falsche Gegenstände reichte, dabei blauäugig die Tricks bloßlegte und die Zauberer in peinliche Situationen brachte.

In der gleichen Bude parodierte man auch den damals populären Ringkampf. Ein magerer, eleganter, aber schwächlicher Franzose, gespielt von W. I. Katschalow in Trikot und langen Damenunterhosen, rang mit einem Muskelprotz von einem russischen Kutscher (W. F. Gribunin) in Hemd und hochgekrempelten Hosen. Ein Ringkampf war das freilich nicht, sondern eine komische Karikatur auf Posen und andere Lächerlichkeiten dieser Art von Unterhaltung, eine Satire auf die Bestechlichkeit der Jury und der Ringer selbst, deren Kniffe Budendiener Moskwin in aller Einfalt preisgab. Es gab einen Gedankenleser, der im Zustand der Hypnose aktuelle und pikante Theatergeheimnisse aufdeckte.

Dort kämpfte auch der gewaltige F. I. Schaljapin in orientalischem Kostüm mit dem kleinen und flinken Sulershizki. Anschließend sangen beide Ringer hervorragend ukrainische Weisen. Vier Wiener Grisetten – Moskwin, Gribunin, Lushski und der Schauspieler des Maly Theaters Klimow – tanzten und sangen ein angeblich pikantes Quartett mit dem folgenden blödsinnigen Text, der Deutsch sein sollte:

Ich bin zu mir heraus
Ich habe Offenbach,
Zu mir spazieren Haus
Herr Gansen Mittenschwach.

Dann gab es folgende Nummer:

Eine riesige Kanone wurde auf die Bühne gerollt, vor die der kleine Sulershizki in ausländisch anmutender Uniform aus Leder und Wachstuch trat. Er hielt eine lange, das Englische parodierende Rede. Ein Dolmetscher erklärte, daß der Engländer eine gefahrenreiche Reise auf den Mars unternehmen wolle, zu welchem Behufe man ihn mit der Kanone hochschießen werde. Alsogleich erschien die Gattin des Briten, und es gab eine rührende Abschiedsszene in ebendemselben Quasi-Englisch. Darauf traten in den Uniformen eines fremdländischen Artillerieregiments Katschalow und Gribunin an den tollkühnen Offizier heran. Kurz zuvor hatten sie die Kanone gereinigt und geölt, nun bespritzten sie aus Ölkännchen für Nähmaschinen auch die Wachstuchkleidung des todesmutigen Obersten mit Öl, auf daß er beim Abschuß besser rutschte. Am obersten Rang war ein mit weißem Zigarettenpapier bezogener großer Ring, etwa in der Art, durch den die Reiter im Zirkus springen. Alles ist fertig. Der tapfere Oberst hält eine letzte Abschiedsrede vor der langen Reise. Dann wird er in die Mündung der Kanone geschoben und verschwindet. Katschalow und Gribunin stoßen die Ladepfropfen ordentlich fest, schütten Pulver hinein, brennen die an einem langen Stock befestigte Lunte an und zünden mit größter Vorsicht aus einem gebührenden Abstand die Ladung. Das Publikum, vor allem sein weiblicher Teil, verstopften sich in Erwartung einer furchtbaren Detonation vorsorglich die Ohren. Überraschenderweise ertönte nur das leise Platzen eines Spielzeugknallers, wobei beide Soldaten von der Detonationswelle zu Boden geworfen wurden, und ein herzzerreißender Schrei erfüllte den Saal. Der Papierring wurde durchstoßen, und darin erschien die Figur des tapferen Obersten Sulershizki. Die Militärkapelle spielte einen Tusch. Das Ulkigste war, daß einer der Zuschauer den fliegenden Sulershizki gesehen haben wollte!

Und nun eine weitere Nummer, die Furore machte: um die Drehscheibe auf der Bühne baute man eine niedrige Brüstung wie im Zirkus und stellte einige Sitzreihen für das Publikum auf. Dahinter hing ein Prospekt mit einem gemalten bis auf den letzten Platz gefüllten Zirkus. Gegenüber den Zuschauern war der Künstlerausgang mit einem Orchester darüber, wie sich das gehörte. Auf der Drehscheibe befand sich ein Holzpferd, auf dem der als Zirkusreiterin verkleidete Burdshalow den »Pas de châle« tanzte und durch Papierstreifen sprang. Die Zirkusdiener, die die Reifen hielten, standen dabei außerhalb der Drehscheibe, während das galoppierende Pferd auf der Drehscheibe befestigt war.

Danach kam die Nummer des Zirkusdirektors, den ich darstellte. Ich erschien in Frack und keck auf die Seite gesetztem Zylinder, in weißen Wildlederhosen, weißen Handschuhen und schwarzen Stiefeln, mit einer riesigen Nase, schwarzem Schnurrbart, dichten schwarzen Augenbrauen und einem weiten spanischen Umhang. Die Diener in roten Livreen bildeten Spalier, die Musik spielte einen feierlichen Marsch, und ich trat heraus und verbeugte mich vor dem Publikum. Dann übergab mir der Oberstallmeister in aller Form die Peitsche und die Reitgerte, ich knallte (eine Kunst, die ich eine Woche lang an spielfreien Tagen geübt hatte), und auf die Bühne kam ein dressierter Hengst galoppiert, der von A. L. Wischnewski dargestellt wurde.

Die Zirkusvorstellung endete mit einer Quadrille, an der alle Schauspieler teilnahmen. Dazu kam das Ensemble des Künstlertheaters, Leute wie die Knipper, Katschalew, Moskwin, Lushski, Gribunin, auf Kinderpferdchen aus Pappe mit Puppenbeinen herausgeritten, und ich als Direktor stand am Ausgang mit einer enorm tiefen Glocke und läutete den Wechsel der Kavalkaden von Cotillon-Figuren ein, die von den Schauspielern ausgeführt wurden.

Als Conférencier glänzte erstmals mit seinem Talent unser Schauspieler N. F. Balijew. Sein unerschöpflicher Humor und die Spitzfindigkeit seiner Witze, die oft bis an die Dreistigkeit heranreichende Kühnheit packten das Publikum. Doch er überschritt nie das Maß und balancierte geschickt auf der Grenze zwischen dem Frechen und Heiteren, dem Beleidigenden und Witzigen, und konnte rechtzeitig haltmachen und dem Witz eine ganz andere, gutmütige Wendung geben. Das alles machte aus ihm eine interessante Persönlichkeit in diesem für uns neuen schauspielerischen Genre.

Eine wichtige Rolle in Balijews Auftritten spielte der hinter den Kulissen versteckte N. L. Tarassow, der Autor vieler geistreicher Witze und Nummern, einer der Teilhaber und später auch Direktionsmitglied des Theaters, unser treuer Freund, der uns während der Gastspiele in Deutschland in einer schweren Stunde mit einer beachtlichen Summe aus der Not geholfen hatte.

Auf der einen Seite der Bühne stand eine riesige Telefon-Attrappe, die unentwegt klingelte. Balijew nahm ab, und aus seinen Fragen und Antworten erfuhren die Zuschauer, worum es ging und welcher Witz mit Hilfe des Apparates zum besten gegeben werden sollte. Einer der Verkohl-Abende fiel mit den Wahlen des Vorsitzenden der Staatsduma zusammen, und man erwartete in Moskau voller Spannung das Ergebnis. Nun läutete das gewaltige Papp-Telefon. Balijew nahm ab und fragte:

»Wie bitte? Von wo rufen Sie an? Petersburg? Aus der Staatsduma?« Balijew wurde unruhig und bat das Publikum:

»Bitte etwas leiser, meine Herrschaften, es ist schlecht zu hören.«

Das Publikum hielt den Atem an.

»Wer spricht?«

Auf einmal wurde Balijews Figur die Untertänigkeit selbst. Er verneigte sich mehrmals vor seinem Gesprächspartner.

»Guten Tag! Sehr erfreut ... Danke für den Anruf ...« Dann nach einer Pause: »Ja, ja, ein Verkohl-Abend ... sehr lustig ... viele Gäste ... volle Kasse, ja ...«

Eine neuerliche Pause. Dann sagte er recht entschieden:

»Nein!«

Pause. Balijew wurde unruhig:

»Nein, glauben Sie mir bitte, nein, nein, nein ...«

Nach jeder weiteren Pause verneinte er immer nervöser, ungehaltener und entschiedener. Offenbar bedrängte ihn jemand mit einer Bitte. Um seinem »Nein« mehr Nachdruck zu verleihen, mußte Balijew mit dem Kopf schüttteln und abweisend gestikulieren und schließlich brüsk und entschieden das Gespräch unterbrechen.

»Verzeihung, das geht nicht, ich kann nicht.«

Er hängte gereizt auf und begab sich rasch hinter die Kulissen, nicht ohne mit verärgerter Miene dem Publikum folgenden Satz zugeworfen zu haben:

»Der N. (der Name eines Politikers, der sich um den Vorsitz der Duma bewarb) fragt, ob wir bei unserem Verkohl-Abend einen Vorsitzenden brauchen.«

Bei einigen Witzen und Scherzen auf den Verkohl-Abenden zeigten sich Tendenzen zu einem für Rußland neuen Theater der Karikatur, Satire und Groteske. Dieser Richtung nahmen sich Balijew und der hochbegabte N. L. Tarassow an.

Anfangs gründeten sie in einem Keller des Perzow-Hauses an der Erlöser-Kirche eine Art Klub der Schauspieler des Künstlertheaters, wo im trauten Kreise Schauspieler verschiedener Theater allen möglichen Ulk trieben. Später entstand das Theater »Die Fledermaus«, das aus vielfältigen Gründen gezwungen war, seine ursprüngliche Richtung zu ändern und sich schönen, manchmal auch künstlerisch großartigen Bildern und Szenen mit Tanz und Gesang zuzuwenden. Dieses für »Die Fledermaus« typische Repertoire machte in der ganzen Welt Furore und ist hinreichend bekannt.

Schauspieler müssen sprechen können

Die Jahre der Weltkatastrophe brachen an: 1914 begann der Krieg.

In Moskau lief das Leben auf vollen Touren, die Theater erhielten einen Auftrieb wie noch nie. Die Spielpläne wurden nach Kräften den Ereignissen angepaßt, und man brachte schnell zusammengeschusterte patriotische Stücke auf die Bühne, die eins nach dem anderen durchfielen. Was Wunder, daß der theatralische Papp-Krieg mit dem richtigen nicht mitziehen konnte, der in den Seelen der Menschen, auf den Straßen und in den Häusern schwelte oder alles an der Front vernichtete. Ein Theaterkrieg erscheint in solchen Zeiten als eine beleidigende Karikatur.

Die Puschkin-Inszenierung unter der Regie Nemirowitsch-Dantschenkos mit dem Bühnenbild von A. N. Benoit, gespielt von den besten Schauspielern des Moskauer Künstlertheaters – das war unsere Reaktion auf die Ereignisse. Wir beschlossen, drei Stücke Puschkins zu inszenieren: »Der steinerne Gast«, »Das Gelage während der Pest« und »Mozart und Salieri«, in dem ich Salieri spielte.

Begeistert vom Puschkinschen Vers, unterschätzen viele den Inhalt seiner Poesie. Ich hingegen wollte den inneren Sinn des Dramas ausschöpfen. Ich empfand es als unzureichend, Salieri nur als Neider darzustellen. Für mich ist er ein Priester seiner eigenen Kunst und aus Überzeugung ein Mörder dessen, der an den Grundlagen dieser Kunst rüttelt. Beim Aufgehen des Vorhangs sitzt mein Salieri nicht mit einer gepuderten Perücke genießerisch beim Morgentee. Die Zuschauer sehen ihn im Morgenmantel mit zerrauftem Haar, erschöpft von der Nachtarbeit, die ihm aber keine Früchte brachte. Der Arbeiter Salieri hat das Recht, sich vom Himmel einen Lohn zu erbitten und den Faulpelz Mozart, der spielend Kostbarkeiten schafft, zu beneiden. Er beneidet ihn, doch er ringt mit diesem unguten Gefühl. Wie kein anderer liebt er das Genie Mozarts, um so schwerer fällt es ihm, sich für den Mord zu entscheiden, um so schlimmer ist sein Grauen, als er den Irrtum erkennt.

Ich baute die Rolle nicht auf Neid, sondern auf dem Kampf der verbrecherischen Pflicht mit der Verehrung des Genies auf. Diese Grundidee füllte ich mit immer neuen psychologischen Nuancen, die

die künstlerische Aufgabe verkomplizierten. Hinter jedem Wort lagerte gewaltiges geistiges Material, wovon jede Einzelheit mir so teuer war, daß ich mich von ihr nicht trennen wollte.

Es ist heute überflüssig, herausfinden zu wollen, ob ich die Puschkinsche Figur richtig oder falsch ausgelegt habe. Was ich tat, tat ich aufrichtig; ich fühlte die Seele, die Gedanken, die Bestrebungen und das Innenleben meines Salieri. Ich lebte solange richtig in der Rolle, solange mein Gefühl vom Herzen aus an das Bewegungszentrum, an die Stimme und die Sprache ging. Doch sobald sich das Erlebte in Bewegungen und besonders in Worten, in der Rede ausdrückte, stellten sich unwillkürlich Krampf, Falschheit und Dissonanz ein, und ich erkannte in der äußeren Form mein aufrichtiges inneres Gefühl nicht wieder.

Ich habe zur Genüge von den Verkrampfungen des Körpers und dessen Folgen gesprochen, also muß ich das hier nicht noch einmal tun.

Das Entscheidende war diesmal, daß ich mit dem Puschkinschen Vers nicht zurechtkam. Ich überlud die Worte der Rolle und maß jedem von ihnen mehr Bedeutung bei, als es fassen konnte. Die Worte Puschkins waren gleichsam aufgedunsen.

>Gerechtigkeit: hier unten gäb's sie nicht.
Doch gibt es sie auch nicht da oben.«

Jedes dieser Worte enthielt für mich so viel, daß der Inhalt die Form sprengte und sich in einer wortlosen, für mich aber bedeutungsträchtigen Pause breitmachte: ein aufgedunsenes Wort war vom nächsten durch einen großen Zwischenraum getrennt. Dadurch wurde alles in die Länge gezogen, so daß man am Schluß des Satzes dessen Anfang vergessen haben konnte. Je mehr Sinn und Gefühl ich in den Text hineinlegte, desto überladener und letztlich sinnloser wurde er, die Aufgabe wurde unerfüllbar. Es kam zu Gewaltakten, die in mir wie schon immer Krämpfe und Spasmen hervorriefen. Der Atem stockte, die Stimme wurde dumpf und heiser, ihre Amplitude schrumpfte auf fünf Noten und die Kraft ließ nach. Dabei sang die Stimme nicht, sondern schepperte. Ich versuchte ihr mehr Klang abzugewinnen und griff unwillkürlich zu banalen Schauspielertricks, das heißt zum falschen Pathos, zu stimmlichen Kadenzen und Fioritouren.

Damit nicht genug: Gewalt und Verkrampfung, die Furcht vor Worten überhaupt und der Puschkinschen im besonderen, die Empfindung der Falschheit und der Verrenkung schließlich veranlaßten mich dazu, leise zu sprechen. Bis zur Generalprobe flüsterte ich die Rolle nur noch. Ich meinte, beim leisen Sprechen eher den richtigen Ton zu finden, und glaubte, die Falschheit sei beim Flüstern weniger zu hören. Doch die Unsicherheit wie das Flüstern passen sehr wenig zum kunstgeschmiedeten Puschkinschen Vers: sie verschlimmern nur die Falschheit und stellen den Schauspieler bloß.

Andere behaupten, die Furcht vor dem Wort und die Überladenheit der Rede kämen davon, daß ich die Gedanken nicht richtig wiedergebe und die Verse skandiere, und man riet mir, die betonten Worte durch die ganze Rolle hindurch zu kennzeichnen. Ich wußte aber, daß es nicht daran lag. Ich mußte mich zeitweise von der Rolle distanzieren, die übermäßig gereizten Gefühle und Phantasien beruhigen und in mir jene Harmonie herstellen, von der die Tragödie lebt und die dem Vers Leichtigkeit und Transparenz verleiht – dann hätte ich zur Rolle zurückkehren können. Doch dazu hatte ich keine Gelegenheit mehr.

Allerdings gab es noch etwas, das mich an der Wiedergabe des Puschkinschen Verses hinderte und das mir bei der Arbeit an »Mozart und Salieri« aufgefallen war.

Es ist qualvoll, nicht in der Lage zu sein, genau wiederzugeben, was man wunderbar in sich verspürt. Ich glaube, ein Stummer, der zu einer geliebten Frau in seinem entsetzlichen Mühen von seinem Gefühl spricht, muß ähnliches empfinden. Ein Pianist, der auf einem verstimmten oder schadhaften Instrument spielt, empfindet eine ähnliche Verärgerung, wenn er hört, wie sein künstlerisches Gefühl verzerrt wird.

Je mehr ich mich in meine Stimme und Rede hineinhörte, desto klarer wurde mir, daß ich nicht zum erstenmal Verse schlecht vortrug. Mein Leben lang sprach ich so auf der Bühne. Ich schämte mich der Vergangenheit und wollte sie zurückholen, um den früher hinterlassenen Eindruck ungültig zu machen. Stellen Sie sich einen erfolgreichen Sänger vor, der im Alter erfährt, daß er sein Leben lang am Ton vorbeigesungen hat. Zuerst will er dieser Erkenntnis nicht glauben, er geht immerzu zum Klavier und überprüft den gesungenen Ton, den Satz und überzeugt sich, daß er tatsächlich um einen Viertelton zu tief oder um einen halben Ton zu hoch singt. Genau das empfand ich damals.

Mehr noch, rückblickend begriff ich, daß viele meiner früheren schauspielerischen Unzulänglichkeiten – Verkrampfung, mangelnde

Zurückhaltung, Spielastik, Konventionen, Tricks, Fiorituren, Pathos – oftmals daraus resultierten, daß ich das Sprechen nicht beherrschte, das allein mir geben konnte, was ich brauchte, und das auszudrücken vermochte, was innen lebte. Als ich am eigenen Leib die echte Bedeutung einer schönen und edlen Rede für unsere Kunst erfuhr, jenes mächtigen Mittels des Ausdrucks und der Einwirkung auf der Bühne, war ich zunächst hocherfreut. Als ich aber meine Rede zu veredeln versuchte, begriff ich, daß es ein schwieriges Unterfangen war, und schreckte vor der mühseligen Aufgabe zurück. Da wurde mir endlich klar, daß wir nicht nur auf der Bühne, sondern auch im Alltag geschmacklos und ungebildet reden, daß die triviale Einfachheit der Alltagsrede auf der Bühne unzulässig ist; daß einfach und schön zu sprechen eine ganze Wissenschaft ist, die ihre Gesetze haben muß. Doch mir waren sie unbekannt.

Seitdem galt meine Aufmerksamkeit dem Klang der Worte und der Rede, im Leben wie auf der Bühne. Mehr denn je begann ich die dröhnenden Stimmen der Schauspieler und deren grobe Fälschung von Schlichtheit zu hassen, die trockene, polternde Sprache, die feierliche Monotonie, das mechanische Herunterleiern von Chorälen und Anapästen sowie ähnliche hochstilisierte chromatische Kunstgriffe, Stimmsprünge in die Terz und die Quinte mit dem nachfolgenden Absinken auf die Sekunde gegen Ende des Satzes und der Verszeile.

Es gibt nichts Widerlicheres als die auf poetisch getrimmte süßliche Stimme, die Lyrik vorträgt und dabei plätschert wie eine Welle bei Windstille. Oh, diese entsetzlichen Deklamatoren, die in kulturellen Veranstaltungen sanftmütig nette Verslein à la »Sternlein, Sternlein, was bist du so still?« rezitieren! Mich packt die blanke Wut, wenn ich Schauspieler Nekrassow oder Alexej Tolstoi mit explosivem Temperament sprechen höre. Ich ertrage nicht deren gestanzte Diktion, ausgefeilt bis auf die äußerste Spitze, bis zur aufdringlichen Deutlichkeit.

Es gibt eine andere Art des Rezitierens von Versen: einfach, kraftvoll und edel. In Anklängen hörte ich diese Art zeitweise bei den besten Künstlern der Welt; sie tauchte für Augenblicke auf, um wieder im herkömmlichen theatralischen Pathos unterzugehen. Eine solche einfache, edle Rede wollte ich reden, ich spürte darin Musikalität, Zurückhaltung, vielfältigen Rhythmus, eine saubere und gelassen dargestellte innere Zeichnung der Gedanken und Gefühle. Mein geistiges Ohr hörte eine solche musikalische Rede bei Versen, doch ich konnte deren Grundlage nicht greifen.

Ich brauchte nur die Puschkinschen Verse laut zu sprechen, und alle jahrelang eingetrichterten Angewohnheiten brachen in Scharen aus mir hervor. Um ihnen zu entrinnen, verdeutlichte ich zielstrebig den Sinn der Worte und das Wesen der Sätze, ohne dabei die Zäsuren zu vergessen. Doch statt der Verse kam schwerfällige, tiefsinnige Prosa heraus. Ich quälte mich, um das zu begreifen, was mir mein geistiges Ohr verriet, doch vergeblich.

Die Regisseure, Nemirowitsch-Dantschenko und Benoit, hatten wie auch einige Schauspieler, unter ihnen vor allem Katschalow, großen Erfolg. Der Umfang dieses Buches macht es mir unmöglich, einen Lobgesang auf das Talent Benoits anzustimmen, der erstaunliche, erhabene Dekorationen und großartige stilechte Kostüme schuf.

Was mich betraf, so wurde ich von einigen gelobt, von anderen (den meisten) getadelt. In diesem Buch aber beurteile ich mich nicht nach den Aussagen der Presse und des Publikums, sondern nach meinem eigenen Gefühl und Verständnis. In meinen Augen war ich in der Rolle Salieris schmählich durchgefallen. Doch ich werde diese Niederlage gegen keinen Erfolg und keine Lorbeerkränze eintauschen, denn mein Mißerfolg brachte mir viele wichtige Einsichten.

Nach dieser Inszenierung setzten meine bis dahin schwersten Zweifel ein. Das vergangene Leben schien umsonst gewesen zu sein, ich meinte, nichts gelernt zu haben, da ich einen Irrweg in der Kunst eingeschlagen hatte.

In diesem qualvollen Zeitabschnitt besuchte ich zufällig das Konzert eines unserer hervorragenden Streichquartette.

Welches Glück ist es doch, Takte, Pausen, Metronom und Kammerton zu haben, harmonisieren, einen Kontrapunkt benützen, über Übungen für die Technik sowie über eine Terminologie verfügen zu können, die Vorstellungen und Begriffe für künstlerische Empfindungen und Erfahrungen bezeichnet. Die Bedeutung und die Notwendigkeit dieser Terminologie ist in der Musik längst anerkannt. Da gibt es zum Gesetz erhobene Grundlagen, auf die man sich stützen kann, um nicht aufs Geratewohl zu arbeiten, wie wir es tun. Zufälligkeiten können keine Grundlage sein; ohne die Grundlagen aber gibt es keine echte Kunst, sondern allenfalls Dilettantismus. Wir brauchen Grundlagen für unsere Kunst, unter anderem auch für die Kunst des Sprechens und des Rezitierens.

An jenem Konzertabend glaubte ich, diese Grundlagen vor allem in der Musik suchen zu müssen. Die Rede, der Vers sind der Musik, dem Gesang vergleichbar. Die Stimme muß im Gespräch wie im Vers singen, violinenhaft strömen und nicht wie Erbsen auf einem Brett klappern. Wie erreicht man es, daß der Ton im Gespräch ununterbrochen fließt und Wörter und ganze Sätze wie eine Perlenschnur zusammenhält, statt sie in Silben zu zerstückeln? Im Konzert fühlte ich, daß, wenn ich einen violinenhaft gedehnten Ton zur Verfügung gehabt hätte, ich ihn wie die Streicher bearbeiten könnte: ihn dichter, tiefer, durchsichtiger, feiner, höher, legato, staccato, piano, forte, glissando, portamento usw. erklingen lassen. Ich könnte den Ton unterbrechen, rhythmische Pausen einlegen, der Stimme unterschiedliche Bewegungslinien übermitteln und mit dem Ton zeichnen, wie ein Grafiker mit Linien zeichnet. Genau dieser durchgehende linienähnliche Ton fehlt in unserer Rede. Indessen ist jeder Dilettant überzeugt, daß sein Ton beim Rezitieren fließt und nicht klappert, daß er mit Pausen, Hebungen, Senkungen und dergleichen arbeitet. Ein schwerer Irrtum! Nach einem Wort S.M. Wolkonskis ist ihr Rezitieren so monoton wie das langweilige Paneel einer Hauswand. Ihre Stimmen fließen nicht, sondern ergehen sich in allen denkbaren Fioriuren, und das nicht, weil sie im Raum klingen und vibrieren, sondern gerade darum, weil sie es nicht tun und auf der Stelle einem vor die Füße plumpsen. Um seiner Stimme die Illusion eines Klangs zu geben, greifen banale Rezitatoren zu endlosen Fioriuren, die ja jene widerliche Konvention der quasi-singenden Rede und der Deklamation schaffen, die zum Weglaufen ist. Ich suchte nach einem natürlichen musikalischen Klang. Ich wollte, daß der Laut »u« in »gut« seine Melodie sang, und das »ö« in »böse« seine eigene. Ich wollte, daß in einer langen Reihe von Wörtern die Vokale unmerklich ineinander übergehen und die dazwischen liegenden Konsonanten nicht klappern, sondern ebenfalls singen, da ja viele von ihnen gedehnte Kehl-, Pfeif- und Summlaute enthalten, die ihre charakteristische Besonderheit ausmachen. Wenn diese Laute allesamt zu singen anfangen, dann erklingt Musik in der Rede, dann gibt es das Material, an dem man arbeiten kann. Dann könnte ich sicher und gelassen in der Szene Salieris sprechen:

> »Gerechtigkeit: hier unten gäb's sie nicht.
> Doch gibt es sie auch nicht da oben.«

Und damit würde feierlich und kräftig der weltweite Protest der ganzen von Gott im Stich gelassenen Menschheit gen Himmel erklingen. Dann würde es kein galliges Geifern der kleinlichen Eitelkeit des Neiders Salieri, wie ich ihn früher spielte, mehr geben. Dann würde ich nicht genötigt sein, Fiorituren im traditionellen Pathos bei »Wa-a-ahrheit« oder »hö-ö-öher« zu vollführen, um durch die Stimme die trockenen und unscheinbaren »a« und »ö« irgendwie zu dehnen. Ich müßte dann das Versmaß nicht aus jeder Silbe herausprügeln. Wenn die Stimme von allein singt und vibriert, sind Tricks überflüssig, man soll sich der Stimme bedienen, um einfach und schön Gedanken oder hohe Gefühle zum Ausdruck zu bringen.

Eine solche Stimme und Rede braucht man bei Puschkin, Shakespeare, Schiller. Als man Salvini fragte, was nötig ist, um ein Tragöde zu sein, antwortete er nicht von ungefähr im Stile Napoleons:

»La voix, la voix et encore la voix!« (Die Stimme, die Stimme und nochmals die Stimme!)

Die musikalische Rede wird uns unzählige Möglichkeiten eröffnen, das Innenleben auf der Bühne aufzudecken. Dann erst werden wir verstehen, wie lächerlich wir mit unseren hausbackenen Mitteln und den fünf oder sechs Noten des Stimmregisters sind. Was kann man schon mit diesen fünf klappernden Tönen ausdrücken? Wir aber wollen damit komplizierte Gefühle darstellen. Genausogut könnte man versuchen, die Neunte Beethovens auf einer Balalaika wiedergeben zu wollen.

Die Musik half mir, viele quälende Zweifel zu zerstreuen; sie überzeugte mich davon, daß der Schauspieler sprechen können muß.

Ist es nicht merkwürdig: fast sechs Jahrzehnte habe ich gebraucht, um zu begreifen, das heißt mit meinem ganzen Wesen zu erfühlen, was so einfach und allgemein bekannt ist, wovon die überwiegende Mehrheit der Schauspieler aber nichts ahnt!

Die Revolution

1917 brach die Februarrevolution aus. Das Theater erhielt eine neue Mission: es mußte seine Türen für die breiten Massen der Zuschauer öffnen, für Millionen von Menschen, die bis dahin keine Möglichkeit hatten, die Kultur zu genießen. Ähnlich wie in Andrejews Stück »Anathema« Menschenmengen zum Hause des gutherzigen Leiser strömen und ihn um Brot bitten, er aber trotz seines Reichtums nicht imstande ist, Millionen Menschen zu sättigen, und daran verzweifelt – so standen auch wir hilflos dem das Theater überflutenden Strom gegenüber. Doch unser Herz schlug freudig erregt beim Gedanken an die enorme Wichtigkeit unserer Mission. Anfangs erkundeten wir, wie der neue Zuschauer auf unser nicht auf das Volk zugeschnittenes Repertoire reagiert. Es gibt die Meinung, man müsse dem Bauern Stücke aus seinem Leben, die seiner Weltanschauung entsprechen, vorspielen, den Arbeitern solche aus ihrem Alltag usw. Das stimmt nicht. Der Bauer, der sich ein solches Stück ansieht, sagt meist, er habe zu Hause schon genug davon, und möchte viel lieber das Leben anderer Menschen, ein schöneres Leben sehen.

Die erste Zeit nach der Revolution war das Theaterpublikum sehr gemischt: Reiche und Arme, Intellektuelle und Ungebildete, Lehrer, Studenten, Besucherinnen höherer Töchterschulen, Kutscher, Hausbesorger, kleine Beamte, Straßenkehrer, Chauffeure, Schaffner, Arbeiter, Zimmerfrauen, Militärs. Ein- oder zweimal in der Woche spielten wir im riesigen Gebäude des Solodownikow-Theaters und schleppten alle Dekorationen und Requisiten dorthin. Verständlicherweise wirkt eine fürs intime Theater berechnete Ausstattung weniger in einem großen, ungemütlichen Raum. Dennoch spielten wir vor überfülltem Zuschauerraum in der Grabesstille der angespannt und aufmerksam Lauschenden. Am Schluß jeder Vorstellung gab es brausenden Beifall. Der russische Mensch ist wie kein anderer der Leidenschaft für Spektakel jeder Art verfallen. Je mehr seine Seele berührt und ergriffen wird, desto anziehender ist für ihn das Spiel. Ein Drama, wo man ein bißchen weinen, ein bißchen über das Leben philosophieren und kluge Worte hören kann, liebt der einfache russische Zuschauer mehr als ein vor Lebenslust strotzendes Vaudeville, nach dem man das Theater mit leerer Seele verläßt. Das Wesen der von uns gespielten Stücke wurde vom neuen Zuschauer unbewußt aufgenommen. Einige Stellen freilich kamen bei ihm nicht an und riefen nicht das gewohnte Lachen hervor, während an anderen Stellen, für uns völlig unerwartet, reagiert wurde. Das Lachen des Publikums wies den Schauspieler auf eine im Text versteckte Komik hin, die uns bisher entgangen war.

Leider ist das Gesetz der Massenwahrnehmung von Theaterdarbietungen noch nicht erforscht, obwohl seine Bedeutung für die Schauspieler unbestritten ist. Also wird es vorerst unbekannt bleiben, weshalb auf bestimmte Stellen in einer Stadt stets in allen Vorstellungen reagiert wird, während sie in einer anderen Stadt wirkungslos sind und das Publikum an ganz anderen Stellen lacht. Auch wir wußten nicht, warum der neue Zuschauer einige Stellen außer acht ließ, und wie man es anstellen sollte, damit auch diese ihn berührten.

Diese spannenden Vorstellungen brachten uns vieles bei und nötigten uns, auf die völlig neuartige Atmosphäre im Zuschauerraum einzugehen. Wir begriffen, daß diese Menschen nicht zur Belustigung ins Theater kamen, sondern um sich bilden zu lassen.

Ich denke dabei an einen Freund, einen Bauern, der einmal im Jahr nach Moskau reiste mit dem einzigen Ziel, die Inszenierungen unseres Theaters zu sehen. Er stieg gewöhnlich bei meiner Schwester ab, holte aus seinem Bündel ein gelbes Seidenhemd, das ihm inzwischen zu eng und zu kurz geworden war, hervor, zog Pluderhosen aus Samt und neue Stiefel an, bestrich das Haar mit Öl, glättete es und erschien bei mir zum Essen. Beim Betreten des frischgebohnerten Parkettfußbodens oder wenn er sich an den sauberen, schön gedeckten Eßtisch setzte, konnte er sich eines freudigen Lächelns nicht enthalten. Er band sich eine saubere Serviette um, nahm einen Silberlöffel und vollzog nahezu rituelle Handlungen an der Tafel. Mit noch größerer unverhohlener Freude befragte er uns nach dem Essen über Theaterneuigkeiten und ging dann ins Theater, wo er in meinem Regiesessel sitzen durfte. Während der Vorstellungen wurde er abwechselnd rot und blaß vor Begeisterung und Erregung. Danach konnte er nicht schlafen und lief daher stundenlang durch die Straßen, um seine Gedanken und Gefühle zu ordnen. Zu Hause unterhielt er sich mit meiner Schwester, die auf ihn wartete, um ihm bei der ungewohnten geistigen Arbeit behilflich zu sein. Nachdem er unser ganzes Repertoire gesehen hatte, packte er das gelbe Hemd, die Samthose und die Stiefel bis zum nächsten Jahr in sein Bündel, zog die bäuerliche Arbeitskluft wieder an und kehrte ins Dorf zurück, von wo er zahlreiche philosophische Briefe schrieb, die ihm halfen, vom Vorrat der aus Moskau mitgebrachten Eindrücke zu zehren. Ich glaube, daß eine Menge Zuschauer dieser Art den Weg ins Theater fanden. Wir spürten ihre Anwesenheit und unsere künstlerische Verpflichtung ihnen gegenüber.

»Gewiß«, dachte ich damals, »unsere Kunst ist kurzlebig, doch dafür ist sie für den Zeitgenosen die schlagkräftigste. Eine Kraft, die nicht durch einen einzelnen ensteht, sondern durch eine Gruppe von Menschen – Schauspieler, Bühnenbildner, Regisseure, Musiker; nicht durch eine Kunstgattung, sondern gleichzeitig durch mehrere: Dramatik, Musik, Malerei, Rezitation, Tanz usw. Dabei wird die Wirkung des Theaters nicht von einem einzelnen Menschen empfunden, sondern von einer Menschenmenge, woraus eine gemeinsame Massenempfindung entsteht, die die Wahrnehmumg verschärft.« Dieses kollektive, gemeinsame Schöpfertum mehrerer Mitwirkender und der Einfluß mehrerer Kunstgattungen zugleich sowie die gemeinsame Wahrnehmung demonstrierten bei diesen Vorstellungen die Kraft des Eindrucks auf den neuen, unverbildeten, vertrauensseligen, nicht blasierten Zuschauer.

Diese Macht der Bühne über den Zuschauer offenbarte sich besonders deutlich bei einer für mich denkwürdigen Vorstellung. Es war fast am Vorabend der Oktoberrevolution. An diesem Abend marschierten Militäreinheiten zum Kreml, geheimnisvolle Vorbereitungen fanden statt, stumme Menschenmengen waren unterwegs. An einigen Stellen allerdings waren die Straßen menschenleer, die Laternen waren gelöscht, die Polizeiposten entfernt. Zu der Zeit versammelte sich im Solodownikow-Theater eine tausendköpfige Menge zum »Kirschgarten«, in dem das Leben ebenjener Menschen dargestellt werden sollte, gegen die der Aufstand gerichtet war.

Das Theater, das diesmal hauptsächlich die einfachen Leute füllten, dröhnte vor Aufregung. Die Stimmung zu beiden Seiten der Rampe war unruhig. Wir Schauspieler standen in Maske und Kostüm hinter dem Vorhang und lauschten dem Raunen in der gespannten Atmosphäre des Zuschauerraums.

»Sie lassen uns nicht zu Ende spielen!« sagten wir uns. »Sie jagen uns von der Bühne.«

Als der Vorhang hochging, pochten unsere Herzen in Erwartung eines möglichen Exzesses. Doch das Lyrische Tschechows, die Schönheit der russischen Poesie bei der Schilderung eines absterbenden russischen Gutes selbst in einem sehr wenig dazu geeigneten Augenblick verfehlten auch diesmal ihre Wirkung nicht. Nach der Aufmerksamkeit der Zuschauer zu urteilen, war es eine der besten Vorstellungen. Man hatte den Eindruck, als wollten sich die Zuschauer in der Atmosphäre der Poesie ausruhen und für immer vom alten Leben Abschied nehmen, das Opfer zu seiner Läuterung forderte. Die Vorstellung endete mit einer rasenden Ovation, doch die Zuschauer verließen stumm das Theater. Möglicherweise waren unter ihnen solche, die sich zum Kampf für ein neues Leben vorbereiteten. Bald danach setzte die Schießerei ein, und wir hatten Mühe, nach der Vorstellung nach Hause zu kommen.

Die Oktoverrevolution war ausgebrochen. Theatervorstellungen waren gratis, und die Karten wurden eineinhalb Jahre lang nicht mehr verkauft, sondern über Institutionen und Betriebe verteilt. Gleich nach der Veröffentlichung des entsprechenden Dekrets standen wir von Angesicht zu Angesicht vor den völlig neuen Zuschauern, von denen vielleicht die Mehrheit nicht nur von unserem Theater nichts wußte, sondern vom Theater überhaupt. Gestern noch hatten wir ein gemischtes Publikum, darunter Intellektuelle; heute ein ganz neues Auditorium, zu dem wir keinen Zugang hatten, und das auch nicht wußte, wie es sich mit uns im Theater vertragen sollte. Natürlich veränderten sich anfangs die Ordnung und die Atmosphäre im Theater schlagartig. Man mußte ganz von vorne anfangen und dem kulturell jungfräulichen Zuschauer beibringen, still zu sitzen, nicht zu sprechen, rechtzeitig Platz zu nehmen, nicht zu rauchen, keine Nüsse zu knacken, die Mütze abzunehmen.

In der ersten Zeit hatten wir es schwer, und es kam zwei- oder dreimal so weit, daß ich nach Beendigung eines Akts, dessen Stimmung vom Benehmen der noch nicht erzogenen Menge zunichte gemacht worden war, vor den Vorhang treten und im Namen der Schauspieler, die in eine verzweifelte Lage gebracht wurden, den Anwesenden ins Gewissen reden mußte. Einmal konnte ich nicht an mich halten und sprach in kräftigeren Tönen, als es vielleicht nötig war. Doch die Menge schwieg und hörte mir aufmerksam zu. Ich wiederhole, das geschah zwei- oder dreimal, und ich weiß bis heute nicht, wie es den zwei oder drei Gruppen von Zuschauern gelungen war, die anderen davon in Kenntnis zu setzen. In den Zeitungen stand nichts darüber, Dekrete dieses Inhalts wurden ebensowenig herausgegeben. Wie war es dann nach diesen Zwischenfällen zu einer völligen Verwandlung des Publikums gekommen? Die immer neuen

Zuschauer saßen eine Viertelstunde vor Beginn auf ihren Plätzen, rauchten nicht, knabberten keine Nüsse, brachten keine Brote mit. Wenn ich, vorausgesetzt, ich spielte nicht an dem Abend, die Korridore entlangging, stoben flinke Jungens aus allen Ecken hervor und warnten: »*Er* kommt!«

Derjenige also, der von der Bühne aus zu ihnen gesprochen hatte.

Und alle nahmen eiligst die Mützen ab und unterwarfen sich den Gepflogenheiten dieses Hauses, dessen Herr die Kunst war.

In der Zeit des Krieges und der Revolution gingen durch unser Theater unzählige Massen von Menschen, Vertreter unterschiedlicher Schichten, Völkerschaften und Gouvernements Rußlands. Rückte die Westfront näher, so füllte sich Moskau mit Flüchtlingen, die sich beeilten, im Theater Trost zu finden. Das neue Publikum bringt seine schlechten und guten Angewohnheiten und Eigenschaften mit sich, und man muß es an die Ordnung im Theater heranführen. Kaum war man damit fertig, kam eine neue Flut von Flüchtlingen vom Norden, vom Süden, von der Krim, aus dem Orient, aus Sibirien und vom Kaukasus. Und sie alle öffneten die Türen des Theaters und verließen es auf Nimmerwiedersehen.

Seit dem Ausbruch der Revolution besuchten uns viele Bevölkerungsschichten: es gab eine Zeit der Militärabgeordneten, die aus allen Gebieten Rußlands kamen, dann waren es die Jugendlichen, die Arbeiter und schließlich die gerade erwähnten Zuschauer, die mit Kultur noch nie in Berührung gekommen waren. Diese Zuschauer erwiesen sich als außerordentlich theaterfreudig: sie kamen nicht aus Langerweile ins Theater, sondern voller Spannung und Erwartung von etwas Wichtigem und Niegesehenem. Diese Zuschauer hatten ein rührendes Verhältnis zum Schauspieler. Leider tauchten zu jener Zeit auf der Oberfläche der Kunst zahlreiche Ganoven auf, die sich wie wir Schauspieler nannten. Unmengen von Menschen, die mit unserer Sache nichts zu tun hatten, beuteten unverschämt die Bühnen aus, indem sie sich an lukrativen Muggen festkrallten und vor vertrauensselige, kunstinteressierte Zuschauer traten.

Die Emporkömmlinge kompromittierten uns Diener der Kunst, und das beeinträchtigte die herzliche Verbindung zwischen den Schauspielern und dem breiten demokratischen Publikum. Ich gebe zu, daß sich auch in unseren Reihen Menschen fanden, die in diesem fürs Theater wichtigen historischen Augenblick – im Augenblick der Begegnung mit dem millionenköpfigen neuen Publikum – ganz und gar nicht auf der Höhe waren.

Die Katastrophe

Im Juni 1919 fuhr eine Gruppe der Schauspieler des Moskauer Künstlertheaters, geleitet von O. L. Knipper und W. I. Katschalow, zu einem Gastspiel nach Charkow und wurde einen Monat später durch eine Offensive Denikins von Moskau abgeschnitten. Da sich unsere Kollegen auf der anderen Seite der Front befanden, konnten sie nicht mehr zurück: die meisten hatten ihre Familien mit, andere waren körperlich nicht in der Lage, das überaus schwierige und gefährliche Unternehmen einer Frontpassage zu wagen. Einzig N. A. Podgorny versuchte, sein uns gegebenes Wort, um jeden Preis zurückzukommen, zu halten. Heldenhaft passierte er unter Lebensgefahr mehrere Frontlinien und kam endlich in Moskau an.

Unser Ensemble war hiermit für Jahre gespalten, und wir waren seitdem ein Theater, das nur so tat, als sei es eines. In Wirklichkeit aber gab es kein Ensemble, sondern wir hatten nur noch wenige gute Schauspieler, einige hoffnungsvolle, aber unerfahrene Grünschnäbel und die Schüler. Dabei konnten wir nicht einmal neue Kollegen engagieren: erstens, weil wir mit der Rückkehr unserer Freunde rechneten und unter solchen Bedingungen nicht gewußt hätten, wohin mit den neuen Kollegen; zweitens, weil unser Theater Schauspieler mit langjähriger spezieller Ausbildung brauchte, Leute also, die mit uns eine gemeinsame Sprache sprechen und denselben Kunstgott anbeten konnten. Das Moskauer Künstlertheater engagiert nicht Schauspieler, sondern es legt eine Sammlung an.

In der ersten Zeit versuchte die Moskauer Hälfte ohne fremde Hilfe auszukommen, während unsere Auslandshälfte gezwungen war, Schauspieler aufzunehmen, die sich wie sie von der Heimat abgeschnitten fanden. Zum Glück gab es im Ausland einige von den früheren Schülern unseres Theaters, die als erste aufgenommen wurden. Andere Künstler aus der Auslandsgruppe hatten keinerlei Beziehung zu unserem Theater. Dennoch trug das so entstandene Auslandsensemble das Warenzeichen des Moskauer Künstlertheaters.

Die Lage der Moskauer Hälfte war nicht minder schwierig: die Lilina, die Rajewskaja, die Korenewa, Moskwin, Leonidow, Gribunin, Lushski, Wischnewski, Podgorny, Burdshalow, ich und andere mußten mit den jungen Schauspielern, die die ersten Schritte auf der Bühne machten, auftreten oder aber mit Mitarbeitern, bei denen nicht mit großen Erfolgen im Theater zu rechnen war und die aus Anhänglichkeit bei uns blieben.

Wie sollte man bei dieser Zusammensetzung eine gemeinsame Sprache, eine künstlerische Einheit und die Stimmigkeit im Ensemble finden? Zu allem Übel traf uns die Katastrophe genau in dem Augenblick, als aufgrund unterschiedlicher Umstände, deren Erläuterung nicht in dieses Buch gehört, unsere alten und erbitterten Feinde gegen uns ins Feld zogen. Als sie Verwirrung in unseren Reihen witterten, verzehnfachten sie ihre Angriffe und trommelten eine ganze Armee gegen uns zusammen.

Das geschah zu einer Zeit, als die soziale Lage der ganz der Kunst ergebenen Schauspieler besonders schwer wurde. Trotz der Unterstützung seitens der Regierung konnten wir mit den Theatergehältern nicht auskommen: es reichte nicht einmal, um sich halbwegs über Wasser zu halten. Man brauchte zusätzliche Einkünfte, darum hatte die Mugge überall das Sagen.

Die Mugge wurde zum legitimierten, allseits anerkannten und unbesiegbaren Übel fürs Theater. Die Mugge riß die Schauspieler aus dem Theater heraus, ließ Inszenierungen verkommen, Proben ausfallen, die Disziplin absinken und lieferte den Schauspielern billigen, widerlichen Erfolg, der die Kunst und die Technik untergrub.

Ein zweiter gefährlicher Feind war der Film. Die materiell wohlbegüterten Filmgesellschaften bezahlten freigebig die Schauspieler und lenkten sie damit von der Arbeit im Theater ab.

Ein großes Übel waren auch die wie Pilze aus dem Boden geschossenen kleinen Studios, Zirkel und Schulen. Eine Lehrmanie machte sich breit: jeder Schauspieler meinte unbedingt ein eigenes Studio und ein besonderes Lehrsystem haben zu müssen. Die wirklich Begabten hatten das nicht nötig, da sie mit konzertanten Auftritten und beim Film hinzuverdienten. Es waren gerade die Unbegabten, die lehren wollten. Das Ergebnis war entsprechend. Viele junge, frische Talente wurden durch die abgewetzten Klischees schlechter Handwerker verdorben, Talente, die, dem ehemaligen Leibeigenen Stschepkin gleich, einen frischen Luftzug in unsere Kunst hätten bringen können.

Es gab auch andere schwierige Umstände, unter denen unser und andere Theater litten. Sie sind unvermeidlich in Zeiten sozialer Erschütterungen, wo die Kunst von ihrem Sockel heruntergeholt und vor utilitaristische Aufgaben gestellt wird. Viele erklärten das alte Theater für überholt, überflüssig und der gnadenlosen Ausrottung würdig.

Man muß richtig staunen, daß es unter solchen Bedingungen unserem und anderen Theatern gelungen ist, mit Müh und Not bis zum heutigen Tag bestehenzubleiben. Dafür sind wir in hohem Maße zwei Persönlichkeiten zu Dank verpflichtet – A. W. Lunatscharski und J. K. Malinowskaja, denen es klar war, daß man im Namen der Erneuerung der Kunst unmöglich die alte Kultur vernichten konnte, sondern daß man sie weiterentwickeln sollte für die Erfüllung der neuen und komplizierteren schöpferischen Aufgaben, die Katastrophen wie Krieg und Revolution in einer Zeit stellten, wo die Kunst als ein wirksames Instrument über große Ereignisse sprechen sollte.

J. K. Malinowskaja schützte nicht nur die ihr anvertrauten Kunstschätze, sondern sorgte in außergewöhnlichem Maße für die Künstler selbst. Manchmal riefen wir sie an, mit folgender Bitte etwa: »Jelena Konstantinowna! Der Sänger X. läuft mit kaputten Schuhen herum und riskiert den Verlust seiner Stimme. Der Schauspieler Y. erhält keine Lebensmittelzuteilung und hungert!« Und sie stieg in ihre vorsintflutliche Kalesche und begab sich auf die Suche nach den Schuhen und der Zuteilung für die Schauspieler.

»Kain«

Die Moskauer Hälfte des Künstlertheaters hoffte, die Katastrophe ohne die Hilfe eines Studios zu überstehen. Dazu mußte ein neues Stück inszeniert werden. Es mußte, dem Zeitgeschehen entsprechend, ein Stück von großer innerer oder gesellschaftlicher Bedeutung, aber nur mit wenigen handelnden Personen sein.

Diesen Bedingungen entsprach Byrons »Kain«, und wir entschieden uns dafür, obwohl ich mir nach den Lehren aus der Puschkin-Inszenierung über die Unlösbarkeit der Aufgabe durchaus im klaren war. Doch es gab keinen anderen Ausweg.

Die Rollen in Byrons Mysterienspiel wurden teils an alte Schauspieler, teils an die jungen oder gar an Mitarbeiter des Theaters vergeben. Die Inszenierung und die Ausstattung mußten sich, da es keine Mittel gab, den ökonomischen Gegebenheiten anpassen.

Hätte ich eine malerische Ausstattung gewählt, so würde sie einen großen Künstler als Bühnenbildner erfordert haben, da nur ein wirklicher Meister in der Lage gewesen wäre, die paradiesischen Gefilde, die Hölle und die himmlischen Sphären, die man für das Stück brauchte, farblich auf der Bühne wiederzugeben. Das überstieg unsere Mittel, und so entschied ich mich fürs architektonische Prinzip. Die Einsparung bestand darin, daß man für eine solche Lösung lediglich eine Innendekoration der Kathedrale benötigte und sie für alle Akte und Bilder modifizierte. In der Kathedrale sollten die Mönche das religiöse Mysterium darstellen. An den vier Seiten standen an dicken Säulen Heiligenstatuen; man sah Köpfe von Ungeheuern und Lindwürmern, wie sie in der Gotik üblich waren; Kellergewölbe, Katakomben, Grabplatten und Denkmäler eigneten sich für die Hölle, in die Luzifer und Kain laut Stück hinabsteigen. Ihr Aufstieg über die Treppe zum hohen Chorgewölbe des Tempels deutete auf den Flug in überirdische Sphären hin.

Die nächtliche Prozession der in Schwarz gekleideten betenden Mönche mit zahlreichen Kerzen ließ eine Art Sternenhimmel entstehen, durch den die Luftfahrer rasten. Alle großen Laternen auf langen Stöcken, die von den Kirchendienern getragen wurden, ließen mit ihrem durch die angelaufenen Glimmerscheiben strömenden schwachen Licht an erlöschende Planeten denken, und die Weihrauch-schwaden erinnerten an Wolken. Der geheimnisvolle Glanz des Altars, der in der Tiefe der Kathedrale kaum zu sehen war, Orgelmusik und kirchliche Gesänge, die von dort herübertönten, implizierten die Engel, deren ritueller Auftritt am Schluß des Stücks an die Nähe des geheiligten Ortes, des Paradieses, denken ließ.

Die riesigen farbigen Fenster der Kathedrale, die mal dunkel wurden und unheilverkündend, mal im roten, gelben oder blauen Licht erstrahlten, erzeugten ausgezeichnet die Stimmung von Nacht, Mondlicht, Morgenröte, von Sonne und Dämmerung.

Der Baum der Erkenntnis mit den Früchten und der um ihn geschlungenen verführerischen Schlange war in der Art der naiven kirchlichen Malerei und der mittelalterlichen Skulptur bunt bemalt; zu beiden Seiten des Baums zwei Opfersteine – das war die Dekoration für den ersten und den letzten Akt der rituell-religiösen naiven Inszenierung des Mysteriums.

Die Kostüme bestanden aus Mönchskutten mit zusätzlichen charakteristischen Details für die jeweilige Figur.

Leider erwies sich mein Plan der Inszenierung als zu teuer, da die Anfertigung der architektonischen Reliefs und die große Anzahl der Mitarbeiter viel Geld erforderten. Wir mußten uns noch mehr bescheiden und zu skulpturalen Prinzipien der Ausstattung überwechseln, zumal ein Bildhauer, N.A.Andrejew, an der Arbeit beteiligt war. Anstelle der Arrangements des Regisseurs traten plastische Gruppen, ausdrucksvolle Posen und die Mimik der Schauspieler vor dem der jeweiligen Stimmung entsprechenden Hintergrund. Im Bild der Hölle waren die schmachtenden Seelen der Höheren Wesen, die angeblich in der früheren Welt gelebt hatten, als riesige, die Größe des Menschen ums Dreifache übersteigende Statuen verköpert. Sie wurden auf unterschiedlichen Ebenen vor dem rettenden Hintergrund des schwarzen Samts aufgestellt. Es gelang uns, diese Statuen ausgesprochen leicht und tragbar zu machen: die gigantischen Köpfe mit Schultern und Armen, die N. A. Andrejew modelliert hatte, wurden auf lange Stöcke gesteckt und mit Umhängen aus lehmgelbem Theaterleinen umhüllt. Der Stoff fiel in schönen Falten von den Schultern der Figuren herunter und war über den Fußboden drapiert.

Wenn die Figuren im schrägen Oberlicht vor dem schwarzen Samt standen und besonders angestrahlt wurden, wirkten sie transparent und gruselig. Während ihres Fluges im zweiten Bild standen Kain und Luzifer auf einem hohen, mit schwarzem Samt ausgeschlagenen Podest, das für den Zuschauer nicht zu sehen war, und so entstand die Illusion, als schwebten die Figuren Kains und Luzifers zwischen Fußboden und Decke. Die in Schwarz gekleideten Statisten trugen auf langen schwarzen Stöcken große leuchtende Transparente, die Planeten darstellten. Sowohl die Menschen als auch die Stöcke verschwanden auf dem schwarzen Samt, und es schien, als ob die Planeten von selbst in der Luft flögen.

Lediglich im ersten Akt mußten wir teilweise auf das skulpturale Prinzip verzichten und auf die Architektur zurückgreifen. Die Dekoration stellte ein Portal mit Eingang und einer zum Vorhof des Paradieses hinaufführenden Treppe dar. Gigantische Säulen umsäumten die Bühne und verschwanden oben zusammen mit den ebenso gigantischen Treppenstufen. Der Trick bestand darin, daß der Maßstab der Säulen und sonstigen Bauten gegenüber der normalen Größe eines Menschen stark erhöht war. Die Ausmaße waren für die Wesen berechnet, die die Erde früher bevölkerten und die nun als Ruine dastehende Kathedrale erbaut haben sollen. Durch das Bühnenportal sah man nur deren unteren Teil, das heißt die ersten Stufen und die Sockel der gigantischen Säulen, den Rest sollte die Phantasie der Zuschauer hinzubauen.

Diese architektonische Dekoration war leicht zu tragen und billig, da sie aus dem gelben Theaterleinen gefertigt wurde. Die gigantischen, etwa drei Arschin starken Säulen bestanden ebenfalls aus diesem Leinen, das oben und unten an Holzscheiben genagelt war. Die eine Scheibe wurde auf dem Fußboden befestigt, die andere mit einem Seil an die Decke gezogen, und so strafften sich die hohlen Futterale und nahmen die Form von Säulen an.

Leider wollte sogar diese bis ins letzte vereinfachte Lösung nicht recht klappen. Man hätte meinen können, diese Inszenierung sei unter einem bösen Stern geboren.

In ganz Moskau war nämlich nicht die erforderliche Menge schwarzen Samts aufzutreiben, und deshalb mußten wir ihn durch gefärbte Leinwand ersetzen, die aber die Strahlen nicht absorbierte, so daß die gefundenen Lichteffekte, die die Figuren durchsichtig erscheinen ließen, nicht funktionierten, und die Szene der Hölle mit den Schatten wurde grob und gegenständlich.

Wir alle, Schauspieler wie Regisseure (mein Assistent war A. L. Wischnewski) leisteten kolossale Arbeit, während der ich nicht aufhörte, auf dem Gebiet der Diktion, der Musikalität von Versen, des richtigen und edlen einfachen Sprechens zu forschen. Wir erreichten ziemliche Präzision beim Sprechen und Übermitteln von philosophischen Ideen. Es ist nicht leicht, den Zuschauer zu veranlassen, sich die schwierigen, tiefsinnigen Gedanken, die seine volle Aufmerksamkeit beanspruchen, in langen Perioden anzuhören. Einige Rollen, darunter der von L. M. Leonidow dargestellte Kain, machten gewaltigen Eindruck. Eine Zimmerprobe, die ich nicht vergessen werde, hat mich regelrecht erschüttert. Das war im ersten Stadium der Arbeit, als das Stück bis ins Detail durchprobiert wurde, aber noch nicht auf der Bühne und ohne Kostüm. Kraft einiger ökonomischer Gründe mußten wir das Stück leider vor der Zeit im Rohzustand spielen. Eine solche Inszenierung gleicht einer Fehl- oder Frühgeburt. Eine abgeschlossene Arbeit ist die erste Bedingung für das Künstlerische auf dem Theater.

Aber auch hierbei hatten wir kein Glück. Bei der Generalprobe, als im überfüllten Zuschauerraum das Publikum und hinter den Kulissen die aufgeregten Schauspieler auf das Hochziehen des Vorhangs warteten, fing ein Teil der Elektrotechniker zu streiken an. Wir mußten Ersatz suchen und den Beginn der Vorstellung hinauszögern, was sowohl die Schauspieler als auch die Zuschauer merklich kühler werden ließ. Doch damit war es noch nicht ausgestanden: zu Beginn des ersten Aktes passierte dem Kain-Darsteller ein peinliches Mißgeschick mit seinem Kostüm, und der Schauspieler war so verstört, daß er nicht spielen konnte, sondern nur mechanisch Stichworte lieferte. Die unfertige Inszenierung hatte keinen Erfolg, doch einen Nutzen brachte sie schon. Ich machte für mich zwei wichtige – für andere sicher nicht neue – Entdeckungen.

Erstens zeigte mir das skulpturale Prinzip der Inszenierung, das mich besonders auf die Bewegungen der Schauspieler achten ließ, in aller Deutlichkeit, daß wir nicht nur gut und im richtigen Tempo und Rhythmus sprechen, sondern uns genauso bewegen müssen. Dafür existieren Gesetze, die zu befolgen sind. Diese Entdeckung gab mir Anstoß zu einer Reihe neuer Forschungen.

Zweitens erkannte ich diesmal endgültig die Vorzüge des skulpturalen und architektonischen Ausstattungsprinzips für den Schauspieler gegenüber der gemalten Dekoration.

Der Bildhauer und teilweise der Architekt stellen Gegenstände oder Reliefs auf die Bühne, derer wir uns für unsere künstlerischen Zwecke und bei der Verkörperung des geistigen Lebens der Menschen bedienen können. Wir können uns auf den Thron oder auf die Stufen setzen, uns an eine Säule lehnen oder auf einen Stein legen, eine effektvolle Pose einnehmen, indem wir uns auf ein Relief stützen anstatt dauernd steif vor dem Souffleurkasten auf der riesigen Fläche des Fußbodens zu stehen, für den der Maler kein Interesse hat. Er braucht ja nur die Kulissen und den Prospekt, während der Bildhauer den Boden, auf dem wir uns auf der Bühne bewegen, braucht. Die Aufgaben des Bildhauers sind uns Schauspielern näher. Der Bildhauer arbeitet nicht auf einer zweidimensionalen Fläche, sondern im Raum, der die dritte Dimension, die Tiefe besitzt. Der Bildhauer ist es gewöhnt, den reliefartigen menschlichen Körper und dessen physische Möglichkeiten der Darstellung des Innenlebens zu fühlen.

Diese Überlegungen veranlaßten mich, dem Maler zugunsten des Architekten und Bildhauers zeitweise die Treue aufzukündigen. Außerdem machte ich, parallel zum Studium von Wort und Rede, das ich im Opernstudio fortsetzte, intensive Beobachtungen von fremden und eigenen Bewegungen, die ich in einem Ballettstudio, das ich mir erträumte, studieren wollte.

Die Inszenierung des »Kain« hielt sich nicht lange auf unseren Plakaten. Wir mußten eiligst alte Inszenierungen wiederaufnehmen und gleichzeitig mit dieser komplizierten Arbeit an einer neuen Inszenierung arbeiten, was nicht zu bewältigen war. Die ausweglose Lage zwang uns, das Erste und das Zweite Studio um Hilfe zu bitten.

Gemäß den ursprünglichen Plänen und den Grundsätzen bei der Schaffung von Studios war ihre unmittelbare Bestimmung die Komplettierung der sich lichtenden Reihen des alten Ensembles. Wir bildeten die Jungen dazu aus, um sie ins Ensemble aufzunehmen und ihnen später unser Werk zu übergeben. Kurzum, die Studios waren die Orangerien des großen Gartens, des Moskauer Künstlertheaters.

Gerechterweise muß anerkannt werden, daß die Studios in diesem kritischen Moment ihre Bestimmung erfüllten, die Hoffnungen rechtfertigten und uns mit rührendem Entgegenkommen zu Hilfe kamen. Ohne sie hätten wir nicht durchgehalten und das Theater schließen müssen. Es ist mir eine Freude, in diesem Buch an jenen Liebesdienst in herzlicher Dankbarkeit zu erinnern.

Eingedenk der fast unerträglichen Arbeit, die die Jugend auf beiden Fronten zu leisten hatte, konnten wir ihre Zeit nicht mißbrauchen. Darum mußte dort, wo zwei Stunden Arbeit nötig gewesen wären, eine Stunde genügen, was sich freilich auf der künstlerischen Seite auswirken mußte.

Das Opernstudio
des Bolschoi Theaters

Als J. K. Malinowskaja mit der Leitung des Staatlichen Akademischen Theaters beauftragt wurde, beschloß sie, neben zahlreichen anderen Reformen die schauspielerische Seite im Moskauer Bolschoi Theater auf die gebührende Höhe zu bringen. Sie wandte sich dabei ans Künstlertheater mit der Bitte um Hilfe. Nemirowitsch-Dantschenko und Lushski erklärten sich einverstanden, bei einer geplanten Operninszenierung Regie zu führen. Ich schlug vor, ein Opernstudio am Bolschoi Theater einzurichten, in dem die Tänzer sich bei mir Rat zu Fragen des Schauspiels holen könnten, und die Jugend die Möglichkeit hätte, sich auf die Laufbahn eines singenden Schauspielers vorzubereiten und dazu einen notwendigen systematischen Kursus zu belegen.

Die Annäherung zwischen Bolschoi Theater und Moskauer Künstlertheater war beschlossen, und im Dezember 1918 fand ein feierlicher Empfang statt. Die Künstler des Bolschoi-Theaters empfingen uns Schauspieler des Künstlertheaters. Es war ein netter, fröhlicher und rührender Abend. In den Sälen und im Foyer des Bolschoi Theaters waren Tische gedeckt und eine Estrade aufgebaut. Sängerinnen und Sänger des Opernhauses bedienten und bewirteten uns für die damalige Hungerszeit luxuriös. Alle waren festlich gekleidet. Beim Erscheinen unseres Ensembles stellten sich die Solisten der Oper auf die Estrade und sangen uns eine für diesen Anlaß verfaßte feierliche Kantate. Dann folgte ein freundschaftliches Abendessen mit beiderseitigen Reden und Begrüßungen. Von der Estrade aus sangen die Solisten der Oper, die Neshdanowa, der Tenor D. A. Smirnow, der Baß W. R. Petrow und andere bekannte Moskauer Opernsänger ausgewählte Arien. Unsere Schauspieler – W. I. Katschalow, I. M. Moskwin und ich – rezitierten. Nach dem Abendessen trafen die Schauspieler unseres Studios ein und gaben mehrere witzige Szenen und Nummern zum besten in der Art der früheren Verkohl-Abende. Dann wurde getanzt, man spielte Gesellschaftsspiele, zauberte und dergleichen mehr.

Einige Tage später fand im Künstler-Foyer mein erstes Treffen mit den Opernsängern statt, bei dem in freundschaftlicher Atmosphäre über Kunst gesprochen wurde. Man stellte Fragen an mich, ich beantwortete sie und veranschaulichte meine Gedanken durch Spiel und Gesang, so gut es ging. Dabei lebten in meiner Seele die früheren längst vergessenen Ambitionen wieder auf, die seit der Zeit meines Opernunterrichts bei dem alten Fjodor Petrowitsch Komissarshewski in mir schlummerten. Wieder einmal keimte in mir die Liebe zur rhythmischen Handlung, zur Musik auf.

Über das Verhältnis der Künstler zu mir konnte ich nicht klagen: es war sehr aufmerksam. Viele von ihnen interessierten sich für meine Versuche und Übungen und arbeiteten gern, ohne falsche Schauspieler-Eitelkeit. Andere hingegen waren nur als Zuschauer anwesend in der Annahme, man könne alle Feinheiten der dramatischen Kunst und des schöpferischen Befindens des Schauspielers auf der Bühne durch simple Beobachtung erkennen. Ich glaube nicht, daß sie recht hatten. Man wird nicht kräftiger davon, wenn man andere, sagen wir, beim Turnen beobachtet. Wir brauchen genauso wie die Turner systematische Übung. Wer sich für den Unterricht interessierte und nicht aufgab, machte Fortschritte und fand später auch die Aufmerksamkeit des Publikums.

Eine kleine Gruppe von Künstlern und Anhängern des neuen Studios, das J. K. Malinowskaja unter ihre mütterliche Obhut genommen hatte, brachte dem neuen Unternehmen große Opfer und benahm sich heldenhaft. Schließlich arbeiteten alle unentgeltlich und dazu noch in einer Zeit, wo sich das Leben nach den ersten Revolutionsstürmen noch nicht normalisiert hatte. Viele Sänger mit herrlichen Stimmen mußten durch Schnee und Matsch in kaputten Schuhen ohne Galoschen waten. Dennoch unternahmen sie alles Menschenmögliche, um den Unterricht im Studio zu besuchen.

Doch es gab Umstände, gegen die sie nicht ankommen konnten. Ihre häufigen Auftritte in den Opernvorstellungen am Bolschoi Theater waren ein unüberwindliches Hindernis für regelmäßigen Unterricht; der Broterwerb mit Konzerten lenkte sie gleichfalls ständig ab. Im ganzen Winter war es nicht gelungen, die Sänger eines Quartetts zusammenzubekommen. Heute kam der Sopran nicht, morgen der Tenor, und übermorgen fehlte der Mezzosopran. Oder: der Baß war wegen eines Konzertes von acht bis neun frei, der Tenor aber, der im ersten Akt einer Oper am Bolschoi Theater sang, konnte erst nach neun kommen. Darum begann die Probe ohne den Tenor und wurde, nachdem er erschienen war, ohne den Baß, der ja zum Konzert mußte, fortgesetzt. Mit unglaublicher Mühe war es uns doch gelungen, bis zum Ende der Saison 1918/1919, im Frühjahr also, einige Ausschnitte fertigzubekommen. Wir zeigten die Arbeit im Saal des Studios einigen Sängern und Musikern sowie den Schauspielern des Künstlertheaters, die Nemirowitsch-Dantschenko mitgebracht hatte. Die Vorführung hatte großen Erfolg und machte von sich reden. Die Hauptsache aber war, daß sie mich überzeugte, daß mein Unterricht auch auf dem Gebiet der Oper nützlich sein kann.

In der folgenden Spielzeit war ich bereit, den Unterricht am Opernstudio fortzusetzen, allerdings unter anderen Bedingungen, nämlich: ich erbat mir die Möglichkeit, junge Leute aufzunehmen, die unter meiner Anleitung mehrere Fächer belegen sollten, bevor sie als Opernsänger im Studio auftreten durften. Dieses wurde mir gewährt, und ich konnte mit der Arbeit beginnen. Dazu mußte ich einen Lehrplan ausarbeiten, der, ausgehend von meinen Zielen, im großen und ganzen folgendes beinhaltete.

Ein Opernsänger hat es mit drei Kunstgattungen auf einmal zu tun: mit dem Gesang, der Musik und dem Schauspiel. Darin besteht einerseits die Schwierigkeit, andererseits wieder der Vorzug seiner Arbeit. Das Schwierige liegt im Aneignen dieser Künste; ist aber der Sänger in ihrem Besitz, so erhält er ungleich größere und vielfältigere Möglichkeiten, auf den Zuschauer einzuwirken, als wir Schauspieler. Diese drei Künste, die dem Sänger zu Gebote stehen, müssen miteinander verschmolzen sein und einem einheitlichen Zweck dienen. Beeinflußt nur die eine Kunst den Zuschauer, während die übrigen beiden diese Einwirkung behindern, so ist das Ergebnis negativ, da die eine Kunstgattung das vernichtet, was die andere schafft.

Offenbar weiß die Mehrheit der Opernsänger nichts von dieser Binsenwahrheit. Viele von ihnen interessieren sich nur noch wenig für die musikalische Seite ihres Berufs. Was die darstellerische Seite betrifft, so wird sie nicht nur nicht studiert, sondern oftmals geringschätzig behandelt, weil man ja stolz darauf ist, ein Sänger und nicht irgendein Schauspieler zu sein, was nicht hindert, einen Schaljapin zu bewundern, der ein glänzendes Beispiel dafür ist, wie man in sich alle drei Künste vereinen kann.

Den meisten Sängern geht es nur um die stimmliche Akrobatik, wie sie selbst einen gut angesetzten und ins Publikum geschmetterten Ton nennen. Den Klang um des Klanges und den Ton um des Tons willen – das wollen sie.

Bei solcher Sicht auf die Oper verbleibt die musikalische und die dramatische Kultur der meisten Sänger im Urstadium des Dilettantismus. Nur zu viele von ihnen besuchten das Opernstudio lediglich, um ein bißchen Bewegung auf der Bühne zu lernen, zu erfahren, wie eine Rolle »zu spielen« sei, das Repertoire für ihre Muggen mit dem Akkompaniator nach Gehör durchzugehen oder aber, um über das Studio ins Bolschoi Theater zu gelangen. Daß das Studio nicht für solche Leute eingerichtet wurde, versteht sich von selbst. Die Aufgabe des Studios war vor allem die Hebung nicht nur der Vokal-, sondern auch der Musik- und Bühnenkultur des Opernsängers. Aus diesem Grunde sollte der Unterricht in den drei für den Sänger notwendigen Richtungen erfolgen.

Auf dem Gebiet der Vokalkunst achtete ich nicht nur auf den eigentlichen Gesang und den Vortragsstil, sondern vor allem auf die Diktion im Solo. Die Sänger, wie übrigens alle Menschen, können nicht schön und richtig sprechen. Die Schönheit ihres Gesangs leidet deshalb sehr oft unter der vulgären Diktion und falschen Aussprache. Häufig geht das Wort im Gesang vollkommen unter. Das Wort indessen ist das Thema für das Schaffen des Komponisten, und die Musik ist das Ergebnis der Beschäftigung mit diesem Thema, die Beziehung des Komponisten zu ihm. Das Wort ist das »Was«, die Musik das »Wie«. Das Thema muß dem Opernhörer verständlich sein, und das nicht nur, wenn ein einzelner Sänger singt, sondern auch beim Auftritt eines Trios, eines Sextetts oder eines Chors.

In puncto Diktion bereitet die Oper nicht wenige Schwierigkeiten, die mit der Stimmschulung, der Tonlage des Parts und mit der Klangmasse des Orchesters, die den Text absorbiert, zusammenhängen. Man muß die Worte über das Orchester hinwegschleudern können, wozu bestimmte Methoden für die Ausarbeitung der Diktion vonnöten sind.

Ich bin kein Fachmann auf dem Gebiet der Musik. Also blieb mir nichts anderes übrig, als das Studio einer Einrichtung anzunähern, die über gute musikalische Kultur verfügte. Das Moskauer Akademische Bolschoi Theater ist entgegen allem, was manche heute darüber sagen, eine solche Einrichtung. Ich brauchte nur von der Nähe zu profitieren, die zwischen dem Opernstudio und dem Bolschoi Theater entstanden war. Eine ebenso enge Beziehung hatten wir auch zum Künstlertheater, dessen Vertreter im Studio ich war.

Das Opernstudio nutzte hiermit in der Musik die jahrhundertealte Kultur des Bolschoi Theaters und im Schauspiel die des Künstlertheaters.

Um die schauspielerische Seite in Opernaufführungen auf die

nötige Höhe zu bringen, mußte man vor allem den Dirigenten, den Regisseur und den Sänger, die sich seit jeher befehdeten, weil jeder an der ersten Stelle stehen wollte, miteinander aussöhnen. Muß man darüber streiten, daß in der Oper meist die Musik, der Komponist, überwiegt und daß aus diesem Grunde gerade sie am häufigsten Anweisungen und Richtlinien an den Regisseur geben soll? Das bedeutet freilich nicht, daß die musikalische Seite, vertreten durch den Dirigenten, die darstellerische Seite, den Regisseur, erdrücken müsse. Das heißt vielmehr, daß das Darstellerische sich nach dem Musikalischen richten, es unterstützen und jenes geistige Leben des Menschen, von dem die Musiktöne sprechen, plastisch übermitteln und durch das Spiel erläutern soll.

Deshalb irren die Sänger, die während der Introduktion zur Arie sich die Nase putzen oder sich räuspern, um sich dergestalt auf das Singen vorzubereiten, anstatt sich in das, wovon die Musik spricht, zu vertiefen und es wiederzugeben. Mit dem ersten Ton der Ouvertüre sind sie bereits zusammen mit dem Orchester am kollektiven Schöpfertum beteiligt. Drückt sich in der Begleitung eine deutliche Handlung aus, so muß sie plastisch wiedergegeben werden. Das gilt auch für die Vorspiele zu einzelnen Akten, weil dort musikalisch erzählt wird, was im darauffolgenden Akt geschieht. Unser Opernstudio war bemüht, solche Ouvertüren bei geöffnetem Vorhang und mit den Künstlern zusammen zu spielen.

Die Handlung auf der Bühne soll genauso wie das Wort musikalisch sein. Die Bewegung muß einer endlosen Linie folgen und dehnbar sein wie der Ton eines Streichinstruments oder aber abreißen können wie das Staccato einer Koloratursängerin. Die Bewegungen haben auch ihr Legato, Staccato, Fermato, Andante, Allegro, Piano, Forte usw. Das Tempo und der Rhythmus der Handlung müssen der Musik entsprechen. Wie ist es zu erklären, daß diese simple Wahrheit den Opernsängern immer noch unzugänglich ist? Die meisten von ihnen singen in einem bestimmten Tempo und Rhythmus, gehen in einem anderen, strecken die Arme in einem dritten und fühlen in einem vierten. Wie soll dieses bunte Durcheinander eine Harmonie erzeugen, ohne die es keine Musik gibt, und die vor allem Ordnung verlangt? Um Musik, Gesang, Wort und Handlung zu einer Einheit zu machen, braucht man nicht das äußere Tempo und den Rhythmus, sondern das innere, geistige. Sie müssen im Ton, im Wort, in der Handlung, in der Geste und im Gang, im ganzen Werk zu spüren sein.

Daran habe ich viel gearbeitet und brachte es, denke ich, zu einigen praktischen Ergebnissen.

Entsprechend den allgemeinen Aufgaben des Opernstudios entstand ein richtiger Lehrplan zu meinem »System« für die Entwicklung der inneren und äußeren Technik des Erlebens sowie der Diktion, der Plastizität, der Rhythmik usw. Dabei lag mir daran, daß alles aus der Praxis heraus erfaßt wurde, während die Theorie das so Begriffene lediglich zu fixieren und bewußt zu machen hatte. Dazu erarbeitete ich eine Reihe von Übungen für das »System«, den Rhythmus usf. entsprechend den Anforderungen der Oper.

Ich konnte sehr gute Lehrkräfte gewinnen. Den Vokalunterricht leiteten die vormals bekannte Sängerin des Bolschoi Theaters M. G. Gukowa und ihr Kollege A. W. Bogdanowitsch, später kamen die Verdienten Künstler der RSFSR J. I. Sbrujew und W. R. Petrow als Leiter hinzu. Die musikalische Seite hatte der Dirigent des Bolschoi Theaters, N. S. Golowanow, in der Hand; später übernahm die Leitung bis zu seinem Tod der Verdiente Künstler des Volkes W. I. Suk, die Klassen wurden von den Lehrern des Moskauer Konservatoriums I. N. Sokolow und L. N. Mironow unterrichtet. Für den Unterricht in Diktion waren zwei Personen zuständig: S. M. Wolkonski (Gesetze der Rede) und der inzwischen verstorbene N. M. Safonow (Das Wort in der Vokal-Kunst). Tanz und plastische Bewegung lehrte der Tänzer des Ballettensembles des Bolschoi Theaters A. A. Pospechin. Meine nächsten Mitarbeiter beim Unterricht des »Systems« und des Rhythmus waren Menschen, mit denen ich in der Jugend meine künstlerische Laufbahn begonnen hatte, meine Schwester S. S. Sokolowa und der Bruder W. S. Alexejew, die nach einem langen Lebensweg zu ihrer eigentlichen Berufung, der Kunst, zurückgefunden hatten.

Ich unterrichtete nicht nur im Opernstudio, sondern lernte selbst und besuchte die Klassen von Gukowa, Bogdanowitsch, Golowanow, Pospechin, Safonow und vor allem von Wolkonski. Zusammen mit den Jungen hörte ich begeistert seine Vorträge und denke an ihn wie auch an andere Lehrer mit aufrichtiger Dankbarkeit zurück für das viele Wissen, das ich zum Zeitpunkt meiner Forschungen auf dem Gebiet des Worts, der Rede und des Klangs brauchte und das sie mir gaben.

Materielle und andere Gründe zwangen mich, vorzeitig mit den jungen Sängern zu inszenieren. Anfangs brachten wir einzelne Szenen aus Opern Rimski-Korsakows: die Prologe zu »Mädchen von

Pskow« und »Zar Saltan«, eine Szene aus »Die Nacht vor Weihnachten« und andere. Später wurden Massenets »Werther« und Tschaikowskis »Eugen Onegin« vollständig aufgeführt. Bei dieser Arbeit mußten wir nach neuen Möglichkeiten der Ausstattung suchen.

Die sieben Bilder der Oper von Tschaikowski mußten mit ihren Chören und den beiden Ballszenen im kleinen Saal des Kleinen Hauses, das dem Opernstudio zur Verfügung gestellt wurde, aufgebaut werden. Zur Enge des Raumes kam ein weiteres Hindernis: der Saal war durch einen architektonisch schönen, mächtigen Bogen mit vier dicken Marmorsäulen, wie sie für die Epoche Puschkins und Onegins typisch waren, geteilt. Sie zerstören wäre Barbarei, und darum mußten sie in die Ausstattung, die Regiekonzeption und die Arrangements einbezogen werden.

Im ersten Bild wurden die Säulen und der Bogen für die Terrasse des Hauses Larins genutzt. Im zweiten Bild stellten sie den zeittypischen Alkoven, in dem das Bett Tatjanas stand, dar, im dritten Bild waren sie, ergänzt durch ein Boskett-Gitter, die Gartenlaube, in der das Rendezvous Onegins mit Tatjana stattfand. Für das vierte Bild wurde zwischen die Säulen eine Treppe eingebaut, die zum Tanzsaal des Hauses führte. Im fünften Bild erhielten die Säulen Überzüge mit daraufgeklebter Baumrinde und stellten die Kiefern des Wäldchens dar, an dessen Rand das Duell ausgetragen wurde. Im sechsten Bild waren sie die Loge mit dem Ehrenplatz für den Empfang auf dem Ball des Generals Gremin. Die Säulen waren hiermit der Mittelpunkt, um den die Dekoration aufgebaut wurde. Sie wurden zum Mobiliar des Studios und zu seinem Wahrzeichen.

Die dem Interieur angepaßte Ausstattung erforderte ein wahrheitsgetreues Spiel, die Enge erlaubte den Sängern keine großen Bewegungen, und so mußten sie verstärkt auf die Mimik, das Augenspiel, den Text sowie auf die Plastizität und Ausdruckskraft ihres Körpers zurückgreifen.

Im künstlerischen und pädagogischen Sinne war das sehr nützlich, denn es förderte feinere Spielmittel und die nötige Selbstbeherrschung. Das alles zusammen, das heißt, die Intimität einer Zimmer-Vorstellung und das für die Oper ungewöhnliche Spiel der Sänger, machten eine originelle und attraktive Studio-Aufführung aus. Ich will einige Momente davon beschreiben, um etwas von ihrer Stimmung zu vermitteln.

Wenn sich zu den Klängen der Klaviermusik der Vorhang öffnet, sieht der Zuschauer die zwei Schritt von ihm entfernte Terrasse auf demselben Fußboden, auf dem die Sitze des Parketts stehen. Man spürt das Massive und Dichte, das Echte der Wände und des Bogens, die das Haus Larins darstellen. Über die Reliefs und Vertiefungen der echten Architektur verlaufen Lichtreflexe und Schatten, die alles lebendiger machen. Die untergehende Sonne, der entfernte Gesang der Bauern, die vom Feld zurückkehren, die wehmütigen Figuren zweier alter Frauen, der Larina und der Amme, die sich ihres früheren Lebens erinnern, helfen, die Stimmung jener ländlichen Stille auf der Bühne herzustellen, in der bei der ersten Begegnung Tatjanas Liebe zu Onegin entstehen sollte.

Das zweite Bild konnten wir so gestalten, daß die Darstellerin der Tatjana die ganze Szene mit dem Brief im Bett verbrachte und nicht mit opernhaften Gesten, wie man sie gewöhnlich sieht, die Vorderbühne auf und ab lief. Dieses Angekettetsein an einen Ort, das der Darstellerin viel Arbeit und Selbstbeherrschung abverlangte, verlagerte den Mittelpunkt der Aufmerksamkeit des Zuschauers vom äußeren Geschehen auf die inneren Motive der Szene und ersetzte die groben Bewegungen der Arme, Beine und des gesamten Körpers durch ein rhythmisches Spiel der Mimik und der kleinen Gesten. Diese subtile Zeichnung in Verbindung mit der Musik verlieh der Szene die hauchfeine Vollendung im Stile Puschkins und Tschaikowskis.

In der Szene des Balls im Hause Larins konnten wir, ausgehend von den in der Musik enthaltenen farbigen Charakteristiken, die Natürlichkeit und das Rhythmische der Bewegungen in Übereinstimmung bringen. Der wichtigste Teil dieser Szene ist das Entstehen und die rasche Ausweitung des Streits zwischen Lenski und Onegin, der mit dem fatalen Duell im darauffolgenden Bild endet. In den herkömmlichen Operninszenierungen wird dieses zentrale Thema vom Gewimmel des Balls zurückgedrängt. Da wir dieses vermeiden wollten, verlagerten wir die Szene mit den beiden Hauptakteuren nach vorn und ließen die bunte Menge der Gäste, die zu Beginn des Aktes und in der Szene mit Triquet am großen Tisch auf der Vorderbühne gesessen hatten, in der Tiefe des Raumes hinter den Säulen tanzen, so daß sie lediglich den Hintergrund für das sich entfaltende dramatische Motiv der Oper lieferten.

Auch später, als das Opernstudio in einen großen Theaterraum zog, behielt die Inszenierung alle Besonderheiten bei, die durch die Umstände hervorgerufen waren, unter denen sie entstand. Unsere weiteren Inszenierungen konnten freier konzipiert werden.

Als das Opernstudio gegründet wurde, übernahm ich nur sehr zögernd dessen Leitung, später jedoch, als ich den Nutzen für meinen Beruf in der Praxis sah, begriff ich, daß ich mit Hilfe der Musik und des Gesangs einen Ausweg aus der Sackgasse finden konnte, in die mich meine Forschungen getrieben hatten.

Im Verlauf dieser Arbeit entflammte ich mich unversehens für die Musik und den Gesang, weil es auf diesem Gebiet feste Grundlagen für Technik und Virtuosität gibt. Der Sänger setzt den Ton an, und man spürt sofort den Meister, die Kultur und die Kunst. Um mit der Stimme einen schönen, edlen musikalischen Klang, einen lang anhaltenden Ton zu erzeugen, den ich mir für einen Schauspieler erträumte, muß man viel und hart arbeiten, um die Stimme zu schulen und zu trainieren. Wenn ein Sänger mit seiner gut geschulten Stimme ein Musikwerk sauber wiedergibt, verspürt man eine bestimmte ästhetische Befriedigung.

Dieser Hunger auf die Grundlagen und das Meisterhafte und der Abscheu vor Dilettantismus brachten mich dazu, im Studio nicht nur fürs Schauspiel, sondern auch um der Oper selbst willen zu arbeiten. Doch auch hier lauerten auf mich – und das sicherlich auch in der Zukunft – etliche Enttäuschungen. Wahrscheinlich ist die »Akrobatik« bei den Sängern ein genauso unüberwindliches Übel wie der Dilettantismus bei den Schauspielern. Die Psychologie des Sängers, dem die Natur ein Kapital in die Kehle gelegt hat, ist von besonderer Art. Er fühlt sich auserwählt, einmalig, unentbehrlich, und das läßt in ihm eine übertriebene Vorstellung von seinem künstlerischen Wert aufsteigen. Von der Kunst will er nur nehmen, ihr aber nichts geben. Das ist der Grund, warum es nach dem ersten Erfolg, der durch harte Arbeit der Regisseure und Lehrer vorbereitet ist, jedem Unternehmer mühelos gelingt, einen Sänger mit guter Stimme an sich zu locken. Denn die Unternehmer, diese schlimmsten Feinde und Ausbeuter unserer Kunst, diese Haie, die das junge Grün abfressen, noch ehe es erblüht ist und Früchte bringt, haben ein scharfes Auge auf den Sänger, um ihn einige Jahre später, nachdem sie aus ihm alles herausgequetscht haben, was nur möglich ist, wie ein ausgedientes Kleidungsstück auf den Müll zu werfen.

Es ist offenbar nicht möglich, diesem Übel unmittelbar entgegenzuwirken. Das einzige Mittel ist die Hebung der allgemeinen und der künstlerischen Moral der Sänger und die Festigung eines entsprechenden Bewußtseins.

Abreise und Rückkehr

Nach drei Jahren der Trennung kehrten endlich unsere Kollegen aus dem Ausland zurück. Zwar kamen nicht alle, aber die begabtesten und die unentbehrlichsten unter ihnen.

Wir brauchten Zeit, um das gespaltene Ensemble neu zu organisieren und uns wieder aufeinander einzuspielen wie früher.

Die Bedingungen für eine solche Arbeit waren ungünstig, weil der revolutionäre Sturm in den Theatern inzwischen seinen Höhepunkt erreicht hatte, und unser Theater in Mißgunst geraten war, wenn auch nicht bei der Regierung, die uns schützte, so doch bei der extremen Linken der Theaterjugend. Unter ihnen gab es Leute eines neuen Schlags, mit viel Energie, Anspruch, Phantasie, Talent, aber auch mit viel Intoleranz und Selbstgerechtigkeit. Wie schon zu meiner Zeit wurde vieles vom Alten nur deshalb für überholt und überflüssig erklärt, weil es alt war, während das Neue als schön deklariert wurde, weil es neu war.

Die Aufgaben, die der historische Augenblick uns stellte, konnten wieder einmal von unserer trägen Schauspielkunst nicht bewältigt werden. Wie immer in solchen Fällen trottete sie hinter anderen Künsten her und war gezwungen, um die Schnelleren einzuholen, in aller Eile Sprünge zu machen und dabei für das normale Wachstum der Schauspieler wichtige Entwicklungsstadien auszulassen. Man kann nicht ungestraft mehrere Stufen überspringen, die uns allmählich und natürlich zu den Gipfeln der Kunst führen.

Mit unglaublicher Ähnlichkeit wiederholte sich im viel größeren Ausmaß, was sich in den ersten Jahren des Bestehens des Moskauer Künstlertheaters abgespielt hatte, als in unserem Theater jene Revolution ausbrach, die es zur nächsten Etappe führte. Doch es gab einen wesentlichen Unterschied. Damals bescherte uns das Schicksal den Dramatiker A. P. Tschechow, der den Zeitgeist großartig zum Ausdruck brachte. Die Tragödie der jetzigen Theaterrevolution, die umfassender und komplizierter ist, besteht darin, daß ein ihr gemäßer Dramatiker noch nicht geboren ist. Und dennoch beginnt unser kollektives Schöpfertum mit dem Dramatiker, sonst haben Schauspieler und Regisseure nichts zu tun.

Das wollen die heutigen Neuerer und Revoluzzer offenbar nicht wahrhaben. Selbstverständlich ergeben sich daraus Fehler und Mißverständnisse, die die Kunst auf einen falschen, nur der Äußerlichkeit dienenden Weg drängen.

Gäbe es heute ein Theaterstück, das – gleichgültig in welcher Form: impressionistisch, realistisch oder futuristisch – die Seele und das Leben des Zeitgenossen genial zeigen würde, so würden sich alle Schauspieler, Regisseure und Zuschauer darauf stürzen und um seines geistigen Gehalts willen nach der besten Lösung suchen, denn das geistige Leben des heutigen Menschen ist bedeutungsvoll, weil es im Leiden, im Kampf, im Heldentum inmitten von unerhört grausamen Katastrophen, Hungersnöten und Revolutionsschlachten entstanden ist.

Dieses allumfassende geistige Leben läßt sich nicht mit bloßer formaler Aktualität wiedergeben. Da helfen keine Akrobatik, kein Konstruktivismus, weder der schreiende Prunk der Inszenierung noch die plakative Malerei noch futuristische Kühnheiten. Ebensowenig nutzen Einfachheit, die bis zur völligen Abschaffung der Dekorationen geht, Pappnasen, mit Kreisen angemalte Gesichter und diese ganzen neuen Äußerlichkeiten und die übertriebene Spilastik, die für gewöhnlich mit dem Modewort »Groteske« gerechtfertigt werden.

Um große Gefühle und Leidenschaften wiederzugeben, bedarf es eines großen Schauspielers, eines Künstlers mit ungeheuer viel Talent, Kraft und Technik. Eines Tages wird er aus dem Volk kommen und, einem Stschepkin gleich, das beste, was die jahrhundertealte Kultur und die schauspielerische Technik geleistet haben, in sich aufnehmen. Ohnedem wird der neue Schauspieler vor der Darstellung der Hoffnungen und der Nöte der Menschheit versagen. Die nackte Unmittelbarkeit und Intuition werden ohne die Technik den Leib und die Seele des Schauspielers brechen. In Erwartung des neuen Dramatikers und Schauspielers wäre es zweckmäßig, die zurückgebliebene innere Technik des Schauspielers zu vervollkommnen und sie zumindest auf die Höhe zu bringen, die man bei den äußerlichen Spielmöglichkeiten erreicht hat. Das setzt eine schwere, langwierige und systematische Arbeit voraus.

Doch eine der Eigenschaften der Revolutionäre ist ihre Ungeduld. Das neue Leben will heute wie damals nicht warten, es braucht rasche Beweise des Sieges und ein beschleunigtes Lebenstempo. Ohne auf den natürlichen Gang der inneren Evolution Rücksicht zu nehmen, vergewaltigen die Neuerer die Kunst und das Schaffen der Schauspieler und der Dichter. In Ermangelung eines neuen Dramatikers greifen sie nach den alten Klassikern, die von großen Persönlichkeiten und Gefühlen sprechen, und zwängen sie in eine neue Form, die nach außen hin jene Aktualität besitzt, die der heutige Zuschauer braucht. In ihrem Höhenflug sehen die Neuerer diese äußere Form als das erneuerte innere Wesen an. Kein ungewöhnliches Mißverständnis bei der Hast. Hier wiederholt sich, was uns seinerzeit passierte, doch in entgegengesetzter Richtung. Im Kampf gegen die abstrakte Stilisierung haben wir die äußerliche Darstellung des Alltags für eine neue Kunst gehalten, während die heutigen Neuerer und Theater-Revoluzzer im Kampf gegen das Alltägliche auf der Bühne in abstrakt überhöhte Formen geraten.

Die Bearbeitung der Klassiker auf moderne Art brachte jedoch keine ernstzunehmenden Ergebnisse, was nur zu verständlich war. Den alten, aber niemals veralteten Puschkin kann man eben nicht zu einem Majakowski machen, ebensowenig wie man aus einem Kramskoj Tatlin, aus Glinka einen Strawinski, aus W. N. Dawydow einen Ferdinandow oder Zeretelli machen kann.

Gleichzeitig mit den Versuchen, die alten Klassiker der Gegenwart anzupassen, probierten die Theater-Revolutionäre, ganz und gar ohne Dramatiker auszukommen. Man bot einfach eine Schauveranstaltung, egal zu welchem Thema. Man zeigte Theaterspezifisches um seiner selbst willen, man brillierte mit der Ausstattung, der schauspielerischen Geschicklichkeit und Vielseitigkeit, oder aber man griff sich eine politische, soziale oder sonst welche Tendenz und inszenierte sie in einer neuen, aktuellen, manchmal wirklich sehenswerten künstlerischen Form.

Zuweilen legte man den Vorstellungen einen gemeinnützigen pragmatischen Zweck zugrunde und handelte in Rollen wissenschaftliche und andere Errungenschaften ab. Ein Beispiel: in der Stadt wütete die Malaria, und es mußten die Mittel dagegen popularisiert werden. Zu diesem Behufe gab es ein Ballett, in dem ein Wanderer die Hauptperson war, der, unvorsichtig genug, an einem Sumpf im Schilf, das von sich wiegenden schönen halbnackten Frauen dargestellt wurde, nächtigte. Von einer wendigen Mücke gestochen, tanzte der Wanderer den Pas de Malaria. Doch dann erschien der Onkel Doktor, verabreichte ihm Chinin oder eben ein anderes Mittel, und der Tanz des Patienten beruhigte sich zusehends.

Es gab außerdem Versuche, allgemeines technisches Wissen mit

Hilfe eines Industrieballetts zu vermitteln, in dem das Produktionsprinzip eines Webstuhls oder einer anderen Maschine demonstriert wurde.

Zur Propaganda von ethischen Normen inszenierte man in ganz realistischer Art einen Gerichtsprozeß, dessen Angeklagte *der* Literat, *der* Priester, *die* Prostituierte und dergleichen mehr waren.

Ist das Theater fähig, außer der künstlerischen auch pragmatische Aufgaben zu erfüllen, so bringt es noch mehr Nutzen, und man kann sich nur über seine Vielseitigkeit freuen. Es wäre jedoch falsch, Tendenzen und gemeinnützige Kenntnisse, die manchmal als Grundlage eines neuen Theaters hingestellt werden, mit seinem schöpferischen Wesen, das ja die Seele eines Kunstwerks ausmacht, zu verwechseln. Man darf ein simples Spektakulum, eine Predigt oder Agitation nicht mit der wahren Kunst gleichsetzen.

Auf dem Gebiet der Schauspielkunst bemächtigte man sich, in Erwartung eines zeitgemäßen Talents, alles Neuen, was da war, und bekümmerte sich wenig darum, ob es auch den Grundaufgaben der Kunst entsprach.

In Ermangelung eines Schauspielers, der große Gefühle hätte vermitteln können, sei es auch in den alten klassischen Werken, und da es keine festen Grundlagen gab, die es hätten ermöglichen können, das geistige Leben des Menschen wiederzugeben und die künstlerische Technik des Schauspielers zu vertiefen, stürzte man sich wie weiland unsereins auf Dinge, die dem Auge und dem Ohr am zugänglichsten waren: auf den Körper, seine Ausdruckskraft und Beweglichkeit, die Stimme und die Deklamation, mit deren Hilfe man sich die Schaffung einer brandaktuellen Form der Inszenierung erhoffte.

Im übereilten Verfallen ins Äußerliche meinten auch diesmal manche, das Erleben, die Psychologie sei ein typisches Attribut der bürgerlichen Kunst, die proletarische dagegen müsse auf der Körperkultur des Schauspielers begründet sein. Damit nicht genug: die alten Spielmethoden, die auf den organischen Gesetzen der schöpferischen Natur fußen, wurden als realistisch und, folglich, als für die neue, den abstrakten Formen huldigende Kunst veraltet erklärt. Der Kult dieser Form wird von der sehr verbreiteten Meinung aufrechterhalten, die neue Art der Theaterkunst entspräche dem Geschmack und Verständnis des neuen proletarischen Zuschauers, der andere Arten und Methoden des Spiels auf der Bühne, ja andere darstellerische Apparate brauche.

Man will uns doch nicht etwa weismachen, die heutige Spitzfindigkeit der Kunstformen sei ein Produkt des primitiven Geschmacks des Proletariers und nicht das der Gourmandise und Finesse des Zuschauers aus der früheren bürgerlichen Kultur? Ist denn die gegenwärtige »Groteske« nicht eine Ausgeburt der Übersättigung, von der das Sprichwort sagt, »nach der Fettlebe schmeckt Sauerkohl noch mal so gut«?

Nach den Besucherzahlen zu urteilen geht der proletarische Zuschauer am liebsten dorthin, wo er aufrichtig lachen und mit aus dem Herzen kommenden Tränen weinen kann. Er braucht nicht die raffinierte Form, sondern das geistige Leben des Menschen, das in eine schlichte, verständliche, vielleicht auch einfältige, doch kraftvolle und überzeugende Form gebracht ist. In der Kunst wie beim Essen ist er pikante Kost und gastronomische Appetitanreger nicht gewohnt. Er hat den geistigen Hunger und braucht einfache Nahrung für seine Seele. Und diese ist in unserer Kunst am schwersten zu bereiten.

Das ist es ja eben, daß die gehaltvolle Schlichtheit einer reichen Phantasie das schwierigste ist und von denjenigen gemieden wird, die den Rang eines Meisters der Schauspielkunst nicht erreicht haben. Es möge doch bald das gefährliche und schädliche Vorurteil überwunden werden, Äußerliches in der Kunst und im Spiel der Darsteller sei dem Proletarier unentbehrlich.

Zur Propaganda des neuen Credos des modernen Theaters, sprich: der Form und der äußeren Technik um ihrer selbst willen, wurden täglich neue Thesen, Prinzipien, Systeme und Methoden aufgestellt, zu deren Verbreitung Referate und öffentliche Dispute beitrugen. Kaum hatte man einen Grundsatz für unerschütterlich erklärt, tauchte eine Woche später ein neuer, dem ersteren entgegengesetzter auf. Dieses rasende Tempo und die Eile der Neuentdecker führten oftmals zu kuriosen Situationen. Ein Schauspieler arbeitete vor der Revolution in der Provinz, wo er unter anderem eine Rolle in Ostrowskis »Tolles Geld« spielte. Nach der Oktoberrevolution wurde alles Alte abgeschafft; es kam ein neuer Regisseur und inszenierte nach neuen Prinzipien dasselbe Stück mit demselben Darsteller. Am Ende der Spielzeit übernahm dieser Schauspieler dieselbe Rolle in einer anderen Stadt bei einem Regisseur noch modernerer Richtung. Auf diese Weise spielte er in derselben Saison dieselbe Rolle nach drei entgegengesetzten Prinzipien. Wäre ein Salvini oder eine Jermolowa solch genialer Vielseitigkeit fähig?

Man sollte mit einem Maler des Ranges von Ilja Repin den Versuch machen und bei ihm innerhalb von drei Monaten drei Gemälde bestellen: eins à la Repin, das andere à la Gauguin und das dritte à la Malewitsch.

So sah ungefähr das Bild dessen aus, was sich in der Theaterwelt abspielte, als unsere Kollegen aus dem Ausland nach Moskau zurückkamen.

Wie sollte man in der Atmosphäre des damaligen Durcheinanders unser gespaltenes Ensemble neu organisieren und neue Wege und Perspektiven unserer Kunst ins Auge fassen wollen?

Wie schon vor siebzehn Jahren, vor unserem ersten Auslandsgastspiel 1906, befanden wir uns in einer Sackgasse. Man mußte wieder Distanz gewinnen und aus der Entfernung das gesamte Bild überschauen, um sich ein richtiges Urteil darüber zu machen. Kurz, wir mußten wieder für eine Weile fort aus Moskau. Darum griffen wir auf frühere Einladungen aus Europa und Amerika zurück und unternahmen eine Tournee, die vom September 1922 bis August 1924 dauerte.

Nemirowitsch-Dantschenko mußte auf die interessante Reise verzichten und zusammen mit einem Teil des Ensembles bei seinem Musikstudio am Moskauer Künstlertheater verbleiben.

Der Umfang dieses Buches macht es mir unmöglich, unsere Amerika-Reise zu beschreiben, zumal es auf ein paar Seiten nicht zu schaffen ist. Außerdem würde sich ein solcher Reisebericht zu sehr von der Hauptrichtung dieses Buches, nämlich von meinen künstlerischen Forschungen und der Evolution der Kunst, entfernen. Die Reise unterbrach verständlicherweise den Gang dieser Arbeit, denn es war unmöglich, in Waggons und Hotels die diffizile Forschungstätigkeit fortzusetzen. Dennoch gelang es mir, Neues und Wichtiges auf dem Gebiet des Tons und der Rede, die mich damals am meisten beschäftigten, zu erfahren. Darüber sei hier einiges gesagt.

Es begann damit, daß ich nach der Ankunft in Berlin aufgrund der intensiven Regie- und Schauspielarbeit oft als Vertreter des Theaters in großen Räumen Reden zu halten hatte, so daß meine Stimme mir immer mehr den Dienst versagte. Die Heiserkeit, die schwache Stimme und die schnelle Ermüdung wurden zum Hindernis bei der Arbeit. Zudem stand mir die Saison in Amerika bevor, die laut Vertrag anstrengend zu werden versprach. Die Sorge um meine Stimme zwang mich zu täglichen Sprech- und Singübungen, wie ich sie vom alten Komissarshewski und von den Sängern des von mir geleiteten Opernstudios M. G. Gukowa und A. W. Bogdanowitsch kannte. Doch ist das Hotelleben einer solchen Arbeit wenig zuträglich: mal klopfte ein überempfindlicher Nachbar an die Tür, mal glaubte ich mich von lauschenden Ohren umgeben und schämte mich meines schlechten Gesangs. Also sang ich mit halber Kraft, was meiner Stimme sehr gut bekam. Zwei Jahre lang arbeitete ich täglich und systematisch an der Stimme und erreichte eine gewisse Stabilität; die Heiserkeit verschwand, und ich überstand glimpflich die amerikanischen und europäischen Spielzeiten mit ihren allmorgendlichen Proben, häufigen Vorstellungen und den anschließenden Reden auf Empfängen und Banketts. Noch wichtiger war es, daß ich mich in diese Arbeit vertiefte und ihre große praktische und künstlerische Bedeutung für den Schauspieler erkannte.

Parallel zum Gesang übte ich das einfache, gewichtige und echte Sprechen. Auf diesem schwierigen Gebiet konnte ich bislang nicht das gewünschte Ergebnis erreichen; möglicherweise wird es mir überhaupt nicht mehr gelingen. Meine Arbeit hat mir nichtsdestoweniger Dinge eröffnet, die ich an die Jugend weitergeben kann.

Dies war das Ergebnis meiner Forschungen im Opernstudio.

Nach dem zweijährigen Gastspiel quer durch die Welt waren wir wieder in Moskau und stellten große Veränderungen fest, die mich sehr erstaunten. Trotz der Verarmung der Zuschauer und der niedrigen Besucherzahlen in allen Theatern erschien mir das künstlerische Leben der Schauspieler geradezu sprudelnd im Vergleich zum Westen, wo die zeitweilige Stagnation nach der Weltkatastrophe noch spürbar war.

Leider kann ich von der Grundlinie dieses Buches nicht abweichen und von den großartigen Inszenierungen sprechen, die Nemirowitsch-Dantschenko während unserer Abwesenheit am Moskauer Künstlertheater unter Beteiligung des Musikstudios gemacht hat. In diesem Buch über »mein Leben in der Kunst« kann ich auf Musikalisches nur insofern eingehen, als es meine künstlerische Entwicklung unmittelbar beeinflußt hat. Was andere Theater betraf, so überraschte mich, daß einiges, was vor meiner Abreise nur in Ansätzen vorhanden war, nunmehr eine feste Form hatte. Man kann sagen, daß wir heute neue Theater unterschiedlicher Art haben: das agitatorische mit politischer Tendenz und Satire; das Revue-Theater mit kühnen und gekonnten Tricks amerikanischen Schlags; das Theater der aktuellen Publizistik; das Theater des Bühnenexperiments; das

Theater der Kompilation, ohne eigene Einfälle, doch mit gekonnter Anpassung fremder effektvoller Ideen an die eigenen bühnentechnischen und schauspielerischen Möglichkeiten. Die neue Kunst hat das gediegene Architektur- und Skulpturprinzip, den Konstruktivismus und die Vielfalt der Spielebenen auf der Bühne völlig integriert. Es gibt kaum noch ein Theater, das nicht darauf basieren würde. Die Groteske bei den Dekorationen, Kostümen und Inszenierungen wird auf die äußerste, zuweilen künstlerisch beachtliche Spitze getrieben. Die kühnen Masken mit goldenen und silbernen Haaren, der futuristischen Bemalung des Gesichts und den aufgeklebten skulpturalen Details aus Pappe sind einstimmig angenommen und werden fast von allen Theatern praktiziert.

Einige längst fällige Probleme der Bühne sind in der letzten Zeit gelöst worden. Zum Beispiel die heute beliebte Inszenierungsart von W. E. Meyerhold. Er zeigt ungeniert die Rückseite der Bühne, die man bis dahin vor dem Zuschauer sorgfältig versteckte. In seinem Theater ist die Bühne ganz offen und mit dem Zuschauerraum verbunden, so daß ein gemeinsamer Raum entsteht, in dessen Tiefe vor dem Hintergrund aus Stellwänden die Darsteller spielen. Sie werden stark angestrahlt und sind im Halbdunkel die einzigen beleuchteten Punkte und hiermit Objekte der Beobachtung. Auf diese einfache Weise machte Meyerhold äußerst originell ein für allemal Schluß mit dem Portal, das dem Schauspieler und dem Regisseur bei bestimmten intimen Inszenierungen im Wege steht. Das Bühnenportal ist groß, und die Darsteller wirken klein in seinem riesigen Rahmen, er erdrückt sie. Man versucht, das Portal mit bunten Tüchern dekorativ zu verdecken, die den Zuschauer von dem Schauspieler ablenken. Meyerhold hat kein Portal, keinen riesigen Rahmen, den man mit Tüchern verdecken könnte. Der Zuschauer hört auf, ihn wahrzunehmen, und hat die Möglichkeit, sich darauf zu konzentrieren, was ihm der Regisseur zeigen will, sei es eine kleine Stellwand, ein Gegenstand oder etwas anderes.

Auf dem Gebiet der rein äußerlichen schauspielerischen Technik war ich ebenso über große Fortschritte überrascht. Wir haben ohne Zweifel einen neuen, doch nicht den Schauspieler: einen Akrobaten, Sänger, Tänzer, Rezitator, Pantomimen, Pamphletisten, Witzbold, Redner, Conférencier und Politagitator in einem. Der neue Schauspieler kann alles: ein Couplet und eine Romanze singen, Verse deklamieren, Rollentexte sprechen, Klavier, Geige und Fußball spielen, Foxtrott tanzen, radschlagen, auf Händen gehen, eine Tragödie und ein Vaudeville spielen. Freilich macht er das alles nicht als echter Spezialist, sondern als Dilettant, denn ein echter Clown schlägt viel besser Rad, eine echte Tänzerin, sogar aus dem Corps de ballet, tanzt besser, und jeder Pianist und Geiger aus dem Orchester spielt besser als der neue Schauspieler.

Dessenungeachtet haben die vielseitige Ausbildung des Körpers, der Stimme und des gesamten darstellerischen Apparats, der im Theater so sehr benötigt wird, einschließlich der Inszenierungsweise in der letzten Zeit gute Ergebnisse gebracht. Man muß sich geradezu über den Ideenreichtum, das Talent, die Vielseitigkeit, die Kühnheit, den Witz, den Geschmack, die Flexibilität und die bühnenspezifischen Kenntnisse dieser Erfinder und Neuerer auf dem Theater wundern. Ihnen gilt mein Lob, mit einer Einschränkung freilich.

Solange die Körperkultur als Hilfe bei der Erfüllung der grundsätzlichen Aufgabe der Kunst in Erscheinung tritt – nämlich der Wiedergabe des geistigen Lebens des Menschen in künstlerischer Form – begrüße ich die äußeren Errungenschaften des heutigen Schauspielers von ganzem Herzen. Doch sobald die Körperkultur zum Selbstzweck in der Kunst wird und den schöpferischen Prozeß zu nötigen beginnt und einen Zwiespalt zwischen die geistigen Bestrebungen und das stilisierte äußere Spiel treibt, sobald sie das Gefühl und das Erleben zu unterdrücken droht, werde ich zum erbitterten Feind aller großartigen Neuerungen.

Wie kommt es, daß das neue Theater trotz der erfolgreichen äußeren Experimente derart alt und schäbig erscheint? Warum ist es dort so langweilig?

Vielleicht deshalb, weil die Gegenwartskunst nicht ewig, sondern bloß Mode ist?

Oder vielleicht deshalb, weil die äußerlichen Inszenierungsmöglichkeiten sehr begrenzt und infolgedessen zur Wiederholung verurteilt sind, die naturgemäß langweilt? Sieht man genauer hin, so fällt einem auf, daß in der neuen Kunst immer die gleichen alten Mittel angewandt werden, die wir auch schon hatten: Podeste, Stellwände, Tücher, schwarzer Samt und die extrem linke Malerei, die die verschlissene Schauspielkunst verdeckt. Das ist lediglich ein Beweis dafür, daß alle äußeren Möglichkeiten des Theaters offensichtlich ausgeschöpft sind und man auf diesem Gebiet nicht weiter zu suchen braucht.

Das Neue entsteht heute aus dem guten vergessenen Alten, das in neuen Kombinationen präsentiert wird.

Doch warum ist es im neuen Theater so langweilig?

Deshalb vielleicht, weil die Äußerlichkeit, so schön und aktuell sie immer sein mag, nicht für sich allein auf der Bühne existieren kann? Das Äußere muß durch das Innere gerechtfertigt werden, dann erst kann es den Zuschauer ergriffen machen. Doch das Unglück der modernen Kunst besteht darin, daß die äußeren Möglichkeiten der Bühne und der Darsteller zwar ausgeschöpft sind und auf der höchsten Stufe der Entwicklung stehen, die inneren künstlerischen Mittel hingegen vollends in Vergessenheit geraten sind. Schlimmer noch: sie werden von den Neuerern leichtfertig abgelehnt; diese wollen nicht wahrhaben, daß die menschliche Natur nicht zu verändern ist und daß der Körper ohne Seele nicht existieren kann.

Wenn ich vom großen Fortschritt des neuen Schauspielers auf dem Gebiet der äußeren Form freudig überrascht war, so war ich über die Verarmung auf dem Gebiet des inneren, geistigen Schaffens aufrichtig betrübt.

Das neue Theater hat nicht einen neuen schöpferischen Schauspieler hervorgebracht, der im Bereich geistig-seelischen Schöpfertums stark wäre; nicht ein neues Mittel und schon gar keine Spur von einer Suche auf dem Gebiet der inneren Technik; nicht ein einziges glänzendes Ensemble, kurz, keine einzige Errungenschaft im Bereich des geistigen Schaffens.

Damit nicht genug: ich konnte es kaum glauben, daß gleichzeitig mit der neuen Form die Schauspieler zu den ausgedienten Mitteln der äußerlichen Spielastik mit kalter Seele zurückgekehrt sind, die uns das alte französische Melodram und das »Wampuka«-Theater vererbt haben.

Der frühere Schauspieler aus Großmutters Zeiten beherrschte aber seine Mittel wie ein echter Meister, hatte sie von der früheren jahrhundertealten Kultur übernommen. Der heutige Schauspieler hingegen bedient sich der alten Mittel wie ein Dilettant.

Wie erklärt sich nun, daß die auffällige äußere Form der neuen Bühnenkunst eigentlich nichts anderes enthält als den alten Handwerksplunder? Die Ursache ist sehr einfach – ich habe in diesem Buch schon des öfteren darüber gesprochen: jede Vergewaltigung der Natur rächt sich.

Man stelle den Schauspieler vor eine Aufgabe, die seine Möglichkeiten übersteigt, und man tut ihm Gewalt an; auf der Stelle wird sich das Gefühl voller Angst zurückziehen und an seiner Statt grobe Handwerkelei mit einem Sortiment an Klischees vorschieben. Je unerfüllbarer die Aufgabe, desto grober, primitiver und unbeholfener wird die Handwerkelei des Schauspielers sein. Dabei sind die Aufgaben, die heute vor dem Schauspieler stehen, außerordentlich schwierig und vielfältig. Erstens soll er die kühne und herausfordernde künstlerische Form der Inszenierung und des äußeren Spiels rechtfertigen. Dazu braucht er eine innere Technik des Erlebens von so hoher Vollendung, wie sie kein moderner Schauspieler beherrscht. Zweitens müssen die alten Stückeschreiber auf gänzlich neue Art behandelt werden oder aus dem Theater verschwinden, wobei ihr schöpferischer Anteil nicht nur äußerlich, sondern auch geistig durch eine Art dichterischer Kreativität der Schauspieler zu ersetzen wäre. Drittens müßte dem Werk die poetische Seele entrissen und durch eine Tendenz oder pragmatische Absicht ersetzt werden. Sind schon die ersten beiden Voraussetzungen kaum erfüllbar, so ist die dritte einfach unmöglich für Kunst. Kein Wunder also, daß das schöpferische Gefühl den Schauspieler flieht; er ist in einer ausweglosen Lage, und statt seiner rückt er das gröbste, älteste und primitivste Klischee in den Vordergrund, das heute gern neue Deklamation, körperliche Ausdruckskraft und schauspielerische Aktion genannt wird.

Ist es nicht an der Zeit, an die der Kunst drohende Gefahr zu denken und der Kunst die Seele zurückzugeben – sogar auf Kosten der neuen großartigen Form, wenn es sein muß?

Man muß dringend die geistige Kultur und Technik des Schauspielers auf die gleiche Höhe bringen, auf der seine körperliche Kultur steht. Dann erst erhält die neue Form die notwendige Begründung und Rechtfertigung, ohne die sie leblos ist und ihrer Existenzberechtigung verlustig geht.

Selbstverständlich ist diese Arbeit außerordentlich kompliziert und langwierig. Es ist ungleich schwieriger, das Gefühl und das Erleben zu schärfen, als die äußere Form der Verkörperung auf die Spitze zu treiben. Doch die geistige Kreativität wird im Theater dringender denn je gebraucht, und darum ist es notwendig, sich so schnell wie möglich an die Arbeit zu machen. Doch wie ist diese Arbeit zu bewältigen, und welche Rolle fällt mir selbst dabei zu?

Bilanz und Zukunft

Ich bin nicht mehr jung, und mein Leben als Künstler nähert sich seinem letzten Akt. Es wird Zeit, Bilanz zu ziehen und einen Plan für die abschließenden Arbeiten in meiner Kunst aufzustellen. Mein Wirken als Regisseur und Schauspieler erstreckte sich zum Teil auf das Gebiet äußerlicher Inszenierungsarbeit, in der Hauptsache aber auf das Gebiet der inneren Schaffensvorgänge des Schauspielers.

Als erstes will ich abschließend noch die Frage der äußeren Möglichkeiten und der Errungenschaften des Theaters behandeln, die vor meinen Augen entstanden.

Ich habe auf dem Theater alle Wege und Möglichkeiten der schöpferischen Arbeit ausgekostet, den Schwärmereien für historische, symbolistische, gesellschaftspolitische usw. Inszenierungen meinen Tribut gezollt, die Formen unterschiedlicher ·Kunstrichtungen und Prinzipien – Realismus, Naturalismus, Futurismus, Statuarisches, Schematisierung – sowie deren Erscheinungsformen mit abstrusen Vereinfachungen, Tüchern, Paravents, Tüllbahnen und Beleuchtungstricks studiert und bin zur Überzeugung gekommen, daß alle diese Mittel nicht den Hintergrund bilden, der das Schaffen des Schauspielers ins beste Licht rückt. War ich früher auf der Suche nach neuen Mitteln der Ausstattung der Auffassung, daß unsere Möglichkeiten auf der Bühne sehr gering seien, so muß ich heute zugeben, daß sämtliche bühnengerechten Mittel ausgeschöpft sind.

Der alleinige Zar und Herrscher auf der Bühne ist ein begabter Schauspieler, doch es ist mir trotzdem nicht gelungen, einen Hintergrund für ihn zu finden, der seine komplizierte schöpferische Arbeit nicht behindern, sondern fördern würde. Der Hintergrund muß schlicht sein, doch die Schlichtheit sollte sich aus einer blühenden, nicht aus einer kargen Phantasie ergeben. Ich weiß jedoch nicht, wie ich es anstellen soll, daß sich die Schlichtheit nicht noch mehr aufdrängt als der übertriebene theatralische Bombast. Die Schlichtheit der Stellwände, Stoffbahnen, Schnüre und des schwarzen Samts in »Das Leben des Menschen« und anderen Inszenierungen erwies sich als ein Trojanisches Pferd: sie fällt mehr auf als die herkömmliche Theaterdekoration, an die sich unser Auge gewöhnt hat und die es kaum noch wahrnimmt. Es bleibt nur zu hoffen, daß einmal ein großer Künstler zur Welt kommt, der diese härteste aller Nüsse auf der Bühne knackt und dem Schauspieler einen schlichten und künstlerisch bedeutsamen Hintergrund zur Verfügung stellt.

Sind auf dem Gebiet der Ausstattung alle theatralischen Mittel als erforscht anzusehen, so sieht es mit der inneren Kreativität der Schauspieler ganz anders aus. Dort ist alles dem Talent und der Intuition überantwortet, dort herrscht in der überwiegenden Mehrheit blutigster Dilettantismus. Die Gesetze des schauspielerischen Schaffens sind unerforscht, und viele halten deren Erforschung für überflüssig, ja schädlich.

Die althergebrachte Meinung, der Schauspieler brauche nur Talent und Inspiration, ist nach wie vor weit verbreitet. Zur Erhärtung dieser Meinung stützt man sich mit Vorliebe auf Beispiele von genialen Schauspielern in der Art unseres Motschalow, die mit ihrem Künstlerleben diese These angeblich belegen würden. Man gedenkt auch des Kean, so wie er im bekannten Melodram dargestellt ist. Versuchen Sie nur, den Schauspielern, die in ihrer Kunst nicht Bescheid wissen, zu sagen, Sie würden die Technik anerkennen, und man wird Ihnen mit Verachtung entgegenkreischen:

»Sie sind also gegen das Talent, gegen den Bauch?«

Es gibt freilich eine andere, sehr verbreitete Auffassung, man brauche vor allem die Technik, und wenn das Talent dazu komme, sei es auch nicht weiter schlimm. Schauspieler dieses Typs werden Ihrer Anerkennung der Technik vorerst kräftigen Applaus spenden. Wenn Sie ihnen aber zu sagen wagen, die Technik sei gut und schön, doch das Primäre sei das Talent, die Inspiration, das Unbewußte und das Erleben, denen zuliebe ja die Technik existiere und die unbewußte Kreativität in Gang setze, so wird man ob dieser Worte vor Schreck erstarren.

»Das Erleben?« werden Sie zu hören bekommen. »Das ist passé.«

Haben diese Leute nicht vielleicht deshalb Angst vor dem Gefühl und dem Erleben auf der Bühne, weil sie selber auf dem Theater weder fühlen noch erleben können?

Neun Zehntel der schauspielerischen Arbeit bestehen ja darin, die Rolle seelisch zu erfühlen und in ihr zu leben. Ist das getan, so ist die Rolle so gut wie fertig. Die neun Zehntel der Arbeit dem Zufall zu überlassen ist sinnlos. Mögen außergewöhnliche Talente die Rollen auf Anhieb fühlen und erschaffen, doch für sie gelten keine Gesetze, sie sind sich selbst ein Gesetz. Das Erstaunlichste dabei ist, daß ich gerade von ihnen nie hören mußte, man brauche keine Technik, sondern nur Talent oder, die Technik stünde an erster Stelle, das Talent an zweiter. Im Gegenteil: je bedeutender der Schauspieler, desto mehr beschäftigt er sich mit der Technik seiner Kunst.

»Je größer das Talent, desto mehr Bearbeitung und Technik braucht es«, sagte mir einmal ein großer Schauspieler. »Wenn einer mit seinem mickrigen Stimmchen brüllt und falsch singt, ist es allenfalls peinlich. Würde aber ein Tamagno mit seiner donnergleichen Stimme falsch singen, dann kriegten Sie das Grauen.«

Das sind Worte eines wirklichen Talents.

Alle großen Schauspieler haben über ihre Technik geschrieben, sie alle arbeiten bis zum hohen Alter an ihr und entwickeln sie durch Gesang, Fechten, Gymnastik, Sport u. a. m. Jahrelang studieren sie die Psychologie der Rolle und arbeiten innerlich an ihr. Einzig die hausbackenen Genies prahlen mit ihrer Nähe zum Apoll, mit ihrem allumfassenden Bauch und lassen sich von Wodka und Drogen inspirieren, womit sie vor der Zeit ihr Talent und Temperament verbrauchen. Man erkläre mir, weshalb ein Geiger, der im Orchester die erste oder die zehnte Geige spielt, täglich stundenlang üben muß. Warum muß ein Tänzer täglich an jedem Muskel seines Körpers arbeiten? Warum müssen Maler und Bildhauer täglich malen und modellieren und betrachten jeden Tag ohne Arbeit als sinnlos vergeudet, während ein Schauspieler müßiggehen, Tage in Kaffeehäusern mit netten Damen zubringen und abends auf ein Almosen oder die Protektion des Apoll hoffen darf? Sagen Sie mal, was soll das für eine Kunst sein, deren Priester wie Dilettanten denken?

Es gibt keine Kunst, die nicht Virtuosität erforderte, und es gibt kein Höchstmaß für diese Virtuosität. Der großartige französische Maler Degas sagte:

»Hast du ein Können für hunderttausend Francs, kauf dir davon noch für fünf Sous.«

Die Notwendigkeit, Erfahrung und Können zu vermehren, ist in der Theaterkunst besonders offensichtlich. Man bedenke: die Tradition in der Malerei wird in Museen und Sammlungen aufbewahrt; die Tradition der Literatur – in der Bücherei; der Reichtum der musikalischen Formen – in den Noten und Partituren. Ein junger Maler kann stundenlang vor einem Gemälde stehen, um das Kolorit eines Tizian, die Harmonie eines Velasquez oder die Zeichnung eines Ingres zu erfassen. Man kann immer und immer wieder die göttlichen

Zeilen eines Dante und die gestochenen Sätze eines Flaubert lesen und unter allen Gesichtspunkten das Schaffen von Bach und Beethoven studieren. Ein Kunstwerk aber, das auf der Bühne entsteht, lebt nur einen Augenblick, und er mag noch so schön sein, man kann ihn nicht zum Verweilen auffordern.

Die Tradition der Theaterkunst lebt allein im Talent und im Können des Schauspielers weiter. Die Unwiederbringlichkeit des Eindrucks, den der Zuschauer bekommt, umgrenzt das Theater als den Studienort für Theaterkunst. In diesem Sinn kann das Theater dem Schauspieler nicht das bringen, was ein Museum oder eine Bibliothek einem jungen Maler und Schriftsteller bringen können. Bei dem derzeitigen Fortschritt der Wissenschaft könnte man freilich versuchen, die Stimmen der Schauspieler auf Grammophonplatten zu bringen und ihre Gestik und Mimik auf der Leinwand wiederzugeben, womit hervorragender Lehrstoff für die angehenden Schauspieler geschaffen worden wäre. Doch nichts kann jene inneren Gänge des Gefühls, jene bewußten Wege zu den Toren des Unbewußten, die allein die wahre Grundlage der Theaterkunst bilden, festhalten und der Nachkommenschaft weitergeben. Das ist das Reich der lebendigen Tradition, die Fackel, die nur von Hand zu Hand weitergegeben werden kann, und dies nicht von der Bühne aus, sondern nur auf dem Wege des Unterrichts, durch Offenbarung von Geheimnissen und durch Anleitung zu hartnäckiger und selbstloser Arbeit auf diese Geheimnisse zu.

Der grundsätzliche Unterschied zwischen dem Schaffen eines Schauspielers und dem eines anderen Künstlers besteht darin, daß jeder andere Künstler dann schöpfen kann, wenn er inspiriert ist. Ein Bühnenkünstler aber muß seine Inspiration in der Hand haben und sie immer zu dem Zeitpunkt abzurufen wissen, der auf dem Theaterplakat angekündigt ist. Dies ist das Hauptgeheimnis unserer Kunst. Die vollendetste äußere Technik und die besten inneren Voraussetzungen sind sonst machtlos. Leider wird dieses Geheimnis peinlichst gehütet. Die großen Meister der Bühne haben sich, von wenigen Ausnahmen abgesehen, nicht nur nicht darum gerissen, es den jüngeren Kollegen preiszugeben, sondern es vielmehr hinter einem undurchdringlichen Vorhang gehütet, was entscheidend zum Untergang unserer Tradition beigetragen hat, ohne die unsere Kunst dem Dilettantismus verfallen muß. Aus dem Unvermögen heraus, einen bewußten Weg zum unbewußten Schaffen zu finden, unterlagen die Schauspieler dem fatalen Vorurteil, die seelische Technik sei zu verwerfen. So verharrten sie in oberflächlicher Handwerkelei und nahmen das hohle schauspielerische Befinden für bare Inspiration.

Einzelne wertvolle Gedanken und Ratschläge, die uns von Shakespeare, Molière, den beiden Riccoboni, Lessing, Schröder, Goethe, Talma, Coquélin, Irving, Salvini und anderen Gesetzgebern unserer Kunst überliefert sind, wurden nicht zu einem System, nicht auf den gemeinsamen Nenner gebracht, und darum bleibt das Fehlen von festen Grundsätzen in unserer Kunst, nach denen sich ein Lehrer richten könnte, eine unbestreitbare Tatsache. In Rußland, das alles, was ihm der Westen vermittelte, verarbeitet und eine eigene Nationalkunst geschaffen hat, ist das Fehlen der festen Grundsätze, die sie bewahren könnten, noch schmerzlicher spürbar. Trotz der Berge von Schriften und Büchern, der Referate und Vorträge über die Kunst, trotz der Suche der Erneuerer ist bei uns – abgesehen von einigen Bemerkungen Gogols und einzelnen Briefstellen bei Stschepkin – nichts geschrieben worden, was dem Schauspieler im Augenblick des Schaffens praktisch notwendig wäre und dem Lehrer bei seiner Begegnung mit dem Schüler als Richtlinie dienen könnte. Alles über das Theater Geschriebene ist entweder nur Philosophie, die manchmal interessant und schön von Resultaten spricht, die es in der Kunst zu erreichen gilt, oder Kritik, die sich in Mutmaßungen über die Brauchbarkeit der bereits vorhandenen Ergebnisse ergeht.

Diese Schriften sind zwar wertvoll und nützlich, helfen aber nicht bei der praktischen Arbeit, weil sie verschweigen, wie man zu den angegebenen Resultaten kommt und was auf der ersten, zweiten, dritten Stufe mit dem völlig unerfahrenen Schauspielschüler oder mit dem überaus erfahrenen und verdorbenen Schauspieler darzustellen ist. Welche Übungen in der Art des Solfeggio, welche Tonleitern, welches Arpeggio braucht der Schauspieler, um sein Gefühl und die Erlebnisfähigkeit zu entwickeln? Solche Übungen sollten mit Nummern versehen werden, wie in den Lehrbüchern, damit man in der Schule und zu Hause danach üben kann. Darüber schweigen alle Schriften und Bücher über das Theater. Es gibt keine praktische Anleitung, sondern nur zaghafte Versuche, über die zu reden entweder verfrüht oder überflüssig ist.

Auf dem Gebiet des praktischen Unterrichts gibt es so etwas wie mündliche Überlieferung, die von Stschepkin und seinen Nachfolgern herrührt, die ihre Kunst intuitiv erlernt, sie aber nie wissenschaftlich überprüft oder in einem konkreten System festgehalten haben. Es ist wohl überflüssig, darauf hinzuweisen, daß es kein System zur Erzeugung von Inspiration geben kann, so wenig es ein System gibt, nach dem man genial Geige spielen oder wie Schaljapin singen könnte. Solche Leute haben die Gabe vom Apoll erhalten, doch es gibt da ein winziges, aber wichtiges Teilchen, das für einen Chorsänger wie für Schaljapin gleichermaßen notwendig ist, denn sie beide verfügen über Lungen, Atmung, Nerven und Physis, die – bei dem einen mehr, bei dem anderen weniger vollkommen – dazu da sind, nach denselben menschlichen Gesetzmäßigkeiten Töne zu erzeugen. Auf dem Gebiet des Rhythmus, der körperlichen Ausdrucksfähigkeit, der Sprechgesetzmäßigkeiten, der Stimmschulung und der Atmung gibt es viel für alle gleichermaßen Verbindliches. Das trifft auch für das psychische und schöpferische Leben zu, denn alle Schauspieler empfangen die geistige Kost nach den Gesetzen der Natur, behalten das Empfangene im intellektuellen, affektiven und muskulären Gedächtnis, verarbeiten dieses Material in ihrer Phantasie und verleihen ihm den körperlichen Ausdruck gemäß den bekannten und verbindlichen natürlichen Gesetzen. Diese allgemeingültigen Gesetze der Kreativität, die sich unserem Bewußtsein offenbaren, sind nicht gerade zahlreich, und ihre Rolle ist wenig ehrenvoll, weil sie sich eher auf Dienstleistung beschränkt. Dennoch müssen diese Naturgesetze von jedem Schauspieler erlernt werden, denn nur mit ihrer Hilfe ist der unbewußte schöpferische Apparat, dessen Wesen uns wohl für alle Zeiten wunderbar bleiben wird, in Gang zu setzen. Je genialer der Schauspieler, desto größer und unerschließbarer ist sein Geheimnis, desto mehr technische Handgriffe braucht er, die auf die Tresore des Unterbewußten, wo die Inspiration schlummert, einwirken. Diese psycho-physischen und psychologischen Elementargesetze sind nach wie vor ungenügend erforscht. Das Wissen darüber und die auf der Forschung beruhenden praktischen Übungen, bezogen auf die Schauspielkunst, fehlen und machen unsere Kunst zu einem Stegreifspiel, das manchmal wirklich inspiriert, oftmals aber bis zur Handwerkelei mit ihren ein für allemal feststehenden Klischees und Schablonen erniedrigt ist.

Erforschen die Schauspieler ihre Kunst und deren Natur? Nein, sie lernen lediglich, wie eine Rolle zu spielen ist, nicht aber, wie sie organisch erschaffen wird. Die Handwerkelei zeigt dem Schauspieler lediglich, wie er die Bühne zu betreten und zu spielen hat. Die wirkliche Kunst aber lehrt, wie man bewußt die unbewußte Kreativität in sich anregt, damit diese zum unbewußten organischen Schöpfertum wird.

Die nächste Aufgabe und Etappe unserer Kunst ist ohne Zweifel die verstärkte Arbeit auf dem Gebiet der inneren Technik des Schauspielers. Welche Rolle kommt mir dabei zu? Die Situation von uns alten Leuten und Vertretern der früheren, sogenannten bürgerlichen Kunst, hat sich stark geändert. Frühere Kunst-Revolutionäre, finden wir uns am rechten Flügel der Kunst, der, einer alten Tradition entsprechend, vom linken Flügel angegriffen werden muß. Die Linken müssen schließlich auch Feinde zum Angreifen haben. Die Rollen, die wir spielen, sind weniger attraktiv als früher. Ich beklage mich nicht, sondern stelle nur fest. Jedem Lebensalter das Seine. Klagen wäre Sünde, wir haben ja nicht schlecht gelebt und dürfen außerdem dem Schicksal dankbar sein, daß es uns erlaubt hat, wenigstens mit einem Auge zu sehen, was nach uns, in der Zukunft kommt. Wir sollten uns bemühen, jene Perspektiven und Ziele zu begreifen, die die junge Generation anziehen. Es ist schon interessant, zu leben und zu beobachten, was sich in den jungen Köpfen und Herzen tut.

In meiner Lage aber möchte ich ungern folgende zwei Rollen spielen: die des sich jugendlich gebenden Greises, der den Jungen um den Bart geht und so tut, als sei er ihr Altersgenosse, als habe er den gleichen Geschmack und die gleichen Überzeugungen, der ihnen zu gefallen sucht und trotz der Atemnot, hinkend und stolpernd, ihnen hinterhertrottet, um ja nicht zurückzubleiben; und die entgegengesetzte Rolle eines überaus erfahrenen, allwissenden, unduldsamen geifernden alten Mannes, der nichts Neues gelten läßt und das Irren und Wirren seiner eigenen Jugend vergessen hat. In den verbleibenden Jahren meines Lebens möchte ich das sein, was ich wirklich bin, was ich den allgemeinen Naturgesetzen zufolge sein muß, nach denen ich mein Leben lang in der Kunst gelebt und gearbeitet habe.

Was bin ich also und was stelle ich dar im neuen, knospenden Theaterleben? Kann ich denn wie früher alles bis ins Feinste verstehen, was um mich herum geschieht und wovon die Jugend sich heute begeistern läßt?

Ich denke, daß ich vieles von den Bestrebungen der Jungen einfach organisch nicht zu verstehen vermag. Zu einem solchen Eingeständnis muß man schon den Mut haben. Sie wissen ja aus meinen Erzählungen, wie wir erzogen wurden, und vergleichen Sie jetzt unser Leben mit dem heutigen, das mit den Gefahren und den schweren Prüfungen der Revolution die junge Generation hart werden ließ.

Unsere Zeit war die des friedlichen Rußland, die Zeit des Wohlergehens für wenige. Die heutige Generation ist ein Produkt des Krieges, der Welt-Katastrophen, des Hungers, der Übergangszeit, der Zeit des Argwohns und des Hasses. Wir haben viele Freuden erlebt, die wir nur zu selten mit unseren Nächsten geteilt haben, und müssen heute für unseren Egoismus büßen. Die neue Generation hingegen kennt kaum Freuden, sie sucht nach ihnen, verschafft sie sich entsprechend den neuen Lebensbedingungen und bemüht sich auf ihre Art, die dem Privatleben verlorengegangenen jungen Jahre nachzuholen. Es steht uns nicht zu, sie deshalb zu verurteilen. Es ist vielmehr an uns, mit Interesse und Wohlwollen die Evolution des Lebens und der Kunst zu verfolgen, die sich vor unseren Augen naturgemäß vollzieht.

Es gibt aber ein Gebiet, wo wir noch nicht veraltet sind, ja im Gegenteil, mit zunehmendem Alter immer erfahrener und stärker werden. Hier können wir viel tun: wir können der Jugend mit unserem Wissen und den Erfahrungen helfen, denn die Jugend ist auf uns angewiesen, will sie Amerika nicht noch einmal entdecken. Das ist das Gebiet der inneren und der äußeren Schauspieltechnik, die gleichermaßen für alle verbindlich ist: für Junge und Alte, Linke wie Rechte, Frauen wie Männer, Begabte und Mittelmäßige. Richtig geschulte Stimme, Rhythmik, gute Diktion sind denjenigen, die einst »Gott sei des Zaren Schutz« gesungen haben, wie denjenigen, die heute die »Internationale« singen, gleichermaßen notwendig. In ihren natürlichen Grundlagen verlaufen die Prozesse der schauspielerischen Kreativität bei den Jungen genauso wie bei den Alten. Doch gerade angehende Schauspieler verrenken und verkrüppeln ihre Anlagen am meisten. Wir können ihnen helfen, sie davor warnen.

Es gibt außerdem ein weiteres Gebiet, wo unsere Erfahrung den Jungen nützlich sein kann. Wir wissen aus unseren Erlebnissen und nicht bloß aus Erzählungen und Theorien, was das ist – die ewige Kunst und der ihr von der Natur vorgezeichnete Weg. Wir wissen aber auch aus eigener Praxis, was eine modische Kunst mit ihren nicht weit bringenden Pfaden ist. Wir hatten die Gelegenheit, uns davon zu überzeugen, daß es einem jungen Menschen guttut, für eine Weile den ausgetretenen Weg, die sicher in die Ferne führende Chaussee zu verlassen, um sich auf einem Pfad in aller Unbekümmertheit zu ergehen, Blumen und Früchte zu pflücken, um die Hauptstraße wiederzugewinnen und seinen Weg fortzusetzen. Doch es ist gefährlich, den Weg, den die Kunst seit unerdenklichen Zeiten geht, völlig zu verlieren. Wer diesen ewigen Weg nicht kennt, ist verdammt, durch Sackgassen und Seitenpfade, die ins Dickicht, nicht in die lichte Weite führen, zu irren.

Wie kann ich nun der jungen Generation die Ergebnisse meiner Erfahrung mitteilen und sie vor Fehlern warnen, die von der Unerfahrenheit kommen? Blicke ich heute auf meinen Weg, auf mein Leben in der Kunst zurück, so möchte ich mich mit einem Goldsucher vergleichen, der erst lange durch unwegsames Dickicht irren muß, bevor er auf eine Goldader stößt. Dann macht er sich ans Waschen von unzähligen Zentnern Sand und Gestein, um wenige Körnchen des edlen Metalls zu gewinnen. Als Goldsucher kann ich der Nachkommenschaft nicht meine Mühen und Entbehrungen, Freuden und Enttäuschungen, wohl aber jenes kostbare Metall weitergeben, das ich gewonnen habe.

Ein solches Metall als Ergebnis meines lebenslangen Suchens auf dem Gebiet der Schauspielkunst ist mein sogenanntes »System«, die von mir aufgespürte Arbeitsmethode, die es dem Schauspieler ermöglicht, die Rollengestalt zu erschließen und darin das geistige Leben des Menschen offenzulegen und es auf der Bühne in einer künstlerisch schönen Form zu verkörpern.

Die Grundlage für diese Methode sind die von mir praktisch erfaßten Gesetze der organischen Natur des Schauspielers. Der Vorzug dieser Methode besteht darin, daß sie nichts enthält, was ich mir bloß ausdachte, sondern daß alles in der Praxis geprüft wurde, sei es bei mir selbst oder bei meinen Schülern. Sie ergab sich ganz natürlich aus meiner langjährigen Erfahrung.

Mein »System« besteht aus zwei Hauptteilen: 1) die innere und äußere Arbeit des Schauspielers an sich selbst und 2) die innere und äußere Arbeit an der Rolle. Die innere Arbeit an sich selbst besteht im Erarbeiten einer psychischen Technik, die es dem Schauspieler ermöglicht, das schöpferische Befinden in sich hervorzurufen, einen Zustand, bei dem sich die Inspiriertheit am einfachsten einstellt. Die äußere Arbeit besteht in der Vorbereitung des körperlichen Apparats auf die Verkörperung der Rolle und die genaue Wiedergabe ihres Innenlebens. Die Arbeit an der Rolle besteht im Studium des geistigen Gehalts eines dramatischen Werkes, jenes Kerns also, aus dem es entstanden ist und der seinen Sinn, der sich aus dem Sinn jeder Rolle zusammensetzt, bestimmt.

Der übelste Feind des Fortschritts ist das Vorurteil, es bremst und behindert die Entwicklung. Ein solches Vorurteil in unserer Kunst ist die Meinung, das dilettantische Verhalten des Schauspielers zu seiner Arbeit sei legitim. Gegen dieses Vorurteil will ich ankämpfen, wozu mir nur ein Mittel zur Verfügung steht: das, was ich in meiner Praxis erkannt habe, in Form einer schauspielerischen Grammatik mit praktischen Übungen darzulegen. Man mache diese Übungen, und die Ergebnisse werden auch die in die Sackgasse des Vorurteils Geratenen überzeugen.

Diese Arbeit ist mein nächstes Vorhaben, das ich im folgenden Buch zu verwirklichen hoffe.

Anhang

Unveröffentlichte Kapitel
und Fragmente

Zum Kapitel »Musik«

In Moskau traf die schmerzliche Nachricht Turgenjews ein, daß der geniale Nikolai Grigorjewitsch Rubinstein vor seinen Augen gestorben sei. Die sterblichen Überreste wurden zur Beisetzung im März oder April nach Moskau überführt, zu einer Zeit also, als man vor lauter Schlamm und Matsch die Moskauer Straßen kaum betreten konnte. Mein Cousin, der damalige Präsident der Russischen Musikgesellschaft und des vom Verstorbenen gegründeten Konservatoriums, bat mich, ihm bei den Formalitäten für die Beisetzung Rubinsteins behilflich zu sein. Als siebzehnjähriger Jüngling war ich vom Angebot geschmeichelt und durchaus nicht abgeneigt, öffentlich als Zeremonienmeister bei der Beisetzung eines so großen Mannes aufzutreten. Mir wurde die Aufstellung und die Führung der Abordnungen an der Spitze der Prozession übertragen. Ich eröffnete also den Aufzug. In diesem Zusammenhang mußte ich öfter in unterschiedlichen Angelegenheiten meinen Cousin, der für alles verantwortlich zeichnete, aufsuchen, um zum Beispiel die immer noch ungewisse Frage der Rente zu klären. Also rannte ich vom Kopf der Prozession zum Sarg, hinter dem mein Cousin ging; eine Strecke von mindestens einer Werst, die ich durch die Pfützen hindurch mit mittlerweile nassen Füßen zurückzulegen hatte. Ich war völlig erschöpft. Den Sarg überführte man in die Universitätskirche, wo die Totenmesse gehalten wurde. Am nächsten Tag aber stand eine noch längere Wanderung bevor: zum Friedhof eines außerhalb der Stadt gelegenen Klosters, eine Strecke, von etwa sieben oder gar zehn Kilometern. Es wurde daher beschlossen, daß die Ordnungshelfer zu Pferde kommen, und ich, der ich damals fürs Reiten schwärmte, war begeistert. Ich hatte ein außergewöhnlich schönes Reitpferd und dachte mir, wenn ich bis morgen das Trauergeschirr besorgen oder machen würde, so würde ich im schwarzen Kostüm und Zylinder mit dem Trauerflor alle in Entzücken versetzen. Der schauspielerische Trieb, in der Öffentlichkeit eine gute Figur zu machen, hatte mich leider auch damals schon in der Hand.

Am nächsten Tag ritt ich auf dem schönen Pferd mit dem Trauergeschirr aus und stellte mich, mit schwarzen Stiefeln, einem langen schwarzen Mantel und einem Zylinder angetan, an die Spitze der Prozession, die sich alsbald in Bewegung setzte. Mein Pferd tänzelte, und ich fand mich überwältigend. Kurz danach wurde ich von zwei berittenen Gendarmen flankiert und kam mir wie verhaftet vor. Der Eindruck war hiermit spürbar verringert.

»Wer ist denn das?« fragte man in der Menge, die auf der Straße Spalier stand. »Na der da, der Schwarze auf dem Pferd, zwischen den Gendarmen?«

»Ist doch dem sein Pferdeknecht. Und das Pferd ist von dem Toten, drum ist er drauf!« – »Ach wo, der ist vom Bestattungsamt, der Oberlakai hier!«

Ohne im geringsten zu ahnen, welchen Eindruck ich machte, und ohne zu argwöhnen, daß alle anderen Ordnungshelfer auf Verabredung zu Fuß gekommen waren, befand ich mich in einer idiotischen Lage und wurde im Nachhinein längere Zeit Zielscheibe für Witze, Aperçues und Karikaturen. Begegnete man mir, so sagte man: »Ach, das ist doch der Schwarze auf dem Pferd!«

Das war nicht mein erstes Fiasko in der Öffentlichkeit, und so wurde ich berühmt.

Zum Kapitel »Erfolg in eigener Sache«

»Das Dorf Stepantschikowo«

… wurde die dürftige Komödie Djatschenkos »Der Gouverneur« ausgesucht. Wie kam es zu dieser Wahl? Ich gestehe: dadurch, daß ich mich damals für das französische Theater und vor allem für die Comédie Française begeisterte und davon träumte, eine Rolle in Französisch zu spielen. Ich wußte nur nicht, wo und wie. Die Rolle des Gouverneurs war zur Hälfte in gebrochenem Russisch, zur anderen Hälfte in Französisch geschrieben. Sei's drum: wenn schon nicht das ganze Stück, so doch wenigstens eine Rolle. Schon zuvor beherrschte ich bis zu einem gewissen Grade das gebrochene Russisch und recht anständiges Französisch. Das eine wie das andere gibt der darzustellenden Person bereits eine charakterliche Färbung. Außerdem hatte ich für diese Rolle einiges Material aus der Zeit meiner Beschäftigung mit der Operette, mit dem Repertoire von Judic sowie aus einer Reihe von Rollen, die ich in diesem Genre gespielt hatte. Die französische Gestik, die für Franzosen typischen Haltungen und Manieren lagerten in meinen Muskeln, Ohren und Augen und harrten einer Anwendung. Früher, als wir in Russisch gespielt hatten, strebten wir die Illusion der französischen Rede und des äußeren Auftretens der Franzosen an. Um so leichter war es, dieses Ziel in der französischen Sprache zu erreichen, die ja von sich aus den richtigen Rhythmus, das richtige Tempo und die genauen Akzente und Handlungen vorgibt, die man gewöhnlich mit ihr verbindet. Aufgrund meiner häufigen Besuche in den Pariser Theatern hatte ich alle Intonationen und stimmlichen Wendungen der besten Schauspieler der Comédie Française genau im Ohr. Außerdem hatte ich ein ständiges lebendes Modell eines Franzosen um mich: den Korrespondenten unseres Fabrikkontors, mit dem ich mich für diese Zeit schnell anfreundete. An Material für die Rolle mangelte es also nicht.

In keiner anderen Rolle fühlte ich mich so frei, fröhlich und leicht. Ohne an die Gestalt zu denken, spielte ich sie bereits instinktiv aus dem richtigen Befinden auf der Bühne heraus. Das war vielleicht das erste Mal, daß die äußere Gestalt instinktiv von innen heraus entstand. Vielleicht hatte sich das französische Blut meiner Großmutter gemeldet? Wer weiß. Unzweifelhaft war aber, daß ich in der Rolle vom Charakterlichen ausging, was wieder einmal zum großen Erfolg der Inszenierung führte. Ich liebte diese Rolle, die Vorstellungen machten mir Spaß, und so kam ich offenbar doch für gewisse Zeit aus der Sackgasse auf den richtigen Weg.

Zum Kapitel »Othello«

... Sein [Salvinis] Othello ist eigentlich gar kein Othello, sondern ein Romeo: außer der Desdemona sieht er nichts und denkt an nichts anderes als an sie, er vertraut ihr grenzenlos, so daß man staunen mußte, wie Jago es fertigbringen konnte, diesen Romeo in einen eifersüchtigen Othello zu verwandeln. Wie will man die Einwirkungskraft Salvinis vermitteln! Vielleicht in Bildern, das ist leichter.

... Das Schaffen Salvinis auf der Bühne ist ein Monument aus Bronze. Einen Teil ... hat er gleichsam im Monolog vor dem Senat gegossen. In anderen Szenen und Bildern goß er die übrigen Bestandteile. Alle zusammen ergaben sie ein Monument der menschlichen Leidenschaft: der Eifersucht, die sich aus der Liebe eines

Romeo, dem grenzenlosen Vertrauen, der verletzten Liebe, dem edlen Entsetzen, der Empörung und der unmenschlichen Rache zusammensetzte ... Wir wußten jedoch nicht, daß alle diese Komponenten derart klar, bestimmt und fühlbar waren, daß sie sich untersuchen ließen. Salvini zeigte uns alle Teilchen seiner Bronze, die uns vordem vage, flüchtig und verschwommen erschienen waren, so, als seien sie im durchsichtigen Äther unseres Traums aufgelöst. Doch wie viele andere, nicht wiederzugebende, tiefere und vagere Gefühle und Erinnerungen erzeugte diese schwere und grobe Bronzefigur!

Salvinis Othello ist ein Monument, ein unabänderliches Gesetz für alle Zeit.

K. D. Balmont sagte einst: »Man schaffe für die Ewigkeit, ein für allemal!«

Genau so schuf Salvini: »Für die Ewigkeit, ein für allemal!«

Nach dem Monolog vor dem Senat hatte Salvini für eine Sekunde, bei der Begegnung mit Desdemona, gezeigt, bis zu welcher Vertrauensseligkeit und knabenhaften Verliebtheit ein bedeutender, tapferer und nicht mehr junger Krieger gehen kann, und hiermit die Pforten seines künstlerischen Paradieses geöffnet. Sofort und für immer gewann er unser Vertrauen, und wir stürzten uns gierig auf die Stellen und Worte, die Salvini uns zu merken und zu behalten befohlen hatte.

An einer einzigen Stelle nur gab er uns die Sporen, offenbar, damit unsere Aufmerksamkeit nicht nachließ: in der Szene auf Zypern, als er gegen Cassio und Montano ins Feld zog. Er blickte derart furchterregend mit seinen großen Augen, griff mit einer rein orientalischen Behendigkeit zum Jatagan und ließ es so schnell im Schwung durch die Luft blitzen, daß wir sofort begriffen, mit dem Othello, der mit diesen Händen seit seinem siebten Lebensjahr auf den Lagerfeldern zu arbeiten gewohnt war, ist nicht zu spaßen.

Wir begriffen auch, weshalb er »von alledem, was in der Welt geschieht, von Kriegen und von Schlachten nur zu reden wisse ...«

Der dritte Akt fing an. Die banalste Operndekoration in der Art des alten Bolschoi Theaters. Enttäuschend, bis Salvini die Bühne betreten hatte, um seine Desdemona zu bewundern, zu liebkosen und zu necken. Mal schien es, als seien es zwei verliebte Grünschnäbel, mal sah man einen Greis, der mit väterlicher Zärtlichkeit die Haare seiner Enkelin streichelte, mal war es ein vertrauensseliger Ehegatte, der nur dazu geschaffen schien, von Frauen betrogen zu werden. Er hat nun wirklich keine Lust, sich von Desdemona zu trennen und sich den Geschäften zuzuwenden ... Sie verabschiedeten sich sehr lange und sprachen dabei mit den Augen und unerdenklichen kabbalistischen Zeichen der Verliebten über ihre uns unzugänglichen Geheimnisse. Und als Desdemona ging, blickte Othello ihr so gefesselt nach, daß der arme Jago es schwer hatte, die Aufmerksamkeit des Generals von seiner Gattin auf sich zu lenken. Es schien, Jago würde Othello nicht mehr für sich gewinnen können, so sehr war jener von der Liebe zu Desdemona erfüllt. Othello streifte nur mit seinem Blick die Geschäftspapiere und befingerte träge die Gänsefeder, weil es ihm zu wohlig zumute war, als daß er sich den langweiligen Dingen hätte widmen können. Ihm ist nach Müßiggang zumute, darum schwatzt er mit Jago.

Haben Sie schon mal gesehen, wie ein General aus Langeweile mit seinem Adjutanten herumalbert? Dieser der Familie nahestehende Mensch ist in alle Geheimnisse seines Herrn eingeweiht. Mit ihm macht man keine Umstände, doch man hört sich gern seine Meinungen und Ratschläge an, spaßeshalber meist, freilich. General Othello pflegte auch mit seinem treuen, guten und in ihn verliebten Jago in den ausgelassenen Minuten zu scherzen. Othello ahnte nicht, daß er es mit einem Satan zu tun hatte, der ihn haßte und sich an ihm rächte.

Die ersten Anspielungen Jagos auf eine Untreue Desdemonas erheitern den Othello-Salvini aufrichtig. Doch Jago verzagt nicht, er hat ja einen Plan, der das Opfer stufenweise in die Hölle der Eifersucht führt. Anfangs stutzte zwar Othello, der auf einen Gedanken stieß, den er für unmöglich gehalten hatte, faßte sich aber sofort, weil ihm seine Verblüffung lächerlich erschien. Das Unglaubliche des Verdachts erheiterte ihn sogar, weil ihm so etwas gar nicht passieren kann. Desdemona ist ja so rein. Dennoch steht Othello, ohne es zu ahnen, seinem Untergang bereits eine Stufe näher, und das gibt Jago die Möglichkeit, ihn noch tiefer zu stoßen. Über die neue Mutmaßung Jagos in Bezug auf Desdemona denkt Othello nun länger und ernsthafter nach, da sie ihm realer, glaubwürdiger erscheint. Diesmal fällt es ihm schwerer, den ihm aufgezwungenen Gedanken zu verscheuchen und zum früheren Zustand der Glückseligkeit zurückzufinden. Nachdem es ihm gelungen ist, klammert er sich um so gieriger an sein ins Schwanken geratenes und zu entschwinden drohendes Glück. Dann erwächst vor Othello eine noch glaubwürdiger erscheinende Mutmaßung. Sobald er sich davon vergiften läßt, tischt ihm Jago eine weitere durchaus denkbare Sache auf und daraufhin eine logische Schlußfolgerung, der man sich nicht verschließen kann. Der Verdacht fängt bereits an, zur Überzeugung zu werden, es fehlt nur noch an einem greifbaren Beweis. Die Treppe, die der Othello Salvinis vor den Augen der Zuschauer von den Höhen der Glückseligkeit in die Tiefen der mörderischen Leidenschaft hinabstieg, baute Salvini mit einer derartigen Genauigkeit, unerbittlichen Konsequenz und unwiderstehlichen Überzeugung, daß der Zuschauer alle Wendungen der leidenden Seele Othellos sah und von ganzem Herzen mit ihm fühlte.

Jede weitere Begegnung mit Desdemona ruft in ihm nun nicht mehr die frühere Freude, sondern quälende Zweifel hervor. Wenn alles Lüge ist, und du bist so schön und rein, so bin ich dir gegenüber ein Verbrecher, der zu büßen und dich zehnmal mehr zu lieben hat. Stimmt aber, was Jago sagt, und du bist ebenso verlogen wie schön, weil du deine seelische Häßlichkeit hinter der himmlischen Schönheit verbirgst, dann bist du ein Ungeheuer, wie es die Welt noch nicht geboren hat, und ich muß dich zertreten. Wo soll ich die Antwort auf diese Frage finden, die jetzt, sofort gelöst sein muß? Ich will dich küssen und habe Angst, mich zu beschmutzen; ich will lieben, muß aber hassen. Diese immerzu ansteigenden Zweifel Othellos erreichen Ausmaße, daß man um ihn bangen muß. Es tut weh, sehen zu müssen, wie er zum Befremden Desdemonas, die ihn umarmen und seinen kranken Kopf berühren wollte, angeekelt von ihr wegspringt, um gleich darauf diese beleidigende Regung zu bereuen und sie wiedergutmachen will. Seine Zärtlichkeit verzehnfacht sich, er streckt die Arme nach Desdemona aus, um sie wie ehedem an seine Brust zu drücken. Sie nähert sich ihm, doch sein Zweifel kommt wieder, und er bremst sie, um noch einmal zu prüfen, ob er nicht vielleicht doch betrogen wird. Othello flieht sie oder vielmehr seinen inneren Kampf und den seelischen Zwiespalt. Im nächsten Bild erscheint Othello wie von glühender Lava in seinem Innersten erfüllt; sein Körper lodert, er leidet nicht nur seelisch, sondern auch physisch, und sucht dem Schmerz zu entfliehen. Voller Unrast stürzt er sich auf alles, was ihm eine Linderung verspricht. Wie ein Jüngling weint er beim Abschied von seinem Regiment, vom treuen Kampfroß, von den Kanonen und dem kriegerischen Leben. Er versucht, diesen brennenden seelischen Schmerz in Worte zu fassen, jenen Schmerz, den wir Zuschauer mit ihm miterleben. Doch alles ist vergeblich. Othello sucht in der Rache Schmerzlinderung und greift sich das einzige Opfer, das vor seinen Augen steht: er wirft Jago auf den Boden, springt mit einem Satz auf ihn, drückt ihn nieder, hebt den Fuß, um Jago wie eine Natter zu zerdrücken, doch hält plötzlich inne, schämt sich, wendet sich beiseite und reicht ihm, ohne Jago anzublicken, die Hand, hebt ihn auf, stürzt sich nun selber auf die Ottomane und heult, wie nur ein Steppentiger, der sein Weibchen verloren hat, heulen kann. In solchen Minuten wird die Verwandtschaft Salvinis mit einem Tiger augenscheinlich. Mir wurde klar, daß ich schon früher – in seinen Umarmungen der Desdemona, in den katzenhaften Gebärden während der blumigen Senatsrede, aber auch in seinem Gang – bestimmte Haltungen eines Raubtiers erahnt hatte. Dieser Tiger aber konnte zu einem Kind werden: ganz kindlich flehte er Jago an, ihm weitere Qualen zu ersparen und ihm Gewißheit – sei es auch das Schlimmste – zu geben, um dem Zweifel ein Ende zu setzen und einen Fixpunkt zu haben.

Der Racheschwur Othellos wird zur Zeremonie der ritterlichen Weihe: man denkt an einen Kreuzritter, der den Schwur leistet, die Welt davor zu bewahren, daß Heiligtümer verspottet und besudelt werden. Hier ist Salvini monumental.

Masochistisch freut sich Othello über den stichhaltigen Beweis – das Tuch in Cassios Händen: das ist die Lösung der qualvollen Frage und der Schlußpunkt. Wir sehen, welche Überwindung es ihn kostet, sich nach dieser Entscheidung noch zu beherrschen. Doch auch das gelingt ihm nicht immer. In der Szene mit Emilia zum Beispiel greift er mit seiner Tigertatze nach ihr, so als wollte er ein Stück Fleisch dieser Kupplerin, die in seinen Augen eine der Hauptschuldigen ist, herausreißen. Nun wird die Selbstbeherrschung im Beisein des venezianischen Gesandten Lodovico gänzlich unmöglich. Wir spürten die glühende Lava durch den Hals Othellos in seinen Kopf steigen, und die Katastrophe brach aus: Erstmals schlug er diejenige, die er vergöttert hatte, die ihm nun die Verhaßteste geworden war.

Unmöglich zu beschreiben, wie Othello sich an die schlafende Desdemona heranschlich, vor seinem eigenen Mantel erschrak, der über den Boden schleifte, wie er sich an der Schlafenden nicht satt sehen konnte und beinahe, aus Angst vor der Ungeheuerlichkeit, vor seinem Opfer geflohen wäre. Es gab Augenblicke, in denen das Publikum wie ein Mann von seinem Platz aufstand, so hoch war die Spannung. Als Othello den Hals der Geliebten zudrückte; als er mit einem einzigen Hieb seines Jatagans Jago niederstreckte – da erlebte ich wieder den bengalischen Tiger, dem Salvini in Behendigkeit, Eleganz und Energie in nichts nachstand. Aber als sich Othello

seines fatalen Irrtums bewußt geworden war, wurde er zu einem verunsicherten Knaben, der zum erstenmal den Tod sieht. Nach den
Worten aber, die er vor der eigenen Hinrichtung gesprochen hatte,
wurde er wieder ein Soldat, der den Tod von Angesicht zu Angesicht
kennt und ihn in der letzten Minute seines Lebens nicht fürchtet.

Alles, was Salvini tat, war schlicht, klar, schön und ungeheuer!

Ich weiß nicht, ob Salvini seinen Othello só auffaßte. Doch ich
wollte ihn so sehen, vielmehr, ich wollte einen solchen Othello selber
spielen.

Ernst Possart

Paradies gründete ein deutsches Theater in Moskau. Dort gaben die
besten deutschen und österreichischen Schauspieler Gastspiele: Barnay, Possart, Haase, Sonnenthal und andere. Zeitweise stand das
Theater im Mittelpunkt des allgemeinen Interesses, vor allem während der Gastspiele von Possart und Barnay.

Possart war Schauspieler im besten wie im schlechtesten Sinne
des Wortes. Barnay war ein schöner Mensch mit einer poetischen
Seele.

»Mein Organ ist mein Kapital!« pflegte Possart pathetisch zu sagen. Er war sehr um seine Stimme besorgt und legte für sie eine besondere Hygiene fest: seine Speisen und Getränke durften weder kalt
noch heiß sein. Zur Überprüfung der Temperatur trug er ein Thermometer bei sich, dessen er sich beim Essen bediente. Wurde eine
Suppe gereicht, steckte er das Thermometer hinein und wartete, bis
die Suppe abgekühlt war. Das gleiche bei Wein: fand er ihn zu kalt,
so hielt er das Glas lange in der Hand, um es anzuwärmen. Was an
diesen Vorsichtsmaßnahmen notwendig und was aufgesetzt war,
wage ich nicht zu beurteilen.

Die Stimme Possarts war in der Tat nicht nur von Natur aus
prachtvoll, sondern auch großartig trainiert und geschult. Ein riesiges Register, das Organ klang- und kraftvoll. Bedauerlich war nur
das überflüssige und unangenehme Lispeln. Schade auch, daß Possart seine herrliche Stimme nicht dazu benutzte, schlicht, edel, kraftvoll und schön Gedanken und Gefühle auszudrücken, sondern
klangvolle Monologe nach allen Regeln der verlogenen deutschen
Deklamation im Singsang vortrug. Er genoß selbst seine Stimme und
zwang sie dem Publikum auf. Hatte er das nötig? Er sollte Gott

danken, daß er eine derartige Stimme hatte, und sich ihrer einfach bedienen. Eine gute Stimme wird schon für sich selbst sorgen. Zwingt man anderen Gutes auf, so schmälert man es. In den Höhepunkten der darzustellenden Leidenschaft griff Possart zum übertriebenen konventionell-deklamatorischen Singsang, sicher um das Fehlen der eigentlichen seelischen Regung zu kompensieren. Darum war sein Spiel in Tragödien zwar auf bestimmte Weise schön und klug, doch es hauchte immer Kühle. So etwas geschieht stets, wenn man die Technik um ihrer selbst willen einsetzt.

Ich habe Possart unzählige Male in tragischen Rollen gesehen, doch ist mir nichts davon in Erinnerung geblieben bis auf eines: daß auch er das Ewige wenn nicht erschaffen, so doch durch Sprache umreißen konnte, freilich nicht »ein für allemal«, doch zumindest mit Sicherheit jedesmal. Das brachte ihn in die Nähe anderer großer Schauspieler.

In der Komödie hingegen war Possart blendend: außerordentlich schlichte, elegante und feine Charakterzeichnung. Im »Freund Fritz« von Erckman-Chatrian, wo er den gutmütigen und freundlichen Rabbiner spielte, schuf er eine Figur, die man einfach bewundern mußte, und die für alle Zeiten in meinem Gedächtnis und in der Seele bleiben wird. In Björnsons Stück »Fallissement« spielte er in einem einzigen Bild die Rolle eines gerissenen und klugen Advokaten, der einen Geschäftsmann überredet, Bankrott zu machen. Eine gleichermaßen unvergeßliche Gestalt. Auch als Jago war er gut, wenn man von den tragischen Szenen absieht. Wo er aber eine Charaktergestalt schuf und soldatisch-vulgär ein Lied sang, war Possart großartig. Ich glaube, er war ein vorzüglicher Charakterschauspieler, denn er behandelte auch die tragischen Rollen vom Charakterlichen her. Hätte er sich nur auf die ihm gemäßen Charakterrollen beschränkt, so wäre er noch größer in unserer Kunst gewesen. Das ist es ja eben: um als Schauspieler von Weltrang zu gelten, muß man um jeden Preis Tragöde sein. Diese Ansicht ist ebenso absurd, wie wenn man behaupten würde, um eine schöne Frau zu sein, müsse man schwarze Haare tragen. Possart besaß eine erstaunliche Fähigkeit der äußerlichen Verwandlung. Er schminkte sich mit besonderen Farben und auf eigene Weise. In den klassischen Rollen trug er ausgezeichnet gearbeitete Wattepolster an den Armen und Beinen, in anderen Rollen schminkte er großartig die nackten Arme.

Possarts Gastspiel fiel mit meiner Suche nach einem Schauspiellehrer zusammen. Als ich gehört hatte, daß der große Schauspieler bereit war, einem Bekannten von mir Schauspielunterricht zu erteilen, lief ich zu Possart, der mich als seinen zeitweiligen Schüler annahm und sofort mit dem Unterricht begann. Als erstes ließ er mich einige Monologe in Russisch vortragen. Dazu sagte er nichts und befahl mir, bis zum nächstenmal ein deutsches Gedicht auswendig zu lernen. Angesichts meines schlechten Gedächtnisses und miserabler Deutschkenntnisse war das keine leichte Aufgabe. Mit Müh und Not hatte ich es mir doch eingepaukt und ging zu Possart.

Er empfing mich trocken, ging gleich zum Klavier und nahm einige Akkorde.

»Dieses Werk muß in C-Dur gelesen werden«, erklärte er. »Dann geht es in d-moll über; hier sind die Achtel-Töne, hier die ganzen.«

Er legte mir seine Theorie dar, die auf der Musikalität fußte, und demonstrierte seine Gedanken auf dem Klavier. Ich gestehe, ich verstand ihn schlecht aufgrund meines unzulänglichen Deutschs. Ich gab den Unterricht auf, außerdem verließ Possart bald danach Moskau.

Meine letzte Begegnung mit dem großen Schauspieler fand in München, im Prinzregententheater, dessen Oberintendant Possart war, statt. Ich war in diesem prachtvollen Theater zu den Wagner-Festspielen und begegnete in einer Pause meinem ehemaligen Lehrer. Possart erwiderte meine Verbeugung nicht, offenbar, weil er mich nicht erkannte oder meinen Gruß übersah.

Im Theater traf ich einen Moskauer Bekannten, der sich als ein Stammgast des Hauses erwies und mir versprach, eine Besichtigung des Theaters und der Bühne zu ermöglichen, was für mich von Interesse war, weil ich an den Bau eines eigenen Theaters in ferner Zukunft dachte. Also gingen wir zusammen zu Possart. Er erkannte meinen Freund sofort und begrüßte ihn mit vorzüglicher Liebenswürdigkeit.

»Ich darf Ihnen meinen Freund und Landsmann und Ihren Verehrer, Herrn Alexejew-Stanislawski vorstellen.«

Possart verbeugte sich außerordentlich freundlich, ohne mich wiedererkannt zu haben, und wir begrüßten uns.

»Herr Stanislawski ist Direktor des bekannten Moskauer Theaters der Gesellschaft für Kunst und Literatur und spielt auch selbst.«

Nach diesen Worten geschah etwas mit Possart, wofür ich bis heute keine Erklärung habe. Mit einemmal war er verwandelt, stellte sich in eine betont theatralische Pose, die selbst auf der Bühne affektiert gewirkt hätte. Man kennt zur Genüge diese Schauspielerpose, die Überheblichkeit und Gewichtigkeit ausdrücken soll: eine Hand hinter dem Rücken, die andere im Westenausschnitt, stolz gehobener, etwas nach hinten geneigter Kopf, von oben herabblickende Augen.

»Herr Stanislawski bittet um Ihre Erlaubnis, das Theater und die Bühne besichtigen zu dürfen«, fuhr mein Bekannter, ebenso verblüfft wie ich, fort.

»Dasss kannn nicht seinnn!« antwortete der große Schauspieler.

Seine abschlägige Antwort konnte ich noch begreifen: man darf schließlich nicht jedem, der etwas mit dem Theater zu tun hat, seine Bühnengeheimnisse vorführen. Doch was sollte die affektierte Pose und die deklamatorische Sprechweise mit mehreren »n« am Schluß des Satzes?

Possart war für mich das Beispiel eines arbeitsamen, intelligenten Schauspielers. Er zeigte, was man mit Hilfe der Technik erreichen kann, wenn nicht in der Tragödie, so doch auf dem Gebiet der gehobenen Komödie.

Die Inszenierung mit der Klasse von M. N. Klimentowa

M. N. Klimentowa-Muromzewa war seinerzeit eine bekannte Opernsängerin, die sich gegen Ende ihrer Laufbahn der pädagogischen Tätigkeit widmete … Ich machte mit ihren Schülerinnen und Schülern eine öffentliche Aufführung mit mehreren Opernszenen. Dank ihrer Popularität und ihres Einflusses konnte die Muromzewa eines der besten Theater Moskaus mitsamt dem Chor und dem Orchester für die von ihr veranstaltete Aufführung bekommen. Also mußten die armen Chorsänger, statt sich auszuruhen, zu Proben mit ihnen gänzlich unbekannten Schülern und dem damals kaum bekannten Sonderling, als welcher ich galt, antanzen. Ihre Einstellung zur Arbeit konnte man begreiflicherweise schwerlich mustergültig nennen. Wir probten die Szene »Vor dem Kloster« aus der in Rußland berühmten Oper Glinkas »Ein Leben für den Zaren«. Der legendäre russische Held, der Bauer Sussanin, rettete den Zaren vor den Polen, indem er diese in undurchdringliche Wälder führte, wo er zusammen mit den Feinden erfror. Währenddessen ritt sein kleiner Sohn Wanja zum Kloster, wo sich der Zar mit seinem Hofstaat versteckt hielt. Der Junge, der gerade die eisernen Klopfringe am Klostertor erreichen konnte, klopft mit aller Kraft an das Tor, um das Kloster zu alarmieren und die Mönche zu wecken. Zwischendurch betet er vor einer

Ikone oder hockt zusammengerollt und frierend vor dem riesigen Tor. Die Sängerin, die den Jungen spielte, war klein und trug einen viel zu großen Fellmantel und eine gleichfalls zu große Fellmütze mit heruntergelassenen und unterm Kinn zusammengebundenen Ohrenklappen. Ihre kleine, zu einem Klümpchen geschrumpfte Figur vor dem Klostertor, die auf die Ikone und das Öllämpchen davor gerichteten kindlichen Augen ergaben inmitten des Walddickichts und vor dem Hintergrund der weißen Klostermauern ein beeindruckendes Bild. Die berühmte Arie in dieser Szene erhielt hiermit eine passende Ergänzung und Illustration. Endlich wurde die Stimme des Kindes gehört, das Kloster wachte langsam auf: der Wächter kam, dann ein zweiter Mönch, ein dritter. Man weckte den Zahlmeister und den Weihbrotbäcker; Mönche, Bettler, Krüppel, Büßer und das Gefolge des Zaren kamen angelaufen; schließlich erschien der Prior. Der Junge sprang auf einen Baumstumpf, um etwas höher als die Schar der Mönche zu stehen, und berichtete in einer großartigen Arie aufgeregt und zitternd von der drohenden Gefahr.

Die schwarze strenge Masse der Mönche vor dem Hintergrund der weißen Klostermauern und des Schnees war vom Kontrast und Arrangement her sehr eindrucksvoll, was ja auch Sinn der Sache war.

Während der Probe, als der Chor einsetzen sollte, dessen Sänger hinter den Kulissen warteten und sich die Zeit mit Klatsch vertrieben, kam kein Einsatz. Vom Regiepult aus brüllte ich:

»Chor der Mönche, Einsatz!«

Ich vernahm ein Kichern.

Ich wiederholte meinen Befehl.

Aus dem Kichern wurde ein lautes Lachen.

Ich stürzte hinter die Kulissen.

»Was ist hier los?« fragte ich. »Warum tritt der Chor der Mönche nicht auf?«

Nun prusteten alle los und hielten sich vor Lachen die Bäuche.

Ich verstand überhaupt nichts mehr.

Aus der Gruppe der Chorsänger kam ein alter, erfahrener und sicher von allen geachteter Sänger, der ganz bestimmt wußte, wie eine solche Oper zu spielen sei, auf mich zu: ein Sänger aus Böhmen, der Russisch mit Akzent sprach. Feindselig und schadenfroh klärte er mich Unwissenden auf:

»Mir sin kane Menche, Bauren simma.«

»Was denn für Bauern?« fragte ich.

Er wiederholte: »Net Menche, sondern Bauren.«

»Ja, wer lebt denn eigentlich im Kloster?« fragte ich verwundert.

Der singende Böhme erstarrte, sein Gesicht bekam einen schmerzlich tragischen Ausdruck.

»Menche«, quälte er aus sich heraus.

»Wer tritt also aus dem Kloster?«

Der Chor stand völlig verdattert da. Man blickte sich an und zuckte die Achseln. Man hörte nur noch ein verwundertes Raunen: »Mönche – Mönche – Mönche!«

Nun erfuhr ich, daß es vor undenklichen Zeiten, bei der Erstaufführung der Oper, verboten wurde, Mönche, Popen und sonstige kirchliche Würdenträger auf der Bühne auftreten zu lassen. Staatlich gestützte Theater betrachtete die Zensur als eine Gotteslästerung, und so wurde im Klavierauszug, in den Partituren und Texten das Wort »Mönche« durch das Wort »Bauern« ersetzt, zumal die Erstausgabe im Ausland erschienen war und der Autor des Librettos der russischen Nationaloper außerdem ein Ausländer war. Und seitdem trat aus dem Kloster ein Chor der Bauern heraus. Das Erstaunlichste war, daß die Verblüffung nicht nur den Chor, sondern auch die Theaterverwaltung ergriff, als ihr meine Bestelliste für eine bestimmte Anzahl von Mönchskostümen übergeben wurde. Die Theaterverwaltung wies mich in einem offiziellen Schreiben giftig darauf hin, daß für die Oper »Ein Leben für den Zaren« keine Mönchskostüme erforderlich seien. Darauf verfaßte ich meinerseits ein offizielles Schreiben, in dem ich bat, mir freundlicherweise mitzuteilen, wer nun in russischen Klöstern lebe – Mönche oder Bauern. Ich habe mir sagen lassen, daß diese Frage eine ähnliche Verdatterung bewirkte wie bei den Chorsängern.

Zum Kapitel
»Anstelle von Intuition und Gefühl – Naturalismus«

»Julius Cäsar«

Von den Errungenschaften auf dem Gebiet des Bühnenbilds muß noch die Darstellung des Sturms mit fliehenden Wolken, Blitz und prasselndem Regen erwähnt werden, weil man das damals auf den Moskauer Bühnen noch nie gesehen hatte. Im zweiten Akt schufen wir den effektvollen Garten einer Vorstadtvilla mit dem Blick auf Rom und der langsam einsetzenden Morgenröte. In der Szene im Forum, vor dem riesigen Standbild Pompejus', war es uns gelungen, das Entstehen der Verschwörung, die wachsende Spannung und Ungeduld der Verschwörer inmitten der trägen Masse der ahnungslosen Senatoren ins Bild zu setzen. Interessant war auch die Szene im Biwak, wo man mehrere Zelte zugleich sah, wobei die Personen von einem Zelt ins andere liefen, wie es die Handlung verlangte. In derselben Szene ließen wir vermittels einer sinnreichen Spiegelkonstruktion den Geist Cäsars erscheinen. Überhaupt wurde in die Ausstattung außergewöhnlich viel Arbeit und Erfindungsgeist investiert.

Es war eine Gepflogenheit in unserem Theater, daß nach den Generalproben am Vortag der Premiere das Stück noch einmal am Tisch gelesen wurde. So auch vor der Premiere von »Julius Cäsar«. Bei dieser letzten Lesung herrschte eine außergewöhnliche Hochstimmung. Wir hatten alle den Eindruck, nicht nur die äußere Hülle, sondern auch die inneren Aufgaben gefunden zu haben, mit denen wir in einem Shakespeare-Stück ebenso natürlich leben konnten wie in den Stücken Tschechows. Was mich jedoch betraf, so hatte ich während der ersten Vorstellungen jenes innere Leben leider nicht erhalten können. Die Gründe waren vielfältig: vor allem das für mich immer noch gefährliche »Opern«-Kolorit, das heißt Mäntel, Togen, hübsche Drapierungen, Posen und dergleichen. Mitverantwortlich für meine Unfähigkeit, »die Wahrheit der Leidenschaften in den vorgeschlagenen Situationen« zu finden, war die Tatsache, daß jedes Detail der Ausstattung, jeder Winkel der Dekoration auf der Bühne und dahinter gewissermaßen mit Schweiß getränkt war und an die langwierige und harte Arbeit erinnerte, kurzum, nicht zur Entstehung eines echten Empfindens beitrug, ja es sogar zerstörte. Als wir mit der Inszenierung in Petrograd gastierten, verlor sich dieses Gefühl auf der fremden Bühne, die Dekorationen waren mir nicht mehr vertraut, und die Echtheit des inneren Lebens auf der Bühne stellte sich in mir wieder ein. Ich fing an, wesentlich besser zu spielen, und bekam günstigere Kritiken. Überhaupt muß man sagen, daß es sehr schwierig ist, die Rolle, nachdem sie einmal gespielt ist, weiterzupflegen. Sehr viele von unseren Darstellern gingen allmählich zur mechanischen Wiederholung dessen über, was sie sich bei den Proben herausgearbeitet hatten. Ich muß sagen, daß ich an der Rolle weitergearbeitet hatte, und so wurde sie im Laufe der Jahre reicher, gewissermaßen erwachsen.

Die Rolle des Julius Cäsar spielte Katschalow. Als sie ihm angeboten wurde, weigerte er sich entschieden, sie zu spielen, weil sie ihm, dem sonst sehr entgegenkommenden und mit Schauspielerallüren unbelasteten Menschen, völlig unbedeutend und uninteressant erschien. Nemirowitsch-Dantschenko konnte es dennoch durchsetzen, daß Katschalow die Rolle annahm, und hatte damit recht. Katschalow bewältigte die Aufgabe glänzend und schuf eine lebendige Charaktergestalt. Man kann sagen, daß mit der Rolle Cäsars die breite Popularität dieses großartigen Schauspielers eingesetzt hat.

»Julius Cäsar« war in vielerlei Hinsicht eine schwere Inszenierung. Erstens materiell: eine große Anzahl von Darstellern und Statisten in den Massenszenen, Unmengen von Kostümen, das Orchester; zweitens war sie sehr ermüdend, weil man öfter die Kostüme wechseln mußte, von denen einige sehr schwer – Tuchmäntel, filzgefütterte Metallrüstungen –, andere wiederum sehr leicht waren – Chitone und kurze Tuniken –, die man dem erhitzten Körper anziehen mußte und dabei der auf der Bühne unvermeidlichen Zugluft ausgesetzt war.

Diese Inszenierung wurde ein Ereignis und rief ein reges Interesse hervor, nicht nur in den Theaterkreisen und in der Presse. Die Gelehrten stritten sich über die wissenschaftliche Exaktheit einzelner archäologischer Details; Lehrer von humanistischen Gymnasien erschienen im Theater mit ihren Zöglingen, welche als Aufsatzthema die Beschreibung des Lebens im alten Rom nach der Inszenierung des Moskauer Künstlertheaters aufgetragen bekamen.

Nach einem interessanten Referat in der Moskauer Psychologischen Gesellschaft wurde ein Experiment durchgeführt. Die Anwesenden wurden aufgefordert, die Szene des Mordes an Cäsar detailliert zu beschreiben. Die Zeugenaussagen differierten auf verblüffende Weise. Einige wollten etwas gesehen haben, was wir uns bei der Inszenierung nicht hätten träumen lassen, und waren bereit, ihre Aussagen mit einer eidesstattlichen Erklärung zu bekräftigen.

Wir setzten den »Cäsar« aufgrund seiner Kostspieligkeit und des körperlichen Aufwands ab. Die Dekorationen und Kostüme wurden an ein Provinztheater verkauft. Wie wir später erfuhren, wußte dort niemand, wie die Kostüme angezogen und getragen werden sollten, auch erkannte man nicht den Unterschied zwischen den weiblichen und den männlichen Kostümen.

… Der Schriftsteller N. W. Gogol sagte in bezug auf die Kunst des Schauspielers: »Die Gestalt necken kann jeder, doch Gestalt werden kann nur ein großer Schauspieler.« Es ist schon ein großer Unterschied in unserem Metier – die Gestalt vorzutäuschen oder die Gestalt werden, mit anderen Worten: fühlend zu scheinen oder wirklich zu fühlen.

Wir Schauspieler necken gern die Gestalt, spielen gern die Ergebnisse, doch wir wissen nicht, was zu tun sei, damit diese Ergebnisse, sprich Gestalten und Leidenschaften, intuitiv von sich aus in uns entstehen. Wenn so etwas geschieht, dann sind das die besten und die höchsten Ergebnisse für den fraglichen Schauspieler: die innere Gestalt verschmilzt mit der äußeren, die eine gebiert und stützt die andere, und so ist ihr Bund unlöslich. Es gibt jedoch auch ein anderes Herangehen mit demselben Ergebnis. Manchmal erfühlt man die innere Gestalt durch ein einziges Wort, das, zufällig dahingesagt, in der Seele ins Schwarze trifft. Seltsam: ich bekomme oft viel Wichtigeres zu hören, aber es berührt mich nicht, während ein einfaches, nahezu unbedeutendes Wort genau den Punkt trifft, den ich das schöpferische Zentrum nenne!

Ein Beispiel: Nemirowitsch-Dantschenko hielt uns unzählige ausgezeichnete Literaturvorträge zu Ostrowski bei der Inszenierung von »Klugsein schützt vor Torheit nicht«.

Doch nichts davon drang in meine Tiefe – bis auf einen nebenher gesagten Satz: »In diesem Stück spürt man viel von der epischen Ruhe Ostrowskis.«

Genau jene »epische Ruhe Ostrowskis« rutschte in die Tiefen meiner künstlerischen Seele.

Ähnliches geschah mir im selben Stück mit der äußeren Gestalt des Generals Krutizki.

Man zeigte mir ungezählte Fotos, Skizzen und Zeichnungen, und ich selbst fand einiges, das dem Äußeren der Rolle scheinbar entsprach. Man besorgte mir sogar den Typ des Generals, der Ostrowski als Vorbild für Krutizki diente. Doch ich erkannte ihn nicht und sah auch in anderen Materialien keinen Krutizki, wie ich ihn mir vorstellte.

Doch dann geschah folgendes: ich mußte geschäftlich ins sogenannte »Waisengericht«, eine längst veraltete Institution, die man aus Versehen abzuschaffen vergessen hatte. Das Haus, die Bräuche und selbst die Menschen schienen dort windschief und vermoost zu sein. Im Hof dieser ehemals großen Einrichtung stand ebenso ein windschiefes und vermoostes Häuschen, in dem ein alter Mann saß (der mit meiner ursprünglichen Maske in dieser Rolle keine Ähnlichkeit hatte) und eifrig an irgend etwas schrieb, wie der General Krutizki an seinen niemanden interessierenden Projekten. Der Gesamteindruck des Häuschens und seines einsamen Bewohners brachte mich eigentümlicherweise auf das Gesicht und die Figur des Generals. Sicherlich übte auch die epische Ruhe ihren Einfluß auf mich aus: die äußere und die innere Gestalt fanden zueinander. Aus diesem Grund hatte sich die Rolle, die zuerst auf der Strecke des »Spiels von Gestalten und Leidenschaften« gelegen hatte, augenblicklich in eine andere verwandelt und lief auf dem Wege von »Intuition und Gefühl«, auf dem meines Erachtens einzig richtigen Wege. Ein imaginärer Weichensteller setzte mich und meinen Zug vom Ersatzgleis auf das Hauptgleis um, und nun ging es mit mir unaufhaltsam vorwärts.

Streit mit einem Bühnenbildner

Es gab mal eine Zeit, wo man auf der Bühne keinen Bühnenbildner kannte, es gab lediglich einen Dekorationsmaler, der für ein festes Jahresgehalt alles malte, was gebraucht wurde. Im künstlerischen Sinne war das eine schlimme Zeit. Endlich war zur allgemeinen Freude der Kunstmaler ins Theater zurückgekehrt. Anfangs verhielt er sich wie ein Untermieter in einer fremden Wohnung: still und abseits, doch allmählich nahm er immer mehr Macht in die Hand und wurde an einigen Theatern zum Initiator von Inszenierungen, ja beinahe zum alleinigen Schöpfer derselben, und verdrängte den Schauspieler von seinem ihm rechtens zustehenden Platz. Das wurde besonders spürbar, als ich von einem berühmten Maler, der an unserem Theater eine Inszenierung ausstattete, per Post den Entwurf meiner Maske erhielt mit strengen Hinweisen, wie ich mich schminken sollte. Als ich die Skizze betrachtete, sah ich einen Fremden, das Gegenteil dessen, was der Autor wollte, und was unter seinem Einfluß in meiner Phantasie wuchs. Ich hatte den Eindruck, daß der Bühnenbildner sich nicht einmal die Mühe gemacht hatte, das Stück zu lesen: er ahnte nichts von der schweren seelischen und analytischen

Arbeit am Stück und an der Rolle, die den Schauspieler befähigt, in seiner Seele und in seinem Körper einen schöpferischen Prozeß auszulösen, der seiner organischen Natur entspricht. Die nicht durchdachte Skizze des Bühnenbildners war mir zu erbärmlich und seine Überheblichkeit beleidigend.

Ich kann ja noch von Glück reden, dachte ich, daß meine besondere Stellung es mir ermöglicht, mit dem Bühnenbildner zu streiten und meine Ansicht zu verteidigen. Leicht würde es auch mir nicht fallen, aber es ist immerhin möglich. Stellt man sich aber für einen Augenblick die Lage eines Schauspielers oder Regisseurs vor, die sich der Autorität des Bühnenbildners gegenüber »kein Urteil erlauben dürfen«, so wird einem angst und bange angesichts einer solchen Vergewaltigung der künstlerischen Seele, und es tut einem leid um unsere Kunst. Der Schauspieler hat in seiner Seele eine sauber durchdachte und innerlich erfühlte Gestalt erschaffen und sie lieben gelernt, er lebt bereits in ihr – und nun bekommt er aus Jalta oder aus dem Kaukasus ein Paket vom Bühnenbildner, der sich dort an den Schönheiten der Natur ergötzt. Der Schauspieler nimmt aus dem Paket das Bild eines ihm völlig fremden Menschen, dessen Äußeres anzunehmen und es mit dem lebendigen Menschen, der in seiner Seele bereits geboren ist, zu vermengen ihm befohlen wird.

»Verzeihung, aber ich habe nicht die Ehre, diesen merkwürdigen und mir unangenehmen Herrn zu kennen«, sagt dann schüchtern der Schauspieler.

»Keine Widerrede! Das ist Ihre Maske!« lautet der Befehl von oben.

Dem armen Schauspieler bleibt nichts weiter übrig, als die schon entstandene Gestalt eigenhändig zu enthaupten und an die Stelle des fehlenden Kopfes den neuen Kopf des verhaßten Fremdlings zu setzen. Doch kann er durch diese tote Maske das Gefühl, das seine Seele erwärmt, vermitteln? Was kann aus dieser Diskrepanz bloß entstehen?

Währenddessen denkt der Bühnenbildner im Kaukasus etwa so:
»Die Person, für die ich die Maske schaffen soll, ist offenbar dumm. Das heißt: eine niedrige, kleine Stirn.« Dieses wird gezeichnet. »Aber wahrscheinlich ein Aristokrat. Also eine feine Nase und schmale Lippen.« Auch das wird ausgeführt. »Ein Modegockel. Je nun, ein Bärtchen aus einem Modeblatt. Böse wird er wohl auch sein. Ergo: schmale Lippen, dunkle, tief heruntergewachsene Augenbrauen ...« usw. usf.

Was ist aber, wenn der Schauspieler seine Rolle auf überraschenden Kontrasten aufgebaut hat: ein Bösewicht, aber blond? Ein Aristokrat, aber eine dicke Nase? Ein Trottel, aber mit Geheimratsekken?

Während einer Begegnung mit dem Bühnenbildner konnte ich nicht an mich halten und sagte: »Nicht Sie sollen uns diktieren, sondern unsere künstlerische Empfindung diktiert Ihnen, was uns, den Darstellern, vorschwebt und der Inszenierung zugute kommt. Ihre Sache ist es, unsere Intention zu verinnerlichen, deren Wesen zu begreifen und durch die Zeichnung das zu verstehen zu geben, was sich nicht in Worte fassen läßt. Sie sind sowenig wie der Schauspieler der alleinige Schöpfer. Wir hängen vom Autor ab und bekennen uns freiwillig zu ihm. Sie aber hängen vom Autor und dem Schauspieler ab und sollten sich ebenso freiwillig zu uns bekennen.«

Mein Gott, wie sich da der Bühnenbildner, der sich als alleiniger Schöpfer wähnte, aufführte! »Ich?! Ich soll irgendwelchen Schauspielern soufflieren?! Ich befehle lieber. Ach was! Selbst dafür bin ich mir zu gut. Ich mache einfach mein Ding. Und ob es gefällt oder nicht, was geht es mich an? Ist schon schlimm genug, daß ich statt Bilder zu malen meine Zeit mit Theater vertrödle.«

»Dann sind Sie hier falsch«, antwortete ich. »Sie sind ein Untermieter, der den Hausherrn herauskehren möchte. Sie brauchen weder ein Theater noch einen Dramatiker, weder Shakespeare noch Gogol, weder Salvini noch die Jermolowa. Sie brauchen das Theater als einen Rahmen, um Ihre Gemälde zu zeigen. Sie brauchen unseren Körper, um Ihre Kostüme vorzuführen. Sie brauchen unsere Gesichter, um darauf zu malen, so als seien wir Leinwand. Und unterm Strich – das Theater und uns alle brauchen Sie nur, um selbst berühmt zu werden. Im Theater ist es immer noch am leichtesten, weil hierher täglich Tausende von Menschen kommen, während man bei Kunstausstellungen die Besucher nach Dutzenden zählt. Lernen Sie doch erst einmal die großen Ideen der Dichter, die großen Talente der Schauspieler lieben, das Wesen ihrer Kunst, das Ihnen möglicherweise unbekannt ist. Und bedenken Sie: gibt es keinen Schauspieler, so gibt es auch kein Theater, hiermit gibt es auch Sie im Theater nicht. Kommen Sie doch zu uns, arbeiten Sie mit uns zusammen als Regisseur und Schauspieler an der Analyse des Stücks mit, erkennen Sie sein unterbewußtes Sein. Helfen Sie uns, es wiederzugeben, und wenn Sie dann als Regisseur und Schauspieler begriffen haben, was man aus dem Material des Stücks und der Schauspieler, über die das Theater verfügt, machen kann – dann begeben Sie sich in Ihre Werkstatt und überlassen Sie sich nach Belieben Ihrer persönlichen Eingebung. Dann wird Ihr Werk kein Fremdkörper für uns sein, die wir mit Ihnen zusammen gelitten haben. Solange Sie meine Worte der Empörung eines Schauspielers nicht begreifen, bleiben Sie ein Fremder im Theater, ein überzähliges Familienmitglied, ein zeitweiliger Untermieter eben. Wir aber wollen uns mit einem echten Künstler für immer verbinden, der die hohe Mission des Theaters und unserer Bühnenkunst liebt und versteht.«

Varianten

Das Maly Theater

Variante des Kapitelanfangs

Nachdem ich die Vorzüge der dramatischen Kunst in bezug auf die Breite und Tiefe ihrer Aufgaben erkannt und mir die Schwierigkeiten des Studiums dieser Kunst bewußt gemacht hatte, opferte ich ihr all mein Denken, meine Zeit und die materiellen Mittel. Der Tempel der dramatischen Kunst war damals unser wertes Maly Theater, das man das »Haus Stschepkins« nannte, ähnlich wie die Comédie Française in Paris das »Haus Molières« genannt wurde. Zu jener Zeit lebte das Vermächtnis Stschepkins in seinem Theater, verblüffte immer wieder durch seine Schlichtheit und erfreute durch künstlerische Echtheit. Dort herrschte die wahre Atmosphäre der Kunst, die besser als sämtliche gefängnisgleiche Gymnasien eine freie, großzügige künstlerische Seele formte. Ohne Scheu kann ich sagen, daß ich meine Erziehung nicht dem Gymnasium, sondern dem Maly Theater verdanke.

Nach den Worten: »... so wurde ich es jetzt durch den verschwenderischen Talentereichtum des Maly Theaters.«

Wie konnten diese großartigen Seiten der Kunst ein Geheinnmis sowohl für Europa, das uns damals verachtete, als auch für Amerika, das sich für uns nicht interessierte, bleiben? Indes könnte man diese strahlende Zeit unseres Theaterlebens mit den Theatern und Ensembles von Molière, Shakespeare, Goldoni, Gozzi, Schröder, Goethe, Schiller, dem Weimarer Theater und anderen vergleichen. Auch bei uns entstanden eigene Schulen, neue Schauspieler, Dramatiker und Dichter wie Puschkin, Lermontow, Gogol, Gribojedow, Ostrowski, Turgenjew, Pissemski, Tschernyschewski, von vielen anderen, weniger begabten Schriftstellern ganz zu schweigen.

Neuer Zweifel

»Lebe nicht so, wie du willst«
»Das Geheimnis der Frau«

Nach den Worten: »… Die jungen Schauspieler sollen erst etliche Mittel der inneren Schauspieltechnik beherrschen lernen, bevor sie sich diesen Rollen zuwenden.«

Die starken Momente höchster Temperamentsäußerung waren für die schauspielerische Natur noch gefährlicher, noch schädlicher. Um auf natürliche Weise zu solchen Momenten zu kommen, muß man sich sehr gründlich darauf vorbereiten. Wenn die ersten Schritte Sie logisch wie die Stufen einer Treppe immer höher führen, so können Sie mit Hilfe des Bewußtseins eine gewisse Grenzhöhe erreichen, wo die höchsten Bereiche des Unbewußten beginnen. Man kann mit genügend Schwung auch in diese Bereiche gelangen und sich diesem Gefühl ganz überlassen. Es kommt auf die ersten Schritte an, die als Anlauf eben jenen Schwung schaffen.

Führen jedoch keine Stufen hinauf, und die Rolle bewegt sich auf ein und derselben Fläche hin und zurück, über Stock und Stein stolpernd, woher soll sie dann Anlauf nehmen, woher den Schwung hinauf? Es bleibt nichts weiter übrig, als das Gefühl aus sich herauszuquetschen. Nichts ist so schädlich in unserem Metier als eine mechanische Vergewaltigung des Gefühls von außen, ohne die Schaffung eines geistigen Anregers. Bei solchen Verfahrensweisen verbleibt das Gefühl im Dämmerzustand, und der Schauspieler rackert sich körperlich ab. Der Muskel des Schauspielers ist ein dienstbeflissener Trottel, der schlimmer ist als ein Feind. Jeder junge Schauspieler, der seinen Willen zum Erzwingen von ihm noch unzugänglichen Gefühlen überstrapaziert, entwickelt lediglich den Muskel.

Erfolg in eigener Sache

»Das Dorf Stepantschikowo«

Nach den Worten: »In dieser Form wurde das Stück fast ohne Streichungen von der Zensur genehmigt.«

Die Erzählung »Das Dorf Stepantschikowo« nimmt eine Sonderstellung im Schaffen Dostojewskis ein. Hier gibt es keine Gottsuche, doch das unbarmherzige Genie des Autor herrscht hier mit aller Macht …

Auf der Bühne ist es eine qualvolle Tragödie mit einem komischen Ende, das aber nicht sonderlich versöhnlich ist.

Erfolg beim Publikum

»Uriel Acosta«

Nach den Worten: »Ein gutes Gedächtnis ist für den Schauspieler äußerst wichtig. Das sinnlose Pauken im Gymnasium hat meins nahezu ruiniert!«

Neben diesem angeborenen Defekt hatte ich auch ein Vorurteil. Ich sagte mir:

»Auf den Text kommt es nicht an! Hat man einmal die Rolle erfühlt, wird der Text von selbst sitzen.«

So etwas gibt es, das stimmt. Doch auch das Gegenteil kommt vor: solange der Text nicht sitzt, kann sich die Rolle nicht entfalten. Das Vergessen einzelner Wörter, die undeutliche Wiedergabe eines Gedankens, das Zusammenknüllen von Wörtern und Sätzen, die oft zu leise Stimme und die unklare Aussprache hinderten nicht nur mich am Spielen, sondern auch das Publikum daran, mich zu hören und zu verstehen.

Nach den Worten: »Ich fühlte mich wie ein Tenor, der das hohe C nicht schafft.«

Ich erinnerte mich an große Schauspieler wie Salvini, die Duse, die Jermolowa, ich beneidete und befragte sie innerlich, was sie taten, um den höchsten Gipfel ihrer Leidenschaft mühelos zu erreichen. Sie mußten gewiß ein geheimnisvolles technisches Mittel gehabt haben. Da es mir unbekannt war, stand ich hilflos vor einer Mauer.

Variante des Kapitelanfangs

... Man brauchte ein eigenes Theater mit täglichen Vorstellungen. Immer öfter wurde die Forderung nach der schleunigsten Erfüllung meines Versprechens gestellt, nämlich der Schaffung eines eigenen Theaters. Noch öfter wurden schwerwiegende Zweifel an der Verwirklichung meines Plans laut. Einige Schauspieler wurden nach und nach von anderen Unternehmen abgeworben. Wieder einmal griff mir das Schicksal hilfreich unter die Arme und brachte mich mit einem Mann zusammen, den ich schon lange suchte. Ich traf Wladimir Iwanowitsch Nemirowitsch-Dantschenko, der ebenso wie ich von einer Idee besessen war. Es ist doch merkwürdig: wir kannten uns seit langem, er war längst ein Vertrauter unseres Theaters, Dramatiker, Schauspiellehrer, Regisseur, Kritiker und Fachkundiger. Anstatt gleich zu ihm zu gehen, suchte ich nach Hilfe dort, wo man mit ihr noch am wenigsten rechnen durfte – unter den hartgesottenen Unternehmern, die die Kunst verkaufen mußten. Das Theater, das eine Kulturmission erfüllt, stellt sehr hohe Forderungen an seine Funktionäre. Um Leiter einer solchen Einrichtung zu sein, muß man Talent haben und sich in der Sache auskennen, das heißt die Kunst nicht nur als Kritiker verstehen, sondern auch als Schauspieler, Regisseur, Pädagoge, Bühnenbildner, Schriftsteller und Organisator. Man muß das Theater nicht nur theoretisch, sondern auch praktisch kennen. Man muß sich auskennen in der Maschinerie der Bühne, in der Architektur des Theaters, man muß die Psychologie der Masse und die Möglichkeiten des Schauspielers und der übrigen Mitschaffenden kennen. Man muß für die Natur und die Psychologie des Schauspielers, für seine Anforderungen gegenüber der Arbeit und dem Leben Verständnis haben. Man braucht literarische Bildung, Offenheit, Taktgefühl, Empfindsamkeit, Selbstbeherrschung, Verstand, organisatorische Fähigkeiten und vieles andere mehr. Alle diese Vorzüge kommen selten in einem einzelnen Menschen zusammen. Nemirowitsch-Dantschenko besaß diese Fähigkeiten unzweifelhaft. Er war der Traum-Direktor. Es erwies sich, daß auch er von einem solchen Theater träumte und nach einem Menschen suchte, der ähnlich dachte wie ich. Wir suchten einander lange, was schon merkwürdig genug war, denn wir begegneten uns häufig, ohne uns zu erkennen.

Nach den Worten: »Hier brauchte das Theater Neues, weil das meiste, was damals gespielt wurde, veraltet war.«

Das war jene Zeit, als die beste Bühne des Landes – das kaiserliche Maly Theater – lauter niedliche, seichte ausländische Stücke in drei Akten spielte, die dem russischen Leben notdürftig angepaßt waren. Das Theater war ein Monopol von mäßig begabten Dramatikern, die auf Bestellung für die Benefiz-Abende ihrer Schauspielerfreunde Stücke schrieben. Nur dank dem außerordentlichen Talent der Darsteller war ihnen glänzender Erfolg beschieden: die Schauspieler verdeckten mit ihrer Persönlichkeit die Mängel des Stücks und kompensierten die Geistesarmut jener Machwerke. Dieses Spielplanelend hielt sich jahrzehntelang auf russischen Bühnen. Es tat weh, sehen zu müssen, wofür die genialen und begabten Schauspieler jener Zeit ihre Kräfte verschleuderten.

Nach den Worten: »… daß Tschechow Interesse für unser Theater zeigte und ihm eine große Zukunft prophezeite.«

Die Jugend, die Besessenheit, die Arbeitswut und der revolutionäre Geist des Theaters im Sinne einer künstlerischen Erneuerung gefielen Tschechow ebenfalls und regten ihn an.

Historisch getreue und lebensechte Inszenierungen

Nach den Worten: »Vor allem die unzulängliche Ausbildung der Schauspieler, die im Widerspruch zu den großen Aufgaben stand.«

Selbständig, ohne die Hilfe eines Regisseurs, konnten wir in den neuen Rollen schöpferisches Erleben nicht beliebig in uns hervorrufen. Kam zufällig die Inspiration, so packte man die Rolle, und sie wurde gut. Kam sie nicht, so standen wir hilflos da und wußten nicht, von welcher Seite das Neue anzupacken war. Um die lebendigen Gefühle des Schauspielers mit einzuschalten und ihn an die seelischen Vorgänge in der darzustellenden Person zu erinnern, griff der

Regisseur zur List. Ohne auf Empfindungen einzugehen und damit das Gefühl zu verschrecken, stellte er eine Unzahl von meist körperlichen Aufgaben innerhalb der Arrangements. Je simpler und vertrauter die Aufgaben, desto einfacher erkannte und führte sie der Schauspieler aus. Daraus entstand eine ununterbrochene Linie der aktiven Bühnenhandlung eines jeden Darstellers für die Dauer seines Aufenthaltes auf der Bühne. Alle Rollen wurden auf diese Weise die ganze Zeit lang mit aktiven äußeren Aufgaben ausgefüllt. Einem Schauspieler, der beispielsweise im »Zaren Fjodor« einen Bojaren spielte, sagte der Regisseur:

»Wenn Sie die Bühne betreten, bekreuzigen Sie sich als erstes dreimal, verbeugen Sie sich dann nach allen Seiten, und zwar gemächlich und mit Würde. Sehen Sie sich alle an, die auf der Bühne stehen: den Kollegen Iwanow, den Kollegen Sidorow, den Kollegen Petrow. Richten Sie den Mantel, rücken Sie den Gürtel zurecht, nehmen Sie einen Kamm, kämmen Sie sich die Haare und den Bart, streichen Sie sie glatt. Wischen Sie sich mit dem Mantelfutter über die Stirn. Dann setzen Sie sich breit und bequem hin, weil ein bedeutender Bojare mehr Platz für sich beanspruchen darf. Schlagen Sie die Mantelschöße auseinander und sitzen Sie breitbeinig. Nehmen Sie aus den langen Mantelärmeln, die als Taschen dienen, oder aus dem Stiefelschaft die Schriftrolle heraus und lesen Sie alles, was dort geschrieben steht. Gehen Sie dann zum Tisch, unterschreiben Sie das Papier und übergeben Sie es dem Schauspieler Soundso.«

Der Schauspieler führte genau die äußere Regiepartitur aus und konzentrierte sich voll auf diese Aufgabe. Er hatte keine Zeit, an den Zuschauer zu denken, müßig zu gehen oder sich in der üblichen schauspielerischen Selbstdarstellung und -bespiegelung zu gefallen. Nachdem sich der Schauspieler während der zahlreichen Proben an die Erfüllung von diesen aufeinanderfolgenden Aufgaben gewöhnt hatte, begann er, so meinten wir zumindest, auf der Bühne zu leben – erst äußerlich, dann auch innerlich.

Die List des Regisseurs bestand also darin, mit Hilfe des leichter erfaßbaren äußeren Ablaufs zunächst ein aus der Wirklichkeit wohlbekanntes und ans reale Leben erinnerndes körperliches Befinden herbeizuführen und, darauf aufbauend, auf natürliche Weise auch das innere Gefühl zu erwecken, das mit den Handlungen gewohnheitsmäßig verbunden oder zumindest unter gegebenen Umständen möglich ist.

Das vom Regisseur künstlich hergestellte äußere Leben des

Schauspielers wurde naturgemäß der vertrauten Wirklichkeit, die unserem Empfinden nahe ist, entnommen, oder dem Alltag, in dem sich unser Leben abspielt bzw. den wir die Gelegenheit hatten, aus der Nähe zu beobachten, oder aber den bekannten historischen Einzelheiten. Diese behelfsmäßigen Details, nicht nur äußerlich in den Dekorationen, sondern auch im Spiel der Darsteller auf die Bühne übertragen, verstärkten noch einmal die historisch-realistische Tentenz des Theaters.

Nach den Worten: »Einmal auf den äußerlichen Realismus gekommen, gingen wir den Weg des geringsten Widerstandes.«

So gut wie kein Zuschauer verstand, was sich hinter den Kulissen abspielte. War die Dekoration hübsch – so klatschte man; war die Inszenierung ungewöhnlich – so war man voller Entzücken; war sie gewagt – so hieß es gleich: Revolution; fiel das Spiel der Darsteller aus dem gewohnten Rahmen – so erklärte man das zu einer neuen Kunst. Streitereien und Proteste, Kritik und Lobgesang, Schmähungen und Bewunderung begleiteten den Erfolg und erzeugten das notwendige Klappern, das zum neuen Geschäft gehörte.

Die Richtung, die wir eingeschlagen hatten, brauchten wir, um gegen die theatralische Konvention und das alte verschlissene Klischee anzukämpfen, die damals das Theater beherrschten. Um Neues schaffen zu können, mußte man erst das Alte und Überflüssige abreißen, das heißt, die grobe Handwerkelei, die dem Neuen keinen Platz ließ und alles Seelische mit ihrer Äußerlichkeit erdrückte. Ohne diese Kruste beseitigt zu haben, konnte man das, was darunter lag, nicht erblicken. Wenn das Schiff nicht von der Muschelschicht befreit ist, kann es nicht auf hoher See fahren. Das Grob-Theatralische stülpt dem Lebendigen, Unmittelbaren das Kostüm des Schellennarren, des Possenreißers über, so daß alles Lebendige den Beigeschmack des Schaubudenzaubers, des komödiantischen Getues bekommt, Dinge, die zwar unterhalten, aber nicht überzeugen.

Die symbolistische und impressionistische Richtung

Nach den Worten: »Kurz: wir verstanden es nicht, den geistigen Realismus der Werke bis zum Symbol auszufeilen.«

Trotz der ausgezeichneten Interpretation durch den Regisseur Nemi-rowitsch-Dantschenko wurde Ibsen unterm Strich in unserem Thea-ter trocken: es gab keine pulsierende und zuckende Lebendigkeit.

Intuition und Gefühl

»Die Möwe«

Nach den Worten: »Gewiß, doch er braucht das nur als Kontrast zu seinem Traum, der in seinem Herzen unaufhörlich pulsiert und vol-ler Erwartung und Hoffnung ist.«

Tschechow braucht das Alltägliche als einen Antipoden zu seinem unablässigen Streben nach einem besseren Leben.

Tschechows Schaffenslinie verläuft auf der Ebene von seelischen Stimmungen, und auf diesem Gebiet ist seine schriftstellerische und dramaturgische Technik unerhört fein, neu und einmalig.

Die von Tschechow geschaffenen Stimmungen sind ansteckend, so als hätten sie ein Virus. Seine Kraft liegt vor allem in der künstle-rischen Wahrheit.

Die Wahrheit kann unterschiedlich sein: zunächst einmal die äu-ßere, die die Peripherie des Lebens und der Stückfabel, des Gedan-kens, des auf der Oberfläche liegenden Gefühls und der körperlichen Empfindungen streift; und die innere, die die Tiefen der menschli-chen Seele auslotet.

Nach den Worten: »W. I. Nemirowitsch-Dantschenko und ich fanden eigenständige Wege zu den Werken Tschechows: Wladimir Iwano-witsch als Schriftsteller den literarischen, ich als Schauspieler den darstellerischen.«

Nemirowitsch sprach vom Gefühl, das er suchte und im Werk ahnte, ich hingegen konnte nicht davon sprechen und zog es vor, es zu illustrieren. Sobald ich mich auf verbale Auseinandersetzungen einließ, wurde ich nicht verstanden: ich war nicht überzeugend ge-nug. Ging ich aber auf die Bühne und führte vor, was ich glaubte sa-gen zu müssen, so wurde ich verständlich, weil alles für sich sprach.

Nach den Worten: »Was wir auf der Bühne zu tun gewohnt waren, erwies sich als unzureichend.«

... weil wir unsere theatralische Wahrheit für die echte hielten. Man wird sagen: »Es hätte gar nicht anders sein können«, und dabei einen Vortrag über das Relative der Wahrheit, über die Abstraktion der Bühne und dergleichen halten. Diese Referenten hätten an unserer Stelle bei dieser lehrreichen Inszenierung in der freien Natur in der Morgendämmerung sein müssen! Dann hätten die Theoretiker in der Praxis begreifen können, daß Bäume, Luft und Sonne eine derartige künstlerische Wahrheit liefern, die sich in Schönheit und Tiefe mit den Bedingungen nicht vergleichen läßt, unter denen wir gezwungen sind, in den toten Kulissen zu arbeiten. Mag der Bühnenbildner, der die Dekorationen schafft, großartig sein – doch es gibt einen noch größeren Künstler, der auf geheimnisvollen Pfaden unser Unterbewußtsein anspricht. Das ist die Natur selbst. Die von ihr vorgegebene lebendige künstlerische Wahrheit ist nicht nur schöner, sondern auch bühnenwirksamer, verglichen mit jener relativen Wahrheit und der theatralischen Konvention, auf die man gewohnterweise das Schaffen der Schauspieler beschränkt. Dies erkannte ich damals in krasser Deutlichkeit und überprüfte diese Erkenntnis auch später im Laufe meiner Schauspieler-Karriere.

Sawwa Morosow und der Bau des Theaters

Nach den Worten: »Darüber hinaus bestellte Sawwa Timofejewitsch in Rußland und im Ausland eine Menge neuester elektrischer und bühnentechnischer Einrichtungen, deren Beschreibung ich dem Leser erspare.«

Es wurden Räume geschaffen für aktuelle Abendrequisiten und für die Möbel, die in der Woche benötigt wurden; ein Raum für die Elektriker mit der ganzen Beleuchtungstechnik; eine große Halle für die Dekorationen ... Diese Räume schlossen sich unmittelbar an die Bühne an und waren so plaziert, daß man sich beim Dekorationswechsel nicht im Wege stand. Keiner behinderte den anderen: die Dekorationen wurden nach rechts weggetragen, die Requisiten nach links nahe der Bühne, die Beleuchtungsapparatur etwas weiter von der Vorderbühne weg usw. Die Bühne selbst war immer leer, ohne die Anhäufung von Dekorationen und Requisiten, die ansonsten dort gelagert wurden. Das gab uns die Möglichkeit, die Bühne im vollen Umfang zu nutzen. Und sie war groß … Auf der Bühne gab es viele Effekte, zum Beispiel einen Theaterdonner, wie man ihn mit Sicherheit in keinem anderen Haus hatte. Dieser Donner war ein ganzes Orchester von vier oder fünf Donnermaschinen: Trommeln, fallende Bretter und Steine, die das größte Poltern und Krachen, den kräftigsten Ton beim Donnerrollen erzeugten, und anderes mehr.

Tschechow interessierte sich für sämtliche Details und Neuerungen im Theater und war verstimmt, wenn man ihn über etwas zu informieren versäumte und Proben ohne ihn ansetzte. Er wollte über alle Einzelheiten des Theaterlebens unterrichtet sein, das er mit all seiner komplizierten Maschinerie, mit all seiner schwierigen Organisation liebte. Die Proben des Donners fanden in seinem Beisein statt, und er gab außerordentlich feinsinnige und wertvolle Ratschläge, da er für den Klang auf der Bühne einen ausgeprägten Sinn hatte.

Die Domäne der Schauspieler hinter den Kulissen wurde nach den Plänen und Prinzipien eingerichtet, die Nemirowitsch-Dantschenko und ich bei unserem denkwürdigen Treffen festgelegt hatten. Es gab gemütliche Konversationszimmer für die Damen und Herren des Ensembles, wo sie Gäste empfangen konnten, Garderoben mit allem Notwendigen: Schränken, Bibliotheken, Sofas und anderem, was zu einem kultivierten Wohnraum gehörte. Die andere Hälfte des Theaters, die den Zuschauern zur Verfügung stand, befand sich im alten, soweit renovierten Gebäude, als die Gelder, die von der Einrichtung des ersten Teils übriggeblieben waren, reichten. Diese Restsumme war nicht hoch, so daß die Ausstattung recht bescheiden ausfiel. Man mußte aus der Not eine Tugend machen: glatte Wände mit einer Stuckkante; Holzpaneele aus dunklem Eichenfurnier, mit grober eingefärbter Leinwand bezogene Holzrahmen, auf Eiche hochstilisierte Bänke mit Kissen darauf. Über den Paneelen und Rahmen hingen große Porträts weltberühmter Schriftsteller. Die Logen und die Sitze im Zuschauerraum waren ebenfalls aus dunklem Holz, was dem Theater eine nahezu kirchliche Strenge verlieh. In allen Gängen lagen Teppiche, die den Lärm dämmten. Überall war mustergültige Sauberkeit und Ordnung.

»Ein Volksfeind«

Nach den Worten: »Manche sprangen auf, rannten zur Rampe und streckten ihre Hände nach mir.«

Da die Bühne niedrig und ohne Orchesterloge war, streckten Hunderte die Hände nach mir, die ich drücken mußte. Junge Leute sprangen sogar auf die Bühne und umarmten den Doktor Stockmann. Es war ein Zusammenschmelzen von Schauspieler und Publikum, das die Rolle des Hauptdarstellers im Theater übernahm …

Anstelle von Intuition und Gefühl – Naturalismus

»Die Macht der Finsternis«

Nach den Worten: »Auf der Suche nach Neuem wollte ich mich nicht mit dem Klischee des Theater-Bauern zufriedengeben.«

… das aus ihm einen Opern-Paysan machte. Für jemanden, der das Dorf in Rußland kennt, der sehr wohl weiß, was Bauern, was die Finsternis und ihre Macht über die Seele sind, ist es beleidigend, Tolstois Bauern und Bäuerinnen mit auf Taille geschnittenen Röcken, hübschen Schuhchen, Schleifchen im Haar, das vom Friseur frisch eingedreht worden ist, zu sehen.

»Der Kirschgarten«

Nach den Worten: »… so ist eine solche Lebensfreude und -tüchtigkeit als außerordentlich, als alle Normen übersteigend anzuerkennen.«

… alle Stücke Tschechows sind durchtränkt von diesem Bestreben nach einem besseren Leben und enden im aufrichtigen Glauben an die Zukunft. Man staunt, daß ein solcher Glaube der Seele eines todkranken genialen Dichters innewohnt, der ein schweres Leben durchgemacht hat.

Warum richten denn die Schwarzseher ihre Aufmerksamkeit nur auf die düsteren Seiten seines Schaffens und nehmen die lichten Seiten gerade noch zur Kenntnis? Verwechseln sie vielleicht den Dramatiker mit den von ihm geschaffenen Figuren? Um einen Iwanow zu schaffen, muß man es aber nicht unbedingt selber sein. Ebensowenig mußte Gogol Schmiergelder angenommen haben, um den Stadthauptmann, den Richter oder den Semljanika des »Revisors« zu schreiben. Ich denke, das Gegenteil ist der Fall: Tschechow und Gogol haben Iwanow, Stadthauptmann und andere darum so überzeugend zeigen können, weil sie es selbst nicht waren.

Hätte Tschechow vielleicht seinen Stücken Happy ends ankleben sollen, die uns vom Film sattsam bekannt sind? Eine unerwartete oder längst erwartete Hochzeit? Allgemeine Versöhnung, Familienglück oder anderes Aufmunterndes, dem erfahrungsgemäß zahlreiche Vorhänge folgen? Dann wäre er vielleicht der Kritik und dem von den Schwarzsehern geschaffenen Ruf entronnen.

Man wird nicht müde zu staunen, daß es heutzutage immer noch ein pragmatisches, versimpeltes und geradliniges Verhältnis zu einer Kunst gibt, die das komplizierteste Geistesleben moderner Menschen synthetisiert.

Nach den Worten: »Noch weniger verstehe ich, warum Tschechow als für unsere Zeit überholt angesehen wird, und worauf sich die Meinung gründet, er hätte die Revolution und das von ihr geschaffene neue Leben nicht verstanden.«

Haben doch seine Zeitgenossen, die sich aus der früheren Epoche herüberretten konnten, Tschechows Figuren letztlich, die er so gut beschrieben hatte, das Neue begriffen; darunter viele seiner intimen Freunde und Verehrer. Wieso konnten sie das neue Leben annehmen, und Tschechow wird diese Fähigkeit abgesprochen?

Nach den Worten: »Wie nur wenige verstand er es, die unerträgliche Atmosphäre der Stagnation wiederzugeben und die Fadheit des durch sie erzeugten Lebens dem Spott preiszugeben.«

Tschechow soll nicht nach den negativen Seiten des von ihm beschriebenen Lebens, das er kritisiert und der allgemeinen Verurteilung preisgibt, bewertet werden, sondern nach seinen Zukunftsvisionen, die er seinen Helden liebevoll in den Mund legt.

Ebenso wie eine dunkle Farbe eine helle verstärkt, setzt Tschechow die düsteren Seiten der Wirklichkeit und des Alltags ein, um die lichte Hoffnung zu betonen.

Nicht in den dunklen, sondern in den hellen Farben seiner Bilder, also nicht in der alltäglichen Wirklichkeit, sondern in den Träumen stellt sich Tschechow selber dar. Er ist kein zurückgebliebener Bourgeois, sondern ein viel zu weit nach vorn blickender idealistischer Träumer. Das ganze Geheimnis im Herangehen an seine Werke liegt in einer solchen Art der Interpretation Tschechows. Mögen seine Stücke für die Zuschauer eine traurige Seite der Vergangenheit sein, für uns Schauspieler aber, die wir sie auf der Bühne verkörpern, ist das eine Seite der Zukunft, die Inkarnation des ewigen Strebens nach einem besseren Leben. Es gibt keinen anderen Weg zum Begreifen der seelischen Tresore Tschechows. Der Sinn fürs reale Leben im Gegenwärtigen und der aufrichtige Glaube ans Ideale, an die Zukunft – das sind die Schlüssel zu den Geheimtüren des schöpferisch Transzendenten in seinen Werken.

Nach den Worten: »Jemand, der vieles von der heutigen Wirklichkeit voraussagen konnte, wäre auch in der Lage, das von ihm Prophezeite anzuerkennen.«

Geben Sie zu, daß diese Eigenschaften und Gedanken Tschechows kaum von seiner Rückständigkeit und Verständnislosigkeit für die Zeit zeugen. Im Gegenteil, sie sprechen dafür, daß er selbst in der jetzigen postrevolutionären Situation sich nicht in den hintersten Reihen vorgefunden hätte.

Mit einem Wort, nicht Tschechow ist rückständig, sondern jenes fade Leben, in dem er sich befand, das er verurteilte und zu dessen Veränderung er die Gesellschaft aufrief. Darum sprechen diejenigen, die Tschechow überholt nennen, nicht von ihm als Dichter und Menschen, sondern lediglich von seiner Epoche und ihren Menschen, mit denen er leben und arbeiten mußte in seinen Werken, die die ihm gegenwärtige Epoche widerspiegeln. Dieses Leben und viele von den Menschen sind langweilig, fade, voller Alltäglichkeit und Spießertum; sie sind wehleidig und träge. Darüber besteht kein Zweifel. Doch brachte es Tschechow erstaunlicherweise fertig, sich selbst voller Hoffnung und Mut zu erhalten, die Zukunft zu sehen, sie zu begrüßen und einer der fortschrittlichsten Menschen seiner Zeit zu sein.

Man darf die Persönlichkeit eines Dichters nicht mit dem Thema seines Schaffens verwechseln. Man darf dem Schriftsteller nicht vorwerfen, seine Zeit großartig wiedergegeben zu haben. Hätte er es schlecht gemacht und seine trostlosen Zeitgenossen ausgeschmückt, wäre ihm dann die Anerkennung der fortschrittlichen Menschen und der Beiname eines Idealisten zuteil geworden?

Nach den Worten: »Darum ist das Kapitel Tschechow noch nicht abgeschlossen, man hat es noch nicht richtig gelesen und schlug, ohne zum Wesen vorzudringen, voreilig das Buch zu.

Man schlage es wieder auf und lese zu Ende.«

Dann erst werden wir erfahren, was in unserer Kunst weiter zu tun ist. Ohne Tschechow geht es ebensowenig wie ohne Puschkin, Gogol, Gribojedow oder Stschepkin. Das sind die Grundpfeiler, auf denen der Tempel unserer Kunst mit voller Last ruht. Reißen Sie einen davon ab, und das Gebäude bricht zusammen. Dann wird man auf einen neuen Tschechow warten müssen, um es wieder aufzurichten.

Entdeckung altbekannter Wahrheiten

Nach den Worten: »Immer treten wir ohne jegliche Vorbereitung und mit leerer Seele auf – und schämen uns nicht unserer seelischen Nacktheit.«

Wozu kommen wir überhaupt ins Theater? Wozu spielen wir Hamlet? Vielleicht doch nur, um unsere schönen Beine, den Körper, die Ausdrucksfähigkeit und Geschicklichkeit vorzuführen? Geht es denn wirklich nur darum? Hat Shakespeare demnach seinem Hamlet das Leben eingehaucht, damit wir in fünf Minuten in sein Kostüm schlüpfen und der Menge unsere Beine, die Stimme und Beweglichkeit präsentieren?

Nach den Worten: »... daß ich nicht das geringste zur Erneuerung der Schauspielkunst beigetragen hatte.«

Denn es geht nicht einzig und allein darum, bei einem Avantgarde-künstler die Dekoration und die Einrichtung zu bestellen, die den ak-tuellen Anforderungen der letzten Mode in der Malerei entsprächen; es geht auch nicht darum, sich überraschende Bühnentricks einfallen zu lassen und sich dabei auf überkommene schauspielerische Hand-griffe zu beschränken. Man braucht etwas grundsätzlich anderes!!

Das Opernstudio des Bolschoi Theaters

Nach den Worten: »... der Broterwerb mit Konzerten lenkte sie gleichfalls ständig ab.«

Damals waren Konzerte große Mode, da sich die riesige Masse des neuen Publikums auf die Kunst stürzte. Es gab zu wenig Platz in den Konzert- und Theaterräumen, und man mußte geschlossene halb pri-vate Abende in verschiedenen Institutionen und Betrieben veranstal-ten, zu denen Sänger bestellt wurden. Wo am Vormittag wichtige ökonomische Entscheidungen getroffen wurden, herrschte am Abend die Kunst. In ganz Moskau wurde gesungen und rezitiert. Die Nach-frage nach den Künstlern war groß, da der neue Zuschauer aufrich-tig und unverbildet von der Kunst begeistert war. Das war eine Hilfe für Darsteller, die ihnen neue Verdienstmöglichkeiten gab. Doch derselbe Umstand verwässerte und verschlechterte die Darstellungs-kunst und behinderte uns außerdem in unserer Arbeit, weil er dem Studio die Leute entriß, mit denen die Opernszenen geübt wurden.

Nach den Worten: »... die Enge erlaubte den Sängern keine großen Bewegungen, und so mußten sie verstärkt auf die Mimik, das Augen-spiel, den Text sowie auf die Plastizität und Ausdruckskraft ihres Körpers zurückgreifen.«

In dieser Enge mußten die Gänge und die Arrangements genaues-tens berechnet und bedacht sein. So etwas ist schwer, besonders für

Unerfahrene, die gerne mit den Beinen spielen. Sie meinen, nicht stehenbleiben zu dürfen, sonst langweile sich der Zuschauer. Sie sind froh, ihn mit ständiger Bewegung zu unterhalten, die sich ja meist vermittels der Beine vollzieht. Man mußte nicht nur die Gänge reduzieren, sondern auch die Gebärden. Ich ging sogar noch weiter und reduzierte sämtliche unnötigen Gesten unter Beibehaltung der reinen Handlungen. Diese Bewegungsökonomie wurde von mir zum Prinzip erhoben und half, opernhafte Gesten zu eliminieren, die von Wampuka hinreichend dargestellt und verspottet worden waren.

Das Rhythmische, das ebenfalls zur Grundlage der Inszenierung und der Darstellung wurde, erforderte nicht nur ein einfaches, sondern ein auf die Musik abgestimmtes Handeln, das die Musik rechtfertigen und ergänzen und deren inneren Sinn offenbaren sollte.

Der einheitliche Rhythmus, auf den Handlungen, Gesang, Sprechgesang, Musik und sogar das Erleben gebracht wurden, machte die entscheidende Stärke der Inszenierung aus. Dabei handelte es sich nicht nur um den einheitlichen Bewegungsrhythmus, sondern hauptsächlich um den inneren Rhythmus der Emotion. Es geht nicht um den Rhythmus eines sich erhebenden Armes oder Beines, sondern um den Rhythmus des inneren Bewegungszentrums – des Muskels, der diese Bewegung des Armes oder Beines bewirkt. Die Ausmaße des Buches erlauben es mir nicht, auf die Bedeutung des inneren Rhythmus und auf meine Versuche damit einzugehen. Ich weise lediglich darauf hin, daß ich unter dem Rhythmus eben diesen inneren Rhythmus verstehe.

Nach den Worten: »… helfen, die Stimmung jener ländlichen Stille auf der Bühne herzustellen, in der bei der ersten Begegnung Tatjanas Liebe zu Onegin entstehen sollte.«

Doch nun kommen die Gäste – und alles verändert sich. Die Töchter werden lebhafter, die alten Damen kümmern sich um die Bewirtung und überlassen die Gäste den Mädchen. Zwei Frauenköpfchen äugen hinter der Säule nach den gerade eingetroffenen Onegin und Lenski, die ihrerseits hinter den Säulen auf der anderen Seite hervor die herzigen Dorfschönheiten, für die »die Zeit der Liebe« gekommen ist, betrachten und miteinander tuscheln. Es wird dunkel, in den Fenstern geht das Licht an. Der Teetisch mit Samowar und Lampe lockt ins Haus. Auf den Stufen der Terrasse sitzen Olga und

Lenski, der ihr in der Dunkelheit erstmals schüchtern die Hand küßt. Die empfindsame Tatjana lustwandelt mit Onegin im Garten. Die alten Damen treten auf der Suche nach den Mädchen und den Gästen auf die Terrasse, erblicken das verliebte Paar, werden unruhig und treiben alle ins Haus zum Teetrinken. Man sieht alle im Eßzimmer am Tisch Platz nehmen.

Nach den Worten: »Der wichtigste Teil dieser Szene ist das Entstehen und die rasche Ausweitung des Streits zwischen Lenski und Onegin ...«

... das heißt Lenskis Verliebtheit in Olga, Olgas Kokettieren mit Onegin und sein Flirt mit der Braut des Freundes, einfach so, aus Langerweile. In den üblichen verworrenen Inszenierungen der Massenszene auf dem Ball wird diese entscheidende Linie vom allgemeinen Durcheinander und den übrigen Attributen der banal arrangierten Massenszenen verdrängt. Man mußte die Hauptakteure in den Vordergrund der Szene bringen und die Masse, die lediglich den Hintergrund bilden sollte, von der Vorderbühne entfernen. Zu diesem Zweck brachte ich den Ballsaal hinter den Säulen und dem Bogen auf dem gehobenen Fußboden unter, stellte einen riesigen Tisch mit dem Samowar und den Leckereien, die im Gutshaus Larins üblich waren, auf die Vorderbühne.

An diesem Tisch thronten die gelangweilten Provinzgrößen, die Gäste der Larins: Gutsbesitzer in bunten Fräcken, Häubchen tragende alte Tratschtanten und deren blutjunge Töchter – Mädchen, Damen und junge Herren der Provinz. Während der Introduktion mit dem Leitmotiv der Liebessehnsucht Tatjanas sieht man sie in der Ferne, hinter einer Ecke hervor, vorsichtig Onegin betrachten, weil sie selbst nicht gesehen sein will. Diese wie die übrigen Introduktionen zu Beginn der Akte spielten wir bei offenem Vorhang und illustrierten sie mit den Handlungen der Darsteller. Einerseits stützte das die Handlung selbst und war eine gute Einführung für Schauspieler und Zuschauer, andererseits war es eine gute Übung für die Schüler. Das Illustrieren der Introduktion erfolgte also sowohl aus künstlerischen als auch aus pädagogischen Überlegungen heraus.

Laut Partitur hören die gelangweilten Gäste in der Ferne die Klänge der Militärkapelle, die der Kompaniechef mitgebracht hat. Alles wird lebhafter. Der Chor dankt der Gastgeberin. (»Was für eine Überraschung, gänzlich unerwartet ...«) Die Gutsbesitzer küssen ihr die Hand zu einer Melodie [im Baßteil] des Chors, die schwer ist wie ihr Gang. Die Mädchen laufen zu ihren Müttern und Tanten, um ihnen etwas zuzuflüstern, zu den leichten flatternden Passagen im Streicherteil der Kapelle. Dann erscheint der Kompaniechef, tritt auf, verbeugt sich und wendet sich militärisch zu den Takten der Musik, umgeben vom Zwitschern der jungen Mädchen, die sich bei ihm für das Mitbringen der Kapelle bedanken. Der Walzer erklingt, und die Gesellschaft steht in diesem Rhythmus vom Teetisch auf. Vorneweg gehen die Kavaliere mit den von ihnen aufgeforderten Damen. Mütter und Tanten trippeln im Walzertakt ihnen nach, um den jungen Leuten zuzuschauen. Eine von ihnen wird von einem älteren Gutsbesitzer aufgefordert, der auf die alten Tage der Jugend vorführen will, wie er früher mal mit seiner Frau getanzt hat. Während sie tanzen, tratschen die Tanten am Teetisch auf der Vorderbühne. Olga und der sie nicht einen Schritt von sich lassende Lenski erscheinen. Auf der Vorderbühne schnappt Onegin sie ihm weg und tanzt mit ihr, um dem Freund ein Schnippchen zu schlagen. Der Walzer endet, und die Menge kehrt mit dem Triquet zum Teetisch zurück, wo man sich hinsetzt. Anstelle einer Rede singt der Franzose eine Laudatio auf das Geburtstagskind. Die Menge klatscht den Takt oder die Synkopen verschiedener rhythmischer Maße – die einen die Vierteltakte, die anderen die Achtel, die Sechzehntel usw.

Bilanz und Zukunft

Nach den Worten: »Wie kann ich nun der jungen Generation die Ergebnisse meiner Erfahrung mitteilen und sie vor Fehlern warnen, die von der Unerfahrenheit kommen?«

Ich kenne nur ein einziges Mittel, um diesem fürs Theater tödlichen Zustand zu begegnen: all das in einem geordneten System darzulegen, was ich beim langen Suchen gewonnen habe, und auf diese Weise den der Bühne zustrebenden Schauspielern eine Anleitung in Form von Übungen zu geben, die ihnen praktisch beweisen würden, wie man durch die Arbeit an sich selbst und am Rollenmaterial Voraussetzungen schaffen kann, die zu einer echten Inspiration auf der Bühne beitragen und diese in den Augenblicken hervorzurufen vermögen, die für die Kunst entscheidend sind.

Anmerkungen

Seite 13

Die Vorfahren von K. S. Alexejew (Stanislawski) väterlicherseits entstammen einer Bauernfamilie aus dem Gouvernement Jaroslawl. Der Ururgroßvater war Leibeigener und erhielt in der ersten Hälfte des 18. Jh. die Freiheitsurkunde. Der Urgroßvater besaß eine Goldstickereifabrik in Moskau. Stanislawskis Vater, S. W. Alexejew (1836–1893), arbeitete schon als Vierzehnjähriger im Kontor der Fabrik und leitete später selbst das Unternehmen (»Genossenschaft Wladimir Alexejew«). 1859 heiratete er E. W. Jakowlewa (1841–1904). – Stanislawski wurde am 5. Januar 1863 in Moskau geboren.

Seite 16

Tante Vera – Saposhnikowa, Vera Wladimirowna, ältere Schwester des Vaters von Stanislawski.

Seite 23

»Tu l'as voulu . . .« – frz.: Du wolltest es so . . . Zitat aus der Komödie »Georges Dandin« von Molière.

Moreno, Maniani und Inserti – Musikclowns

Seite 28

Die Primaballerina – Polina Michailowna Karpakowa, Tänzerin des Bolschoi Theaters.

Unsere Gouvernante – Jewdokija Alexandrowna Kukina, wohnte bei der Familie Alexejew von 1867 bis 1874. In der Widmung auf dem Foto, das Stanislawski ihr schenkte, nannte er sie seinen »ersten Regisseur«.

Seite 38

Kusma (Kosma) Prutkow – kollektives Pseudonym der Schriftsteller A. K. Tolstoi und der Brüder A. und W. Shemtschushnikow. Prutkows Werke erschienen in den 50er Jahren des 19. Jh. Die Maske Prutkows erlaubte den Autoren, reaktionäre Erscheinungen im politischen und literarischen Leben Rußlands unter Nikolai I. zu verspotten.

Seite 40

Allgemeine Wehrpflicht – wurde in Rußland 1874 eingeführt.

Seite 53

Die Vorstellung von Ostrowskis »Mädchen ohne Mitgift« fand im Stadttheater von Nishni Nowgorod am 20. März 1894 statt.

Seite 55

Das Theater in Ljubimowka wurde 1877 erbaut.

Seite 56

Wladimir Sergejewitsch Alexejew (1861–1939) – älterer Bruder Stanislawskis, war zunächst Musiker. Führte gelegentlich Opernregie. Nach der Oktoberrevolution arbeitete er zusammen mit Stanislawski als Regisseur und Lehrer am Opernstudio des Bolschoi Theaters. Sinaida Sergejewna Alexejewa (Sokolowa) (1865–1950) – Schwester Stanislawskis. In der Spielzeit 1912/13 spielte sie u. a. die Königin in der »Hamlet«-Inszenierung des Künstlertheaters (MChT). Seit 1919 engste Mitarbeiterin Stanislawskis. Lehrtätigkeit und Regie im Opernstudio des Bolschoi Theaters.

Seite 59

Jakow Iwanowitsch Gremislawski (1864–1941) – Maskenbildner, den Stanislawski und Nemirowitsch-Dantschenko hoch schätzten.

Seite 63

In »Die schwache Saite« spielte Stanislawski den Philosophen Califourchon, im »Geheimnis der Frau« den Megrio (Sommer 1881).

Seite 66

Lieblingssänger – gemeint ist der berühmte Operettenschauspieler A. D. Dawydow.

Seite 67

Im »Praktischen Herrn« spielte Stanislawski den Studenten Pokrowzew (24. August 1883).

Seite 69

Stanislawski war von Ende 1885 bis 1888 einer der Direktoren der Russischen Musikgesellschaft und des Konservatoriums.

Seite 70

Wassili Iljitsch Safonow (1852–1918) – herausragender Dirigent und Pianist – war von großer Bedeutung für die Entwicklung der russischen Pianisten-Schule.

Max Erdmannsdorfer (1848–1905) – von 1882 bis 1890 Chefdirigent der Russischen Musikgesellschaft. Ungeachtet seiner hohen musikalischen Kultur konnte er die russische Musik nicht richtig einschätzen. Aus diesem Grund mußten die Direktoren, vor allem Tschaikowski und Tanejew, um das russische Repertoire der Gesellschaft kämpfen. Zum endgültigen Bruch mit Erdmannsdörfer kam es, als er ein Konzert mit Werken Mussorgskis und Glasunows nicht zulassen wollte.

Seite 73

Stanislawski unterläuft hier eine Ungenauigkeit. Es handelte sich um die 101. Vorstellung von »Dämon« – ein Benefiz von K. F. Walz (22. September 1886).

Seite 75

Nikolai Grigorjewitsch Rubinstein (1835–1881) – bedeutender Musikpädagoge, Pianist, Dirigent, Begründer der Moskauer Filiale der Russischen Musikgesellschaft

(1860), Begründer und Direktor der Moskauer Musikklassen (1863) und des Moskauer Konservatoriums (1866).

Seite 79

Ernesto Rossi (1829–1896) – berühmter italienischer Tragöde, trat hauptsächlich in Shakespeares Tragödien auf. Gastierte 1877, 1878, 1890/91 und 1894 in Rußland.

Seite 81

Der Theatersaal im Hause des Vaters von Stanislawski am Roten Tor wurde 1883 erbaut.

Seite 82

Die Vorstellung von »Giavotta« (Musik: Jonas) fand am 28. April 1883 im Moskauer Hause der Alexejews statt. Die Rolle des Diebes Nic spielte Stanislawski.

Seite 85

»König Kandaules« – Ballett in 4 Akten. Libretto von Saint Georges und M. Petipa, Musik von Cesare Pugni (1802–1870).

Seite 93

Michail Valentinowitsch Lentowski (1843–1906) – Schauspieler und großer Theaterunternehmer, wobei er wenig finanziellen Erfolg hatte. Ende der 90er Jahre war er Regieassistent an der Privatoper von S. I. Mamontow.

Seite 95

Die Vorstellung und das anschließende Fest fanden in Ljubimowka am 18. August 1884 statt.

Seite 98

Die Operette von Hervé »Lillie«

wurde am 18. Februar 1886 erstmals aufgeführt. Die Rolle des Pleinchard spielte Stanislawski.

Seite 100

Die Premiere der Operette von Sullivan »Mikado« fand am 18. April 1887 im Hause der Alexejews statt. Stanislawski spielte den Prinzen Nunky-Puh. Das war die letzte Inszenierung des Alexejew-Zirkels.

Seite 101

Der Einakter »Ein Unglück besonderer Art« (Übersetzung aus dem Deutschen) wurde erstmals am 28. April 1883 gespielt. (Stanislawski irrt sich, wenn er diese Inszenierung als »nächste« nach »Mikado« nennt.) Stanislawski spielte den Doktor Nilow.

Der Zirkel Mamontows existierte von 1878 bis 1893. Am Tage der Eröffnung – 31. Dezember 1878 – nahm Stanislawski teil an den lebenden Bildern (»Judith und Holofernes«.) Am 29. Dezember 1879 spielte Stanislawski die kleine Rolle des jungen Patriziers in der Tragödie A. N. Majkows »Zwei Welten«. Nach langer Pause spielte er am 6. Januar 1890 Samuel, den Richter Israels, in Mamontows Stück »König Saul«.

Seite 113

Fjodor Petrowitsch Komissarshewski (1838–1905) – studierte am Mailänder Konservatorium, sang in Italien, seit 1863 in Rußland. Von 1883 bis 1895 Professor am Moskauer Konservatorium.

Seite 115

Die Aufführung von Nemirowitsch-Dantschenkos Stück »Ein
Glückspilz« fand im Frühjahr
1892 in Moskau statt.

Seite 117

Das Stück »Ein Glückspilz« wurde
in Rjasan am 22. März 1892 mit
Stanislawski aufgeführt.

Alexander Alexandrowitsch Fedotow (1863–1909) – trat in der
Gesellschaft für Kunst und Literatur unter dem Pseudonym Filip-
pow auf. Seit 1893 Charakterschauspieler des Maly Theaters.
Unterrichtete an der Musikthea-
terschule der Philharmonischen
Gesellschaft.

Seite 120

W. S. Alexejew erinnert sich an
Amateurvorstellungen im Theater
von Sekretarjow: ». . . inmitten
dieser Mittelmäßigkeit fiel ein begabter junger Mann auf, Alexej
Fjodorowitsch Markow (später
Arzt) . . . Markow spielte unter
dem Namen Stanislawski.« Am 3.
März 1884 trat K. S. Alexejew als
Bardin in der Komödie V. A. Kry-
lows »Ein Leckerbissen« erstmals
unter dem Pseudonym Stanislawski auf.

Seite 121

Alexander Rodionowitsch Artjom
(Artjemjew) (1842–1914) – begegnete Stanislawski erstmals am 15.
November 1887 bei der Inszenierung von I. Schpashinskis »Die
Majorin«. Stanislawski zog den
begabten Amateur zur Arbeit in

der Gesellschaft für Kunst und Literatur heran. 1898 wurde er Mitglied des Ensembles des Künstler-
Theaters.

Maria Alexandrowna Samarowa
(1852–1919) – Schauspielerin,
seit 1898 Mitglied des MChT-
Ensembles.

Alexander Akimowitsch Sanin
(Schönberg) – begann als Laie,
später Schauspieler und Regisseur
an der Gesellschaft für Kunst und
Literatur. Von 1898 bis 1902 am
MChT, danach in Petersburg, am
Maly Theater und an anderen
Theatern. Von 1917 bis 1919 wie-
der als Regisseur am MChT.

Maria Petrowna Lilina
(1866–1943) – eine der besten
Vertreterinnen der Schauspielkunst des MChT. 1888 lernt sie
Stanislawski kennen und wird von
ihm aufgefordert, dem Ensemble
der Gesellschaft für Kunst und Literatur beizutreten. 1889 heiratet
sie Stanislawski, dessen treue Hel-
ferin sie in ihrer pädagogischen
Tätigkeit bis zuletzt war. Nach
dem Tode Stanislawskis widmete
sie sich der Ausbildung junger
Schauspieler am Operndramati-
schen Studio.

Seite 125

Alexander Filippowitsch Fedotow
(1841–1895) – Schauspieler des
Maly Theaters (1862–1871 und
1872–1873), Regisseur und Dramatiker. Von 1888 bis 1889 Direktor der dramatischen Abteilung der Musik- und Schauspiel-

schule an der Gesellschaft für Kunst und Literatur.

Fjodor Lwowitsch Sollogub (1848–1890) – nach dem Studium an der Moskauer Universität vorübergehend Justizbeamter, danach Maler. Arbeitete als Bühnenbildner an kaiserlichen und privaten Theatern. Autor der Parodie »Ehre und Rache«, die am 18. März 1890 in der Gesellschaft für Kunst und Literatur aufgeführt wurde.

»Die Spieler« Gogols und »Die Streithähne« Racines wurden am 6. Februar 1887 im Saal des Deutschen Klubs gespielt. Stanislawski spielte den Icharew in »Die Spieler«.

Seite 126

Der Herausgeber – Fjodor Alexandrowitsch Kumanin – Herausgeber der Zeitschrift »Der Künstler« (die erste Nummer erschien 1889). Spielte unter dem Namen Karelin in den Inszenierungen der Gesellschaft für Kunst und Literatur.

Das Statut der Gesellschaft für Kunst und Literatur wurde am 7. August 1888 vom Innenminister, das Statut der Schauspielschule der Gesellschaft am 29. September 1888 vom Minister für Volksbildung bestätigt.

Die Eröffnung der Moskauer Gesellschaft für Kunst und Literatur fand am 5. November 1888 im rekonstruierten Gebäude des früheren Puschkinschen Theaters statt.

Die erste Zusammenkunft war dem 100. Geburtstag Stschepkins gewidmet.

Seite 127

Die erste Aufführung der Gesellschaft für Kunst und Literatur fand am 8. Dezember 1888 statt.

Seite 141

A. F. Pissemskis »Das bittere Los« wurde am 11. Dezember 1888 aus Anlaß des 25. Jahrestages der Erstaufführung dieses Stückes in Moskau aufgeführt.

Seite 146

»Der steinerne Gast« hatte am 15. Januar 1889 Premiere. Am 29. Januar 1889 übernahm Stanislawski die Rolle des Don Juan.

Seite 147

»Kabale und Liebe« – 23. April 1889.

Seite 149

»Die Eigenmächtigen« – 26. November 1889.

Seite 152

»Mädchen ohne Mitgift« – 5. April 1890.

Seite 154

»Der Rubel« kam am 9. Februar 1889 heraus, also noch vor »Mädchen ohne Mitgift«.

Seite 156

»Lebe nicht so, wie du willst« – 3. und 24. Januar 1890.

Seite 159

»Das Geheimnis der Frau« – 10. Januar 1889; Wiederholungen in den beiden folgenden Spielzeiten.

Seite 161

Die Meininger gastierten 1885

und 1890 in Rußland, sie spielten in Petersburg, Moskau, Kiew und Odessa. Stanislawskis Eindrücke beziehen sich auf das Gastspiel 1890.

Seite 165
Die Gesellschaft für Kunst und Literatur zog 1890 in ein kleineres Gebäude in der Powarskaja.

Seite 166
Als Regisseure wurden die Schauspieler des Maly Theaters P. J. Rjabow und I. N. Grekow verpflichtet. Stanislawski war mit ihrer Arbeit unzufrieden und nannte Rjabow einen Routinier.

Seite 167
»Glühende Briefe« Gneditschs (aufgeführt am 11. März 1889) war die erste selbständige Regiearbeit Stanislawskis an der Gesellschaft für Kunst und Literatur. Am 13. Dezember 1890 trat V. F. Komissarshewskaja (1864–1910) in einer Vorstellung auf. Nach dem Brand im Jägerklub 1891 fanden die Aufführungen der Gesellschaft für Kunst und Literatur im Deutschen Klub statt (heute Puschetschnaja ul.).

Seite 168
»Früchte der Bildung« wurde als Hausvorstellung in Jasnaja Poljana am 31. Dezember 1889 gegeben.

Seite 171
»Das Dorf Stepantschikowo und seine Bewohner« wurde unter dem Titel »Foma« gegeben – 14. November 1891.

Seite 174
Nikolai Wassiljewitsch Dawydow - Rechtsanwalt und Schriftsteller.

Seite 176
Tolstois »Macht der Finsternis«, entstanden 1886, wurde bereits geprobt, als der Oberprokuror der Heiligen Synode Pobedonoszew sich schriftlich an Alexander III. wandte und erklärte, das Stück sei eine »Verletzung der moralischen Gefühle«. Der Zar stimmte dem zu. Erst 1895 wurde das Stück, von der Zensur stark entstellt, zur Aufführung freigegeben.

Seite 181
»Uriel Acosta« – 9. Januar 1895.

Seite 183
Wassili Wassiljewitsch Lushski (Kalushski) (1869–1931) – einer der bedeutendsten Mitarbeiter am MChT, Schauspieler, Regisseur, Pädagoge.
Georgi Sergejewitsch Burdshalow (1869–1926) – Schauspieler und Regisseur am MChT.
Nikolai Alexandrowitsch Popow (1871–1949) – Regisseur, Dramatiker, Theaterhistoriker, Autor der ersten Monographie über Stanislawski (erschienen 1910).

Seite 187
»Der polnische Jude« – 19. November 1896.

Seite 191
Henry Irwing (1838–1905) – bekannter englischer Schauspieler und Regisseur.
Paul Mounet (1847–1922) – französischer Schauspieler.

Seite 193
Die Arbeit am »Revisor« war im Sommer 1895.

Seite 194
G. Hauptmanns »Hannele« wurde 1895 von Lentowski ins Russische übersetzt, der Stanislawski aufforderte, das Stück zu inszenieren. 1898 sollte das Stück am MChT aufgeführt werden. Die geistliche Zensur setzte jedoch das Verbot des Stücks durch, was schwere finanzielle Einbußen des Theaters zur Folge hatte.

Seite 202
Tomaso Salvini (1829–1916) – berühmter italienischer Tragöde. Gastierte mehrmals in Rußland.

Seite 211
Premiere des »Othello« am 19. Januar 1896 im Jägerklub.

Seite 216
»Viel Lärm um nichts« – 6. Februar 1897.

Seite 222
Maria Fjodorowna Andrejewa (Sheljabushskaja) (1872–1953) – seit 1894 Schauspielerin in der Gesellschaft für Kunst und Literatur; von 1898 bis 1905 Schauspielerin am MChT.

Seite 223
Hauptmanns »Die versunkene Glocke«, 1897 ins Russische übersetzt, wurde am 27. Januar 1898 im Jägerklub erstaufgeführt. Die Dekoration schuf V. A. Simow, der künftige Ausstattungsleiter des MChT.

Seite 233
Viktor Andrejewitsch Simow (1858–1953) – Bühnenbildner am MChT seit dem Tag seines Bestehens. In den 30 Jahren seines Wirkens am MChT schuf er die Bühnenbilder für 51 von 92 Inszenierungen.

Seite 237
Maria Petrowna Grigorjewa (Nikolajewa) (1868–1941) – bis 1925 Schauspielerin und zugleich Kostümbildnerin am MChT, dem sie vom ersten Tag an angehörte.

Seite 242
Die Ouvertüre zum »Zar Fjodor« schrieb A. A. Iljinski.

Seite 245
Wladimir Fjodorowitsch Gribunin (1873–1933) – Schauspieler am MChT seit der Gründung des Theaters.

Seite 248
Die ersten vier Spielzeiten – 1898–1902 spielte das MChT im Theater »Ermitage« im Karetny Rjad.

Seite 251
Alexander Leonidowitsch Wischnewski (1861–1943) – einer der bedeutendsten Schauspieler des MChT, dessen Ensemble er 1898 als bekannter Provinzschauspieler beitrat.
Das MChT brachte zu seiner Eröffnung am 14. Oktober 1898 die Tragödie A. K. Tolstois »Zar Fjodor Joannowitsch«.

Seite 256
»Der Tod Iwans des Schreckli-

chen« – 29. September 1899. Stanislawski spielte den Zaren Iwan.

Seite 261

»De temps . . .« – frz.: Von Zeit zu
Zeit ist es angebracht, ein Gläs-
chen Cliquot zu sich zu nehmen. –
Cliquot: berühmter französischer
Sekt, »La veuve Cliquot«.

Seite 266

Der Maler V. M. Wasnezow
(1848–1926) bemalte in den Jahren 1885–1891 die Wladimir-
Kathedrale in Kiew.
»Schneeflöckchen« – 24. September 1900.

Seite 267

Stanislawski erwähnt nicht Nemirowitsch-Dantschenkos Inszenierung von Ibsens »Stützen der Gesellschaft«, wo er die Rolle des
Konsuls Bernick spielte. (Premiere am 24. Februar 1903.) Stanislawski wirkte in vier weiteren
Ibsen-Inszenierungen mit:
»Hedda Gabler« – 19. Februar
1899; »Ein Volksfeind« – 24. Oktober 1900; »Die Wildente« – 19.
September 1901; »Die Gespenster« – 31. März 1905.

Seite 275

»Die Möwe« – 17. Dezember
1898.

Seite 276

Nikolai Jefimowitsch Efros
(1867–1923) – Theaterhistoriker
und -kritiker. Schrieb u. a. über
das Künstlertheater und verfaßte
1918 die Monographie »K. S. Stanislawski. (Versuch einer Charakteristik)«.

Seite 281

Tschechows »Onkel Wanja«
wurde am 26. Oktober 1899 im
MChT uraufgeführt. Das letzte
Mal spielte Stanislawski die Rolle
des Astrow während des Gastspiels des MChAT in Leningrad
am 8. Juli 1928.

Seite 282

Die Reise des MChT auf die Krim
fand im April 1900 statt. Es wurden elf Vorstellungen gegeben.
Man spielte »Die Möwe«, »Onkel
Wanja«, »Hedda Gabler«, »Einsame Menschen«.

Seite 283

Sergej Wassiljewitsch Wassiljew
(Flerow) (1841–1901) – Journalist
und Theaterkritiker.

Seite 286

»Aha, sagten Pjotr Iwano-
witsch . . .« – Zitat aus Gogols
»Revisor«.

Seite 289

Die erste Vorstellung von Tschechows »Drei Schwestern« fand am
31. Januar 1901 statt. Stanislawski
spielte zum letztenmal den Wer-
schinin am 29. Oktober 1928, am
Tage des 30. Jubiläums des
MChT. Das war der letzte Auftritt
Stanislawskis auf der Bühne.

Seite 290

Die erste Reise des MChT nach
Petersburg fand 1901 statt. Seitdem gastierte das Theater fast jedes Frühjahr bis 1915 in Petersburg. 1927 nahm das Theater die
jährlichen Gastspiele in Leningrad wieder auf.

Seite 296
1912 gastierte das MChT in Kiew und Warschau mit: »Der lebende Leichnam«, »Kirschgarten«, »Ein Monat auf dem Lande«, »Drei Schwestern«, »An den Pforten des Reichs«, »Nachtasyl«, »Die Brüder Karamasow«. 1913 gastierte das Theater in Odessa mit: »Kirschgarten«, Turgenjew-Projekt (»Der Parasit«, »Die Unvorsichtigkeit«, »Die Provinzlerin«), »Die Brüder Karamasow«, »Klugsein schützt vor Torheit nicht« und »Zar Fjodor Joannowitsch«.
1914 gastierte das Theater zum zweitenmal in Kiew mit: »Kirschgarten«, Turgenjew-Projekt, »Klugsein schützt vor Torheit nicht«, »In den Pranken des Lebens«.

Seite 298
Sawwa Timofejewitsch Morosow (1862–1905) – einer der größten russischen Industriellen, Besitzer der »Genossenschaft der Nikolsker Manufaktur S. Morosow junior und Co.«.

Seite 303
Am 4. März 1901 fand auf dem Platz vor der Kasaner Kathedrale in Petersburg eine Studentendemonstration statt. Die Studenten protestierten gegen die am 25. Juli 1899 von der Regierung erlassene »einstweilige Verfügung«, derzufolge Studenten, die an »Massenunruhen« beteiligt waren, exmatrikuliert und zwangsweise zur Armee einberufen werden sollten.

Die vom Stadtoberhaupt eingesetzten Kosaken haben die Demonstranten grausam ausgepeitscht. Die Folge der Demonstration waren Massenverhaftungen und Verbannungen.

Seite 308
Gorkis »Kleinbürger« wurden erstmals am 26. März 1902 während der Petersburger Gastspiele des Theaters aufgeführt. In Moskau fand die erste Vorstellung am 29. Oktober 1902 zur Saisoneröffnung statt.

Seite 310
»Am Boden« – So lautet die wörtliche Übersetzung. Im Deutschen ist seit der Erstaufführung 1903 der Titel »Nachtasyl« üblich.

Seite 314
Die Uraufführung von »Nachtasyl« fand am 18. Dezember 1902 statt.

Seite 316
Stanislawski unterläuft hier eine Ungenauigkeit. Simow, der sonst an allen Expeditionen zur Materialsammlung teilgenommen hatte, war ins Tulaer Gouvernement nicht mitgefahren.

Seite 318
»Die Macht der Finsternis« – 5. November 1902.

Seite 319
»Julius Cäsar« – 2. Oktober 1903.

Seite 325
In seinen Erinnerungen an Tschechow erwähnt Stanislawski noch einen Prototyp – den Zauberkünstler aus dem Garten »Ermi-

tage«, einen ausgezeichneten Schauspieler, von dem Tschechow jedesmal begeistert war.

Seite 329

Die Uraufführung von Tschechows »Kirschgarten« fand am 17. Januar 1904 statt.
Zum letztenmal spielte Stanislawski den Gajew am 6. Juli 1928 während des Gastspiels des MChAT in Leningrad.

Seite 331

Damals arbeitete das Theater an drei Einaktern Maeterlincks: »Die Blinden«, »Der Eindringling« und »Im Innern«, die am 2. Oktober 1904 aufgeführt wurden, doch keinen Erfolg hatten.
»Ich sterbe!« – Im Original deutsch.

Seite 336

Luigi (Lodovico) Riccoboni (1674–1733) – italienischer Schauspieler und Dramatiker, Autor der Geschichte des italienischen Theaters und anderer theatertheoretischer Schriften. Sein Sohn, Antonio Francesco Riccoboni (1707–1772), Schauspieler am italienischen Theater in Paris, beschäftigte sich ebenfalls mit der Theorie der Bühnenkunst und wies auf die Notwendigkeit für den Schauspieler hin, sich eingehend mit der Rolle zu befassen.
Friedrich Ludwig Schröder (1744–1816) – bedeutender deutscher Schauspieler, Regisseur und Dramatiker.

Seite 339

Wanderaussteller (russ.: peredwishniki) – Gruppe russischer realistischer Maler Ende des 19. Jahrhunderts.

Seite 339

Maria Taglioni (1804–1884) – berühmte italienische Tänzerin der ersten Hälfte des 19. Jh. Im Herbst 1837 kam sie nach Petersburg, wo sie fünf Spielzeiten lang tanzte und sich großer Erfolge erfreute.
Anna Pawlowna Pawlowa (1882–1931) – eine der berühmtesten Tänzerinnen zu Beginn des 20. Jh. in Rußland.

Seite 341

Für das Studio wurde das ehemalige Theater Nemtschinows in der Powarskaja (heute ul. Worowskogo) gemietet.

Seite 346

»Kinder der Sonne« – 24. Oktober 1905.

Seite 348

Iwan Iwanowitsch Titow (1876–1941) – technischer Leiter des MChAT. Arbeitete mit Stanislawski in der Gesellschaft für Kunst und Literatur, ging dann ans MChT, wo er bis an sein Lebensende arbeitete.

Seite 349

Während der Auslandsreise 1906 wurden folgende Stücke gespielt: »Nachtasyl«, »Onkel Wanja«, »Zar Fjodor Joannowitsch«, »Drei Schwestern«, »Ein Volksfeind«. Insgesamt wurden 52 Vorstellungen in Berlin, Dresden, Leipzig,

Prag, Wien, Frankfurt/Main und
Hannover gegeben. Auf der
Rückfahrt gab das Theater einige
Vorstellungen in Warschau. In
Berlin trat das Künstlertheater
im Theater in der Charlotten-
straße 90/92 (im 2. Weltkrieg
zerstört) auf.

Seite 365
Edmund Kean (1787–1833) – berühmter englischer Tragöde.
Alexandre Dumas (Vater) machte
ihn zum Helden des Melodrams
»Kean oder Unordnung und Genie«.

Seite 370
»Spiel des Lebens« – 8. Februar
1907.

Seite 371
Constantin Meunier (1831–1905)
– bedeutender belgischer Bildhauer und Maler, der in seinen
Arbeiten den werktätigen Menschen darstellte.

Seite 372
Leopold Antonowitsch Sulershizki (1873–1916) – arbeitete
von 1905 bis 1906 am MChT als
Regisseur. Leitete das Erste Studio des MChT.
Ilja Alexandrowitsch Saz
(1875–1912) – Komponist. Seit
1906 Leiter der Musikabteilung
des MChT, schrieb Musiken zu
zahlreichen Inszenierungen.

Seite 385
»C'est une maladie!« – frz.: Das ist
ja krankhaft!
Isadora Duncan (1878–1927) –
amerikanische Tänzerin.

Seite 391
Stanislawski besuchte Maeterlinck im Juli 1908.

Seite 394
»Der blaue Vogel« – 30. September 1908.
L. A. Sulershizki erhielt das Angebot der berühmten französischen
Schauspielerin Réjane, in ihrem
Theater in Paris Maeterlincks
»Blauen Vogel« nach der Vorlage
des Künstlertheaters zu inszenieren. Die Aufführung fand Anfang
1911 statt.

Seite 397
»Ein Monat auf dem Lande« –
9. Dezember 1909.

Seite 399
»Mir iskusstwa« (Welt der Kunst)
– Vereinigung von Künstlern
Ende der 90er Jahre des vorigen
Jahrhunderts in Petersburg. Gilt
als eine der Richtungen des »l'art
pour l'art« um die Jahrhundertwende. Große Ähnlichkeit mit
dem Jugendstil.
Djagilew-Ballette – Sergej Pawlowitsch Djagilew (1872–1929),
Mitbegründer der »Mir is-
kusstwa«, Begründer von mehreren Unternehmen, die für die Propaganda der russischen Kunst im
Ausland von Bedeutung waren.
Von 1904 bis 1908 veranstaltete
er die Ausstellungen der russischen Malerei (18.–20. Jh.) in Paris, wo er auch an der Opéra fünf
Konzerte der russischen Musik
(von Glinka bis Skrjabin) organi-
sierte. Dortselbst inszenierte er

mit Schaljapin die Oper »Boris Godunow«. Beginnend mit dem Jahr 1909, leitete er die Veranstaltungen des »Russischen Balletts« in Paris.

Seite 403

Gordon Craig (1872–1966) – englischer Regisseur und Bühnenbildner. Besuchte erstmals Moskau 1908.

Seite 407

Konstantin Alexandrowitsch Mardshanow (Kote Mardshanischwili) (1873–1933) – bedeutender Theaterschaffender des russischen und georgischen Theaters, von 1910 bis 1913 Regisseur am MChT, Mitbegründer des Freien Theaters in Moskau (1913–1914). Gründete 1922 das Rustaweli-Theater in Tbilissi und 1928 ein neues Theater, das nunmehr seinen Namen trägt.

Seite 416

Olga Wladimirowna Gsowskaja – Schauspielerin am MChT von 1910 bis 1914 und von 1915 bis 1917. Spielte die Rolle der Ophelia im »Hamlet«.

Nikolai Antonowitsch Snamenski – Schauspieler am MChT von 1907 bis 1921. Spielte den Geist von Hamlets Vater.

Nikolai Ossipowitsch Massalitinow – Schauspieler am MChT von 1907 bis 1909. Spielte im »Hamlet« den König Claudius.

Seite 418

»Hamlet« – 23. Dezember 1911.

Seite 420

Alexander Iwanowitsch Adaschew – Schauspieler am MChT von 1898 bis 1913. Die private Theaterschule Adaschews existierte von 1906 bis 1913.

Seite 421

W. I. Nemirowitsch-Dantschenko sprach zum Ensemble des Künstlertheaters vor einer Probe zum »Lebenden Leichnam« am 4. August 1911.

Seite 426

»Hoffnung auf Segen« von Hermann Heijerman – 15. Januar 1913.

Seite 427

Boris Michailowitsch Suschkewitsch (1887–1946) – Schauspieler am MChT und am Ersten Studio von 1908 bis 1924. Von 1924 bis 1930 – Schauspieler und Regisseur am MChAT-II. Von 1933 bis 1936 Intendant des Leningrader Großen Dramatischen Theaters. In den letzten Jahren seines Lebens künstlerischer Leiter des Leningrader Neuen Theaters. »Das Heimchen am Herd« – 24. November 1914.

Seite 432

1925 begann das MChAT mit der Arbeit an der Inszenierung von A. Bloks »Rose und Kreuz«, doch zu einer Aufführung ist es nicht gekommen.

Seite 433

Das Zweite Studio entstand 1916 unter der Leitung von Wachtang Lewanowitsch Mtschedelow

(1884–1924). 1924 wurde das Zweite Studio zum Bestandteil des MChAT.

Seite 434

Das Dritte Studio bestand aus den Mitgliedern des Studentenstudios, das 1914 entstand. Leiter des Studios war J. B. Wachtangow (1883–1922). 1924 wurde das Dritte Studio zum Wachtangow-Theater.

Das Vierte Studio entstand 1921, löste sich 1924 vom MChAT, wurde 1927 Realistisches Theater genannt und bestand bis 1937. Die erste Aufführung des Musikalischen Studios, die Operette »Die Tochter Angots« von Lecoques, fand am 16. Mai 1920 statt. Anfangs spielte das Musikstudio auf der Bühne des MChAT. 1926 wurde es zum Musiktheater »W. I. Nemirowitsch-Dantschenko« umbenannt. Im »Habima«-Studio hielt Stanislawski Vorträge für Schüler der Moskauer Theater-Studios.

Seite 441

Premiere der Puschkin-Inszenierungen am 26. März 1915.

Seite 457

Nikolai Andrejewitsch Andrejew (1873–1932) – bedeutender Bildhauer und Grafiker.

Seite 463

Von 1919 bis 1926 befand sich das Opernstudio in der Wohnung Stanislawskis (anfangs im Karetny Rjad, später in der Leontjewski-Gasse). 1926 wurde es zum Staatlichen Studio für Oper und Theater »K. S. Stanislawski« reorganisiert und erhielt 1928 den Namen »Operntheater K. S. Stanislawski«, das Stanislawski bis zu seinem Ableben leitete. 1941 vereinigte sich das Operntheater mit dem Musiktheater »W. I. Nemirowitsch-Dantschenko« und heißt seitdem »Musiktheater K. S. Stanislawski und W. I. Nemirowitsch-Dantschenko«.

Stanislawski hielt Schaljapin für das Muster des Zusammenspiels von dramatischer, musikalischer und sängerischer Kunst und sagte, er habe sein »System« nach Schaljapins Vorbild entwickelt.

Seite 467

»Werther« – 2. August 1921; »Eugen Onegin« – 15. Juni 1922.

Seite 472

W. J. Tatlin (1885–1953) – Maler und Bildhauer.

B. A. Ferdinandow und I. M. Zeretelli – Schauspieler am MChT, gingen dann ans Kammertheater.

Seite 475

Kasimir Malewitsch (1878–1935) – Maler, Begründer des Suprematismus.

1922 unternahm das MChAT eine Gastspielreise nach Westeuropa und Amerika. Es wurden 561 Vorstellungen gegeben. Gespielt wurden: »Zar Fjodor Joannowitsch«, »Kirschgarten«, »Nachtasyl«, »Drei Schwestern«, »Iwanow«, »Onkel Wanja«, Mirandolina«, »Ein Volksfeind«, »Klugsein

543

schützt vor Torheit nicht«, »Die Brüder Karamasow«, »Die Provinzlerin«, »Pasuchins Tod«, »In den Pranken des Lebens«.

Seite 476

Während das MChAT die Auslands-Tournee machte, inszenierte Nemirowitsch-Dantschenko am Musikstudio: »Lysistrata« (1923) und »Carmensita und der Soldat« (1924).

Seite 479

»Wampuka« – Eine Opernparodie, die die Routine von Operninszenierungen verspottet. Erstmals 1908 aufgeführt im Theater »Zerrspiegel« (Musik von W. G. Erenberg). Wampuka wurde Sammelbegriff für alles Klischeehafte und Unsinnige bei Theaterinszenierungen.

Seite 485

François-Joseph Talma (1763–1826) – bedeutender Tragöde und Reformator der Bühne in der Epoche der Französischen Revolution, trat gegen die Gepflogenheiten des klassizistischen Theaters auf und forderte psychologische Wahrhaftigkeit des Schauspiels.

Seite 490

Nach 1924 war Stanislawski aus gesundheitlichen Gründen nicht mehr unmittelbar an der Leitung des Künstlertheaters beteiligt. Er inszenierte weiter (u. a. künstlerische Leitung bei »Panzerzug 14–69« von W. Iwanow – 8. November 1927), widmete sich der Opernregie. Verstärkt als Autor theatertheoretischer Schriften tätig, »Die Arbeit des Schauspielers an sich selbst«, »Die Arbeit des Schauspielers an der Rolle«. – Stanislawski starb am 7. August 1938 in Moskau.

Seite 493

Als Anhang werden einige bisher nicht veröffentlichte Kapitel, Abschnitte und Textvarianten gedruckt. Alle diese Materialien befinden sich im Stanislawski-Archiv des MChAT-Museums.

Seite 505

Das Sujet der Oper »Ein Leben für den Zaren/Iwan Sussanin« stammt von W. A. Shukowski, der es M. I. Glinka erzählte. Der Autor des Librettos ist der von Shukowski empfohlene Baron G. F. Rosen, ein mäßig begabter Dichter, der jedoch die Gunst des kaiserlichen Hofes genoß.

Seite 508

Da Stanislawski keine Namen nennt, unterstreicht er den grundsätzlichen Charakter dieses Kapitels. Als Anlaß diente eine Auseinandersetzung mit dem Maler M. W. Dobushinski, der die Inszenierung der »Provinzlerin« Turgenjews ausstattete (1912). Stanislawski, der den Grafen Ljubin spielte, lehnte den Maskenentwurf Dobushinskis ab, weil er seiner Vorstellung von der Figur nicht entsprach.